はじめに

本テキストは初学者・独学者が

「宅地建物取引士（宅建士）試験の
合格レベルの知識を効率的にマスターする」

ことを目的として構成されています

最短合格するためには、積極的に過去問を解いて出題傾向をつかみ、合格レベルの知識を定着させることが重要です。

本書を読むことで過去問を解くポイントが効率的にマスターできます。過去問と合わ げることが可能となります。

次ページから本書 しています。

まずは本書を手に

本書の特徴

❶ プロ講師のメソッドで効率的に学べる

❷ 挫折しないで楽しく読み通せる

❸ よく出る一問一答でしっかり身につく

本書の特徴

❶ プロ講師のメソッドで効率的に学べる

資格の総合スクール LEC 東京リーガルマインドの宅建士トップ講師が執筆。20 年超の講師実績で培われた超効率的学習法を本書に落とし込んでいます。

❷ 挫折しないで楽しく読み通せる

法律に詳しくない初学者・独学者でも合格に必要な知識をマスターできるよう人気講義を再現しました。豊富な図解と講師コメント付きなので、誰でもあきらめず、最後まで読み通すことができます。

❸ よく出る一問一答でしっかり身につく

各項目には理解度確認のための一問一答を厳選して収録しています。本試験でも問われる重要ポイントが満載で、テキストによるインプット学習から過去問学習にスムーズに移行できるよう工夫しています。

本書で学べば
「勉強嫌い」も
合格できる！

「水野健の宅建士」シリーズはこう使う

本書は、同時刊行の『この１冊で合格！ 水野健の宅建士 神問題集 2024年度版』に対応した合格テキストです。初学者・独学者でも次の４ステップで効率的に学習を進めることができます。

ステップ1 本書を一読して全体像をつかむ

最初はざっとでかまいません。必修テーマをていねいに解説していますので、講義を受けているようなイメージで目を通してみましょう。

↓

ステップ2 『神問題集』を解いて知識を定着させる

テキストで一通り基礎知識が身についたら、今度は問題集で問題をどんどん解いていきましょう。早い段階でアウトプットすることで、本試験を解くための応用力が身につきます。また、本試験で問われる論点が明確になるため、以降の学習を効率的に進められます。

↓

ステップ3 再び本書を読んで合格レベルの知識を獲得

苦手分野を中心に、テキストを読み込んでいきましょう。早い段階で問題を解いておくことで、合格レベルに満たない分野がわかり、それを補うためのメリハリをつけたインプットができます。

↓

ステップ4 最後は再度『神問題集』で総仕上げ！

インプット学習を終えたら、再び問題集にチャレンジしましょう。以前解けなかった問題を自力で解けるようになるまでトライして、合格レベルの得点力を獲得しましょう。

これで本試験対策は万全！

本書の使い方

会話で概要がつかめる。
優先度はS（最優先）、
A（重要）、B（普通）、
C（後回し）で表示

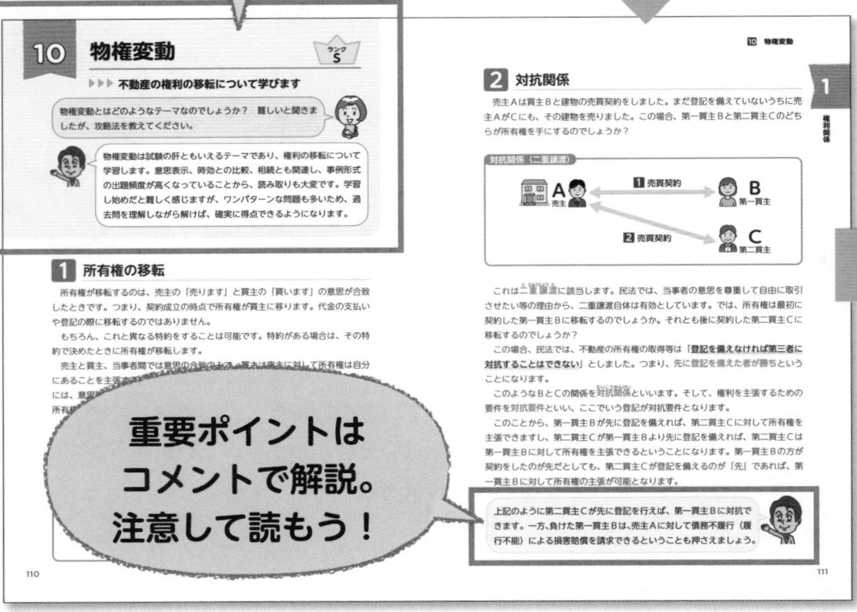

10 物権変動

ランク S

▶▶▶ 不動産の権利の移転について学びます

物権変動とはどのようなテーマなのでしょうか？ 難しいと聞きましたが、攻略法を教えてください。

物権変動は試験の肝ともいえるテーマであり、権利の移転について学習します。意思表示、時効との比較、相続とも関連し、事例形式の出題頻度が高くなっていることから、読み取りも大変です。学習し始めだと難しく感じますが、ワンパターンな問題も多いため、過去問を理解しながら解けば、確実に得点できるようになります。

1 所有権の移転

所有権が移転するのは、売主の「売ります」と買主の「買います」の意思が合致したときです。つまり、契約成立の時点で所有権が買主に移ります。代金の支払いや登記の際に移転するのではありません。

もちろん、これと異なる特約をすることは可能です。特約がある場合は、その特約で決めたときに所有権が移転します。

売主と買主、当事者間では意思の合致のみで…所有権は自分にあることを主張…
には、意思…
所有…

重要ポイントは
コメントで解説。
注意して読もう！

110

10 物権変動

1 権利関係

2 対抗関係

売主Aは買主Bと建物の売買契約をしました。まだ登記を備えていないうちに売主AがCにも、その建物を売りました。この場合、第一買主Bと第二買主Cのどちらが所有権を手にするのでしょうか？

対抗関係（二重譲渡）

A 売主 ― 1 売買契約 → B 第一買主
A 売主 ― 2 売買契約 → C 第二買主

これは二重譲渡に該当します。民法では、当事者の意思を尊重して自由に取引させたい等の理由から、二重譲渡自体は有効としています。では、所有権は最初に契約した第一買主Bに移転するのでしょうか。それとも後に契約した第二買主Cに移転するのでしょうか？

この場合、民法では、不動産の所有権の取得等は「**登記を備えなければ第三者に対抗することはできない**」としました。つまり、先に登記を備えた者が勝ちということになります。

このようなBとCの関係を対抗関係といいます。そして、権利を主張するための要件を対抗要件といい、ここでいう登記が対抗要件となります。

このことから、第一買主Bが先に登記を備えれば、第二買主Cに対して所有権を主張できますし、第二買主Cが第一買主Bより先に登記を備えれば、第二買主Cは第一買主Bに対して所有権を主張できるということになります。第一買主Bの方が契約をしたのが先だとしても、第二買主Cが登記を備えるのが「先」であれば、第一買主Bに対して所有権の主張が可能となります。

上記のように第二買主Cが先に登記を行えば、第一買主Bに対抗できます。一方、負けた第一買主Bは、売主Aに対して債務不履行（履行不能）による損害賠償を請求できるということも押さえましょう。

111

❶ 解説を読んでインプット

まずは解説を読んで基礎知識を押さえましょう。最初は難しいところを読み飛ばしてもかまいません。
一度全体像がわかると学習効率が一気に上がります。

❸ 間違えたところは再確認で定着

一問一答で間違えたところは何度もテキストを読んで、しっかり知識を定着させましょう。

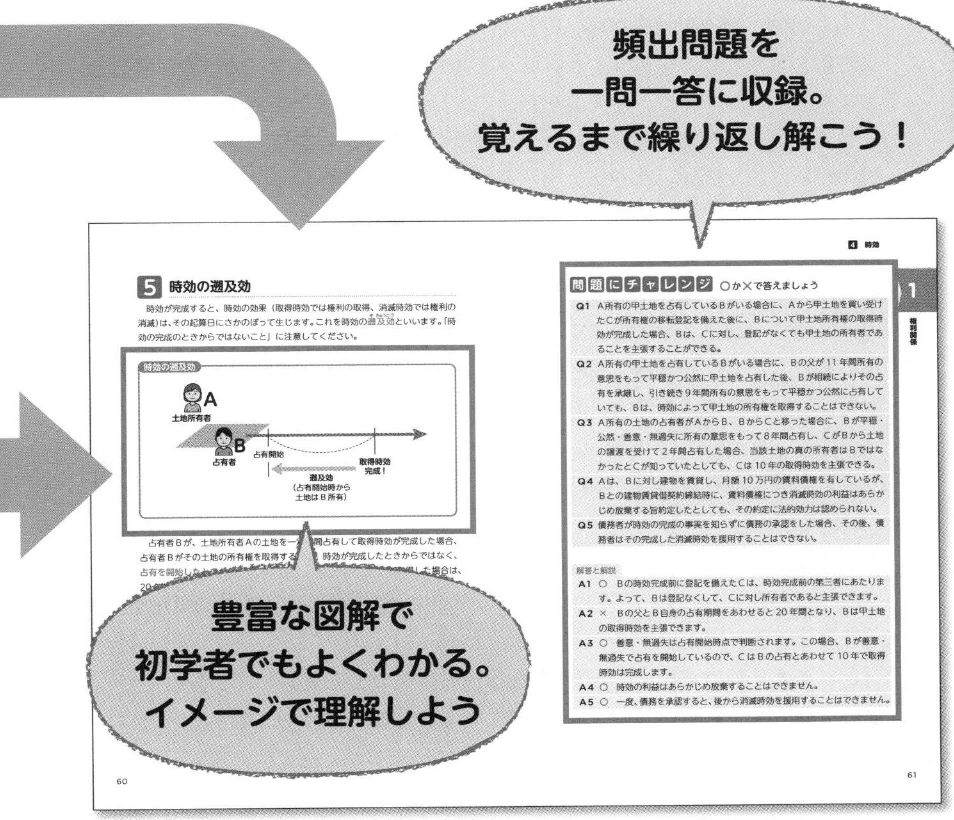

❷ 一問一答で理解度チェック

1テーマの学習の終わりに、一問一答にチャレンジしてみましょう。自分がどれだけ理解できているかを確認できます。

人気講師の合格ルール①
マインド

● 合格には３大原則がある

まずは合格に大切な「合格の３大原則」を教えましょう。

１つ目は、**満点をねらわない**ことです。満点をねらおうと全部の項目を完璧に理解しようとして学習すると、２～３割の本当に大事な部分の学習がおろそかになってしまいます。優先度を考えてメリハリをつけた学習が必要です。

２つ目は、**過去問を何度もしっかり解く**ことです。当然ですが、過去問は実際に出題された問題ですから、出題者が問いたい重要なポイントが凝縮されています。また、一肢一肢「なぜ間違っているのか？」「どこを直せば正解になるのか？」を考えながら学ぶことで、論点の理解が深まり、学習効果が上がります。

３つ目は、**改正点を大事にする**ことです。試験問題は、受験年の４月１日現在に施行されている法令をもとに作られています。多いときには6、７か所の改正点に関する知識が問われることもあります。改正点の理解が非常に重要です。

これらの原則を意識して学習を始めましょう。

● 「絶対に受かる」と覚悟を決める

これから本試験に向けて勉強を始めますが、必ず**「今年で絶対に受かる！」**と決意して取り組みましょう。

「とりあえず受けてみよう」「受からなければ来年また受験しよう」という程度の意識では、範囲が広く合格率も低い宅建士試験に受かりません。

試験の合格ラインは37点前後が目安になりますが、例えば、試験の２週間前に模擬試験を受けて25点を取ったとしましょう。合格ラインには10点以上足りませんが、学習次第では合格も可能です。しかし、執念が弱ければ「きっと本番も同じくらいしか取れない」と、ここであきらめモードになってしまうでしょう。一度あきらめてしまえば、「仕事が忙しくて学習時間が確保できなかった」「試験前に体調が優れなかった」などと予防線を張ってしまい、ますます学習意欲を失います。モチベーションを高めて学習効率を上げるためにも、「絶対に受かる！」と強い意思を最後まで持ち続けてください。

人気講師の合格ルール②
科目別学習法

● 権利関係は暗記に頼らず「考え方」を押さえる

権利関係は、「民法」「建物の区分所有等に関する法律（区分所有法）」「不動産登記法」など出題範囲が広いのが特徴です。全50問中14問が出題されますが、権利関係はそのうち半分取れればよいといえるでしょう。難しい法律用語が多数出てくるため、初学者は用語の意味を理解するだけでも苦労するはずです。

権利関係は暗記に頼らないでください。民法だけでも条文が1,000以上あり、判例という過去の裁判で下された判決もたくさんあり、全てを丸暗記するのは現実的ではありません。**まずは「考え方」を押さえましょう。**例えば、「詐欺による契約は取消しができる」という論点がありますが、なぜ取り消しできるのかといえば、「だまされてかわいそう」だからです。民法には「かわいそうな人＝保護」「悪いヤツ＝保護しない」という考え方があります。これを応用して、「Aはかわいそうな人だから、このケースでは取消しができるだろう」などと考えることによって、詐欺以外の問題でも正解に近づくことができます。このように、考え方でアプローチするのが権利関係の問題を解くコツです。

● 宅建業法では「満点」をねらう

権利関係と異なり、宅建業法では満点をねらってください。宅建業法の条文は80数条で試験のポイントも300程度です。それにもかかわらず、宅建業法からは20問が出題され、出題の4割を占めています。宅建業法で得点できないのは大きな痛手です。実際、合格者の8割以上は16点以上を取っているため、満点をねらいましょう。できれば18点以上を確保したいところです。

勉強法としては、暗記や考え方の理解も大切ですが、それ以上に過去問を数多く解くことが重要です。**宅建業法における出題では、「引っかけ問題」が少なくありません。**「またこのパターンだな」と、引っかけのポイントが見えてくるように、できるだけ多くの問題にあたり、どんどん間違えて知識を確認していくことで、自然と力がついていきます。引っかけパターンを覚えるのも効果的です。

● 法令上の制限は暗記要素が強い

法令上の制限には、第一種低層住居専用地域や建蔽（けんぺい）率、容積率など聞き慣れない専門用語が頻出し、暗記要素がかなり強い分野です。暗記方法としては、「ひたすら書いて覚える」「ポイントを録音して何度も聞き返す」などいろいろあると思いますが、**基本的には何度も繰り返すこと**でしょう。

また、暗記だけでなく理解が必要な部分は、理解するのに時間がかかるので、早い段階で学習しておきましょう。どうしても理解できないところでも重要な知識は、試験直前（ラスト２週間くらい）に頭に詰め込む時間をつくるとよいかもしれません。

● 税法は優先順位を付けて攻略する

税法は、細かな数字が出てくることもあり、苦手意識のある人は多いです。ただし、一度覚えてしまえば確実に得点できるところです。例えば、宅建業法では引っかけ問題が多いため、問題を数多く解かないと得点力がつきませんが、**素直な問題の多い税法は最小限の勉強で済む、効率のよい科目といえる**かもしれません。

税率等の数字に関しては、試験直前でなければ覚えても忘れてしまうでしょうから、試験の１週間前から前日、当日の朝など最後の段階で暗記するのが一番効率的です。

また、重要度の高い項目から優先順位を付けて学習を進めることも大切です。まず、地方税、具体的には不動産取得税または固定資産税のどちらかは、必ず毎年１問出題されます。比較的正解しやすい問題が出るので、優先して学習しましょう。

一方、国税に関しては、所得税（譲渡所得税）と贈与税は、専門的で難しい部分まで問われる傾向があり、深入りするのは得策ではありません。

それよりは、過去問を解いていれば正解できる問題が多いため、印紙税を重視しましょう。同様に、登録免許税も難問が出ることもありますが、過去問の知識だけで取れる問題が多いです。ただし、毎年出題されるわけではないため、「もう３年出ていないから今年は危ないな。出る可能性が高いぞ」と思った場合は、基本的事項だけでも確認しておくとよいでしょう。

すぐにわかる試験の概要

● 宅建士試験の概要

宅建士試験は例年、「10月の第３日曜日」の13～15時に行われます。2024年度は10月20日に実施される予定です。受験資格はなく、試験形式は「全50問の四肢択一式」にて行われます。四肢択一式とは、選択肢が４つある中から「正しいもの」または「誤っているもの」を１つ選択する形式です。

試験の申込期間などは、試験実施機関である「一般財団法人不動産適正取引推進機構」のウェブサイト等で公表されますので、申込みを忘れないよう注意しましょう。

[試験概要]

受験資格	原則として誰でも受験が可能 学歴・国籍・年齢などの制限はなし
試験形式	50問・四肢択一式による筆記試験 ［合格率］15％前後　［合格基準点］33～37点前後
試験地	原則として本人が住所を有する都道府県
試験申込期間	【郵送】2024年7月1日～16日（予定） 【インターネット】2024年7月1日～31日（予定）
試験日時	2024年10月20日（日）13～15時（予定）
合格発表	2024年11月下旬（予定）
受験料	8,200円（非課税、令和５年度）
試験実施機関	一般財団法人不動産適正取引推進機構

● 試験範囲と出題数

試験範囲は、民法等を中心に権利の変動等が問われる「①権利関係」、不動産取引業務を規制する宅建業法に関する知識が問われる「②宅建業法」、不動産の利用に関する制限を定めている法令等が問われる「③法令上の制限」、不動産取引における税金等が問われる「④税・価格」、不動産広告の規制、統計、土地・建物に関する知識が問われる「⑤５問免除科目」から構成されています。

ただし、「⑤５問免除科目」について、登録講習修了者は「科目免除の対象」

となり、免除されます。登録講習修了者は合格基準が５点引き下げられ、試験時間も 10 分短縮して実施されます。

[試験範囲]

科目	出題数
①権利関係	14 問（第１問～第 14 問）
②宅建業法	20 問（第 26 問～第 45 問）
③法令上の制限	8 問（第 15 問～第 22 問）
④税・価格	3 問（第 23 問～第 25 問）
⑤５問免除科目	5 問（第 46 問～第 50 問）

※宅建業に従事している人で登録講習機関が実施する講習を修了し、その修了試験に合格した人は登録講習修了者として、修了試験の合格日から３年以内に行われる試験の上記⑤が免除されます

● 合格率と合格基準

合格率は「15%」前後、合格基準は全 50 点中、例年「33 ～ 37 点」前後となっています。

[受験者数・合格率の推移]

実施年	申込者数	受験者数	合格者数	合格率	合格基準
令和５年度	289,096 人	233,276 人	40,025 人	17.2%	36 点
令和４年度	283,856 人	226,048 人	38,525 人	17.0%	36 点
令和３年度②	39,814 人	24,965 人	3,892 人	15.6%	34 点
令和３年度①	256,704 人	209,749 人	37,579 人	17.9%	34 点
令和２年度②	55,121 人	35,261 人	4,610 人	13.1%	36 点
令和２年度①	204,163 人	168,989 人	29,728 人	17.6%	38 点
令和元年度	276,019 人	220,797 人	37,481 人	17.0%	35 点

※令和２年度、令和３年度は年２回（① 10 月、② 12 月）実施

目次

はじめに ……… 3
本書の特徴 ……… 4
「水野健の宅建士」シリーズはこう使う ……… 5
本書の使い方 ……… 6
人気講師の合格ルール①マインド ……… 8
人気講師の合格ルール②科目別学習法 ……… 9
すぐにわかる試験の概要 ……… 11
人気講師の合格ルール③受験テクニック ……… 550

第1章 権利関係

1 権利関係とは ……… 26
2 契約・意思表示 ……… 31
①契約の成立 ……… 31
②契約自由の原則 ……… 32
③条件・期限 ……… 33
④意思表示 ……… 35
⑤公序良俗に反する行為 ……… 47
3 制限行為能力者 ……… 49
①意思能力と権利能力 ……… 49
②制限行為能力者とは ……… 49
4 時効 ……… 54
①取得時効 ……… 54
②消滅時効 ……… 57
③時効の完成猶予・更新 ……… 58
④時効の援用と利益の放棄 ……… 59
⑤時効の遡及効 ……… 60

5 代理 62

①代理とは 62
②代理人の行為能力 63
③代理行為のトラブル 64
④代理権の発生・消滅 66
⑤復代理 68
⑥無権代理 70

6 債務不履行・危険負担 77

①債務不履行とは 77
②同時履行の抗弁権 79
③損害賠償と解除 81
④金銭債務 86
⑤手付解除 87
⑥危険負担 89

7 弁済 91

①弁済とは 91
②受領権者としての外観を有する者に対する弁済 91
③第三者による弁済 92
④弁済による代位 94
⑤弁済に関するその他のポイント 94
⑥代物弁済 95

8 契約不適合責任（担保責任） 96

①契約不適合責任（担保責任）とは 96

9 相続 101

①法定相続人 101
②法定相続分 103
③遺産の分割 104
④承認・放棄 104
⑤遺言 105
⑥遺留分 106
⑦配偶者居住権と配偶者短期居住権 107

10 物権変動 …… 110
①所有権の移転 …… 110
②対抗関係 …… 111
③登記がなくても対抗できる者 …… 112
④登記がないと対抗できない者 …… 114
⑤取消しと登記 …… 115
⑥解除と登記 …… 117
⑦時効と登記 …… 118
⑧取消し・解除・時効における第三者 …… 119
⑨相続と登記 …… 120

11 不動産登記法 …… 125
①不動産登記 …… 125
②表示（表題部）に関する登記 …… 128
③権利に関する登記 …… 129
④登記の申請手続 …… 131
⑤仮登記 …… 132

12 抵当権 …… 136
①抵当権とは …… 136
②抵当権の性質 …… 138
③抵当権の効力 …… 138
④被担保債権の範囲 …… 139
⑤物上代位 …… 139
⑥第三者との関係 …… 140
⑦抵当権と賃貸借 …… 142
⑧法定地上権と一括競売 …… 143
⑨根抵当権 …… 145

13 保証・連帯保証・連帯債務 …… 148
①保証債務 …… 148
②連帯保証債務 …… 152
③個人根保証契約 …… 153
④連帯債務 …… 154
⑤連帯債権 …… 155

14 共有 157
①共有とは 157
②共有物の分割 159

15 区分所有法 161
①区分所有法とは 161
②区分所有法の基礎用語 161
③共用部分の管理 163
④集会 166
⑤規約 167

16 賃貸借・使用貸借 172
①賃貸借とは 172
②賃貸借の存続期間 173
③賃借権の対抗力 173
④賃貸人の地位の移転 174
⑤不動産の賃借人による妨害の停止の請求等 175
⑥賃貸人による修繕 175
⑦賃借人による修繕 175
⑧賃借物の一部滅失と全部滅失 175
⑨転貸・賃借権の譲渡 176
⑩賃貸借契約の終了と転貸借契約の関係 177
⑪賃借人の原状回復義務・収去義務等 178
⑫敷金 179
⑬使用貸借 182

17 借地借家法（借家） 185
①借地借家法の目的 185
②借地借家法（借家）の適用範囲と期間 185
③建物賃貸借契約の終了と更新 186
④建物賃借権の対抗力 187
⑤造作買取請求権 188
⑥転借人の保護 188
⑦借家の転貸・建物賃借権の譲渡 189

⑧賃貸借契約の終了と転貸借 189
⑨借賃増減額請求権 190
⑩定期建物賃貸借（定期借家） 191

18 借地借家法（借地） 194
①借地権とは 194
②終了と更新 194
③借地上の建物の滅失 196
④借地権の対抗力 197
⑤建物買取請求権 199
⑥借地上の建物の譲渡 199
⑦借地契約の内容の変更 201
⑧賃料増減額請求 201
⑨定期借地権等 202
⑩さまざまな賃貸借・借地権のまとめ 202

19 不法行為 204
①不法行為とは 204
②使用者責任 205
③共同不法行為 207
④工作物責任 207

20 請負 209
①請負契約 209

21 委任 212
①委任の意味 212
②受任者の権利義務 212
③復委任 213
④委任契約の終了 213

22 債権譲渡 215
①債権譲渡とは 215
②譲受人の債権行使の条件 216
③債権の二重譲渡が行われた場合 216
④譲渡制限の意思表示 218

⑤譲受人に対する相殺の主張 218

23 相殺 220
①相殺とは 220
②相殺の要件 221
③相殺の方法・効果 223

24 相隣関係 225
①相隣関係とは 225

25 担保物権 228
①担保物権とは 228
②留置権 228
③先取特権 229
④質権 229

26 民法その他 230
①債権者代位権とは 230
②詐害行為取消権とは 231
③贈与とは 232

第2章 宅建業法

1 宅地建物取引業とは 234
①宅地建物取引業法の目的 234
②宅地建物取引業法とは 235

2 事務所の設置（5点セット） 240
①事務所とは 240
②事務所に備えなければならないもの 241

3 免許 244
①免許の基準（免許を受けられない者） 244
②免許証 251
③変更の届出 252
④免許の申請 254
⑤免許換え 255
⑥廃業等の届出 257

4 事務所以外の場所の規制 261
①案内所など（事務所以外）の規制 261
②標識の掲示義務 261
③成年者である専任の宅地建物取引士の設置義務 262
④案内所についての届出 263
5 宅地建物取引士 266
①宅地建物取引士とは 266
②宅地建物取引士の登録を受けられない者 269
③変更の登録 274
④登録の移転 275
⑤死亡等の届出 277
⑥宅地建物取引士証 279
⑦成年者である専任の宅地建物取引士の設置義務 282
6 営業保証金 285
①営業保証金とは 285
②営業保証金の供託 285
③営業保証金の還付 290
④営業保証金の取戻し 291
7 保証協会・弁済業務保証金 295
①営業保証金と保証協会の違い 295
②弁済業務保証金分担金と弁済業務保証金 296
③弁済業務保証金の還付 299
④弁済業務保証金の取戻し 302
⑤その他 303
⑥営業保証金制度と保証協会制度の比較 304
8 媒介契約の規制 308
①媒介と代理 308
②媒介契約の種類 310
③媒介契約書面 315
9 重要事項の説明 319
①重要事項の説明とは 319

②重要事項説明の方法 320
③重要事項の説明内容 321
④ IT 重説 330

10 37条書面（契約書） 334

① 37条書面の交付 334
② 37条書面の記載事項 334

11 広告などの諸規制 339

①広告等の規制 339
②業務上の規制 340
③供託所等に関する説明 342

12 自ら売主・８種制限 345

①自ら売主・８種制限とは 345
②クーリング・オフ 346
③手付金等の保全措置 349
④手付の額の制限 351
⑤自己所有に属しない物件の契約締結制限 353
⑥損害賠償の予定等の制限 354
⑦契約不適合責任の特約の制限 355
⑧割賦販売契約の解除等の制限・所有権留保等の禁止 357

13 報酬額の制限 363

①売買の報酬額の制限 363
②貸借の報酬額の制限 370
③報酬と経費の請求 371

14 監督処分・罰則 374

①監督処分とは 374
②宅建業者に対する監督処分 374
③宅地建物取引士に対する監督処分 376
④罰則とは 379

15 住宅瑕疵担保履行法 382

①住宅瑕疵担保履行法とは 382

第3章 法令上の制限

1 法令上の制限とは …… 388
①全体像 …… 388

2 都市計画法 …… 390
①都市計画法の全体像 …… 390
②都市計画区域・準都市計画区域 …… 390
③都市計画区域の内容 …… 392
④都市施設 …… 398
⑤都市計画事業 …… 400
⑥地区計画 …… 403
⑦開発行為の規制等 …… 407
⑧開発許可の手続 …… 410
⑨田園住居地域内の制限 …… 418

3 建築基準法 …… 421
①建築基準法の構造 …… 421
②建築確認 …… 423
③単体規定 …… 428
④集団規定～用途規制 …… 432
⑤集団規定～建蔽率・容積率 …… 435
⑥集団規定～高さ制限 …… 443
⑦集団規定～道路規制 …… 445
⑧集団規定～防火・準防火地域 …… 448
⑨建築協定 …… 452

4 国土利用計画法 …… 455
①国土利用計画法の構造 …… 455
②事後届出制 …… 456
③事前届出制 …… 464

5 農地法 …… 468
①農地法の構造 …… 468
②農地法の許可制度 …… 469
③農地の賃借人の権利保護 …… 474

6 土地区画整理法 …… 476
①土地区画整理法の構造 …… 476
②土地区画整理事業 …… 477
③土地区画整理事業の施行者 …… 478
④換地計画 …… 480
⑤仮換地 …… 481
⑥換地処分 …… 484

7 宅地造成及び特定盛土等規制法 …… 488
①宅地造成及び特定盛土等規制法の構造 …… 488
②許可制 …… 489
③届出制 …… 491
④土地の保全義務・勧告 …… 491
⑤特定盛土等規制区域 …… 492
⑥造成宅地防災区域 …… 493

8 諸法令 …… 496
①諸法令とは …… 496

第4章 価格・税

1 価格・税とは …… 500
①不動産に関する税金の概要 …… 500

2 不動産取得税（地方税） …… 502
①不動産取得税の基本事項 …… 502
②不動産取得税の特例 …… 504
③不動産取得税のまとめ …… 505

3 固定資産税（地方税） …… 507
①固定資産税の基本事項 …… 507
②固定資産税の特例 …… 509
③固定資産税のまとめ …… 511

4 所得税（国税） …… 513
①不動産の所得税 …… 513
②特例の適用要件 …… 515

③住宅ローン控除 …… 520
④代表的な特例相互の適用関係 …… 521
5 印紙税（国税） …… 523
①印紙税の基本事項 …… 523
②印紙税の納付方法・消印 …… 527
6 登録免許税（国税） …… 530
①登録免許税の基本事項 …… 530
②住宅用家屋の軽減税率 …… 531
7 贈与税（国税） …… 533
①贈与税とは …… 533
②直系尊属から住宅取得資金を受けた場合の非課税制度 …… 533
③住宅取得資金の贈与を受けた場合の相続時精算課税制度 …… 535
8 地価公示法 …… 538
①地価公示法の目的 …… 538
②地価公示の手続 …… 539
③公示価格の効力 …… 541
9 不動産鑑定評価基準 …… 543
①不動産の鑑定評価とは …… 543
②鑑定評価の手法 …… 546

5問免除科目

1 5問免除科目とは …… 552
①5問免除科目の概要 …… 552
2 住宅金融支援機構法 …… 554
①住宅金融支援機構法の目的 …… 554
②直接融資業務 …… 557
③業務の委託 …… 558
3 景品表示法 …… 560
①不当景品類及び不当表示防止法の目的 …… 560

②用語使用上の注意点 564
③交通機関と所要時間 566
④法令上の制限等に関するもの 567
⑤措置命令 567

4 土地 569
①宅地としての適否 569
②宅地としての適否のまとめ 575

5 建物 577
①木造 577
②鉄骨造 579
③鉄筋コンクリート構造（RC）/鉄骨鉄筋コンクリート構造（SRC） 579
④基礎 581
⑤構造形式 582
⑥耐震性 582

索引 584

●本書は原則として2023年11月時点の法令をもとに原稿執筆・編集を行っています。
●本試験は実施年における4月1日現在施行の法令等に基づき出題されます。本書の刊行以降に施行が判明した法令等については、本書の下記書誌ページにて追補を掲載いたしますので、ご確認ください（2024年8月下旬掲載予定）。

●試験に関する最新情報や申込手続については、「一般財団法人不動産適正取引推進機構」のウェブサイトをご確認ください。
●「宅地建物取引士」については、原則として「宅建士」と表記しています。

本文イラスト　寺崎 愛
本文レイアウト　次葉

第1章

権利関係

概要

不動産取引契約の権利義務を定めている民法や特別法について学びます。民法では、契約を結ぶときや契約を履行する際の問題を確認します。民法に優先する特別法では賃貸借契約やマンションなどの区分所有に関する法律などを学びます。

試験のポイント

全50問中、民法から10問、特別法から4問が出題されます。合格ラインは7～9点で、10点以上が確実ラインです。民法は範囲が広く難問が出ることも多いですが、基本事項を確実にマスターし、特別法は深入りせず過去問で効率的に学習しましょう。

1 権利関係とは

▶▶▶ 不動産取引の基礎となる民法・特別法を学びます

権利関係では何を学ぶのでしょうか？

不動産取引における法律的な裏づけを学びます。私たちが日常生活で行う取引は、主に民法のルールに従って処理されています。民法では、「契約はどのような要件で成立するか」「買ったけれど物が届かない、売ったけれどお金を払ってもらえないなど、契約が守られない場合はどうするのか」「自分が買った土地の権利を主張するにはどうすればよいか」などさまざまな契約に関するルールを定めています。
また、権利関係では、不動産に関する特別法についても学習します。土地や建物の貸し借りは、貸し手の立場が強く、借り手が不利益を被る場合が想定されます。借り手保護のために、特別法として借地借家法が定められています。

法律が苦手で、たくさんのことを学べるか不安なのですが、どのように学習を進めていけばよいでしょうか？

まずはじめに、権利関係で学ぶテーマが一目でわかるよう図にまとめています。まずはざっと内容をつかんで学習を進め、迷子になりそうなら戻ってくるとよいでしょう。自分が何を学習しているのかを常に意識することで、スムーズに知識を得ることができますよ。

はい、ここからが学習のスタートですね！

権利関係 学習マップ①

●契約・意思表示
契約の成立要件や、だまされたら
どうなるかを学びます

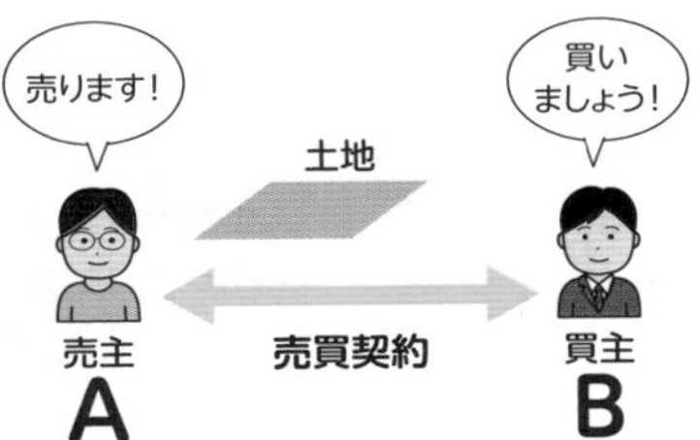

●代理
本人に代わって行う法律行為が
成立する要件を学びます

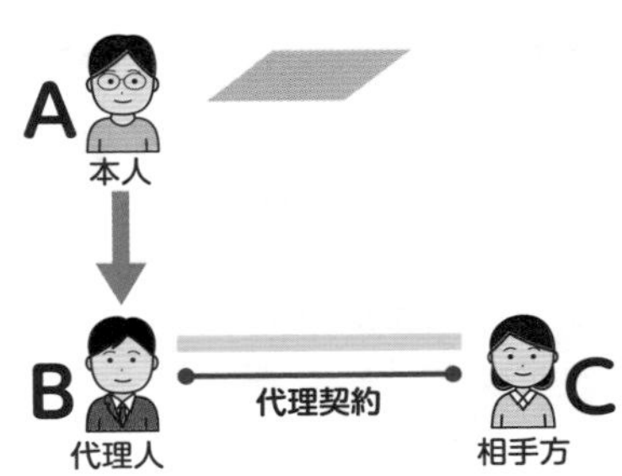

●制限行為能力者
未成年や認知症の人などは
契約について保護されます

●債務不履行・危険負担・解除
義務が果たされない場合と、その対応を
学びます

●時効
時間の経過で取得したり
なくなる権利があります

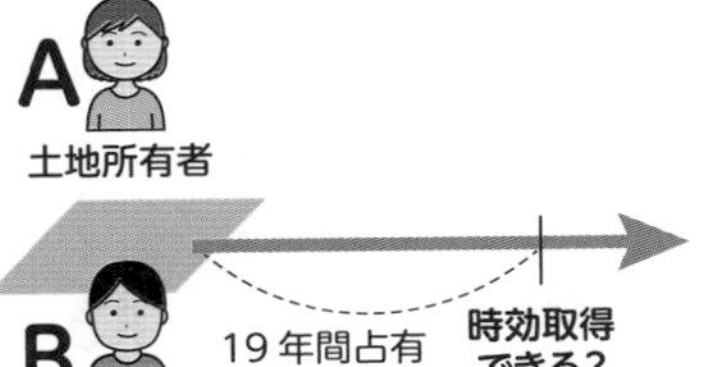

●弁済
債権を消滅させる方法を学びます

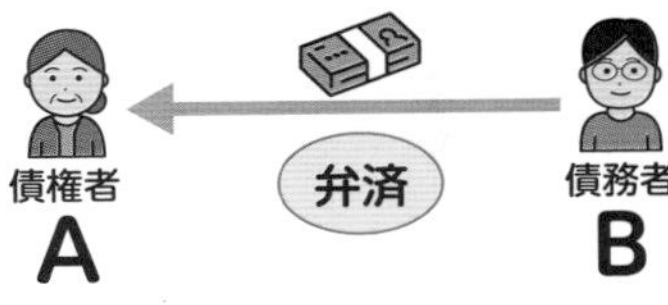

権利関係 学習マップ②

●契約不適合責任（担保責任）
目的物に契約内容にふさわしくない
欠陥があれば責任を問えます

●不動産登記法
対抗要件である登記のしくみ
を定めています

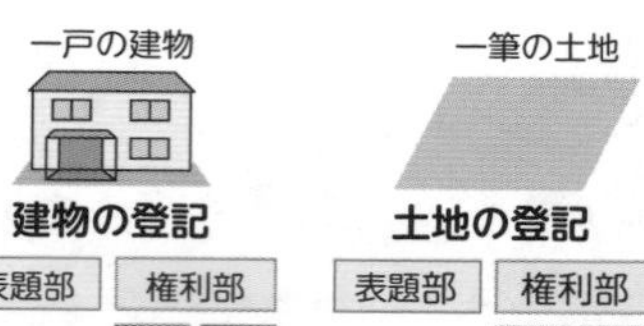

●相続
死亡するとどのように財産が
引き継がれるかを学びます

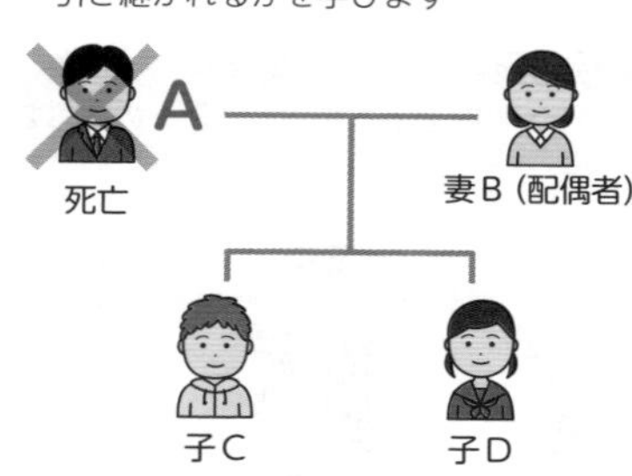

●抵当権・根抵当権
目的物を担保に取ることで弁済してもらえ
ない場合に債権を優先的に回収できます

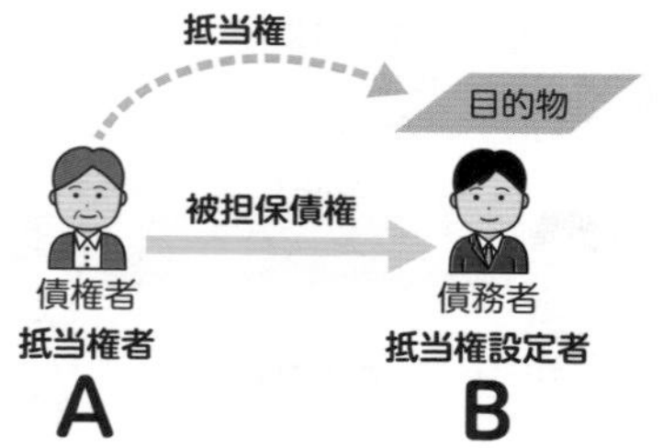

●物権変動
契約などによる権利の移転
について学びます

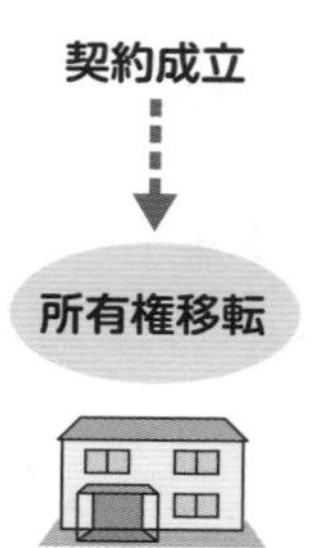

●保証・連帯保証・連帯債務
債務者等が複数人いる場合
どうなるかを学びます

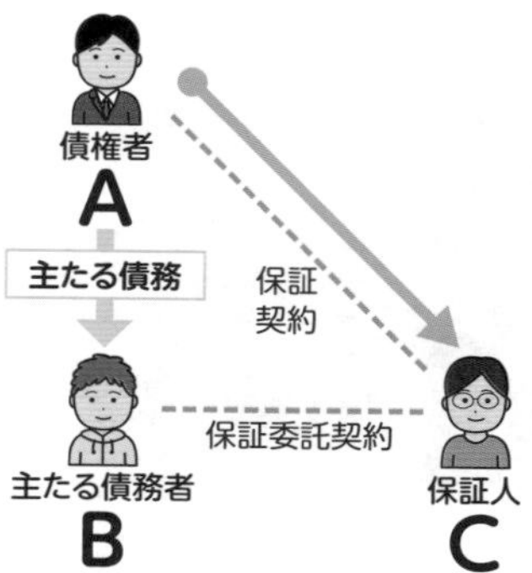

権利関係 学習マップ③

●共有
みんなで1つのものを所有した場合の権利義務を学びます

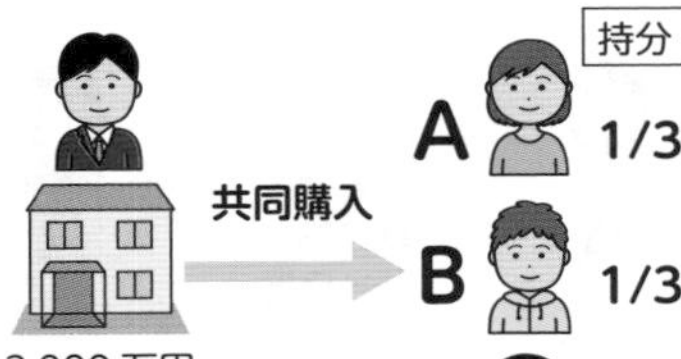

3,000万円

●借地借家法（借家・借地）
土地や建物の貸し借りでは借り手を保護しています

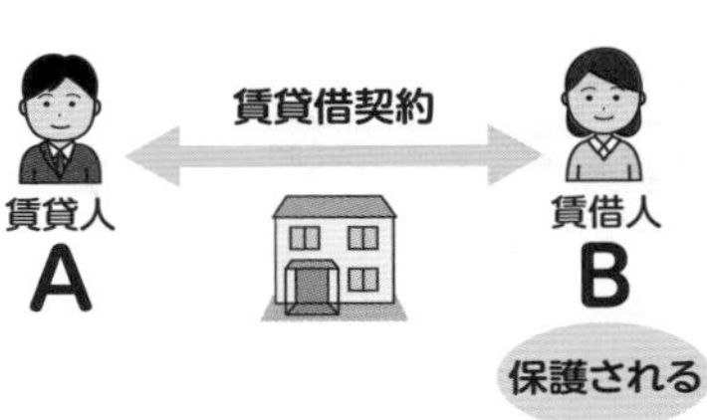

●区分所有法
マンションに関するルールやルールの決め方を学びます

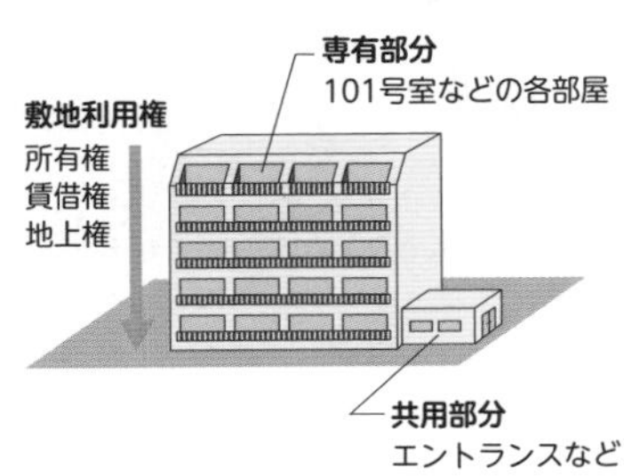

●不法行為
わざとやミスで他人に損害を与えると賠償義務が発生します

●賃貸借・使用貸借
お金を取ったり、タダで物を貸し借りする契約を学びます

●請負
家の建築など、仕事を依頼した場合のお互いの権利義務を学びます

権利関係 学習マップ④

●委任

誰かに法律行為を依頼する
場合の契約について学びます

委任契約

●相殺

一定の条件でお互いの
債務と債権を清算できます

100万円の
貸金債権

100万円の
代金債権

●債権譲渡

債権を誰かに譲り渡す
場合の要件を押さえます

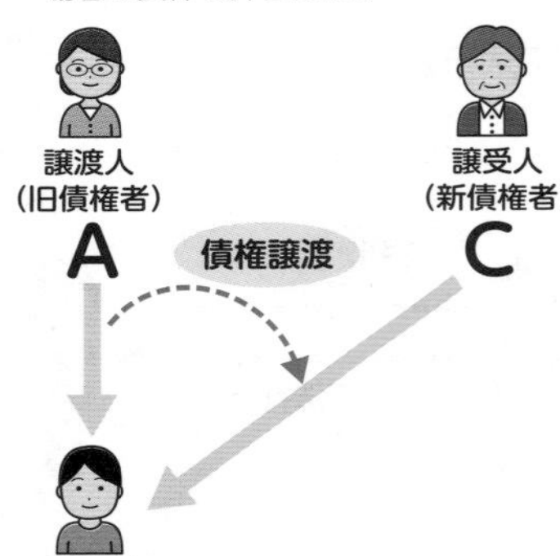

●相隣関係

隣り合う土地の
権利の調整を学びます

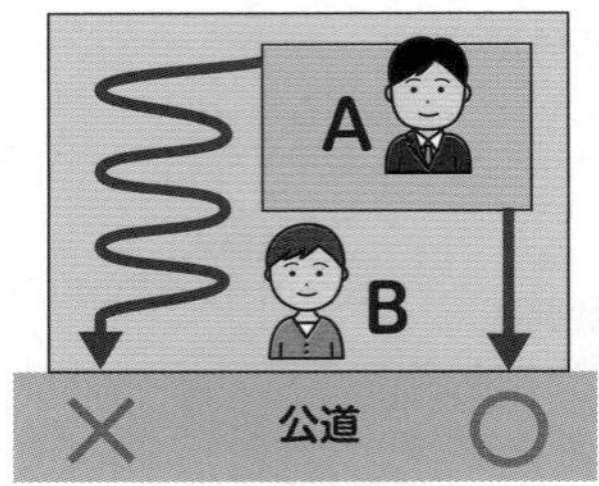

●担保物権

抵当権以外にも物から
回収する物権があります

債務者
B

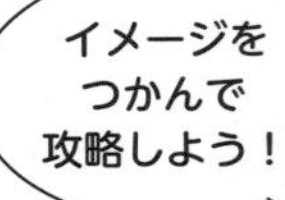

2 契約・意思表示

▶▶▶ **民法における契約の考え方を学びます**

不動産取引は「契約」で行われると思いますが、ベースとなる民法の考え方を教えてください。

経済活動の基礎となるのが契約（約束）です。契約は守る必要がありますが、一方で詐欺や強迫のようなトラブルが生じた場合に買主等を保護する必要があります。そのため、契約の無効を主張したり、取り消すことができます。「当事者間の契約が取消しなのか、あるいは無効なのか」「取消しや無効を第三者に対抗できるか」といった点に注目して学習しましょう。

1 契約の成立

契約（けいやく）とは、簡単にいえば約束のことです。では、この契約はどの段階で成立するのでしょうか。不動産の売買契約で考えてみましょう。

①「売ります」という売主による**申込み**の意思表示
②「買います」という買主の**承諾**の意思表示
③ ①と②の**合致**（一致）により契約成立
（特約がなければここで所有権が移転）
④契約書作成
⑤代金支払い、登記、引渡し

売主の「売ります」という意思と、買主の「買います」という**意思が合致した時点で、契約は成立します**。また、契約成立時点で原則として所有権も移転します。

現実世界では契約の際に書面（契約書）を作成するのが一般的ですが、契約成立について、**書面の作成は義務ではありません**。契約書は、証拠として残しておくために作成するものです。また、所有権移転の登記は、残代金支払いと同時に行うという特約（とくやく）（特別な合意）を結ぶのが一般的です。

ただし、契約書（電磁的記録でも可）が必要となる契約もあります。試験に出題される重要なものとして、次のことを覚えておきましょう。なお、民法以外のルールも記載しています。

〈民法〉
- **保証契約・連帯保証契約・根保証契約**

〈借地借家法〉
- **定期建物賃貸借契約**
- **取壊し予定の建物賃貸借契約**
- **定期借地権契約**
- **事業用定期借地権設定契約**（公正証書でなければ不可）

売買契約が成立すると、売主と買主には権利（債権）や義務（債務）が発生します。例えば、売主には「建物を引き渡す義務」と「代金を払ってもらう権利」、買主には「代金を支払う義務」と「建物を引き渡してもらう権利」が生まれます。

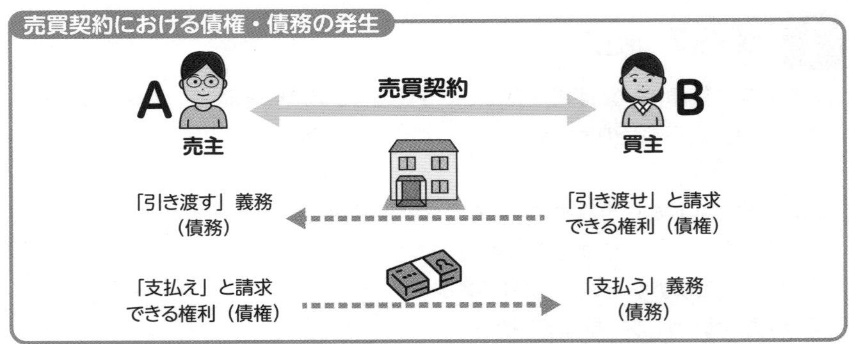

民法の世界と実務の感覚には異なることが多い点に注意しましょう。契約書がなくても契約が成立する点は、その一つです。

2 契約自由の原則

契約は、基本的に当事者で自由に決めることができ、これを**契約自由の原則**といいます。例えば、「3,000 万円相当の土地を 100 円で売買する」という契約であっても有効です。現実世界では、あまりにも安い金額であると「贈与」とみなされ贈与税がかかりますから、このような契約を実際には結ばないでしょう。しかし、民法上、有効となります。

ただし、「愛人になるのが条件で土地を100円で売る」という契約は、倫理上の観点から**公序良俗に反する契約**にあたる可能性も高く、公序良俗違反となれば、**無効**となります。

民法では契約は自由であり、特約も自由に結べますが、借地借家法が適用されるとき、借主に不利な特約は無効となります。また、宅建業法が適用される場面（例えば８種制限）では、一般消費者の買主に不利なものは無効になることがあります。

3 条件・期限

契約の効力は、原則として「契約が成立したとき」に発生します。しかし、当事者間の合意により、契約の効力発生時期を遅らせたり、一定の事情により効力を失わせることがあります。これらを「条件・期限」といいます。

①条件

条件とは、**契約の効力が将来発生するかどうかが不確実なこと**をいいます。条件には２種類があり、①停止条件と②解除条件があります。

例えば、ＡＢ間でＡ所有の建物について、「Ａの転勤が決まったら、Ｂに売ります」という特約付きの売買契約を結んだ場合のように、**一定の事実が発生すれば、契約の効力が発生するもの**を**停止条件**といいます。

これに対して、例えば「大学に合格して就職したら、仕送りをやめる」という場合のように、**一定の事実が発生すれば契約の効力が消滅する旨の条件**を**解除条件**といいます。

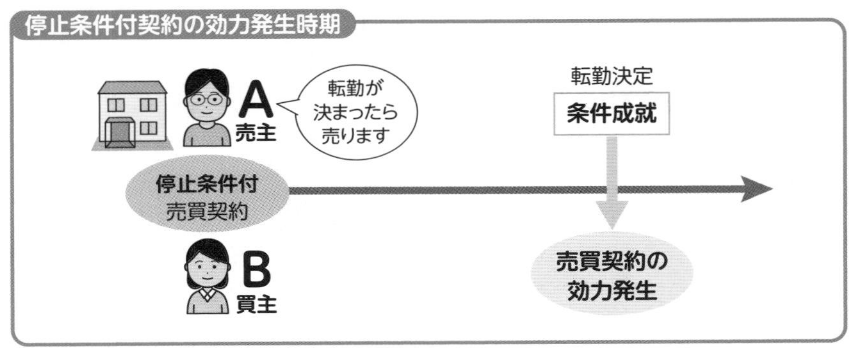

(1)停止条件付契約の効力

「Aの転勤が決まったら、建物をBに売却する」という停止条件付契約を結んだ場合、AB間の契約は有効に成立します。

しかし、この場合において、契約の効力は契約締結と同時には生じません。停止条件が成就(じょうじゅ)したときに、はじめて契約の効力が発生します。

建物の所有権が移転するのは、この事例でいうと「転勤が決まったとき」です。

(2)解除条件付契約の効力

解除条件付契約の場合、契約成立と同時に効力が発生します。つまり、条件が成就したときに契約の効力が消滅します。

例えば、「結婚したら社宅を出る」という契約を結んだ場合、「結婚」という解除条件が成就すれば、「社宅に住む」という権利が消滅します。権利が消滅したなら、社宅から出ていかなければなりません。

(3)条件の重要ポイント

不動産が値下がりしたため、約束通り買いたくなくなった**買主が条件成就を故意(こい)に妨げたときは、売主は停止条件が成就したものとみなして、買主に売買契約の履行を求めることができます。**

また、**条件付契約の当事者は、条件の成否がまだわからない間において、相手方の利益を害してはなりません。条件付権利を侵害した者は、損害賠償の責任を負います。**

例えば、停止条件の成否が未定である間に、売主Aが不動産をほかの第三者に売却して移転登記を行い、売主としての債務を履行不能とした場合、停止条件が成就する前の時点の行為であっても、売主Aは買主Bに対して損害賠償責任を負います。

条件の成否がまだわからない間に契約の当事者が死亡した場合、その条件付契約の権利義務は、相続されます。

②期限

期限(きげん)は、契約の効力が将来発生することが確実な場合をいいます。例えば、AB間でA所有のマンションについて「2025年の12月16日に、Bにマンションを引き渡す」という特約付きの売買契約を結んだとします。この場合、マンションの引渡し義務が発生するのは、期限である「2025年の12月16日」です。期限には、次の２種類があります。

(1)確定期限

その時期が確定しており、期限が到来することが確実なもの

(2)不確定期限

例えば「父親が死亡したら」というように期限が到来することは確実だが、その時期がいつになるかわからないもの

条件と期限は似ていますが、条件は「成就するかどうかわからないこと」、期限は「必ず到来すること」と覚えましょう。

4 意思表示

①詐欺

詐欺（さぎ）とは、だますことです。

詐欺によってだまされて契約をしてしまった人、例えば、次の図の売主Ａは、契約に従って売った土地をそのまま引き渡さなければいけないのでしょうか？

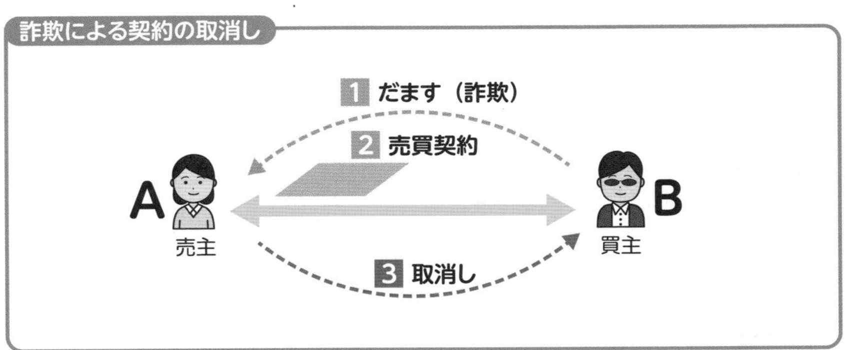

もし、だまされなければ、Ａはそのような契約はしなかったはずです。そのため、民法ではだまされた人（売主Ａ）は、その**意思表示を取り消すことができる**というルールを設けています。そして、「取消し」をすると、その契約は、**はじめにさかのぼってなかった**ことになります。なお、契約はいったん有効に成立するため、取り消さない限りは有効となります。

取消しをすると、契約はなかったことになるので、売主Aは代金を返還し、買主Bは土地を返還します。売主Aの代金の返還と買主Bの土地の返還は、同時履行の関係となります。

ただし、だまされたからといって永遠に取消しができるわけではありません。追認できるときから5年、行為のときから20年を経過するとできなくなったり、詐欺と気づいたにもかかわらず、異議をとどめずに契約の全部や一部の履行をしたり、相手に請求すれば「もう取消ししないんだよね」とされて、追認したものとみなされ、取消しができなくなります（**法定追認**）。

「無効」とは最初から契約が成立していない状態をいいます。一方、「取消し」は契約をなかったことにすることをいいます。そのため、詐欺による契約もいったんは有効になる点に注意が必要です。無効の場合は、あえて契約を無効とする旨の意思表示をしなくても当然に無効となります。無効と取消しは似ていますが、法的性質は異なります。

(1)第三者との関係

次に、売主Aと買主B以外に、第三者である買主Cが登場した場合を考えてみましょう。

売主Aが取り消す前に、詐欺をした買主Bが第三者Cに転売してしまった場合、取消しはできるのでしょうか？　詐欺によってだまされた売主Aは第三者Cに、「その土地は私のものなので返してください」と言えるのでしょうか？

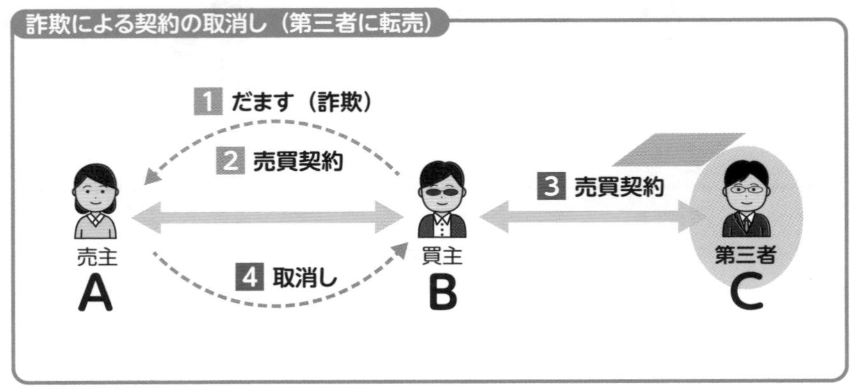

このような場合、取消しの可否は、第三者Cが詐欺を知っていたかどうかで判断します。

ここで、民法の用語を押さえておきましょう。善意（ぜんい）とは、ある事実について知らないことであり、知らないで買ったから取引の安全のためにも保護されるという流れになります。

また、悪意（あくい）とは、ある事実について知っていることであり、知っていたなら保護しないことが多いのが、民法の基本的なスタンスです。

● 第三者Cが善意・無過失の場合

売主Aが買主Bの詐欺にあって売ってしまったことを第三者Cが落ち度（おど）なく知らなかった場合は、売主Aから「私の土地だから返してください」といわれ、土地を取られてしまうのはかわいそうなので、保護する必要があります。また、だまされた売主Aにも落ち度があるからです。

よって、詐欺によってだまされた売主Aは**善意・無過失の第三者**であるCに対して、**「土地を返せ」と言えない**ことになります。

なお、過失とは、「うっかりミスのこと」です。無過失とは、「落ち度がないこと」をいいます。さらに、重大な過失もあります。これは「どうしようもないミスのイメージ」で保護されなくなります。

● 第三者Cが悪意、または善意でも過失ありの場合

第三者Cが、売主Aが詐欺でだまされて買主Bに売ってしまったと知っていた場合や、普通であれば気がつくような場合（過失）には、第三者Cを保護する必要はないので、売主Aは**悪意、または善意ではあるが過失がある第三者**Cに対して、**取消しを主張することができます。**

したがって、この場合売主Aは、第三者Cから土地を取り返すことができます。

(2)第三者による詐欺

では、取引の相手方ではない第三者から詐欺によってだまされた場合はどうなるのでしょうか。

例えば、売主Aが第三者Dにだまされて、買主Bと土地を売買する契約を締結した場合、売主Aは買主Bとの契約を取り消すことができるのでしょうか？

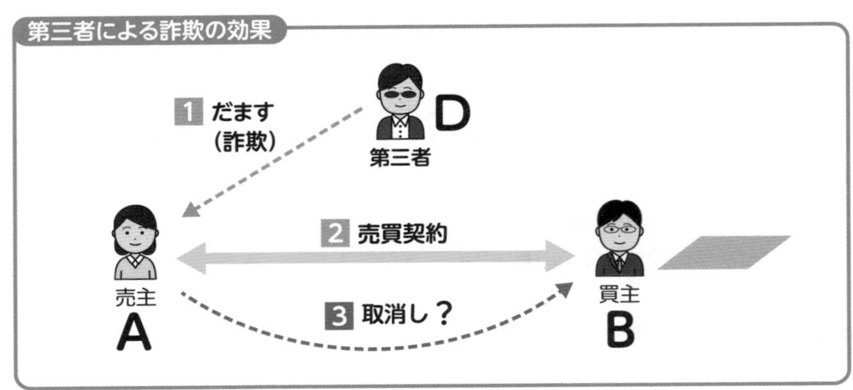

この場合も、やはり買主Ｂが「知っていたか、あるいは落ち度があったかどうか」という点がポイントになります。

● 買主Ｂが詐欺について善意・無過失の場合

買主Ｂに落ち度なく、売主Ａが第三者Ｄにだまされていたことを知らない場合、売主Ａから「土地を返してください」と言って、いきなり土地を取りあげられてしまうのは、買主Ｂがだましたわけではないのにちょっとかわいそうです。他方で売主Ａが詐欺によってだまされたのは、売主Ａにも落ち度があります。そのため、買主Ｂが**善意・無過失の場合**、売主Ａは**取り消すことができません**。

● 買主Ｂが悪意の場合、または善意でも過失がある場合

買主Ｂが、売主Ａが第三者Ｄに詐欺でだまされて土地を売ってしまったことに対して悪意である場合、あるいは事情を知らなかったものの、通常であれば気がつくような場合（有過失）には、買主Ｂを保護する必要はありません。売主Ａは契約を**取り消すことができます**。

善意・無過失というワードが出てきたら、「知らないことについて落ち度が全くない完璧な状態で保護される」というイメージを持ちましょう。また、善意でも、不注意で知らない場合は善意・有過失となります。要は、「いい加減にしろ」という程度の落ち度がある場合は、善意・重過失となり、悪意と同レベルで保護されないことが多いのです。

②強迫

強迫(きょうはく)というのは、おどすことです。おどされて契約してしまった場合、契約を取り消すことができるのでしょうか？

(1)当事者間での効力

強迫によりおどされた人は、無理やり意思表示をさせられています。本心で「売りたい」と言っているわけではありません。そのため、おどされた売主Aは買主Bが善意・無過失か悪意かを問わず、かわいそうだといえます。

したがって、強迫された売主Aは、契約を**取り消すことができます**。取消しをすると、その契約は、はじめにさかのぼってなかったことになります。

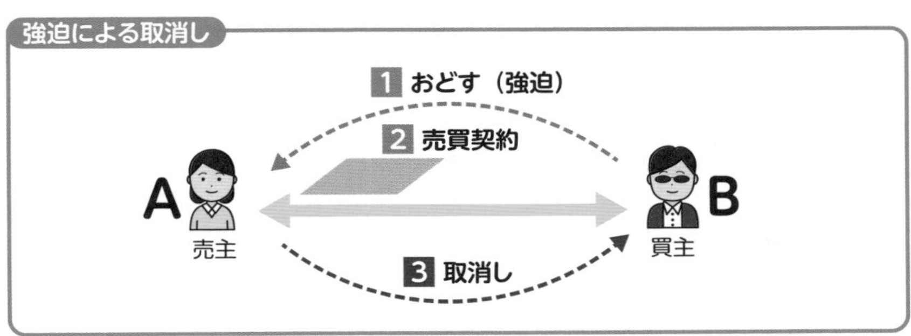

(2)第三者との関係

強迫によって契約を取り消した売主Aは、取消し前に買主Bが転売して土地を取得した第三者Cに「土地を返せ」と言えるのでしょうか？

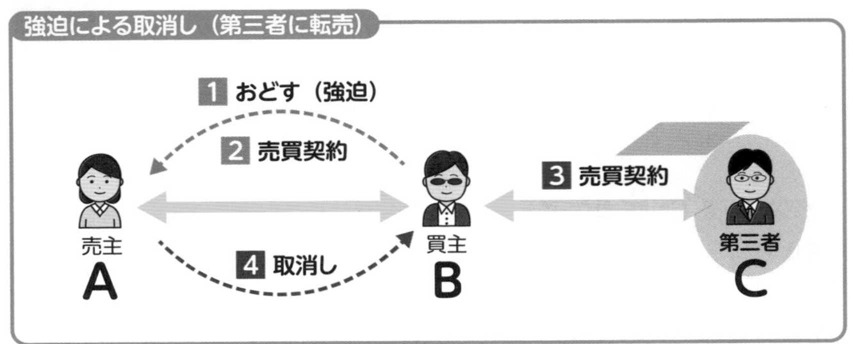

先ほどの詐欺とは異なり、強迫でおどされた売主Aは一方的にかわいそうです。したがって、おどされた売主Aを保護する必要があります。**強迫による取消しは、第三者に対抗することができます。**

強迫の場合、第三者の善意・悪意は問われません。たとえ第三者Cが善意無過失であっても、「土地を返せ」と言えます。

(3)第三者による強迫

第三者による強迫の場合も、おどされた人の保護を最優先します。よって、**相手方が善意・無過失であっても、一方的にかわいそうな売主Aは、取り消すことができます。**

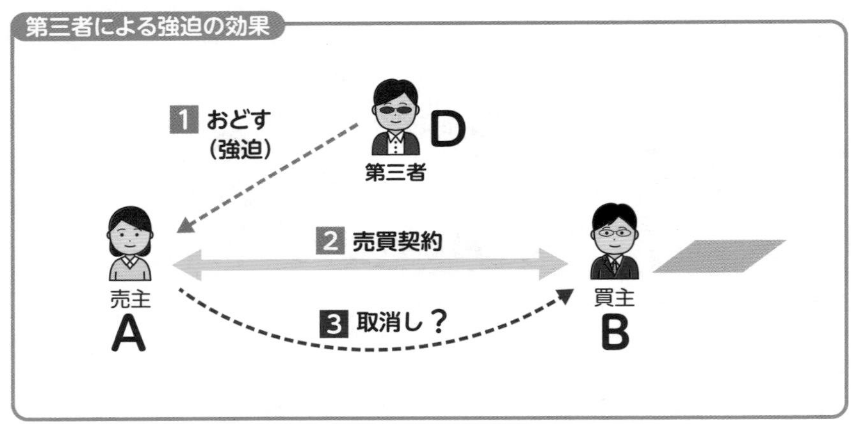

民法では、トラブルに気づかず落ち度もない（善意・無過失の）人は、取引の安全を図るという観点から保護されるという流れがあります。詐欺と強迫の違いは、「だまされた人は落ち度があるので、善意・無過失の人には勝てない」「おどされた人は落ち度がないので、善意・無過失の人に勝てる」と押さえてください。

③虚偽表示（通謀虚偽表示）

虚偽表示(きょぎひょうじ)とは、相手と示し合わせて（通謀(つうぼう)）虚偽の意思表示をすることです。**仮装譲渡**(かそうじょうと)ともいいます。

例えば、売主Aが所有している建物について、債権者の差押えを逃れるために、買主Bと口裏を合わせて、買主Bに売ったことにする契約をした場合です。

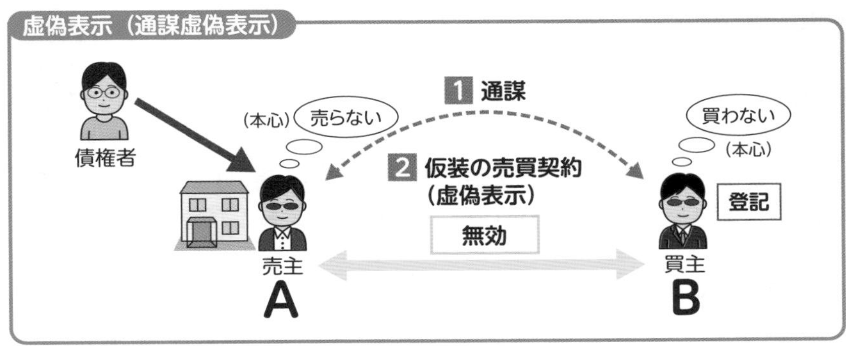

(1)当事者間での効力

虚偽表示による契約は**無効**です。なぜなら、この場合は、売主、買主の両当事者ともに売る気も買う気も、そもそもないからです。表面上、意思表示の合致があったように見えるだけで、実際は、当事者のどちらも契約をする意思がないためです。

(2)第三者との関係

虚偽表示による契約は当事者間では無効でしたが、第三者に対してはどのように働くのでしょうか？

例えば、AとBが虚偽表示による家の売買契約を締結しました。買主Bが第三者Cに転売した場合、売主Aは第三者Cに対して、「AB間の契約は無効なので家を返せ」と言えるでしょうか？

ここでのポイントは、第三者CがAとBの売買契約が虚偽表示であることを「知っていたかどうか」です。

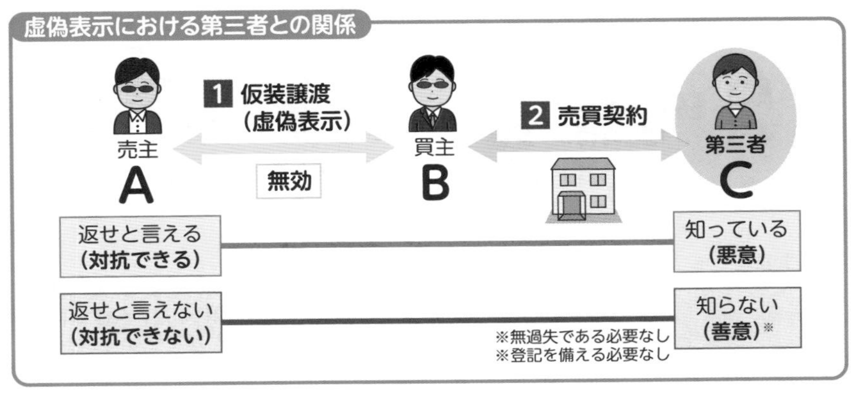

● **第三者Cが知らない（善意）の場合**

第三者CがＡＢ間の契約が虚偽表示だと知らなかった場合は、第三者Cから家を取りあげてしまうのはかわいそうです。そのため、売主Aは、虚偽表示の無効を**善意の第三者**であるCに対して対抗することができません。したがって、売主Aは第三者Cに「家を返して」と言うことはできません。**第三者Cは善意でありさえすればよく**、対抗するのに**登記も不要**であり、過失があってもＣが勝ちます。

● **第三者Cが知っている（悪意）の場合**

第三者Cが事情を知っていた場合は、第三者Cを保護する必要はありません。そのため、売主Aは、**悪意の第三者**であるCに対して**対抗することができます**。したがって、売主Aは、第三者Cから家を取り返すことができます。

● **転得者Dが存在する場合**

第三者からさらに目的物を譲り受けた者を**転得者**（てんとくしゃ）といいます。では、売主Aはこの転得者Dに対して、虚偽表示の無効を対抗することができるのでしょうか？

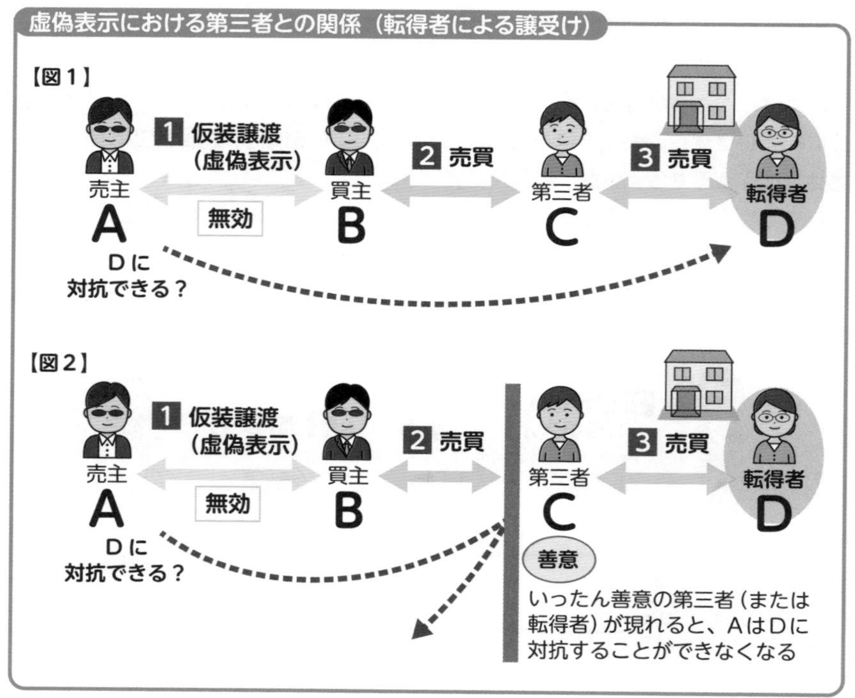

上の**図1**の転得者D自身が善意である場合は、転得者Dを保護する必要がありますので、売主Aは転得者Dに**対抗することができません**（第三者Cの悪意・善意を問いません）。

これに対して、転得者Dが悪意の場合で、第三者Cも悪意である場合は、転得者Dを保護する必要がないため、売主Aは無効を主張できます。

問題は、**図2**の転得者Dが「悪意」で、第三者Cが「善意」のケースです。

このケースは、一見すると悪意の転得者Dを保護する必要がないようにも思えます。しかし、第三者Cが善意である場合は、売主Aは、第三者Cに無効を主張することができなくなっています。その後、たまたま悪意の転得者Dが登場したからといって、急に対抗できるようになるのは、法律関係を必要以上に複雑にしてしまい、善意のCがDから責任追及を受ける可能性もあるため不適当です。

以上より、いったん**善意の第三者C**（あるいは「善意」の転得者D）が現れると、売主Aは転得者Dに対して**対抗することができません**。最低限、この結論を押さえておきましょう。

虚偽表示の問題では、「買主Bが買った土地を第三者Cが善意で差し押さえた」という事例の出題もあります。虚偽表示を信じて差し押さえたかどうかを判断することで答えが出ますが、丸暗記の勉強では通用しない問題も出題されるのが民法の問題なのです。

④心裡留保

心裡留保（しんりりゅうほ）とは、冗談のことです。本心とは違う意思表示をすることで、売る気もないのに冗談で「この土地を売る」と言う場合が該当します。

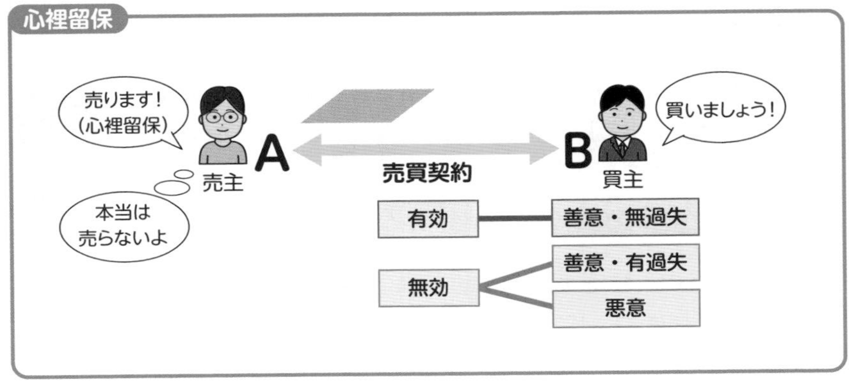

(1)当事者間での効力

心裡留保による意思表示は、原則として**有効**となります。本心では契約をする意思がないため無効となるはずですが、それでは相手方がかわいそうなので、相手方の保護のために、原則として有効としました。

ただし、相手方が冗談だということを知っていたり（悪意）、冗談だということに通常考えれば気づくような場合（善意・有過失）は、保護する必要がないため無効となります。

(2)第三者との関係

第三者Cは善意であれば、保護されます。善意・無過失である必要はありません。Bと口裏を合わせていないので虚偽表示ではありませんが、似ているというイメージを持っておくとよいです。

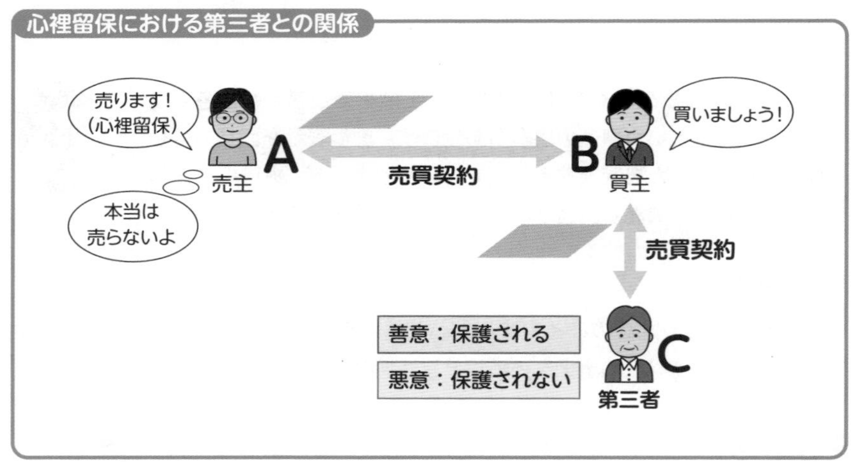

「冗談で言ったことは無効だけれど、相手が本気で信じた場合（善意・無過失）に有効となる」と覚えましょう。民法では、本気で信じた人を保護する必要があるからです。

⑤錯誤

錯誤（さくご）とは、勘違いのことです。例えば、売主Aが甲土地を売りたいと考えていたのに勘違いし、間違えて「乙土地を売りたい」と言ってしまい、買主Bと契約してしまった場合はどうなるのでしょうか？

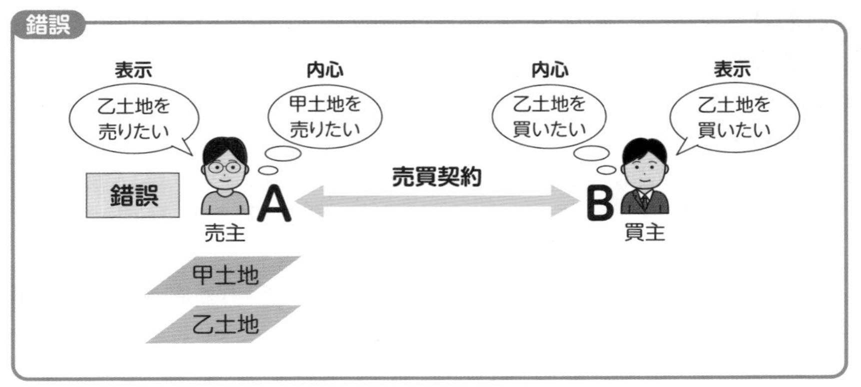

売主Aが甲土地を売りたいと思っていたのに間違って「乙土地を売りたい」と意思表示をしてしまった場合、そのまま乙土地を引き渡さなければならないとすると、ちょっとかわいそうです。

そこで、勘違いをした売主Aを保護するために、**契約を取り消すことができる**というルールになっています。

(1)法律行為の目的および取引上の社会通念に照らして重要な錯誤

例えば「甲土地を売りたい」と思っていたのに、「乙土地を売りたい」と言ってしまった場合のように、契約の要素（重要な部分）を勘違いしていた場合は、取消しができます。

ただし、表意者（意思を表した人）が勘違いしたからといって、常に取消しができるのであれば、相手が安心して取引できなくなります。そこで、勘違いをした人に**重大な過失**がある場合には、取消しができないとしました。

ただし例外として、次のような場合には、勘違いした人に重大な過失があったときでも取消しができます。

- 相手方が表意者に錯誤があることを**知っていた**場合
- 相手方が表意者に錯誤があることを**重大な過失**によって知らなかった場合
- 相手方が表意者と同一の錯誤に陥っていたとき（**共通錯誤**）

錯誤による取消しは、表意者を保護するためのものなので、**原則として表意者から主張できます**。相手方から錯誤を理由とする取消しの主張は原則できません。

(2)表意者が法律行為の基礎とした事情についてのその認識が真実に反する錯誤（動機の錯誤）

例えば、「新しい駅ができるから、この土地を 1,000 万円で買いたい」といって売買の契約をしたものの、実際には、新しい駅をつくる計画はなかったとしましょう。1,000 万円で土地の売買をするという意思は合致しているので、契約は有効であり、取消しはできません。買おうと思ったきっかけ（動機）に勘違いがあっただけだからです。

ただし、**相手に動機を表示（明示的（はっきり言う）でも黙示的（しぐさ等の暗黙の了解）でもかまいません）していたときには、取消しができます。**

錯誤は重要な勘違いのときに取消しができますが、重大な過失（重過失）があれば取消しできません。しかし、重過失があっても例外として取消しができる場合があるといったように、例外の例外のようなものもあるので、最初は難しく感じるかもしれません。自分が勘違いした立場になって考えてみたり、勘違いした相手の立場で考えながら学習すると、理解しやすくなります。

(3)第三者との関係

錯誤による取消しは、第三者に対して対抗できるのでしょうか？

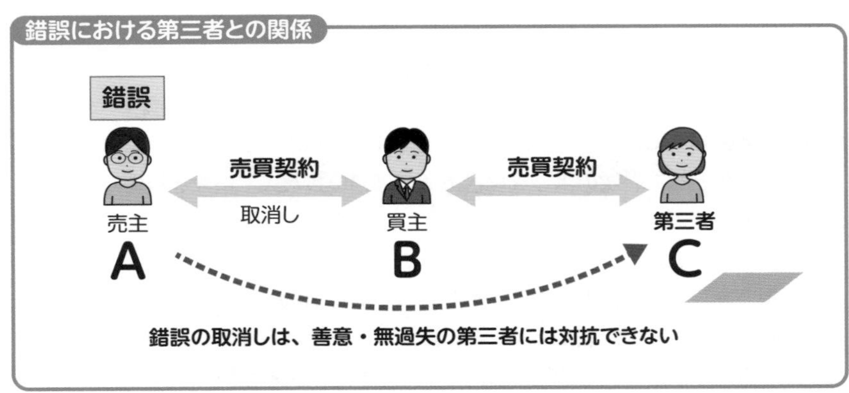

第三者が善意・無過失の場合には、対抗することができません。これは、詐欺による取消しの場合と同じです。勘違いをしたということは落ち度があったということなので、善意・無過失の第三者には対抗できません。

意思表示は理解するまでは難しく感じるでしょう。しかし、どのようなテキストでも最初の方に収録されているせいか、受験者の正答率は高いです。差をつけられないようにしましょう。

5 公序良俗に反する行為

公序良俗（こうじょりょうぞく）に反する法律行為（倫理上問題のある行為）は無効です。この無効は善意の第三者にも主張することができます。

問題にチャレンジ ○か×で答えましょう

Q1 AがBに甲土地を売却したが、AがBの強迫を理由に売買契約を取り消した場合、甲土地の所有権はAに復帰し、はじめからBに移転しなかったことになる。

Q2 A所有の土地が、AからB、BからCへと売り渡され、移転登記も完了している場合、Aが、Bにだまされて土地を売ったので、その売買契約を取り消したときは、そのことを善意・無過失のCに対し対抗することができる。

Q3 Aは、Bに強迫されて土地を売ったので、その売買契約を取り消した場合、その後、Bから土地を取得した善意・無過失のCに対し対抗することができる。

Q4 Cの詐欺によってAがBに土地を売却した場合、Aは、Bが当該詐欺の事実を知らず、知らなかったことにつき過失がなかったとしても、売却の意思表示を取り消すことができる。

解答と解説

A1 ○　強迫による契約は取り消すことができ、はじめから土地の移転はなかったことになります。

A2 ×　詐欺による取消しは、取消し前の善意・無過失の第三者に対抗することができません。

A3 ○　強迫による取消しは、善意・無過失のCにも対抗できます。

A4 ×　第三者による詐欺の場合、相手が善意・無過失だと取消しできません。

問題にチャレンジ　○か×で答えましょう

Q5 Aが自己の所有地を、債権者Bの差押えを免れるためCと通謀して、登記名義をCに移転したところ、Cはその土地をDに譲渡した場合、AC間の契約は無効であるから、AはDが善意有過失で登記がない場合、Dに対し所有権を主張することができる。

Q6 表意者が法律行為の基礎とした事情について、その認識が真実に反していた場合、当該事情が法律行為の基礎とされていることを、相手方に黙示的に表示したにとどまる場合は、錯誤による取消しを主張することはできない。

解答と解説

A5 ×　Aは善意の第三者であるDには対抗できません。Dの過失や登記がないのは関係ありません。

A6 ×　黙示的であっても相手方に表示すれば、原則として取消しできます。

3 制限行為能力者

▶▶▶ 意思能力がない人の契約は無効になります

不動産取引は、誰でも行うことができるのでしょうか？

民法は、社会的弱者を保護するために取消権を認めたり、保護者を付けたりしています。ここでは、通常の大人と比べて判断能力が不十分な者を「制限行為能力者」として保護する制度を学びます。具体的には、「どういう場合に契約の取消しができるのか」「保護者にはどのような権限があるのか」といった内容になります。
なお、意思無能力者（泥酔者や就学前の児童等）が行う意思表示ができない状態の契約は、はじめから無効とされています。

1 意思能力と権利能力

契約を有効に結ぶためには、物事を判断する**意思能力**が必要です。意思能力とは、具体的には、自分が行った行為の結果がどうなるのかを理解する能力のことであり、**意思能力がない人が行った契約は無効**となります。

意思能力のない人を**意思無能力者**といいます。代表的な例としては、幼児や泥酔者などがあげられます。

さらに、権利を取得したり、義務を負ったりすることができる資格のことを**権利能力**といいます。権利能力は、人間や法人であれば、誰もが有しています。幼児には意思能力がないため、１人で有効な契約はできませんが、相続などで不動産の所有権を持つことはできます。なお、民法上、犬は物扱いとなり、犬には犬小屋の所有権はありません。

無効となる契約は、はじめから全く成立していないことになります。

2 制限行為能力者とは

制限行為能力者とは、未成年者など通常の大人に比べて判断能力が低く、契約等を行う能力が制限されている者のことをいいます。民法では、このような人を保護するために、「制限行為能力者制度」という制度を設けています。

具体的には、一定の者を保護者として、制限行為能力者を保護・監督する、そして、**制限行為能力者が、単独で締結した行為は取消しができる**こととしています。

①制限行為能力者とその保護者

未成年者の保護者は、親権者、もしくは未成年後見人です。請求により、家庭裁判所が選任するほかに、遺言により指定されることもあります。

成年被後見人の保護者は、家庭裁判所が選任します。保護者の人数には制限がなく、法人が選任されることもあります。

● **制限行為能力者の種類**

種類	定義	保護者
未成年者	18歳未満の者	親権者・未成年後見人
成年被後見人	精神上の障害により事理を弁識する能力を「欠く常況」 ＋後見開始の審判を受けた者	成年後見人
被保佐人	精神上の障害により事理を弁識する能力が「著しく不十分」 ＋保佐開始の審判を受けた者	保佐人
被補助人	精神上の障害により事理を弁識する能力が「不十分」 ＋補助開始の審判を受けた者	補助人

注意点として、本人以外の者の請求で家庭裁判所の補助開始の審判をするには、「本人の同意」が必要です。被補助人は本人の同意がある場合に限り、被補助人となることができます。

②取引の相手方の保護の制度

制限行為能力者と契約を結んだ相手方は、契約を取り消されるかどうかがわからないため、不安定な状態になります。そこで相手方は、1か月以上の期間を定め、その期間内に追認するかどうかを確答してほしいと催告できます。追認とは、取消しできる契約を「取り消しません」と意思表示して契約を有効にすることです。

制限能力者の保護者や、制限能力者が行為能力者になった後に、催告されたのにもかかわらず確答しないときは、**追認したものとみなされ、取消しできなくなります**。また、被保佐人または被補助人が保護者の追認を得るように催告されたのに追認を得た旨の通知をしないときは、**取り消したことになります**。さらに、制限行為能力者が「行為能力者である」と信じさせるために詐術（ウソ）を用いたときは、契約を取り消すことができません。

● **保護者の権利**

	親権者 未成年後見人※1	成年後見人	保佐人	補助人
同意権	○	×※2	○	△※3
追認権	○	○	○	△※3
取消権	○	○	○	△※3
代理権	○	○	△※3	△※3

※1 代理権を有している保護者を「法定代理人」といいます。法定代理人とは、法律で定められた代理権を有する者のことです

※2 **成年後見人には同意権がありません**。同意した行為を行うことができない可能性もあるので、あらかじめ同意を得ても取消しができます

※3 家庭裁判所の審判が必要です

同意とは「あらかじめ OK すること」、追認とは「契約後に OK すること」です。

③制限行為能力者が行った行為の取消し

例えば、16 歳の子が親に黙って、勝手に自分が相続した物件を売却してしまったとします。契約をした以上、本来であれば売却の約束は守らなければなりません。

しかし、まだ判断能力が不十分な未成年者が行った行為であり、そのまま契約を果たす義務を負わせるのは少しかわいそうです。

そこで、このようなときには未成年者を保護するために、「制限行為能力者が 1 人で結んだ契約は、取り消すことができる」と民法で定めたのです。

この取消しは親権者も未成年者本人も可能で、全ての第三者に対抗することができます。さらに、第三者が善意であっても対抗することができ、判断能力の十分でない制限行為能力者の保護を最優先にしています。

ただし、制限行為能力者が「詐術」を用いて行った行為に関しては、取消しできません。例えば、16 歳の A が身分証明書を偽造して相手をだまし、売買契約を結んだ場合などです。その場合、未成年者であることを理由として取消しはできません。

④未成年者

未成年者(みせいねんしゃ)の行った行為は、原則として取消しができます。しかし、以下の行為は取り消すことができません。

- 保護者から営業の許可を受けている場合で、その営業に関する行為
  例）古着屋を営業することの許可を受けて、古着を仕入れる
- 法定代理人の事前の同意を得て行う行為
- 保護者から渡された一定の財産を処分する行為
- 単に権利を得たり、または義務を逃れる行為
  例）贈与を受ける、借金から逃れるなど（得するだけのこと）

⑤成年被後見人

成年被後見人(せいねんひこうけんにん)（釣り銭の計算ができないなど、常に判断能力を欠いている者）の行った行為は、**原則として取り消すことができます。**

しかし、**日用品の購入など、日常生活に関する行為は、取消しできません。**コンビニでおにぎりを買ったり、服や下着を買うなどの日常行為は、少額ですし本来自由に行われるべきだからです。

成年後見人が成年被後見人の住んでいる建物について、売却、賃貸、抵当権の設定などの処分する場合には、家庭裁判所の許可が必要です。これは単なる財産の処分と異なり、本人の生活環境に大きく影響を与えるからです。被保佐人や被補助人も同様に扱います。

⑥被保佐人

被保佐人(ひほさにん)（不動産の売買契約など１人で行うことが難しく、判断能力が著しく不十分。成年被後見人より軽度）の行った行為は、原則として取り消すことはできません。

しかし、保佐人の同意を得ずに**民法で定められた重要な行為**を行った場合は、取り消すことができます。

重要な行為とは、不動産やその他重要な財産（車など）の売買、**土地（山林を除く）について５年を超える・建物について３年を超える賃貸借**、建物の新築や増改築、大修繕、贈与を断ったり、負担付贈与を受けることなどです。

⑦被補助人

被補助人（ひほじょにん）（日常の買い物は１人で可能だが、不安な部分が多く、判断能力が不十分。被保佐人より軽度）に関して、本人以外の者の請求により補助開始を行うためには、成年被後見人、被保佐人と異なり、**本人の同意**が必要となります。原則として被補助人の行った行為は取り消すことはできません。

しかし、重要な行為のうち、家庭裁判所の審判で決定された特定の行為について、補助人の同意を得ないで行った場合、取消しができます。

問題にチャレンジ　○か×で答えましょう

Q1 成年後見人が、成年被後見人に代わって、成年被後見人が居住している建物を売却する場合には、家庭裁判所の許可を要しない。

Q2 被保佐人が、保佐人の同意またはこれに代わる家庭裁判所の許可を得ないでした土地の売却は、被保佐人が行為能力者であることを相手方に信じさせるため詐術を用いたときであっても、取り消すことができる。

Q3 被保佐人が保佐人の事前の同意を得て土地を売却する意思表示を行った場合、保佐人は、当該意思表示を取り消すことができる。

Q4 精神上の障害により事理を弁識する能力が不十分である者につき、４親等内の親族から補助開始の審判の請求があった場合、家庭裁判所はその事実が認められるときは、本人の同意がないときであっても審判を開始できる。

解答と解説

A1 ×　家庭裁判所の許可が必要となります。

A2 ×　詐術を用いた場合は取消しできません。

A3 ×　被保佐人が事前の同意を得て土地を売却した場合は、保佐人は取消しできません。

A4 ×　補助開始の審判は、必ず本人の同意が必要です。

4 時 効

▶▶▶ **時間の経過による権利の得失があります**

時効について詳しく教えてください。どこが試験のポイントになりますか？

時効とは、時間の経過によって権利を取得したり、権利が消滅したりすることをいいます。もともとなかった権利を取得することを「取得時効」といい、存在していた権利がなくなることを「消滅時効」といいます。これは「権利の上に眠る者は保護しない」という民法の趣旨に基づいています。自分の権利を主張しないでいると不利益を被るのです。消滅時効ではどのようなときに権利が消滅するのか、消滅させないためにはどうすればよいのか（時効の更新・完成猶予）がポイントです。

1 取得時効

取得時効とは、人のものを自分のもののように一定期間占有し続けた結果、その権利を取得するという制度です。取得できる権利には、所有権だけでなく、地上権、地役権、不動産賃借権などの権利があります。

①所有権の取得時効の要件

取得時効には、一定の要件を満たす必要があります。その要件とは、「**所有の意思をもって平穏かつ公然に他人のものの占有を継続すること**」です。

占有には、所有の意思のある**自主占有**と、所有の意思のない**他主占有**とがあります。

所有の意思とは、「これは自分のものだ！」という意思です。無権利者でも自分のものとして使用していれば所有の意思があると考えられます。

これに対して、他主占有とは所有の意思がなく使っていることです。例えば、部屋を借りている人は「借りている」という意思で使っているので、所有の意思はないとされます。ですから、いくら継続して占有しても取得時効は認められません。

取得時効の成立には、**「善意・無過失」の場合は 10 年間占有を継続することが、「悪意または善意・有過失」の場合は 20 年間占有を継続することが要件となります。**

この善意か悪意は、**占有開始の時期**のみで判断します。占有開始の時期に善意・

無過失であれば、後から悪意になった（他人のものと気づいた）としても10年間占有することによって所有権を取得することができます。

では、例えば、土地所有者Aが所有している土地を占有者Bが無断で19年間、所有の意思をもって自分の土地のように使っている場合、占有者Bは、この土地の所有権を取得することができるのでしょうか？

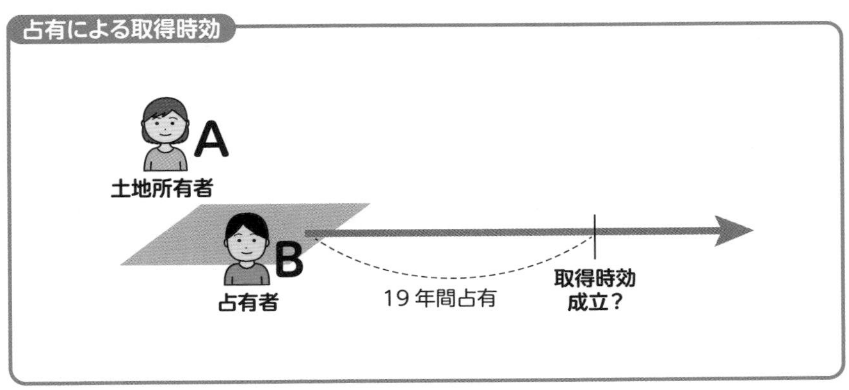

占有者Bが、占有開始時に「善意・無過失」であれば10年が経過したときに、この土地の所有権を時効取得できます。

一方、占有者Bが占有開始時に「悪意」または「善意・有過失」であれば、20年経過しないと時効取得できません。上の例では、19年しか経過していないので、この時点では時効取得の主張はできません。

②占有の承継

時効期間中に占有者が変わった場合はどうでしょうか？

売買や相続によって「占有」が承継（しょうけい）された場合、その承継人は「前主の占有をあわせて」主張することができ、また「自己の所有のみ」を主張することもできます。

前主の占有もあわせて主張する際には、前主の「善意」「悪意」や「過失の有無」も承継することになります。この善意・悪意や過失の有無の判断は、最初の占有者の占有開始時点で判断します。

次の例では、善意・無過失の占有者Bが8年占有し、その後、悪意のある承継人Cが承継した場合、承継人Cは自分の占有開始時点からだと承継から20年かかりますが、占有者Bの占有も合わせると、2年で時効主張できます。

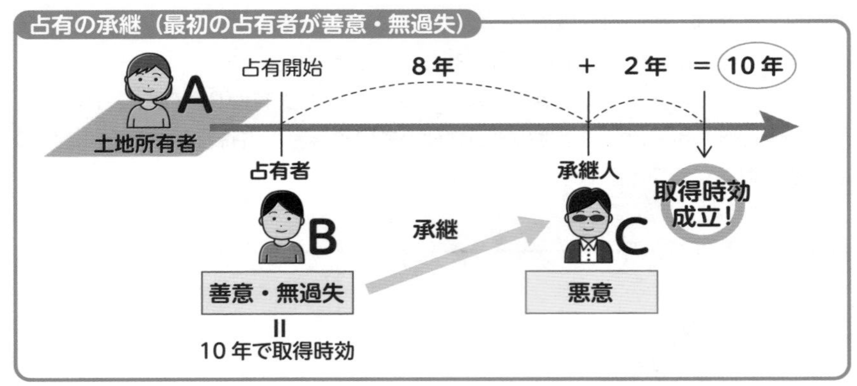

これに対して、悪意の占有者Bが占有して善意・無過失の承継人Cが承継した場合、承継人Cは占有者Bの5年を足して主張すると、悪意も承継するため、承継から15年（合計20年）が必要です。

この場合、自分の占有開始時点は善意・無過失なので承継から10年で時効取得することができ、前占有者の占有年数を入れない方がCは早く時効取得できます。

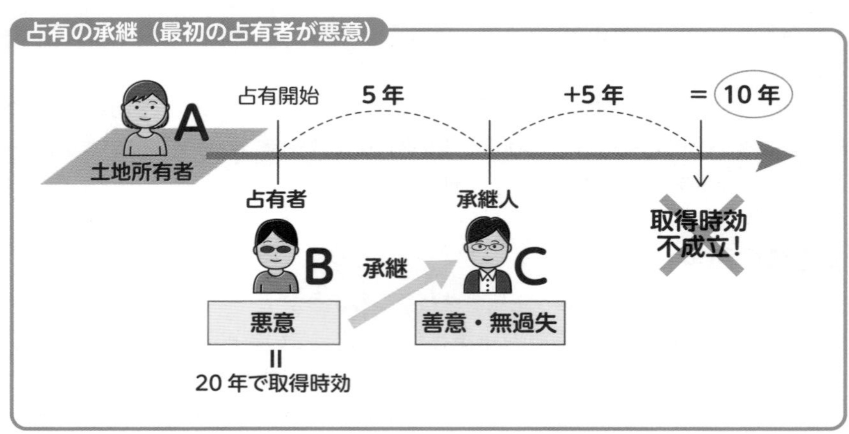

③取得時効完成前に第三者が取得した場合

10年または20年の占有によって取得時効の期間が経過した際に、占有開始時点から売買等によって所有者が代わっていることがあります。占有者は登記がなくても、時効完成時点の所有者に対して、時効による土地の取得を対抗することができます。

④取得時効の対象となる権利

取得時効の完成により、所有権以外の財産権を取得できる場合があります。例えば、**地上権、地役権、不動産賃借権**などです。賃借権を時効取得するためには（所有の意思ではなく）、「賃借の意思」が必要です。

⑤取得時効に関する注意点

時効の起算点を選択して、時効完成の時期を早めたり遅らせたりすることはできません。取得時効により農地の所有権を取得する場合、農地法の許可は不要です。

占有開始時点に善意・無過失であれば10年で時効取得できます。つまり、占有開始から5年後に人の所有物だと気づいたような場合（途中で悪意になった）でも、10年で取得時効が完成します。「占有開始時点が善意・無過失かどうか」で判断しましょう。

2 消滅時効

消滅時効（しょうめつじこう）とは、一定期間権利を行使しないでいた場合に、その権利が消滅してしまうというものです。

例えば、AがBから1,000万円を借りています。Aは約束した期限を過ぎても返済しません。そのままBがAに対して何も言わないで一定期間が経過して、Aが時効の援用をする（時効の完成を主張する）と、BがAに対して「お金を返して」と言える権利は消滅してしまいます。

①消滅時効の対象となる権利と時効期間

消滅時効の起算点と期間は次の通りです。

- 債権者が権利を行使できることを知ったときから5年
- 権利を行使できるときから10年

債権以外の財産権（地上権、抵当権等）も、消滅時効にかかります。その時効期間は**20年**です。所有権は、消滅時効にかかりません。

すでに弁済期が到来している債権について判決が確定した場合や、**裁判上の和解・調停によって権利が確定したときは、消滅時効は10年に延長されます**（弁済期の到来していない債権は除きます）。

②消滅時効の起算点

消滅時効の進行開始は、「権利を行使できるとき」からであり、下記の３パターンがあります。

● 消滅時効の起算点

確定期限	いつ期限がくるかはっきりしているとき	期限が到来したとき
不確定期限	くることは確実だがいつになるかわからないとき（例えば、父が死亡したときに払う）	期限が到来したとき（父が死亡したとき）
期限の定めがない	期限について特に定めをしなかった	債権が成立したとき

消滅時効の起算点は、ひと言でいうと「債権者が権利を行使できるときから」です。

3 時効の完成猶予・更新

時効の完成猶予とは、一定の期間、時効の完成が猶予（ストップ）されることです。

時効の更新とは、時効完成前に経過した期間をいったんゼロにし、新たに時効の期間を進行（リセット）させることです。

なお、次の表につき、利息を払ったり支払の猶予を求めるのも承認にあたります。

● 時効の完成猶予と更新

	完成猶予（ストップ）	更新（リセット）
裁判上の請求・支払督促・和解・調停・強制執行・担保権実行・仮差押え・仮処分	請求等の手続事由が終了するまで時効は完成しない ※訴訟の取下げ等で、その事由が終了した場合は、その終了のときから６か月を経過するまで完成が猶予される	裁判等の権利が確定したときから、新たに時効は進行を始める
催告 例）内容証明郵便	催告のときから６か月を経過するまで ※６か月以内にまた催告をするというように催告を繰り返してもその効力はない	
協議を行う旨の書面または電磁的記録による合意	合意から１年間時効完成しない（１年に満たない期間を定めた場合はその期間）	
承認		承認のときから新たに時効は進行を始める

4 時効の援用と利益の放棄

①時効の援用

援用（えんよう）とは、時効を主張することです。

具体的には、「消滅時効が完成したので借金は払いません」「取得時効が完成したのでこの土地は私のものです」などと主張することです。

援用しないと時効の利益を受けることはできません。なぜかというと、時効を主張することは良心が許さないという人もいるはずなので、時効の利益を援用するかどうかは自分で決めることができるようにしてあるためです。

また、時効の利益が援用できるのは「時効によって直接利益を受ける者」です。債務者のほかに、**物上保証人**、**抵当不動産の第三取得者**、**保証人**、**連帯保証人**などが該当します。

②時効の利益の放棄

時効の利益の放棄とは、**時効の利益を受けないということです。**時効の利益を受けることを良心が許さないような場合、「私は時効の利益を放棄します」と利益を受けないこともできます。

時効の利益の放棄は、**時効完成前にすることはできません。**なぜなら、これを認めてしまうと、債権者側は、時効の利益を主張させないように債務者に時効の利益を放棄させることになるからであり、これでは時効の意味がなくなってしまいます。

また、時効の完成時以後に、いったん**債務の承認をした場合は、時効の完成を知らなかった場合でも、あらためて消滅時効の援用をすることはできません（判例）。**

一度債務の承認をしてしまうと、債権者側は「時効の利益は援用されないだろう」と期待をしてしまうからです。その期待を裏切らないためにも、いったん承認した場合、時効の援用はできないとされています。

時効の援用は、利害関係人ができるというイメージを持ってください。利害関係人が自分の持つ権利ではなくても時効を援用できる場面が今後も多く出てきます。民法は、考え方を理解していれば解ける問題も多く出題されます。

5 時効の遡及効

時効が完成すると、時効の効果（取得時効では権利の取得、消滅時効では権利の消滅）は、その起算日にさかのぼって生じます。これを時効の**遡及効**（そきゅうこう）といいます。「時効の完成のときからではないこと」に注意してください。

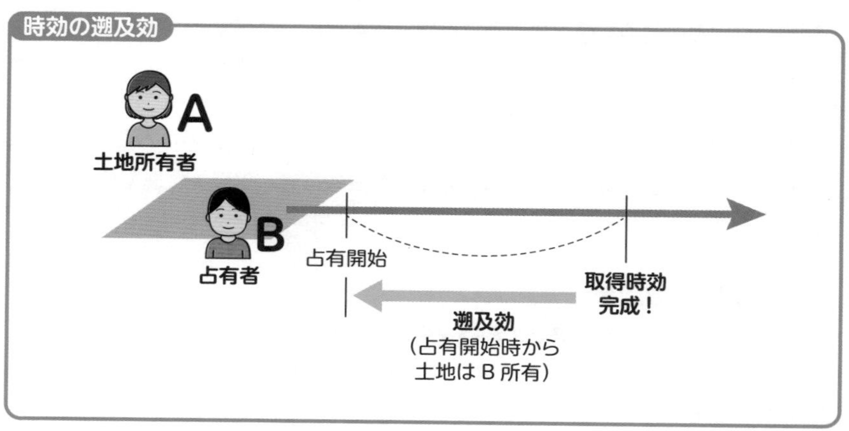

占有者Ｂが、土地所有者Ａの土地を一定期間占有して取得時効が完成した場合、占有者Ｂがその土地の所有権を取得するのは、時効が完成したときからではなく、**占有を開始したときから**ということになります。20年間占有して取得した場合は、20年前から所有者であったということです。

問題にチャレンジ ○か×で答えましょう

Q1 A所有の甲土地を占有しているBがいる場合に、Aから甲土地を買い受けたCが所有権の移転登記を備えた後に、Bについて甲土地所有権の取得時効が完成した場合、Bは、Cに対し、登記がなくても甲土地の所有者であることを主張することができる。

Q2 A所有の甲土地を占有しているBがいる場合に、Bの父が11年間所有の意思をもって平穏かつ公然に甲土地を占有した後、Bが相続によりその占有を承継し、引き続き9年間所有の意思をもって平穏かつ公然に占有していても、Bは、時効によって甲土地の所有権を取得することはできない。

Q3 A所有の土地の占有者がAからB、BからCと移った場合に、Bが平穏・公然・善意・無過失に所有の意思をもって8年間占有し、CがBから土地の譲渡を受けて2年間占有した場合、当該土地の真の所有者はBではなかったとCが知っていたとしても、Cは10年の取得時効を主張できる。

Q4 Aは、Bに対し建物を賃貸し、月額10万円の賃料債権を有しているが、Bとの建物賃貸借契約締結時に、賃料債権につき消滅時効の利益はあらかじめ放棄する旨約定したとしても、その約定に法的効力は認められない。

Q5 債務者が時効の完成の事実を知らずに債務の承認をした場合、その後、債務者はその完成した消滅時効を援用することはできない。

解答と解説

A1 ○ Bの時効完成前に登記を備えたCは、時効完成前の第三者にあたります。よって、Bは登記なくして、Cに対し所有者であると主張できます。

A2 × Bの父とB自身の占有期間をあわせると20年間となり、Bは甲土地の取得時効を主張できます。

A3 ○ 善意・無過失は占有開始時点で判断されます。この場合、Bが善意・無過失で占有を開始しているので、CはBの占有とあわせて10年で取得時効は完成します。

A4 ○ 時効の利益はあらかじめ放棄することはできません。

A5 ○ 一度、債務を承認すると、後から消滅時効を援用することはできません。

5 代理

▶▶▶ **誰かの代わりに法律行為を行うことです**

不動産取引のさまざまな場面で代理人が出てきますが、「代理」とはどのような法律行為でしょうか？

人に頼まれて代わりに法律行為をすることを代理といいます。本人と代理人の信頼関係のもとに成立するものであることを前提に考えていきます。人物関係が複雑で最初はわかりにくいかもしれませんが、得点源としたいテーマです。問題を解く際には、図を描くとミスが減ります。

1 代理とは

代理(だいり)とは、誰かの代わりに法律行為を行うことです。例えば、不動産の売買などのときに知識がある人を代理人(だいりにん)として、代理人が相手方と交渉して契約を結ぶような場合です。

例えば、Ａが代理人Ｂに対して、Ａの持っている土地を「売ってきて」と代理権を与えたとします。依頼された代理人Ｂは「私はＡさんの代理人のＢです」と**顕名**(けんめい)（自分は本人の代理人だと名乗ること）をして、買主であるＣと売買契約をします。すると、その契約の効果は本人であるＡに帰属するというものです。その結果、買主ＣはＡに対して代金を支払う義務を負い、売主Ａは買主Ｃに土地を引き渡す義務を負います。

①本人に効果が生じるための要件

代理の効果が生じるためには、次の３つを満たす必要があります。

①**代理権**があること（代理人になってもらうように依頼する）
②**顕名**をすること（私は代理人であると相手方に言う）
③代理行為が**有効に成立する**こと（頼まれた契約をする）

②の顕名をしなかった場合、買主Ｃは代理人のＢが売主だと思ってしまいます。その場合、原則として、代理人Ｂと買主Ｃの間に契約が成立します。

例外として、買主Cが、代理人BはAの代理人だと知っていた場合（悪意）、あるいは買主Cが、代理人BはAの代理人だと通常であればわかる場合（善意・有過失）には、買主Cを保護する必要もないため、ＡＣ間に契約が成立します。

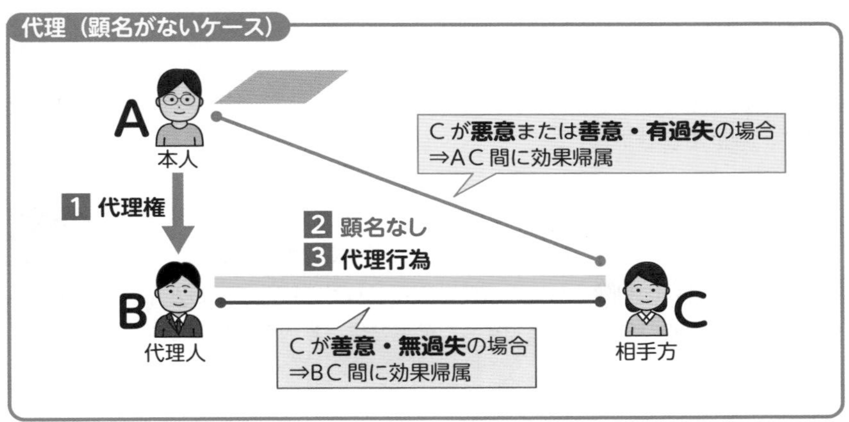

2 代理人の行為能力

売主Aが、未成年者Bに「土地の売却の代理権」を与えました。そして、Bは時価1,000万円の土地を買主Cにかなり安い500万円で売ってしまいました。

さて、この場合、AはBが未成年だということを理由に、この契約を取り消すことができるのでしょうか？

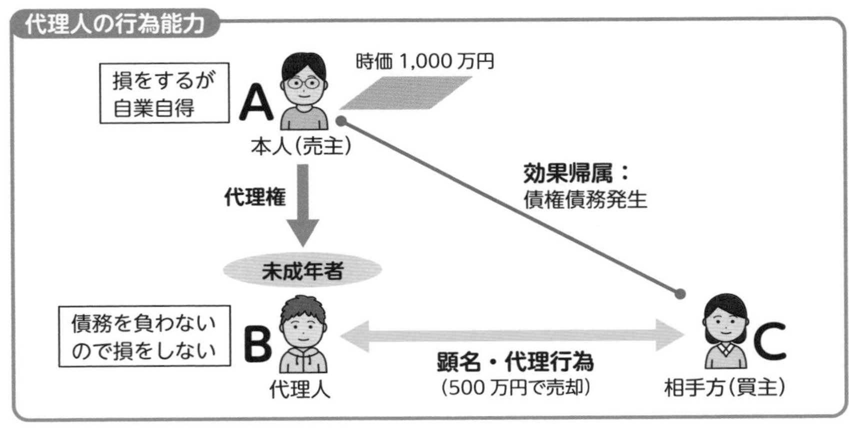

この場合、売主Aは取消しができません。なぜなら、未成年者Bにあえて「土地の売却の代理権」を与えており、それは自分の責任だからです。そして、代理人の行った行為は、本人である売主Aに帰属するので、未成年者であるBが損することはなく、保護する必要もなくなります。

したがって、代理人が**未成年者（制限行為能力者）の場合でも、未成年者であることを理由に契約を取り消すことはできません。**要するに、制限行為能力者を代理人に選ぶのは自由ですし、制限行為能力者が代理人として行う契約について法定代理人の同意は不要です。

上記の例外として、制限行為能力者がほかの制限行為能力者の法定代理人として行った行為については、この限りではありません。制限行為能力者Cは制限行為能力者Dを選んだわけではなく、しかも代理人も判断能力がない状態です。この場合は、本人Cを保護しないとかわいそうだからです。

3 代理行為のトラブル

代理行為の瑕疵（かし）とは、代理による契約において**詐欺**や**強迫**、**錯誤**などがあった場合はどうなるかというテーマです。詐欺や強迫等の際に、誰が取消しできるのかを判断する場合、代理契約においては、**判断基準は原則「代理人」です**。つまり、取消しするかどうかを決めるのは本人ですが、詐欺にあったかどうかは代理人を基準として考えるのです。

ただし、本人Aが代理人Bに「あの土地をCから5,000万円で買ってきて」などというように、特定の内容を委託した場合で、代理人Bがその通りにしたときには、本人Aは、自ら知っていたことや過失によって知らなかったことを主張することはできません。

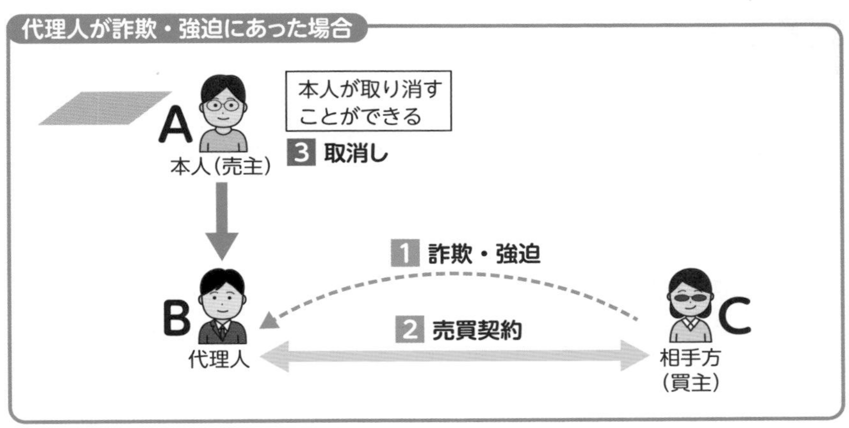

逆に代理人が本人のために、「がんばって高く売るぞ！」とはりきりすぎて相手方に対して詐欺や強迫をした場合はどうでしょうか。この場合は、本人の「善意・悪意」に関係なく、**相手方は取消しができます。**

なぜなら、代理人のした契約は本人がしたことになるので、本人が詐欺をしたのと同じ効果があるからです。

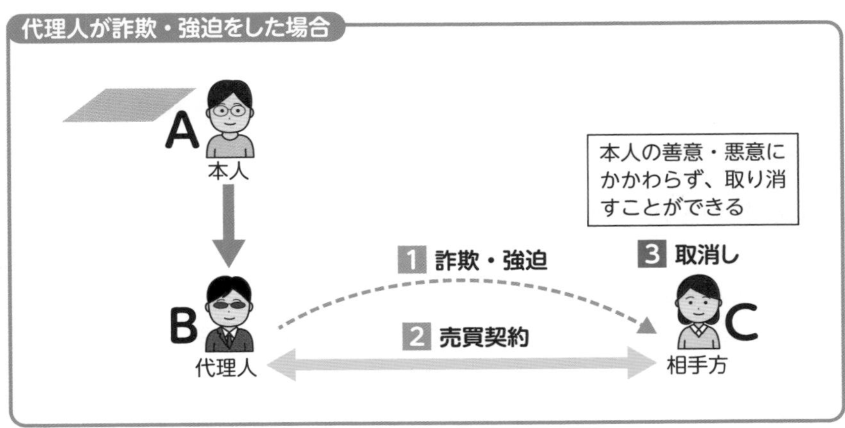

「詐欺や強迫されたかどうか」は代理人が基準となり、「取消しするか否かは本人が決める」と覚えましょう。

4 代理権の発生・消滅

①代理の種類

代理には、任意代理と法定代理の２種類があります。

任意代理は、本人の意思で代理人を選びます。一方、法定代理は、未成年者の代理人に親がなるように、自動的に代理となることです。

②夫婦間の日常家事における代理権

例えば、夫婦(ふうふ)間では日常の家事におけることに関しては、互いに代理して法律行為をすることができます。しかし、建物の売買契約や巨額の借金などをするときは日常の家事を超える行為となりますので、勝手にすると無権代理となります。

③代理権の範囲

代理権の範囲とは、代理人が何ができるかの範囲のことです。任意代理は、代理権の範囲を本人と代理人との間で決めることができます。一方、法定代理では、法律によって決められています。

また、任意代理の場合で代理権の範囲を定めなかったときは、以下の３つの範囲で代理行為をすることができます。

保存行為	物の現在の状態を維持する行為	家を修理する
利用行為	物を利用して利益をあげる行為	家を賃貸する
改良行為	物を改良して経済的価値を高める行為	家にエアコンをつける

④自己契約・双方代理

自己契約とは、代理人自身が相手方となって契約をしてしまうことです。例えば、代理人が本人から売却を頼まれた土地を自分で買ってしまうことです。

法的には、本人（売主）の代理人であるとともに、相手方（買主）でもあることになります。

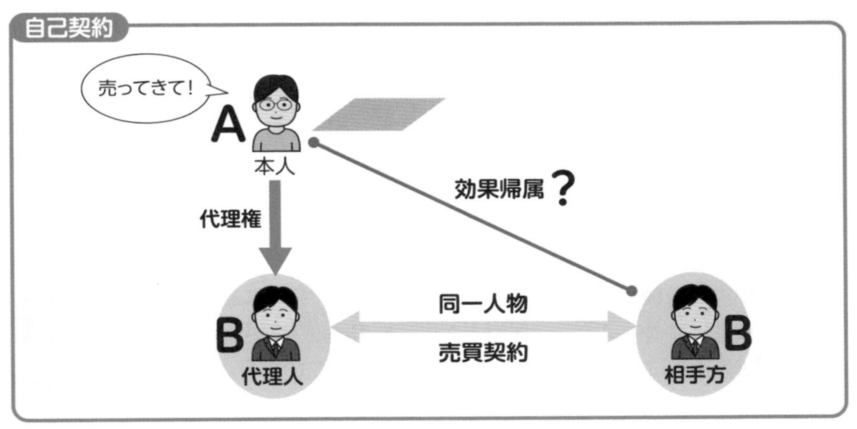

代理人が自分で買うとなると、自分に有利な条件で、安く購入する可能性があるでしょう。それは、本人にとって不利益となることから、本人を保護するために、**原則として自己契約は禁止されており、無権代理の扱いとなります。**

双方代理（そうほうだいり）とは、本人と相手方の両方の代理人になることです。代理人Ｂが、売主Ａから「土地を売ってきて」と依頼され、買主Ｃからは「土地を買ってきて」と頼まれ、双方の代理人となることです。

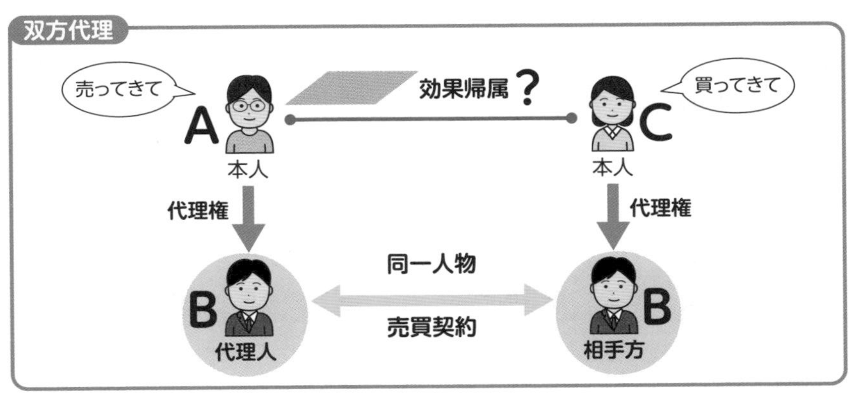

売主Ａと買主Ｃは利益が相反する立場にあるため、売主Ａを優先して高い値段で売ると買主Ｃが損しますし、逆に買主Ｃを優先して安く買うと売主Ａが損をすることになります。このように、どちらかが損をする可能性があるため、**双方代理についても原則、禁止とされています。**

もし行った場合は、**無権代理**となるため、契約は本人に効果は帰属しません。

以上のように、自己契約、双方代理は原則として無権代理になりますが、例外として、以下の２つの場合には本人に効果が帰属します。

①本人があらかじめ許諾した場合（双方代理の場合は双方）
②債務の履行、登記の申請をする場合

代理権の濫用もあります。「売買代金を着服する目的で土地の売買契約をした」などのように、代理人が代理権の範囲内で自分や第三者の利益のためにする行為であった場合等です。この場合、相手方がどのような状況にあったかで考え方が異なります。
相手方が知っていた（悪意）の場合や知ることができた（有過失）場合は、相手方を保護する必要性がほとんどないため、売買契約は本人に効果が帰属しません（代理権を有しない者がした行為とみなす)。

⑤代理権の消滅

代理の依頼をしても、代理権が消滅することもあります。代理は信頼関係で成立しているため、本人または代理人のどちらか一方が死亡すれば代理権も消滅します。

代理人は後見開始の審判を受けると、代理権が消滅するのに対し、**本人が後見開始になっても**、信用している代理人にはそのまま依頼していた方がよいため、**代理権は消滅しません**。

次の表において、○は代理権が消滅しない場合、×は代理権が消滅する場合を示しています。

● 任意代理の場合

	死亡	破産	後見開始
本人	×	×	○
代理人	×	×	×

● 法定代理の場合

	死亡	破産	後見開始
本人	×	○	○
代理人	×	×	×

5 復代理

代理人が、さらに代理人を選任して、本人の代理をさせることを**復代理**（ふくだいり）といいます。そして、代理人が選任する代理人を**復代理人**（ふくだいりにん）といいます。

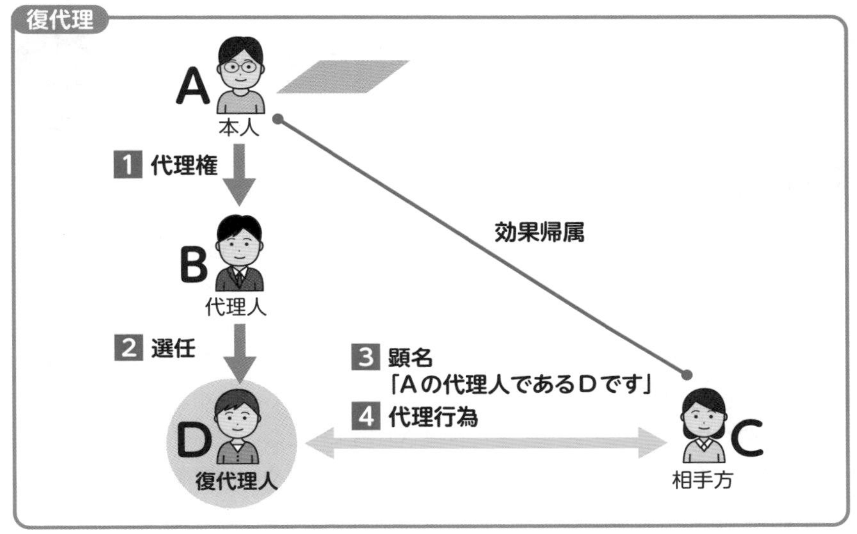

①復代理の権限

復代理人はあくまでも「本人」の代理人であるため、復代理人の行った効果は「本人」に帰属します。

ただし、復代理人の代理権の範囲は、代理人の代理権の範囲を超えることができません。

また、代理人が復代理人を選任した場合でも、代理人の代理権は消滅しませんが、代理人の代理権が消滅すれば、復代理人の代理権も消滅します。

②復代理人を選任できる場合

復代理人を選任できる場合ですが、任意代理では、本人が信頼した人を代理人として選んでいるため、原則として勝手に復代理人を選任することはできません。

ただし、①本人の許諾がある場合または②やむを得ない事情がある場合は復代理人を選任することが可能です。

また、任意代理の場合の復代理における代理人の責任ですが、一般の債務不履行責任と同じです。

次に、法定代理の場合ですが、**法定代理人は、いつでも復代理人を選任することができます。**その代わりに、原則として復代理から生じた全責任を負います（例外として、やむを得ない事由により復代理人を選任した場合は、選任・監督に過失があったときにのみ、責任を負います）。

復代理人がミスをした場合、復代理人を選任した代理人は、債務不履行に基づいて責任を負うことがあります。

6 無権代理

代理権を与えられていないのに代理行為をすることを**無権代理**（むけんだいり）といいます。

例えば、Bが土地所有者Aの代理人として、相手方Cと契約をしました。しかし、実際はBが勝手に代理人と偽って契約していた場合、契約はどうなるのでしょうか？　この場合は、もちろんAC間に効力は生じません。土地所有者Aにしてみれば、まったく売る気もない土地を勝手に売られてしまったのですから、かわいそうです。そのため、効果は生じず、Aが保護されるようになっています。

このほかにも、代理人として権限外の行為をした場合や、代理権が消滅した後に代理行為が行われたような場合も、広い意味での無権代理に含まれます。

①本人の追認

例えば、無権代理人BがAに無断で勝手に土地を売ってしまいました。しかし、その土地をたまたまAも売りたいと思っていた場合、後から無権代理人であるBの行為を追認して、契約を有効にすることもできます。

そのとき、無権代理の効果は**契約時にさかのぼって有効**となります。Aが**追認**したことによって、無権代理人Bは最初から代理人だったことになり、AC間に契約の効力が生じて有効になります。

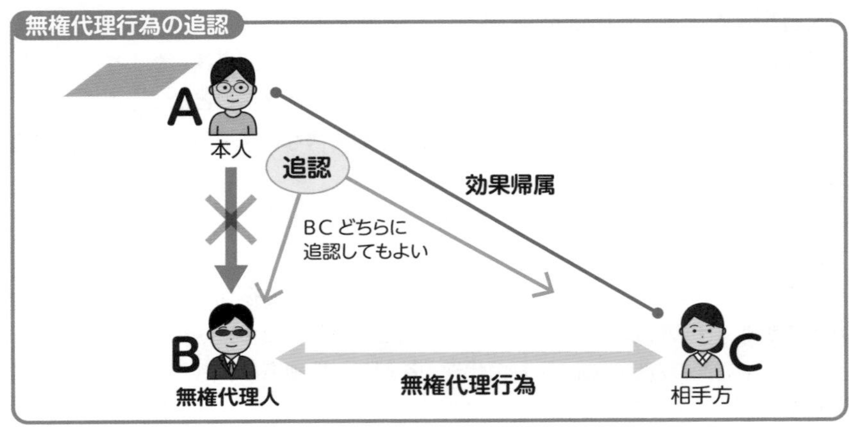

無権代理は、追認したときから以後、有効となりそうですが、追認するとはじめから有効となる点に注意しましょう。

②追認拒絶

また、本人が無権代理行為の追認を拒絶して、契約の効果を帰属させないこともできます。

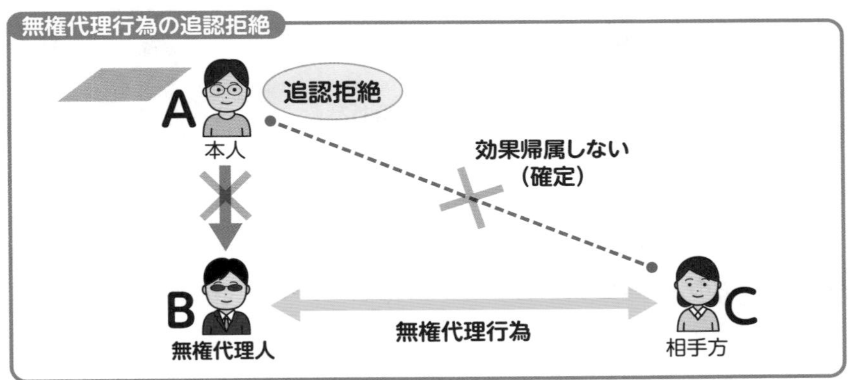

追認や拒絶は、相手方と無権代理人のどちらに行ってもよいですが、無権代理人に対して追認・追認拒絶をした場合は、相手方Cがそれを知らなければ、Cに対して、追認・追認拒絶の効果を主張することができません。

③無権代理の相手方のできること

無権代理人が行った行為は、原則として本人に効果が帰属しませんが、それでは無権代理の相手方が買えるのか買えないのかどっちつかずになってしまい、困ります。そこで、相手方を保護する制度が定められています。

(1)催告権

無権代理人が行った行為は、原則として本人に効果が帰属せず、本人が追認しなければ契約は有効にならないため、相手方はとても不安定な状態に置かれています。

そこで、相手方は本人に対して、追認するかしないのかの返事を催促することができます。具体的には、無権代理行為の相手方は、相当の期間を定めて、その期間内に追認するかどうかを確答すべき旨を本人に催告(さいこく)することができます。

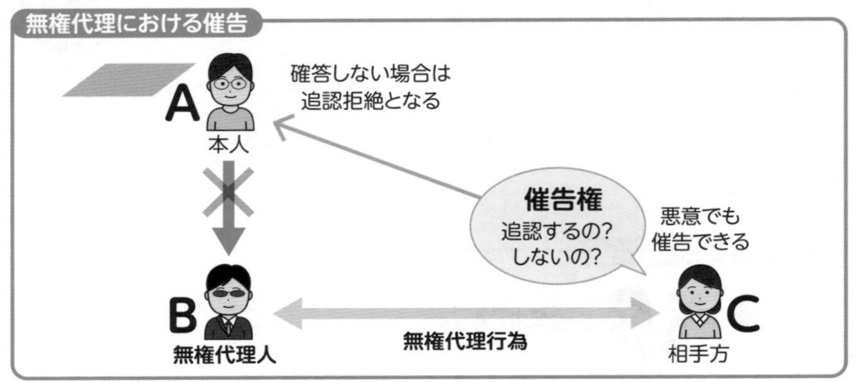

相手方Cは、Bが無権代理人であると知っていても（悪意)、Aに対して催告することができます。相当の期間を定めて催告した後、**本人から確答がないときは、「追認拒絶したもの」とみなされます**。つまり、催告を放置していたとしても、本人に効果が帰属することはないのです。

(2)取消権

無権代理による契約は、本人による追認が行われるまでの間は、相手方から取り消すことができます。相手方によって取り消されると、本人は追認ができなくなります。しかし、契約時に代理人に代理権がないと知っていた場合には、わかったうえで契約しているため、取消権は認められません（知らなければ過失はあってもよい)。

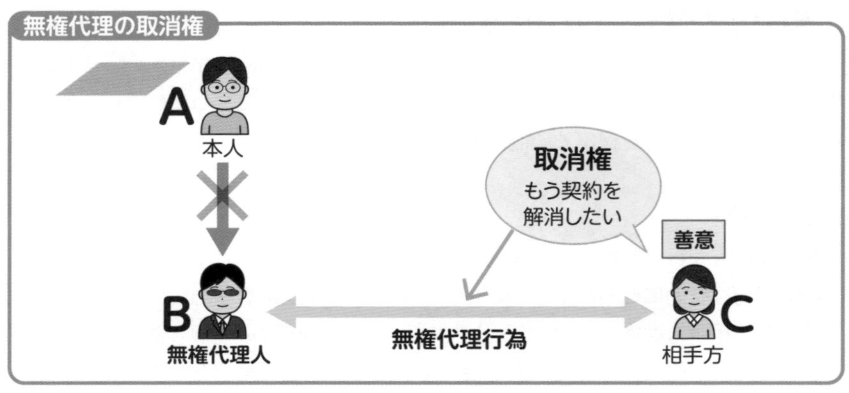

④無権代理人の責任

相手方Cが本人Aに催告したにもかかわらず追認されず、相手方Cの目的が達成できなかったときには、無権代理人であるBに対して**履行の請求**または**損害賠償請求**ができます。その際、相手方Cは**善意・無過失**である必要があります。

ただし、相手方Cに過失がある場合であっても、無権代理人であるBが自らに代理権がないことを**知っていた場合**には、無権代理人としての責任を負います。無権代理とわかっていた悪いBに対して、過失のあるCが責任追及してもよいと考えましょう。

● **無権代理人の責任**

相手方	無権代理人	無権代理人の責任
善意・過失なし	代理権がないことを知っていた	あり
善意・過失あり	代理権がないことを知っていた	あり
善意・過失あり	代理権がないことを知らなかった	なし

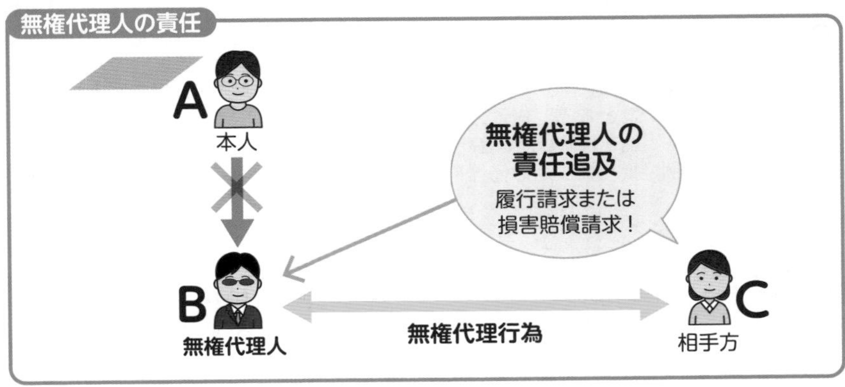

善意の無権代理は、例えば、代理人として選任されたものの、依頼者が破産したのを知らないで代理行為をしたような場合です。

⑤表見代理

表見代理（ひょうけんだいり）とは、無権代理行為であっても、代理権があるように見えて、かつ、その外観が存在することについて**本人に一定の責任**があり、代理権があると信じさせるような事由があるときは、代理権があるのと同じように、本人に効果が帰属するというものです。

(1)表見代理の成立要件

表見代理の成立要件は、次の通りです。

①代理権があるような外観があり、その外観が存在することについて本人に一定の責任がある
②相手方が代理権があると信じたことについて正当な理由がある（善意・無過失）

● **表見代理の代表例**

	具体例	要件	効果
授権表示による表見代理	**代理権を与えていないのに与えたように表示した場合** 例）代理権を与えるつもりがないのに委任状を渡した場合（白紙委任状）	①代理権授与表示があること ②代理権の範囲内の行為 ③相手方の善意・無過失	無権代理行為の効果は本人に帰属する
権限外の行為の表見代理	**代理権を与えたが、代理人がその範囲を超えて代理行為をした場合** 例）賃貸借契約の代理権を与えたところ、代理人が売買契約を締結した場合 例）抵当権設定の代理権を与えたところ、代理人が売買契約を締結した場合	①基本代理権の存在 ②与えられた代理権を超えた代理行為がされたこと ③相手方の善意・無過失	
代理権消滅後の表見代理	代理権が消滅した後に代理行為をした場合 例）代理人が破産手続開始の決定を受け、代理権が消滅した後に、代理人であった者が契約を締結した場合	①かつて代理権が存在したこと ②代理権が消滅したこと ③相手方の善意・無過失	

⑥無権代理と相続

無権代理行為があった後に、相続によって無権代理人の地位と本人の地位が同じになったときはどのようになるのでしょうか？

(1)本人が死亡して、無権代理人が本人を相続した場合

本人が死亡して、無権代理人が本人を相続した場合ですが、無権代理人は相手方の追認を拒絶することができず、無権代理行為は当然に有効となります。無権代理

人は自分の言ったことは守るべきだからです。

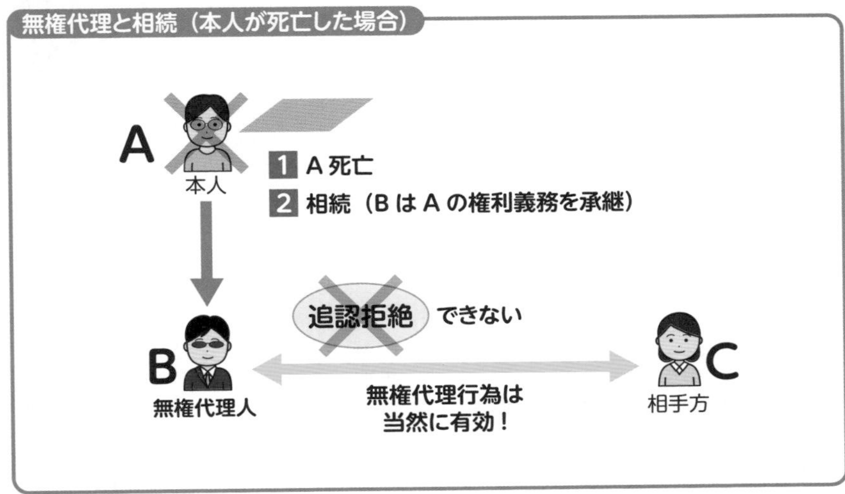

(2)無権代理人が死亡して、本人が無権代理人を単独相続した場合

一方、無権代理人が死亡して、本人が無権代理人を単独相続した場合ですが、本人は追認を拒絶することができるため、無権代理行為は当然に有効となりません。

悪い人が死亡して、それを相続したのは悪くない人だからです。ただし、無権代理人の相手方に対する損害賠償責任は相続します。

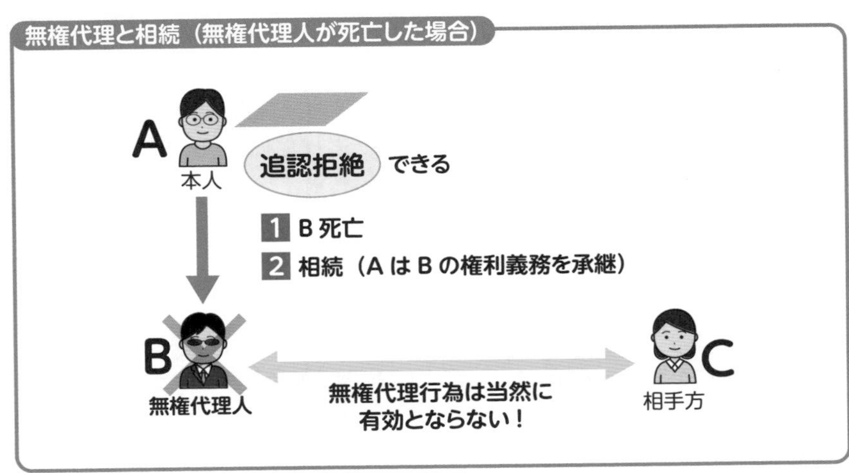

代理はしっかり理解すれば、パズル感覚で正解できるようになります。丸暗記ではなく、理解しながら過去問を解いていきましょう。

問題にチャレンジ ○か×で答えましょう

Q1 代理人が相手方をだまして契約させた場合に、本人が代理人が詐欺をしたことについて善意のとき相手方は、契約を取り消すことができない。

Q2 代理人Aが、本人Bから代理権の授与を受け、相手方Cとの間でB所有の土地の売買契約を締結した。Aが未成年者である場合、Bは、当該契約を取り消すことができる。

Q3 委任による代理権は、やむを得ない事由があっても、本人の許諾を得なければ、復代理人を選任することができない。

Q4 未成年者が代理人となって締結した契約の効果は、当該行為を行うにつき当該未成年者の法定代理人による同意がなければ、有効に本人に帰属しない。

Q5 AがBに代理権を与えてA所有の土地を売買する場合、Bが契約の相手方になるときは、Aの許諾または追認がなければBとの土地の売買契約は成立しない。

解答と解説

A1 × 本人の善意・悪意に関係なく、相手方は取消しできます。

A2 × 代理人が未成年者であっても、取消しはできません。

A3 × やむを得ない事由がある場合は、復代理人を選任することができます。

A4 × 未成年であっても有効な代理行為を行うことができます。

A5 ○ 自己契約をするには、本人の承諾か、追認がなければなりません。

6 債務不履行・危険負担

▶▶▶ 約束が破られた場合のルールを学びます

買主が代金を支払わなかったり、売主が物件を引き渡さない場合はどのようなルールが定められているのでしょうか？

約束（契約）を守らないことを債務不履行といいます。内容的に難しい部分があり、苦手とする受験者が多いテーマです。「債務不履行があったときは、損害賠償や契約の解除によって、約束を破られた方を保護する」という基本的なポイントが理解できれば、考え方で解ける問題も多いです。

1 債務不履行とは

約束（契約）は守る必要があります。約束を破ることを債務不履行（さいむふりこう）といいます。

債権と債務

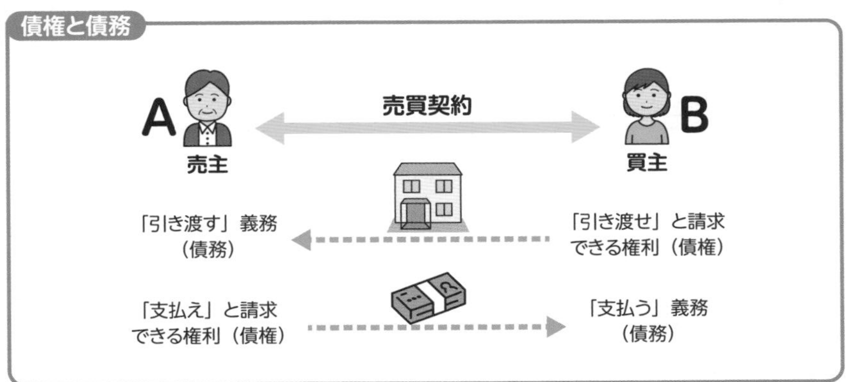

①債務不履行の種類

債務不履行では、履行遅滞（りこうちたい）と履行不能（りこうふのう）の違いを押さえましょう。また、履行はしたものの不完全だったという不完全履行という種類もあります。

・履行遅滞：約束実行は可能だが、期日に遅れること
・履行不能：約束を守ることが不可能になること

債務者が債務不履行になると、約束を破られた人は、約束を破った相手に**損害賠償の請求**や**解除**ができます。損害賠償は「損害を受けた分のお金を請求できるということ」であり、解除は「契約をなかったことにできること」を意味します。

債務者に責任がない場合（これを「債務者の責めに帰すことができない場合」といいます）には、解除はできますが、**損害賠償請求はできません。**

②債務不履行の要件

履行遅滞とは、次の表に示した履行期に遅れることをいいます。

例えば、引渡しの日に、売主が建物を買主に引き渡せなかった場合も履行遅滞です。履行遅滞と判断されるのは、履行が可能であるが履行期を過ぎていること、また、同時履行の場合、債権者が履行の提供をしていることです。

● **履行期のまとめ**

期限の種類	遅滞となる時期
①確定期限 例）2024 年 10 月 15 日に引渡す	期限（支払日や引渡し日）の到来時
②不確定期限 例）父が死亡したら引き渡す	①期限到来後に債務者が**履行の請求を受けた**とき ②債務者が期限の到来を**知った**とき の**どちらか早い**とき
③期限の定めなし 例）引渡し期日を定めていない	債権者が履行請求をしたときから

履行不能とは、約束を守ることが不可能になってしまった場合です。

例えば、引き渡すはずの建物を、売主のタバコの火が原因で全焼させてしまい、買主に引き渡せなくなってしまった場合も履行不能です。

履行が不能かどうかは、「契約その他の債務の発生原因および取引上の社会通念に照らして」判断することになっています。

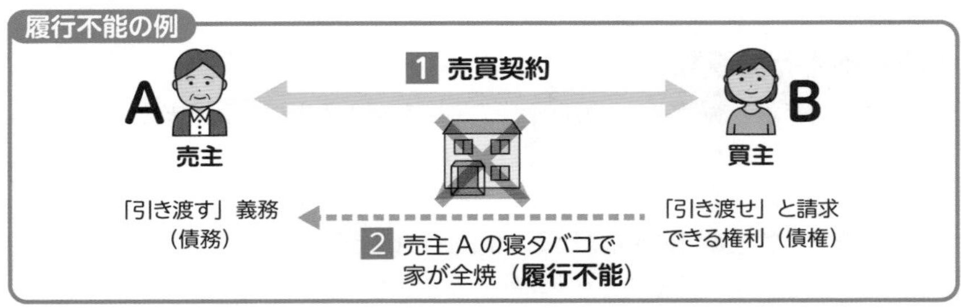

例えば、建物の引渡し時期が過ぎていて、その期間に地震で建物が滅失してしまったケースを考えます。この場合、地震という**不可抗力**（ふかこうりょく）によって建物を引き渡すことができないという履行不能になっているため、債務不履行にはならないとも考えられます。

ただ、そもそも履行の期日を過ぎている（履行遅滞）状態で「買主は損害賠償の請求ができないというのは問題では」ということで、このような場合には、売主の責めに帰すべき事由があるとみなされ、買主は損害賠償の請求および解除ができるとされています。

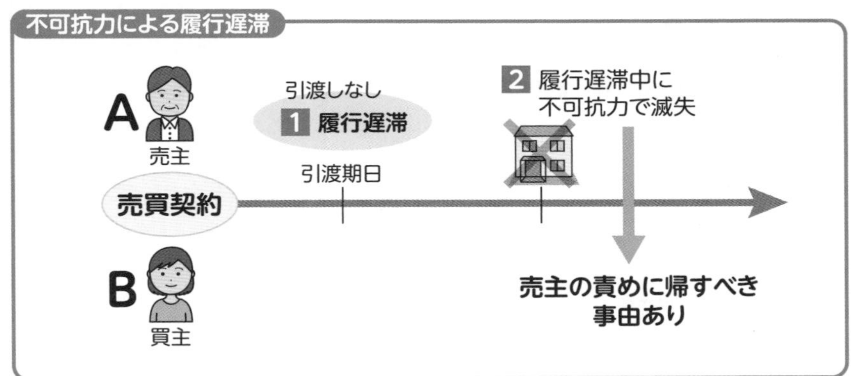

解除と損害賠償の制度の違いとして覚えるべき点として、債務不履行による損害賠償請求については**債務者の帰責事由**（きせきじゆう）（責められるべき理由や落ち度など）**は必要**ですが、解除に関しては**債務者の帰責事由は不要**です。解除は、契約の拘束力から解放され逃れるための手段であり、帰責事由は不要となります。

2 同時履行の抗弁権

「同時履行」（どうじりこう）とは、「約束を同時に行うこと」です。例えば、売買契約の際には、売主は建物を引き渡す義務、買主は代金を支払う義務を負います。このように互いに債務を負うような契約は、**同時履行**が原則となります。

同時履行の抗弁権（こうべんけん）とは、相手方が履行の提供をしない場合に、こちらも**履行の提供を拒むことができる**というものです。こちらが先に履行の提供をした場合に、相手が履行をしないで逃げてしまう可能性もあるので、原則として同時履行の原則を採用しています。

具体例で考えてみましょう。例えば、ＡＢ間で売主Ａが所有している建物の売買契約をした場合、買主Ｂが期限の日に代金を支払わない場合であっても、売主Ａは建物の引渡しをしなければならないのでしょうか？

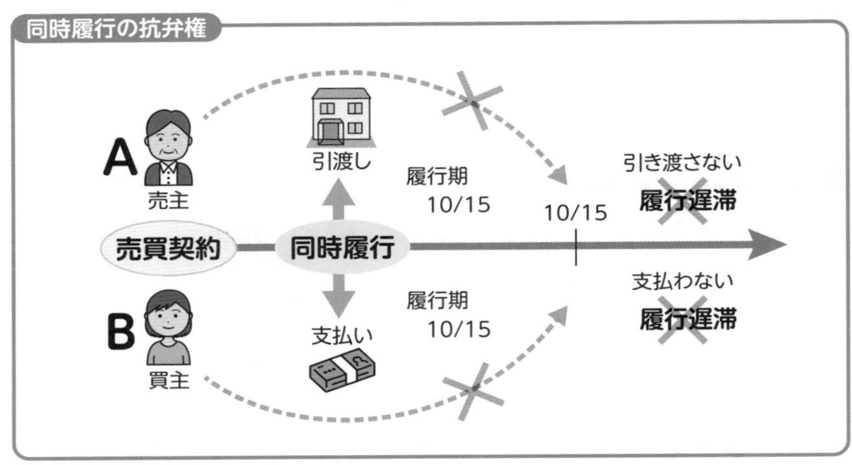

この場合、相手が履行をしないときには、建物を引き渡さなかったとしても、債務不履行（履行遅滞）にはなりません。よって、買主Ｂが代金の支払いをしない場合に、売主Ａに建物の引渡しを請求してきても、売主Ａは同時履行の抗弁権を主張して、引渡しを拒むことができます。

たとえ期日が過ぎてしまったとしても、売主Ａは履行遅滞とはなりません。売主Ａは正当な権利を主張しているからです。

● 同時履行の抗弁権が認められる場合と認められない場合

同時履行の抗弁権が認められる場合	同時履行の抗弁権が認められない場合
・売買契約における物件の引渡しと代金支払いおよび所有権移転登記協力義務 ・**請負の目的物引渡しと報酬の支払い** ・**解除による原状回復義務** ・弁済と受取証書（領収書）の交付 ・詐欺が原因で取消しされた場合の相互の返還義務 ・借地権者の土地の明渡しと建物買取請求権	・被担保債権の**弁済（先）と抵当権の抹消手続き（後）** ・弁済(先)と債権証書(借用書)の返還(後) ・**敷金返還（後）と建物明渡し（先）** ・借家人の建物の明渡し（先）と造作買取請求権（後）

同時履行の抗弁権について、ここで説明した内容をしっかり理解しておけば、確実に得点できます。

3 損害賠償と解除

債務不履行によって債権者が損害を受けた場合、損害賠償の請求をすることができます。

債権者が損害賠償の請求をするためには、実損額の証明をする必要があります。しかし、例外として「**損害賠償額の予定をした場合**」と「金銭債務の場合」には、損害額の証明は不要とされています。

①損害賠償の範囲

建物の引渡しが遅延し、買主がほかの建物を賃借しなければならなくなった場合などの賃料等は、損害賠償請求の対象となります。しかし、建物の引渡し遅延によって事業が破綻したなど予見できないような場合には、原則として損害賠償責任の対象外となります。

②損害賠償額の予定

債権者が損害賠償の請求をする際には、損害の額を証明しなければなりません。これは債権者にとって、とても手間のかかることです。そのため、債権者がいちいち証明をしなくてもいいように、あらかじめ当事者間で**損害賠償額**を定めておくことができます。これを**損害賠償額の予定**といいます。

損害賠償額の予定が行われた場合、**原則として、裁判所は予定した損害賠償の額を変更することはできませんが、著しく予定賠償額が過大であった場合には、公序良俗に基づき、裁判所が減額できる場合があります**。

「損害賠償額の予定」の際の注意点としては、次の４つを覚えておきましょう。

- 金銭以外のものを損害賠償額の予定とすることもできる
- 損害賠償額の予定は、必ずしも契約と同時にする必要はない
- 損害賠償額の予定をした場合でも履行の請求や解除は可能
- 違約金は損賠賠償額の予定と推定される

③解除権の発生

(1)催告による解除

履行遅滞の場合、債権者は**相当の期間を定めて**債務者にその履行を催告し、その期間内に履行がなければ契約の解除ができます。

いきなり解除しないで、少しは待ってあげた方がよいからです。

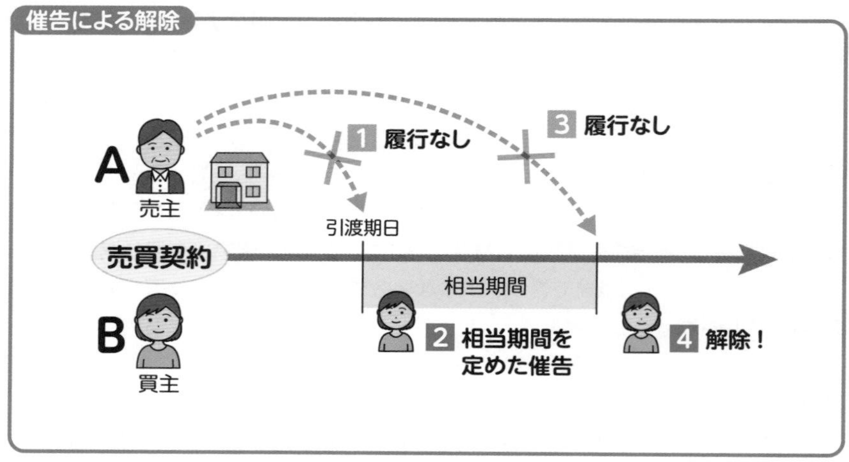

ただし、例外として、相手方の債務の不履行が**その契約および取引上の社会通念に照らして軽微であるとき**は、契約の解除をすることができません。

(2)同時履行の抗弁権がある場合

買主Ｂが解除するためには、**履行の提供**をしなければなりません。売主が同時履行の抗弁権を持ったままでは、解除することはできないのです。

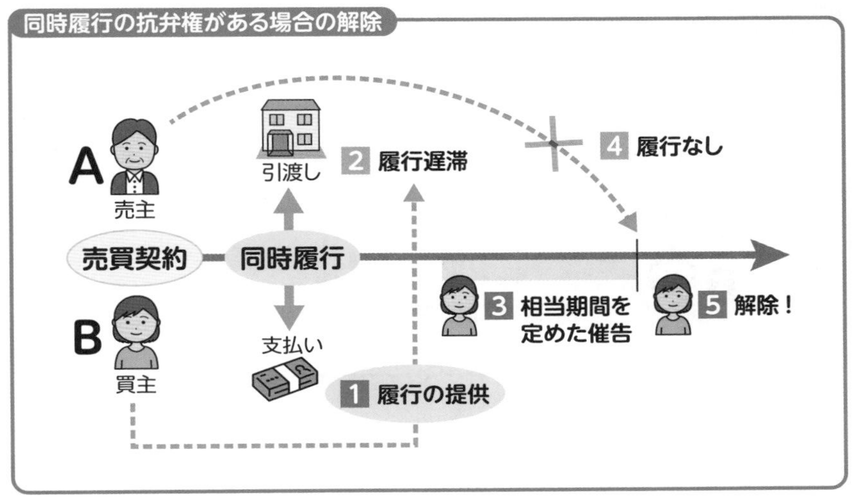

なお、催告と解除に関して、**不相当な期間を定めた場合**でも、催告のときから客観的に相当の期間が経過すれば、契約を解除することができます。

期間を定めずに催告がなされた場合でも、催告のときから客観的に相当の期間が経過すれば、契約を解除することができます。

解除の意思表示は、催告と同時にすることができます。例えば、あらかじめ解除する旨を通知しておけば、催告の際に定めた相当期間内に履行がされない場合、改めて解除する旨を通知することなく、解除の効果を生じさせることができます。

(3)催告によらない解除

次の場合は、催告によらず、直ちに解除を行うことができます。

- 履行不能の場合
- 債務者が履行を拒絶する意思を明確に表示した場合
- 残存する部分のみでは目的を達することができない場合（債務の一部が履行不能）
- 特定の日時、一定期間内に履行がなければ契約の目的を達することができない場合
- 債務者が履行をせず、債権者が催告をしても契約をした目的を達するのに足りる履行がされる見込みがないことが明らかである場合

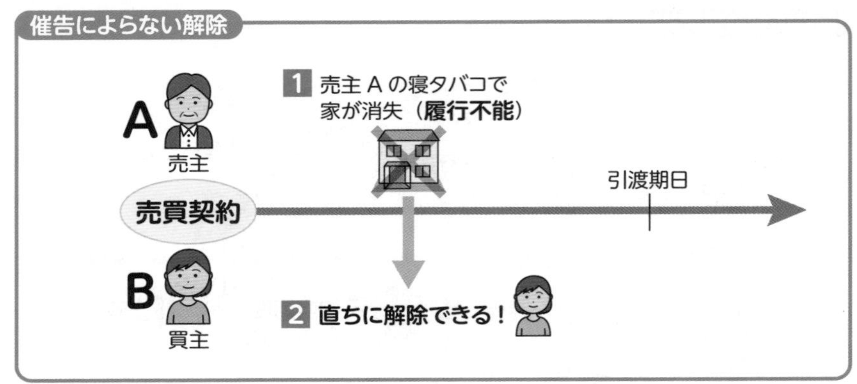

(4)ローン特約

不動産の売買は、ローンを組んで購入することが多くあります。しかし、一般的には契約後に銀行の正式な審査が行われるため、買主がローンを組めないこともあります。

そこで、「買主のローンが所定の期日までに成立しない」場合、通常、次のようなローン特約を締結します。

①「契約を解除することができる」とするもの

解除の意思表示があって、はじめて契約の効力が失われます。

②「契約は解除される」とするもの

ローンが成立しないときは、自動的に契約の効力が失われます。

④解除の効果

解除は、契約をした後に一方の意思表示によって、その契約が最初からなかった状態に戻すことです。契約がなかった状態に戻す義務を**原状回復義務**（げんじょうかいふくぎむ）といいます。本来であれば契約を一度結べば破棄はできないのですが、相手が約束を履行してくれないなどの場合には、解除して白紙に戻すことができます。

原状回復するので、買主は引渡しのときからの**使用料**や、使用収益したことによる利益なども売主に返還する義務を負います（原状回復義務は、原則として同時履行の関係にあります）。

また、解除しても、さらに損害賠償の請求できます。例えば、建物の売買契約を解除した場合、単に受け取った代金や建物を返還するだけでなく、売主は代金の受領のときからの利息を付けて返す義務があります。

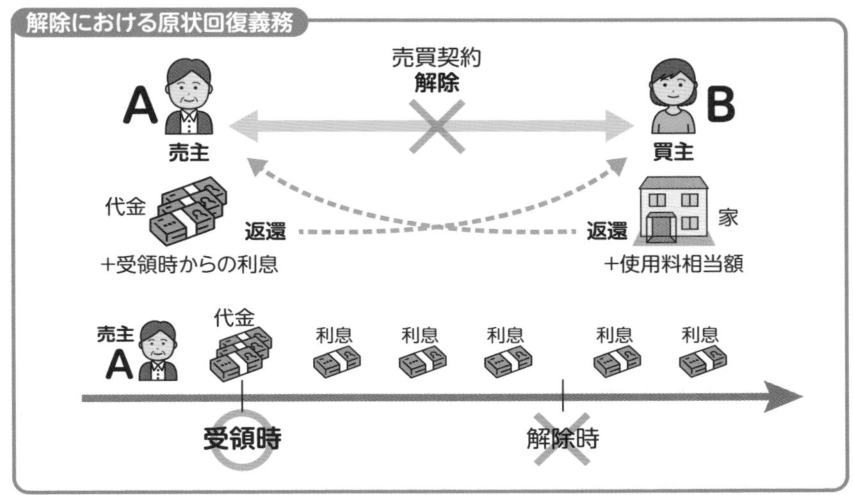

民法では、原状回復の際に金銭を返還する場合、受領したときからの利息を付す必要があります。金銭を受領したときから運用して利益を得ることが可能なため、利息を付して返金するのが公平だからです。実務では、返金の際に利息は付さない特約をしていることが多く、利息は返さないことが多いです。

⑤第三者との関係

売主Aが所有している建物を買主Bが購入した後に、さらに買主Bから第三者Cへと売り渡された後で、売主Aが買主Bの債務不履行を理由にＡＢ間の契約を解除した場合、売主Aは、第三者Cに返還を求めることができるのでしょうか？

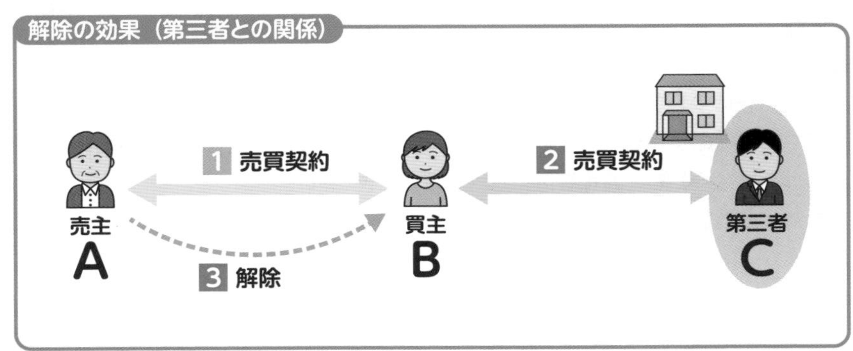

売主Aが、契約の解除を第三者Cに対抗することができるかどうかは、第三者Cが登記を備えているかどうかで決まります。

第三者Cが保護されるためには、登記を備えていなければなりません。

第三者Cが登記をしている場合（第三者Cの善意・悪意は問いません）、売主Aは、第三者Cに対して解除を対抗することができません。よって売主Aは、第三者Cから建物を取り戻すことはできません。

第三者Cが登記をしていない場合、売主Aは、第三者Cに対して対抗することができます。

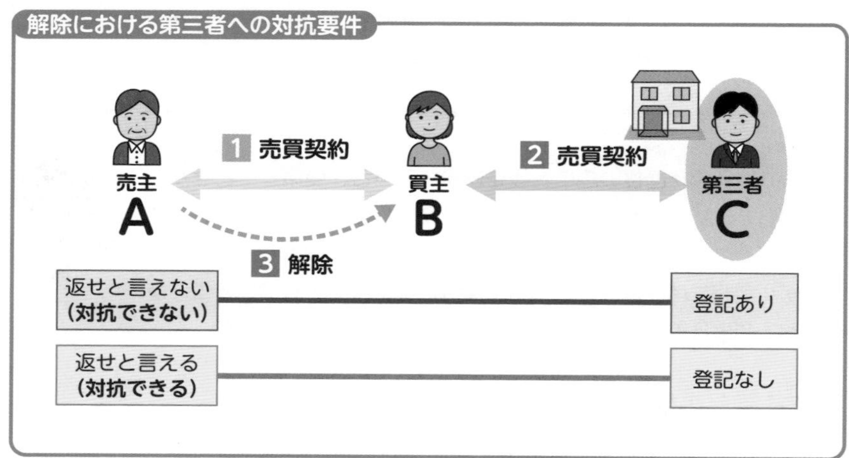

解除は「登記で勝ち負けが決まる」というのは覚えておいてください。

4 金銭債務

金銭債務（きんせんさいむ）は少し特殊で、履行不能になることはありません。履行遅滞のみです。なぜなら、この世からお金自体がなくなることはないからです。たとえ本人がお金をもっていなくても、お金を借りれば返済が可能になります。

また、**金銭債務は不可抗力をもって抗弁することはできません。**入ってくるはずのお金が入ってこなかったからといって、期日にお金を返さなければ履行遅滞の責任を負うことになります。

また、金銭債務の場合には、損害賠償額について証明する必要はありません。金銭債務の不履行がある場合、損害賠償の額は法定利率（年３％）によって決まります。法定利率は、３年に一度見直しがされる変動制となっています。「金銭債務は厳しい」というイメージを持っておいてください。なお、契約で決める利率を約定（やくじょう）利率と言います。

5 手付解除

売主Ａが所有する建物を買主Ｂが 1,000 万円で買う売買契約を締結しました。その際に、買主Ｂは売主Ａに対して手付金として 100 万円支払いました。この場合の手付金は、どのような性質を有しているのでしょうか？

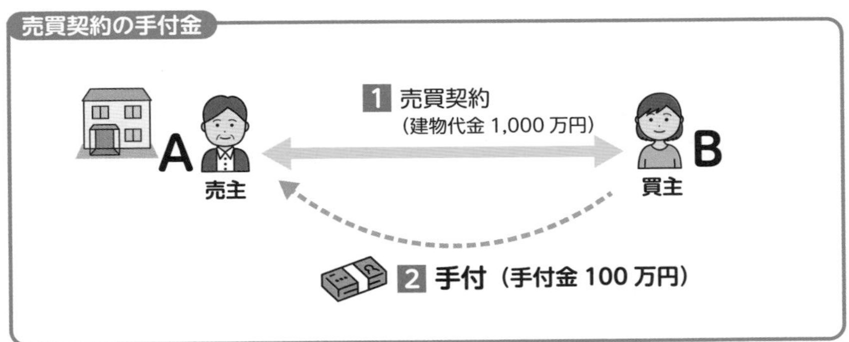

手付（てつけ）には、契約した証拠にする趣旨の証約手付、違約罰としての違約手付、損害賠償の予定としての手付、キャンセル料としての解約手付といった種類があります。

しかし、試験では解約手付が重要となります。手付は、特約がなければ**解約手付**と推定されることになっています。

①解約手付

解約手付（かいやくてつけ）による解除方法は、売主と買主によって異なります。買主は手付金を放棄して、契約の解除をすることができます。売主と買主の負担が平等になるように、売主は**手付金の倍額を現実に提供**することによって契約を解除することができます。

手付解除の場合は、売主Ａが債務不履行をしていなくても、買主Ｂは手付金を放棄することによって売買契約を解除することができます。

②手付解除の時期

契約の相手方が履行に着手した後は、手付を放棄したとしても手付解除することはできません。相手が履行に着手した後でも手付解除ができるなら、相手方に思わぬ損害を与えてしまうからです。

ただし、**自らが履行に着手していても相手方が履行に着手していなければ、手付による解除をすることができます。**

なお、「履行に着手」とは、具体的には「売主の引渡し」「買主の内金や中間金等の支払い」「登記の移転」などの行為を指します。

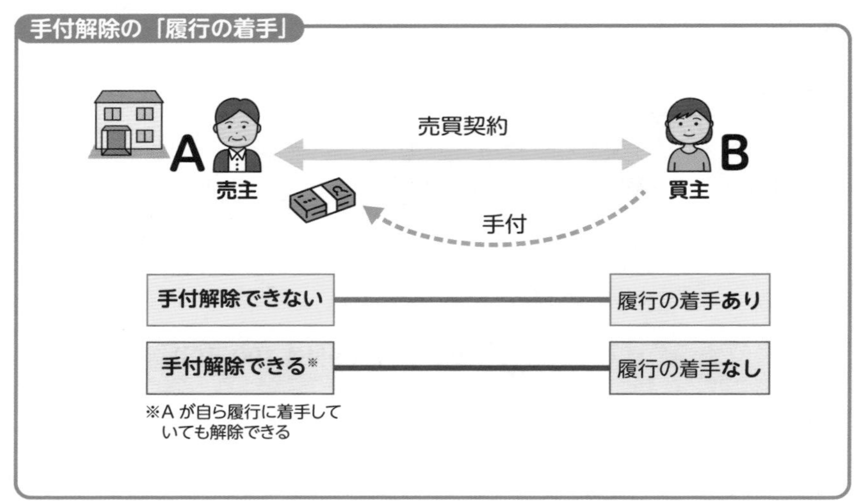

● **手付解除の条件**

着手の有無	売主A	買主B
売主A着手なし・買主B着手なし	○	○
売主A着手あり／買主B着手なし	○	×
売主A着手なし／買主B着手あり	×	○
売主A着手あり・買主B着手あり	×	×

③手付解除と債務不履行

手付解除と債務不履行の違いは、次のように「損害賠償請求ができるかできないか」です。

・手付解除した場合は、原則として**損害賠償の請求をすることはできない**
・債務不履行を理由に契約解除した場合は、**損害賠償を請求できる**

なお、損害賠償額は手付の額に制限されません。売主の債務不履行を理由に買主が契約解除した場合、売主は、手付を買主に返還しなければなりません。

● **手付と損害賠償**

	損害賠償の請求	手付金
手付解除	別途、請求することはできない	買主が解除→手付放棄 売主が解除→手付倍返し
債務不履行解除	・別途、請求することができる ・手付額と損害賠償額は関係ない	買主に返還される

買主が残代金を支払わないようなときに、売主が解除する際に手付没収といって手付金は返金しないことが実務では多いです。実務では、手付金を違約金としていることが多いためです。実務の知識と試験の知識は異なることも多い点に気をつけましょう。

6 危険負担

債務不履行と似て異なるものに、**危険負担**（きけんふたん）の規定があります。地震や落雷、第三者による放火などによって、売買契約の目的物である建物が売主・買主どちらの責任でもないような原因で滅失してしまった場合に、買主は代金を払わなくてはならないか？　というケースが危険負担の事例です。

この場合、建物の引渡し債務は、履行不能により消滅しますが、買主の代金支払債務は残ります。ただし、買主もかわいそうなので、**買主は目的物の滅失を理由に代金の支払いを拒むことができます。**

なお、売主に帰責事由はないので買主は売主に対して損害賠償はできません。もし、**引渡し後**に滅失した場合は、買主は代金の支払いを拒むことができません。

また、売主の履行遅滞中に当事者双方の責めに帰することができない事由によって履行不能となったときは、売主が債務不履行責任を負うことになります。

出題頻度は少ないですが、民法改正で大きく変わったところなので、注意が必要です。

問題にチャレンジ　○か×で答えましょう

Q1　ＡＢ間で建物の売買契約をした。買主Ａが代金全額を支払ったにもかかわらず、期日になっても売主Ｂは建物を引き渡してくれず、仕方なく、買主Ａは建物を賃借した場合、ＡはＢに対して損害賠償請求をすることができる。

Q2　ＡＢ間でＢ所有の甲不動産の売買契約を締結した後、Ｂが甲不動産をＣに二重譲渡してＣが登記を具備した場合、ＡはＢに対して債務不履行に基づく損害賠償請求をすることができる。

Q3　ＡがＢと契約を締結する前に、信義則上の説明義務に違反して契約締結の判断に重要な影響を与える情報をＢに提供しなかった場合、Ｂが契約を締結したことにより被った損害につき、Ａは、不法行為による賠償責任を負うことはあっても、債務不履行による賠償責任を負うことはない。

解答と解説

A1　○　債務不履行により、仕方なく建物を賃借しているので、ＡはＢに対して損害賠償請求ができます。

A2　○　ＡはＢに対して引渡し不能となり、債務不履行に基づく損害賠償請求をすることができます。

A3　○　不法行為の損害賠償責任は負うことがありますが、契約準備段階の事由で発生した損害ですので、債務不履行にはあたりません。

7 弁 済

▶▶▶ **債務を約束通りに果たすことです**

弁済については、どの程度まで学習すればよいのでしょうか？

弁済には、民法上多くの規定がありますが、深入りは禁物です。ただし、「受領権者としての外観を有する者に対する弁済」、言い換えると、「取立てできるように見えた人への弁済」と「第三者の弁済」はほかの分野の問題と関係しているため、理解しておきましょう。

1 弁済とは

弁済（べんさい）とは、お金を払う行為だけを指すわけではなく、物を引き渡すことも含めて、「債務を約束通り果たすこと」をいいます。売買では、売主であれば建物を引き渡す義務のこと、買主であれば代金支払義務のことです。

もし、①債権者が受領してくれない、②債権者の行方がわからない、③本物の債権者がわからないような理由がある場合は、弁済する人は、供託所に供託することで弁済したことになり、債務が消滅します。

2 受領権者としての外観を有する者に対する弁済

例えば、BがAから300万円を借りていたとします。Cが借金の契約書（債権証書）を持って、債務者Bに「返済してください」と取立てに現れたため、債務者Bは、Cに300万円を支払いました。しかし、実際Cには何の権限もありませんでした。この場合、あらためて債務者Bは債権者Aに対して300万円を支払う必要があるのでしょうか？

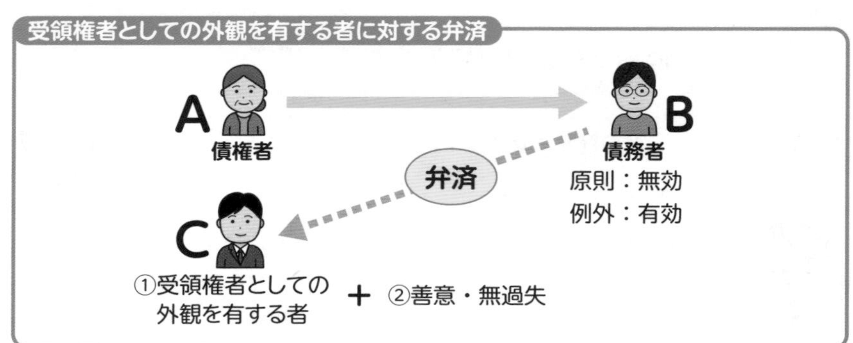

結論として、**受領の代理権を与えられている者などに弁済すれば、その弁済は有効です。受領する権限のない者へ弁済した場合には、その弁済は原則として無効です。**

しかし、受取証書や契約書、実印などを持ってきた者を受領権者だと信じて弁済した人に対してまで弁済を無効とするのはかわいそうだといえます。そこで、このような場合に弁済者を保護するルールを定めています。

具体的には、**受領権者としての外観を有する者に対して、善意・無過失（事情を知らず、落ち度がない）で弁済した場合、その弁済は例外的に「有効」となります。**

本来は権限のない人に弁済してもダメですが、受取証書を持ってきた人（受領権者としての外観を有する）のように債権者に見えた人に、善意かつ無過失で弁済した場合は、債務者が二重弁済とならないよう弁済は有効としています。民法は善意・無過失だと弁済が有効になるというように、見た目が重要になる規定が多くあります。「表見代理」「弁済」「不法行為の使用者責任」が該当します。

3 第三者による弁済

債務者に代わって、債務者ではない第三者が債務を弁済することはできるのでしょうか？　原則としては、債務者でない第三者による弁済も可能です。

しかし、例外として、あらかじめ債権者と債務者が第三者による弁済を禁止し、もしくは、制限する旨の特約をしていた場合などのように、当事者が反対の意思表示をした場合には、第三者は債務者に代わって弁済することはできません。また、債務の性質が第三者による弁済を許さないときも同様です。

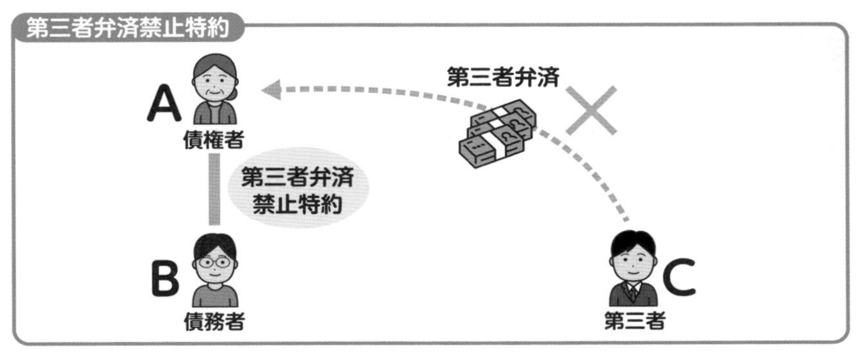

弁済について、正当な利益を有する第三者（保証人、抵当不動産の第三取得者など）は、債務者の意思に反して弁済できます。

一方で、正当な利益を有しない第三者（単なる兄弟や親、友人など）は、債務者の意思に反して弁済できません。

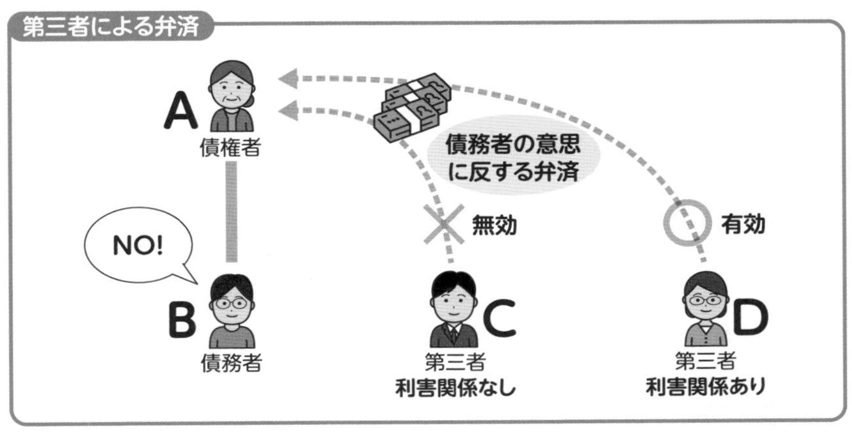

弁済時の正当な利益を有する第三者の具体例は、物上保証人、保証人、連帯保証人、抵当不動産の第三取得者等の弁済をすることに関して法律上の利害関係のある人です。

一方、正当な利益を有しない第三者の具体例としては、兄弟、友人、親等があります。事実上の利害関係しかもたず、「法律上の利害関係を有しない」ので、債務者の意思に反して弁済することはできません。ただし、債権者が、債務者の意思に反することを知らなかった場合は、弁済することができます。

4 弁済による代位

債務者以外の者が債務者に代わって弁済をした場合、弁済者は債務者に対して求償することができます。弁済者は求償権を確保するために、債権者に代位することができ、例えば債権者が持っていた抵当権を実行できます。

弁済による代位は、弁済した者が、単なる親、兄弟、友人等の弁済を行うことに「正当な利益」を有しない者が代位する**任意代位**と、保証人、連帯保証人、物上保証人等の弁済を行うことに正当な利益を有する者が代位する**法定代位**があります。

法定代位は債権者の承諾は不要ですが、任意代位では、弁済者が債権者に代位したことを債務者および第三者に対抗するためには、債権譲渡同様、**債務者への通知または債務者の承諾が必要です**。

5 弁済に関するその他のポイント

①提供の方法

債権者があらかじめ受領を拒絶している場合、現実の提供までは必要ではなく、口頭の提供をすればよいとされています。口頭の提供とは、現実の提供ができるように準備してその受領を催告することです。

②弁済の場所

弁済の場所は、当事者間で取決めがある場合は、取決めをした場所になりますが、取決めをしなかった場合には原則として**債権者の現住所**で弁済をします。

例外として、不動産などの特定物の引渡しの場合、契約の当時にそのものが存在した場所で弁済します。

③弁済の充当

債務の全部を消滅させるのに足りない給付がなされたときは、「費用→利息→元本」の順に充当しなければなりません。

④小切手での弁済

自己振出の小切手の持参は、債務の本旨に従った履行の提供とはなりません。預金が不足している可能性もあり、確実とはいえないからです。逆に、銀行振出の小切手（自己宛小切手・預手（よて））の交付は、現実の提供として有効となります。銀行が確実に払ってくれるためです。

6 代物弁済

代物弁済（だいぶつべんさい）とは、本来の給付とは異なる「ほかの給付」によって本来の債務を消滅させることから、代物弁済と呼ばれます。例えば、AがBに借金をしており、その借金の支払いの代わりに借金の額に相当する価値の車を引き渡すことで弁済をする約束をするような場合です。

代物弁済は契約であるため、**債権者の承諾が必要**です。さらに、目的物が不動産であれば、原則として登記の移転が必要になり、登記の移転をしたときに債務が消滅します。

代物弁済をするには債権者が承諾していなければできません。また、不動産の場合は所有権を移転しなければならないこと、代物弁済したものに欠陥があった場合は、契約不適合責任を負うことに注意しましょう。

問題にチャレンジ　○か×で答えましょう

Q1 債権者でない者に対してした弁済は、原則として無効であるが、受取証書を持参した者に対して、弁済者が善意・無過失で弁済した場合には、例外的に有効な弁済となる。

Q2 AがBから金銭を借り入れた場合において、Aの兄Cは、Aが反対しても、Bに弁済することができる。

Q3 借地人が地代の支払いを怠っている場合、借地上の建物の賃借人は、借地人の意思に反して、地代を弁済することはできない。

解答と解説

A1 ○　善意・無過失の弁済者の保護のため有効となります。

A2 ×　弁済につき正当な利益を有しない第三者は、債務者の意思に反して弁済することができません。

A3 ×　借地上の建物賃借人は、正当な利益を有する者にあたります。よって弁済できます。

8 契約不適合責任（担保責任）

▶▶▶ **契約に適合しない場合に売主が負う責任です**

建物など売買した商品に欠陥があった場合、売主の責任はどのように問われるのでしょうか？

売買した商品に欠陥があった場合、買主は商品について解除（返品）したり、修理、代金減額等の請求ができますが、どのような場合にこれらができるかがポイントとなります。宅建業法の「自ら売主制限」の前提となる知識ですから、しっかり押さえておきましょう。

1 契約不適合責任（担保責任）とは

売主が引き渡した建物にトラブルや欠陥がある場合、売主は買主に対して責任を負います。引渡しの約束は守ったものの、売買契約の内容に適合しない場合、買主は売主に対して契約不適合責任を追及することができます。売主が負うこれらの責任のことを、**契約不適合責任**（けいやくふてきごうせきにん）または**担保責任**（たんぽせきにん）といいます。

売主への責任追及

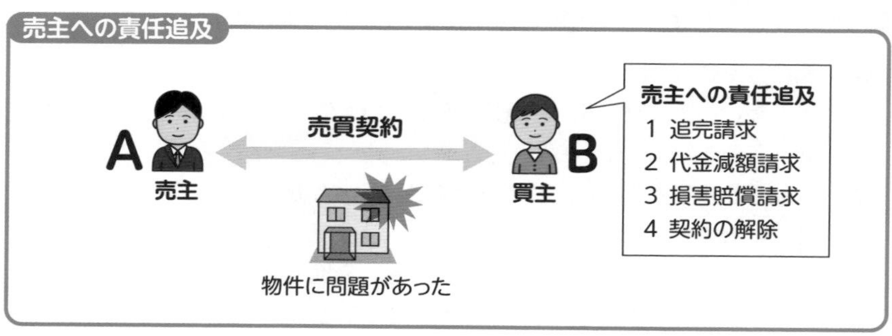

売買契約で引き渡された目的物が、種類（スイカを注文したらメロンが届いた）、品質（建物が雨漏り（あまも）していた）、数量（ビールを 12 本頼むと 10 本しかなかった）に関して契約の内容に適合しないものであるときは、買主は売主に対して、次の4つの手段を取ることができます。

①追完請求　②代金減額請求　③損害賠償請求　④契約の解除

①追完請求

引き渡された目的物が、種類、品質、または数量に関して契約の内容に適合しない場合には、目的物の修補、代替物の引渡し、不足分の引渡しなどを売主に求めることができます。売主の帰責性の有無は問いません。

ただし、**契約不適合の責任が買主にある場合**（買主が壊したなど）は、当然ですが、履行の追完請求（ついかんせいきゅう）はできません。

②代金減額請求

買主が**相当の期間**を定めて履行の追完の催告をしても、その期間内に履行の追完がないとき、買主はその不適合に応じて代金の減額を請求することができます。

また、次の場合には、催告をしても意味がないので催告をすることなく直ちに代金の減額請求が可能です。

- 履行の追完が不能であるとき
- 売主が履行の追完を拒絶する意思を明確に表示したとき
- 契約の性質または当事者の意思表示により、特定の日時または一定の期間内に履行をしなければ契約をした目的を達することができない場合において、売主が履行の追完をしないでその時期を経過したとき(クリスマスケーキ等)

当然ですが、契約の不適合が買主の責めに帰すべき事由によるときは、代金の減額請求はできません。

③損害賠償請求

売主の責めに帰すべき事由による目的物の契約不適合により、買主に損害が生じれば、損害賠償請求ができます。例えば、雨漏りによって購入した家具が腐食してしまった場合は、家具の修補等の費用を請求できます。

④契約の解除

売主が買主に対して引き渡した目的物に契約不適合があれば、解除権を行使することができます。ただし、買主に帰責事由がある場合には解除できません。

⑤契約不適合責任を負わない旨の特約

契約不適合責任（担保責任）を負わない旨の特約をすることは可能です。

ただし、**売主がその不適合を知りながら買主に告げなかった**不適合については責任を負います。このようなズルい売主を保護すべきではないからです。

● **契約不適合責任**

買主ができること	売主の責めに帰すべき事由は必要か	買主の責めに帰すべき理由があるとき
追完請求	不要	売主／免責される
減額請求	不要	売主／免責される
損害賠償請求	必要	請求できる（過失相殺）
契約の解除	不要 ※買主に帰責性があれば解除不可	売主／免責される

⑥移転した権利が契約の内容に適合しない場合の売主の責任

売主が買主に引き渡した目的物自体は契約内容に適合しているものの、移転した権利について内容が不適合である場合についても、買主は売主に対して、履行の追完の請求、代金の減額の請求、損害賠償の請求および契約の解除をすることができます。例えば、購入した土地に地上権や抵当権が付いていたとか、土地の一部が他人物で、その部分が取得できなかったなどの場合です。

(1)他人物売買

まず民法の世界では、他人の物を売る契約も有効です。ただし、売却した場合には引渡し義務があります。所有権全部や所有権の一部が他人に属している場合等は、売主はその所有者から所有権を取得して、買主に移転する義務を負います。

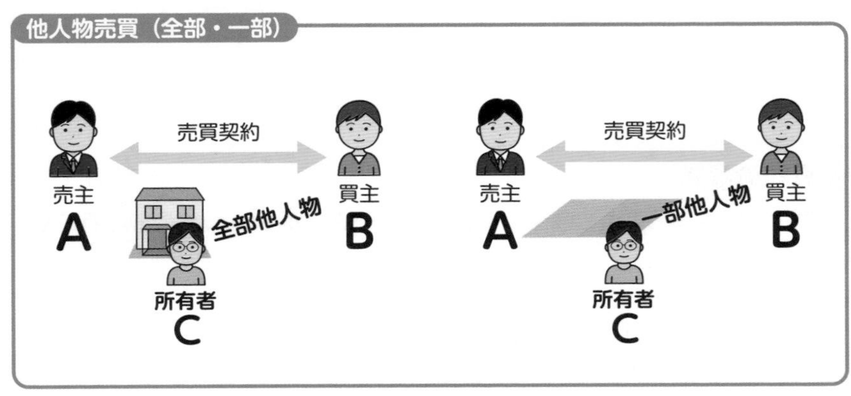

(2)対抗力のある権利が設定されている場合

売買された目的物に地上権や地役権、質権など対抗力のある権利が設定されていると、買主が使用収益できず、買主が売買契約をした目的にかなう使用収益ができないことが想定されます。また、目的物に抵当権が設定されており、抵当権の実行によって買主が所有権を失ったような場合には、売主に対して解除や損害賠償請求ができるなど、売主に責任追及ができます。

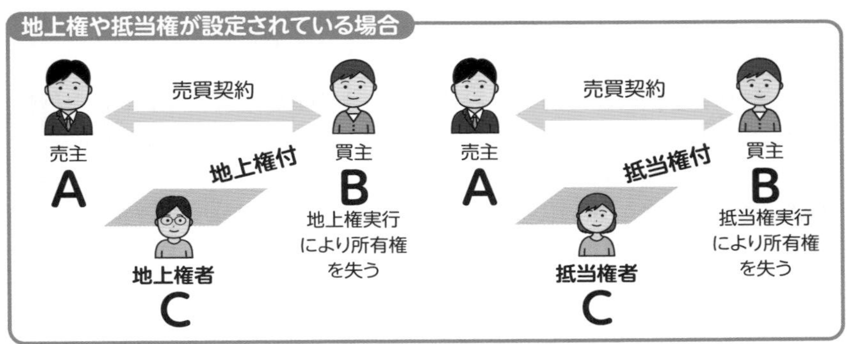

⑦目的物の滅失等についての危険の移転

売主が買主に建物等を引き渡した場合、その**引渡しがあった後**に、その目的物が当事者の責めに帰すことができない事由によって滅失したときは、買主は、履行の追完の請求、代金の減額の請求、損害賠償の請求および契約の解除をすることができません。

⑧種類・品質に関する通知期間制限

売主が種類または品質に関して契約の内容に適合しない目的物を買主に引き渡した場合、買主がその不適合を**知ったときから1年以内**にその旨を売主に**通知**しないときは、買主は、その不適合を理由として、履行の追完の請求、代金の減額の請求、損害賠償の請求および契約の解除をすることができません。

ただし、**売主が引渡しのときにその不適合を知っていた、または重大な過失によって知らなかったときは、この限りではありません。**

このルールは「数量・権利」に関する不適合には適用されません。

なお、上記の話とは別に、消滅時効の規定も適用がある点には注意しましょう。不適合を知ったときから5年間、または買主が権利行使することができるとき（引渡しの日）から10年間行使しないと、時効によって消滅します。

ここは宅建業法でも関係するテーマのため、しっかり理解しておきましょう。例えば、民法上は契約自由の原則から、契約不適合責任（担保責任）を負わない旨の特約をすることは可能です。それに対して、宅建業法では、売主が宅建業者で買主が一般消費者のときに契約不適合責任（担保責任）を負わない旨の特約をすることはできません。

問題にチャレンジ　○か×で答えましょう

Q1　建物が種類または品質に関して契約の内容に適合しない場合に、買主が売主の担保責任を追及するときには、買主は、引渡しの日から１年以内にその不適合を売主に通知しなければ責任追及できなくなる。

Q2　A所有の建物について、Bを売主、Cを買主とする契約が締結された場合において、Aに当初から譲渡の意思がないときでも、ＢＣ間の売買契約は有効である。

Q3　土地の売買契約が締結された場合において、その土地の所有者が第三者であって、売主が買主に所有権を移転できなかったときは、買主は当該契約を解除することができる。

Q4　建物の売買契約が締結されて、引き渡された当該建物が契約の内容に適合しなかった場合、売主の責めに帰すべき事由がなくとも、買主は損害賠償請求ができる。

Q5　A所有の土地について、ＡＢ間に売買契約が成立したときにおいて、Bの責めに帰すべき事由により引き渡された当該土地の品質が契約の内容に適合しない場合、Aは契約不適合責任を負わない。

解答と解説

A1　×　引渡しの日からではなく知ったときから１年以内に通知しなければなりません。

A2　○　全部他人物売買は、ＢＣ間では有効です。

A3　○　他人物売買自体は有効ですが、買主に所有権を移転できない場合は、買主は契約を解除できます。

A4　×　損害賠償を請求するには、売主の責めに帰すべき事由が必要です。

A5　○　買主の責めに帰すべき事由があるときは、売主は契約不適合責任は負いません。

9 相 続

▶▶▶ 死亡した人の財産等の承継ルールを定めています

相続は細かい規定まで問われるのでしょうか。どのように学習すれば、効率的に得点できますか？

相続は、細かな知識が問われる設問もありますが、基本的知識が身についていれば、１点取れる問題も多く出題されます。相続人は誰になるのか、どのくらいの取り分があるのか、また遺言や遺留分といった内容も学習します。出題範囲が膨大であるため、過去問に絞って学習する方が効率的です。

1 法定相続人

相続とは、被相続人（死亡した人）の財産や借金を相続人に当然に受け継がせる制度です。相続は、被相続人の死亡によって開始します。

遺言があれば遺言に従うことになります。遺言がない場合、例えば、Aには、妻Ｂ、子Ｃ・Ｄ、父Ｅ、母Ｆ、兄Ｇがいたというケースにおいて A が死亡した場合、誰が相続人になるのでしょうか？

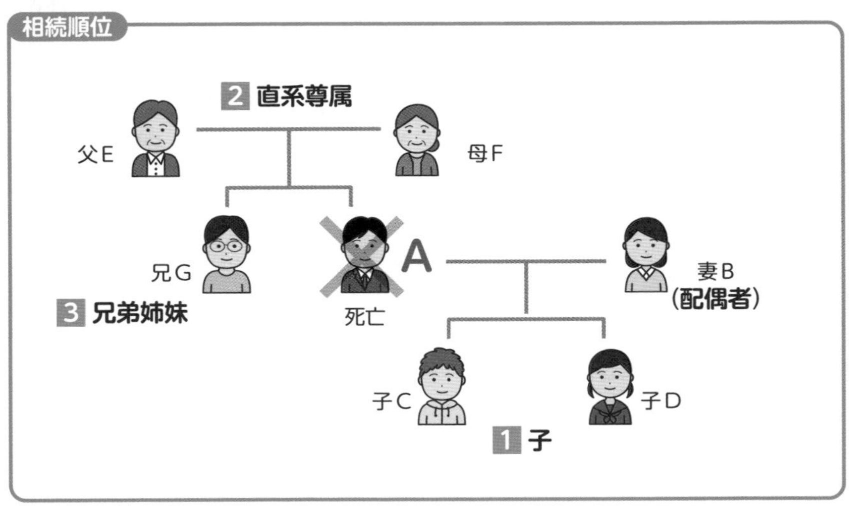

まず、配偶者がいれば常に相続人となります。さらに以下の順位で、子、直系尊属、兄弟姉妹が配偶者とともに相続人になります。配偶者がいない場合には、それぞれが単独で相続人になります。

● **法定相続人の相続順位**

<table>
<tr><td rowspan="3">配偶者</td><td>第一順位</td><td>被相続人の子
（胎児を含む）</td><td>実子と養子、嫡出子と嫡出でない子の扱いは同じ</td></tr>
<tr><td>第二順位</td><td>相続人の直系尊属</td><td>【発展】親等の近い者が優先する。
例）被相続人に父と祖母がいた場合、父のみが相続人となる</td></tr>
<tr><td>第三順位</td><td>被相続人の兄弟姉妹</td><td>兄弟姉妹は平等だが片親の違う兄弟姉妹は２分の１となる</td></tr>
</table>

注意点として、「配偶者」に内縁関係にある者は含みません。「子」には、嫡出子（婚姻関係にある男女の間に生まれた子）、非嫡出子（婚姻関係にない男女間に生まれた子）、胎児、養子を含みます。

前ページ図の例では、配偶者Ｂと嫡出子ＣとＤが法定相続人となり、ＥＦＧは相続人とはなりません。

法定相続の組合せは、「配偶者ともう１種類の人々」というイメージで覚えてください。子と直系尊属とか、直系尊属と兄弟姉妹という組合せはありません。

①代襲相続

代襲相続とは、被相続人の死亡前に相続人となるべき人が亡くなる、または欠格や廃除によって相続する権利を失ったときに、その子である孫が親に代わって相続することです。

相続欠格とは、遺産目当ての親殺しなど、一定の犯罪を犯すと当然に相続人になれないことです。また、廃除とは、被相続人に対して虐待したなどの場合に家庭裁判所がその者を相続人から廃除する制度です。

代襲相続の注意点としては、相続開始後に相続放棄した場合には、その子が代襲相続することはできません。なお、次ページの図においてＡとＢが同時死亡した場合は代襲相続となり、Ｅが代襲相続します。

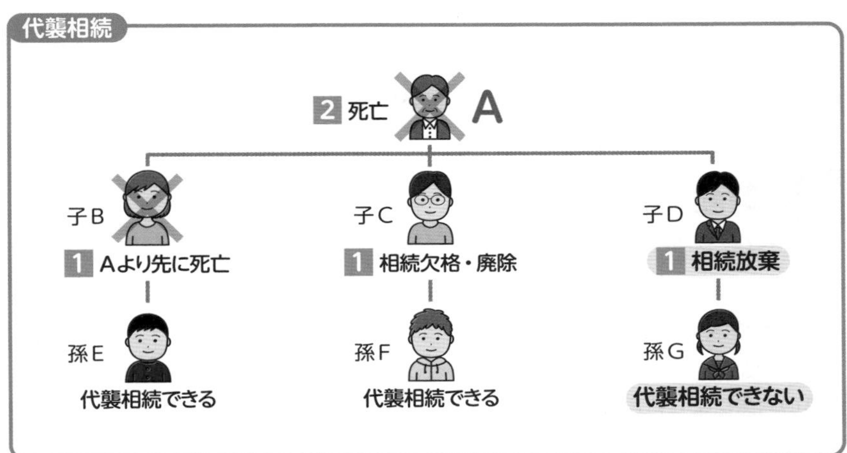

孫も被相続人が亡くなる前に死亡していた場合には、さらにその子である「曾孫」が相続し、これを再代襲相続といいます。しかし、兄弟姉妹の場合は兄弟姉妹の子の代襲相続までとなり、兄弟姉妹の子の子が「再代襲相続」することは認められていません。

相続欠格は「相続に関する一定の犯罪等により、相続する権利を失うこと」で、廃除は「請求によって家庭裁判所から相続人から除外されること」です。代襲相続できるという点に注意しましょう。親が悪い人でも親は親、子は子だからです。

2 法定相続分

法定相続分（ほうていそうぞくぶん）は、相続人それぞれがどのくらい相続できるかを決めたものです。次のルールになっています。

①配偶者と子	配偶者 2分の1	子 2分の1
②配偶者と直系尊属	配偶者 3分の2	直系尊属 3分の1
③配偶者と兄弟姉妹	配偶者 4分の3	兄弟姉妹 4分の1

同じ順位の者が２人以上いる場合には、法定相続分をその人数で平等に分けますが、父母の一方のみを同じくする兄弟姉妹は、**ほかの者の２分の１**となります。

なお、全血兄弟・姉妹とは、父母双方を同じくする兄弟・姉妹のことをいいます。半血兄弟・姉妹とは、父母どちらか一方のみを同じくする兄弟・姉妹のことをいいます。例えば、先夫・先妻の子と後夫・後妻の子の関係です（異母兄弟・異父兄弟）。

3 遺産の分割

相続開始から遺産分割（いさんぶんかつ）まで、遺産は共同相続人全員の共有となります。住宅や土地、株、預金などが共有となります。このような共有の状態から、共同相続人それぞれに遺産を割り当てるのが**遺産分割**です。

遺産分割はいつでも**協議**（きょうぎ）によってすることができます。**この協議は共同相続人全員の合意により行います**。ただし、**遺言で禁止（禁止可能期間最大５年）した場合はできません**。

全員の合意があれば、すでに成立した遺産分割協議を解除することもできます。協議が整わないときは、家庭裁判所に遺産の分割請求をすることができます。また、被相続人による遺言で、上記のとおり５年を超えない範囲で遺産分割を禁止することもできます。

4 承認・放棄

財産を相続するのかしないのか、相続人が決めることができます。

単純承認（たんじゅんしょうにん）とは、財産をすべて（債務も）相続することをいい、**限定承認**（げんていしょうにん）とは、相続した財産の限度内で債務も弁済する、という限定付きで相続することをいいます。また、**放棄**（ほうき）とは、財産をすべて相続しないことです。

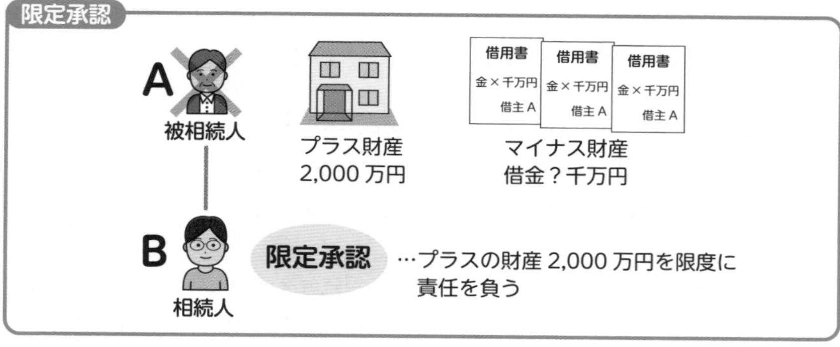

相続の承認や放棄ができる期間は、**相続開始を知ったときから3か月以内**です。その期間内に「承認」「放棄」などの意思表示がない場合は、**単純承認したものとみなされます**。

また、相続人が財産の一部または全部を処分したときも、単純承認したものとみなされます。

そして承認・放棄の**撤回**(てっかい)は原則としてできません。

「承認」「放棄」をするには**家庭裁判所への申述**(しんじゅつ)が必要であり、相続放棄は相続開始前に行うことはできません。なお、**限定承認は共同相続人全員で行う必要があります**。

5 遺言

被相続人が何の意思表示もせずに死亡した場合、相続は法定相続分に従って割り当てられます。法律で定められている額ではなく、自分の意思で決めたい場合には**遺言**(いごん)という形で意思を残します。

遺言は15歳以上であれば未成年者であってもできます。行為能力の有無は関係ありません。ただし、法律で定められた一定の方式に従って行わなければなりません。

そして、遺言はいつでも撤回することができます。前の遺言と後の遺言とが抵触するときは、抵触する部分については遺言の方式は問わず、**後の遺言で前の遺言を撤回したものとみなされます**。

遺言の効力は、遺言者の死亡時から生じるのが原則ですが、停止条件付の遺言の場合、条件成就のときから効力が生じます。遺言によって贈与することを**遺贈**(いぞう)といいます。

なお、遺言には**検認**(けんにん)という手続があります。これは遺言書の偽造・変造を防止するための手続です。遺言書の保管者や遺言書を発見した相続人は、相続開始を知った後、遅滞なく家庭裁判所に遺言書の検認を請求しなければなりません。

検認は、遺言の有効・無効とは無関係です。

また、遺言には、本人が自筆によって作成する**自筆証書遺言**(じひつしょうしょいごん)と公証役場(こうしょうやくば)に出向いて証人2人以上の立会いにより作成する**公正証書遺言**(こうせいしょうしょいごん)などがあります。

● 遺言のポイント

遺言の方式	法律上定められた方式で行わなければならない。普通の方式として ①自筆証書遺言、②公正証書遺言、③秘密証書遺言 の３つがあり、船舶の遭難時のような危急時遺言という特別の方式もある ・自筆証書遺言では、遺言者が全文、日付および氏名を自書して押印しなければならない ・財産目録において、自署でなくとも目録の各葉（すべての用紙）に署名押印すれば印刷でもかまわない ・遺言は２人以上の者が同一証書ではできない
遺言能力	満 15 歳に達した者は遺言をすることができる
遺言の撤回	・遺言はいつでも自由に撤回できる ・遺言者が前にした遺言と抵触するときは、その部分については後の遺言で前の遺言を撤回したものとみなされる
検認	・自筆証書遺言（遺言書保管所に保管されているものを除く）と秘密証書遺言の場合、遺言書の保管者または発見者が、遺言書を家庭裁判所に提出して検認を請求しなければならない ※自筆証書遺言の保管制度（遺言を法務局に預けることができる制度）の場合は検認不要 ・検認は、遺言の有効・無効を判定するものではなく、遺言書の形式などを検査・確認し、保存を確実にすることを目的としたもの ※検認が行われなかったとしても、遺言は無効にはならない

自筆証書遺言は、遺言者が、日付および氏名を自書し、これに印を押さなければなりません。近時の民法改正で、財産目録（銀行通帳、登記事項証明書等）は、自書でなくパソコン等で作成したものでもよいとされました。この場合、１枚ごとに署名と押印が必要です。

また、遺言は２人以上の者が同一の証書ですることはできません。

遺言に停止条件を付けることも可能です。死後に条件が成就した場合には、条件成就時から遺言の効力が生じます。

6 遺留分

遺言者（いごんしゃ）は、遺言により、遺産の全部または一部を他人に与えることができます。しかし、これをすべて認めてしまうと、妻や子がまったく相続できず、生活に困る可能性があります。そこで、兄弟姉妹以外の相続人（配偶者、子、直系尊属）には遺産の一定額を確保し、この取り分については遺言によっても侵害できないようにしました。この一定の取り分を**遺留分**（いりゅうぶん）といいます。

遺留分を侵害する贈与や遺贈も原則として有効になりますが、遺留分権利者は遺留分を侵害された範囲において侵害額に相当する金銭の支払いを受贈者に対して請求することができます。ただし、兄弟姉妹には遺留分がない点に注意しましょう。

①遺留分の割合

遺留分の割合は、次の通りです。

● **遺留分の割合**

遺留分権利者	どのくらいが遺留分となるか
直系尊属のみ	相続財産の３分の１
子のみ	相続財産の２分の１
配偶者のみ	
配偶者と子	
配偶者と直系尊属	

遺留分の割合に各遺留分権利者の法定相続分をかけたものが、その者の遺留分となります。例えば、遺産が 1,000 万円あり、配偶者と子が１人いる場合は、1,000 万円×２分の１（遺留分）×２分の１（法定相続分）の 250 万円が各自の遺留分です。また、共同相続人の１人が遺留分を放棄しても、ほかの共同相続人の遺留分は増加しません。

遺留分侵害額の請求権は、**訴えによらなくてもできます**が、遺留分権利者が相続の開始および遺留分を侵害する贈与や遺贈があったことを**知ったときから１年間**行使しないときは、時効によって消滅します。また知らなくても相続の開始のときから 10 年経過したときも消滅します。

②遺留分の放棄

遺留分は、相続開始前でも家庭裁判所に許可をもらえば放棄することができますが、遺留分を放棄しても相続を放棄したことにはなりません。

7 配偶者居住権と配偶者短期居住権

相続財産が居宅（2,000 万円）と預貯金（2,000 万円）で総額 4,000 万円だった場合、相続人が配偶者と子１名で、それぞれ 2000 万円ずつとなります。

配偶者が今後居住のために居宅を相続すると、全て子に預貯金 2000 万円が相続されることになり、配偶者の生活費に充てられる預貯金がなくなってしまう問題がありました。

そこで、1,000万円の配偶者居住権を居宅に設定し、配偶者は配偶者居住権1,000万円と預貯金1,000万円、子は負担付所有権1,000万円と預貯金1,000万円を相続することにより、配偶者の一方が死亡しても、残された配偶者はそのまま継続して居住し、生活に必要な金銭も相続できるようにしました。

①配偶者居住権

配偶者居住権(はいぐうしゃきょじゅうけん)は、配偶者が被相続人の財産である建物に相続開始のときに居住していた場合において、**遺産分割で取得するかまたは遺贈の目的とされこれを受ける**ことにより、その居住していた建物に終身または一定期間無償で居住することができるとするものです。

主なポイントは以下の通りです。

- 建物の所有者は配偶者居住権者に対して配偶者居住権の設定の登記に応じる義務がある
- 配偶者居住権自体を譲渡（売却）することはできない
- 被相続人と配偶者以外の他人が建物を共有していた場合は発生しない
- 配偶者が他の人に使わせる際は所有者の承諾が必要
- 配偶者居住権の存続期間は、別段の定めがなければ配偶者の終身の間となる

②配偶者短期居住権

配偶者短期居住権(はいぐうしゃたんききょじゅうけん)とは、配偶者が被相続人の財産に属した建物に相続開始のときに無償で居住していた場合には一定の短期間（最低6か月間は保障）、その建物を相続または遺贈により取得した者に対して、無償で居住する権利を主張できるというものです。ただし、登記はできません。

配偶者居住権の存続期間は別段の定めがなければ、終身です。存続期間を定めると、存続期間が満了した時点で配偶者居住権は消滅し、延長や更新ができなくなります。

問題にチャレンジ ○か×で答えましょう

Q1 Aには離婚した元配偶者Bと、Bとの間の未成年者の実子C（親権者B）がいる。Aが死亡した場合は、BおよびCが相続人となり、BとCの法定相続分はいずれも2分の1となる。

Q2 Aが死亡し、配偶者B、父C、妹Dがいる場合、Dは相続人とならず、BとCが相続人となり、Cの相続分は4分の1となる。

Q3 AがBに対して1,000万円の貸金債権を有していたところ、Bが相続人CおよびDを残して死亡した場合に、CおよびDが相続開始の事実を知りながら、Bが所有していた財産の一部を売却した場合には、CおよびDは相続の単純承認をしたものとみなされる。

Q4 Aが死亡し、Aに配偶者Bと子CおよびD、Cの子Eがいる場合、Cが相続を放棄した。このとき、B、DおよびEが相続人となる。

Q5 Aには相続人として子BおよびCがいたが、Cはすでに死亡しており、Cの子DおよびEがいる状態でAが死亡した。Aの遺言はない場合に、B、DおよびEの相続分はそれぞれ3分の1となる。

Q6 相続人が数人あるときは、限定承認は、共同相続人の全員が共同してのみこれをすることができる。

解答と解説

A1 × Bは離婚しているため、相続人とはなりません。Cのみが相続人となります。

A2 × この場合、相続人となるのは配偶者Bと父Cとなります。相続分はBが3分の2、Cが3分の1となります。

A3 ○ 相続開始を知りつつ、売却や遺産分割などをした場合、単純承認したものとみなされます。

A4 × Cが相続放棄をした場合は、Eは代襲相続できません。

A5 × 代襲相続は本来Cがもらえる分をDとEで分けるので、D、Eの相続分はそれぞれ4分の1となります。

A6 ○ 限定承認をする場合、共同相続人全員が共同で家庭裁判所に申述する必要があります。

10 物権変動

▶▶▶ **不動産の権利の移転について学びます**

物権変動とはどのようなテーマなのでしょうか？　難しいと聞きましたが、攻略法を教えてください。

物権変動は試験の肝ともいえるテーマであり、権利の移転について学習します。意思表示、時効との比較、相続とも関連し、事例形式の出題頻度が高くなっていることから、読み取りも大変です。学習し始めだと難しく感じますが、ワンパターンな問題も多いため、過去問を理解しながら解けば、確実に得点できるようになります。

1 所有権の移転

所有権が移転するのは、売主の「売ります」と買主の「買います」の意思が合致したときです。つまり、契約成立の時点で所有権が買主に移ります。代金の支払いや登記の際に移転するのではありません。

もちろん、これと異なる特約をすることは可能です。特約がある場合は、その特約で決めたときに所有権が移転します。

売主と買主、当事者間では意思の合致のみで、買主は売主に対して所有権は自分にあることを主張することができますが、第三者に対して所有権の移転を主張するには、意思の合致のみでは足りません。不動産の売買がある場合、第三者に対して所有権を主張するには、**対抗要件**（たいこうようけん）である**登記**（とうき）を備える必要があります。

所有権の移転

A 売主
売買契約
B 買主

1 申込み　「売ります」
2 承諾　「買います」
（意思表示の合致）→ 契約成立 → 所有権移転
3 契約書の作成
4 代金支払い、登記、引渡し

2 対抗関係

売主Aは買主Bと建物の売買契約をしました。まだ登記を備えていないうちに売主AがCにも、その建物を売りました。この場合、第一買主Bと第二買主Cのどちらが所有権を手にするのでしょうか？

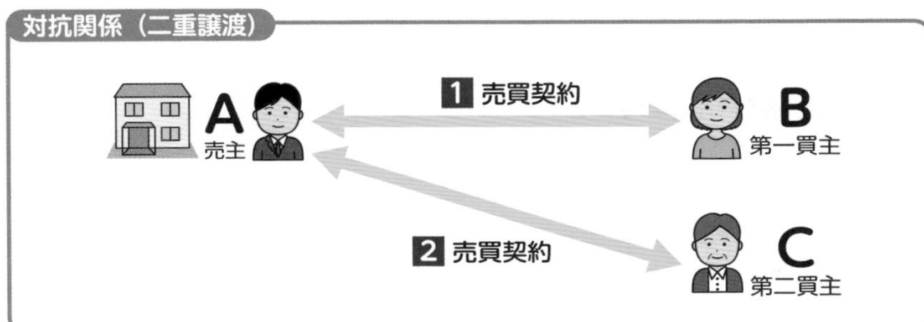

これは二重譲渡（にじゅうじょうと）に該当します。民法では、当事者の意思を尊重して自由に取引させたい等の理由から、二重譲渡自体は有効としています。では、所有権は最初に契約した第一買主Bに移転するのでしょうか。それとも後に契約した第二買主Cに移転するのでしょうか？

この場合、民法では、不動産の所有権の取得等は「**登記を備えなければ第三者に対抗することはできない**」としました。つまり、**先に登記を備えた者が勝ち**ということになります。

このようなBとCの関係を**対抗関係**（たいこうかんけい）といいます。そして、権利を主張するための要件を**対抗要件**といい、ここでいう登記が対抗要件となります。

このことから、第一買主Bが先に登記を備えれば、第二買主Cに対して所有権を主張できますし、第二買主Cが第一買主Bより先に登記を備えれば、第二買主Cは第一買主Bに対して所有権を主張できるということになります。第一買主Bの方が契約をしたのが先だとしても、第二買主Cが登記を備えるのが「先」であれば、第一買主Bに対して所有権の主張が可能となります。

上記のように第二買主Cが先に登記を行えば、第一買主Bに対抗できます。一方、負けた第一買主Bは、売主Aに対して債務不履行（履行不能）による損害賠償を請求できるということも押さえましょう。

3 登記がなくても対抗できる者

売主に対し、買主は登記を請求することができます。売主が売却後、登記する前に死亡した場合は、売主の相続人にも買主は登記を請求できます。

登記がなければ第三者に対抗できないとはいえ、悪い人や無権利者に対しては、登記がなくても勝てるという点は大切です。要するに、第三者とは、正当な利害関係がある人というイメージです。

①不法占拠者（無権利者）

売主Ａの所有する建物を買主Ｂが購入しました。そして、登記を備える前に、不法占拠者（ふほうせんきょしゃ）としてＣが買主Ｂに無断で勝手にその建物に住み始めました。買主Ｂは登記がなければ、不法占拠者Ｃに対しても、所有権を対抗（主張）することができないのでしょうか。

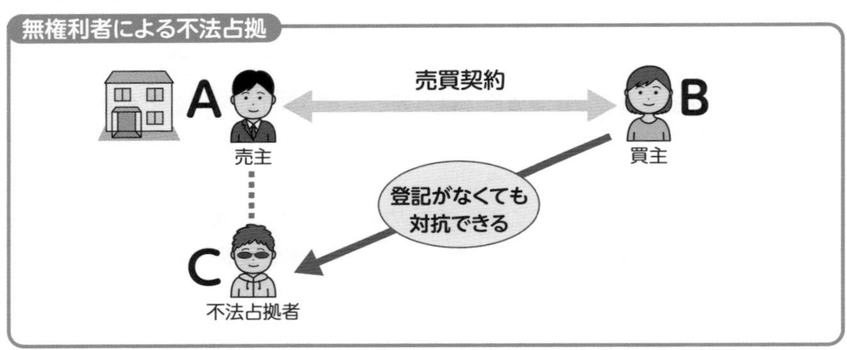

不法占拠者に対しても、登記を備えていなければ対抗できないとすれば、あまりにも買主Ｂがかわいそうです。登記がなければ対抗できない「第三者」とは、**登記がないことを主張する正当な利益を有する者**を指します。

不法占拠者Ｃは、この「登記がないことを主張する正当な利益を有する第三者」にはあたりません。したがって、買主Ｂは、不法占拠者Ｃに対しては、登記がなくても、所有権を対抗することができます。

また、虚偽表示などの無効な法律行為の譲受人に対しても、登記なくして所有権の主張ができます。さらに、ＡとＣが虚偽表示によりＣが所有権を取得したことにした場合のように、Ｃが無権利者の場合も、Ｂは無権利者Ｃに対して対抗できます。

②背信的悪意者

単なる悪意者ではなく、ひどいやり方で所有権を取得した者は保護する必要はありません。このように、信義則に反するような目的などで不動産を取得しようとする者を**背信的悪意者**（はいしんてきあくいしゃ）といいます。背信的悪意者に対しては、登記がなくても対抗することができます。背信的悪意者の例としては、以下のようなケースがあります。

・詐欺や強迫によって第一買主の登記申請を妨げた第二買主
・第一買主のために登記申請義務を負う第二買主
・不当な利益を得るために第一買主に高値で売りつけようとする第二買主

悪い人には登記を備えていなくても勝てるということです。

③転々移転した場合の対抗関係

売主Aが買主Bに建物を売却し、その後Bが買主Cに売却したケースを考えましょう。

前の所有者のAは、現在ではそもそも所有権をもっていないため、「登記がないことを主張する正当な利益」がありません（Cは権利者、前主Aは無権利者）。したがって、買主Cは、登記がなくても前主Aに対して所有権を主張できます。

また、買主CはBに対して登記がなくても、所有権を主張することができます。さらに、Bは前主Aに対して登記がなくても、所有権を主張することができます。

この２つをあわせて、買主Cは、前主Aに対して登記がなくても、所有権を主張することができます。

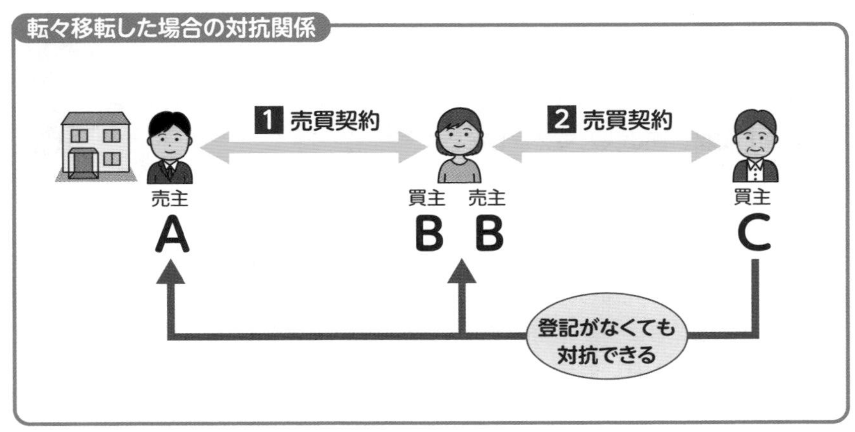

4 登記がないと対抗できない者

①悪意の第三者

二重譲渡の場合は登記で決めますが、第三者Cが先にBが買ったと知っていながら買った（悪意）場合はどうでしょうか？

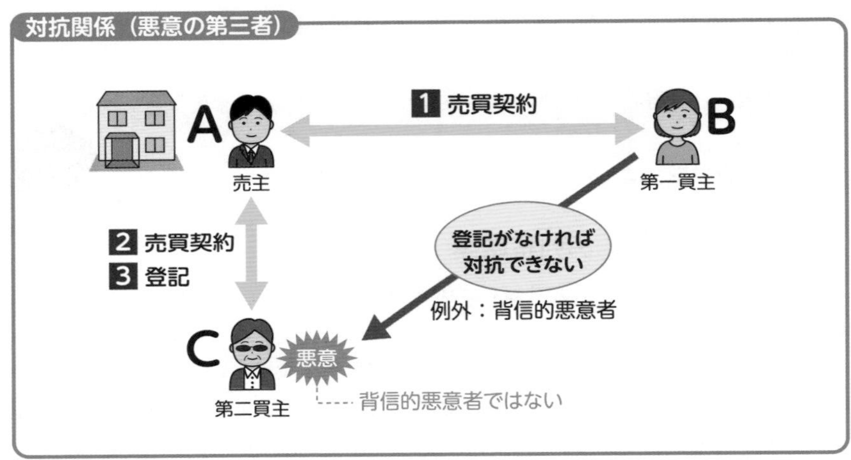

この場合は単なる悪意者にすぎません。自由競争の範囲内であり、単なる悪意者は「知っている」だけなので、登記がないことを主張する正当な利益を有する第三者といえます。したがって、悪意者であるCは、登記を先に備えればBに対して所有権を対抗できます。

悪意とは、何回も出てきていますが、知っているという意味です。ズルいイメージですが悪い人ではありません。ただし、背信的悪意者に関しては、悪い人と考えましょう。

①背信的悪意者からの転得者

A所有の土地をBが購入し、その登記がなされる前に、Cが当該土地をAから買い受け、これをDに売却し、Dが登記を備えました。その場合、Cが背信的悪意者であるときでも、Bに対する関係でD自身が背信的悪意者でなければ、Dはこの土地の所有権の取得をBに対抗することができます（判例）。

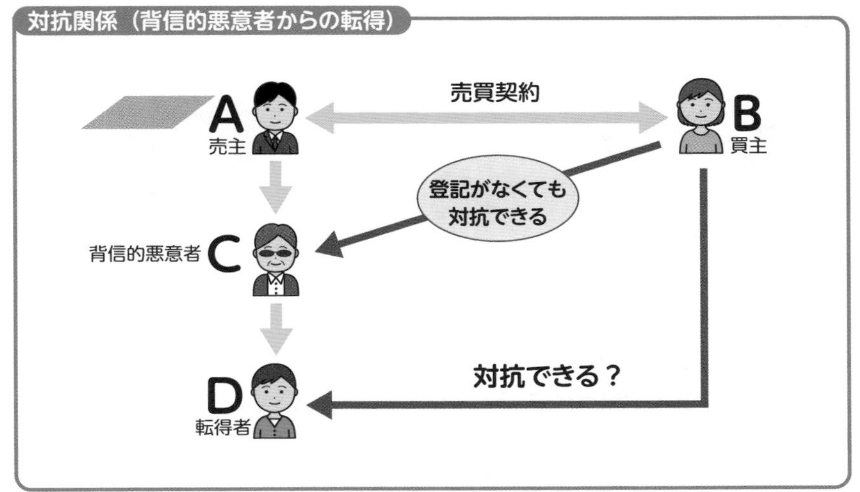

②対抗力ある賃借人（借地上の建物所有者）

Aは C に土地を賃貸し、Cはその土地上に C 名義で登記した建物を建てて住んでいます。A が B にその土地を売却した場合、購入した B は C に対して所有権を主張して、地代をくださいと言えるのでしょうか。

この場合は、C が賃借権の対抗要件を備えているため、B は登記なくして C に対して所有権の主張はできません。ゆえに、**登記を備えないと賃料をくれとは言えない**のです。

5 取消しと登記

詐欺や強迫による取消しと取消し前の第三者の論点については、意思表示に関する解説で説明しました。

①取消し「前」の第三者

詐欺・錯誤による取消し前の第三者については、第三者 C が善意無過失の場合、売主 A は、取消しを主張できません（強迫は取消し主張可）。

また、第三者 C が悪意または善意有過失の場合であれば、売主 A は、取消しを主張できます。意思表示で学んだ内容です。

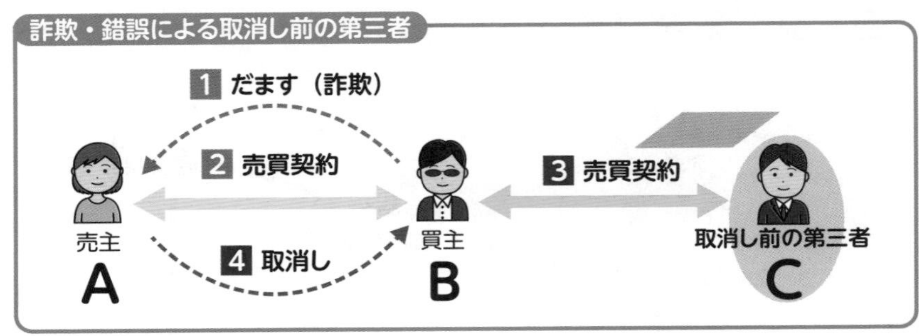

②取消し「後」の第三者

一方、取消し後は「登記」の有無で決めます。売主Aと第三者Cとの関係は、「二重譲渡と同様の関係」にあるからです。契約を取り消したことにより、所有権は買主Bから売主Aへ、また、その後売却したことにより買主Bから第三者Cにも所有権が移転しています。つまり、買主Bを起点に売主Aと第三者Cへ二重譲渡したのと同様の関係にあると言えます。

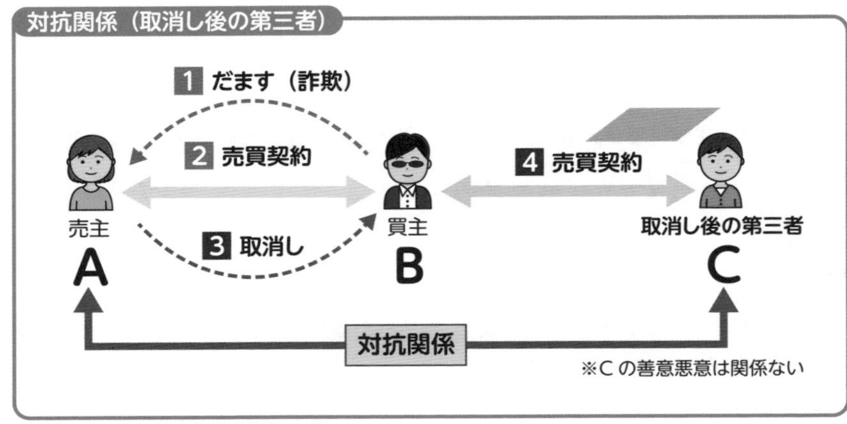

意思表示では、詐欺と強迫で違いがありました。しかしながら、取消し後の第三者の場合は、詐欺も強迫も登記で勝敗を決めることになっています。この違いを見抜くのは最初は大変ですが、過去問等で図を描いて、二重譲渡の関係にあるかどうかを考えながら解いてみてください。

6 解除と登記

①解除「前」の第三者

解除前の第三者については、債務不履行・解除で学んだ通りです。Cに登記があればCの勝ち、なければAの勝ちです。

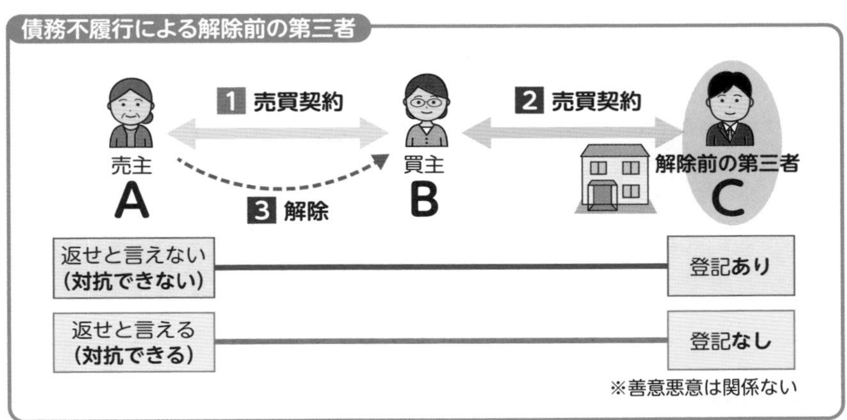

②解除「後」の第三者

契約を解除した売主Aと解除後の第三者Cは、取消し後の第三者と同じで「登記」の有無で決めます（対抗関係）。第三者Cの善意・悪意は問いません。

これも「取消し後の第三者」と同じで、買主Bを起点に売主Aと第三者Cへ「二重譲渡したのと同じ関係」にあると考えます。したがって、売主Aは、第三者Cが登記を備えると、所有権を対抗することができません。

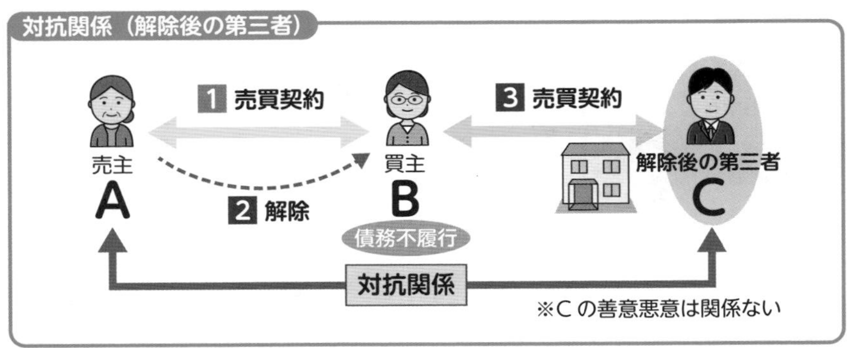

7 時効と登記

時効の完成により、目的物を取得した占有者Bは、当事者の関係なので登記がなくても土地所有者Aに対抗できます。

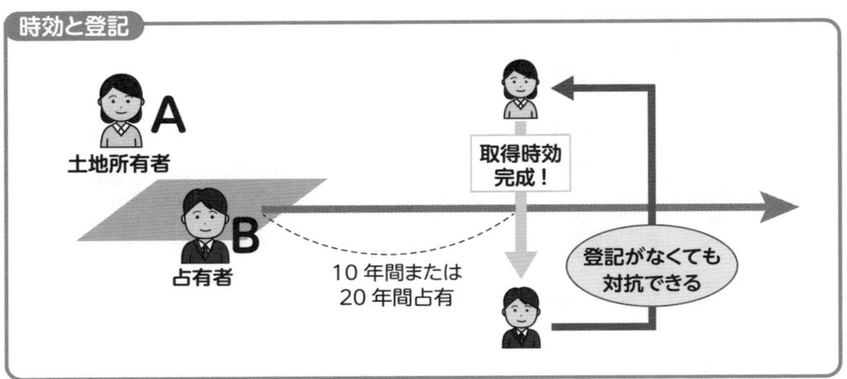

①時効完成「前」の第三者

次に、占有者Bの時効完成前に土地所有者Aから土地の譲渡を受けた第三者Cがいる場合、時効取得者Bは第三者Cに対して所有権を主張することができるでしょうか？　この場合、時効取得者Bは第三者Cに対して、登記がなくても所有権を主張することができます。

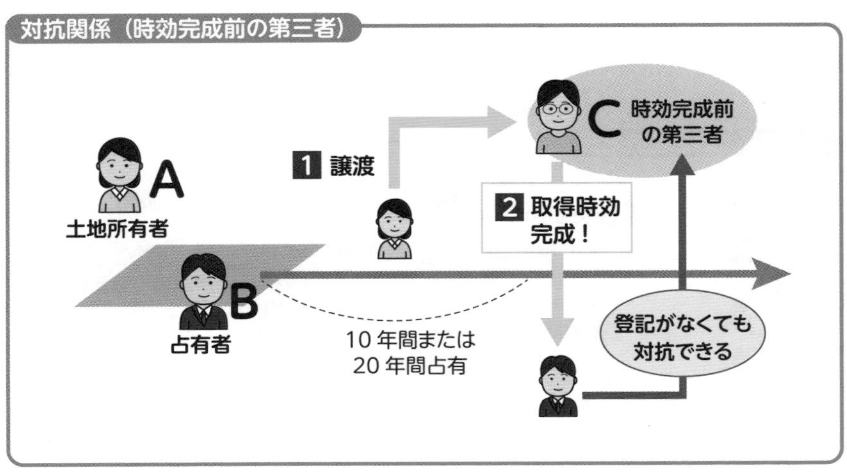

ここは取得時効で勉強した内容ですが、時効完成時点の第三者Cに対して時効取得者Bは登記をくれと請求できます。当事者の関係だからです。

②時効完成「後」の第三者

では、占有者Bが時効完成後に土地所有者Aが第三者Cに対して土地を譲渡した場合、時効取得者Bは第三者Cに対して所有権を主張することができるでしょうか？　この場合、時効完成後は時効取得者Bと第三者Cは二重譲渡の関係にあるため、「登記」で決めることになります。

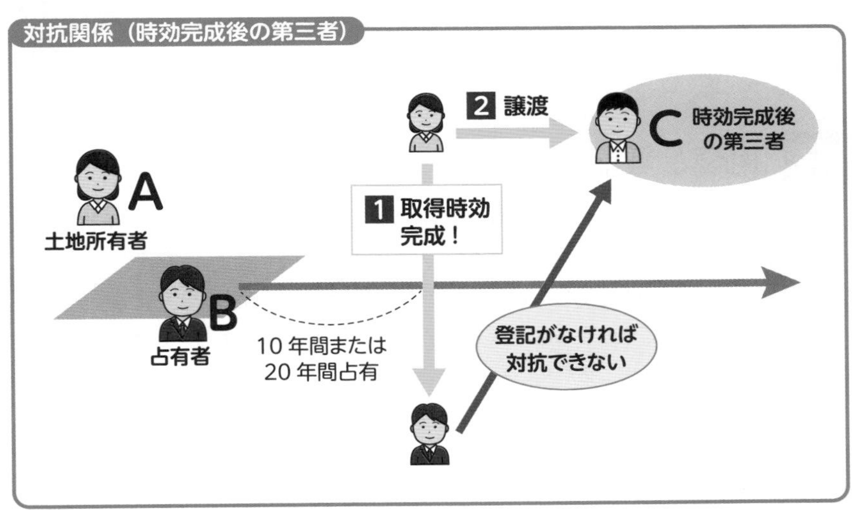

したがって、Cが登記を備えると、Bは土地を時効取得していても、その所有権を第三者Cに対抗することができません。

8 取消し・解除・時効における第三者

これまで見てきた取消し・解除・時効における第三者について、次の表にまとめていますので、確認しておきましょう。

● 取消し・解除・時効における第三者のまとめ

		「前」の第三者との関係	「後」の第三者との関係
取消し	詐欺	善意・無過失の第三者の勝ち（登記不要）	登記をした者が勝つ
	錯誤		
	強迫	取消権者の勝ち（登記不要）	
契約の解除		登記があれば第三者が保護される	
取得時効		時効取得した者の勝ち（登記不要）	

「○○後」となっていれば登記で決めると覚えていると、7～8割は正解できたりします。ただ、本当の実力アップのためには、問題を解く際に図を描いて、登記がどう移動するかを考えてみてください。登記の流れが2か所になると、対抗関係となります。

9 相続と登記

Aは、Aの所有する土地を買主Bに売却しました。しかし、買主Bに所有権移転の登記をする前に死亡し、売主Aの相続人であるCがこの土地の相続をしました。買主Bは相続人Cに登記がなくても対抗できるのでしょうか？

この場合、相続人であるCは、Aの地位を引き継ぎます。よって、買主Bと相続人Cは当事者の関係となるため、買主Bは登記がなくても所有権を相続人Cに対抗できます。

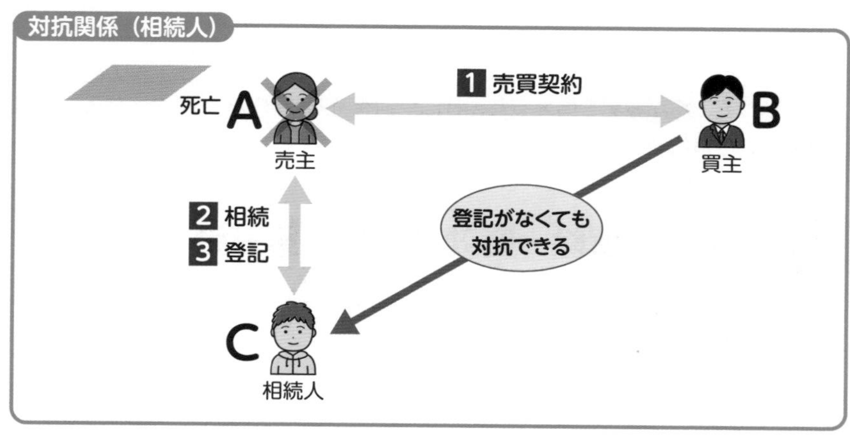

では、その後、売主の相続人Cが当該土地をDに譲渡した場合、Bは、登記がなくても所有権を買主Dに対抗することができるでしょうか？

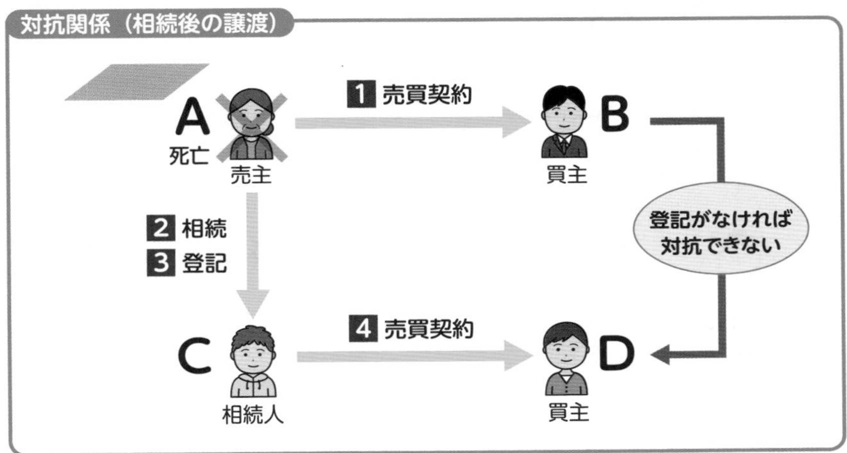

この場合は、被相続人Aと相続人Cを同一人物と考え、相続人Cからの二重譲渡と同様に考えます。買主Bと相続人からの譲受人Dの優劣は、登記の有無で決めることになります。したがって、Bは登記がなければ所有権を譲受人Dに対抗できません。

これもBに登記を受けることが可能であり、Dも登記を受けることが可能であることから対抗関係になると考えればよいでしょう。

①共同相続と登記

Aは土地を残して死亡しました。Aの子である相続人BとCが共同で相続しました。ところが、相続人Cは、相続人Bに無断で登記名義を相続人Cの単独名義にした後、甲土地を買主Dに譲渡し、登記を移転してしまいました。さて、この場合、相続人Bは買主Dに対して、甲土地の自己の持分を主張することができるのでしょうか？

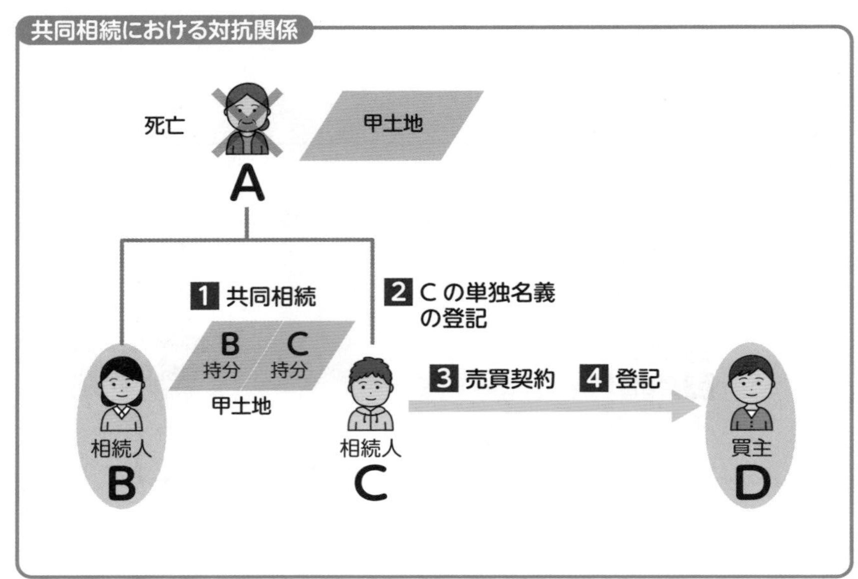

相続により、甲土地は相続人Ｂ・Ｃの「共有」となります。そのため、相続人Ｃは、相続持分に応じた割合で自分の共有持分を持っていますが、Ｂの持分については無権利者となります。その無権利者Ｃから譲渡を受けた買主Ｄも、相続人Ｂの共有持分に関しては無権利者となります。よって、相続人Ｂは自己の共有持分について、無権利者Ｄに対し、登記がなくても対抗することができます。法定相続分は登記がなくても対抗できると覚えてしまってもよいでしょう。

②遺産分割後の第三者

Ａが甲土地を残して死亡しました。Ａの子ＢとＣが共同相続しました。遺産分割協議が成立し、相続人Ｂが甲土地を全て相続することになりました。ところが、相続人Ｂが登記を備える前に、相続人Ｃが単独名義の登記をして、買主Ｄに譲渡し、その旨の所有権移転「登記」をしてしまいました。この場合、相続人Ｂは、遺産分割により取得した土地の持分について、買主Ｄに対抗することができるでしょうか？

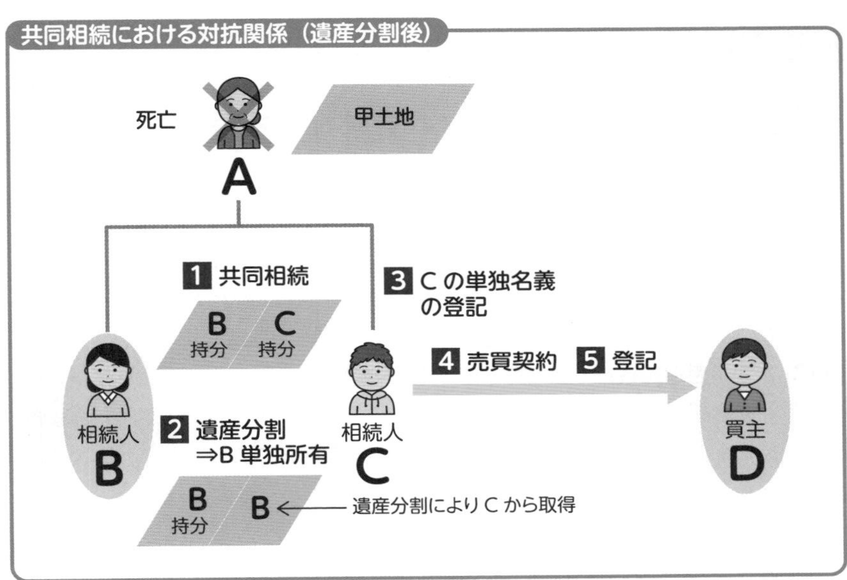

このケースでは、遺産分割協議によって「相続人Cの持分であった部分」が問題となります。遺産分割協議によって相続人Bが全て相続することになったため、相続人Cの持分である部分を相続人Bに所有権移転しなければならないところ、第三者Dにも譲渡しています。これは**「二重譲渡」の関係**となりますので、相続人Bが買主Dに対抗するには、登記が必要となります。

③相続放棄と登記

相続を放棄した者が、第三者に対して相続財産を譲渡した場合において、相続放棄によって、その権利を取得した相続人は登記がなくても第三者に対して対抗できます（判例）。

事例問題を考えるときは、登記がどのように動くのかを考えてみてください。ある人から登記の流れの矢印が2か所となっている場合は対抗関係となり、登記で勝負を決めます。対抗関係は、意思表示、時効、相続、債務不履行等、民法のあらゆるところとリンクするので、じっくり取り組んでください。

問題にチャレンジ ○か×で答えましょう

Q1 Aの所有地がAからD、DからEへと売り渡され、E名義の所有権移転登記がなされた後でも、AがDの債務不履行に基づきAD間の売買契約を解除した場合、Aは、その所有権をEに対抗することができる。

Q2 Aが甲土地をFとGとに対して二重に譲渡してFが所有権移転登記を備えた場合に、AG間の売買契約の方がAF間の売買契約よりも先になされたことをGが立証できれば、Gは、登記がなくても、Fに対して自らが所有者であることを主張することができる。

Q3 Aが甲土地をHとIとに対して二重に譲渡した場合において、Hが所有権移転登記を備えない間にIが甲土地を善意のJに譲渡してJが所有権移転登記を備えたときは、Iがいわゆる背信的悪意者であっても、Hは、Jに対して自らが所有者であることを主張することができない。

Q4 CはBとの間で土地の売買契約を締結して所有権移転登記をしたが、その土地の真の所有者はAであって、Bが各種の書類を偽造して自らに登記を移していた場合、Aは所有者であることをCに対して主張できる。

Q5 A所有の甲土地を借りているDが、甲土地上に登記ある建物を有する場合に、Aから甲土地を購入したEは、所有権移転登記を備えていないときであっても、Dに対して、自らが賃貸人であることを主張することができる。

解答と解説

A1 × Eが登記をした場合には、Aは対抗できません。

A2 × 先に登記を備えた方が対抗できます。

A3 ○ Jが背信的悪意者でなければ、登記を備えたJはHに対抗できます。

A4 ○ Bは、無権利者なので、無権利者から買い受けたCも、無権利者となります。

A5 × EがDに対して主張するためには、甲土地について、所有権移転を登記する必要があります。

11 不動産登記法

▶▶▶ 登記のルールを定めた法律です

登記は不動産取引と関係が深いため、不動産登記法は細かく学習したほうがよいのでしょうか？

不動産登記法は、専門的で技術的な用語とルールが出てくるため、初学者が難しく感じる法律の一つです。範囲が膨大で、学習効率がよいとはいえないため、完璧を目指すのはやめましょう。ただし、１問は必ず出題されます。基本的な問題が出題された際に、ほかの受験者と差がつかない程度に対策しておきましょう。

1 不動産登記

不動産登記は、目に見える物理的な現況だけでなく、目に見えない所有権や抵当権などの権利関係などを記録して不動産取引の安全を図っています。前節の物権変動でも学習しましたが、登記をすることで対抗要件になるなど不動産取引において重要な役割を果たしています。その登記のルールが**不動産登記法**です。

①登記記録

登記記録とは、一筆（いっぴつ）の土地、一戸の建物ごとに**表題部**（ひょうだいぶ）と**権利部**（けんりぶ）に分けて作成される電磁的記録のことです。

表題部には、所在地、面積、地目など**表示に関する登記**が記録されています。

この**表題部の登記は義務となっています。**

また、**権利部**は持ち主に関する**所有権に関する事項**である**甲区**（こうく）と、抵当権や賃借権が付いているかどうかの**所有権以外の権利に関する事項**である**乙区**（おつく）に分かれています。権利部の登記は義務ではありません。

ただし、相続（遺言による場合を含む）によって不動産を取得した相続人は、相続により所有権を取得したことを知った日から**3年**以内に相続登記の申請をしなければなりません。過去の相続分も義務化の対象なので注意が必要です。また、遺産分割協議の成立によって不動産を取得した相続人は、遺産分割協議が成立した日から**3年**以内に、その内容の登記を申請しなければなりません。

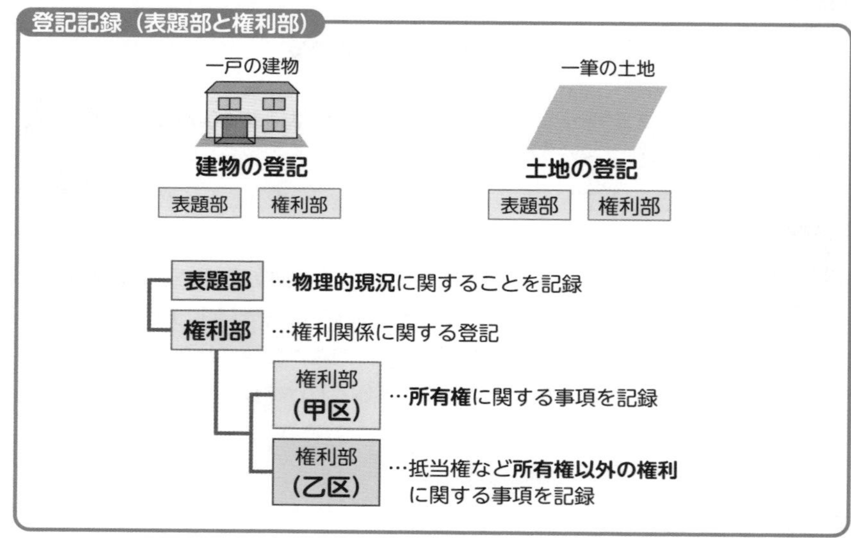

また、登記記録が記載されている登記事項証明書と登記事項要約書は、手数料を納付すれば誰でも取得することができます。それに対し、登記の申請書の閲覧は利害関係を有する部分に限り請求ができます。

登記事項証明書（書面のみ）	登記事項要約書（書面のみ）
・登記官の認証文がある（証明力あり） ・登記所での直接交付（原則） ※郵送でも可 ・オンライン請求もできる	・登記官の認証文がない（証明力なし） ・登記所での直接交付限定 ※コンピュータ化前の閲覧の代わり

登記所には、不動産の所在を明確にするために、地図および建物所在地図を備え付けるものとされています。登記所には地図が備え付けられるまでの間、これに代えて**地図に準ずる図面**（公図（こうず）と呼ばれます）を備え付けることができるとされています。

実務では所有権保存登記も所有権移転登記も当然のように行うイメージですが、不動産登記法では、権利の登記は自分の権利を守るためにするものであるため、相続登記を除き、義務ではないという点に注意しましょう。住所変更の登記も義務ではありません。

表題部の登記の記載例（建物）

表題部（主である建物の表示）	調製	余白	不動産番号	1234567890123
所在図番号	余白			
所在	甲市乙町１２３		余白	
家屋番号	１番		余白	
種類	構造	床面積　m²	原因及び日付〔登記の日付〕	
居宅	木造かわらぶき２階建	１階　65:00 ２階　55:00	令和３年10月19日新築 〔令和３年10月20日〕	

表題部（附属建物の表示）				
符　号	種類	構造	床面積　m²	原因及び日付〔登記の日付〕
１	物置	木造かわらぶき平屋建	23:00	〔令和３年10月20日〕
所有者	甲市乙町○○○　水野　健			

※下線が引いてあるもの（上記表中では表題部所有者欄）は、抹消されている事項です

権利部の登記の記載例

権利部（甲区）（所有権に関する事項）			
順位番号	登記の目的	受付年月日・受付番号	権利者その他の事項
1	所有権保存	令和３年10月20日 第55号	所有者　甲市乙町○○○ 山田　太郎
2	所有権移転	令和５年10月18日 第77号	原因　令和５年10月18日売買 所有者　甲市丙町△△△ 田中　次郎

権利部（乙区）（所有権以外の権利に関する事項）			
順位番号	登記の目的	受付年月日・受付番号	権利者その他の事項
1	抵当権設定	令和３年10月20日 第56号	原因　金銭消費貸借 債権額　○○円 利息　年○% 損害金　年○% 債務者　山田　太郎 抵当権者　○○銀行
2	１番抵当権抹消	令和５年10月18日 第76号	原因　令和５年10月18日解除

● 表示に関する登記と権利に関する登記の比較

	表示に関する登記	権利に関する登記
具体例	新築、滅失	所有権保存・移転、抵当権
登記の趣旨	物理的現況を公示	権利関係を公示
権利者の名称	表題部所有者	登記名義人
登記記録	表題部	権利部　甲区（所有権） 権利部　乙区（所有権以外）
申請義務	あり	なし（相続登記を除く）
期間の制限	1か月以内	なし（相続の場合、知った時から3年以内）
登記官の職権登記	原則、可能	原則、不可
対抗力	なし	あり

登記は必ず「表題部→権利部（甲区）→権利部（乙区）」の順番で作成されます。表題部がないのに甲区が作成されることはありません。また、甲区なしに乙区が作成されることもありえません。

2 表示（表題部）に関する登記

①表示の登記と滅失登記

建物を新築した際は、表示の登記（表題部の登記）をしなければなりません。また、建物が取壊しや火事などで滅失したり、土地が水没したりした際は、滅失登記(めっしつとうき)をしなければなりません。

表示に関する登記とは、目に見える物理的状況に関する登記を指します。

表示に関する登記は、どのような不動産であるかを確認するためのものであることから、原則として**対抗力はありませんが、申請義務があります**。なぜなら、表示に関する登記には、「どこに」「どのような」不動産があるかを確認するという公益的な目的があるからです。そのため、**建物を新築した際には、所有権取得の日から1か月以内に表題登記をしなければなりません。**

さらに、**土地や建物が滅失した場合には、表題部所有者または所有権の登記名義人は滅失のときから1か月以内に滅失登記をしなければなりません。**

②分筆・合筆の登記

一筆とは、土地登記簿における区分された１単位のことをいいますが、一筆の土地を分割して二筆以上に分けることを**分筆**(ぶんぴつ)**の登記**といい、また複数の土地を１つの土地にすることを**合筆**(がっぴつ)**の登記**といいます。

これらの登記は、登記上の変更はありますが、物理的な変更はありません。申請は、原則として所有者が行います。しかし、例外的に一筆の土地の一部が別の地目となった場合は、１か月以内の申請義務があるため、職権で行われることがあります。地番区域が異なることとなったときは、登記官の職権による登記もなされます。

また、登記官は地図を作成するのに必要があるときは、土地の所有者の異議がある場合を除き、職権で分筆・合筆の登記を行うことができます。

なお、合筆登記の注意点として、**合筆登記ができない場合があります**。具体的には、次の場合になります。

- 表題部所有者や所有権の登記名義人が相互に異なる合筆登記
- 表題部所有者または所有権の登記名義人が相互に「持分」を異にする合筆登記
- 所有権の登記がある土地と所有権の登記がない土地との合筆登記
- 「地目」が異なる土地の合筆登記
- 相互に「接続していない」土地の合筆登記

表題部の登記は、固定資産税に関わってくるため、義務となっていると考えてください。よって、所有者が表示に関する登記の申請をしなくても、登記官が職権で行うことができます。

3 権利に関する登記

権利に関する登記とは、権利部に記録されている登記で所有権、地上権、抵当権、賃借権等の目に見えない権利に関する登記をいいます。

権利に関する登記義務は原則としてありません。また、権利に関する登記には、対抗力（争ったときに第三者に勝つ力）が認められます。

①対抗力

権利を守ることが目的であるため、権利に関する登記には**対抗力**(たいこうりょく)があります。これまで対抗関係などで学習したことに関係しています。

②権利の順位

同一不動産について登記された場合、権利の順位は、原則として登記の前後によります。

なお、付記登記の順位に関しては、主である登記の順位によります。同じ主登記である場合には、その前後によります。

③所有権保存の登記

ある不動産について、はじめてする所有権の登記を所有権保存登記といい、これは権利部に登記されます。この所有権の保存登記がなされることによって、その後、所有権の移転登記ができたり、抵当権の設定登記をすることができます。

所有権保存の登記は、原則として、次の者が単独で申請できます。

①表題部所有者またはその相続人その他の一般承継人
（相続人は被相続人の権利義務を承継する）
②所有権を有することが確定判決によって確認された者
③収用によって所有権を取得した者
④区分建物にあっては、表題部所有者から所有権を取得した者
（分譲マンションの購入者）

区分建物（マンション）の登記は、購入者が単独で保存登記できますが、敷地権付区分建物の場合は実質、土地の所有権移転となるため、敷地権の登記名義人の承諾が必要です。

④所有権移転の登記

売買や相続によって不動産の所有権が移転した際には、所有権移転登記をします。その際に買主と売主は登記権利者、登記義務者として原則、共同で申請することになります。

例外として、相続や会社の吸収合併の場合には、相続人や存続会社による単独申請となります。登記義務者がすでに存在しないので、単独申請するしかないからです。

また、登記名義人の氏名・名称または住所について変更があった場合には、単独申請できます。ただし、相続登記等の例外を除いて、原則として申請義務はありません。

4 登記の申請手続

①登記申請の方法

登記申請の方法は、登記権利者（登記をもらう側）と登記義務者（登記をあげる側）が共同で申請するのが原則です。必ずしも登記所に出頭して申請する必要はなく、オンライン申請でもできます。

ただし、例外的に単独で申請できるものがあります。できるというより、単独でせざるを得ないものもあります。

● 登記申請の方法

【原則】共同申請	
共同申請主義（当事者が共同して申請することが必要）	
【例外】単独申請	**理由**
①所有権保存の登記	前の所有者がいないため
②相続または合併による登記	前の所有者がいないため
③登記手続を命じる判決による登記	「AからBに登記を移転しなさい」とする裁判所が下した判決によるため
④登記名義人の氏名・住所の変更登記	同一人物（変更前と変更後）のため
⑤仮登記義務者の承諾がある仮登記	登記義務者が許可しているため
⑥相続人に対する遺贈による所有権移転登記	遺贈者死亡のため

また、登記申請する者が委任した代理人の権限は、本人が死亡した場合であっても消滅しません。

②登記申請に必要な情報

(1)申請情報

登記の申請書に該当するものです。具体的には以下の情報です。

・不動産を識別するために必要な事項
・申請人の氏名または名称
・登記の目的
・その他登記原因等

「登記の内容は権利を公示するうえで大切な内容」というイメージを持っていれば十分です。

(2) 登記識別情報

俗に**権利書**（登記済証）と呼ばれていたものです。原則として、登記義務者の本人確認を行う手段として登記の際に提供します。不動産ごと、名義人ごとに発行されます。

亡失等しても**再発行されません**。登記識別情報を提供できない場合の本人確認の手段として、事前通知制度や資格者代理人（司法書士等）による本人確認制度があります。

(3) 登記原因証明情報

権利の登記をする場合に、どのような原因で登記するのかを示す情報を添付します。ただし、**表示の登記は、原則として登記原因証明情報の添付が不要です。**

5 仮登記

①仮登記が認められる場合

仮登記は、現段階では本登記をすることはできないものの、あらかじめその順位を確保するために行うものです。仮登記は、次の場合に認められます。

- 登記に必要な情報を登記所に提供できないとき
- 物権変動を生じさせる将来の請求権を保全させるとき

②仮登記の効力

仮登記に対抗力はありませんが、仮登記を本登記に改めた場合に登記の順位は確保されます。仮登記を本登記にすると、本登記の順位は仮登記の順位となります。

本登記の申請、また仮登記の申請については、原則として、登記権利者と登記義務者の共同申請となります。しかし、仮登記の登記義務者の承諾、または仮登記を命ずる処分のある場合には、仮登記権利者が単独で申請することができます。

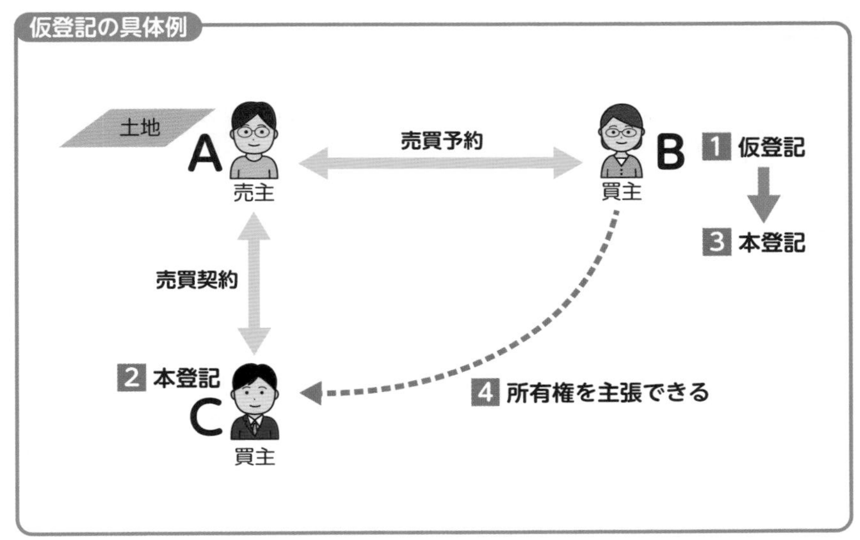

仮登記の具体例について考えてみましょう。売主Aと買主Bとの間で売買予約をしました。ただ、まだ予約段階であるため、所有権移転の本登記ができません。その後、第三者Cが買って登記を行えば買主BはCに対して負けてしまいます。そこで仮登記をしておきます。

仮登記をすると、次の登記記録のように余白欄が設けられます。仮登記は対抗力がないので、売主Aと買主Cの間で売買をした場合、売主Aから買主Cへの登記を行うことは可能です。ただし、仮登記を本登記すると、買主Cの登記が登記官により抹消され、買主Bの登記を入れることができます。そこで、**所有権に関する仮登記の本登記は、登記上の利害関係を有する第三者**（ここでは買主C）が**ある場合は、その第三者の承諾（またはこれに対抗できる裁判の謄本）が必要です**。

仮登記の登記記録

権利部（甲区）（所有権に関する事項）			
順位番号	登記の目的	受付年月日・受付番号	権利者その他の事項
1	所有権保存	令和3年5月20日 第210号	所有者　千代田区○○ A
2	所有権移転請求権仮登記	令和3年6月21日 第321号	原因　令和3年6月21日売買予約 権利者　中野区○○ B
	余白	余白	余白
3	所有権移転	令和3年8月21日 第432号	原因　令和3年8月21日売買 所有者　品川区○○ C

本登記するとこうなる

仮登記の本登記の登記記録

権利部（甲区）（所有権に関する事項）			
順位番号	登記の目的	受付年月日・受付番号	権利者その他の事項
1	所有権保存	令和3年5月20日 第210号	所有者　千代田区○○ A
2	所有権移転請求権仮登記	令和3年6月21日 第321号	原因　令和3年6月21日売買予約 権利者　中野区○○ B
	所有権移転	令和4年7月31日 第543号	原因　令和4年7月31日売買 権利者　中野区○○ B
3	<u>所有権移転</u>	<u>令和3年8月21日</u> <u>第432号</u>	<u>原因　令和3年8月21日売買</u> <u>所有者　品川区○○</u> C
4	3番所有権抹消	余白	2番仮登記の本登記により 令和4年7月31日登記

③仮登記の抹消

仮登記の抹消は、仮登記の登記名義人が単独で申請することができます。仮登記の登記名義人の承諾があるときは、仮登記の利害関係人も単独で仮登記の抹消を申請することができます。

不動産登記法からは必ず1問出ます。そのため、捨てることはできませんが、深入りはしないようにしましょう。過去問に出題された範囲で、理解できるものを覚えていくことが大切です。

問題にチャレンジ ○か×で答えましょう

Q1 抵当権の順位の変更の登記は、権利部の乙区に記録される。

Q2 建物の滅失の登記は、登記官の職権によってすることができる。

Q3 所有権の登記名義人は、建物の床面積に変更があったときは、当該変更のあった日から1か月以内に、変更の登記を申請しなければならない。

Q4 所有権の登記名義人は、その住所について変更があったときは、当該変更のあった日から1か月以内に、変更の登記を申請しなければならない。

Q5 区分建物の所有権の保存の登記は、表題部所有者から所有権を取得した者も、申請することができる。

解答と解説

A1 ○ 所有権以外の登記は乙区に記録します。

A2 ○ 表示の登記は登記官が職権でできます。

A3 ○ 表示の登記は義務です。

A4 × 氏名や住所変更の登記は義務ではありません。

A5 ○ マンションの特別ルールです。

12 抵当権

▶▶▶ **競売によりお金を優先的に回収する権利です**

抵当権はイメージしづらいのですが、どのように学習すればよいでしょうか？

抵当権は難しいテーマではありますが、試験でも実務でも大切な知識となります。出題範囲も広く、難解な点も多いため深入りする必要はありませんが、本書に記載されている重要なポイントは押さえておきましょう。

1 抵当権とは

抵当権とは、借りたお金を返せなくなった際に、土地や建物を強制的に裁判所にて売却（**競売**）し、その売却代金から貸したお金を回収するというものです。そして、抵当権者はほかの債権者に優先して弁済を受けられます。

例えば、AがBとCから 2,000 万円ずつお金を借りたとします。そして、債務者Aは 2,000 万円の土地のみ所有しているケースを考えましょう。もし債務者Aがお金を返せなくなった場合に、債権者BとCはどのようにお金を返してもらえるのでしょうか？

民法では、**債権者平等の原則**により、債権に優劣はありません。そのため、債権者BとCは債務者Aの 2,000 万円の土地を売却し、債権額の割合（１：１）に応じてAから 1,000 万円ずつ返してもらうことになります。

これに対し、もし債権者Bが債務者Aの土地に抵当権を設定していた場合はどうでしょうか。その場合、抵当権を付けていたBはCに優先して競落代金より 2,000 万円全額の返済を受けることができます。

つまり、債務者がお金を返済しないと、**被担保債権**（抵当権で担保された債権）から抵当権者は抵当権に基づいて抵当権を実行することとなり、競売にかけてお金に換えることができます。そして、そのお金を自己の債権の返済に充てることができます。

①抵当権の設定

抵当権は、売買契約などと同じように、抵当権を設定する人（抵当権設定者）と抵当権を設定してもらう人（抵当権者）との意思表示の合致だけで成立します。**書面作成や登記をする必要はありません**。ただし、抵当権をほかの債権者や抵当権の目的物を買った人に対抗するためには登記が必要です。

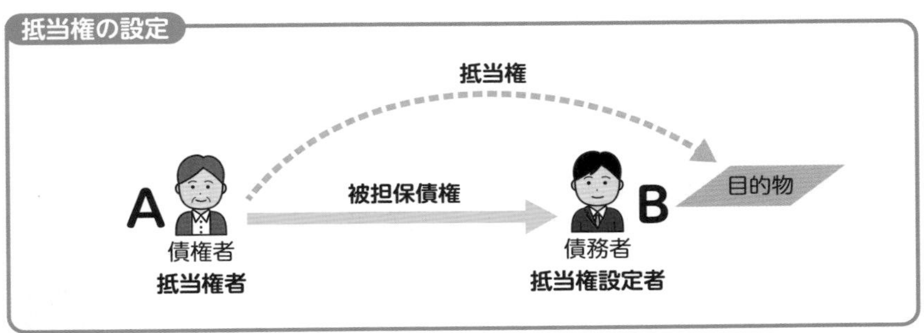

抵当権を取得する債権者のことを**抵当権者**、自分の土地に抵当権を設定する人を**抵当権設定者**といいます。また、この抵当権によって担保される債権を**被担保債権**といいます。

抵当権設定者は、必ずしも債務者である必要はありません。他人の債務のために、自分の不動産に抵当権を設定することもできます。このように、債務者以外の人が自己の不動産に抵当権を設定して債権を担保することを**物上保証**（ぶつじょうほしょう）といい、この不動産を提供する人を**物上保証人**（ぶつじょうほしょうにん）といいます。

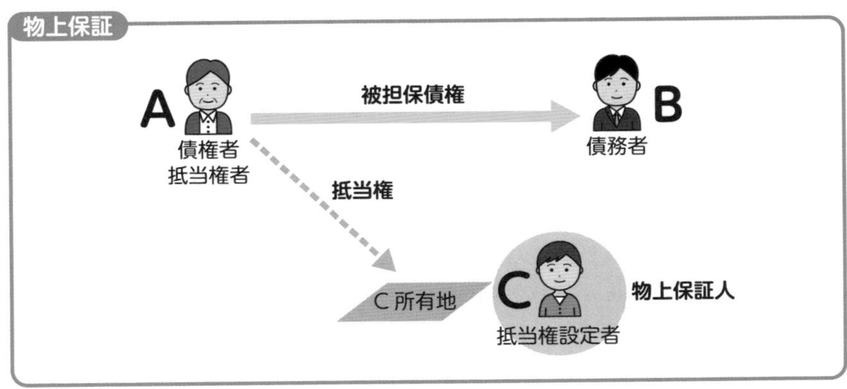

抵当権が設定できるのは、土地や建物だけではなく、**永小作権**や**地上権**などにも設定できます。

また、1つの債権の担保として複数の目的物に対して抵当権を設定することもできますし、1つの不動産に複数の抵当権を設定することもでき、その登記の先後で優劣が決まります。抵当権の順位は抵当権設定者の承諾がなくても、抵当権者全員の合意により順位を変更することができます。

また、抵当権は譲渡や放棄することもできます。抵当権の譲渡をした場合は、譲り受けた者が優先し、抵当権の放棄をすれば抵当権がない者と同じ扱いになります。

抵当権の順位の譲渡をすると、順位を譲り受けた者が順位を譲り渡した者の優位に立ちます。抵当権の順位を放棄した場合、順位を放棄した者と順位の放棄を受けた者は同一の順位となり、両者の配当額の合計をそれぞれの債権額の割合に応じて配分します。

抵当権はイメージしづらく、問題を通して理解しないと難解なテーマではあります。1つずつ確認しながら学習していきましょう。

2 抵当権の性質

抵当権の目的は、債務の保証をするためでした。そのため、抵当権は被担保債権が存在する場合にのみ存在します。

抵当権は、被担保債権について従う性質があります。これを**付従性**(ふじゅうせい)といいます。具体的には、被担保債権が無効等により成立しなければ、抵当権も成立しないことになります。**被担保債権が消滅すれば抵当権も消滅します**。

また、**被担保債権が移転すると抵当権も移転し**、これを**随伴性**(ずいはんせい)といいます。

なお、債権の全部が弁済されるまで、その担保の目的物全部について担保物権が存続する**不可分性**もあります。

3 抵当権の効力

土地や建物に設定した抵当権の効力は、どこまで及ぶのでしょうか？　抵当権を設定した不動産以外にも及ぶのでしょうか？

まず土地と建物は別物であるので、土地に設定した抵当権の効力は建物には及ばず、建物に設定した抵当権の効力は土地には及びません。

抵当権の効力は、その不動産と一体になっているものに及びます（**付加一体物**(ふかいったいぶつ)）。例えば、建物であればエアコンや畳など、土地であれば庭の木などです。抵当権の設定当時に存在したこれらのものにも効力が及びます（ただし、土地の抵当権はその土地上の建物には及びません)。

しかし、抵当権の性質として自由に目的物の使用・収益・処分ができるので、収益などによって目的物から生じる賃料(法定果実)や、リンゴやミカンなど(天然果実)には原則として抵当権の効力は及びません。

ただし、抵当権の被担保債権に不履行があったときは、その後に生じた果実(家賃など)にも効力が及びます。

また、抵当権の対象が借地上の建物であった場合には、**借地権にも効力が及びます**。

4 被担保債権の範囲

後順位抵当権者がいるときに、後順位抵当権者等を保護するために、**抵当権者が利息その他の定期金を請求する権利を有するときは、原則として、その満期となった最後の2年分についてのみ、その抵当権を行使することができる**とされています。

これは、後順位抵当権者等を保護することを目的としているため、**後順位抵当権者等がいない場合には**、抵当権者は、満期が来た**最後の2年分を超える利息についても、抵当権を行うことができます**。

5 物上代位

物上代位とは、保険金や賠償金などの経済的価値のあるものに抵当権の効力が及ぶことをいいます。

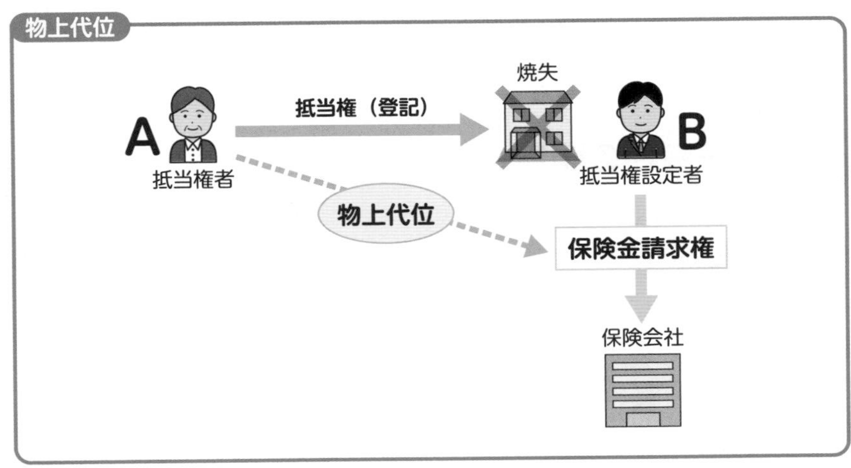

例えば、AがBの建物に抵当権を設定していました。しかし、抵当権設定者Bの建物が放火によって燃えてしまったとします。抵当権を設定した建物がなくなり、抵当権者Aは債権の担保がそのままなくなってしまうのに対し、抵当権設定者Bだけが（火災保険に加入していた場合）保険金や放火による損害賠償請求権も有しているのは不公平です。

そこで、抵当権者Aは、その保険金・賠償金に対して、抵当権の効力を及ぼすことができることになっています。これが物上代位です。

①物上代位の対象

保険金請求権、**損害賠償請求権**、**賃料**、**売買代金**などです。

ただし、抵当権設定者に支払われる前に、その請求権について**差押え**をしなければなりません。

②目的物の使用等

抵当権を設定したとしても、抵当権設定者は自由に目的物を使用することができます。これは抵当権の特徴です。なぜなら、抵当権の目的は貸したお金の返済がされないときに競売にかけてお金を回収することにあるためです。

抵当権実行までの間は、抵当権設定者が、目的物を自由に使用・収益（賃貸等）・処分（売却）できます。抵当権者の同意は不要です。

③妨害排除請求

しかし、いくら自由に使えるからといって弁済の妨げになることをしてはいけません。目的物を壊すなど通常の利用方法を逸脱する行為をされた場合は、**妨害排除請求権**（ぼうがいはいじょせいきゅうけん）を行使できます。

6 第三者との関係

抵当権の付いた不動産を取得した者を抵当不動産の**第三取得者**（だいさんしゅとくしゃ）と呼びます。

例えば、Aの債権のためにBの所有する土地に抵当権が設定されている場合、抵当権設定者Bからその土地を買った第三取得者Cはどうなるのでしょうか？

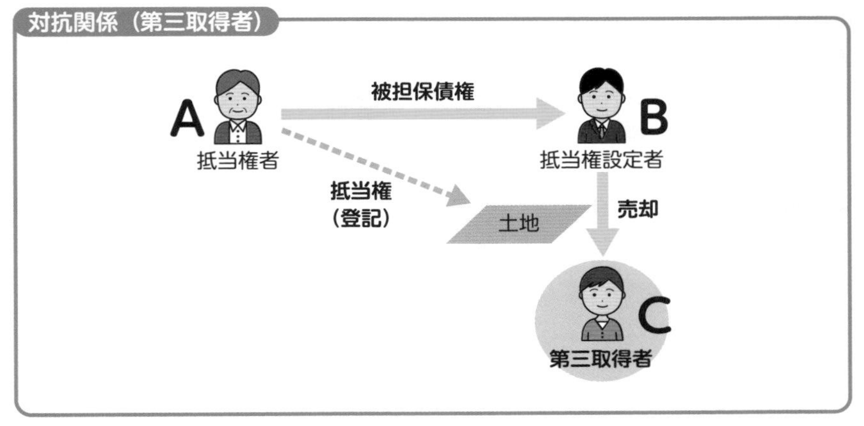

(1)抵当権の登記がある不動産を購入した場合

Cは第三取得者として抵当権の付いた土地を取得することになり、抵当権設定者Bの返済が滞った場合、抵当権者Aは抵当権を実行し、第三取得者Cの土地を競売することができます。その結果、第三取得者Cは土地の所有権を失うことになります。

このケースのように、第三取得者は抵当権の実行によって土地の権利を失う可能性があります。それを保護するために、次の制度があります。

● 第三者弁済

第三取得者は、抵当権が実行されると目的物を失うリスクを抱えており、弁済をするについて正当な利益を有するといえます。債権者、債務者が第三者弁済を禁止、もしくは制限する旨の意思表示をしていなければ、利害関係ある第三者として債務者に代わって債務を弁済することができます。また弁済した場合には、弁済額の償還を債務者に求めることができます。

● 抵当権消滅請求

抵当権の設定されている不動産は、いつ抵当権が実行されて「所有権を失うか」というリスクを抱えています。そこで、**抵当権を消滅させることができれば、安心して不動産を取得できるようになります。**

抵当不動産を取得した第三取得者は、抵当不動産の代価または自己の指定した金額を抵当権者に提供して、抵当権の消滅を請求（抵当権消滅請求）することができます。

この抵当権消滅請求は、競売による差押えの効力発生前に行う必要があります。

また、購入した不動産に抵当権の設定登記があるときは、抵当権消滅請求の手続が終わるまで、代金の支払いを拒むことができます。

主たる債務者や保証人およびこれらの者の承継人は、債務を弁済して被担保債権を消滅させるべき立場にあるため、抵当権消滅請求を行うことができません。

● **代価弁済**

抵当不動産について所有権または地上権を買い受けた第三者が、抵当権者の請求に応じてその代価を弁済したときは、抵当権は、その第三者のために消滅します。

● **自ら競落**

抵当権が実行され、競売が行われたとしても、自ら競落(けいらく)することにより、所有権を確保することができます。

● **保存費用の償還請求**

第三取得者が自ら費用を支出して所有権を保存した場合、買主である第三取得者は、売主に対し、その善意・悪意を問わず**保存費用の償還請求**ができます。

(2)抵当権の登記が付いていない不動産を購入した場合

第三取得者Ｃの所有権が優先します。よって、抵当権者Ａは、抵当権を実行することができないため、第三取得者Ｃは、競売によって土地を失うおそれはありません。

7 抵当権と賃貸借

抵当権者Ａの被担保債権の抵当権が設定されている抵当権設定者Ｂの建物を、Ｂから借りて借家人Ｃが住んでいます。抵当権者Ａが抵当権を実行して、第三者Ｄが競落した場合、借家人Ｃは出ていかなければならないのでしょうか？　この場合、「どちらが先に対抗力を備えたか」で判断します。

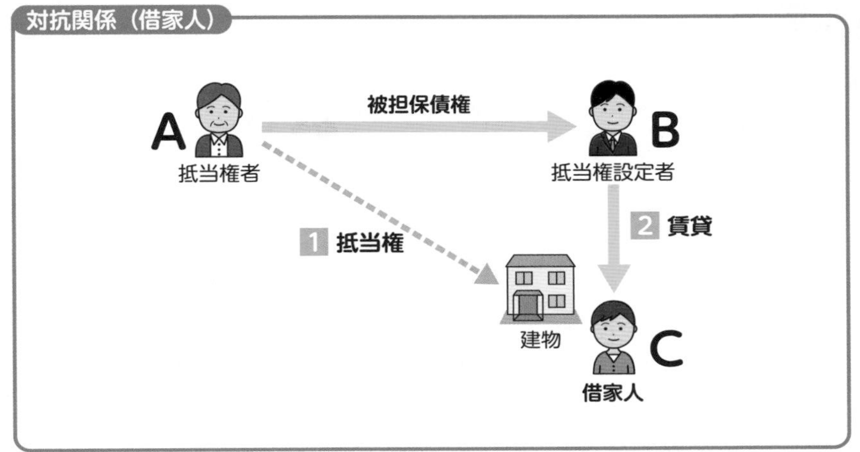

(1) 抵当権設定登記後の賃借権

Aのための抵当権が先に登記されており、後からCが借りた場合、借家人Cは抵当権者Aに対抗することができません。そのため、借家人Cは出ていかなければなりません。

そこで、賃借人を保護するために２つの特別ルールがあります。

１つ目は、建物賃貸借の場合で、競売手続開始前から使用・収益している場合、競売による建物の買受の時点から６か月を経過するまでは、その建物の明渡しを猶予されるというものです。これは建物限定のルールになります。

２つ目は、**登記された賃借権**について、その**賃借権の登記前に登記した抵当権を所有する者が全て同意**し、かつ**同意の登記**があるときは、賃借人は賃借権を対抗できるというものです。これは土地・建物両方に適用されます。

(2) 抵当権の設定登記前の賃借権

抵当権設定登記より先に借家人Cが先に対抗力を備えた場合、Cは賃借権を対抗することができます。借家人Cは出ていく必要はありません。

8 法定地上権と一括競売

Bは、土地とその土地の上の建物を所有しており、土地だけにAの抵当権を設定しました。その後、抵当権者Aが抵当権を実行し、Cが競落しました。

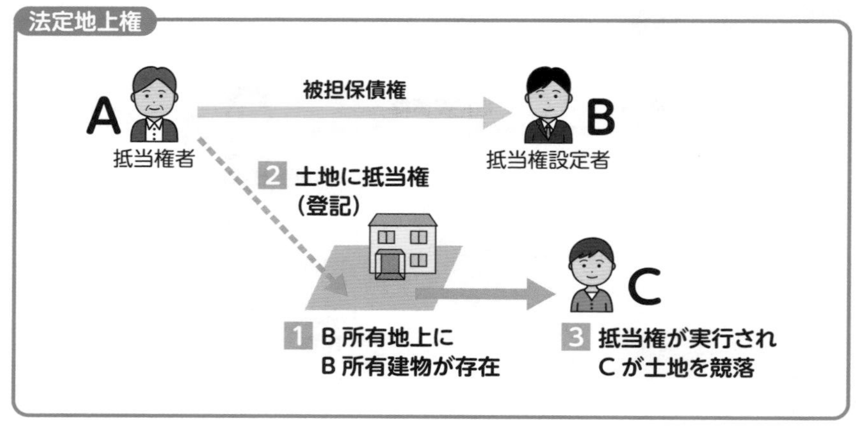

抵当権の実行により、土地の所有者はCになりました。これはC所有の土地上に抵当権設定者B所有の建物が建っている状態です。抵当権設定者Bは、Cの土地に建物を所有しているので、通常であれば取り壊して出ていかなければいけません。しかし、このような場合に抵当権設定者Bを保護する制度として、**法定地上権**（ほうていちじょうけん）があります。

①成立要件

法定地上権が成立するためには、次の要件を満たすことが必要です。

①抵当権設定当時に、土地の上に建物が存在すること
②抵当権設定当時に、土地と建物の所有者が同一であること（抵当権設定後にどちらかが譲渡され、土地と建物が別人の物となった場合でもよい）
③土地と建物の一方または両方に抵当権が存在すること
④競売の結果、土地と建物の所有者が別々になること

②一括競売

では、更地に抵当権を設定した後に、建物を建てた場合はどうでしょうか？　この場合、抵当権設定当時は土地の上に建物が存在していないため、法定地上権は成立しません。しかし、建物を取り壊すのはもったいないので、建物を存続させるために、**更地に抵当権を設定した後に、抵当権設定者等により土地に建物が築造されたときには、抵当権者は、土地とともに建物を一括して競売にかけることができるとしました**。これを**一括競売**（いっかつけいばい）といいます。

ただし、抵当権者が、優先的に弁済を受けることができるのは、土地の代価についてのみとなります。

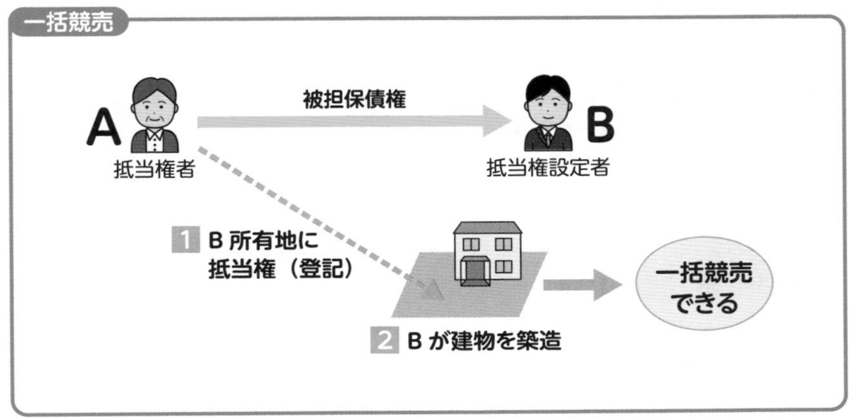

ただし、更地の上に建物を建てたのが土地の賃借人Cである場合、Cの賃借権が、抵当権者の同意を得て抵当権者に対抗できるものであるときには、一括競売できません。

9 根抵当権

根抵当権（ねていとうけん）とは、一定の範囲内の不特定の債権について、極度額を限度として担保する目的で設定する抵当権のことです。

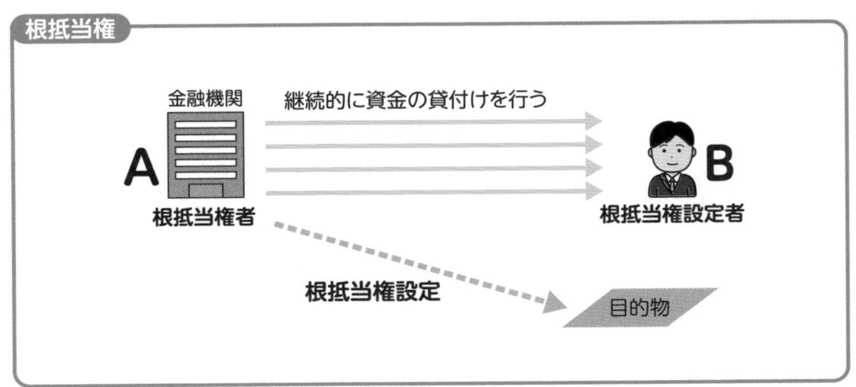

①根抵当権の設定

根抵当権においては、一定範囲の不特定の債権を担保する目的により、一定の限度を決めます。これを**極度額**(きょくどがく)といいます。極度額まで担保されるため、利息について最後の２年分という制限はありません。

元本確定前の根抵当権は、普通の抵当権と違い「付従性」や「随伴性」はありません。例えば、根抵当権設定者Ｂが根抵当権者Ａに返済することにより、残債務がゼロになっても根抵当権は消えません。次の借入れに備えて残るイメージです。また、**債権譲渡があった場合でも、根抵当権は新しい債権者に随伴しません。**

②元本の確定

根抵当権により担保される債権を確定させることを**元本の確定**(がんぽんのかくてい)といいます。根抵当権において、元本確定までは担保される債権が不確定なので、確定させる必要があります。元本確定すると抵当権と同じ性質になります（付従性・随伴性）。

では、元本はいつ確定するのでしょうか？　期日を決めた場合には、その**元本確定の期日**に確定し、決めなかった場合には、根抵当権者はいつでも元本の確定を請求することができます。

また、根抵当権設定者からは、根抵当権設定のときから３年が経過すれば元本の確定を請求できます。その際、請求のときより２週間後に確定します。

なお、極度額は、利害関係を有する者の承諾があれば変更することができます。

抵当権・根抵当権は難しく感じる人も多いと思いますが、１問出題される可能性が高いです。全体的に難しくても、理解できたところは確実に得点できるようにしておきましょう。

問題にチャレンジ ○か×で答えましょう

Q1 AがBとの間で、Bに対する債務を担保するためにA所有の甲土地に抵当権を設定する場合には、被担保債権を特定しなければならない。

Q2 賃借地上の建物が抵当権の目的となっているときは、一定の場合を除き、敷地の賃借権にも抵当権の効力が及ぶ。

Q3 抵当権設定者は、抵当権者の同意がなければ、抵当権の目的物である土地、建物を譲渡することができない。

Q4 対象不動産について第三者が不法に占有している場合、抵当権は、抵当権設定者から抵当権者に対して占有を移転させるものではないので、事情にかかわらず抵当権者が当該占有者に対して妨害排除請求をすることはできない。

Q5 抵当権者は、抵当権を実行した場合、原則として、元本と満期となった最後の2年分の利息について、後順位抵当権者に優先して弁済を受けることができる。

解答と解説

A1 ○ 抵当権を設定する場合には、被担保債権を特定する必要があります。

A2 ○ 抵当権の効力は、賃借権にも及びます。

A3 × 抵当権設定者は、抵当権が実行されるまでの間は、抵当権者の同意がなくとも、自由に目的物を使用・収益（賃貸）・処分（売却）することができます。

A4 × 不法に占有していることにより、目的物の価値が減少するようなときは、妨害排除請求をすることができる場合もあります。

A5 ○ 前の順位の人が利息をもっていきすぎると後の人がもらえなくなるからです。

13 保証・連帯保証・連帯債務

▶▶▶ 債務者の代わりに誰かが債務を履行する場合があります

「保証人」は賃貸借契約などでよく目にしますが、保証についてどのような内容が出題されますか？

保証は、比較的身近でイメージがわきやすいテーマです。本書の内容をベースとして過去問を解いていけば、解ける問題がほとんどです。ただし、図を描いて人物関係を明確にしなければミスしてしまう可能性があるため、気を抜かずに学習しましょう。

1 保証債務

主たる債務者が債務を履行しない際に、その債務者の代わりに債務を履行するのが保証（ほしょう）のしくみです。この保証をする人を保証人（ほしょうにん）といいます。

保証契約は「債権者」と「保証人」との間で結ばれます。保証債務は**書面または電磁的記録**でしなければ効力を生じません。口約束で気軽に保証人になってしまうのを避けるためです。

これに対して、債務者が保証人に保証人になってもらうように依頼する契約、すなわち**保証委託契約**は保証契約に必ず必要なものではありません。通常は依頼されて保証人になるものですが、民法上、保証契約はあくまで債権者と保証人との契約となっています。

したがって、保証契約は主たる債務者の意思に反して結ぶことも可能です。

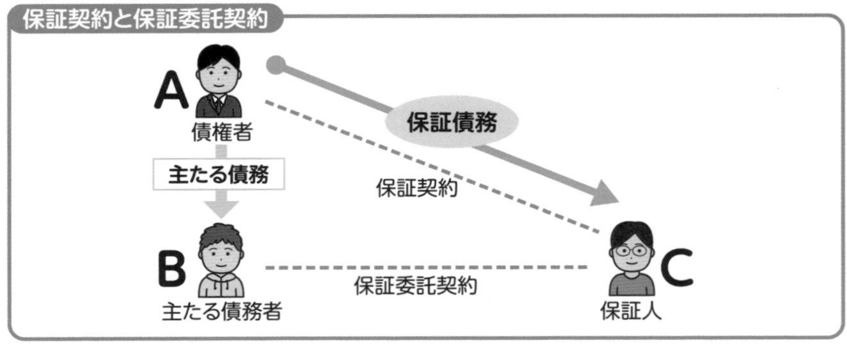

①保証人の資格

主たる債務者が保証人を立てる義務を負う場合（契約や裁判所の命令等）、その保証人は行為能力者であり、弁済の資力を有することが要件となります。

もし保証人が弁済の資力を欠くこととなった場合には、債権者は、保証人を変えるように請求することができます。ただし、**債権者が保証人を指名した場合には、保証人の変更の請求をすることができません。**

②情報提供義務

保証人が主たる債務者の委託を受けて保証した場合には、保証人の請求があったとき、債権者は、保証人に対して「債務に従たるすべてのものについての不履行の有無」「これらの残額」「そのうち弁済期が到来しているものの額」に関する情報を提供しなければなりません。

主たる債務者が、期限の利益を喪失した場合、債権者は保証人に対して「知ったときから２か月以内」にその旨を「通知」しなければなりません。

期限の利益とは、期限が到来するまで返済しなくてもよい権利のことです。

③保証債務の範囲

保証債務には、元本だけでなく、主たる債務に関する利息、違約金、損害賠償その他主たる債務に従たるすべてのものを含みます。

主たる債務について、損害賠償額の予定や違約金の定めがない場合でも、保証債務についてのみ、損害賠償額の予定や違約金の定めをすることができます。

④保証債務の性質

保証債務には、付従性（ふじゅうせい）、随伴性（ずいはんせい）、補充性（ほじゅうせい）の３つの性質があります。

(1)付従性

保証債務には、主たる債務に付従する付従性があります。保証債務は、主たる債務の支払いを確保するためのものなので、主たる債務と運命共同体といったイメージです。この付従性の具体的な中身は次の通りです。

・主たる債務が成立していない場合、保証債務も成立しない
・主たる債務が消滅すると、それに伴い保証債務も消滅する

- 主たる債務が軽くなれば、保証債務の内容も軽くなる
- 保証債務の内容が主たる債務よりも重いときは、保証債務は主たる債務の限度に減額される
- 主たる債務について生じた時効の効力は、原則として保証人にも及ぶ。例えば、主たる債務の時効完成猶予・更新等が起きれば保証人に及ぶ
- ただし、主たる債務が重く（貸し増し等）なっても保証債務は重くならない

(2)随伴性

保証債務には抵当権と同じく随伴性があります。つまり、主たる債務が移転すると、保証債務も移転します。したがって、債権譲渡があった場合に、譲受人に対して保証債務を負うことになります。

(3)補充性

債権者Aが、主たる債務者Bに催告せずに、保証人Cにいきなり支払いを請求した場合、保証人Cは支払いを拒否することができるのでしょうか。

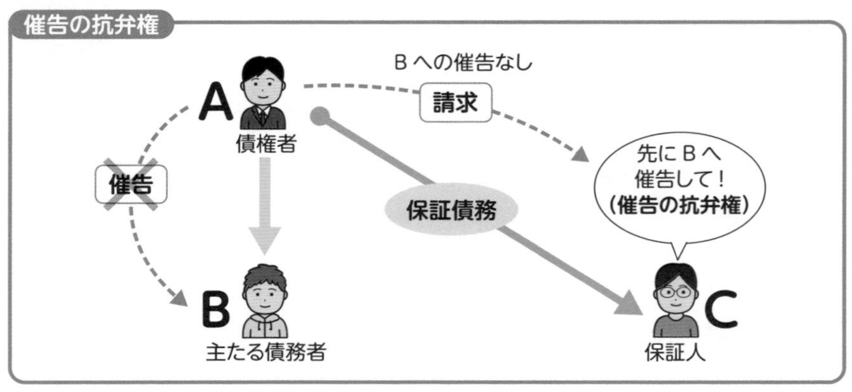

保証債務は、主たる債務が支払われない場合の補充的な手段であり、これを補充性といいます。そのため、債権者が主たる債務者に催告せず、いきなり保証人に請求してきた場合に保証人は、「まず、主たる債務者に催告してくれ」といって支払いを拒むことができます。これを**催告**(さいこく)**の抗弁権**(こうべんけん)といいます。

では、債権者Aが主たる債務者Bに催告した後、保証人Cに請求してきた場合はどうでしょうか？　①主たる債務者Bに弁済の資力があり、かつ②強制執行が容易にできることを証明すれば、債権者Aは、まず主たる債務者Bの財産について執行

しなければなりません。これを**検索の抗弁権**といいます。

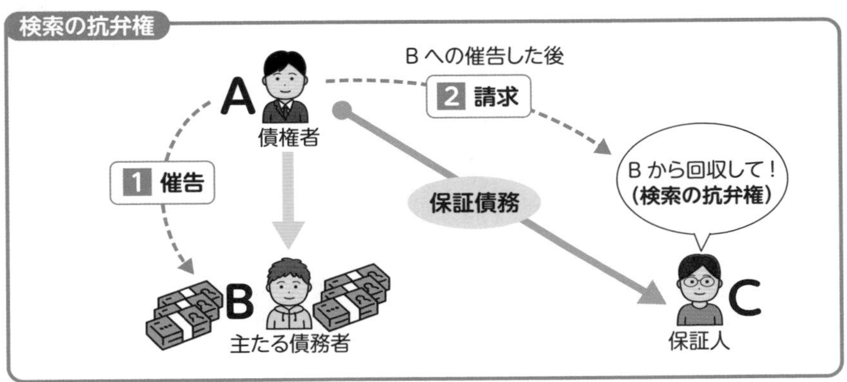

⑤保証人に生じた事由

保証債務に生じた事由は、主たる債務に影響しないのが原則ですが、例外として、保証債務が「弁済」によって消滅したときや、保証人が債権者との間で相殺したときには、主たる債務にも影響し、主たる債務は消滅します。保証人がお金を返せば、債務者も支払う必要がなくなるのは当然です。

⑥抗弁権の援用

保証債務の付従性から、主たる債務者が債権者に対して主張できることは、保証人も債権者に対して主張できます。

重要なものとして、**相殺の抗弁権**があります。これは、主たる債務者が相殺できる状態であるにもかかわらず相殺していない場合、保証人は債権者に対し、主たる債務者が相殺で免れるべき限度において履行を**拒むことができます**。

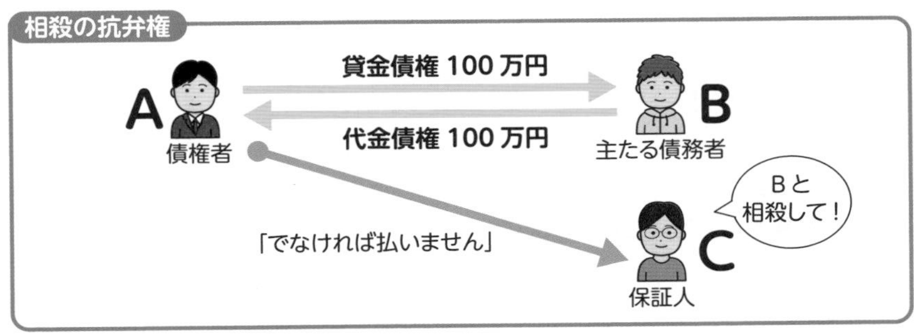

主たる債務と保証債務は一心同体というイメージを持ってください。それに対して、確定前の根抵当権は一心同体ではないというイメージを持つと、根抵当権の理解につながります。

⑦共同保証

保証人が数人いる場合は、原則として主たる債務の額を保証人の頭数で割った額についてのみ、保証債務を負担すればよいとされています。これを**分別の利益**(ぶんべつのりえき)といいます。

例えば、主たる債務が 1,000 万円で、保証人が２人いる場合、１人あたりの保証の負担部分は 500 万円となります。

抗弁権に関しては「抵抗する権利」というイメージを持ってください。相殺の抗弁権は「そちらで相殺してと言ってください。でなければ払いません」、催告の抗弁権は「主たる債務者に催告して」、検索の抗弁権は「債務者の財産をよく検索して」と言える権利です。

2 連帯保証債務

連帯保証債務は、主たる債務者と連帯して債務を保証する保証債務です。**債権者は、主たる債務者・連帯保証人に、債務の全部または一部の履行を同時に請求できます。**

通常の保証債務で認められている付従性と随伴性、および主たる債務者が有する抗弁権の援用などは連帯保証でも認められます。しかし、**連帯保証では、催告・検索の抗弁権を行使することができません。**

そして、通常の保証債務と異なり、保証人が数人いる場合であっても**分別の利益は認められません。**

①相対効と絶対効

相対効(そうたいこう)とは、１人に生じた事由が、ほかの人に及ばないことです。人は人、自分は自分という民法の原則です。それに対して絶対効があります。１人に生じた事由がほかの債務者にも及ぶことを**絶対効**(ぜったいこう)といいます。

②連帯保証債務と主たる債務の相互関係

付従性により主たる債務に生じた事由は連帯保証人にも及びますが、連帯保証人に生じた事由は、弁済、相殺、混同、更改については絶対効で、主たる債務者に対して効力が生じます。これは後述する連帯債務と同じです。

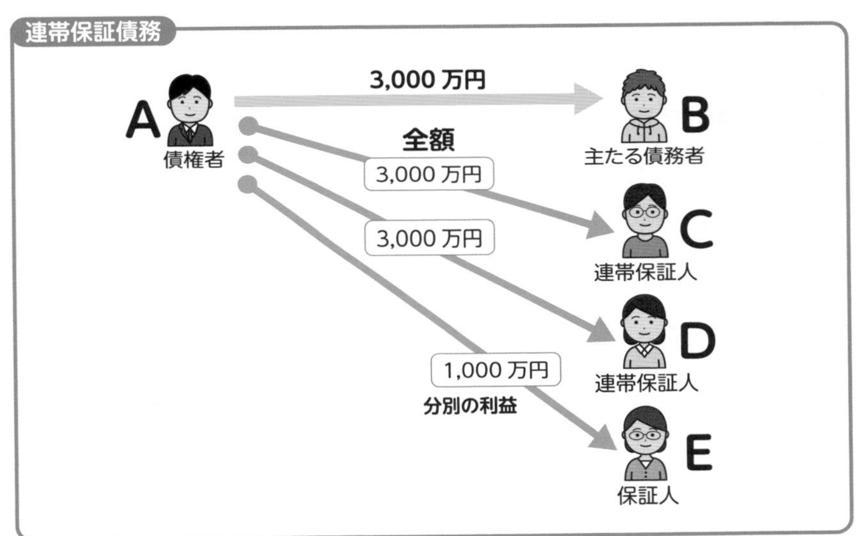

3 個人根保証契約

根保証契約とは、一定の範囲に属する不特定の債権を主たる債務とする保証契約です。賃貸借契約のときの（連帯）保証人がこれにあたります。

根保証（ねほしょう）は一度契約すれば継続的に取引ができるため、保証をしてもらう側、つまり債務者にとっては非常に便利なものです。しかし、保証人には債務の額がいくらになるかがわからないというリスクがあります。家賃の滞納が増えるほど保証人の責任も増えるからです。そこで、保証人の保護を拡大するために極度額（きょくどがく）を設けています。

個人が保証人となる個人根保証契約をする際には、**極度額を定める必要があります**。例えば、息子が部屋を借りる際に、父親が（連帯）保証人になるような場合です。それに対して、**根保証契約の保証人が法人（保証会社等）のときは極度額の定めは不要です**。

連帯保証と普通の保証との違いを押さえておきましょう。連帯保証人は、いきなり債権者が取立てに来ても支払いを抗弁できなかったり、連帯保証人が複数いても人数割になりません。連帯保証人は債務者の借金でも、自分が借りたのと同じような立場になってしまうと考えるとよいでしょう。

4 連帯債務

①分割債務の原則

金銭債務など分割できる債務は、分割して各々が負担するのが民法の原則です。

ＡとＢがお金を出し合って連帯して 1,000 万円の建物を購入する契約を締結した場合、特に定めをしなければ、Ａ・Ｂがそれぞれ 500 万円ずつ分割して債務を負います。この場合、売主Ｃは、Ａ・Ｂにそれぞれ 500 万円の支払いしか請求することができません。要するに、民法は平等なので割り勘が原則です。

②連帯債務

債権者のために、１人ひとりに対してではなく、ＡとＢのどちらに対してでもまとめて請求できるようにしたのが**連帯債務**（れんたいさいむ）です。

連帯債務では、債務者が数人いる場合、債権者はその中の１人に対して債務の全部の履行が請求できます。要するに、全員に対して全額を請求できるのです。個別会計お断りのお店が、１人にまとめて請求するイメージです。

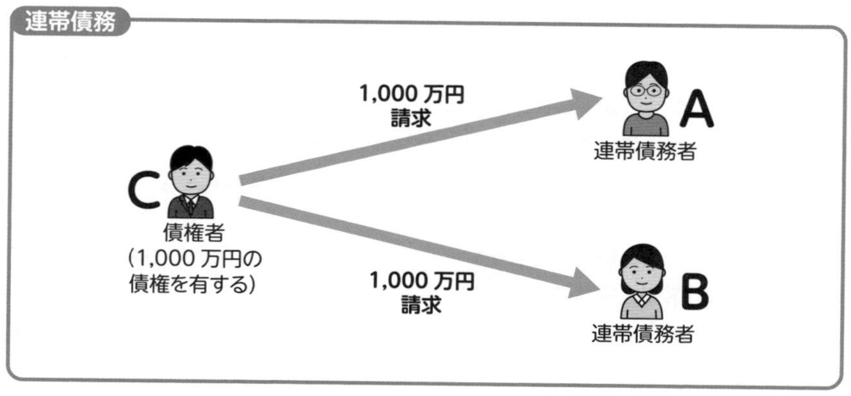

連帯債務者のうち、その中の１人が債務の弁済をした場合、ほかの債務者の債務も消滅します。

本来であれば、それぞれの債務者はそれぞれの弁済すべき債務を負っています。したがって、全部について弁済した債務者は、ほかの債務者に対して「それぞれが支払うべき分を支払ってください」と請求することができます。これを**求償権**（きゅうしょうけん）といいます。各債務者の負担部分（いくら支払うか）は話し合いで決めますが、特に定めがなければ、頭数で割った額が負担部分となります。

③連帯債務者相互間の影響

本来であれば、連帯債務において各債務者が負う債務は独立しているはずです。そのため、相対効が原則です。

ただし、お金を返すような行為は、ほかの債務者にも影響を与えます。例えば、債権者Ｘに対して、ＹとＺが2,000万円の連帯債務を負っているとします。この場合に、連帯債務者Ｙが債権者Ｘに対して2,000万円全額支払えば、連帯債務者Ｚの債務も消滅します。要するに、絶対効です。絶対効は連帯保証のときと同じく「弁済」「更改」「相殺」「混同」となります。

これに対して、例えば債権者Ｘが連帯債務者Ｙに対してのみ債務を免除した場合、Ｙの債務は消滅しますが、連帯債務者Ｚの債務は免除されません。つまり、免除は相対効なのです。

5 連帯債権

連帯債務と正反対のイメージですが、連帯債権とは、債権の目的が金銭債権等の性質上可分である場合、分割せずに複数の債権者それぞれが全部の履行を請求することを許す債権をいいます。

例えば、Ａが100万円、Ｂが100万円を合わせてＣに貸した場合を考えます。本来は、ＡもＢも100万円しかＣに請求できません。それを当事者の合意で、ＡもＢも200万円請求できるとしたのが連帯債権です。ただし、Ｃは合計して200万円を支払えば良いので、ＡかＢのいずれかに200万円を支払えば債務を免れます。ほかの連帯債権者の１人および債務者が別段の意思表示をした場合を除き、連帯債務と同様に連帯債権も原則は相対的効力です。それに対して、お金を返済する行為は連帯債権においても絶対的効力が認められます。

絶対効となるものは、お金を返す行為というイメージです。「弁済：支払」「相殺：チャラ」「混同：債権者と債務者が同じ人」「更改：別の契約で履行したことになる」というイメージです。

問題にチャレンジ ○か×で答えましょう

Q1 保証人となるべき者が、主たる債務者と連絡を取らず、同人からの委託を受けないまま債権者に対して保証したとしても、その保証契約は有効に成立する。

Q2 保証人となるべき者が、口頭で明確に特定の債務につき保証する旨の意思表示を債権者に対してすれば、その保証契約は有効に成立する。

Q3 Aは、Aの所有する土地をBに売却し、Bの売買代金の支払債務についてCがAとの間で保証契約を締結した場合、Cの保証債務にBと連帯して債務を負担する特約がない場合、AがCに対して保証債務の履行を請求してきても、Cは、Bに弁済の資力があり、かつ、執行が容易であることを証明することによって、Aの請求を拒むことができる。

Q4 Aは、Aの所有する土地をBに売却し、Bの売買代金の支払債務についてCがAとの間で保証契約を締結した場合、Cの保証債務がBとの連帯保証債務である場合、Cに対する履行の請求その他の事由による時効の完成猶予および更新は、Bに対してはその効力を生じない。

Q5 Aは、Aの所有する土地をBに売却し、Bの売買代金の支払債務についてCがAとの間で保証契約を締結した場合、Cの保証債務がBとの連帯保証債務である場合、AがCに対して保証債務の履行を請求してきても、CはAに対して、まずBに請求するよう主張できる。

解答と解説

A1 ○ 保証契約は、債権者と保証人との契約です。

A2 × 保証契約は、書面または電磁的方法でしなければ成立しません。

A3 ○ 保証債務には、検索の抗弁権が認められています。

A4 ○ 連帯保証人Cに履行を請求したとしても、主たる債務者Bの債務には影響を与えません（相対効）。

A5 × 連帯保証には催告の抗弁権は認められていません。

14 共 有

▶▶▶ 1つのものを複数人で所有することです

共有の考え方は複雑そうですが、どの程度の頻度で出題されるのでしょうか？

毎年出題されるテーマではありませんが、少ない知識で1点取れる問題が多いです。共有は紛争の母と言われるように、共有状態はトラブルとなることが多いです。共有物をどのように管理していくかなど、共有物を分割する際のルールから出題されることが多いです。

1 共有とは

①共有と持分

共有とは、1つのものを複数人で所有することです。例えば、ＡＢＣの３人が1,000万円ずつ出して3,000万円の別荘を共同で購入した場合、ＡＢＣがこの別荘を共有することになります。

さて、この別荘の所有割合はどうなるのでしょうか？　ＡＢＣは、1,000万円ずつお金を出したため、単純に「３分の１」の同じ割合で別荘を所有していると考えられます。

このような所有権の割合を**持分**（もちぶん）といいます。持分は、原則として平等と推定されますが、共有者で特約をした場合には、その特約で決めた割合となります。

実際は、よりお金を出した人が多い割合になるように出資割合で持分を決めることが多いです。また、この別荘の使用については、各共有者は共有物の「**全部**」について、持分に応じた使用ができます。

ただし、善良な管理者としての注意義務（**善管注意義務**）および自己の持分を超える使用の対価の償還義務があります。

共有者は、保存行為である不法占拠者に対する明渡しの請求を単独ですることができますが、不法占拠者に対する損害賠償請求権は、持分の割合を超えて行使することはできません。

各共有者は、共有物の「全部」について、その持分に応じた使用をすることができます。例えば、「別荘の全部について、１～４月はＡが使用でき、５～８月はＢが使用でき、９～12月はＣが使用できる」というように、話し合いにより使用したりすることができます。建物を売ったり貸したりして得た売買代金や賃料は、持分に応じてもらえます。管理費用などについても、持分に応じて負担します。

また、自己の持分を超えて共有物を使用する共有者は、ほかの共有者に使用の対価を支払わなければいけません。共有物の管理費を１年以上支払わなければ、ほかの共有者は相当の償金を支払って滞納している共有者の持分を取得できます。

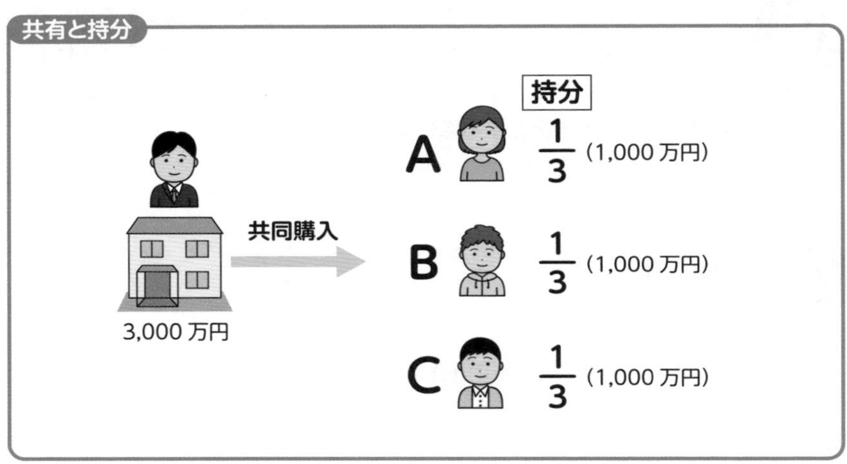

● **共有物の管理**

	具体例	必要とされる持分数
保存行為	・共有物の修繕 ・不法占拠者に対する明渡し請求	・単独
管理行為	・賃借権等で一定期間を超えないものの設定 ・共有物の賃貸借契約の解除 ・３年を超えない建物の賃貸借等 ・共有物の管理者の選任・解任 ・共有物の形状や効用の著しい変更を伴わない変更行為（軽微な変更） 例）前面道路を砂利道からコンクリートにする、建物の外壁屋上防水工事など	・各共有者の持分価格の過半数 ※管理費用は持分により各共有者が負担
変更行為	・共有物の変更（上記「管理行為」の「軽微な変更」は除く） ・共有物の第三者への売却 ・建物の建替え・増改築	・共有者の全員 ※共有者が所在不明等の際は、裁判所は不明の者以外で決議できる

②持分の放棄・共有者の死亡等

共有者の１人が死亡して、相続人もおらず、特別縁故者（内縁の妻など）に対する財産分与もされない場合や、共有者が持分を放棄した場合、その持分は、ほかの共有者に属します。

単独所有の場合とは異なり、国庫には帰属しません。

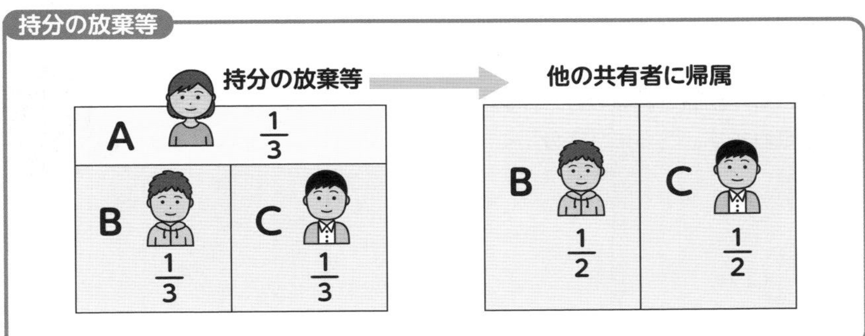

③共有者が行方不明の場合

複数の人で共有状態にある土地・建物は、賃貸や売却などに際して共有者の同意が必要になります。

そのため、所在不明の共有者がいると決議ができなくなり、不動産の有効活用に支障をきたします。所在不明の共有者がいる場合は、ほかの共有者が地方裁判所に申し立て、その決定を得て残りの共有者の持分の過半数で管理を行うことができます。

また、残りの共有者全員の同意で利用方法の変更が可能となります。同様に、裁判所の決定により所在不明者の持分を取得し、その持分を含めて第三者へ譲渡することで共有関係を解消することも可能です。

2 共有物の分割

各共有者は「共有状態を解消したいので、共有をやめましょう」と請求ができます。これを**共有物の分割**といいます。原則として、各共有者はいつでも自由に共有物の分割を請求することができます。

ただし、共有者は、**共有物の分割を禁止する特約を結ぶことができます**。共有者が特約を結ぶことについては、**分割を禁止する期間が５年を超えない**ものに限って認めています。この特約の更新は可能です。

分割は、当事者同士で協議するのが原則ですが、話がまとまらない場合または協議をすることができないときは、裁判所に分割請求することができます。

裁判による分割は、原則として、土地自体を分ける「現物分割」ですが、現物を分割できないときや、分割によって価値を低下させてしまうような可能性があるものに関しては、競売等で売却したお金を分ける「代金分割」や、共有者の１人の単独所有としたうえで、ほかの共有者に価格を支払う「価格賠償」もできます。

共有は毎年出題されるわけではありませんが、得点しやすい問題が出題されます。さらに「区分所有法」の知識のベースにもなります。

問題にチャレンジ　○か×で答えましょう

Q1　共有者の協議に基づかないでＡから甲土地の占有使用を承認されたＤは、Ａの持分に基づくものと認められる限度で甲土地を占有使用することができる。

Q2　共有者Ａ、ＢおよびＣは、５年を超えない期間内は甲土地を分割しない旨の契約を締結することができる。

Q3　ＡおよびＢが共有する土地についてＡがその持分を放棄した場合には、その持分は所有者のない不動産として、国庫に帰属する。

解答と解説

A1　○　設問の通りです。

A2　○　設問の通りです。

A3　×　共有者Ｂに帰属します。

15 区分所有法

▶▶▶ **区分所有のマンションのルールを定める法律です**

マンションに関するルールには、どのようなものがありますか？

マンションに関する法律として、「区分所有法」があります。区分所有法では難問も出題されますが、特有の言葉の使い方に慣れれば、解ける問題も多くあります。範囲も広いため、「不動産登記法」と同様に深入りは避けたいところですが、１問は必ず出題されます。

1 区分所有法とは

「建物の区分所有(くぶんしょゆう)等に関する法律」（以下、「**区分所有法**」とする）は、マンションに関するルールを定める法律です。マンションの部屋を区分して所有している場合に、マンションを快適に利用するためのルールを決めています。マンションは複数人で使うものなので、共同して使う部分のルールや集会を開いたりする場合の規則が必要となっています。

2 区分所有法の基礎用語

区分所有法では、基本的な用語を理解しておくことが必要です。次にそれぞれ解説していますので、各用語の意味を確認しておきましょう。

● **区分所有権**

区分所有権とは、区分された所有権のことをいいます。マンションのような一棟の建物で、一部屋一部屋が区分されており、独立して住居や事務所などとして使用できるものは、それぞれを所有権の目的とすることができます。

● **区分所有者**

区分所有者とは、区分所有権を有する者をいいます。

● **専有部分**

専有部分とは、マンションの各部屋のように壁で囲まれた部分をいいます。区分所有権の目的となる部分で、構造上独立しているところです。

● **共用部分**

共用部分とは、専有部分以外の部分で、次の２つに分かれます。

法定共用部分	「みんなで使うところ」というイメージで、廊下または階段などです。区分所有権の目的とならないので登記できません。
規約共用部分	本来であれば１部屋として利用できるような部分ですが、集会室など規約によって特別に共用部分として定めたところです。登記がなければ共用部分を第三者に対抗することができません。

● **敷地利用権**

敷地利用権とは、専有部分を所有するために建物の敷地を利用する権利です。

● **管理組合**

管理組合とは、区分所有者の全員で構成されるマンション管理等を行う団体のことです。区分所有者は全員、**組合員**となります。マンションは区分所有者全員で所有しているため、基本的には組合員全員で話し合って決めるのが原則です。しかし、何かあるごとに全員の決議が必要となると大変です。そこで、管理者を任意で定め、管理できるようにしています。

● **管理者**

管理者は任意で定めます。区分所有者である必要はなく、誰でもなることができます。多いのは管理組合の理事長や管理会社が管理者となっている場合です。役割としては、区分所有者に代わって共用部分等の保存を行ったり、集会の決議を実行したりします。

● **管理組合法人**

管理組合は、区分所有者全員で構成されます。しかし、組合名義では口座が持てなかったり、不動産の登記名義人になることができません。売買等によって所有者名義が変わるたびに登記の名義を変更するのは大変だからです。そこで、管理組合を法人化する（**管理組合法人**）ことにより、このような手続の手間を解決します。

管理組合の法人化は、区分所有者および議決権の各４分の３以上の多数による集会の決議に基づいて、法人登記することによって行います。

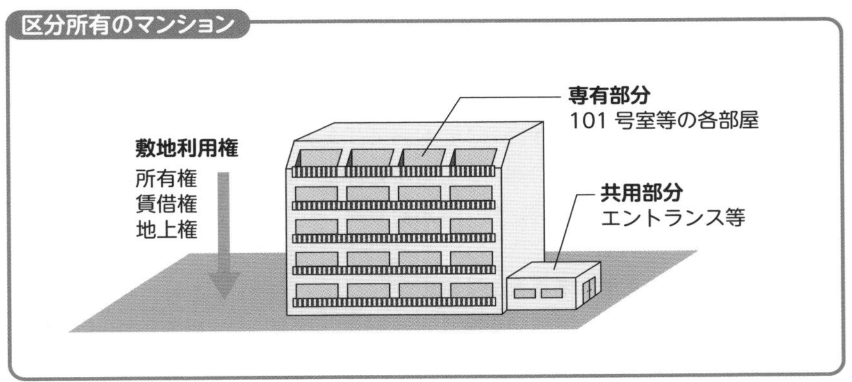

3 共用部分の管理

共用部分は、区分所有者の全員で使用するものであり、区分所有者の「共有」となります。その持分割合は、原則として各区分所有者が所有する**専有部分の床面積の割合**となります。ここでいう床面積とは、壁などで囲まれた区画（水平投影面積）の**内側線**です。販売図面や戸建ての建物の登記簿の面積は通常、壁芯で表示するので注意が必要です。また、持分割合は、規約で別段の定めをすることもできます。

共用部分の管理費ですが、特に定めがなければ、各区分所有者が共用部分の持分割合に応じて負担します。なお、共用部分は区分所有者全員で共有するのに対し、一部共用部分は、これを共用すべき区分所有者の共有に属します。

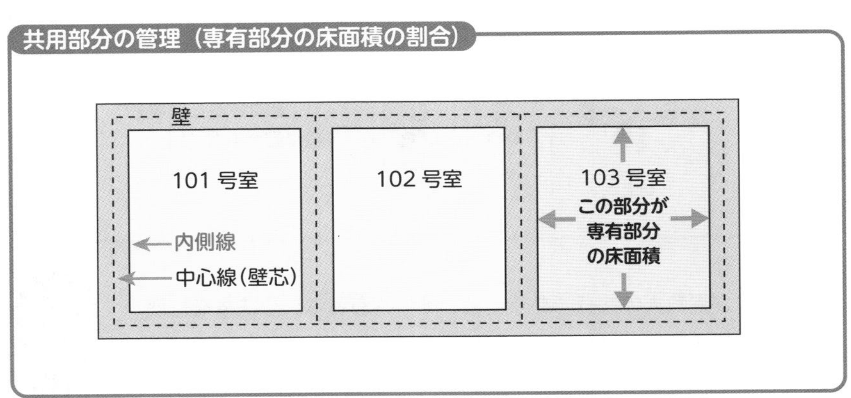

①共用部分の管理等

共用部分の管理等を行う際の各種行為に必要な集会における決議要件は、次の通りです。

集会の決議は、原則として区分所有者および議決権の各過半数の賛成で行います。区分所有者の定数は「区分所有者の頭数」であり、議決権とは「専有部分の床面積の割合」のことです。集会の決議は、定数および議決権の両方で考えます。

なお、変更行為の重大変更の場合、区分所有者の定数は、規約で過半数まで減ずることができますが、議決権の定数は、規約で減ずることはできません。

● 共用部分の管理等に関する集会の決議要件

行為の種類		定数	特別の影響を受ける者の承諾
保存行為		各区分所有者が各自単独でできる	不要
管理行為		区分所有者および議決権の **各過半数の賛成**が必要	必要
変更行為	軽微変更	区分所有者および議決権の **各過半数の賛成**が必要	
	重大変更	区分所有者および議決権の **各４分の３以上の賛成**が必要※	

※重大変更は共用部分の変更（その形状または効用の著しい変更を伴わないものを除く）です

共用部分の管理等に関する集会の決議

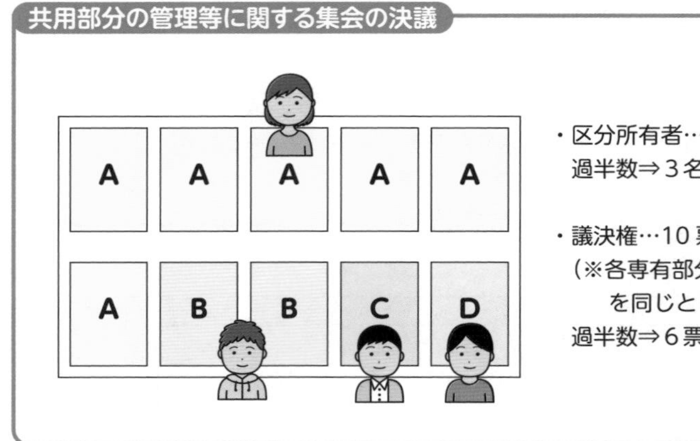

・区分所有者…４名（ABCD）
過半数⇒３名以上

・議決権…10 票
（※各専有部分の床面積割合を同じとした場合）
過半数⇒６票以上

専有部分が複数人の共有である場合、その共有者は、議決権を行使する者１人を決めなければなりません。

②敷地利用権

土地の所有権を全員で共有したり、賃借権、地上権などを共同して借ります。

原則として、専有部分と敷地利用権は、分離して処分することができません。しかし、例外として規約で別段の定めをすることによって、分離して処分することができます。

③管理者

マンションの管理は基本的に管理組合で行いますが、いつも全員で管理をすることは現実的に難しいです。そこで管理組合は、管理者を置くことができます。管理者の設置は任意です。

④管理者の選任・権限等

管理者の選任に関しては、特に決まりがありません。しかし、規約で別段の定めがあれば、規約に従います。

別段の定めがなければ、集会の決議によって選任または解任します。管理者の任期や資格に関しては特に定めがありません。

管理者には、次のようにさまざまな権限等があります。

- 管理者は、その職務に関して区分所有者を代理する
- 管理者は、共用部分・敷地・附属施設の保存、集会の決議の実行、規約で定めた行為をする権利を持っており、同時に義務も負う
- 管理者がその職務の範囲内において第三者との間にした行為については、規約に別段の定めがない限り、本人である各区分所有者に、共用部分の持分の割合に応じて帰属する
- 管理者は、規約または集会の決議により、その職務に関して区分所有者のために原告または被告となることができる
- 管理者は、集会において、毎年1回一定の時期に、その事務に関する報告（例えば決算報告）をしなければならない
- 管理者は、規約に特別の定めがあるときは、共用部分を所有することができる

⑤管理組合法人

管理組合は、法人化することができます。組合は「区分所有者の集まり」というだけであり、そのままでは法律上の「権利や義務の主体」となることはできません。

そこで、法人化することで、管理組合法人名義で口座を作ったり、土地の登記などをすることができるようになります。

⑥管理組合法人化の要件

管理組合を法人化するには、区分所有者および議決権の各４分の３以上の多数による集会の決議と主たる事務所の所在地における登記を行うことが必要です。

なお、法人化にあたり、区分所有者の人数について制限はありません。

4 集会

管理者は、少なくとも年１回以上招集しなければなりません。

また、区分所有者の５分の１以上で、議決権の５分の１以上を有する者は、管理者に対し集会の招集を請求することができます。「集会に、こ(５) い(１)」と覚えましょう。

ただし、この定数は、規約で減ずることができます。

①招集の通知

集会の招集通知は、集会の日より少なくとも１週間前に、会議の目的である事項を示して、各区分所有者に発しなければなりません。

また、建物内に住所を有する区分所有者または招集通知を受ける場所を通知していない区分所有者に対しては、規約の定めがあれば建物内の見やすい場所に招集通知を掲示することができます。

通知先は、区分所有者が管理者に対して招集通知を受ける場所を通知したときはその場所に通知し、この通知がないときは区分所有者の所有する専有部分が所在する場所に宛てて行います。

なお、専有部分を数人で共有している場合、招集通知は議決権を行使すべき者が定められているときはその者に対して行い、定めがないときは共有者の１人に対して行います。

招集期間は、規約で伸縮することができ、また区分所有者全員の同意があるときは、招集通知は不要です。

②重要な決議事項の場合の通知

集会において、以下の決議をしようとする場合、集会の招集通知には議案の要領（決議案の要約）も記載しなければなりません。

①共用部分の重大変更
②規約の設定・変更・廃止
③建物の大規模滅失の場合の復旧
④建替え決議

③集会の決議事項

集会で決議する内容は、原則として招集通知に記載されていた事項に限られます。また、特別決議事項を除いて、規約で別段の定めをすることができます。

④集会の議事

原則として、区分所有者および議決権の各過半数で決めます。なお、集会の決議は区分所有者だけでなく、相続人などの包括承継人・売買で買った人などの特定承継人に対しても、効力を生じます。

原則として、管理者または集会を招集した区分所有者の１人が議長となります（規約に別段の定めがある場合は例外です）。

集会の議事録が書面で作成されているときは、議長および集会に出席した区分所有者の２人がこれに署名しなければなりません。

区分所有者全員の承諾がある場合は、書面または電磁的方法による決議をすることができます。

占有者は、建物や敷地などの使用方法について、区分所有者が負う義務と同一の義務を負います。区分所有者の承諾を得て専有部分を占有する者は、利害関係がある場合、集会に出席して意見を述べることができますが、議決権はないため決議に参加はできません。

5 規約

規約（きやく）とは、マンションのルールのことです。

①規約の設定・変更・廃止

規約の設定・変更・廃止は、区分所有者および議決権の**各４分の３以上**の多数による集会の決議によって行います。

ただし、一部の区分所有者に特別の影響を及ぼす場合は、その者の承諾を得なければなりません。承諾が得られないときには、規約の設定･変更･廃止はできません。

②公正証書による規約の設定

規約は、区分所有者が集まって作成するものです。しかし、分譲する前にあらかじめ定めておいた方が都合のよいことがあります。そこで、分譲業者など最初に建物の専有部分の全部を所有する者は、あらかじめ公正証書などにより次の事項を規約で定めることができます。

・規約共用部分に関する定め
・規約敷地に関する定め
・専有部分と敷地利用権の分離処分を可能とする定め
・敷地利用権の割合の定め

③規約の効力

規約は、区分所有者だけでなく、相続人や売買で買った人にも効力を生じます。

④規約の保管および閲覧

規約の保管や閲覧は、次の通り定められています。

● 規約の保管および閲覧

<table>
<tr><td rowspan="2">規約の保管</td><td>管理者あり</td><td>管理者が保管する</td></tr>
<tr><td>管理者なし</td><td>規約または集会の決議の定めにより、次の者が保管する
①建物を使用している区分所有者
② ①の代理人</td></tr>
<tr><td rowspan="2">利害関係人の閲覧請求</td><td>原則</td><td>規約の閲覧を拒めない</td></tr>
<tr><td>例外</td><td>正当な理由がある場合は拒める</td></tr>
<tr><td>保管場所</td><td colspan="2">建物内の見やすい場所に掲示しなければならない
・保管場所は建物内でなくてもよい
・各区分所有者に保管場所を通知する必要はない</td></tr>
</table>

規約の保管・閲覧も、集会の議事録と同じ扱いです。

⑤義務違反者に対する措置

区分所有者などの中に、マンションのルールを守らないでほかの区分所有者に迷惑をかける人がいれば、ルールを守らせることはできるのでしょうか。ルールを守らない義務違反者に対しては、次の措置を取ることが認められています。

(1)行為の停止、結果の除去、予防の請求

行為の停止、結果の除去、予防の請求について、訴訟などによらない場合は、単独で行うことができます。

訴訟による場合は、区分所有者および議決権の各過半数の賛成による集会決議が必要です。

(2)専有部分の使用禁止の請求

専有部分の使用禁止の請求は、区分所有者および議決権の各4分の3以上の賛成による集会決議が必要です。訴訟によることが必要です。

(3)区分所有権および敷地利用権の競売請求

区分所有権および敷地利用権の競売請求は、区分所有者および議決権の各4分の3以上の賛成による集会決議が必要です。訴訟によることが必要です。

(4)占有者に対する契約解除および引渡しの請求

占有者に対する契約解除および引渡しの請求は、区分所有者および議決権の各4分の3以上の賛成による集会議決が必要です。訴訟によることが必要です。

⑥復旧

復旧(ふっきゅう)とは、壊れたものを元の状態に直すことをいいます。その滅失状況に応じて、次のように手続が異なります。

(1)小規模滅失

小規模滅失とは、建物の価格の2分の1以下に相当する部分が滅失した場合です。復旧決議がなくても、各区分所有者は、単独で滅失した共用部分および自己の専有部分を復旧することができます。ただし、過半数により復旧決議があった場合には、その決議に従わなければなりません。

(2)大規模滅失

大規模滅失は、建物の価格の2分の1を超える部分が滅失した場合です。区分所有者および議決権の各4分の3以上の賛成で、滅失した共用部分を復旧する旨の決議ができます。

なお、規約によって別段の定めをすることはできません。

⑦建替え

建替えとは、現在のマンションを取り壊し、新たにマンションを建て直すことです。建替えをするには、区分所有者および議決権の**各５分の４以上**の賛成で、建物を取り壊し、かつ、当該建物の敷地もしくはその一部の土地または当該建物の敷地の全部もしくは一部を含む土地に新たに建物を築造する旨の決議が必要です。

なお、規約によって別段の定めをすることはできません。

⑧決議要件のまとめ

これまでに学習した集会における決議要件について、次の表にまとめています。

● 決議要件（規約の別段の定めの可否）

決議要件	行為	規約の別段の定め
単独	保存行為	規約で別段の定めができる
	行為の停止等の請求（訴訟外）	規約で別段の定めができない
	小規模滅失の場合の復旧	・復旧、建替え決議があったときを除く ・規約で別段の定めができる
各５分の１以上	集会の招集	規約で減ずることができる
各過半数	管理行為	規約で別段の定めができる
	軽微変更	
	行為の停止等の請求訴訟	
	小規模滅失の場合の復旧の決議	
各４分の３以上	重大変更 共用部分の変更 （その形状または効用の著しい変更を伴わないものを除く）	・区分所有者の定数は規約で過半数まで減じることができる ・議決権の定数は規約で減ずることはできない
	管理組合の法人化	規約で別段の定めができない
	規約の設定・変更・廃止	
	専有部分の使用禁止請求訴訟	
	専有部分および敷地利用権の競売請求訴訟	
	占有者に対する契約解除・引渡請求訴訟	
	大規模滅失の場合の復旧決議	
各５分の４以上	建替え	

区分所有法も不動産登記法と同じように必ず1問出題されますが、深入りは禁物です。不動産登記法よりもイメージがつきやすいせいか、正答率は不動産登記法より高いことが多いです。

問題にチャレンジ ○か×で答えましょう

Q1 管理者は、少なくとも毎年1回集会を招集しなければならない。

Q2 区分所有者の5分の1以上で議決権の5分の1以上を有する者は、管理者に対し、会議の目的たる事項を示して、集会の招集を請求することができるが、この定数は規約で増減することはできない。

Q3 敷地利用権が数人で有する所有権その他の権利である場合、区分所有者はその有する専有部分とその専有部分に係る敷地利用権とを分離して処分することができないこととされており、規約で別段の定めをすることはできない。

Q4 建物の区分所有等に関する法律第62条による建替えは、集会において区分所有者および議決権の各5分の4以上の多数による決議で行うことができることとされており、規約で別段の定めをすることはできない。

Q5 規約の設定、変更または廃止を行う場合は、区分所有者の過半数による集会の決議によってなされなければならない。

Q6 集会は、区分所有者全員の同意があれば、招集の手続を経ないで開くことができる。

Q7 各共有者の共用部分の持分は、規約で別段の定めをしない限り、共有者数で等分することとされている。

解答と解説

A1 ○ 少なくとも年1回はしなければなりません。

A2 × 増加はできませんが、規約で減ずることができます。

A3 × 規約で別段の定めができます。

A4 ○ 規約で別段の定めができません。

A5 × 4分の3です。

A6 ○ 全員の同意があれば招集通知は不要です。

A7 × 専有部分の床面積の割合で決まります。

16 賃貸借・使用貸借

▶▶▶ **賃料を払う・払わない貸し借りを学びます**

賃貸借契約は実務上、頻繁に行われていますが、試験ではどのような扱いになっているのでしょうか？

試験では、丸ごと1問出題される場合と、借地借家法などの問題と混ぜて出題される場合があります。以降で学習する借地借家法のベースとなるテーマであり、試験における民法の中でも重要度は極めて高いです。賃貸借契約は、家や土地を借りる場合だけでなく、レンタカーやレンタルDVD等を借りるような場合もあります。一方、借地借家法は住むために家を借りたり、家を建てるために土地を借りたりする場合のように借主保護が必要なときに適用されています。

1 賃貸借とは

賃貸借（ちんたいしゃく）とは、賃料を支払って物を貸し借りすることです。レンタカーを利用したり、マンションの賃貸なども賃貸借です。

賃借人（ちんしゃくにん）（借主）は、賃貸人（ちんたいにん）（貸主）に対して、物を「使用・収益させてほしい」と請求できます。一方、賃貸人（貸主）は、賃借人（借主）に対して「賃料を支払ってください」と請求できます。賃貸人はお金をもらうからには、きちんとした物を貸すイメージです。

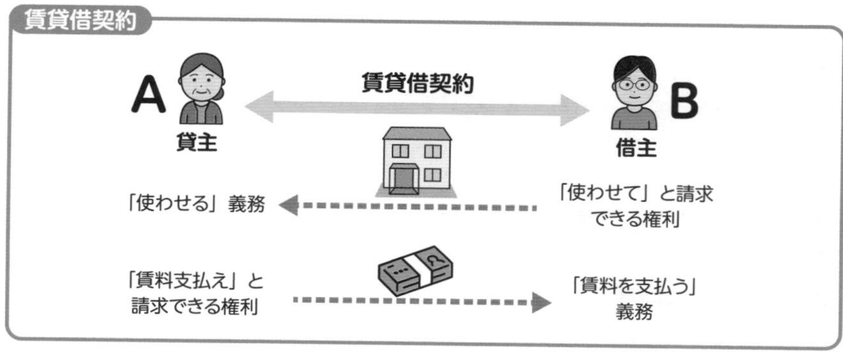

2 賃貸借の存続期間

①民法上の賃貸借の契約期間

民法上の賃貸借の契約期間は、借地借家法とは異なります。最長は50年で、最短は制限がありません。

(1)期間の定めがある賃貸借契約の場合

期間の定めがある場合、賃貸借契約は原則として期間満了によって終了します。ただし、更新可能です。

期間満了後に賃借人が使用収益を継続し、賃貸人がこれを知りながら異議を述べない場合、契約を更新したものと推定されます（黙示による自動更新）。

原則として、貸主も借主も中途解約はできません。

(2)期間の定めがない賃貸借契約の場合

期間の定めがない場合、賃貸借契約について当事者は**いつでも解約の申入れができます**。この場合、解約の申入れから土地の賃貸借は１年、建物の賃貸借は３か月を経過することにより契約が終了します。

②賃貸借契約の解除

賃貸借契約の解除は、将来に向かってのみ効力を生じます。遡及効（そきゅうこう）（成立以前にさかのぼること）にすると、複雑になるからです。

③賃借人の死亡

賃借人が死亡しても、賃借権は相続されます。

3 賃借権の対抗力

賃借権の対抗力ですが、不動産の賃貸借は、賃借権の登記をしていれば第三者に対抗できます。

借地借家法の対抗要件も備わっておらず、賃借権の登記がない場合、賃借人は、第三者に対抗できません。

4 賃貸人の地位の移転

Bが借りている不動産を、賃貸人Aが第三者Cに売却した場合、新しい所有者となったCに賃貸人の地位は移転するのでしょうか。つまり、買主Cは、借主Bに対して「新所有者になったので、賃料を私に払ってください」と言えるのかどうかということです。

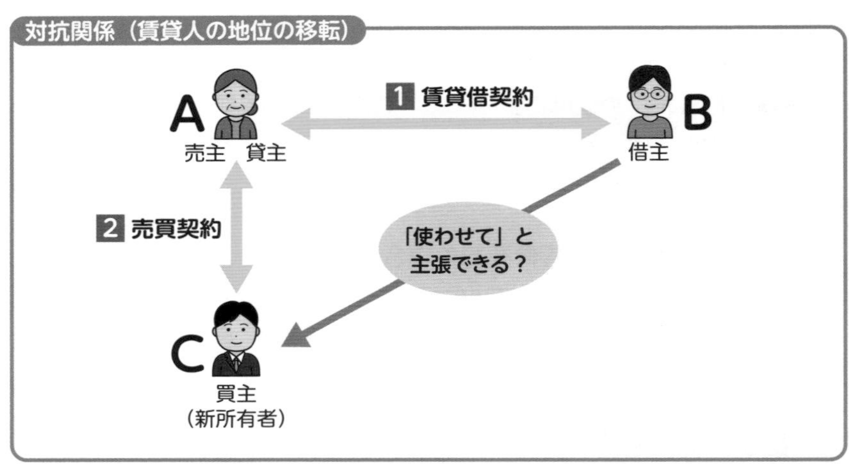

この場合、新所有者である買主Cは、**所有権の移転の登記を受けていなければ、賃料を請求できないとされています**。

①賃借人が対抗要件を備えている場合

賃貸借の対抗要件を賃借人が備えている場合には、不動産の譲渡によって、賃貸人たる地位が不動産の譲受人に移転します。この場合には、賃借人の承諾は不要です。譲渡人と譲受人の合意も不要です。例えば、賃貸アパートがこれに該当します。

②賃借人が対抗要件を備えていない場合

不動産の譲渡人が賃貸人であるときは、その賃貸人たる地位は、賃借人の承諾がなくても、譲渡人と譲受人との合意によって、譲受人に移転させることができます。この場合、賃借人の承諾は不要ですが、譲渡人と譲受人の合意は必要です。例えば、青空駐車場がこれに該当します。

5 不動産の賃借人による妨害の停止の請求等

不動産の賃借人は、賃借権の対抗要件を備えると、「第三者に対する妨害の停止の請求」や第三者が占有している場合には「第三者に対する返還の請求」ができます。

6 賃貸人による修繕

賃貸人には、雨漏りなどのトラブル等について修繕を行う義務があります。ただし、賃借人の責めに帰すべき事由によって修繕が必要となったときは、修繕義務を負いません。

賃貸人が、賃貸物の保存に必要な行為をする場合、**賃借人はこれを拒むことはできません。**

賃借人が賃借をした目的を達することができなくなるような保存行為を賃貸人がしようとするときは、賃借人は契約の解除をすることができます。

7 賃借人による修繕

賃借人が、賃貸人が負担すべき**必要費**を支出した場合は、賃貸人に対し直ちにその償還を請求できます。

賃借人が**有益費**（改良のために支出した費用）を支出した場合には、賃貸人は**賃貸借終了のとき**に目的物の価格の増加が現存している場合に限り、支出された費用または増加額のいずれかを選択して償還しなければなりません。

● **必要費と有益費**

	いつ請求できるか	いくら請求できるか
必要費	直ちに可	支出額
有益費	賃貸借終了の時	支出額または現存増加額（賃貸人の選択）

8 賃借物の一部滅失と全部滅失

賃貸借において、目的物の一部が滅失およびその他の事由により使用・収益ができなくなった場合、賃借人の責めに帰すべき事由によるものでないときは、**賃料はその使用・収益できなくなった部分の割合に応じて、当然に減額されます。**

なお、賃借人の責めに帰すべき事由がある場合、賃料の減額はされません。

また、残りの部分だけでは賃貸借をした**目的が達成できない場合には、賃借人は契約の解除をすることができます。**

なお、残存する部分のみでも賃借人が賃借をした**目的を達することができるときは、解除できません。**

9 転貸・賃借権の譲渡

転貸（てんたい）とは、賃借人が借りているものを第三者に又貸しすることです。

また、賃借権を第三者に譲ることを**賃借権の譲渡**といいます。例えば、建物の賃借人ＢからＣが賃借権を譲り受け、Ｃが賃借人Ｂに代わって新たな賃借人になることです。

賃借人Ｂが賃貸人Ａから「借りている権利」を新賃借人Ｃに譲渡した場合、譲渡した側の譲渡人Ｂは賃貸借契約から離脱します。

この場合、賃借権譲渡後の賃料は、譲受人Ｃにのみ請求できます。

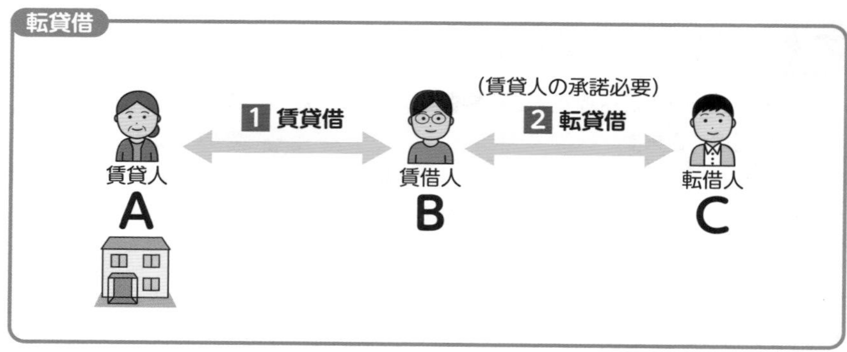

転貸借や賃借権の譲渡をするためには、**賃貸人の承諾**が必要です。

賃借人が賃貸人の承諾を得ずに第三者に対して使用・収益させた場合、賃貸人は賃貸借契約を解除できるとされています。

しかし、背信的行為と認めるに足りない特段の事情があるときは、この限りではありません。例えば、借主である父親が息子に貸してあげるような場合は解除させる必要もないからです。

承諾を得てなされた転貸借において、転借人は「賃借人の債務の範囲を限度として」賃貸人に対して直接義務を負います。逆に、転借人は、原則として、賃貸人に対して直接の権利を有しません。

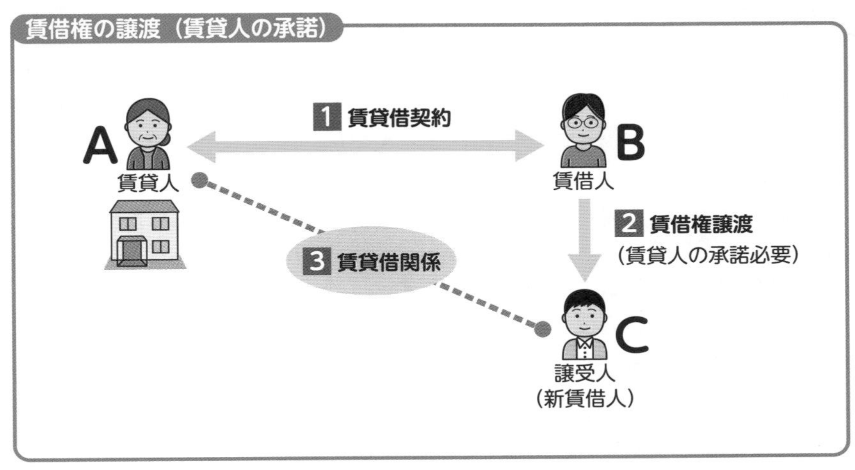

賃貸人は、賃借人だけではなく、転借人にも賃料を直接請求できます。請求できる額は、賃料と転借料を比較して小さい方の額までとなります。

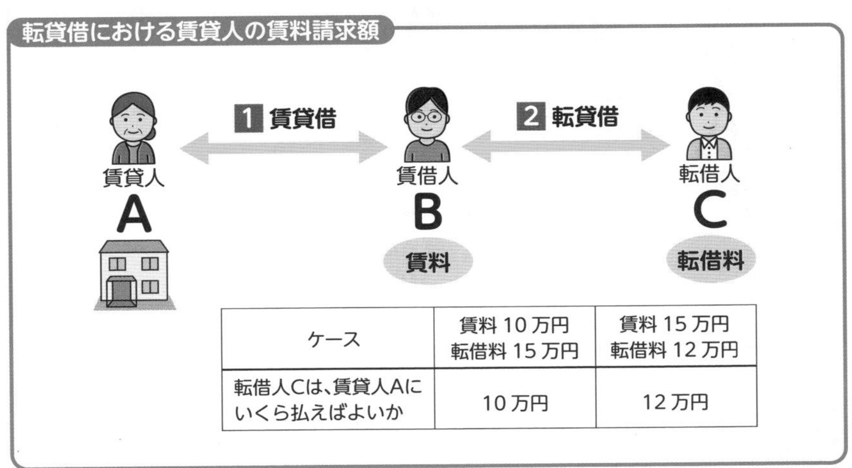

ケース	賃料 10 万円 転借料 15 万円	賃料 15 万円 転借料 12 万円
転借人Cは、賃貸人Aにいくら払えばよいか	10 万円	12 万円

10 賃貸借契約の終了と転貸借契約の関係

建物賃貸借契約が終了した場合、転貸借契約は賃貸借契約の終了の方法によってどのように影響するのかが変わってきます。

①債務不履行による賃貸借契約の終了

賃料不払いなどの賃借人の債務不履行（賃料不払いなど）を理由に解除された場合、賃貸人は、賃貸借契約の終了を転借人に対抗することができます。つまり、賃貸人は転借人に「出ていってください」と言えます。

賃貸人は、賃借人に対して催告をして賃料を支払う機会を与える必要はありますが、**転借人に対して**、賃料を代わりに**支払う機会を与える必要はありません。**

②合意解除による賃貸借契約の終了

合意解除により契約が終了する場合、原則として、賃貸人は転借人に「出ていってください」と言えません。賃貸人と転貸人の間の合意で転借人を追い出すようなことがあっては転借人が困るからです。そのため、転借人は借り続けることができます。ただし、借主Ｂが債務不履行である場合は、Ｃに対抗できます。

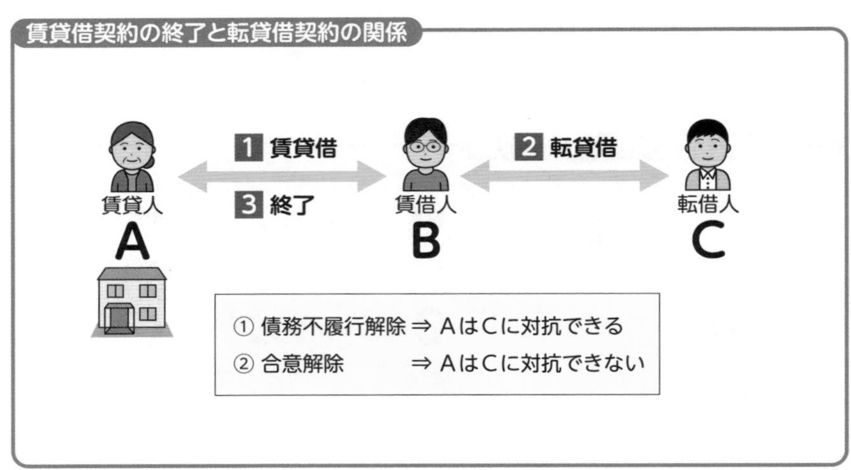

11 賃借人の原状回復義務・収去義務等

①賃借人の原状回復義務

賃借人が借りていて、**通常の使用に反する故意や過失によって生じた損傷があれば、賃貸借が終わったときに原状に復して返還しなければなりません（原状回復義務）。**

ただし、その損傷について賃借人に帰責事由がない場合は、賃借人は原状に復する義務を負いません。

通常の使用や経年変化によるものは、賃貸借契約をするときに当然に予定されており、その費用を織り込んで賃料額が決められているため、賃借人は負担する必要はありません。

②賃借人による収去義務と権利

賃借人は、賃借物を受け取った後にこれに附属させたものがある場合において、賃貸借が終了したときは、その附属させたものを収去する義務を負います（**収去の義務**）。ただし、賃借物から分離することができないものや分離するのに過分の費用を要するものについては、収去する義務を負いません。

③損害賠償・費用の償還請求権についての期間の制限

契約の本旨に反する使用・収益によって生じた損害の賠償は、賃貸人が「**返還を受けたときから１年以内**」に賃借人に請求しなければなりません。

この損害賠償の請求権については、賃貸人が「返還を受けたときから１年を経過するまで」の間は、時効は完成しません。長期間に及ぶ賃貸借において、その期間中の賃借人の使用状況を把握することは困難です。通常の使用方法を逸脱する違反があったときから10年以上経過しており、損害賠償請求権が時効消滅しているという不都合に対処する必要があるため、このように定められています。

④費用の償還請求権についての期間の制限

賃借人が支出した費用の償還も、賃貸人が「返還を受けたときから１年以内」に請求しなければなりません。

12 敷金

敷金（しききん）とは、いかなる名目であっても、賃借人の賃貸人に対する金銭債務（賃料不払いなど）を担保する目的で、賃借人が賃貸人に対して交付する金銭のことをいいます。

①敷金の返還と明渡し

例えば、ＡがＢに建物を賃貸し、賃借人Ｂから敷金を受領しました。賃貸借契約の終了後、賃貸人Ａが賃借人Ｂに対して建物の明渡しを求めたところ、賃借人Ｂが敷金の返還との同時履行を主張した場合、賃借人Ｂの主張は認められるのでしょうか？

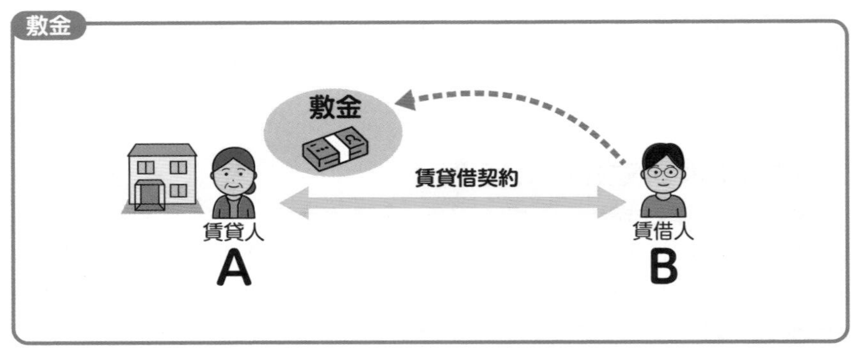

敷金は明渡しまでに生じた賃貸人の債権を担保するものであるため、敷金の返還は建物の明渡しより後となります。よって、敷金の返還と建物の明渡しは、同時履行の関係にはありません。

②敷金の返還

敷金を受け取っている賃貸人は、次の①②の場合に、賃借人に対して、その受け取った敷金の額から「賃貸借に基づいて生じた賃借人の賃貸人に対する債務の額(原状回復費用など)」を控除した額を返還しなければなりません。

①賃貸借が終了し、かつ、賃貸物の返還を受けたとき
②賃借人が(適法に)賃借権を譲渡したとき

敷金に関しては、「家賃が延滞した場合、延滞賃料に敷金を充てることができるのか」という問題があります。**賃貸人が延滞賃料を敷金で充当することはできます。一方、賃借人から延滞賃料を敷金で充当させることはできません。**

③賃貸人の地位の移転と敷金の承継

賃貸人Aが所有権の移転をした場合、敷金は新賃貸人Cに承継されるのでしょうか?

敷金に関する権利義務は、当然に新賃貸人Cに承継されます。したがって、賃借人Bは、新賃貸人Cに対して敷金の返還を請求することができます。

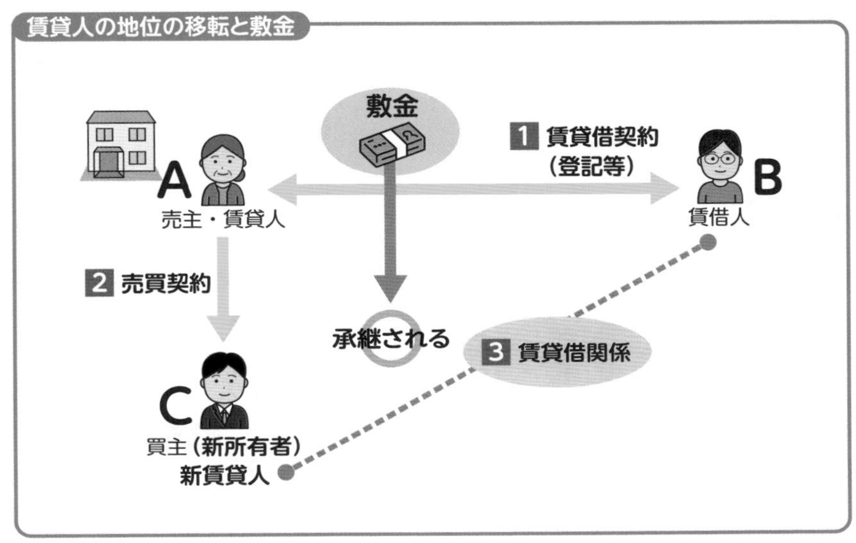

建物の賃貸借契約終了後、建物の明渡し前に、所有権が移転した場合、敷金に関する権利義務は、旧所有者と新所有者の合意のみによっては、新所有者に承継されません。

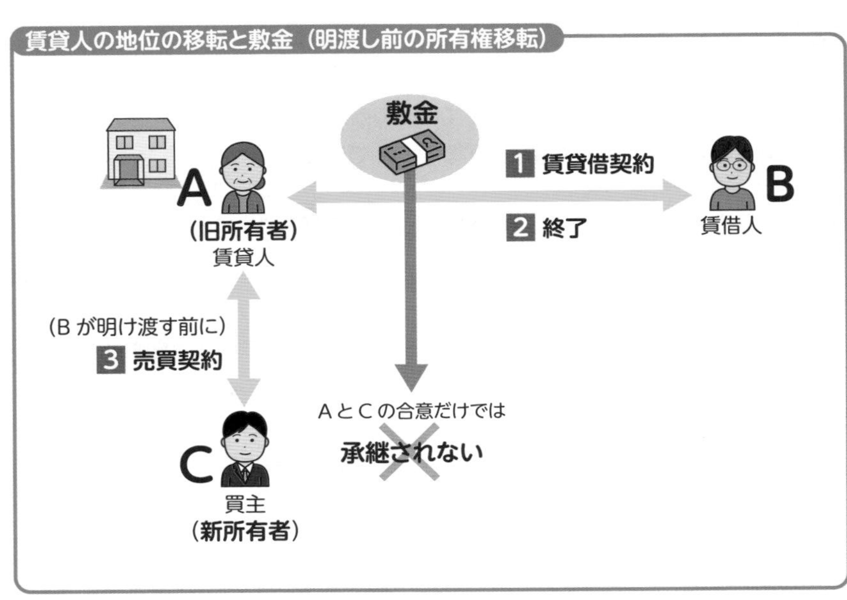

④賃借権の譲渡と敷金の扱い

賃借権の譲渡があった場合、敷金はどうなるのでしょうか。原則、賃借権を譲渡した場合に敷金は譲受人Cに承継されません。この場合、賃借人Bは賃貸人Aに敷金の返還を請求できます。

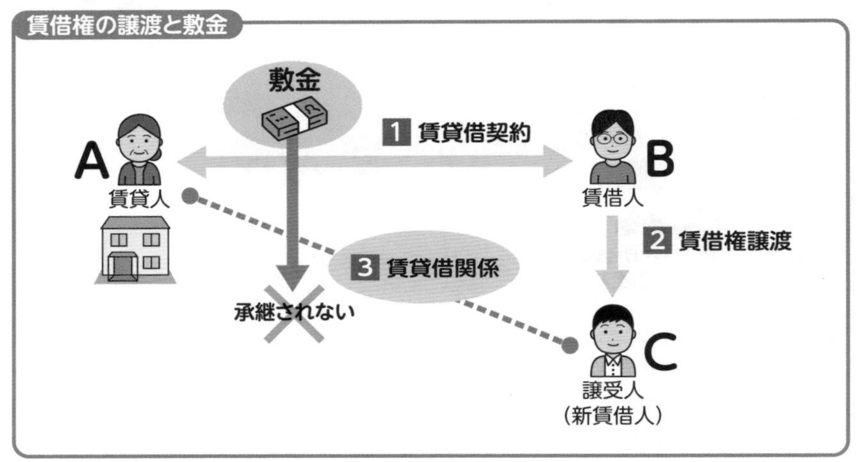

13 使用貸借

使用貸借（しようたいしゃく）とは、無償で使用・収益させてあげることです。契約が終了したときに返還することを約束することによって、その効力が生じます。貸主は、借主が借用物を受け取るまで、契約の解除をすることができます。

①使用貸借契約の対抗力、借地借家法の適用の有無

使用貸借契約は、タダで物を借りる契約であるため、借主を手厚く保護する必要はありません。そのため、借地借家法のような特別ルールの適用もありません。

使用貸借に登記は認められておらず、第三者に対抗することもできません。

また、必要費において使用貸借の**借主**は、借用物の**通常の必要費**（現状維持するために必要な修繕費等）を負担します。

しかし、非常災害による修繕費等の**特別な費用**や**有益費**は、**貸主が負担**します。

②使用貸借契約における相続

使用貸借は、貸主が死亡しても終了しません。相続人が貸主の地位を引き継ぎま

す。しかし、**借主が死亡した場合には終了します**。使用借権は相続されません。

③期間満了による使用貸借の終了と使用貸借の解除

使用貸借において、当事者が使用貸借の期間を決めた場合には、その期間の満了をもって終了します。

当事者が期間を定めなかった場合において、使用・収益の目的を定めたときは、使用貸借は、借主がその目的に従い使用・収益を終えることによって終了します。例えば、選挙事務所などが該当します。

④使用貸借の解除

当事者が使用貸借の期間や使用・収益の目的を定めなかったときは、貸主と借主のどちらも、いつでも契約の解除をすることができます。

● **賃貸借と使用貸借との主な違い**

	賃貸借	使用貸借
お金を払うか	有償	無償
対抗できるか	賃借権の登記	×
通常の必要費	貸主の負担	借主の負担
相続するか	賃貸人が死亡→相続する 賃借人が死亡→相続する	使用貸人が死亡→相続する 使用借人が死亡→相続しない

賃貸借・借地借家法は２問または３問出題されることがあります。権利関係では得点源にすべきテーマです。優先的に学習しましょう。

問題にチャレンジ ○か×で答えましょう

Q1 AがBからBの所有する建物を賃借している場合、AはBの負担すべき必要費を支出したときは、直ちにBに対してその償還を請求することができる。

Q2 AがBからBの所有する建物を賃借している場合、Aは有益費を支出したときは、賃貸借契約終了の際、その価格の増加分が現存する場合に限り、自らの選択によりその費やした金額または増加額の償還を請求することができる。

Q3 賃借人が賃借権の登記もなく建物の引渡しも受けていないうちに建物が売却されて所有者が変更すると、定期建物賃貸借契約の借主は賃借権を所有者に主張できないが、一時使用賃貸借の借主は賃借権を所有者に主張できる。

Q4 借主Aは、B所有の建物について貸主Bとの間で賃貸借契約を締結し、敷金として賃料2か月分に相当する金額をBに対して支払ったが、当該敷金についてBによる賃料債権への充当はされていない。賃貸借契約が終了した場合、建物明渡しと敷金返還とは同時履行の関係に立たず、Aの建物明渡しはBから敷金の返還された後に行えばよい。

Q5 Aは、自己所有の甲建物（居住用）をBに賃貸し、引渡しも終わり、敷金50万円を受領した。Aが甲建物をCに譲渡し、所有権移転登記を得た場合、Bの承諾がなくとも、敷金が存在する限度において、敷金返還債務はAからCに承継される。

解答と解説

A1 ○ 賃借人が必要費を負担した場合、直ちに請求できます。

A2 × 選択するのは賃貸人です。

A3 × 一時使用貸借の場合でも対抗できません。

A4 × 敷金の返還は明渡しの後です。

A5 ○ 敷金返還債務は、新しい賃貸人に承継されます。

17 借地借家法（借家）

▶▶▶ **建物を借りる人を保護するルールです**

借地借家法は、私たちの日常生活に関係が深い法律ですが、難しいのでしょうか？

借地借家法は、基本的な内容を理解して過去問の範囲で対策を取れば、２問中１問は確実に得点が可能となるテーマです。暗記要素が強いですが、借主保護に関するルールのポイントを押さえて学習すれば問題ありません。

1 借地借家法の目的

借地借家法（しゃくちしゃっかほう）とは、賃借人を保護するためのルールです。賃貸人と賃借人という立場ではどうしても借りる側である賃借人の立場が弱くなってしまいます。そこで、借地借家法というルールがつくられ、賃借人を保護できるようにしています。

2 借地借家法（借家）の適用範囲と期間

①適用範囲

借地借家法は、**建物の賃貸借**に原則として適用されます。しかし、**一時使用目的**のためである場合や、無償で借りるような**使用貸借**である場合には、民法が適用されます。

②期間

借家人を保護することを目的として、なるべく長期間借りられるようにするために、期間に関して次の特別なルールを設けています。

・最長期間は制限がない
・最短期間は１年
・１年未満とした場合は、**期間の定めのない賃貸借契約**となる
（ただし、定期建物賃貸借契約で１年未満の定めをした場合、その期間で有効）

建物の賃貸借は、民法の賃貸借の規定をベースとして借地借家法という特別ルールの規定がある場合は、特別ルールを優先します。民法では50年が上限ですが、建物の賃貸借では「借地借家法の最長期間は制限がない」というルールを適用するのです。

3 建物賃貸借契約の終了と更新

①期間の定めのある賃貸借契約

期間の定めのある賃貸借契約の場合、原則として中途解約ができません。しかし、中途解約の特約がある場合には、中途解約できます。

期間の定めがある場合、建物賃貸借契約の期間満了の**1年前から6か月前までに相手方に対して更新をしない旨の通知をしなかった場合、契約を更新したものとみなされます**（法定更新）。

通知をした場合でも期間満了後に賃借人が使用を継続し、**賃貸人が遅滞なく異議を述べなかった場合、更新したものとみなされます。**

賃貸人による更新拒絶には、正当事由が必要です。賃借人からの更新拒絶には、正当事由は不要です。

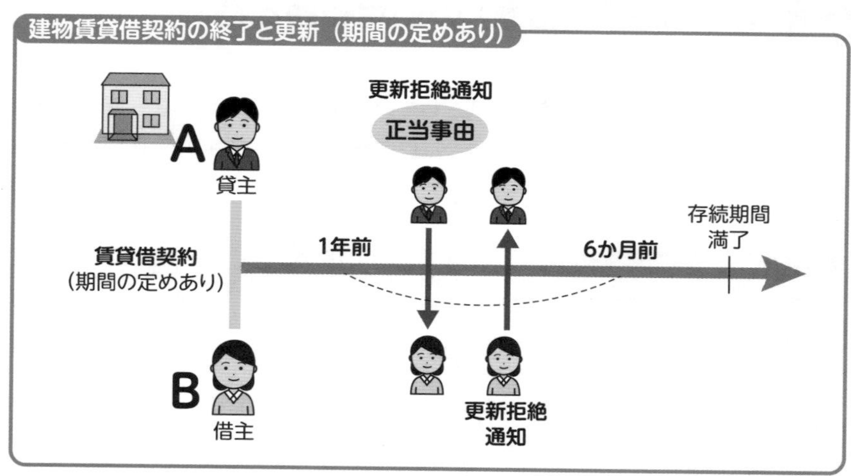

②期間の定めのない賃貸借契約

期間の定めのない賃貸借契約の場合、賃貸人が解約の申入れをした場合、賃貸借契約は**解約の申入れの日から６か月の経過により終了します**。なお、賃貸人が解約を申し入れるためには、賃借人を保護するため、**正当事由**が必要です。

解約の申入れをした場合でも、**その日から６か月後に賃借人が使用を継続し、賃貸人が遅滞なく異議を述べなかった場合、更新したものとみなされます**（法定更新）。

賃借人は、いつでも解約を申し入れることができます。その場合、建物賃貸借契約は、**解約申入れ後３か月の経過によって終了します**。

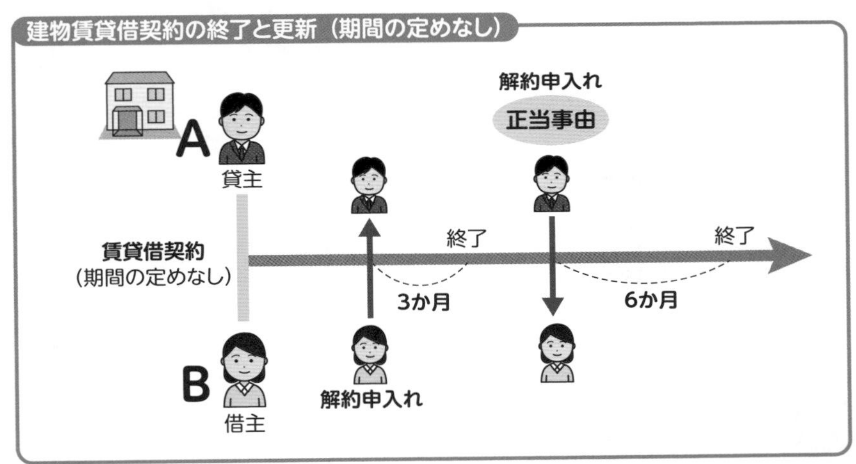

③正当事由の有無

正当事由は、「賃貸人がその建物の使用を必要とする」場合、あるいは「賃借人の賃借状況について滞納があった」「立退料の給付」などの事情を**総合的に考慮**して判断します。

立退料の給付だけでは、正当事由とは認められません。

4 建物賃借権の対抗力

Ａが所有する建物をＢに賃貸するケースを考えてみます。賃貸借契約の期間中に、Ａが第三者Ｃに譲渡した場合、借主Ｂは第三者Ｃに対して建物賃借権を対抗できるのでしょうか。

民法上では、賃借権を対抗するために「賃借権の登記」が必要でした。しかし、賃借権を登記するには賃貸人の協力が必要であり、容易に得られるものではないため、賃借権の登記がなくても賃借人が対抗できるように、借地借家法では特別なルールを設けています。具体的には、建物賃借人は**引渡し**を受けていれば建物賃借権を対抗できるとしたのです。

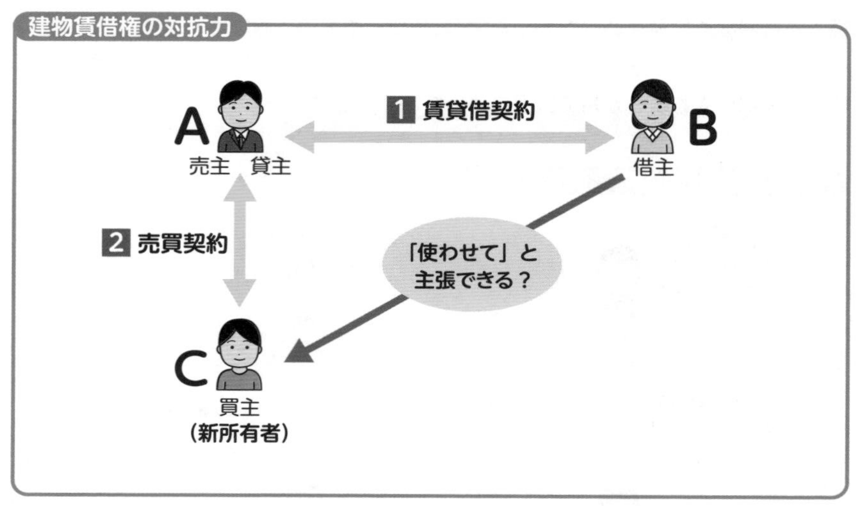

5 造作買取請求権

賃借人が借りている建物に賃貸人の同意を得てエアコンなどを取り付けるなど、建物の利用価値を上げることを**造作**(ぞうさく)といい、賃貸借終了時に賃貸人に時価で買い取るように請求できます。これを**造作買取請求権**といいます。

造作買取請求権を認めない旨の特約は、有効です。

造作買取請求権が認められるためには、賃貸人の同意を得て建物に造作を取り付けた場合、または造作を賃貸人から買い受けていた場合のどちらかである必要があります。これは定期建物賃貸借でも同様です。

6 転借人の保護

賃貸人の承諾を得て賃借人から適法に転借している転借人は、直接賃貸人と賃貸借契約を結んでいるわけではありませんが、原則として賃借人と同様の保護が与えられています。

転借人の保護

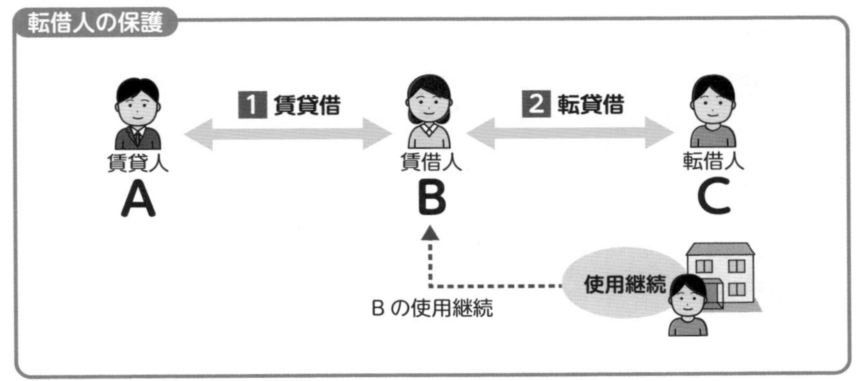

7 借家の転貸・建物賃借権の譲渡

賃貸借で学習したのと同様に、転貸や賃借権を譲渡するには、賃貸人の承諾が必要でした。賃借人が承諾を得ずに無断で転貸や譲渡した場合、原則として賃貸人は賃貸借契約を解除できます。

ただし、賃借人が無断で転貸・賃借権の譲渡をした場合であっても、背信的行為と認めるに足りない特段の事情がある場合には、賃貸人は賃貸借契約を解除することができません。

8 賃貸借契約の終了と転貸借

賃貸借契約の終了原因によって、転貸借が終了するかどうかも異なります。

①期間満了・解約申入れの場合

賃貸人は転借人に通知しなければ転借人に対抗できません。転貸借契約は、通知がされた日から６か月を経過することによって終了します。

②債務不履行による解除

転借人に対抗できます。賃貸人は債務不履行を理由に賃貸借契約を解除しようとする際に、**転借人に対して賃料を支払う機会を与える必要はありません。**

③合意解除

原則として転借人に対抗できません。

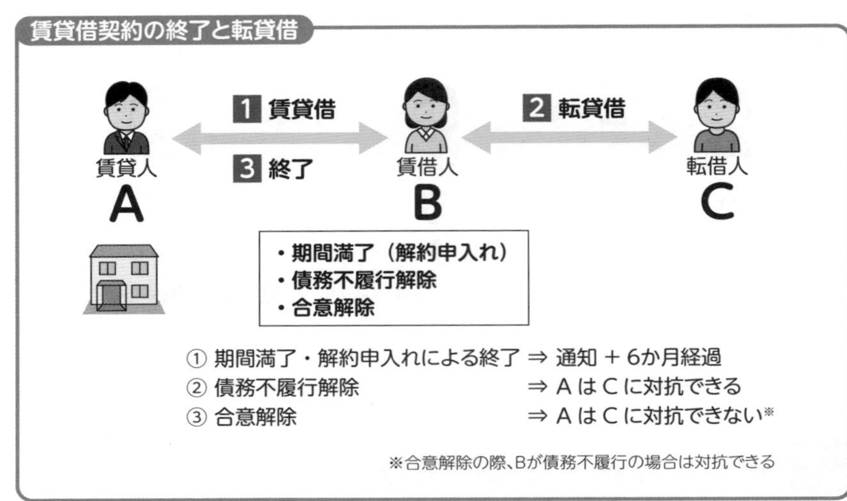

④居住用建物の賃借権の承継

居住用建物の賃借人が死亡した場合、相続人は賃借権を相続しますが、相続人がいない場合には「**賃借人と事実上夫婦や養子等と同様の関係にあった同居者が、死亡した賃借人の権利義務を承継する**」というルールを設けています。

ただし、同居者が、賃借人が**相続人なく死亡したことを知ったときから1か月以内に賃貸人に対して承継しない旨の意思を表示したときは承継されません。**

9 借賃増減額請求権

賃貸借契約において、建物の借賃が不動産の価格の上昇や低下その他の経済状況の変動によって近隣の借賃と比較して不相当になった場合には、**当事者は将来に向かって借賃の増減額請求ができる**というものです。

一定期間借賃を**増額しない旨の特約があるときは、その期間内は、増額請求は認められません。**

減額しない旨の特約は、賃借人に不利な特約なので無効です。減額しない旨の特約をしていても、減額請求をすることができます。

増額・減額について協議が調わないときは、以下のような扱いとなります。

(1)借賃の増額について協議が調わないとき

増額を正当とする裁判が確定するまでは、賃借人は賃貸人に**相当と認める額**を支払うことで足ります。

しかし、裁判が確定し、既に支払った額に不足が生じる場合には、不足額に年１割の利息をつけて支払わなければなりません。

(2)減額について協議が調わないとき

減額を正当とする裁判が確定するまで、賃貸人は賃借人に相当と認める額を請求できます。

裁判が確定した場合、すでに支払いを受けた額が正当とされた建物借賃の額を超えるときは、超過額に年１割の利息をつけて返還しなければなりません。

10 定期建物賃貸借（定期借家）

契約期間の定めのある賃貸借契約を結んだとしても、「更新拒絶の通知」や「正当事由」が必要であったりと、契約期間が満了しても賃貸借契約を終了させにくくなっています。そこで、契約期間満了で契約を終了させることができるような契約としてできたのが、定期建物賃貸借です。

定期建物賃貸借契約は、更新がない契約です。特別な制度なので、さまざまなルールがあります。

①期間

１年未満とすることも可能です。

②方法

公正証書などの書面または相手方の承諾を得た電磁的記録によって契約しなければなりません。このとき、賃貸人は賃借人に対して、**あらかじめ書面を交付して、更新がなく期間の満了によって終了する旨を説明しなければなりません。**この説明をしなかったときは、契約の更新がないこととする旨の定めは無効となり、普通の賃貸借契約となります。

書面であればよく、公正証書でなくてもかまいません。

③終了の通知

契約期間が１年以上の場合、賃貸人は、期間満了の１年前から６か月前までの間に、賃貸借が終了する旨の通知をしなければなりません。

１年前から６か月前までに通知せずに、期間を過ぎてしまった場合でも、その後賃貸人が通知した日から６か月を経過した後に、賃貸借の終了を建物の賃借人に対抗することができます。定期借家の場合は更新されることはありません。

一方、賃借人は、床面積が 200m² 未満で居住用建物である場合に、転勤、療養、親族の介護その他やむを得ない事情により、建物を自己の生活の本拠として使用することが困難となったときは、解約の申入れをすることができ、解約の申入れの日から１か月を経過することによって、建物の賃貸借は終了します。

このルールに反する特約で、賃借人にとって不利なものは無効です。

④定期建物賃貸借における借賃増減請求

定期建物賃貸借契約において、借賃の改定の特約がない場合、借賃増減請求はできますが、借賃の改定の特約がある場合、借賃増減請求はできません。つまり、**借賃減額しない特約も有効となります**。

⑤取壊し予定の建物の賃貸借

法令または契約により、一定期間経過後に建物を取り壊すことが明らかな場合において、建物の賃貸借契約をするときは、建物を取り壊すことになるときに賃貸借が終了する旨の特約を定めることができます。この特約は、書面または電磁的記録によってしなければなりません。

定期建物賃貸借（定期借家）は、ほぼ毎年出題されるので正確に覚えてください。借地借家法は特別法であり、ルールを覚えていないと正解できません。借主保護の視点を持って学習しましょう。

問題にチャレンジ　○か×で答えましょう

Q1　建物の賃貸借契約（定期建物賃貸借、取壊し予定の賃貸借、一時使用目的の建物の賃貸借を除く）は、賃貸人と賃借人が合意して契約期間を６か月と定めても期間を定めていない契約とみなされる。

Q2　期間の定めのある賃貸借において、賃貸人が期間満了の１年前から６か月前までの間に、更新しない旨の通知を出すのを失念したときは、賃貸人に借地借家法第 28 条に定める正当事由がある場合でも、契約は期間満了により終了しない。

Q3 期間の定めのない建物賃貸借において、賃貸人が、解約の申入れをした場合で、その通知に借地借家法第28条に定める正当事由があるときは、解約の申入れから３か月を経過した日に、契約は終了する。

Q4 定期建物賃貸借契約は書面によって締結しなければ有効とはならないが、一時使用貸借契約は書面や電磁的記録ではなく口頭で契約しても有効となる。

Q5 Ａが所有する甲建物をＢに対して３年間賃貸する旨の契約をした。ＡＢ間の賃貸借契約が借地借家法第38条の定期建物賃貸借で、契約の更新がない旨を定めるものである場合、当該契約前にＡがＢに契約の更新がなく期間の満了により終了する旨を記載した書面または電磁的方法を交付して説明しなければ、契約の更新がない旨の約定は無効となる。

Q6 Ａは、Ａ所有の甲建物につきＢとの間で期間を10年とする借地借家法第38条第１項の定期建物賃貸借契約を締結し、Ｂは甲建物をさらにＣに転貸した。ＢがＡに無断で甲建物をＣに転貸した場合には、転貸のいかんにかかわらず、ＡはＡＢ間の賃貸借契約を解除することができる。

解答と解説

A1 ○　建物の賃貸借契約は１年未満とした場合、期間の定めがないものとなります。

A2 ○　通知をしなければ終了しません。

A3 ×　３か月ではなく６か月です。

A4 ○　定期建物賃貸借は書面または電磁的記録による契約、説明が必要です。

A5 ○　定期建物賃貸借契約はあらかじめ賃借人に対し、契約の更新がなく、期間満了により賃貸借が終了することについて、その旨を記載した書面または電磁的方法を交付して説明しなければなりません。

A6 ×　背信的行為と認めるに足りない特段の事情があるときは、解除することはできない場合があります。

18 借地借家法（借地）

▶▶▶ 建物所有のために土地を借りる人を保護するルールです

借地借家法において、借地と借家ではどのように出題のポイントが異なりますか？

借地は借家に比べて、やや内容的には複雑で理解しにくいところが多くなります。ただし、借主をどのように保護しているのかを考えながら学習することで、１問得点できる問題も多いです。過去問をベースとして、１つずつポイントを踏まえながら学習しましょう。

1 借地権とは

借地権とは、**建物所有を目的とする**地上権または土地の賃借権のことをいいます。

この場合、賃貸人を**借地権設定者**、賃借人を**借地権者**といいます。青空駐車場のように建物所有目的ではない場合には、民法が適用されます。

「建物所有を目的とする地上権および土地の賃借権」には、原則として借地借家法が適用されます。しかし、**一時使用目的**のための土地賃貸借契約であることが明らかな場合は適用されません。

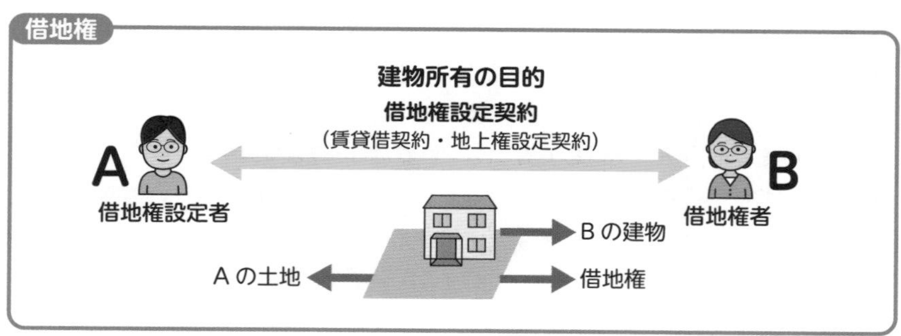

2 終了と更新

①借地権の期間

借地借家法では、建物を所有するために土地を利用するので、借主が長期間借りられるように特別なルールを設けています。長く借りられるように、最低でも借地権は**30年以上**でなければなりません。

もし借地権の期間を30年未満に設定した場合、その期間は**30年**になります。借地権の期間を定めなかった場合も30年となります。長いほど借主保護に資すると考えられており、最長の期間の制限はありません。

借地契約は当事者の合意があれば、契約を更新することができます。

さらに、次の場合には合意がなくても更新されます。

・期間が満了する際に借地権者が契約の更新を請求したときは、**建物がある場合に限り**、従前の契約と同じ条件で契約を**更新したものとみなされます**（請求による更新）
・借地契約の存続期間が満了した後、借地権者が土地の利用を継続するとき、**建物がある場合に限り**、従前の契約と同じ条件で**更新したものとみなされます**（法定更新）

この２つの場合でも、借地権設定者が遅滞なく**正当事由**ある異議を述べたときは、契約が更新されません。

②正当事由の内容

借地権設定者による正当事由とは、下記の事項ですが、どれか１つあればよいのではなく、総合的に判断することになります。

・当事者が土地を必要とする事情
・借地に関する従前の経過
・土地の利用状況
・財産上の給付の申出（要するに立退料）

③更新する場合の期間

合意によって契約を更新する場合、最初の更新では**20年以上**、２回目以降の更新では**10年以上**で設定することができます。合意更新は建物がなくても更新できます。

これより短い期間としても、１回目の更新は20年、２回目以降の更新では10年となります。

更新請求や土地の使用継続により更新（法定更新）された場合、更新後の借地権の期間は、**1回目の更新では20年、2回目以降の更新では10年となります。**

3 借地上の建物の滅失

借地権の存続期間が満了する前に建物が滅失した場合、借地権は消滅しません。この場合、借地権者は建物を再築することができますが、借地権設定者の承諾がある場合と承諾がない場合とでは扱いが異なることになります。

①再築について借地権設定者の承諾がある場合

借地権の期間が満了する前に建物が滅失し、借地権者が借地権の残存期間を超えて存続するような建物を築造した場合、借地権設定者の承諾があるときは、借地権は「承諾があった日」または「建物が再築された日」のいずれか早い日から20年間存続します。

承諾→再築の場合	「承諾があった日」から20年間存続
再築→承諾の場合	「建物が再築された日」から20年間存続

ただし、もともとの契約期間の残存期間がこれより長いとき、または当事者がこれより長い期間を定めたときも、その期間となります。

借地権者が再築の通知をした後、**2か月以内に借地権設定者が異議を述べなかったときは、承諾があったものとみなされることになっています。**

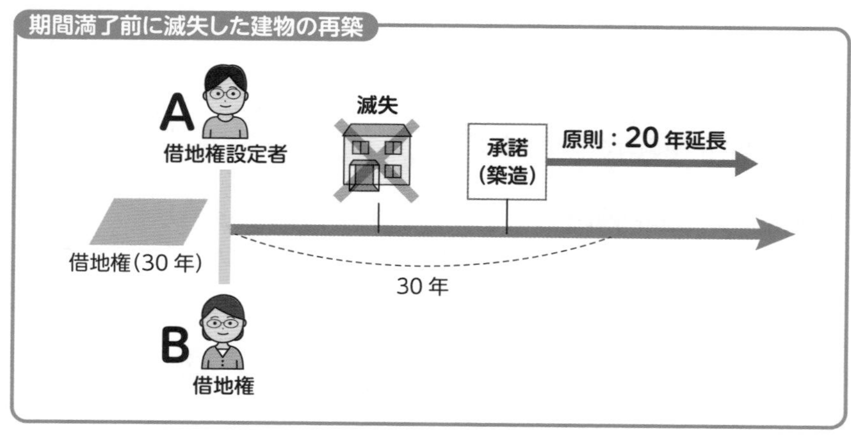

②再築について借地権設定者の承諾がない場合

契約は延長せず、当初の契約期間満了のときに終了しますが、その時点において更新が問題となります。

③更新後の滅失

(1)再築について借地権設定者(地主)の承諾がある場合

承諾を得て建物を再築した場合は、最初の契約期間中の滅失と同じ扱いになります。借地権は、「承諾があった日」または「建物が再築された日」のいずれか早い日から 20 年間存続します。ただし、みなし承諾の規定はありません。

(2)再築について借地権設定者の承諾がない場合

契約の更新後に建物が滅失し、借地権設定者の承諾を得ないで、借地権者が残存期間を超えて存続する建物を再築したときは、借地権設定者は、地上権の消滅の請求または土地の賃貸借の**解約の申入れをすることができます**。解約の申入れ等があると、**３か月経過後に、借地権は消滅します**。ただし、借地権者を保護するための再築を地主が認めない場合、借地権者は裁判所に申し立てることにより、地主の承諾に代わる裁判所の許可を受けることで再築による期間の延長が認められることがあります。

(3)再築しない場合

更新後に建物が滅失した場合、借地権者は、土地の賃貸借の解約の申入れをすることができます。解約の申入れ等があると、**３か月経過後に借地権は消滅**します。

4 借地権の対抗力

ＡがＢに建物所有目的で土地を賃貸し、借主ＢがＡから借りた土地の上に建物を建てたケースを考えます。その後、借地権設定者Ａが土地を第三者Ｃに売却した場合、借地権者Ｂは新しい所有者Ｃに借地権を対抗できるのでしょうか？

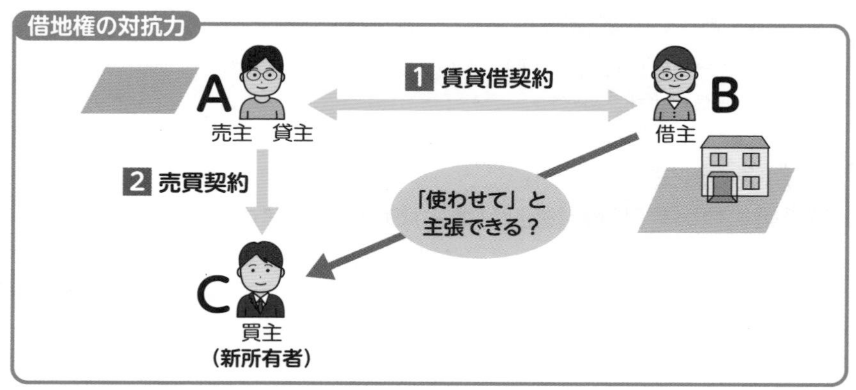

この場合、土地についての賃借権があれば対抗できます。しかし、土地の賃借権を登記してほしいという借主Ｂの要求に、通常であれば借地権設定者となるＡは応じてくれないことが多いです。そこで、借地借家法では、賃借権の登記がなくても「**土地の上に借地権者が本人名義の登記がある建物を所有するときは、第三者に対抗できる**」という特別ルールを定めています。なお、建物の表示の登記でもよいですが、子供名義などは不可であり、本人名義のみとなります。

また、借地権者名義の建物が滅失した場合でも、借地権者が土地上の見やすいところに①建物を特定するのに必要な事項、②滅失があった日、③建物を新たに築造する旨、を掲示すれば２年間に限り借地権を第三者に対抗できます。

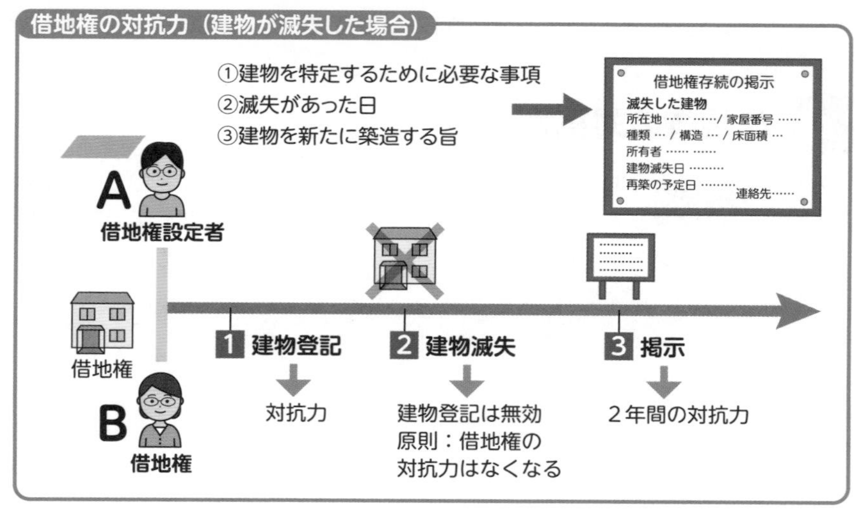

5 建物買取請求権

借地契約が終了する際に、借地権者は借地権設定者に対して建物を時価で買い取ってもらうように請求できる**建物買取請求権**を有しています。

借地権者が土地の賃料を支払わないなどの債務不履行により解除された場合には、建物買取請求権は認められません。約束を守らない人には、権利を与える必要がないからです。

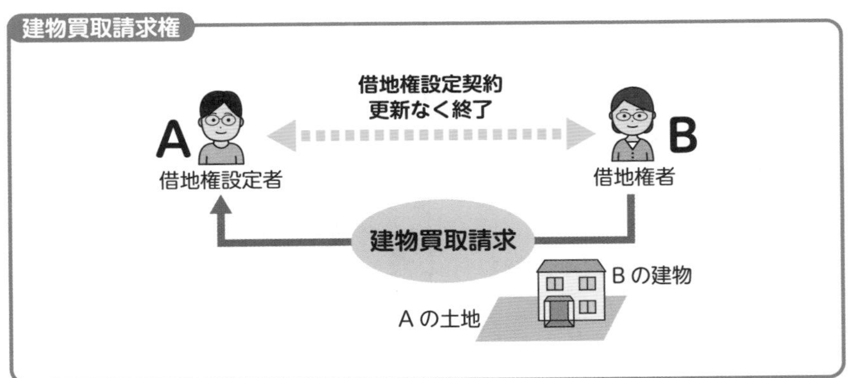

6 借地上の建物の譲渡

①承諾に代わる裁判所の許可

借地上の建物を借地権者Bが第三者Cに譲渡したとします。その際、建物は借地権者Bのものなので借地権設定者Aの承諾は不要です。しかし、土地は借りているものなので、建物を譲り受ける第三者Cが土地を使えなければ、建物を壊さなければいけなくなります。

そこで、借地権者Bは建物を譲渡する際に、土地の転貸または賃借権の譲渡の承諾を借地権設定者Aからもらうことになります。

その際に、もし借地権設定者Aの承諾が得られない場合、借地権者Bは裁判所に承諾に代わる裁判所の許可を求めることができます。**この制度は借地のみであり、借家にはありません。**

借地権者Bが借地上の建物を第三者Cに譲渡しようとする場合、転貸借または賃借権譲渡がされても借地権設定者Aに不利になるおそれがないにもかかわらず、Aが承諾をしないときは、**裁判所は、借地権者Bの申立てにより、借地権設定者Aの**

承諾に代わる許可を与えることができます。

また、**第三者が借地上の建物を取得した際に借地権設定者が賃借権の譲渡または転貸を承諾しないときは、第三者は借地権設定者に対して時価で建物買取請求権を行使することもできます。**

● **借地上の建物の譲渡と賃貸**

借地上の建物を「譲渡」する場合	原則として借地権設定者の承諾が必要
借地上の建物を「賃貸」する場合	借地権設定者の承諾は不要

なお、借地上の建物を賃貸して第三者に使用させるのは土地の利用券の譲渡・転貸にあたりません。土地と建物は別物の扱いだからです。

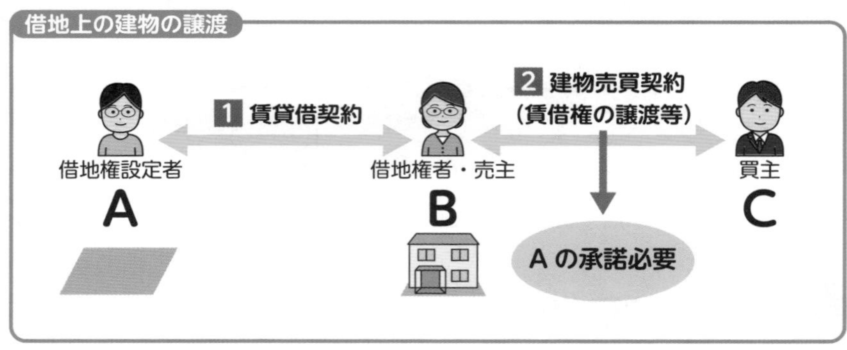

②競売

借地上の建物に設定された抵当権の実行により、競売が開始され、競落人Cが落札した場合、第三者Cが賃借権を取得し、または転借をしても賃借権設定者の不利になるおそれがないにもかかわらず借地権設定者が譲渡または転貸を承諾しないときは、**競落人の申立て**により、裁判所は借地権設定者の承諾に代わる許可を与えることができます。

承諾も裁判所の許可も得られない場合、第三者は時価で建物の買取りを請求することができます。

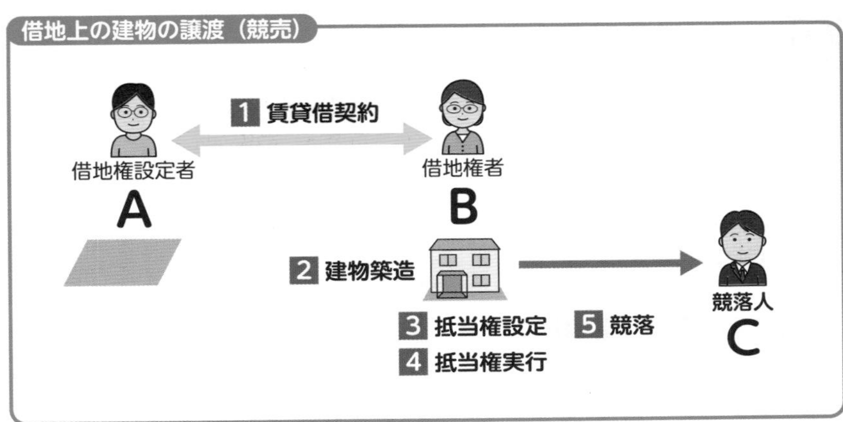

この場合に裁判所の許可を申し立てることができるのは、借地権者Bではなく競落人Cです。

● 裁判所の許可の申立権者の比較

	借地上の建物の譲渡	借地上の建物の競売
原則	借地権設定者の承諾	
例外（申立権者）	裁判所の許可	
	借地権者	競落人

7 借地契約の内容の変更

借地条件の変更につき当事者間に協議が調わないときは、裁判所は、**当事者の申立て**により、その借地条件を変更することができます。

また、土地の通常の利用上相当とすべき増改築につき当事者間で協議が調わないときは、裁判所は、**借地権者の申立て**により、その増改築についての借地権設定者の承諾に代わる許可を与えることができます。

8 賃料増減額請求

借地契約の場合にも、借家契約同様に賃料増減額請求の制度があります。

9 定期借地権等

定期借地権は、存続期間を**50年以上**と定めた借地権です。

公正証書等の書面または電磁的記録によらなければ、契約をすることができません（公正証書でなくてもよい）。また、特徴として「**契約の更新がない**」「**築造による存続期間の延長がない**」「**契約期間満了時の建物買取請求を認めない**」旨を定めることができます。

①建物譲渡特約付借地権

借地権を消滅させるため、設定後30年以上経った日に、その土地上の建物を借地権設定者に相当の対価で譲渡する旨を定めることができます。これを**建物譲渡特約付借地権**といいます。

この契約は書面による必要はありません。

②事業用定期借地権

事業用定期借地権とは、「専ら事業の用」に供する建物（居住の用に供するものを除く）の所有を目的とし、存続期間が10年以上50年未満とされる借地権です。法定更新や建物買取請求権などの規定は適用されません。この契約は公正証書によってしなければならず、電磁的記録に代えることはできません。

10 さまざまな賃貸借・借地権のまとめ

次の表にこれまで見てきた賃貸借・借地権に関する契約期間や目的等をまとめていますので、整理しておきましょう。なお、定期借地権の書面には電磁的記録を含みます。

● さまざまな賃貸借・借地権のまとめ

	期間	目的	法定更新	書面
賃貸借（民法）	上限50年	制限なし（居住用・事業用）	（推定）	不要
借地権	30年以上		あり	
定期借地権	50年以上		なし	必要
事業用定期借地権	10年以上 50年未満	（専ら）事業用のみ		公正証書限定
建物譲渡特約付借地権	30年以上	制限なし（居住用・事業用）		不要

また、一時使用目的の借地権もあります。一時使用目的の借地権とは、選挙事務所・仮設建築物等の臨時設備の設置やその他一時使用のために設定したことが明らかな借地権のことで、普通借地権および定期借地権等の規定は適用されません。

存続期間に具体的な規定はなく、短いことが認められる要素となりますが、存続期間を10年としたものが認められた判例もあるため、場合によります。

借地は借家より難しく感じると思いますが、過去に出題されたポイントからの出題が多いです。特に、特殊な借地権は、ひっかけ問題気味な問題も出題されます。

問題にチャレンジ ○か×で答えましょう

Q1 借地権の存続期間は、契約で25年と定めようと、35年と定めようと、いずれの場合も30年となる。

Q2 Aは、建物所有を目的として、Bが所有する土地を30年で賃借している場合、期間満了前に建物が滅失し、Aが再築しない場合、期間満了の際にAが契約の更新請求をしても、Bが異議を述べたときは、当該契約は更新されない。

Q3 借地権の当初の存続期間が満了し借地契約を更新する場合において、当事者間でその期間を更新の日から10年と定めたときは、その定めは効力を生じず、更新後の存続期間は更新の日から20年となる。

Q4 AとBとの間で、A所有の甲土地につき建物所有目的で賃貸借契約を締結した場合、Bは、甲土地につき借地権登記を備えていなくても、Bと同姓でかつ同居している未成年の長男名義で保存登記をした建物を甲土地上に所有していれば、甲土地の所有者が代わっても、甲土地の新所有者に対し借地権を対抗することができる。

解答と解説

A1 × 25年と定めた場合、30年になりますが、35年と定めた場合は35年となります。

A2 ○ 更新請求により更新されるには、建物がある場合に限ります。

A3 ○ 最初の更新は20年、その後の更新からは10年となります。

A4 × 自己名義で登記した建物でなければ対抗できません。

19 不法行為

▶▶▶ 他人に損害を与える行為を学びます

試験では、不法行為に関してどのようなポイントが問われますか？

近年は出題頻度も高いため、基本的内容は押さえておきたいテーマです。まれに判例の難しい問題が出題されることもあります。試験では「使用者責任」「工作物責任」「共同不法行為」に関する問題が頻出です。

1 不法行為とは

不法行為（ふほうこうい）とは、**故意**（こい）または**過失**（かしつ）によって他人に損害を与える行為をいいます。例えば、自動車で人をはねてケガを負わせるとか、石を投げて他人の家のガラスを割るというような行為のことです。

不法行為があった場合、被害者は加害者に対して損害賠償の請求ができます。

また、不法行為による損害賠償債務は、**損害発生のとき**から履行遅滞になります。一方、債務不履行の場合、履行遅滞となるのは、請求のときです。

● **履行遅滞（遅延利息の発生時期）**

	債務不履行	不法行為
遅滞	**履行の請求時**から遅滞となる （期限の定めのない債務の場合）	**不法行為時**から遅滞となる

不法行為による損害賠償請求権も、行使しないと消滅します。

被害者またはその法定代理人が損害および加害者を「**知ったときから３年**」までに行使しなければ、時効により消滅します。ただし、人の生命または身体の侵害による損害賠償請求権の場合は、損害および加害者を「**知ったときから５年**」になります。

または、**不法行為のときから 20 年**を経過したときも消滅します。

● 債権および不法行為の時効期間

	債権一般	不法行為
一般	・権利行使できると知った時から5年 ・権利行使できる時から10年	・損害及び加害者を知った時から3年 ・不法行為の時から20年
生命・身体の侵害損害賠償請求	・権利行使できると知った時から5年 ・権利行使できる時から20年	・損害及び加害者を知った時から5年 ・不法行為の時から20年

①不法行為によって生じた債権と相殺

次の債務は、加害者から被害者に対して相殺を主張することはできません。一方、被害者からの相殺は可能です。

・悪意による不法行為に基づく損害賠償の債務
・人の生命・身体の侵害による損害賠償の債務

● 不法行為等によって生じた債権を受働債権とする相殺の禁止

（詳しくは第23節「相殺」参照）

	人の生命・身体	物損
悪意（不法行為）	相殺禁止	相殺禁止
過失	相殺禁止	相殺できる

②損害賠償請求権の相続

被害者が即死した場合であっても、損害賠償請求権を相続人が承継します。また、被害者の父母や配偶者や子は精神上の苦痛に対し、損害賠償請求権を有します。

2 使用者責任

Cは、A不動産に勤めるBの媒介により土地を購入しました。しかし、従業員Bの虚偽の説明により、損害を受けてしまいました。被害者CはA不動産に対して損害賠償請求できるのでしょうか？

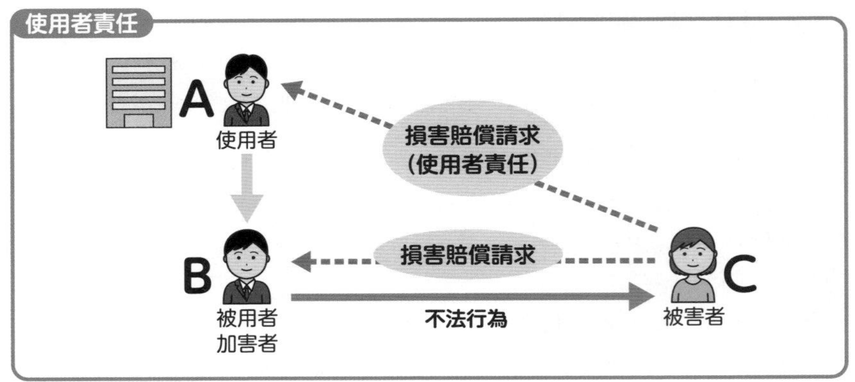

この場合、A不動産には、使用者責任が成立します。

使用者責任（しようしゃせきにん）とは、従業員が仕事上のミスで他人に損害を与えてしまった場合に、その事業主（使用者）が責任を負うことをいいます。よって、被害者CはA不動産に対して損害賠償請求ができます。

直接の加害者である従業員B（被用者）には、損害賠償をする十分な資力があるとは限りません。そこで、被害者の保護のために、使用者にも損害賠償の請求をすることができるとしています。

ただし、使用者が被用者の選任およびその**事業の監督について相当の注意をしていたとき等について、被害者は使用者に損害賠償請求はできません。**

以下が使用者責任のポイントとなります。

- 使用者は被用者が**事業の執行**につき第三者に加えた損害を賠償する責任を負います
- 使用者責任が成立するには、その前提として、**被用者に不法行為責任**が成立することが必要です
- 使用者責任が成立すれば、被害者は、被用者だけでなく**使用者**にも損害賠償を請求することができます
- 被害者に損害を賠償した使用者は、信義則上相当と認められる範囲で被用者に**求償**することができます（全額求償できるとは限りません）
- 被用者が賠償した場合も使用者に対して逆に求償できます（判例）

被用者に不法行為責任が成立するかどうかは、外見で判断しましょう。例えば「会社の車を運転していて事故を起こした」などです。

3 共同不法行為

共同不法行為(きょうどうふほうこうい)とは、数人が共同して他人に損害を与えたような場合に、連帯して損害を賠償する責任を負うことをいいます。

共同不法行為が成立した場合、加害者は、全額につき連帯して被害者に責任を負います。被害者は、加害者全員に対して全額を請求できます。連帯債務と同じように弁済等以外は、ほかの加害者に影響しません。

4 工作物責任

工作物責任(こうさくぶつせきにん)とは、建物等（土地の工作物）に瑕疵(かし)があったために第三者に損害を与えてしまったような場合です。

第１次的責任として、まず占有者が責任を負います。しかし、損害の発生を防止するのに必要な注意をしていた場合には、責任を免れます。

第２次的責任として、所有者が責任を負います。占有者が損害の発生を防止するのに必要な注意をしていたと証明したときは、所有者がたとえ損害の発生を防止するため必要な注意をしていたときでも責任を免れることはできません（**無過失責任**）。

なお、占有者または所有者は、損害の原因が工事業者の手抜き工事だったような場合、故意・過失を証明すれば**求償することができます**。

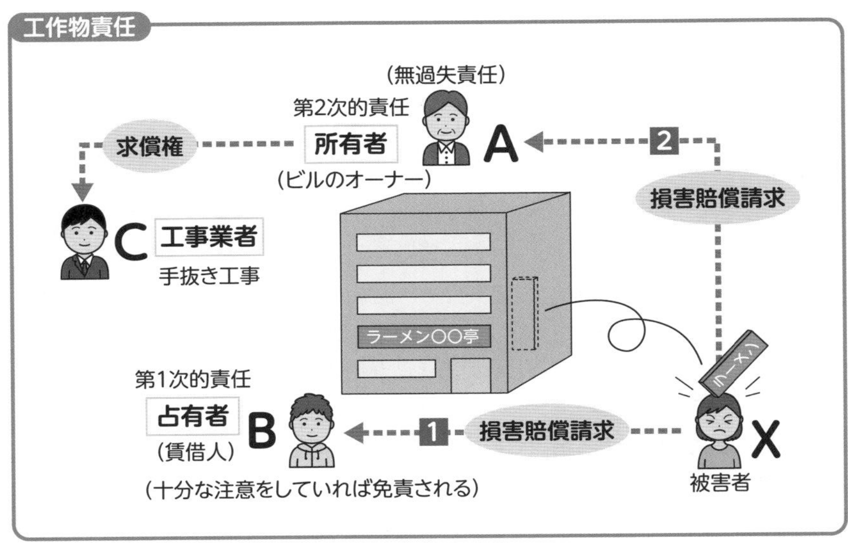

問題にチャレンジ ○か×で答えましょう

Q1 不法行為による損害賠償の支払債務は、催告を待たず、損害発生と同時に遅滞に陥るので、そのとき以降完済に至るまでの遅延損害金を支払わなければならない。

Q2 AがCに雇用されており、AがCの事業の執行につきBに加害行為を行った場合には、CがBに対する損害賠償責任を負うのであって、CはAに対して求償することもできない。

Q3 不法行為による損害賠償の請求権の消滅時効の期間は、権利を行使することができることとなったときから10年である。

Q4 Aの使用者責任が認められてCに対して損害を賠償した場合には、Aは被用者Bに対して求償することができるので、Bに資力があれば、最終的にはAはCに対して賠償した損害額の全額を常にBから回収することができる。

Q5 Bが営業時間中にA所有の自動車を運転して取引先に行く途中に前方不注意で人身事故を発生させても、Aに無断で自動車を運転していた場合、Aに使用者としての損害賠償責任は発生しない。

Q6 不法行為により物が毀損したことによる損害賠償の請求権の消滅時効の期間は、権利を行使することができることとなったときから10年である。

解答と解説

A1 ○ 不法行為による支払債務は損害発生と同時に履行遅滞に陥ることとなります。

A2 × 使用者責任がある場合は、使用者、加害者ともに損害賠償責任を負います。よって、CはAに対して求償することができます。

A3 × 不法行為による損害賠償請求権は、知ったときから3年、（生命身体の侵害による場合は5年）または不法行為時から20年経過すると時効消滅します。

A4 × 求償できる範囲は「信義則上相当と認められる限度内」とされています。よって、全額を常に回収できるわけではありません。

A5 × 外から見て職務中ととらえることができる場合、使用者責任が生じます。

A6 × 不法行為による損害賠償請求は、損害および加害者を知ったとき（行使できるとき）から3年で消滅します。

20 請 負

▶▶▶ **仕事を完成してもらって対価を支払う契約です**

「請負」は一般的によく目にしますが、どのような契約が該当するのでしょうか？　また、出題のポイントを教えてください。

請負契約とは、大工に建物を建設する依頼をするような場合をいいます。「仕事を頼まれた大工（請負人）は建物に欠陥があった場合どのような責任を負うのか」「注文者は依頼した後でキャンセルできるのか」といったポイントが出題されます。

1 請負契約

請負契約（うけおいけいやく）とは、**当事者の一方がある仕事を完成させることを約束し、他方がこれに対して報酬を支払うことを約束することによって成立する契約**のことです。

仕事を依頼する人を**注文者**、引き受けた人を**請負人**といいます。

請負契約

注文者（報酬支払義務）⇔ 請負契約 ⇔ 請負人（仕事完成義務・完成物引渡義務）

報酬支払義務と完成物引渡義務：同時履行

①請負人と注文者の義務

請負契約が成立することによって、注文者は報酬を支払う義務を負い、請負人は仕事を完成させて引き渡す義務を負います。

また、請負人の**仕事完成は先履行**となります。**同時履行の関係ではありません。**ただし、**完成物の引渡し**と**報酬の支払いは同時履行の関係にあります。**つまり、目的物を引き渡していない場合、報酬の支払いを拒むことができます。

②目的物の所有権

目的物の所有権は、材料の提供が「誰なのか」によって異なります。請負人が、材料の全部または主要部分を提供した場合は、完成した目的物はいったん請負人の所有物となります。

注文者が、材料の全部または主要部分を提供した場合は、特約がない限り、完成と同時に注文者に所有権が帰属します。

③請負人の契約不適合責任

請負契約の目的物が契約の内容に不適合（種類・品質・数量が契約の内容に適合しない）だった場合、注文者は、**履行の追完請求**、**契約の解除**、**報酬の減額請求**、**損害賠償の請求**をすることができます。

しかし、注文者が供した材料の性質または指示によって生じた不適合にまで責任追及をすることはできません。ただし、請負人がこれらを知りながら、告げなかったときは、注文者は、上記の４つについて請負人に責任追及できます。

注文者が契約の内容に不適合があることを**知ってから１年以内**にその旨を請負人に**通知**しないときは、注文者は、その不適合を理由として責任の追及をすることができなくなります。これとは別に消滅時効によりできなくなることもあります。

また、仕事の**完成前**であれば、注文者は、損害を賠償して請負契約を**解除**することができます。

注文者の責めに帰することができない事由により仕事を完成できなくなったり、仕事の完成前に解除された場合、請負人がすでにした仕事が可分であり、その給付によって注文者が利益を受けるときは、その部分を仕事の完成とみなし、請負人は注文者が受ける利益の割合に応じて報酬が請求可能です。

問題にチャレンジ ○か×で答えましょう

Q1 請負契約の目的物が種類または品質に関して契約の内容に適合せず、それが請負人の責めに帰すべき事由による場合、注文者は、請負人から損害の賠償を受けていなくとも、特別の事情がない限り、報酬全額を支払わなければならない。

Q2 請負人が種類または品質に関して契約の内容に適合しない仕事の目的物を注文者に引き渡した場合に担保責任を負わない旨の特約をしたときであっても、知りながら告げなかった事実については、その責任を免れることはできない。

Q3 請負人Ｂが仕事を完成しない間は、注文者Ａはいつでも Ｂに対して損害を賠償して本件契約を解除することができる。

解答と解説

A1 ×　請負契約の目的物に契約不適合がある場合、請負人に帰責事由があれば、注文者は、損害賠償の請求をすることができます。この場合、注文者の損害賠償請求権と請負人の報酬請求権との間には、同時履行の関係があります。具体的にいうと、注文者は、請負人から損害の賠償を受けるまでは、報酬全額の支払を拒むことができます。

A2 ○　請負人は、契約不適合担保責任を負わない旨の特約ができますが、知りながら告げなかった事実については、責任を免れることができません。

A3 ○　仕事を完成しない間であれば、注文者は、いつでも損害を賠償して契約の解除をすることができます。

21 委任

▶▶▶ **他人に法律行為の実行を依頼することです**

委任は試験で頻出のテーマなのでしょうか？

出題頻度はそれほど高くないですが、出題内容はワンパターンで得点しやすいです。まずは本書の内容をしっかり理解しましょう。

1 委任の意味

委任とは、他人に契約などの法律行為をすることをお願いすることです。頼む人を委任者、頼まれる人を受任者といいます。

なお、法律行為以外の事務処理を頼むことを準委任といい、委任に関する民法の規定がそのまま準用されます。契約書や委任状がなくても成立します。

2 受任者の権利義務

①受任者の義務

受任者の義務は、**報酬の有無にかかわらず**委任者の信頼に応えるために、善良なる管理者の注意をもって委任された事務を行うことです。この義務は、自己のためにするのと同じ注意義務ではありません。

受任者は、委任事務を行う際に受け取った金銭・物等を委任者に引き渡さなければなりません。また、委任者のために受任者の名前で取得した権利も移転しなければなりません。

受任者が委任事務を処理するにあたり、自分に過失がないのに損害を受けたときは委任者に対して損害賠償を請求できます。

②報告義務

委任者の請求があったときや委任が終了したときは、受任者は、委任事務に関する報告を委任者に対して行う必要があります。

③受任者の権利

(1)報酬請求権

特約がない限り、委任者に報酬を請求することができません。原則、無報酬です。

(2)費用

事務処理にかかる費用をあらかじめ委任者に請求することができます（費用前払請求権）。もし受任者が事務処理の費用を出していた場合、その費用と支払日以後の利息を委任者に請求することができます（費用償還請求権）。

(3)その他

受任者が委任者に引き渡すべき金銭を自分のために消費した場合には、その消費した日以後の利息を払わなければなりません。また、損害が発生した場合にはその賠償をしなければなりません。

3 復委任

受任者は、原則として、ほかの人に頼まれた委任事務をお願いすること（復委任）ができません。

ただし、委任者の承諾があったり、やむを得ない事由があるときに復受任者を選任することができます。

4 委任契約の終了

受任者は委任契約が終了した場合でも、急迫の事情があるときは、委任契約を継続しなければなりません。

委任契約の終了は、相手方に通知したとき、または相手方が知っていたときでなければ、その相手方に対抗することができません。

次ページの表のように委任者・受任者の死亡や破産手続開始の決定により委任契約は終了しますが、受任者が後見開始の審判を受けることによっても終了します。

逆に、委任者が後見開始の審判を受けても委任契約は終了しません。

委任契約は、各当事者が告知すればいつでも解除できます。ただし、相手にとって不利な時期に解除したり、委任者が受任者の利益をも目的とする委任を解除した場合、やむを得ない事情がある場合を除き、契約を解除した者が相手方の損害を賠償しなければなりません。

委任契約の解除の効果は、過去に遡及しません。将来に向かってのみ効果がなくなります。

● 委任契約が終了となる条件

	死亡	破産	後見開始	解除
委任者	終了する	終了する	**終了しない**	終了する
受任者	終了する	終了する	終了する	終了する

問題にチャレンジ ○か×で答えましょう

Q1 不動産のような高価な財産の売買を委任する場合には、委任状を交付しないと、委任契約は成立しない。

Q2 委任契約をする際、有償の合意をしない限り、報酬の請求をすることができないが、委任事務のために使った費用とその利息は、委任者に請求することができる。

Q3 受任者が当該物件の価格の調査など善良な管理者の注意義務を怠ったため、不動産売買について委任者に損害が生じたとしても、報酬の合意をしていない以上、委任者は受任者に対して賠償の請求をすることができない。

Q4 委任はいつでも解除することができるから、有償の合意があり、売買契約成立寸前に委任者が理由なく解除して受任者に不利益を与えたときでも、受任者は委任者に対して損害賠償を請求することはできない。

解答と解説

A1 ×　書面がなくても委任契約は成立します。

A2 ○　委任契約は無報酬が原則で、報酬は請求できません。しかし、委任事務のために使った費用とその利息は、委任者に請求することができます。

A3 ×　無報酬の場合でも、善良な管理者の注意義務が要求されるので、損害賠償請求することができます。

A4 ×　やむを得ない事由がなく、不利益を被っているので損害賠償請求が可能です。

22 債権譲渡

▶▶▶ 債権を他人に売買によって譲ることです

債権譲渡はイメージしづらいのですが、どのように理解すればよいでしょうか？

債権譲渡の例として、クレジットカードによる支払いがあげられます。お店が債権者で、クレジットカードで支払う人が債務者、クレジットカード会社が譲受人になるという身近な事例です。「債権譲受人の債権行使の条件」「債権が二重譲渡されたときの対抗要件」「債権譲渡制限の特約の知識」が債権譲渡に関する主なポイントです。

1 債権譲渡とは

債権譲渡（さいけんじょうと）とは、ある人に対する債権を他人に譲渡することです。AがBに100万円を貸しているケースにおいて、急に資金が必要となったため、債権者Aが譲受人Cに80万円で債権を買ってもらうような場合が該当します。そして、譲受人Cが債務者Bに債権を取り立てる権利を得ます。

また、将来発生する債権であっても、具体的に金額や発生原因を特定することができれば、債権譲渡を行うことができます。

債権譲渡

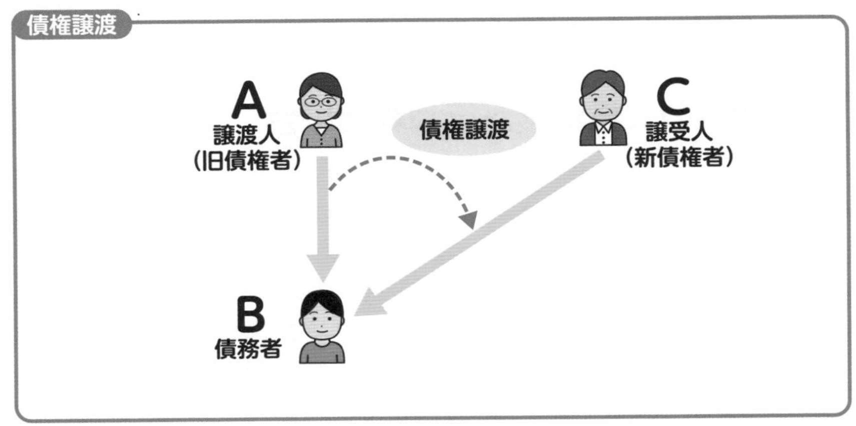

2 譲受人の債権行使の条件

債権を譲り受けたことを債務者に対して対抗するためには、債務者に対する**通知**または債務者の**承諾**が必要となります。

債務者に対する通知は、譲受人ではなく**譲渡人**が行います。

債務者の承諾は、譲渡人・譲受人のどちらに対して行ってもかまいません。

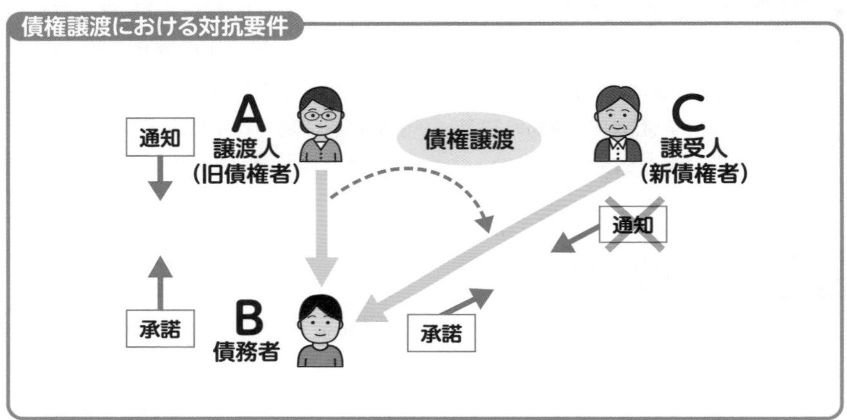

債権譲渡を譲渡人が債務者に通知しなければならないのは、もらった人（譲受人）が通知してきても、それが本当かどうか債務者にはわからないからです。債務者の承諾は、「払う人がよければどちらに対してでもよい」と考えましょう。

3 債権の二重譲渡が行われた場合

債権が二重に譲渡された場合は、**確定日付のある証書**による**債務者への通知・債務者の承諾の有無**で優劣を決めます。

①譲受人のどちらかが対抗要件を備えている場合

譲受人のどちらかが対抗要件を備えている場合は、**対抗要件**のある方が勝ちます。

二重譲渡における対抗要件は、**譲渡人から債務者への「確定日付のある通知」または「確定日付のある債務者の承諾」**です。

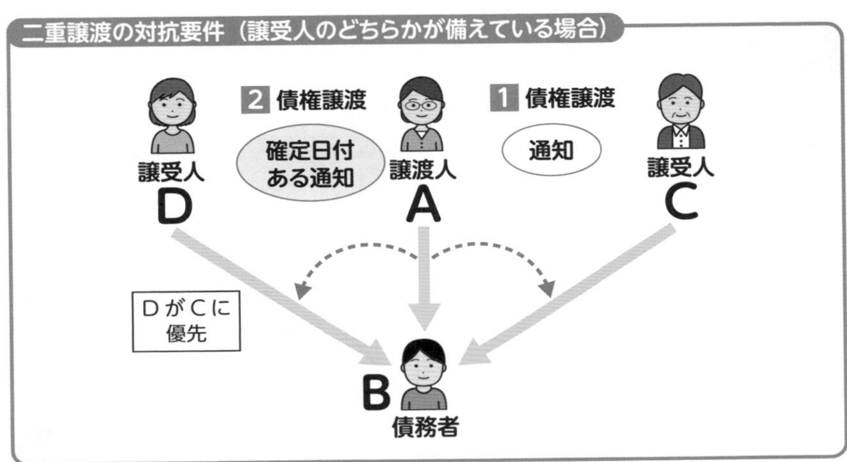

②譲受人がともに対抗要件を備えている場合

譲受人の両方が確定日付のある通知・承諾を備えている場合は、債務者に通知が到達した日時、または債務者が承諾した日時の先後によって決まります。

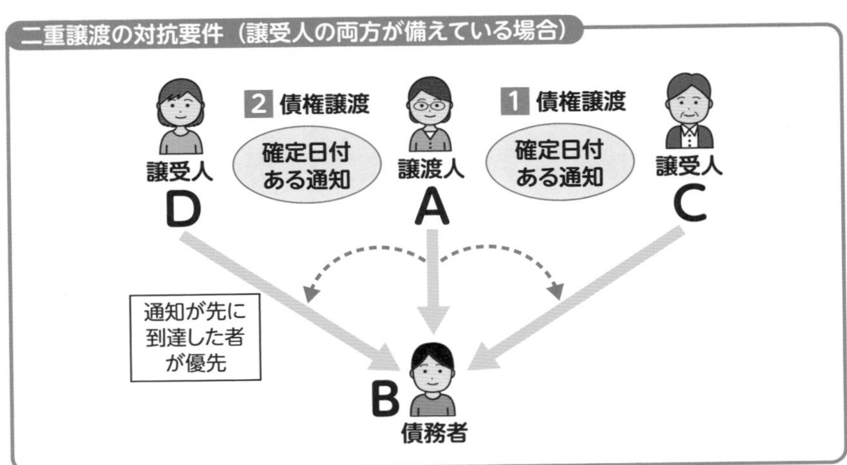

③確定日付のある通知が同時に到達した場合

確定日付のある通知が同時に債務者に到達した場合、または到達の日時の先後が不明である場合は、各譲受人は、それぞれ債権の全額について債務者に請求することができます。

4 譲渡制限の意思表示

債権者と債務者で、債権譲渡を禁止する特約を設けることは可能ですが、債権の譲渡を禁止・制限する旨の意思表示（**譲渡制限の意思表示**）をしたときであっても、債権の譲渡は有効となります。

ただし、その特約について、**悪意または重大な過失のある譲受人**・第三者（譲受人からさらに債権譲渡を受けた者など）に対しては、その債務の履行を拒むことや、譲渡人に対する弁済その他債務を消滅させる事由をもって第三者に対抗することができます。そして、譲渡人（旧債権者）は、譲渡制限特約違反について、債務不履行責任を追及される可能性があります。

債権譲渡は、本書の記載事項だけで勝負してください。できない問題があっても、合否を分けるような問題ではありません。

5 譲受人に対する相殺の主張

原則として、債務者は通知または承諾よりも前に反対債権を有していれば、譲受人に対して相殺を主張できます。

問題にチャレンジ ○か×で答えましょう

Q1 譲渡制限の意思表示がされた債権が譲渡された場合、当該債権譲渡の効力は妨げられないが、債務者は、その債権の全額に相当する金銭を供託することができる。

Q2 債権が譲渡された場合、その意思表示のときに債権が現に発生していないときは、譲受人は、その後に発生した債権を取得できない。

Q3 譲渡制限の意思表示がされた債権の譲受人が、その意思表示がされていたことを知っていたときは、債務者は、その債務の履行を拒むことができ、かつ、譲渡人に対する弁済その他の債務を消滅させる事由をもって譲受人に対抗することができる。

Q4 債権の譲渡は、譲渡人が債務者に通知し、または債務者が承諾をしなければ、債務者に対抗することができず、その譲渡の通知または承諾は、確定日付のある証書によってしなければ、債務者以外の第三者に対抗することができない。

解答と解説

A1 ○ 譲渡制限の意思表示（譲渡禁止特約）があっても、債権譲渡は有効です。また、債権の全額を供託し債務を逃れることができます。

A2 × 将来の債権であっても、債権譲渡することが可能です。この場合、債権が発生した時点で、その債権を取得します。

A3 ○ 譲受人が譲渡制限の意思表示について悪意または善意でも重過失がある場合、債務者は債務の履行を拒むことが可能です。また、譲渡人に対する債務消滅事由を譲受人に対抗することができます。

A4 ○ 債務者に対する対抗要件は、①譲渡人から債務者への通知、②債務者による承諾という２つの方法があります。これらのいずれかがあれば、債権の譲受人は債権譲渡を債務者に対抗することができます。さらに第三者に対抗するためには、確定日付のある証書で行う必要があります。

23 相殺

▶▶▶ 債権・債務を同額消滅させる意思表示です

相殺は、どの程度学習しておけばよいでしょうか？

出題頻度が低く難易度も高いため、深入りは避けましょう。ただし、保証、連帯保証、連帯債務等の項目で相殺が関係してくるため、相殺とはどのような制度なのかは、理解しておきましょう。

1 相殺とは

相殺（そうさい）とは、債権者と債務者が互いに同種の債権を持っている場合に、その債権と債務を対当額だけ消滅させる意思表示をいいます。そして、相殺する者が持っている債権を**自働債権**（じどうさいけん）、相殺される者が持っている債権を**受働債権**（じゅどうさいけん）といいます。

例えば、AがBに対して100万円を貸していたとします（100万円の貸金債権）。一方で、BはAに対して100万円の代金債権を持っています。

この場合、Aが実際にBに代金債務である100万円を支払ったうえで、Bから貸金債権100万円を返してもらう手続を踏むのは手間になります。チャラにする効果のある相殺を行えば一度で支払いと回収が行えます。

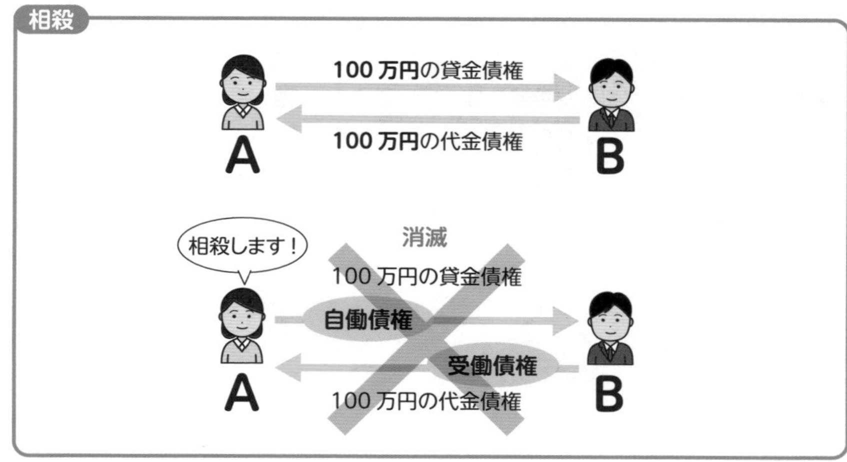

2 相殺の要件

①相殺適状

相殺をするには、相殺に適した状態にあることが必要です。このような状態を相殺適状（そうさいてきじょう）といい、次の要件が求められます。

(1)債権が有効に存在し、対立していること

債権が有効に存在し、対立関係にあることが必要です。ただし、自働債権が時効で消滅している場合であっても、消滅より前に相殺適状であった場合には相殺ができます。

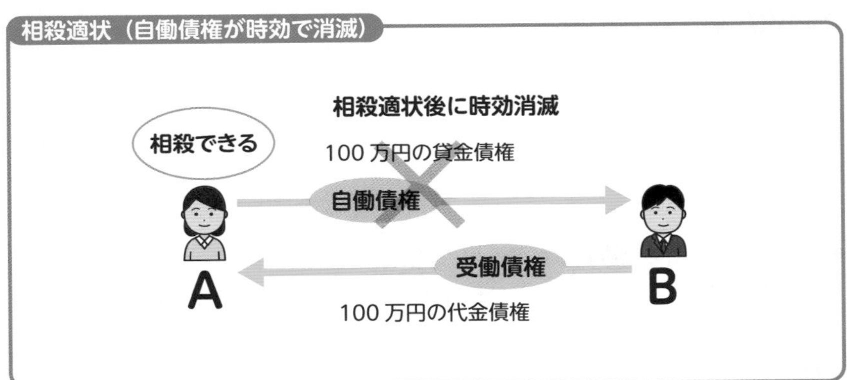

(2)双方の債権が同種の目的を有すること

双方の債権が同種の目的を有することが必要です。なお、履行地が同じである必要はありません。

(3)自働債権が弁済期にあること

自働債権が弁済期にあることが必要です。受働債権は必ずしも弁済期にある必要はありません。

自分の債権が弁済してもらえるなら、相手に払う債務はまだ期日が到来していなくてもチャラにすると言えます。

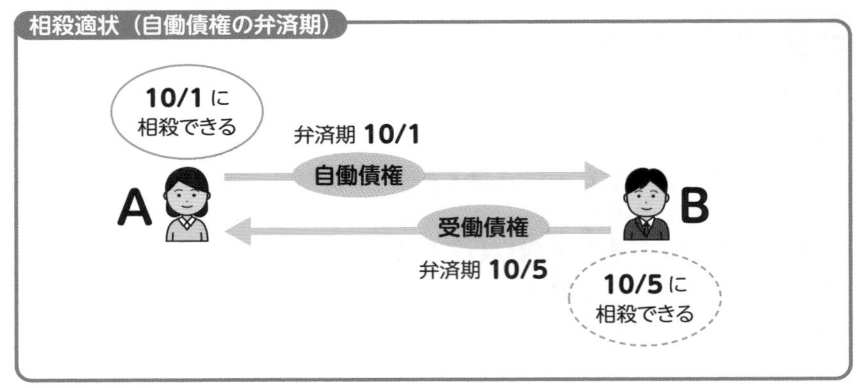

②相殺が禁止される場合

(1)当事者が相殺禁止・制限の特約をした場合

当事者が相殺禁止・制限の特約をした場合は、相殺が禁止されます。この特約は第三者が知り、または重大な過失によって知らなかったときに限り、その第三者に対抗することができます。

● 相殺禁止・制限の意思表示がある場合の扱い

第三者	債務者は、第三者に相殺を対抗できるか
悪意	債務者は、第三者に相殺を対抗できる
善意・重過失あり	
善意・軽過失あり	債務者は、第三者に相殺を対抗できない
善意・過失なし	

(2)受働債権が不法行為によって生じ、要件を満たすとき

受働債権が不法行為によって生じ、次のいずれかの要件を満たすときは相殺が禁止されます。

①悪意による不法行為に基づいた損害賠償の債務である場合
②人の生命または身体の侵害による損害賠償の債務である場合

①の場合、不法行為を招きかねないため、禁止されています。②の場合は、不法行為による被害者に対して現実的に救済する必要があるため、禁止されています。

● 不法行為等によって生じた債権を受働債権とする相殺の禁止

悪意／過失	人の生命・身体	物損
悪意（不法行為）	相殺禁止	相殺禁止
過失		相殺できる

(3)受働債権が差し押さえられたとき

受働債権が差し押さえられた後に取得した自働債権によって、相殺を主張することはできません。

差押えによって債権者が代わってしまったからと考えるとよいです。逆に差押え前に取得した債権であれば、相殺を主張できます。

(4)受働債権が差押禁止債権のとき

扶養料、俸給、扶助料、恩給等は、債権者に弁済しなければ意味がないため、相殺ができません。

3 相殺の方法・効果

①相殺の方法

相殺は、当事者の一方が相手方に対して意思表示をして行います。相殺の意思表示には、条件または期限を付けることはできません。

②相殺の効果

相殺の意思表示によって、双方の債務はその対当額において消滅します。

そして、相殺は**相殺適状になったときにさかのぼって生じます**。

相殺は頭が混乱してしまうところです。「チャラにする」と言った方が持っている債権を「自働債権」というのは、「自分から動くから」と覚えてみてください。

問題にチャレンジ ○か×で答えましょう

AがBに対して100万円の金銭債権、BがAに対して100万円の同種の債権を有する場合において下記の問題に答えてください。

Q1 Aの債権が時効によって消滅した後でも、時効完成前にBの債権と相殺適状にあれば、Aは、Bに対して相殺をすることができる。

Q2 Aの債権について弁済期の定めがなく、Aから履行の請求がないときは、Bは、Bの債権の弁済期が到来しても、相殺をすることができない。

Q3 Aの債権が、Bの悪意による不法行為によって発生したものであるときには、Bは、Bの債権をもって相殺をすることができない。

Q4 CがAの債権を差し押えた後、BがAに対する債権を取得したときは、Bは、相殺をもって債権者Cに対抗することはできない。

解答と解説

A1 ○ 時効消滅した債権でも、その消滅以前に相殺適状にあれば、これを自働債権として相殺することができます。

A2 × BのAに対する自働債権が弁済期が到来していれば、AのBに対する受働債権の弁済期が到来していなくても、相殺をすることができます。

A3 ○ 悪意による不法行為に基づく損害賠償債権を、受働債権として相殺することはできません。

A4 ○ 差押えを受けた第三債務者は、その後に取得した債権による相殺をもって差押債権者に対抗することができません。

24 相隣関係

▶▶▶ **隣り合う不動産をお互いに調整し合う関係です**

なじみがないのですが、相隣関係とはどのような関係でしょうか？

所有権は強い権利ですが、近隣の人々の迷惑にならないように、お互いが助け合って権利を実行しなければなりません。試験では、隣地の所有者とのルールが出題されます。毎年出題されるテーマではありませんが、過去問の出題は確認しておきましょう。

1 相隣関係とは

相隣関係（そうりんかんけい）とは、隣接する不動産の所有者または利用者が、お互いの利用について調整し合う関係のことをいいます。

隣地の竹木の枝が境界線を越えるときは、竹木の所有者に枝を切除させることができます。ただし、竹木の所有者に枝を切除するよう催告したにも関わらず、所有者が相当の期間内（おおむね２週間程度）に切除しないとき、所有者が行方不明のときや急迫の事情（建物修繕工事する等の事情）があるときは自分で切ってしまってもかまいません。

なお、隣地の竹木の根が境界線を越えるときは、根を切り取ることができます。

①公道に至るためのほかの土地の通行権

ある土地が、ほかの土地に囲まれて公道に通じないとき（袋地（ふくろち））、その土地の所有者は、公道に出るためにほかの土地を通行できます。

ただし、ほかの土地を通る際は、通行権者のために必要で、かつ、その土地を囲んでいるほかの土地のために最も損害の少ないものを選ぶ必要が

ほかの土地の通行権

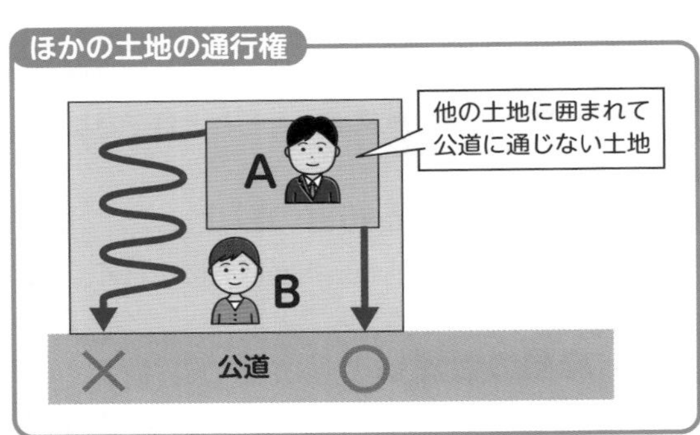

あり、通行地の損害に対して、**償金**を支払う必要があります。

土地の分割や譲渡したことによって袋地になった場合、その土地の所有者が公道に出るために通行できるのは、その分割者の所有地のみです。

土地の分割や譲渡により袋地となった場合、通行権者は償金を支払う必要はありません。

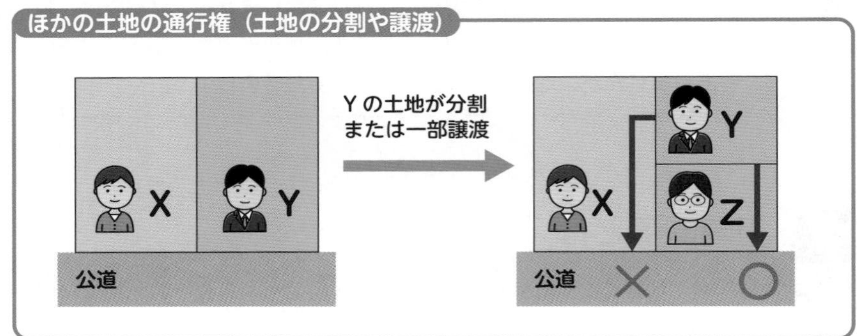

②隣地使用権

土地の所有者は、次に掲げる目的のために**必要な範囲内**で隣地を使用することができます。

- 境界またはその付近における障壁、建物その他の工作物の築造、収去または修繕
- 境界標の調査または境界に関する測量
- 民法第 233 条第 3 項の規定による越境した枝の切取り

ただし、隣地の**住家（建物）に立ち入る**場合は、必ずその承諾を得る必要があり、裁判をもって居住者の承諾に代えることはできません。

③自然水流に対する妨害の禁止

土地の所有者は、隣地から水が自然に流れてくるのを妨げてはなりません。

④窓、縁側の目隠し

境界線より**1 m未満の距離**において他人の宅地を見通すことのできる窓やベラン

ダなどを設ける者は、目隠しをつけなければなりません。

⑤境界標と測量

土地の所有者は、隣地の所有者と共同の費用で、境界標を設けることができます。境界標の設置費用などは、土地の広さに関係なく相隣者が等しい割合で負担します。

ただし、測量の費用は、土地の広狭に応じて負担します。

⑥ライフラインの設備の設置・使用権

電気・ガス・水道水の供給、電話・インターネットなどの電気通信の給付について、ほかの土地に設備を設置したり、他人が所有する設備を使用しなければ継続的に受けることができないときは、必要な範囲内において、ほかの土地に設備を設置し（設置権）、または他人が所有する設備を使用する（使用権）ことができます。

相隣関係の規定ですが、隣接していない土地についても、必要な範囲内で設備を設置することができます。ただし、設備の設置または使用の場所および方法は、損害が最も少ないものを選ぶ必要があります。

問題にチャレンジ　○か×で答えましょう

Q1 土地の所有者は、境界において障壁を修繕するために必要であれば、必要な範囲内で隣地を使用することができる。

Q2 複数の筆の他の土地に囲まれて公道に通じない土地の所有者は、公道に至るため、その土地を囲んでいる他の土地を自由に選んで通行することができる。

解答と解説

A1 ○　必要な範囲内で、隣地の使用ができます。

A2 ×　その土地を囲んでいる他の土地を自由に選んで通行できるわけではありません。

25 担保物権

▶▶▶ 債権回収を確実にするための権利です

抵当権や根抵当権以外に債権回収に関する規定はありますか？

借金のカタとしてこれまでに学んだ抵当権や根抵当権があります。これら以外にも債権回収のための規定がありますが、試験では合否を分けるような問題にはなりません。ただし、問題文に用語が出てきても理解できる程度には押さえておきましょう。

1 担保物権とは

担保物権（たんぽぶっけん）とは、債権者が債権を確実に回収するための権利のことをいいます。これから述べる代表的な担保物権を理解しておきましょう。

2 留置権

留置権（りゅうちけん）とは、債権の弁済を受けるまで「物」を留置できるという権利です。

建物を借りているときに修繕費などの必要費や有益費を支出した賃借人は、費用を返してもらうまで留置権により建物の明渡しを拒むことができますが、建物返還を拒否している間の家賃は支払わなければなりません。

なお、占有が不法行為によって始まったときや、債務不履行によって賃貸借が解除された場合、留置権は成立しません。

留置権が認められるもの	留置権が認められないもの
必要費・有益費	造作買取請求権

「債権者は全部の弁済を受けるまで留置することができる」「留置権は物上代位も登記もできない」「登記できないので目的物を占有していれば留置権を第三者に対抗できる」ことがポイントです。

3 先取特権

先取特権（さきどりとっけん）とは、債務者の財産から、ほかの債権者に先立ち債権の弁済を受けられるというものです。これは不動産に限らず、動産などでも可能です。目的物を換金して優先的に弁済を受けることができます。

先取特権が抵当権や質権と違うのは、契約ではなく一定事由に該当すれば、自動的に発生することです（法定担保物権）。

試験では、不動産賃貸の先取特権が重要です。

不動産賃貸の先取特権は、その不動産の賃料その他賃貸借関係から生じた賃借人の債務に関し、賃借人の動産について存在し、物上代位することで債権回収ができます。ただし、抵当権と同じように払戻しまたは引渡しの前に差し押さえしなければなりません。

4 質権

質権（しちけん）とは、**債権の担保として債務者などから受け取ったものを占有**し、そのものについてほかの債権者に先立って優先的に弁済を受けることのできる権利です。債権者は、債務者が弁済しない際は、目的物を換金して優先的に弁済を受けることができます。

試験では、不動産質権が重要です。不動産質権者は、質権の目的物を使用収益できます。また、管理費や固定資産税等を負担します。質権を第三者に対抗するには、登記が必要です。

担保物権については、「質権は抵当権と違ってお金を貸した方が目的物を使うのが原則である」「留置権が認められる・認められないもの」あたりを覚えておけば大丈夫でしょう。

26 民法その他

▶▶▶ **債権者代位権、詐害行為取消権、贈与を学びます**

贈与のイメージはわかりますが、債権者代位権、詐害行為取消権とは何でしょうか？

本来であれば、人の権利を行使することはできません。しかし、債務者が権利行使しなければ債権者が困るケースがあります。そこで、債権者が債権者代位権や詐害行為取消権により債務者の代わりに権利行使して、債権を保全する場合があります。試験ではマイナーなテーマですが、考え方だけでも押さえておきましょう。

1 債権者代位権とは

債権者は、債権を保全するため必要があるときは、債務者の権利を代わりに行使することができ、これを**債権者代位権**（さいけんしゃだいいけん）といいます。

例えば、AがBに2,000万円を貸していたケースを考えてみましょう。そして、債務者BがCへ3,000万貸していたとします。このCへの債権行使をしていない場合に、Bの債権者Aは自己の2,000万円の債権を回収するために、Bに代位してCに対して2,000万円を請求することができます。

①債権者代位権の要件

債権者代位権が成立するためには、次の要件を満たす必要があります。

①債権者が自己の債権を保全する必要がある
　債務者が無資力というように債務者が権利行使しなければ債権者が債権を回収できないという場合です。なお、登記請求権のような場合は、債務者が無資力でなくても代位権を行使できます
②債務者自ら権利を行使していない
③債権者の債権の弁済期が到来している
④債務者の一身専属権、差押禁止の権利ではない
⑤強制執行により実現することのできるものである

②代位行使の範囲

債権者が行使できるのは、自己の債権の限度額までです。

2 詐害行為取消権とは

詐害行為取消権(さがいこういとりけしけん)とは、債務者が債権者を害すると知っていて行った行為に関して、債権者がその行為を取り消し、逸失した財産の回復を図るという権利です。

①要件

詐害行為取消権が成立する要件は、債務者による「法律行為が行われたとき」と「取消権を行使するとき」について、どちらも債務者が**無資力**であることが必要です。

詐害行為のときに履行期まで到来している必要はありませんが、詐害行為の前に債権を取得している必要があります。

また、財産権を目的とした法律行為でなければなりません。婚姻や相続の承認・放棄といった財産権を目的としない法律行為は、取消しの対象とはなりません。

その他の要件として、「債務者と受益者の双方が債権者を害することを知っていること」「強制執行により実現することができるものであること」も必要な要件となります。

債権者代位権も詐害行為取消権も要件を完全に覚えるとすると大変です。利害関係人は本人に代わって権利行使できるというイメージを持っておきましょう。

②詐害行為の具体例

(1)弁済

ほかの債権者に損害を与えようという意思をもって弁済したような場合です。

(2)不動産の売却

不動産を売却することによって金銭に換えることができますが、金銭に換えることで隠蔽しやすくなり、詐害行為に該当する場合があります。

(3)抵当権の設定

債務者が支払不能のときに、受益者と通謀してほかの債権者を害する意図を持って行われた場合などは、詐害行為となります。

③取消しの範囲

債権者は、自己の債権の範囲で行為の取消しを請求できます。また、不動産の場合、詐害行為によってなされた登記である場合には、登記の抹消を請求することができます。

3 贈与とは

贈与とは、土地や建物などの財産を無償で相手に与えることです。

贈与において、**書面によらない贈与契約は解除することができます**。ただし、解除できるのは履行されていない部分においてのみです。

不動産の贈与の場合は、引渡しまたは登記の移転が行われると解除することができなくなります。これは「履行」に該当するためです。

①負担付贈与

負担付贈与とは、例えば「介護してくれたら、この土地と建物を贈与する」といった場合です。

負担付贈与において贈与を受ける者がその負担内容である義務を果たさないときは、贈与者は、贈与契約の解除をすることができます。

②定期贈与

例えば、毎月の生活費の援助のように定期的に行う贈与は、贈与者または受贈者の死亡により、その効力を失います。

③死因贈与

死因贈与とは、贈与をする者が死亡することによって効力が生ずるものです。遺贈と死因贈与の違いは、遺贈が「遺言」という単独で行われる行為であるのに対し、死因贈与は「契約」により複数の当事者が存在することにあります。

深入りせずにさらっと確認する程度でよいです。書面によらない贈与は有効ですが、撤回できるという点は押さえておきましょう。

第2章

宅建業法

概要

宅建業法では、顧客を保護するため宅建業者に対して免許制度や各種規制を設けています。重要事項の説明など宅建士の独占業務も学びます。住宅瑕疵担保履行法では、欠陥住宅から顧客を守るための保証金や保険制度を定めています。

試験のポイント

全50問中、宅建業法から19問、住宅瑕疵担保履行法から1問が出題されます。出題の4割を占めることから、最も重要な分野といえます。合格ラインは16〜18問ですが、確実に合格するには満点を目指しましょう。

1 宅地建物取引業とは

▶▶▶ 宅建業に必要な宅建業法の意義を学ぼう

宅建士試験は宅地建物取引業法（宅建業法）で定められていると思いますが、そもそも宅建業法はどのようなルールを定めているのでしょうか？

宅建業法では、不動産取引において取引の公正を確保し、消費者を保護するためのルールを定めています。不動産業には建物を建設する建設業、不動産を管理する管理業などさまざまな業務があり、それぞれにルールが定められています。

1 宅地建物取引業法の目的

法律には目的があり、例えば、借地借家法では「**借主を保護する**」という目的があります。では、**宅地建物取引業法**（以下、「**宅建業法**」とする）はどのような目的を持っているのでしょうか？

宅建業法は、不動産取引のルールを定めた法律です。通常、不動産取引には多額のお金がかかり、不正・不当な取引がなされると取引関係者の損害は大きなものとなります。

そのため、**宅建業法という法律をつくり、取引の公正を確保して消費者を保護するためのルールが下記のようにあるのです。**

宅建業法で定められているルール

開業準備手続	①事務所の設置、専任の宅建士の設置 ②免許を受ける ③保証金の供託・届出をする
業務の流れ（媒介・代理を受ける場合）	①依頼を受ける ②広告をする ③重要事項の説明 ④37 条書面交付 ⑤報酬を受領する
業務の流れ（自ら売主として一般消費者に売却する場合）	①広告をする ②重要事項の説明 ③37 条書面交付 ④自ら売主制限
違反等の措置	監督・罰則

2 宅地建物取引業法とは

高価な不動産を扱う仕事をする場合には、宅建業の免許が必要となります。ただ、ひと言で不動産業といってもさまざまな業務があります。例えば、家を建てるのは建設業に該当し、建設のみを業務とするのであれば、宅建業の免許は不要です。また、不動産の管理業では、多くの会社で宅建業の免許を取得していますが、管理はここでいう取引に該当しないため、本来免許は不要です。では、どのような商売を行う際に宅建業の免許が必要かを見ていきましょう。

①宅建業の免許が必要となる場合

「宅地または建物」の「取引」を「業（ぎょう）」として行う場合は、宅建業の免許が必要となります。そこで、免許の必要性の有無の判断をする場合には、これら３つの要素をすべて満たしているのかについて、検討する必要があります。以下、これらの用語を１つずつ確認していきます。

②宅地の意味

次の①～③のいずれかにあたれば、「宅地（たくち）」に該当します。

①現在建物が建っている土地
②建物を建てる目的で取引される土地
③用途地域内の土地

山林を山林のまま売買するのは山林屋であり、宅地には該当しないので免許不要となります。

用途地域とは、都市計画法でこれから建てるものの用途を決めた地域です。近い将来、宅地化する予定ですので、原則として、用途地域内の土地は「宅地」に該当します。ただし、将来的にも建物は建たないと想定される場所は、例外として宅地にはなりません。具体的には、現在、公園・広場・道路・水路・河川であるものです。

今(現在)、コー(公園) ヒー(広場) どうも(道路) すい(水路) ません(河川) とゴロ合わせで覚えてみましょう。

宅地と土地の違いに注意しましょう。あくまでも建物がある、または建物を建てる目的の土地を宅地というので、駐車場は宅地にはなりません。

ただし、**用途地域内**であれば、上記の例外を除いて現況や登記の地目にかかわらず宅地であるので、「用途地域内の駐車場」であれば、宅地に該当します。また、免許の要否について試験で問われた場合、「**宅地を扱わなければ免許は不要**」という点を理解しておきましょう。

③建物の意味

「建物」とは、住宅に限らず、事務所、倉庫等といった建造物一般を指します。倉庫やマンションの一室も独立した建物です。建物の共有持分も建物と考えるので、共有会員制のリゾートクラブ会員権（宿泊施設の所有権を**会員が共有**するもの）も建物となります。

④取引の意味

「取引」とは、次のいずれかの行為をいいます。

①売買・交換を自ら当事者となって行う（自ら貸借・転貸は取引に該当しない）
②売買・交換・貸借の**媒介**を行う
③売買・交換・貸借の**代理**を行う

自らが当事者となって行う貸借契約は、宅建業法の適用のある「取引」に該当しません。要するに、大家さん業に宅建業法の適用はないということです。世の中の個人の大家さんに「宅建業の免許を取るように」「宅建業法を守れ」というのは難しいからでしょう。**自らが**当事者となって**宅地または建物の貸借契約のみを行う**場合、宅建業の免許は**不要**となります。また、借りている物件を**転貸する場合にも免許は不要です**。

上記オーナーの物件を転貸、サブリース（家賃保証）している会社、建設業や不動産管理業等の不動産を扱う仕事の場合であっても、「取引」をしなければ宅建業の免許は不要です。現実の世界では、兼業として宅建業の免許を有している会社が多いのですが、試験では不要と覚えましょう。

⑤業の意味

「業」とは、①**不特定かつ多数人**に対して、②**反復継続**して取引をすることです。
「業」にあたる典型例として、「**分譲**」があります。分譲は分けて売ることです。

問題で「分譲」と出てくれば、業にあたると考えて問題ありません。ただし、「自社の従業員のみ」に分譲するときは、「業」にあたらず免許は不要となります。福利厚生の場合だと考えられるためです。

また、「業」にあたらない典型例として、「一括して売却」があります。一括して売却は免許不要のキーワードです。１回だけの売買で、反復継続していないため、業にあたらないからです。

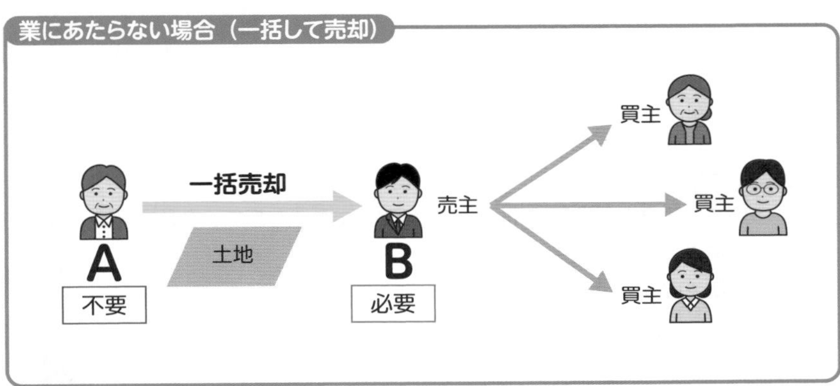

ただし、「一括して売却代理（媒介）を依頼」となれば、「業」にあたる可能性があります。例えば、代理で頼まれた人（会社）が分譲したら、依頼した人も分譲したことになるので「自ら売主」になるからです。

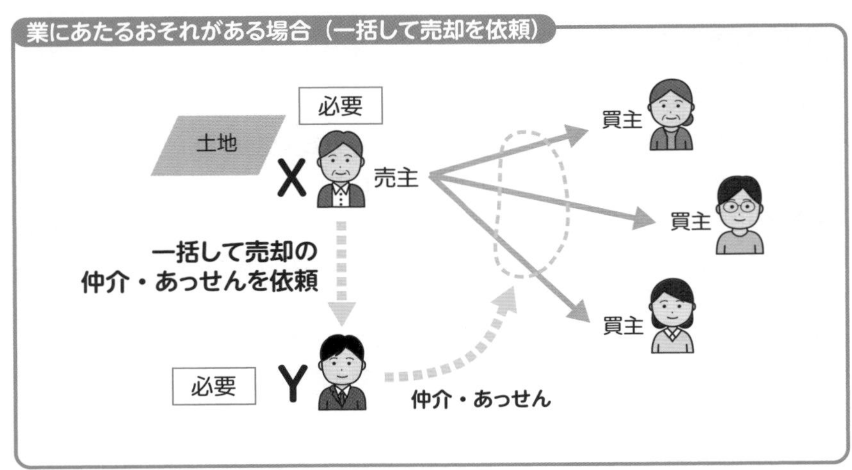

その他のポイントとしては、**破産管財人が換価を目的として裁判所の監督のもとに行う売却は、業にあたらず免許不要です**。ただし、その媒介・代理を行うものは免許必要となります。

⑥免許が不要となる者

宅地建物取引業を営むには、原則として免許を受けなければなりませんが、例外として、以下の①②の場合があります。

①一定の条件を満たす**信託会社・信託業務を兼営する金融機関等**
②国、地方公共団体（都道府県等）、地方住宅供給公社、都市再生機構

①について、免許は不要ですが、**免許以外の規定の適用はあります**。また、国土交通大臣に届出が必要です。

②について、宅建業法の規定は、一切適用されませんので、免許も不要であり、免許以外の規定も適用されません。

なお、農業協同組合は上記に含まれず、免許が必要です。

免許は、不動産業を営む会社や個人事業主に対して与えられるものです。みなさんが受験して合格を目指すのは、宅建士という「重要事項説明」等をするために必要となる資格であって、免許ではありません。

問題にチャレンジ　○か×で答えましょう

Q1 建物の敷地に供せられる土地は、都市計画法に規定する用途地域の内外を問わず宅地であるが、道路、公園、河川等の公共施設の用に供せられている土地は、用途地域内であれば宅地とされる。

Q2 他人の所有する複数の建物を借り上げ、その建物を自ら貸主として不特定多数の者に反復継続して転貸する場合は、免許が必要となるが、自ら所有する建物を貸借する場合は、免許を必要としない。

Q3 A社は賃貸マンションの管理業者であるが、複数の貸主から管理を委託されている物件について、入居者の募集、貸主を代理して行う賃貸借契約の締結、入居者からの苦情・要望の受付、入居者が退去した後の清掃などを行っている場合は免許は不要である。

Q4 地主Aが、都市計画法の用途地域内の所有地を、駐車場用地２区画、資材置場１区画、園芸用地３区画に分割したうえで、これらを別々に売却する場合、免許を受ける必要はない。

Q5 農地所有者が、その所有する農地を宅地に転用して売却しようとするときに、その販売代理の依頼を受ける農業協同組合は、これを業として営む場合であっても、免許を必要としない。

Q6 Aが、甲県住宅供給公社が行う一団の建物の分譲について、その媒介を業として行おうとする場合、Aは免許を受ける必要はない。

解答と解説

A1 ×　建物の敷地に供せられる土地は、「宅地」に該当します。また用途地域内の土地は、原則宅地に該当しますが、道路・公園・河川・広場・水路等は例外にあたり、用途地域内であっても「宅地」には該当しません。

A2 ×　「自ら所有する建物を貸借する場合」「借り上げた建物を自ら貸主として不特定多数の者に反復継続して転貸する場合」は免許不要です。自ら貸主、転貸借は、宅建業に該当しません。

A3 ×　「入居者からの苦情・要望の受付」や「入居者が退去した後の清掃」は、宅建業の取引にあたらないですが、「貸主を代理して行う賃貸借契約の締結」は、「取引」に該当します。したがって、A社は、宅建業の免許を受ける必要があります。

A4 ×　用途地域内の土地は、原則「宅地」にあたります。駐車場用地・資材置場・園芸用地も「宅地」となります。これらを区画に分割し、別々に売却する場合、宅建業に該当するため免許が必要となります。

A5 ×　宅地の売却の販売代理を「業」として行う行為は宅建業に該当し、農業協同組合は例外にも当たらないので、免許を受ける必要があります。

A6 ×　Aは、「媒介を業として行う」ので、宅建業にあたります。したがって、Aは免許を受ける必要があります（甲県住宅供給公社が分譲を行うのであれば、免許は不要です）。

2 事務所の設置（5点セット）

▶▶▶ 事務所設置に必要な5点セットを学びます

宅建業の免許を得るためには、まずは何をする必要がありますか？

免許を得るためには、まず事務所を決める必要があり、事務所には法律で定められた5点セットを必ず設置しなければいけません。ここでは、それを何のために置くのか、取扱いはどのようにすればよいかなどを学習していきます。暗記要素が強いですが、確実に得点できるようにしましょう。

1 事務所とは

開業するためには、まず事務所を設置しなければなりません。事務所の場所が決まらなければ免許の申請ができません。事務所には、本店、支店、宅建業に係る契約締結権限を有する使用人を置くもの（店長がいる営業所というイメージ）が該当します。

宅建業の**本店**は、宅建業を営んでいなくても、支店で宅建業を行っていれば事務所にあたります。これに対して、支店は**宅建業を営む支店**のみが事務所にあたります。支店で行われていることは、会社の中枢である本店にも影響があるということです。

事務所がどこにあるかによって、都道府県知事から免許をもらうのか、国土交通大臣からもらうのかが決まります。

事務所にあたるもの

本店　支店　宅建業に係る契約締結権限を有する使用人を置くもの

	パターン1	パターン2	パターン3
本店	○	○	×
支店	○	×	○
事務所にあたるか	本店も支店も事務所	本店のみ事務所	本店も支店も事務所

○：宅建業を営む　×：宅建業を営まない

「宅建業に係る契約締結権限を有する使用人を置くもの」とは、営業所のイメージです。本店が「本社ビル」、支店が「支社」、本店や支店の周りの駅にあるお店が「営業所」というイメージです。なお、後で出てくる「案内所」はモデルルームのイメージであり、宅建業法上の「事務所」ではありません。

2 事務所に備えなければならないもの

①5点セット

事務所を設置すれば、その事務所には5点セットを備えなければなりません。では、5点セットとは何なのでしょうか？

事務所には、事務所ごとに次の5つのものが必要です。

①標識　②報酬額の掲示　③帳簿
④従業者名簿　⑤一定数の成年者である専任の宅建士

(1)標識

標識（ひょうしき）とは、いわゆる業者票のことで、正式には宅地建物取引業者票といいます。なお、「標識」と「免許証」は別物です。免許証を掲示しても標識の掲示義務を果たしたことにはなりません。

標識の見本

宅地建物取引業者票	
免許証番号	東京都知事（4）第84〇〇1号
免許有効期限	令和2年9月3日から 令和7年9月2日まで
商号又は名称	株式会社ファーストエステート
代表者氏名	代表取締役　水野　健
この事務所に置かれている専任の宅地建物取引士の氏名	水野　健
主たる事務所の所在地	東京都千代田区六番町3－1 電話番号　03－〇〇〇〇－4044

(2)報酬額の掲示

報酬額の掲示をすることで、お客さまが手数料の見当をつけることができます。

つまり、「ボッタクリ防止」のために設置されます。

(3) 帳簿

帳簿（ちょうぼ）とは、取引のつど、その年月日、物件の所在、面積等を記載した取引台帳です。この帳簿は、各事業年度の末日に閉鎖して、閉鎖後5年間保存しなければなりません。そして、宅建業者が自ら売主となる新築住宅に関する帳簿については、各事業年度の末日に閉鎖して、閉鎖後10年間保存しなければなりません。

(4) 従業者名簿

従業者名簿には、従業者の①氏名（旧姓使用を希望する場合は、旧姓を併記できる）、②証明書番号、③生年月日、④主たる職務内容、⑤宅建士であるか否か、⑥当該事務所の従業者となった、および従業者でなくなった年月日を記載しなければなりません。従業者の住所の記載は不要です。

また、取引の関係者から請求があったときは、これを閲覧させなければなりません。この従業者名簿は、最終の記載をした日から10年間保存しなければなりません。

(5) 一定数の成年者である専任の宅地建物取引士

成年者である専任の宅建士とは、事務所に常勤する宅建業者の従業者である宅建士のことをいいます。

事務所には、業務に従事する者5名につき1名以上の割合で、成年者である専任の宅建士を置かないといけないとされています。この法定数を満たさなくなった場合、2週間以内に必要な措置をとらなければなりません。

なお、常勤の要件ですが、ITの活用等で適切な業務ができれば、宅建業者の事務所以外の場所（リモートワーク等）で勤務する場合も含みます。

②罰則

5点セットを備えない場合には、監督処分を受ける可能性があります。また、次のような罰則もあります。

違反	罰則
①標識の掲示義務違反、報酬額の掲示義務違反、帳簿の備付け義務違反、従業者名簿の備付け義務違反・虚偽記載等	宅建業者に対して50万円以下の罰金
②成年者である専任の宅建士の設置義務違反	宅建業者に対して100万円以下の罰金

③従業者証明書制度

宅地建物の取引に関してトラブルが生じた場合に備えて、宅建業者と従業者との関係は、相手方である一般の取引関係者に明らかであることが望ましいとされます。そこで宅建業法では、宅建業者の行う業務の適正な運営を図るために、宅建業者は、**従業者に従業者証明書の携帯をさせなければ、その者を業務に従事させてはならない**としました。これが**従業者証明書制度**（じゅうぎょうしゃしょうめいしょせいど）です。

従業者証明書には、従業者の氏名、生年月日、宅建業者の商号又は名称・免許証番号、主たる事務所の所在地、代表者の氏名等の記載が義務づけられており、また、従業者は取引の関係者の**請求**があったときは、その携帯する**従業者証明書**を提示しなければなりません。

従業者証明書と宅建士証は別物です。取引の関係者から従業者証明書の提示を請求された場合、宅建士証を提示しても従業者証明書を提示したことにはなりません。

従業者証明書は、会社の代表者、非常勤役員、アルバイト・パートなどの業務に従事する者に交付しなければ、業務に従事させることができません。これに違反すると罰則がありえます。それに対して、従業者証明書を取引の関係者から請求があったときに提示しなかった場合でも罰則はありません。

問題にチャレンジ ○か×で答えましょう

Q1 宅建業者は、その業務に関する各事務所の帳簿を一括して主たる事務所に、従業者名簿を各事務所に備えなければならない。

Q2 宅建業者は、その事務所ごとに、その業務に関する帳簿を備え、取引の関係者から請求があったときは、閲覧に供しなければならない。

Q3 宅建業者は、その事務所ごとに、公衆の見やすい場所に、免許証および国土交通省令で定める標識を掲げなければならない。

解答と解説

A1 × 帳簿も従業者名簿も各事務所に備えなければなりません。

A2 × 帳簿は閲覧させる義務はありません。

A3 × 標識は掲示義務がありますが、免許証の掲示義務はありません。

3 免許

▶▶▶ 開業に必要な免許が受けられない場合とは

宅建士の資格を取得すれば、宅建業者として開業することができるのでしょうか？

宅建業を営むには、免許権者から免許を受けなくてはなりません。免許は誰でももらえるわけではなく、欠格要件に該当すれば、もらえません。ここでは、免許を受ける条件や手続を学習しますが、混同しやすい言葉も出てくるので、しっかり区別しながら覚えていきましょう。

1 免許の基準（免許を受けられない者）

宅建業法では、お客さまを保護するために、「宅建業者としてふさわしくない者」には免許を与えないとしています。

免許を申請しても免許を受けることができない者は、次の場合に該当します。すでに免許を受けていた場合、免許は取り消されます。

①破産者で復権を得ない者

破産者は信用を失うため、免許不可となりますが、復権（信用を取り戻すこと）を得れば直ちに免許を受けることができます。５年待つ必要はありません。

②禁錮以上の刑に処せられ、「刑の執行を終わり」または「刑の執行を受けることがなくなった」日から５年を経過していない者

刑は、科料→拘留→罰金→禁錮→懲役→死刑の順に重くなります。したがって、禁錮以上の刑には、禁錮と懲役が該当します。

「刑の執行（しっこう）を終わり」とは、刑務所から出所することや罰金を払うことです。「刑の執行を受けることがなくなった」とは、刑が時効で消滅したり、執行の免除を受けたりすることです。また、禁錮刑は刑務所に収監され、懲役刑は収監され、さらに労役につくことです。

③罰金刑

罰金刑がすべて該当するわけではないので、罰金刑ときたら罪名を確認しましょう。次の罰金刑が該当します。

- 宅建業法違反
- 背任罪（会社を裏切ることです）
- 暴力的な罪（傷害罪、現場助勢罪、暴行罪、凶器準備集合罪など）

● 免許を受けることができない者

<table>
<tr><td>①</td><td>破産手続開始の決定を受けて復権を得ない者</td><td>⑭</td><td>⑬</td><td>⑫</td></tr>
<tr><td>②</td><td>禁錮以上の刑に処せられ、その刑の執行を終わり、又は刑の執行を受けることがなくなった日から５年を経過しない者</td><td rowspan="10">個人で政令で定める使用人に左記①～⑪のいずれかに該当する者がいる場合</td><td rowspan="10">法人でその役員又は政令で定める使用人のうち左記①～⑪のいずれかに該当する者がいる場合</td><td rowspan="10">営業に関し成年者と同一の行為能力を有しない未成年者で法定代理人が左記①～⑪のいずれかに該当する場合</td></tr>
<tr><td>③</td><td>宅建業法、暴力団員による不当な行為の防止等に関する法律に違反し、又は傷害罪、現場助勢罪、暴行罪、凶器準備集合罪、脅迫罪、背任罪、若しくは暴力行為等処罰に関する法律の罪を犯し、罰金の刑に処せられ、その刑の執行を終わり、又は執行を受けることがなくなった日から５年を経過しない者</td></tr>
<tr><td>④</td><td>暴力団員又は暴力団員でなくなった日から５年を経過しない者</td></tr>
<tr><td>⑤</td><td>免許の申請前５年以内に宅建業に関し不正又は著しく不当な行為をした者</td></tr>
<tr><td>⑥</td><td>宅建業に関し不正又は不誠実な行為をするおそれが明らかな者</td></tr>
<tr><td>⑦</td><td>心身の故障により宅建業を適正に営むことができない者として国土交通省令で定めるもの</td></tr>
<tr><td>⑧</td><td>宅建業法 66 条１項８号又は９号に該当するとして免許を取り消され、取消しの日から５年を経過しない者</td></tr>
<tr><td>⑨</td><td>宅建業法 66 条１項８号又は９号に該当するとして免許を取り消された者が法人である場合において、免許取消処分の聴聞の期日及び場所の公示日前 60 日以内に役員であった者で、取消しの日から５年を経過しない者</td></tr>
<tr><td>⑩</td><td>宅建業法 66 条１項８号又は９号に該当するとして免許取消処分の聴聞の期日及び場所が公示された日から、処分をするかどうかを決定するまでの間に解散・廃業の届出をした者（解散・廃業につき相当の理由がある者を除く）で、届出の日から５年を経過しない者</td></tr>
<tr><td>⑪</td><td>⑩の期間内に合併により消滅した法人又は解散・廃業の届出のあった法人（合併・解散・廃業につき相当の理由がある法人を除く）の聴聞の期日及び場所の公示日前 60 日以内に役員であった者で、その消滅又は解散・廃業の届出の日から５年を経過しない者</td></tr>
</table>

そのため、業務妨害罪や「過失〇〇罪」（例：業務上過失致死傷など）の罪で罰金の刑に処せられたとしても暴力的な罪ではないため、免許は受けられます。

さらに、執行猶予中だと免許は受けられませんが、執行猶予が満了した場合は、５年経過することなく直ちに免許を受けられます。執行猶予が満了すると刑の言渡しの効力がなくなるからです。

それから控訴中・上告中はまだ刑が確定しておらず、逆転無罪もありうるため免許を受けることができます。

④暴力団員または暴力団員でなくなった日から５年を経過しない者

暴力団員または暴力団員でなくなった日から５年を経過しない者は、免許を受けられません。

⑤申請する前５年以内に宅建業に関し不正または著しく不当な行為をした者

例えば、無免許営業で処分された者などが該当します。

⑥宅建業に関し、不正または不誠実な行為をするおそれが明らかな者

宅建業に関し、不正または不誠実な行為をするおそれが明らかな者は、免許を受けられません。

⑦心身の故障により宅建業を適正に営むことができない者として国土交通省令で定めるもの

心身の故障により宅建業を適正に営むことができない者として、国土交通省令で定めるものは、免許を受けられません。

⑧三大悪事で免許取消処分を受けて、取消しの日から５年を経過していない者

三大悪事とは、次のことをいい、該当すると必ず免許の取消しとなります。この業者三大悪事以外で取消処分になっても、５年間のペナルティーはないことに注意しましょう。

①不正手段で免許を取得

例としては、宅建士の名義借りなどで免許を取得することが該当します。

②業務停止処分事由に該当し、情状が特に重い

例としては、何度も広告違反を繰り返すことが該当します。

③業務停止処分に違反した

例としては、業務停止処分中にもかかわらず、業務を行うことが該当します。

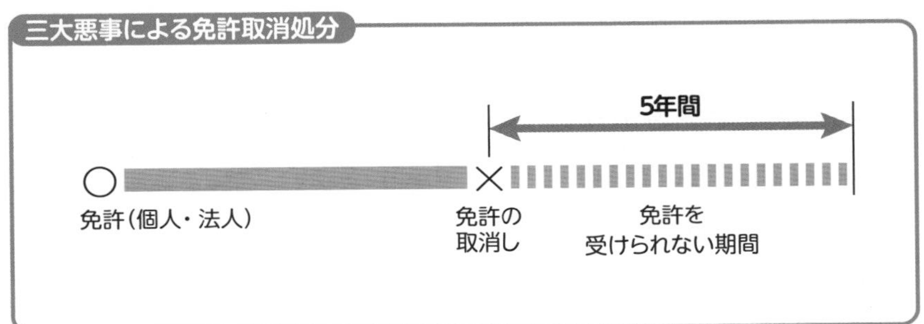

⑨法人が三大悪事で免許取消処分を受けた場合、その法人の聴聞の公示日からさかのぼって60日以内に役員であった者で、取消しの日から5年を経過していない者

役員には、取締役だけに限らず、法人に対して取締役と同等以上の支配力を有する者と認められる者（例えば相談役や顧問）も含まれます。注意点は、影響を受けるのは「役員」だけであり、「政令で定める使用人」や「専任の宅建士」は影響を受けないため、免許を受けることができるという点です。役員のように会社の業務執行をしているわけではなく、雇われているだけだからと考えましょう。

また、**法人が業務停止処分を受けても役員は影響を受けません**。あくまでも「免許取消処分」の場合のみです。

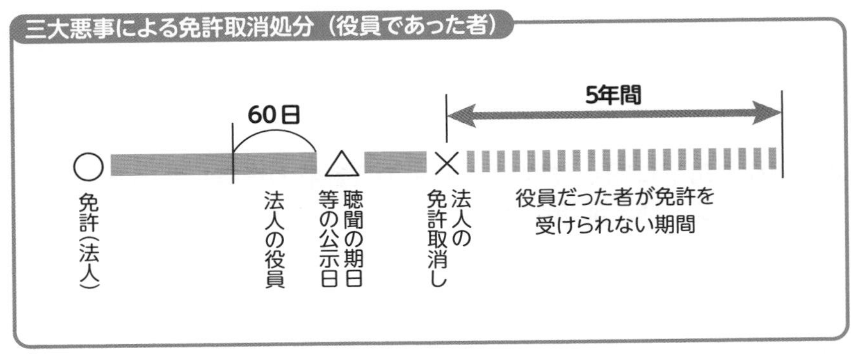

⑩三大悪事で免許取消処分の聴聞の公示日～処分決定の日までに相当の理由なく「解散」「廃業」の届出をし、届出の日から５年を経過していない者（合併や破産を除く）

合併や破産を除き、三大悪事で免許取消処分の聴聞の公示日から処分決定の日までに相当の理由なく「解散」「廃業」の届出をし、届出の日から５年を経過していない者は免許を受けられません。

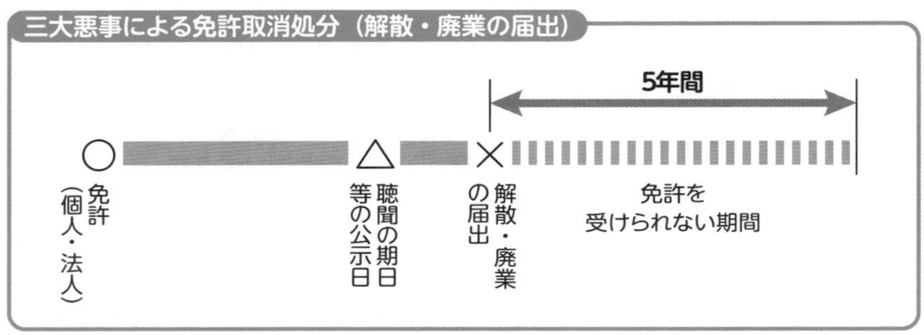

⑪法人が、上記⑩の届出または、相当の理由なく合併消滅した場合、その法人の聴聞の公示の日からさかのぼって60日以内に役員であった者で、かつ合併消滅または届出の日から５年を経過していない者

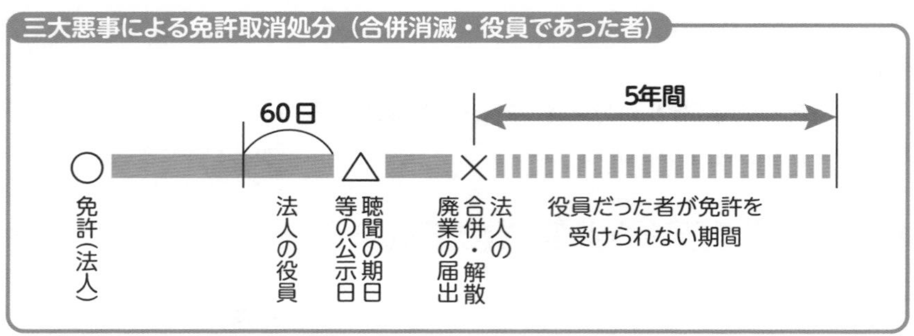

⑫宅建業の営業に関し「成年者と同一の行為能力を有しない未成年者」でその法定代理人が「免許が受けられない基準」に該当する場合

「成年者と同一の行為能力を有しない未成年者」とは、普通の未成年者です。その場合は、本人だけでなく法定代理人も審査されます。

⑬「役員」や「政令で定める使用人」が「免許が受けられない基準」に該当する場合

「政令で定める使用人」とは、支店長や営業所長などをいいます。次の図で、三大悪事での免許取消しに関する間違えやすい違いを区別できるようにしましょう。法人が三大悪事で免許取消の場合、役員はペナルティーとなり免許不可ですが、政令で定める使用人はペナルティーがなく免許可になります。

役員が免許不可または、政令で定める使用人に1人でも免許不可のペナルティー持ちがいる場合は、法人も免許不可となります。

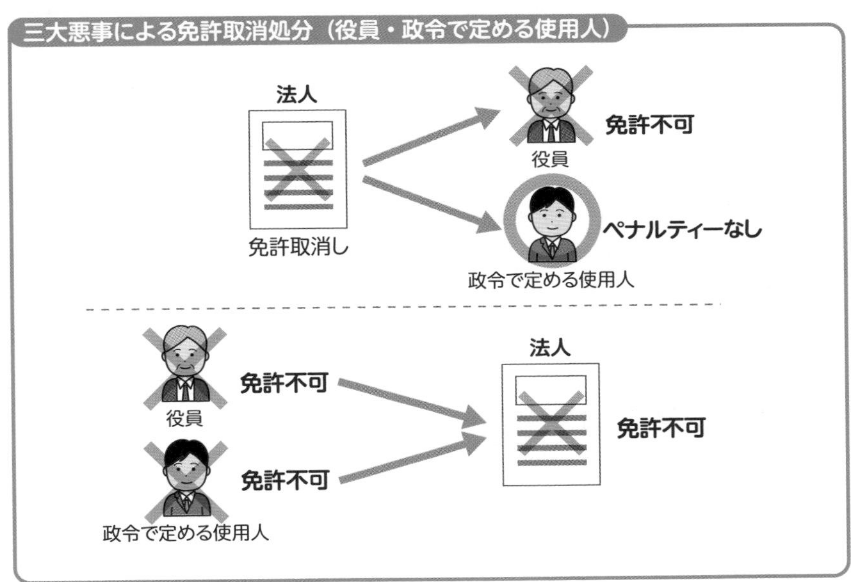

⑭暴力団員等がその事業活動を支配する者

暴力団員等がその事業活動を支配していると認められる法人は、免許を受けることができません。

会社が免許を取り消されたときに、5年間免許が受けられなくなるのは、三大悪事での取消しだけです。例えば、1年間業務をやらなかった際には必ず取消しになりますが、再免許を受けるために5年待つ必要はありません。

問題にチャレンジ ○か×で答えましょう

Q1 法人Aの役員のうちに、破産手続開始の決定がなされた後、復権を得てから5年を経過しない者がいる場合、Aは、免許を受けることができない。

Q2 宅建業者C社の非常勤役員が､刑法第208条の2（凶器準備集合及び結集）の罪により罰金の刑に処せられたとしても、C社の免許は取り消されることはない。

Q3 法人の役員のうちに刑法第159条（私文書偽造等）の罪を犯したことにより、罰金の刑に処せられている者がいる場合は、免許を受けることができないが、刑の執行後5年を経過すれば、免許を受けることができる。

Q4 A社は、不正の手段により免許を取得したことによる免許の取消処分に係る聴聞の期日および場所が公示された日から当該処分がなされるまでの間に、合併により消滅したが、合併に相当の理由がなかった。この場合においては、当該公示の日の50日前にA社の取締役を退任したBは、当該消滅の日から5年を経過しなければ、免許を受けることができない。

Q5 未成年者Aが営業に関し、成年者と同一の行為能力がなく、かつ、その法定代理人Bが、刑法第247条の罪（背任罪）を犯し、罰金の刑に処せられ、その刑の執行を終わった日から5年を経過していない場合、宅地建物取引業の免許を受けることができる。

Q6 H社の取締役Iが、暴力団員による不当な行為の防止等に関する法律に規定する暴力団員に該当することが判明し、宅建業法第66条第1項第3号の規定に該当することにより、H社の免許は取り消された。その後、Iは退任したが、当該取消しの日から5年を経過しなければ、H社は免許を受けることができない。

解答と解説

A1 × 破産手続開始の決定を受けても、復権を得れば、直ちに免許を受けることができます。5年の経過を待つ必要はありません。

A2 × 非常勤役員も、欠格要件の対象者です。また、凶器準備集合・結集罪で罰金刑なので、欠格事由に該当します。したがって、C社の免許は、取り消されることになります。

A3 × 私文書偽造罪で罰金刑（禁錮以上ではない）に処せられたとしても、免許の欠格要件にはあたりません。したがって、その役員がいたとしても、免許を受けることができます。

A4 ○　不正手段で免許を取得したとして、免許取消処分に係る聴聞の期日および場所が公示された後、処分がなされるまでの間に合併により消滅した場合、消滅した法人の公示の日前60日以内に役員であった者は、法人の消滅から５年を経過しなければ、免許を受けることができません。

A5 ×　営業に関し成年者と同一の行為能力を有しない未成年者が宅建業の免許を受けようとするときは、その法定代理人が欠格要件に該当していないかどうかをチェックします。背任罪で罰金刑は欠格事由に該当するので、Aは免許を受けることができません。

A6 ×　暴力団員であることは、免許の欠格要件に該当します。しかし、欠格事由であるＩが退任した後であれば５年を経過しなくてもＨ社は免許を受けることができます。

2 免許証

①免許証の交付

免許権者は、免許の申請があったときは、宅建業者に免許証を交付します。その際、免許権者は免許に条件を付すことができます。これは自動車免許にも「メガネ等」と条件があるのと同じイメージです。

また、免許更新の際も同様に条件を付すことができます。

宅地建物取引業者免許証の見本

宅地建物取引業者免許証

商号又は名称　株式会社　ファーストエステート
代表者氏名　水野　健
主たる事務所　東京都千代田区六番町３－１
免許証番号　東京都知事（４）第８４８８１号
有効期間　令和2年9月3日 から 令和7年9月2日 まで

宅地建物取引業法第３条第１項の規定により、宅地建物取引業者の免許を与えたことを証する。

令和2年9月2日
東京都知事

見　本

②免許証の再交付

免許証をなくしたり、汚損または破損したときは、遅滞なく免許権者に再交付の申請をしなければなりません。

③免許証の返納

以下の場合、宅建業者は「有効期限が残っている免許証」を遅滞なく免許権者に返納しなければなりません。

- 免許換えにより従前の免許が効力を失ったとき
- なくした免許証を発見したとき
- 廃業等の届出をするとき
- 免許取消処分を受けたとき

免許の有効期間が満了した場合は、返納する必要はありません。それに対し、**宅建士証は、有効期間が満了した場合でも返納する必要があります**。

免許証は掲示する必要はありません。掲示が必要なのは標識です。免許証は１枚しかないため、事務所ごとに置くことはできないからです。

3 変更の届出

①宅地建物取引業者名簿

取引をしようとする宅建業者がどんな会社か調べたいときに、免許権者のところに行けば**宅地建物取引業者名簿**が一般の閲覧に供されています。

免許権者は、免許を与えた場合は、この宅建業者名簿に、その宅建業者に関する一定の事項を登録しなければなりません。この名簿は「国土交通省」や「各都道府県」に備えてあります。

(1)名簿記載事項

名簿の記載事項は次ページ表の通りです。④⑤⑥について、**個人の住所**は記載しない点に注意しましょう。なお、都道府県知事は自己が免許を与えた宅建業者のほかに、その都道府県内に本店を有する国土交通大臣免許を受けた業者についても名簿に記載しなければなりません。

● 宅建業者名簿への記載事項

名簿記載事項	変更時の届出
①免許証番号および免許の年月日	変わらないので変更不要
②商号または名称	必要
③事務所の名称および所在地	
④個人業者の氏名、法人の役員の氏名	
⑤政令で定める使用人の氏名	
⑥事務所ごとに置かれる専任の宅建士の氏名	
⑦他に事業を行っている場合は、その事業の種類	変わっても宅建業に関係なく届出不要
⑧指示処分または業務停止処分があるときはその「年月日」「内容」	免許権者が記載するため業者による変更の必要なし

(2)変更の届出が必要となる場合

宅建業者名簿に記載されている内容のうち、次の事項に変更があれば、「30日以内に」「免許権者に」変更の届出をしなければなりません。

①商号または名称
②事務所の名称および所在地
③個人業者の氏名、法人の役員の氏名（結婚して名字が変わった場合も変更が必要）
④政令で定める使用人の氏名
⑤事務所ごとに置かれる専任の宅建士の氏名

ここでいう役員とは、「常勤」「非常勤」に関係なく取締役、監査役も含まれます。

個人の住所は記載されていないことから、代表取締役の住所が変更しても届出不要となります。

(3)届出先

届出先は、免許権者（免許を受けている国土交通大臣または都道府県知事）です。

都道府県知事の免許を受けている場合は、直接、知事に届け出ます。

国土交通大臣の免許を受けている場合は、主たる事務所の所在地を管轄する知事を経由して届け出ます。

変更の届出が必要か否かの問題は、業者名簿に載っているかどうかを考えると効率的です。例えば問題で、「有限会社」から「株式会社」に組織変更したときに、変更届が必要か否かを問われた場合、「組織変更をするときに届出が必要」と覚えるのではなく、「会社名が『有限会社』から『株式会社』に変わっているから（名称が変わるから）必要だ」と判断できるとよいでしょう。

4 免許の申請

事務所を設置し準備を整え、営業を始めようとしたときに、免許を受けていなければ、宅建業の業務はできません。例えば、免許申請中に広告をすることもできません。また、宅建業者は自己の名義をもって、他人に宅建業を営ませてはいけません。

免許の申請先

① 1つの都道府県に事務所を設置する場合

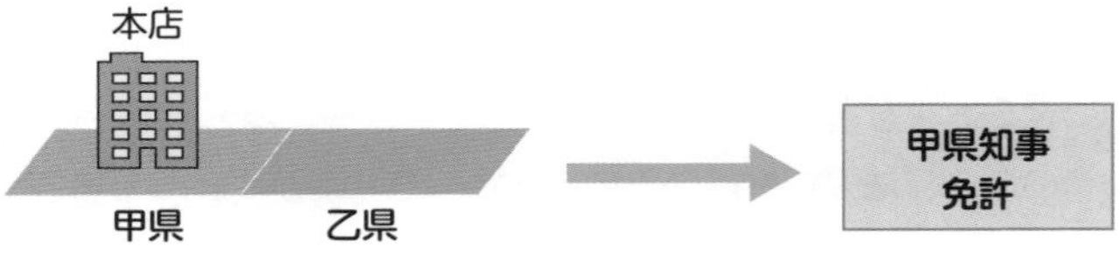

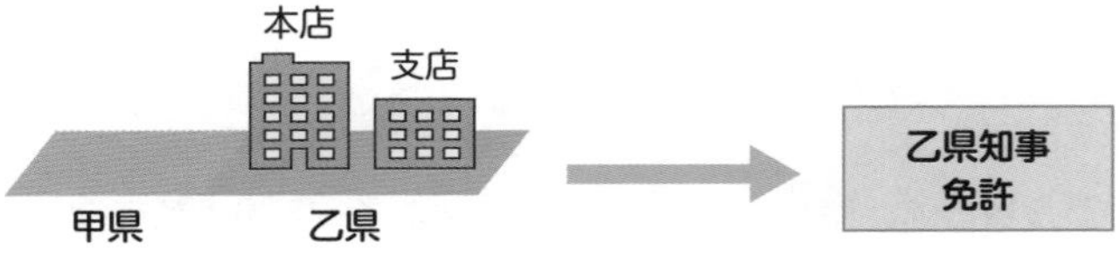

②複数の都道府県に事務所を設置する場合

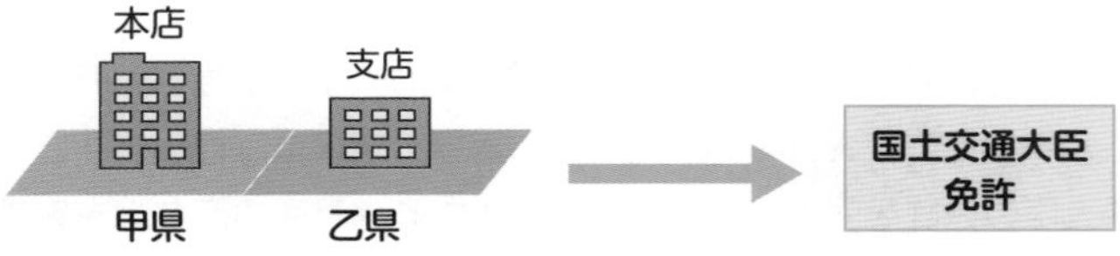

①免許の申請先

免許の申請先ですが、次の条件が適用されます。

・１つの都道府県に事務所を設置する場合は、その都道府県知事の免許が必要です。

・複数の都道府県に事務所を設置する場合は、国土交通大臣の免許が必要です。

②免許の申請手続

免許の申請手続として、都道府県知事の免許を受けるときはその知事に直接、申請します。また、国土交通大臣の免許を受けるときは、主たる事務所の所在地を管轄する都道府県知事を経由して申請します。

③免許の有効期間・効力の範囲

効力の範囲は、都道府県知事免許・大臣免許どちらであっても日本全国です。つまり、免許があれば日本全国で宅建業ができます。免許の有効期間は５年です。そして５年ごとに更新が必要となります。

免許の更新申請は有効期間満了の日の 90 日前から 30 日前までに行います。この期間に更新申請を行ったにもかかわらず、満了日までに更新されない場合、新たな免許について処分があるまで従前の免許の効力が存続します。

この場合、更新となったときは、新たな免許の有効期間は、従前の免許の有効期間満了の日の翌日からさかのぼって起算します。

免許の更新申請を行うタイミングは、
更新(コッ) 90 日(ク) 30 日(さん) と覚えてください。

5 免許換え

事務所を「廃止」「移転」「新設」したりすることによって、今までの免許が不適当になる場合は、どのような手続が必要になるのでしょうか？

①免許換えの手続

(1)国土交通大臣免許への免許換えの場合

複数の都道府県に事務所を設置することになり、国土交通大臣免許への免許換えを行う場合は、主たる事務所の所在地を管轄する都道府県知事を経由して国土交通大臣へ申請します。

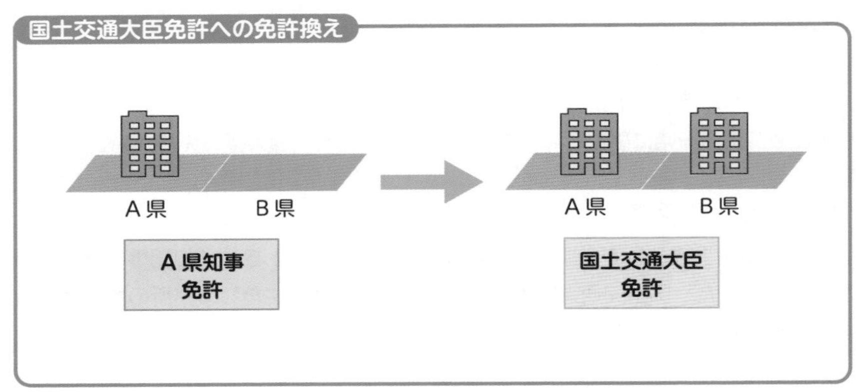

(2) 都道府県知事免許への免許換えの場合

事務所を整理して単一の都道府県へ集約することになり、都道府県知事免許への免許換えを行う場合は、新たに免許権者となる都道府県知事へ直接、申請します。

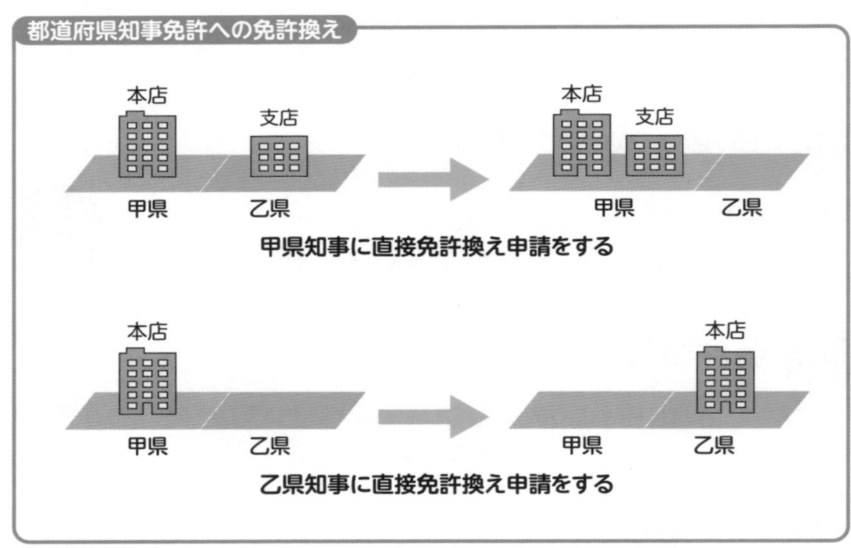

いずれにしても、旧免許権者には免許換え後の免許権者から通知が行くため、宅建業者からは廃業の届出等をする必要はありません。

整理すると、次のようになります。

● **免許換えにより都道府県知事免許を受けることになる場合**

(a) 新たに免許権者となる都道府県知事に対して直接申請する

(b) 申請を受けた都道府県知事が免許をした場合、当該都道府県知事は、遅滞なく、従前の免許権者に通知する

● **免許換えにより国土交通大臣免許を受けることになる場合**

(a) 主たる事務所の所在地を管轄する都道府県知事を経由して国土交通大臣に申請する

(b) 申請を受けた国土交通大臣が免許をした場合、国土交通大臣は、遅滞なく、従前の免許権者に通知する

免許換えをすると、最新情報が新しい免許権者の業者名簿に記載されるので変更の届出は不要です。

②免許換え後の免許の有効期間

免許換えは新たな免許の取得と同じです。したがって、免許換え後の免許の有効期間は免許換えのときから５年となります。

③免許換えの申請を怠った場合

免許権者は、免許を与えた宅建業者が免許換えをする必要があるにもかかわらず行っていないことが判明した場合、その免許を必ず取り消さなければなりません。

6 廃業等の届出

廃業（はいぎょう）等の届出とは、宅建業をやめるときの届出です。

①廃業等の届出

宅建業者が「死亡」「破産」「廃業」等により宅建業を営むことができなくなった場合、その旨を免許権者に届け出なければなりません。届出が必要な場合は次の通りです。

・**死亡**
相続人が死亡を知った日から 30 日以内に届出をします。
・**法人の合併消滅**
会社の相続というようなイメージです。消滅会社の代表役員がその日から 30 日以内に届け出ます。存続会社の代表ではありません。消滅会社の代表です。
・**破産手続開始の決定**
破産管財人がその日から 30 日以内に届出をします。
・**解散（合併・破産以外）**
清算人が届出をします。会社の代表ではありません。
・**宅建業を廃止（廃業）**
個人・代表役員が届出をします。

免許失効の時期は「破産」「解散」「廃業」のときは届出のときです。

ただし、「死亡」は死亡のとき、「合併」は合併のときに免許失効します。もし「死亡」「合併」の免許失効が「届出のとき」だと、その者が存在しないのに存在しない者に免許を与えていることになってしまうからです。

廃業と解散の違いは、「廃業」は宅建業だけをやめることであって会社は存続するのに対し、「解散」は会社自体がなくなることです。これを理解することによって、「廃業は会社自体は継続するのだから代表役員（社長）」「解散は解散の前に清算が必要だから清算人」が届け出ると考えると覚えやすくなります。

②宅建業者が締結した取引の結了

「宅建業者の免許が失われた場合であっても、免許の効力が失われる前に締結した取引を結了する目的の範囲内では、なお宅建業者とみなされる」とされています。

物件を引き渡す直前に、個人の宅建業者が急死したとします。免許は「死亡のとき」に失効しますが、このまま物件を引き渡してもらえないとするとお客さまが困ってしまいます。そこで、この取引を終わらせるまでは、相続人を宅建業者とみなし、取引を最後までやり遂げさせるようにしています。

● 免許のまとめ

活動範囲	都道府県知事免許であっても日本全国で宅建業を営むことができる
有効期間	5年
更新	①5年ごとに更新が必要 ②更新申請は有効期間満了の日の90日前から30日前までに行う ③上記の期間に更新申請を行った場合、新たな免許について処分があるまで従前の免許の効力が存続する。この場合の新たな免許の有効期間は従前の免許の有効期間満了の日の翌日から起算する 90日前／この期間内に、更新請求／30日前／期間満了／効力延長／処分 ⇒新たな免許の有効期間は、期間満了の日の翌日から5年
免許失効の時期	①宅建業者の死亡　②法人の合併消滅 ⇒ 死亡時・合併時に失効 ③破産　④解散　⑤廃業 ⇒ 届出時に失効
免許失効後の取扱い	宅建業者であった者またはその一般承継人は、宅建業者が締結した契約に基づく取引を結了する目的の範囲内においては、なお宅建業者とみなされる

問題にチャレンジ　○か×で答えましょう

Q1 宅地建物取引業を営もうとする者は、同一県内に2以上の事務所を設置してその事業を営もうとする場合にあっては、国土交通大臣の免許を受けなければならない。

Q2 宅建士ではないCがA社の非常勤の取締役に就任したとき、A社はその旨を甲県知事に届け出る必要はない。

解答と解説

A1 ×　同一県内のみに2以上の事務所を設置する場合は、知事免許です。

A2 ×　宅建士でなくても、非常勤であっても、取締役の氏名は、宅建業者名簿の登載事項なので、変更があった場合には30日以内に免許権者に変更の届出をしなければなりません。

問題にチャレンジ　○か×で答えましょう

Q3 甲県に事務所を設置する宅建業者B（甲県知事免許）が、乙県所在の宅地の売買の媒介をする場合、Bは国土交通大臣に免許換えの申請をしなければならない。

Q4 宅建業者A（甲県知事免許）が、甲県の区域内の事務所を廃止し、乙県の区域内のみに事務所を設置して引き続き事業を営もうとする場合、Aは、乙県知事に対し免許換えの申請をし、乙県知事の免許を受けた後、甲県知事に廃業の届出をしなければならない。

Q5 宅建業者D社（甲県知事免許）が、合併により消滅したときは、その日から30日以内に、D社を代表する役員であった者が、その旨を甲県知事に届け出なければならない。

Q6 宅建業者である法人Dが、宅建業者でない法人Eに吸収合併されたことにより消滅した場合、一般承継人であるEは、Dが締結した宅地又は建物の契約に基づく取引を結了する目的の範囲内において宅建業者とみなされる。

解答と解説

A3 ×　乙県所在の宅地の売買をするというだけでは免許換えの必要はありません。宅建業者が事務所を新設、移転又は廃止したことで、免許権者が変更となる場合に免許換えが必要となります。

A4 ×　免許換えの申請は直接乙県知事に対して行います。また、宅建業を廃業するわけではないので廃業の届出は不要です。

A5 ○　合併により消滅したときは、消滅した法人を代表する役員であった者が、合併の日から30日以内に、免許権者に届出をする必要があります。

A6 ○　宅建業者が締結した契約に基づく取引を結了する目的の範囲内において、その宅建業者の一般承継人を宅建業者とみなし、残務処理をできるようにしています。

4 事務所以外の場所の規制

▶▶▶ 事務所以外でもさまざまな規制があります

宅建業者の事務所以外にも規制は適用されるのでしょうか？

宅建業の業務を行うのは、事務所だけではありません。モデルルームや現地（売物）等、事務所以外で業務を行うときにも規制がかかります。どのような規制があるのか、事務所の規制とどこが異なるのかを明確にして覚える必要があります。

1 案内所など（事務所以外）の規制

営業活動を行う場所は、事務所以外にもあります。物件の所在地、分譲マンションのモデルルーム、分譲地の現地案内所、住宅フェア会場といったさまざまな場所が該当します。ここでは、事務所以外の場所で業務を行うために必要な手続と備えるべきものについて見ていきます。

● 宅建業法における事務所以外の場所

①継続的に業務を行うことができる施設を有する場所で**事務所以外**のもの
例）現地出張所
②一団の宅地建物の分譲を行う際の**案内所**
例）売主業者が設置したモデルルーム
③ほかの宅建業者が行う一団の宅地建物の分譲の**代理・媒介を行う際の案内所**
例）販売代理業者が設置したモデルルーム
④業務に関する**展示会**そのほかの催しを実施する場所
例）不動産フェア、住宅相談会
⑤取引物件の所在場所（現地）

2 標識の掲示義務

上記①～⑤に掲げた事務所以外の案内所等を設置した宅建業者は、**案内所等に標識の掲示**をしなければなりません。

一団の宅地建物を分譲する場合は、分譲業者（売主）は、宅地・建物の所在地（現地）に**標識の掲示**をしなければなりません。

これらは、「どのような宅建業者なのか」、その宅建業者が「売主」なのか「媒介・代理」なのかを明確にするためです。

案内所等の標識の掲示義務

宅地建物取引業者票（代理・媒介）

この標識は、宅地建物取引業者としての免許の主要な内容とこの場所で行うこととしている業務の内容を表示しています。

免許証番号		国土交通大臣 知事　（　）第　　号		
免許有効期限		年　月　日から 年　月　日まで		
商号又は名称				
代表者氏名				
主たる事務所の所在地		電話番号（　）　－		
この場所における業務の内容	業務の種類	案内等		
	取り扱う宅地建物の内容	名称		
		所在地		
売　主	商号又は名称		免許証番号	国土交通大臣 知事　（　）第　　号

この場所においてした契約締結については、宅地建物取引業法第37条の2の規定によるクーリングオフ制度の適用があります。

※上記はクーリングオフできる案内所等のもので、クーリングオフできない案内所等は「専任の宅建士の氏名」が記載され、「クーリングオフ制度の適用があります」という部分は記載されません。

3 成年者である専任の宅地建物取引士の設置義務

宅建業者が、前述の①～⑤の案内所等を設置し、そこで契約や申込みを受けたりする場合は、**成年者である専任の宅建士を少なくとも１名置かなければなりません。**これは、重要事項説明など、お客さまの質問等に答えられるようにしておくためです。

成年者である専任の宅建士とは、原則18歳以上の常勤の宅建士のことです。この宅建士は案内所等に１名いれば足ります（これに対して事務所の場合は５名に１名以上の割合です）。

複数の業者が関与して、同一物件について同一の案内所で、売主業者、媒介業者、代理業者が業務を行う場合、**いずれかの業者が宅建士を１人以上置けば足ります。**

● 事務所と事務所以外の場所との比較

		標識	成年者である専任の宅建士	従業者名簿・帳簿・報酬額の掲示	案内所等の届出
事務所		必要	必要 従業者５名に１名以上	必要	不要
事務所以外の場所	契約・申込みを行う案内所等	必要	必要 少なくとも１名	不要	必要
	契約・申込みを行わない案内所等	必要	不要	不要	不要
	取引物件の所在場所	必要	不要	不要	不要

4 案内所についての届出

宅建業者が、前述の①～⑤の案内所等を設置し、そこで契約や申込みを受けたりする場合は、業務開始の10日前までに、免許権者と案内所の所在地を管轄する知事の２か所に届け出なければなりません（免許権者が大臣の場合は、案内所を管轄する知事を経由して大臣に届け出ます）。

契約をしたり、申込みを受けたりする案内所はトラブルが起こる可能性も高くなりますし、宅建士の設置義務もあるため、免許権者や案内所所在の知事にも知らせておく必要があると考えてください。

● 案内所等の届出

届出期間	業務開始の10日前まで
届出事項	所在地、業務内容、業務を行う期間、専任の宅建士の氏名
届出先（２か所）	・免許権者（都道府県知事免許の場合は直接、国土交通大臣免許の場合は案内所等の所在地を管轄する都道府県知事を経由） ・案内所等の所在地を管轄する都道府県知事

申込みや契約をしない物件の紹介をするだけの案内所では、専任の宅建士は不要です。宅建士が不要な案内所は、届出も不要です。届出をしていない案内所は、後述するクーリング・オフが可能な場所にあたる点もポイントになります。

次に、事例をあげて確認してみましょう。例えば、宅建業者B（甲県知事免許）が､宅建業者A（甲県知事免許）から100戸の分譲マンションの販売代理を受けて、当該マンションの所在場所以外の場所にモデルルーム（案内所）を設けて、売買契約の申込みを受ける場合です。

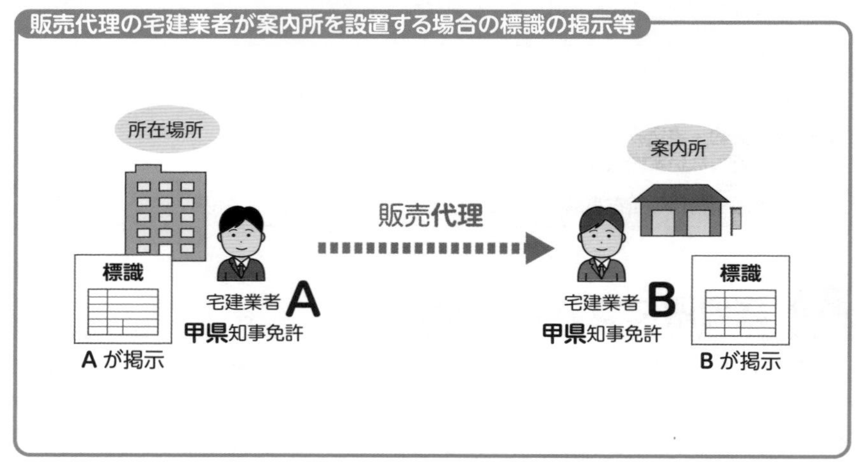

まず、売主の宅建業者Aは自ら売主として売物の所在場所にのみ標識を掲示します。案内所は、案内所を出した業者Bが標識を掲示します。業者Bが設置する標識には、売主Aの商号等を記載しますが設置はBのみです。

また、事務所と異なり、5人に1人以上の専任の宅建士の設置義務はありませんが、申込みや契約をする予定のある案内所は、最低1人は専任の宅建士を置かなくてはなりません。専任の宅建士の設置義務は、案内所を設置した業者Bのみにあります。そして、届出も案内所を設置した業者Bのみが届出します。

まとめると、下記のようになります。

標識	**所在場所**	売主の業者Aのみ
	案内所	案内所を設置した業者Bのみ
専任の宅建士の設置		案内所を設置した業者Bのみ
届出		申込みや契約する案内所を設置した業者Bのみ

宅建業者Aと宅建業者Bの共同の案内所という設定の出題もあります。この場合は、AもBも業務を行うため、A・B双方に標識の設置義務があります。ただし、専任の宅建士は販売物件が同一であれば、宅建業者Aまたは宅建業者Bのどちらかが設置すればよいことになっています。

問題にチャレンジ ○か×で答えましょう

Q1 宅建業者A（甲県知事免許）が乙県内に所在するマンション（100戸）を分譲する場合において、宅建業者Bに販売の代理を依頼し、Bが乙県内に案内所を設置する場合、Aは、その案内所に、宅建業法第50条第1項の規定に基づく標識を掲げなければならない。

Q2 宅建業者B（甲県知事免許）が、乙県に所在する1棟のマンション（150戸）を分譲するため、現地に案内所を設置し契約の申込みを受けるときは、甲県知事および乙県知事に、その業務を開始する日の10日前までに、法第50条第2項の規定に基づく届出をしなければならない。

Q3 宅建業者B社は、10戸の一団の建物の分譲の代理を案内所を設置して行う場合、当該案内所に従事する者が6名であるときは、当該案内所に少なくとも2名の専任の宅建士を設置しなければならない。

解答と解説

A1 × 標識を設置しなければいけないのは、案内所を設置して販売代理を行うBです。Aは案内所に標識を設置する必要はありません。

A2 ○ 契約や申込みをする案内所を設置する場合は、業務開始の10日前までに免許権者と案内所所在地の知事に事前の届出が必要となります。

A3 × 分譲を行う案内所には、専任宅建士を設置する必要がありますが、その人数は、1人以上いれば問題ありません。

5 宅地建物取引士

▶▶▶ 宅建士には何ができるのかを学びます

宅建士は不動産取引に欠かせない資格ですが、宅建士になると、具体的に何ができるのでしょうか？

みなさんが取得を目指しているのがまさに宅建士の資格です。たとえ宅建業者の代表者であっても、宅建士の資格がなければ、重要事項説明、重要事項説明書への記名、37 条書面への記名ができません。お客さまを保護するために、一定の専門知識がある者が契約に関与することになっており、それが宅建士であると理解しましょう。

1 宅地建物取引士とは

宅建業の事務所には、宅地建物取引士（以下、「**宅建士**」とする）の設置義務があり、業務を行うためには宅建士が必要となります。では、宅建士とはどのような資格なのでしょうか？

①宅地建物取引士とは

宅建士とは、次の者をいいます。

①宅地建物取引士資格試験に**合格**し
②当該都道府県知事の**登録**を受けて
③**宅地建物取引士証の交付**を受けた者

(1) 宅地建物取引士資格試験

宅建士資格試験は、原則として、受験者の住所地で受験します。合格すると、一生有効となります。不正の手段で受験すると、合格の取消しや**3 年以内**の受験禁止となります。

この時点ではまだ「合格者」であり、「宅建士」ではありません。

(2) 宅地建物取引士登録

受験地の知事の登録を受けることができます。これは、東京で合格すれば、東京で登録しなければいけないということです。

宅建士の登録を受けるには、２年間の実務経験が必要です。

実務経験がない人は、国土交通大臣が認定した機関による登録実務講習を修了することにより、２年以上の実務経験がある者と同等であると認定されます。

なお、登録を受けた時点ではまだ「宅建士資格者」にすぎません。

(3)宅地建物取引士証

宅建士証の交付を受けるには、登録している知事が指定する法定講習で、交付申請前６か月以内に行われるものの受講が必要です。

例外として、①宅建試験合格後１年以内、②登録の移転、の２つのケースは知事の法定講習は必要ありません。

宅建士となるまでの主な流れ

試験合格

都道府県知事は、不正手段によって試験を受けた者、受けようとした者に対して３年以内の期間を定めて受験を禁止することができる

①合格した試験を行った都道府県知事に登録申請する
②登録を受けるには、２年以上の実務経験を有するか、国土交通大臣の登録を受けた講習（登録実務講習）の受講・修了等が必要になる
③登録の欠格基準に該当する者は、登録を受けることができない

登録

①登録の効力：全国に及ぶ
②登録の有効期間：**登録の消除を受けない限り一生有効**

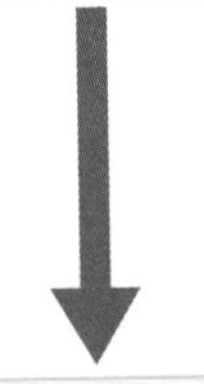

（原則）
登録している都道府県知事が指定する講習（法定講習）で宅建士証の交付申請前６か月以内に行われるものを受講
（例外的に受講不要な者）
①試験合格の日から１年以内の者
②登録の移転の申請とともに宅建士証の交付を受けようとする者

宅建士証交付

宅建士証の有効期間：５年

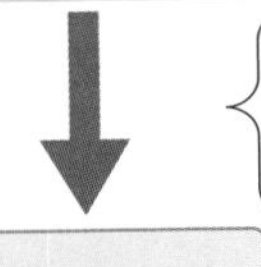

①宅建士証は、申請により更新する
②更新の際には、登録している都道府県知事が指定する講習（法定講習）で、宅建士証の交付申請前６か月以内に行われるものを受講しなければならない

更新

②宅地建物取引士の独占業務

宅建士でなければできない独占的な業務は次の３つです。たとえ社長であっても、どんなに偉い役職者でも、宅建士でなければできません。

①重要事項の説明
②重要事項の説明書面（35 条書面）への記名
③ 37 条書面（契約書）への記名

③の 37 条書面への記名ですが、説明は不要です。なぜなら、契約書は「両者が納得した内容」をまとめたものですから、説明の必要がありません。専任の宅建士である必要はありません。さらに、どこの都道府県登録の宅建士であっても、日本全国で業務を行うことができます。

③宅地建物取引士の義務等

(1)宅地建物取引士の業務処理の原則

宅建士は、宅地建物取引業の業務に従事するときは、宅地または建物の取引の専門家として、購入者等の利益の保護および円滑な宅地または建物の流通に資するよう、公正かつ誠実にこの法律に定める事務を行うとともに、宅地建物取引業に関連する業務に従事する者との連携に務めなければなりません。

(2)信用失墜行為の禁止

宅建士は、信用または品位を害するような行為をしてはなりません。これは業務に従事するときだけではありません。普段からそのようなことをしてはいけません。

(3)知識および能力の維持向上

宅建士は、宅地建物の取引に係る事務に必要な知識および能力の維持向上に努めなければなりません。

重要事項説明で記名した宅建士と、37 条書面の記名する宅建士は同じ人物でなくてもかまいません。

2 宅地建物取引士の登録を受けられない者

宅建業を始めようとする場合、宅建業の免許を受けられない者がいます。宅建士にも、同じように登録を受けられない者がいます。宅建士の登録を受けられない者と宅建業の免許を受けられない者はほとんど同じですが、異なる点については、しっかり学習してください。なお、登録を受けられない要件に該当する場合、すでに登録を受けている者は登録が消除されます。

以下が登録を受けられない者に該当します。

①次の理由で免許取消処分を受け、免許取消しの日から５年を経過していない者

（1）**不正手段**で免許取得
（2）**業務停止処分事由**に該当し、**情状が特に重い**
（3）**業務停止処分**に**違反**した

②法人が上記①の免許取消処分を受けた場合、その法人の聴聞の公示の日からさかのぼること 60 日以内に役員であった者で、取消しの日から５年を経過していない者

なお、役員（やくいん）とは、取締役やこれらに準ずる者をいい、相談役、顧問その他いかなる名称であるかを問わず、法人に対し**取締役と同等以上の支配力**を有するものと認められる者を含みます。

免許取消処分の場面に限定されます。法人が業務停止処分を受けても、役員は登録を受けることができます。また、影響を受けるのは「役員」だけです。政令で定める使用人や単なる専任の宅建士は影響を受けません（登録を受けることができます）。

③上記①の免許取消処分の聴聞の公示日から処分予定日までの間に相当の理由なく廃業の届出をし、届出の日から５年を経過していない者

④法人が上記③の期間内に相当の理由なく合併消滅、解散・廃業の届出をした場合、その法人の聴聞の公示の日からさかのぼること 60 日以内に「役員」であった者で、合併消滅又は解散・廃業の届出の日から５年を経過していない者

⑤刑罰関係の欠格要件

次の刑に処せられた者で、刑の執行を終わり又は執行を受けることがなくなった日から5年を経過していない者

（1）禁錮、懲役、死刑

（2）次の罪等で**罰金刑**に処せられた者

- **宅建業法違反**
- **背任罪**
- **暴力的な罪**（傷害罪、現場助勢罪、暴行罪、凶器準備集合罪）
- 暴力行為等処罰に関する法律違反、暴力団員による不当な行為の防止等に関する法律違反

「刑の執行を終わり」とは、禁錮・懲役から釈放されたこと、罰金を納めたことです。また、「刑の執行を受けることがなくなった」とは、刑の時効完成や恩赦法による「刑の執行の免除」がされた場合です。

なお、**執行猶予期間中は、登録を受けることはできません。執行猶予期間が満了した場合は**、（刑の言い渡しの効力が失われるので）**直ちに登録を受けることができるようになります**。

そして、控訴・上告中（まだ裁判の決着がついていない間）は、刑は確定していないため、登録を受けることができます。

懲役から釈放されたり、刑の執行の免除を受けたときは、その日から5年間登録を受けることができません。

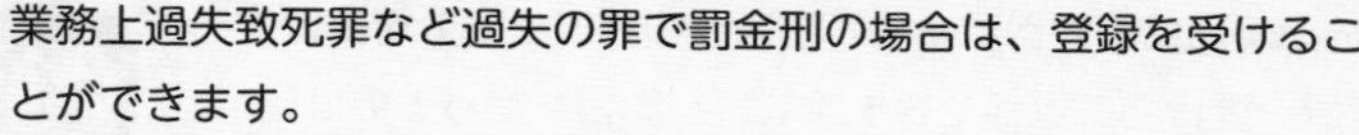

業務上過失致死罪など過失の罪で罰金刑の場合は、登録を受けることができます。

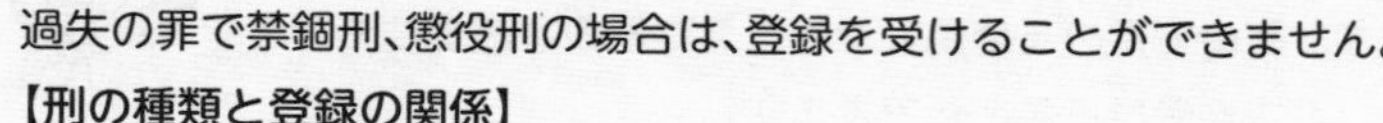

過失の罪で禁錮刑、懲役刑の場合は、登録を受けることができません。

【刑の種類と登録の関係】

禁錮、懲役、死刑 → 登録不可
罰金 → 罪状によって登録可
拘留、科料、没収 → 登録可

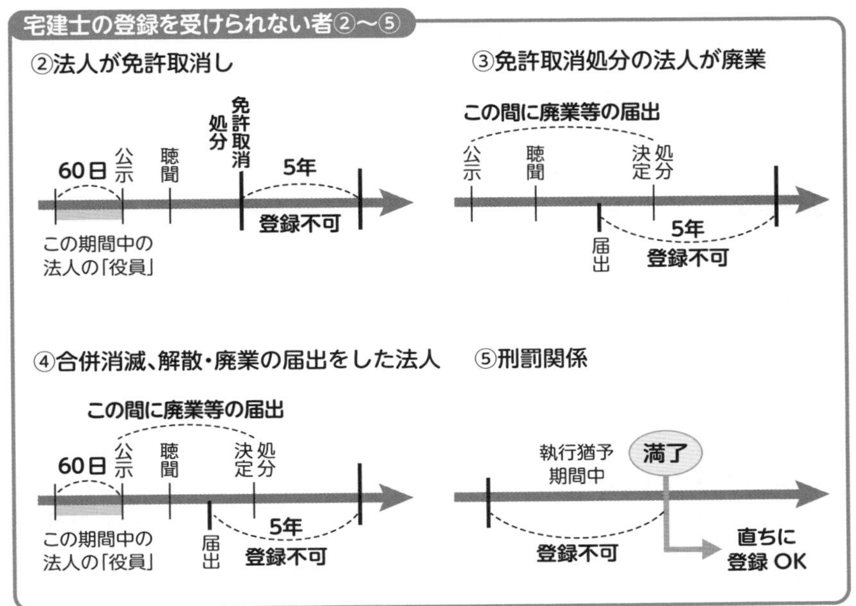

⑥破産者で復権を得ない者

破産者は復権を得れば、直ちに登録を受けることができます。

⑦心身の故障により宅建業を適正に営むことができない者として国土交通省令で定める者

⑧暴力団員または暴力団員でなくなった日から５年を経過しない者

暴力団員でなくなっても、５年経過するまで登録を受けることはできません。

⑨宅地建物取引業に係る営業に関し成年者と同一の行為能力を有しない未成年者

「営業に関し成年者と同一の行為能力を有しない未成年者」とは、宅建業を営むについて法定代理人の許可を得ていない未成年者をいいます。

なお、宅建業者の免許の場合と異なり、未成年者の法定代理人を審査するまでもなく、宅建士の登録を受けることができません。

⑩次の理由で登録消除処分を受け、登録消除処分の日から５年を経過していない者

（1）不正手段で登録を受けた

(2) 不正手段で宅建士証の交付を受けた
(3) **事務禁止処分事由**に該当し、**情状が特に重い**
(4) **事務禁止処分**に**違反**した
(5) **宅建士資格者**が宅建士が行うべき事務を行い、**情状が特に重い**

なお、宅建士が行うべき事務とは、35 条(重要事項説明)、37 条(契約書)の独占事務のことです。

⑪上記⑩の登録消除処分の聴聞の公示日から処分予定日までの間に相当の理由なく登録消除の申請をして登録を消除された場合、その消除の日から5年を経過していない者

⑫事務禁止処分の期間中に本人の申請により登録が消除された場合、当該事務禁止期間がまだ満了していない者

これは、事務禁止となった者が、いったん登録を消除し、その後、再び登録し直すという脱法行為を防ぐためのルールです。

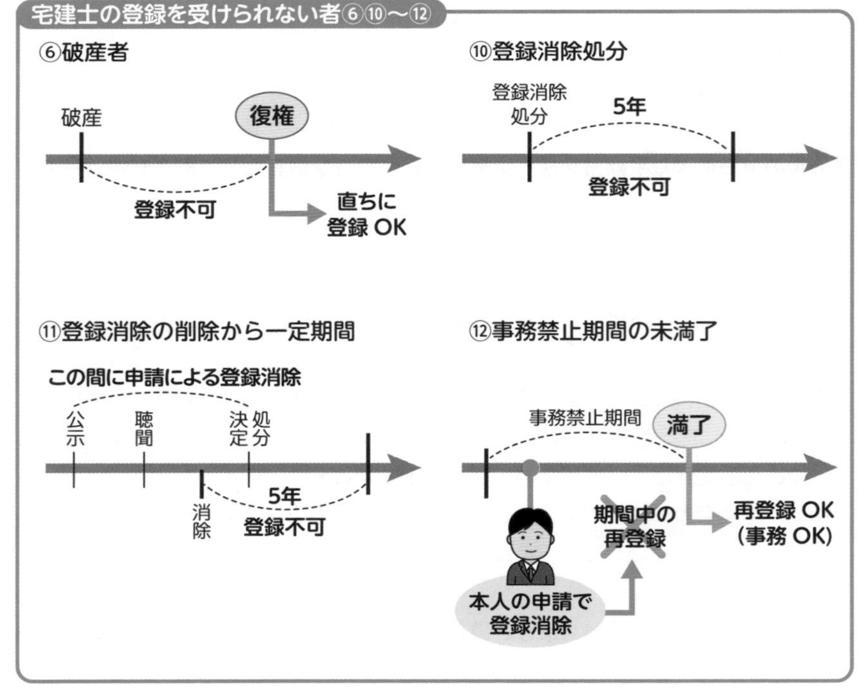

宅建士の登録を受けられない者は、免許基準とほとんど同じです。免許基準をしっかり勉強して比較しながら覚えてください。一番重要なのは、成年者と同一の行為能力を有しない未成年者は合格しても登録できないことです。宅建業者免許は、親（法定代理人）に問題がなければ、成年者と同一の能力を有しない未成年者でも免許がもらえるのに対し、宅建士登録は、成年者と同一の能力を有しない未成年者は登録して宅建士になっても自分の責任で重要事項説明ができないため、登録は一切できません。

問題にチャレンジ ○か×で答えましょう

Q1 Aは、不正の手段により登録を受けたとして、登録の消除の処分の聴聞の期日および場所が公示された後、自らの申請によりその登録が消除された場合、当該申請に相当の理由がなくとも、登録が消除された日から５年を経ずに新たに登録を受けることができる。

Q2 禁錮以上の刑に処せられた宅建士は、登録を受けている都道府県知事から登録の消除の処分を受け、その処分の日から５年を経過するまで、宅建士の登録をすることはできない。

Q3 甲県知事の登録を受けている宅建士Aが、不正の手段により登録を受けたことにより登録の消除の処分を受けた場合でも、当該処分の１年後、転居先の乙県で宅建士資格試験に合格したときは、Aは、いつでも乙県知事の登録を受けることができる。

Q4 宅地建物取引業に係る営業に関し、成年者と同一の能力を有しない未成年者で、その法定代理人甲が３年前に建設業法違反で過料に処せられている場合、宅建士資格登録を受けることができない。

Q5 ３年前に乙社が不正の手段により宅地建物取引業の免許を受けたとしてその免許を取り消されたとき、乙社の政令で定める使用人であった者は、宅建士資格登録を受けることができない。

解答と解説

A1 × 不正の手段により登録を受けることは登録消除処分に該当します。また、その処分の聴聞の公示日以後、処分決定までの間に相当の理由がなく自ら消除した場合は、消除の日から５年間は登録できません。

A2 ×　禁錮以上の刑に処せられることは、欠格事由にあたります。この場合、再び登録ができるようになるのは「登録消除の日から５年」ではなく「刑の執行を終わり、又は執行を受けることがなくなった日から５年を経過した」ときです。

A3 ×　不正の手段により登録を受けた場合、登録を消除されます。そして、その消除処分の日から５年を経過しないと別の場所で合格したとしても再登録はできません。

A4 ○　そもそも宅建業の営業に関し、成年者と同一の行為能力を有しない未成年者は、宅建士登録を受けることができません。この場合、法定代理人の事情がどうであれ関係ありません。宅建業の免許に関しては、法定代理人が欠格事由に該当しないことを条件に成年者と同一の行為能力を有しない未成年者でも、免許を受けることができるとされています。このことと区別しておいてください。

A5 ×　役員と同等以上の支配力を有するものであれば消除されますが、Ｂは、「政令で定める使用人」であるにすぎません。したがって、欠格要件には該当せず、Ｂは、宅建士登録を受けることができます。

3 変更の登録

宅建士登録をすると、「宅地建物取引士資格登録簿」に一定事項が記載されます。この登録簿の記載事項の内容に変更があった場合には、どのような手続をしなければならないのでしょうか？

①登録の効力

登録の効力は全国に及びます。例えば、東京都で登録をしても、日本全国で宅建士として活動できます。

一度登録をすれば、**登録の消除を受けない限り一生有効**です。５年に１回、登録の更新をしなければならないということはありません。

②宅地建物取引士資格登録簿

宅建士登録が行われると、宅建士資格登録簿に「**氏名**」「**住所**」「**本籍**」「**生年月日**」「**性別**」「**勤務先の宅建業者の商号・名称・免許証番号**」などが登載されます。会社の住所は記載しない点に注意しましょう。

● 宅建士資格登録簿への登載事項

	登載事項	変更の登録の申請
①	氏名、住所、本籍、生年月日、性別	必要
②	宅建業者の業務に従事する者にあっては、宅建業者の商号又は名称、免許証番号（例：免許換え）	
③	試験の合格年月日・合格証書番号	不要
④	実務経験期間及びその内容 従事していた宅建業者の商号・名称、免許証番号	
⑤	国土交通大臣が実務経験を有する者と同等以上の能力を有すると認めた場合の、認定の内容・年月日	
⑥	登録番号・登録年月日	不要
⑦	指示処分・事務禁止処分の内容、年月日	

③変更の登録

宅建士登録を受けている者は、上記の宅建士資格登録簿の登載事項のうち、①「氏名」「住所」「本籍」、②勤務先の宅建業者の「商号または名称」「免許証番号」に変更があった場合、遅滞なく「変更の登録」をしなければなりません。

この「変更の登録」は、事務禁止期間中であっても行わなければなりません。

宅建業者の変更の届出は30日以内となっていますが、宅建士は遅滞なくとなっています。遅滞なくとは、「なるべく早く」というようなニュアンスですが、特に期限はありません。宅建業者名簿は、取引の関係者が閲覧するのに対し、宅建士資格登録簿は閲覧できないからと考えればよいでしょう。

4 登録の移転

宅建士の登録は、合格した都道府県知事の下で行います。登録がなされると、効力は全国に及ぶため、東京都で登録をしても、日本全国どこの都道府県でも宅建士として仕事ができます。ここでは、登録の移転について学んでいきます。

変更の登録とは、登録情報の一部だけを変更するものをいい、登録の移転とは、登録情報をほかの都道府県知事へ全部移転させるものをいいます。

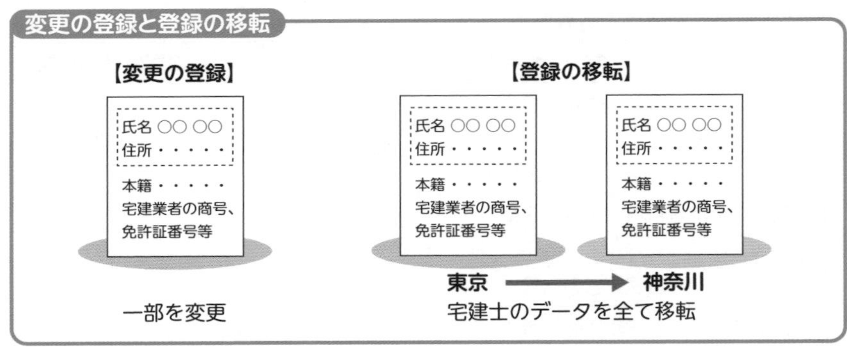

宅建士登録を受けている者が**登録している都道府県以外の都道府県**にある**宅建業者の事務所で業務に従事し**、または従事しようとする場合、**登録の移転**を申請することができます。登録の移転は任意であって、**義務ではありません**。もともと全国どこでも仕事ができるので義務にする必要がないからです。

単に、住所を登録先以外の都道府県に移しただけの場合には、登録の移転の申請をすることはできません。

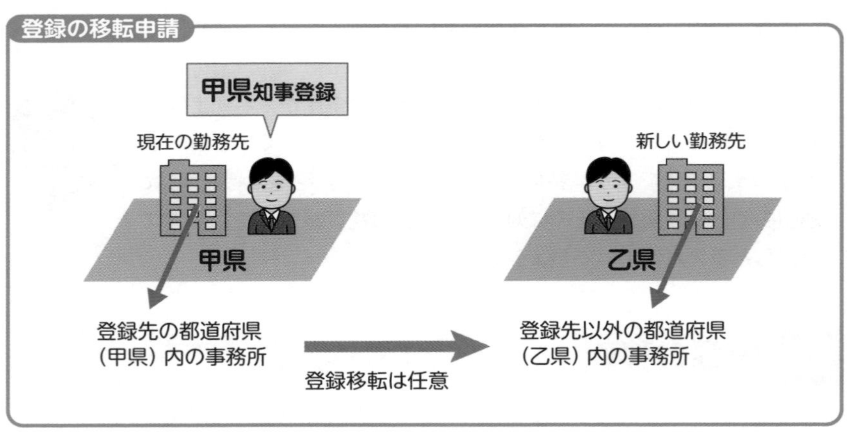

登録の移転の申請手続は、**現に登録を受けている都道府県知事を経由**して行います。

事務禁止処分を受けた宅建士は、その事務禁止処分期間が満了するまで登録の移転を申請することができません。

登録の移転申請とともに、宅建士証の交付申請をした場合、新たな宅建士証の有効期間は、従前の宅建士証の有効期間の残り期間となります。新たに5年ではありません。

登録の移転は、特に行う必要はないので任意です。ただし、例えば東京から大阪に転職した後、大阪市内で引っ越した場合、住所変更の登録を東京で行う必要があるのは大変ですし、5年に1回、法定講習（知事の講習）を東京まで受けに来るのは大変です。そのため、大阪に長く住む場合は、登録ごと大阪に移動させた方が便利です。

● 登録の移転のまとめ

①内容	登録先以外の都道府県内に所在する宅建業者の事務所で業務に従事し、又は従事しようとする場合、当該事務所の所在地を管轄する知事に対して登録の移転を申請することができる（任意）
②申請方法	現に登録を受けている知事を経由して申請
③その他	事務の禁止処分の期間中は登録の移転を申請することができない

5 死亡等の届出

死亡等の届出とは、宅建士をやめるときの話です。宅建士が死亡したり、破産したりした場合等には、登録を消除することになります。

そして、登録をしている都道府県知事に、その旨を30日以内に届け出なければなりません（死亡等の届出）。

「届出事項」「届出義務者」「届出期間」は以下の通りです。

● 宅建士の死亡等の届出

届出事項	届出義務者	届出期間
死亡	相続人	知った日から 30日以内
心身の故障により宅建業を適正に営むことができない者となったとき	本人 法定代理人 同居の親族	30日以内
破産 その他	宅建士本人	30日以内

死亡のときは死亡のときから30日ではなく、**死亡を知った日から30日**になる点に注意しましょう。

変更の登録については、「遅滞なく」というように明確な期限はなかったのですが、死亡等の届出は30日と期間の制限が設けられています。宅建士ではなくなったにもかかわらず、登録をしたままであるのは不都合であるからと考えてください。

なお、宅建業者と宅建士について、主に届出について整理していますので、参考にしてください。

● 宅建業者と宅建士の各種手続のまとめ

	宅建業者	宅建士
変更	**変更の届出**	**変更の登録**
	①商号又は名称 ②事務所の名称及び所在地 ③役員の氏名 ④政令で定める使用人の氏名 ⑤成年者である専任の宅建士の氏名	①氏名（宅建士証の書換えも必要） ②住所（宅建士証の書換えも必要） ③本籍 ④勤務先の業者の商号又は名称 ⑤勤務先の業者の免許証番号
	30日以内に届出必要	**遅滞なく**申請必要
移動	**免許換え**	**登録の移転**
	事務所の新設・廃止・移転により現在の免許が不適当になる場合	登録先以外の都道府県内で業務に従事する場合
	義務	任意
終了	**廃業等の届出**	**死亡等の届出**
	①死亡：相続人 ②合併：消滅会社の代表取締役であった者 ③破産：破産管財人 ④解散：清算人 ⑤廃業：個人又は代表役員	①死亡：相続人 ②心身の故障：本人、法定代理人、同居の親族 ③その他：本人 （成年者と同一の行為能力を有しない未成年者となった、破産、宅建業の免許が取り消された、禁錮以上の刑に処せられた、業法違反や傷害罪等で罰金刑に処せられた、暴力団員等など）
	30日以内に届出必要 （死亡の場合は**知った日**から30日以内）	

6 宅地建物取引士証

試験に合格して、宅建士の登録を済ませても、まだ重要事項説明等の宅建士としての事務を行うことはできません。**宅地建物取引士証**（以下、「宅建士証」とする）が交付されなければ、宅建士の事務を行うことはできないのです。その流れ（手続）について、確認していきましょう。

①宅地建物取引士証の交付

(1)宅地建物取引士証

宅建士証は、宅建士であることを証明する**身分証明書**です。

(2)宅地建物取引士証の交付の申請手続

宅建士の登録を受けている者（宅建士資格者）は、**登録を受けている都道府県知事**に対して、宅建士証の**交付を申請**することができます。

原則として、宅建士証交付の申請前**6か月以内**に行われる、登録をしている**都道府県知事が指定する講習**（法定講習）の受講が必要です。

例外として、次の者は法定講習を受講する必要がありません。

- 宅建士試験**合格から1年以内**に交付申請をする者
- **登録の移転の申請とともに宅建士証の交付申請をする者**

②宅地建物取引士証の有効期間

原則として**5年**です。

例外として、登録の移転申請とともに宅建士証の交付申請をした場合には、従前の宅建士証の有効期間の**残りの期間**（要するに今までの宅建士証と同じ期間）となります。

③宅地建物取引士証の更新

更新については、新たな宅建士証の交付を申請することにより行います。

登録をしている都道府県知事が指定する講習（法定講習）で、宅建士証更新の申請前**6か月以内**に行われる講習の受講が必要です。

更新後の宅建士証の交付は、従前の宅建士証と引換えに行うものとされます。

有効期間は、新たに**5年間**となります。

④宅地建物取引士証の重要ポイント

(1)宅地建物取引士証

私の宅建士証を見本として掲載します。

宅建士証の見本

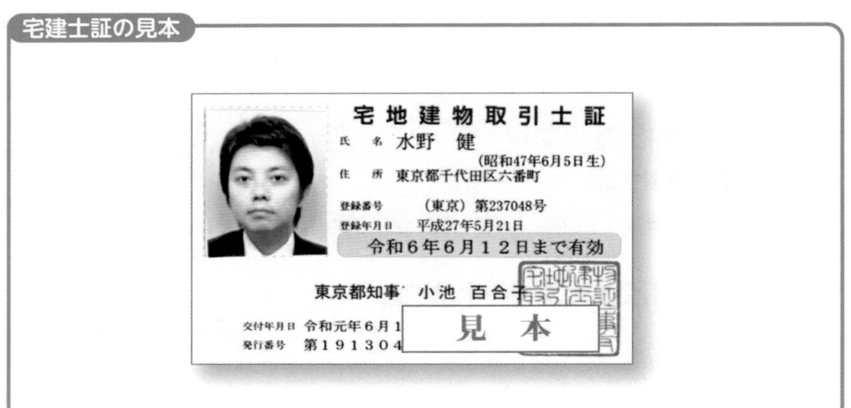

(2)書換え交付

宅建士の氏名・住所に変更があった場合、変更の登録申請とともに、宅建士証の書換え交付の申請を行わなければなりません。

書換え交付は、従前の宅建士証と引換えに、新たな宅建士証を交付して行われます。

住所のみの変更の場合は、従前の宅建士証の裏面に新住所を記載するという手続がとられています。

(3)登録の移転と宅地建物取引士証

登録の移転とともに、宅建士証の交付を受ける場合（引換え交付）、都道府県知事の指定する講習（法定講習）を受ける必要はありません。

登録の移転をした場合、現に有する宅建士証は、その効力を失います。新たな宅建士証の交付は、現に有する宅建士証と引換えに行われます。

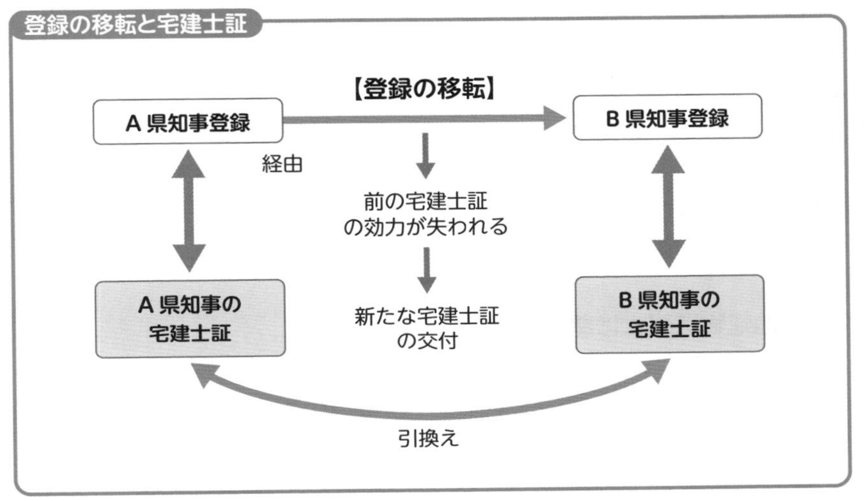

新たな宅建士証の有効期間は、**従前の宅建士証の有効期間の残りの期間**です。要するに、有効期限は今までの宅建士証と同じ日付になります。

(4)宅地建物取引士証の提示、提出義務等

● 提示義務

取引の関係者から請求があったときは、宅建士証を提示しなければなりません。

重要事項の説明のときは、取引の関係者から**請求がなくても、必ず宅建士証を提示**しなければなりません。

重要事項説明の際、宅建士証の提示がなければ**10万円以下の過料**に処せられます。

宅建士証の提示にあたり、個人情報保護の観点から住所の欄にシールを貼ったうえで提示することができます。

● 提出義務

事務禁止処分を受けた場合、宅建士証を提出しなければなりません。提出先は、**宅建士証の交付を受けた都道府県知事**です。事務禁止処分をした知事ではありません。事務禁止処分の満了後、宅建士証の返還を請求することにより、返還されます。

● 返納義務

登録を消除された場合や**宅建士証が効力を失った**場合には、**交付を受けた知事**に

宅建士証を返納しなければなりません。

● **再交付等**

宅建士証の亡失、滅失、汚損、または破損その他の事由を理由として、交付を受けた都道府県知事に対して宅建士証の再交付を申請することができます。亡失により新たな宅建士証の交付を受けた者が、亡失した宅建士証を発見したときは、速やかに**発見した宅建士証**をその交付を受けた都道府県知事に返納しなければなりません。

(5)宅地建物取引士に関する罰則のまとめ

以下の違反があった場合、罰則として**10万円以下の過料**が処せられます。これに対し、取引の関係者から宅建士証の提示を求められた場合は、提示しなくても罰則はありません。

・**重要事項説明**の際に宅建士証の**提示義務に違反**した
・**事務禁止処分**による宅建士証の**提出義務に違反**した
・**登録消除や宅建士証の失効**による**返納義務に違反**した

7 成年者である専任の宅地建物取引士の設置義務

①成年者である専任の宅地建物取引士の設置義務とは

事務所には業務に従事する者**5名に1名以上**、申込・契約を行う案内所では**少なくとも1名**、**成年かつ専任の宅建士**を置かなければなりません。

②設置義務違反

専任の宅建士の設置要件を欠いた場合、**2週間以内**に補充等の必要な措置をとらなければ、業務停止処分や罰則（100万円以下の罰金）の適用があります。

宅建士には、専任の宅建士とただの宅建士と2種類存在すると考えてください。事務所に5人に1人とカウントされるのが「専任」の宅建士、カウントされなくても宅建士証を所持していれば、ただの宅建士です。「専任の宅建士でなければ〜できない」というひっかけ問題が多く出題されています。

問題にチャレンジ ○か×で答えましょう

Q1 宅建士資格試験に合格した者で、宅地建物の取引に関し2年以上の実務経験を有するもの、又は都道府県知事がその実務経験を有するものと同等以上の能力を有すると認めたものは、宅建業法第18条第1項の登録を受けることができる。

Q2 宅建士の登録を受けている者が本籍を変更した場合、遅滞なく、登録をしている都道府県知事に変更の登録を申請しなければならない。

Q3 甲県知事から宅建士証の交付を受けている宅建士は、その住所を変更したときは、遅滞なく、変更の登録の申請をするとともに、宅建士証の書換え交付の申請を甲県知事に対してしなければならない。

Q4 宅建士資格試験に合格した日から1年以内に宅建士証の交付を受けようとする者は、登録をしている都道府県知事の指定する講習を受講する必要はない。

Q5 宅建士は、取引の関係者から請求があったときは、物件の買受けの申込みの前であっても宅建士証を提示しなければならないが、このときに提示した場合、後日、宅建業法第35条に規定する重要事項の説明をする際は、宅建士証を提示しなくてもよい。

解答と解説

A1 × 宅建士の登録をするには、2年以上の実務経験があるか、又は、国土交通大臣指定の講習（登録実務講習）を受講していることが必要です。本肢は、「都道府県知事が認めたもの」とする点が誤っています。

A2 ○ 宅建士登録簿の登録事項に変更があった場合には、遅滞なく、変更の登録の申請をする必要があります。「本籍」は登録事項ですので、遅滞なく変更の届出をしなければなりません。

A3 ○ 宅建士登録簿の登録事項に変更があった場合には、遅滞なく、変更の登録の申請をする必要があります。「住所」は登録事項ですので、遅滞なく変更の届出をしなければなりません。

A4 ○ 宅建士試験に合格した日から1年以内に宅建士証の交付を受けようとする者は、法定講習を受ける必要はありません。

A5 × 取引の関係者から請求があったときは、宅建士証を提示しなければなりません。また重要事項の説明をするときも、宅建士証を提示しなければなりません。

問題にチャレンジ　○か×で答えましょう

Q6 甲県知事の登録を受けている宅建士が、乙県知事から事務の禁止の処分を受けた場合は、速やかに、宅建士証を乙県知事に提出しなければならない。

Q7 37条書面に記名する宅建士は、35条書面に記名した宅建士と必ずしも同じ者である必要はない。

Q8 宅建士A（甲県知事登録）が、甲県から乙県に住所を変更したときは、乙県知事に対し、登録の移転の申請をすることができる。

解答と解説

A6 ×　免許権者以外の知事から事務禁止処分を受けることがありますが、提出先は、交付を受けた都道府県知事です。乙県知事ではありません。

A7 ○　重要事項説明書（35条書面）、契約書面（37条書面）どちらも、宅建士の記名が必要ですが、必ずしも同じ宅建士である必要はありません。

A8 ×　住所を変更しただけでは、登録の移転はできません。登録を移転することができるのは、登録地以外の都道府県に所在する宅建業者の事務所の業務に従事し、または従事しようとする場合に限られます。

6 営業保証金

▶▶▶ **損害賠償に備えて一定額を積み立てる制度です**

営業保証金とはどのような制度でしょうか？　必ず利用しなければいけないのでしょうか？

免許を取得しただけでは宅建業の事業を開始できません。業務でお客さまに損害を与えてしまえば、損害賠償の額が多額になることも多々あります。宅建業者が独自に損害賠償を実施できれば問題ありませんが、宅建業者に蓄えがない場合、損害賠償が不可能となるおそれもあります。そこで、損害賠償に備えて一定額を積み立てるルールを定めています。

具体的には、「営業保証金」または「保証協会（弁済業務保証金）」のどちらかの制度を利用しなければ、業務開始ができないことになっています。

1 営業保証金とは

営業保証金は、宅建業者が「取引」によって一般消費者等に損害を与えてしまった場合に備えて、あらかじめ業者が一定金額を**供託所**へ**供託**しておくお金です。

2 営業保証金の供託

①事業を開始できる時期

宅建業者は営業保証金を供託し、**免許権者**に供託した旨の**届出をした後**でなければ事業を開始できません。供託書の写しを添付して、供託した旨の届出を行います。

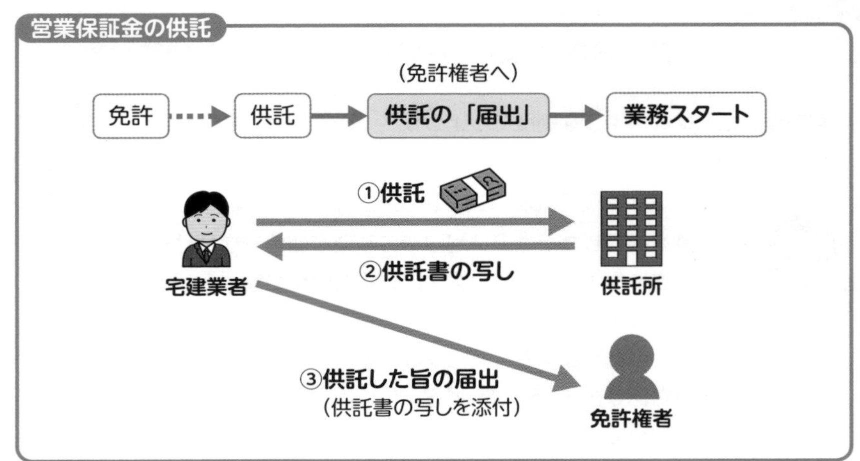

②供託した旨の届出がない場合

免許権者は、宅建業者が免許の日から３か月以内に営業保証金を供託した旨の届出をしないときは、届出をすべき旨の催告をしなければなりません（必要的）。

また、催告の到達した日から１か月以内に免許権者に営業保証金を供託した旨の届出をしないときは、その宅建業者の免許を取り消すことができます（任意的）。

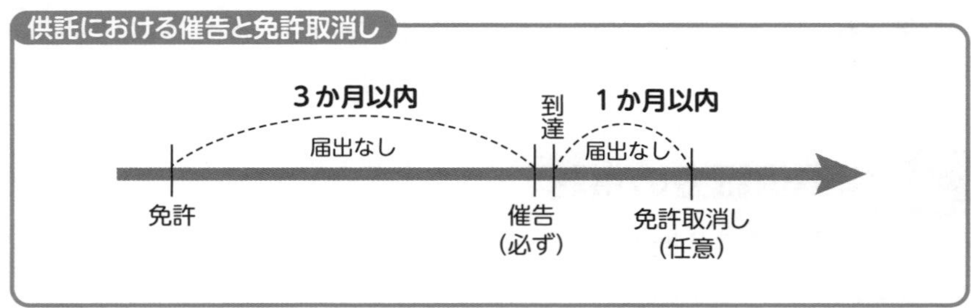

３か月で催告（義務）→到達１か月で取消しできる（任意）という順番まで覚えましょう。

③供託場所

営業保証金は、宅建業者が主たる事務所（本店）の最寄りの供託所に供託します。

従たる事務所（支店）についても、支店の最寄りではなく、主たる事務所の最寄りの供託所に供託することに注意しましょう。

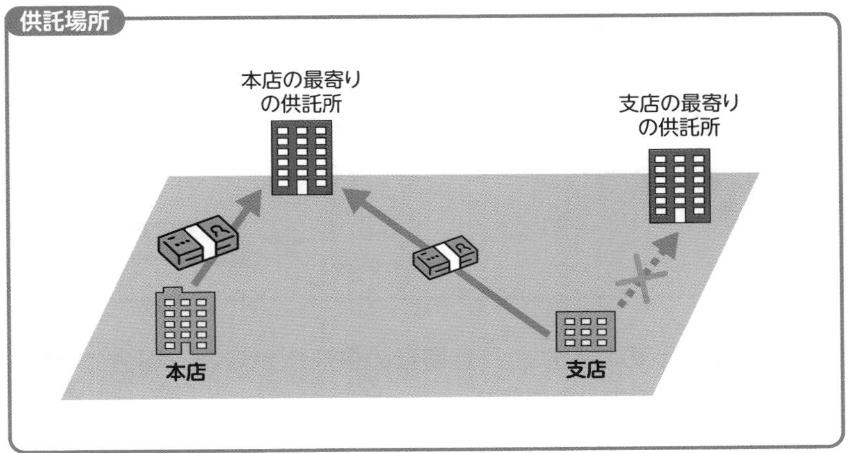

④供託額

営業保証金の額は、主たる事務所（本店）につき1,000万円、従たる事務所（支店）について事務所ごとに500万円の合計額です。

案内所（モデルルーム等）は、事務所ではないので供託が不要です。

営業保証金は、金銭だけでなく一定の有価証券で供託することもできます。有価証券の場合、以下のようにその種類によって評価額が異なります。

なお、株式は供託できません。

・国債：100%
・地方債、政府保証債：90%
・その他の債券：80%

その他の債券は鉄道債券等ですが、ほとんど出題されないため覚える必要はありません。

⑤新たに事務所を設置した場合

宅建業者が新たに事務所を設置した場合、営業保証金（支店1か所につき500万円）を主たる事務所の最寄りの供託所に追加で供託し、その旨を免許権者に届け出た後でなければ、新しい事務所で業務を開始することができません。

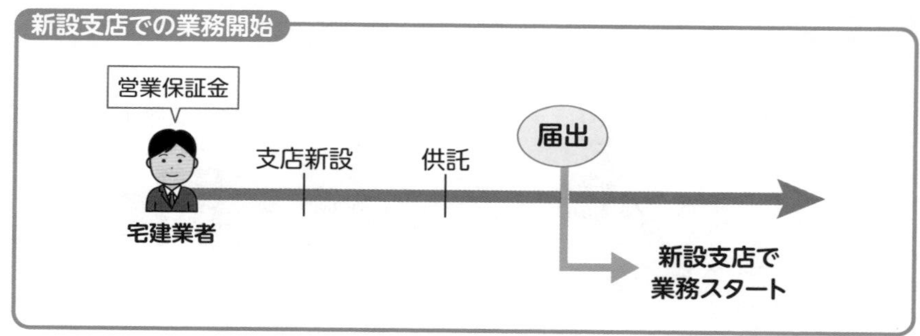

⑥主たる事務所の移転により最寄りの供託所が変わる場合の手続

(1)保管替え(金銭のみの供託)

金銭のみで供託している場合は、遅滞なく費用を予納（保管替えの手数料）して、営業保証金を供託している供託所に対し、移転後の主たる事務所の最寄りの供託所への**保管替えを請求しなければなりません**。

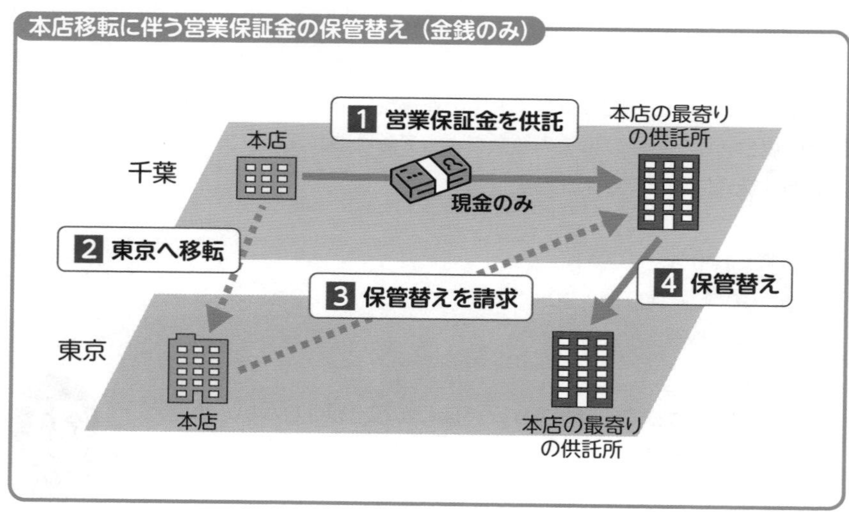

(2)保管替え以外の場合(有価証券を用いた供託)

有価証券のみ、または有価証券と金銭によって供託しているときは、新たな供託所へ営業保証金を供託しなければなりません。有価証券があると保管替えができず、**金銭部分のみの保管替えもできません**。

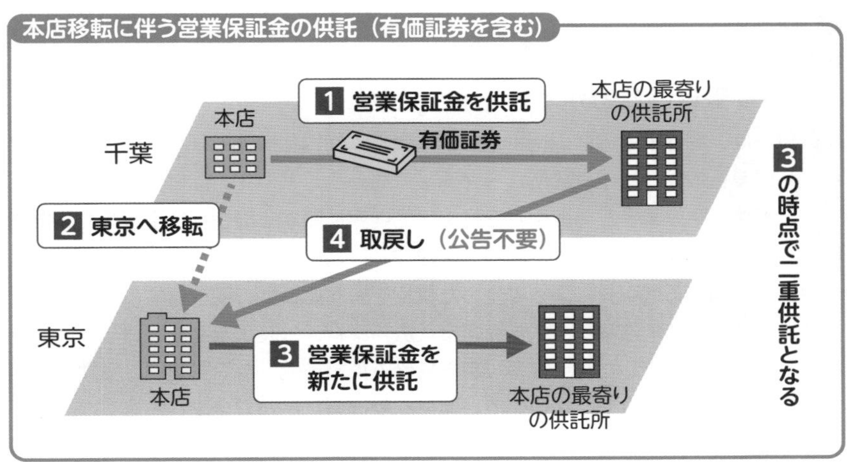

⑦営業保証金の供託のまとめ

次の表に営業保証金の供託についてまとめていますので、復習を兼ねて確認しておきましょう。

● 営業保証金の供託のまとめ

誰がどこへ	宅建業者 → 主たる事務所の最寄りの供託所
いくら	①主たる事務所：1,000 万円 ②その他の事務所：１か所につき 500 万円 ①と②の合計額を供託
どのように	金銭または有価証券で供託 有価証券の評価は下記の通り ①国債証券：額面通り（100%） ②地方債証券・政府保証債証券：額面の 90% ③その他の国土交通省令で定める有価証券：額面の 80%
いつまでに	①供託した旨を免許権者に届け出た後でなければ、すべての事務所において業務を開始できない 免許 → 供託 → 届出 → 業務開始可 ②免許をした日から３か月以内に届出がなければ、免許権者は催告をしなければならず（必要的）、催告が到達した日から１か月以内に届出がなければ、免許権者は免許の取消処分をすることができる（任意的）
事務所新設	新たに営業保証金を供託し、その旨を免許権者に届け出なければ、新設した事務所において業務を開始できない

3 営業保証金の還付

①還付を受けることができる者

還付（かんぷ）とは、宅建業者の取引相手が取引によって受けた損害の弁済を供託所に請求し、宅建業者の代わりに供託所から弁済してもらうことです。還付を受けることができる者は、宅建業者と「取引」を行い**「宅建業に関する取引」によって生じた債権を有する者**です。なお、プロである宅建業者は還付を受けることができません。

「宅建業に関する取引」によって生じた債権を有する者は、宅地建物の取引にあたる者のみであり、宅建業者の広告を扱った広告業者、内装工事を請け負った内装業者、電気工事を実施した電気業者、自ら貸借で損害を受けた借主等は、宅建業に関する取引を行ったわけではないので、還付を受けることができません。

②還付の額

還付額は、供託されている**営業保証金の範囲内**です。債権の全額が弁済されるとは限りません。

下記に事務所の数に応じた営業保証金の還付額を示しています。

例）	事務所×1（本店のみ）	1,000万円まで
	事務所×2（本店と支店）	1,000万円＋500万円＝1,500万円まで
	事務所×3（本店と支店２つ）	1,000万円＋500万円×２＝2,000万円まで

③還付請求の手続

還付を受けようとする者は、直接、供託所に供託物払渡請求書を提出します。

④還付後の手続

還付により供託すべき営業保証金の額に不足が生じたときは、その**不足額**を免許権者から**通知のあった日から２週間以内に供託**しなければなりません。

そして、不足額について供託した場合は、その日から**２週間以内に供託**した旨を**免許権者に届け出**なければなりません。

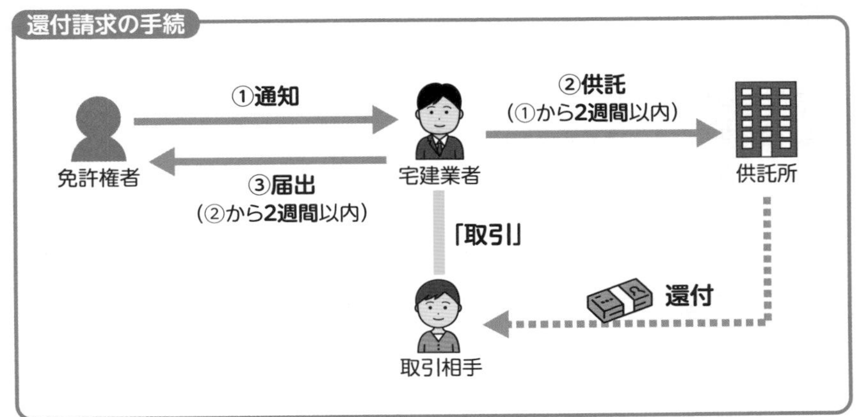

不足額の補充は、免許権者による通知のあった日から２週間以内という点に注意してください。不足が生じた日から２週間以内ではありません。

4 営業保証金の取戻し

①取戻し

供託した宅建業者について、営業保証金を供託しておく必要がなくなった場合、宅建業者は、供託所に対して営業保証金の取戻しを請求することができます。

取戻しのできる具体的な場合は、以下の通りです。

①宅建業の免許の有効期間が満了したのに、更新を受けず**免許が失効**したとき
②**免許が取り消されたとき**
③死亡（個人業者）・合併消滅（法人業者）したとき、破産・解散（法人業者）・廃業の届出をしたとき
④**事務所の一部を廃止**するなど、供託している営業保証金の額が、法定の営業保証金の額を超えたとき
⑤**有価証券と金銭**、または**有価証券のみ**を供託している場合において、主たる事務所の移転に伴う最寄りの供託所の変更により、**新たに営業保証金**を供託したとき
⑥宅建業者が**保証協会の社員**となり、営業保証金の供託を免除されたとき

②取戻しの手続

還付請求権を有するものに対して、**6か月以上**の期間内に還付の権利を申し出るべき旨を**公告**しなければ、取戻しをすることができません。そして、公告をしたときは、遅滞なくその旨を**免許権者に届け出**なければなりません。

ただし、以下の場合には例外的に公告が不要です。

・有価証券と金銭、または有価証券のみを供託している場合に、主たる事務所の移転に伴う最寄りの供託所の変更により、**新たに営業保証金**の供託をしたとき
・宅建業者が**保証協会の社員**となり、営業保証金の供託を免除されたとき
・取戻し事由（廃業届出にて失効または取引の結了）が発生してから**10年を経過**したとき

営業保証金は覚えることが多いため、常に弁済業務保証金の話との違いを意識しながら勉強を進めましょう。比較しながら学ぶことで記憶が定着しやすくなります。

問題にチャレンジ ○か×で答えましょう

Q1 宅建業者は、事業の開始後新たに従たる事務所を設置したときは、その従たる事務所の最寄りの供託所に政令で定める額を供託し、その旨を免許を受けた国土交通大臣または都道府県知事に届け出なければならない。

Q2 宅建業者は、宅地建物取引業の開始後1週間以内に、供託物受入れの記載のある供託書の写しを添付して、営業保証金を供託した旨を免許を受けた国土交通大臣または都道府県知事に届け出なければならない。

Q3 宅建業者は、一部の事務所を廃止し営業保証金を取り戻そうとする場合には、原則として供託した営業保証金につき還付を請求する権利を有する者に対し、6月以上の期間を定めて申し出るべき旨の公告をしなければならない。

Q4 宅建業者が、営業保証金を金銭および有価証券をもって供託している場合で、主たる事務所を移転したためその最寄りの供託所が変更したときは、金銭の部分に限り、移転後の主たる事務所の最寄りの供託所への営業保証金の保管替えを請求することができる。

解答と解説

A1 × 宅建業者は、営業保証金を主たる事務所の最寄りの供託所に供託しなければなりません。

A2 × 宅建業者は、業務を開始するまでに、供託所に営業保証金を供託しなければなりません。「開始後1週間」ではありません。業務開始までの順番は「免許→供託→届出→業務開始」の順番です。

A3 ○ 営業保証金を取り戻すには、6か月以上の期間を定めて、公告手続を行う必要があります。しかし、「事由発生から10年経過」「保証協会に加入」「二重で供託した場合の取戻し」の場合は公告不要です。

A4 × 「金銭と有価証券で供託」している場合には、「保管替え」は利用できません。保管替えができるのは「金銭のみで供託」している場合です。

問題にチャレンジ　○か×で答えましょう

Q5 宅建業者に委託している家賃収納代行業務により生じた債権を有する者は、宅建業者が供託した営業保証金について、その債権の弁済を受けることができる。

Q6 宅建業者は、その免許を受けた国土交通大臣または都道府県知事から、営業保証金の額が政令で定める額に不足することとなった旨の通知を受けたときは、供託額に不足を生じた日から２週間以内に、その不足額を供託しなければならない。

Q7 宅建業者は、不正の手段により法第３条第１項の免許を受けたことを理由に免許を取り消された場合であっても、営業保証金を取り戻すことができる。

Q8 宅建業者Ａは、甲県知事の免許を受けた日から１月以内に、政令で定める額の営業保証金を主たる事務所の最寄りの供託所に供託し、かつ、その旨を甲県知事に届け出なければ、事業を開始することができない。

解答と解説

A5 ×　「家賃収納代行業務」は、宅建業に関する取引ではありません。営業保証金から弁済を受けることができるのは、宅建業に関する取引によって生じた債権でなければなりません。

A6 ×　「供託額に不足を生じた日」ではなく、免許権者から不足額を供託すべき旨の通知を受けた日から２週間以内にその不足額を供託する必要があります。

A7 ○　免許を取り消された場合であっても、営業保証金を取り戻すことは可能です。取り戻す際は、還付請求できる者に対して、６か月以上の期間を定めて、公告手続を行う必要があります。

A8 ×　免許権者は、免許をしてから３か月以内に供託した旨の届出がないと、届出をすべき催告をしなければなりません。この催告が到達してから、さらに１か月以内に供託しないときは、免許を取り消すことができます。しかし、「免許を受けた日から１月以内」に供託・届出という規定はありません。

7 保証協会・弁済業務保証金

▶▶▶ 保証協会の存在により開業しやすくなっています

宅建業者にとって、保証協会とはどのような位置づけなのでしょうか？

お客さまに損害賠償をしなければならないときに備えて一定額を積み立てるという趣旨で営業保証金制度がありますが、本店で 1,000 万円の供託が必要だと開業のハードルが高くなってしまいます。そこで、より開業しやすいようにという配慮から用意されているのが保証協会です。営業保証金と似ている規定が多いため、覚えるのが大変かと思いますが、必ず出題されるテーマですので、比較しつつ整理しましょう。

1 営業保証金と保証協会の違い

宅地建物取引業を開業するには、営業保証金か保証協会（団体による保証）のどちらかの制度を利用しなければなりません。

宅建業法上の保証協会は一般社団法人です。また、複数の団体が存在しますが、加入できる保証協会は1つだけです（任意加入）。

例えば、全国宅地建物取引業保証協会（ハトマーク）、不動産保証協会（ウサギマーク）の２つの保証協会があります。

①保証協会の業務

保証協会の業務は必須業務と任意業務に分かれ、それぞれ以下のものがあります。

● 保証協会の業務内容

必須業務	苦情の解決	社員の行った取引に関する苦情の解決と結果の周知
	研修の実施	宅建士の研修や宅建業従事者等の研修の実施
	弁済業務	社員と取引をして生じた債権を有する者への弁済業務。社員となる前に取引した者を含むが、宅建業者は除かれる

任意業務	一般保証業務	宅建業者が債務者となる場合の連帯保証業務
	手付金等保証業務	保全措置を要する手付金等を代行受理、保管
	研修費用の助成業務	宅建士などへの研修費用の助成など
	宅建業の健全な発達を図るために必要な業務	

②宅地建物取引士に対する研修の充実

保証協会は、宅建業者を直接または間接の社員とする一般社団法人（宅建業協会等）に対して、宅建士等に対する研修の実施に要する費用の助成をすることができます。

宅建業者を直接または間接の社員とする一般社団法人（宅建業協会等）は、宅建士等がその職務に関して必要な知識および能力を効果的かつ効率的に習得できるよう、体系的な研修を実施するよう努めなければなりません。

③保証協会の報告

新たに社員が**加入**したり、社員がその**地位を失った**ときは、直ちに保証協会はその社員たる宅建業者の免許権者に**報告**をしなければなりません。

④担保の請求

保証協会は社員が加入する前に行った取引から生じた債権に対する弁済により、弁済業務の円滑な運営に支障をきたすおそれがあると認めたときは、社員に対し担保の提供を求めることができます。

なお、宅建業者は、保証協会に加入すると、営業保証金を供託しなくても宅建業の業務ができるようになります。営業保証金を供託していた宅建業者が保証協会に加入した場合は、公告なしに営業保証金を取り戻すことができます。

2 弁済業務保証金分担金と弁済業務保証金

①弁済業務保証金分担金の納付と弁済業務保証金

営業保証金の場合は、宅建業者が直接供託所に営業保証金を供託します。

一方、保証協会（弁済業務保証金（べんさいぎょうむほしょうきん））の制度は、宅建業者が**保証協会**に**弁済業務保証金分担金**（以下、「分担金」とする）を納付し、**保証協会**が**供託所**に**弁済業務保証金**を**供託**します。

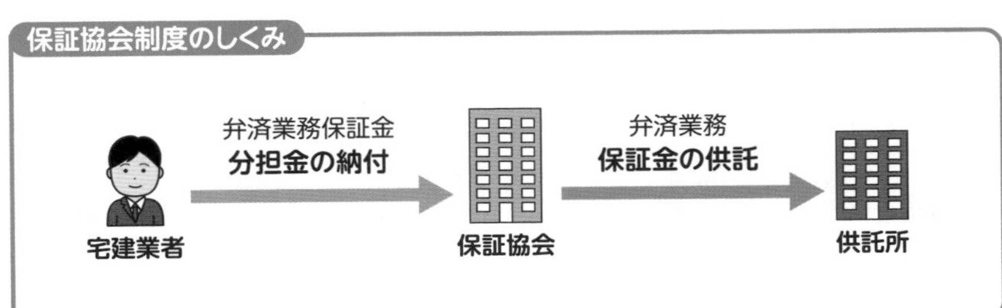

②分担金の納付時期

分担金は、保証協会に加入するときまでに、宅建業者が保証協会へ納付します。

③分担金の納付額

分担金の納付額は、主たる事務所は60万円、その他の事務所は1か所につき30万円です。これらの合計額が、納付する額となります。

分担金の納付は金銭で行います。有価証券による納付はできません。

例）主たる事務所とその他事務所（支店）を3か所設置する宅建業者の場合
主たる事務所：60万円 ＋ その他事務所：30万円 × 3 ＝ 150万円
弁済業務保証金分担金の納付額 ＝ 150万円

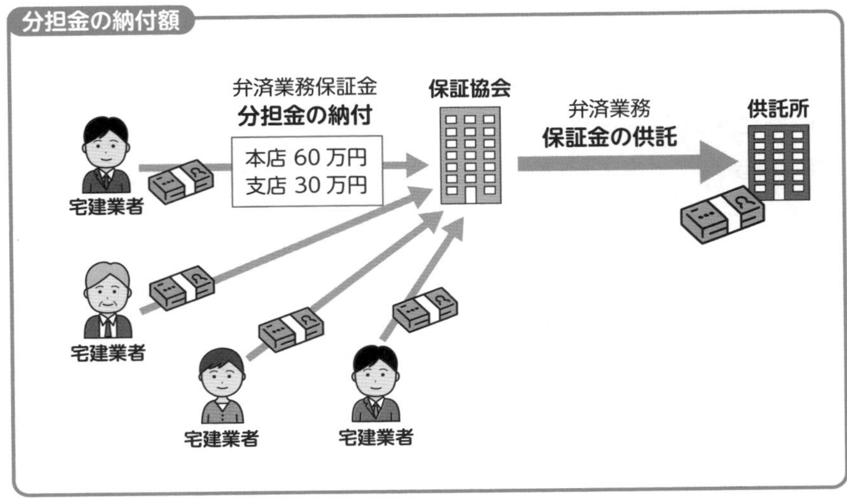

④弁済業務保証金の供託

保証協会は、分担金と同額の**弁済業務保証金**を、分担金の納付から**1週間以内**に供託所に**供託**しなければなりません。供託は、**金銭または有価証券**で行うことができます。

供託先は、法務大臣および国土交通大臣の定める供託所（現在は東京法務局）です。

保証協会は、弁済業務保証金を供託したときは、供託所の写しを添付して**社員たる宅建業者の免許権者（国土交通大臣または都道府県知事）**に届け出なければなりません。

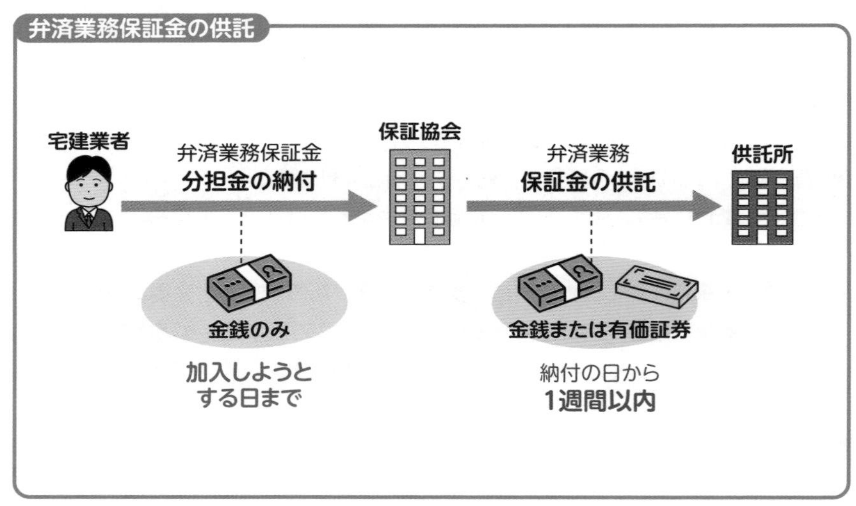

⑤新たに事務所を設置した場合

宅建業者は新たに事務所を新設した場合、**設置の日から2週間以内**に保証協会に分担金を**納付**しなければなりません。

保証協会は**納付の日から1週間以内**に、分担金と同額の弁済業務保証金を**供託**しなければなりません。そして、保証協会は供託後、供託所の写しを添付して**社員たる宅建業者の免許権者に届け出なければなりません**。

弁済業務保証金分担金を納付しないときは、宅建業者は、保証協会の社員たる地位を失います。宅建業者が保証協会の地位を失ったときは、その日から**1週間以内に営業保証金を供託**しなければなりません。そして、**宅建業者**は営業保証金を供託した旨を**免許権者に届け出る**必要があります。

営業保証金の宅建業者が、新たに事務所を設置した場合は、営業保証金（支店１か所につき 500 万円）を主たる事務所の最寄りの供託所に追加供託し、その旨を免許権者に届け出た後でなければ、新設された事務所で業務を行うことはできません。事務所を新設した場合の分担金の納付は、営業保証金の場合とは異なり、事前納付ではないことに注意しましょう。

⑥弁済業務保証金分担金と弁済業務保証金のまとめ

次の表に、これまで見てきた弁済業務保証金分担金と弁済業務保証金についてまとめています。

● 弁済業務保証金分担金と弁済業務保証金

	弁済業務保証金分担金	弁済業務保証金
誰がどこへ	社員になろうとする宅建業者 →保証協会へ	保証協会 →法務大臣および国土交通大臣の定める供託所へ
いくら	①主たる事務所：60 万円 ②その他の事務所：１か所につき 30 万円 →①②の合計額を納付	弁済業務保証金分担金と同額を供託
どのように	金銭のみで納付	営業保証金と同様
いつまでに	保証協会に加入しようとする日までに納付	①分担金の納付があった日から１週間以内に供託 ②供託した旨を免許権者に届出
事務所新設	設置の日から２週間以内に新たに分担金を納付（納付しなければ社員たる地位を失う）	納付のあった日から１週間以内に弁済業務保証金を供託

3 弁済業務保証金の還付

弁済業務保証金の還付については、営業保証金の場合と基本的に同じです。弁済される条件や金額等に差があると、取引をした者に不公平が生じてしまうからです。

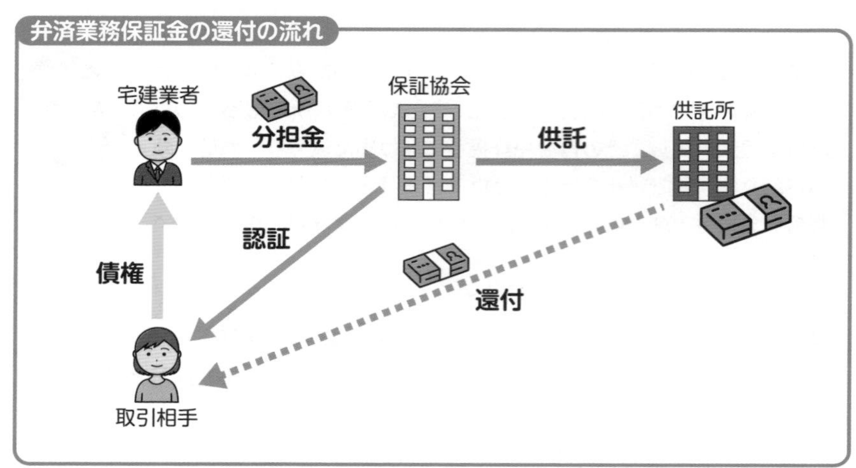

①還付を受けられる者

宅建業者と取引し、その取引によって生じた債権を有する者が、還付を受けることができます。**還付を受けることができる者から、宅建業者は除かれます**。これは営業保証金と同じです。

社員が社員となる前に取引した者（宅建業者が保証協会に加入する前に取引した者）も、その取引に関する債権を弁済してもらえます。

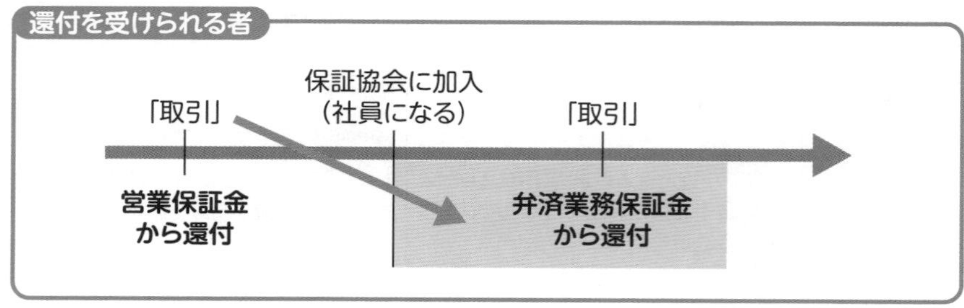

②還付の限度額

還付の限度額は、営業保証金の場合と同じです。

例）主たる事務所とその他事務所（支店）を３か所設置する宅建業者の場合
1,000 万円 ＋ 500 万円 × 3 ＝ 2,500 万円

③保証協会の認証

還付を受けようとする者は、**保証協会の認証**を受けなければなりません。

④還付の手続

保証協会は、**国土交通大臣から通知**を受けた日から**2週間以内**に、**還付額に相当する額**を供託所に**供託**しなければなりません。

また供託した旨を宅建業者の免許権者に届け出なければなりません。

そして、保証協会は社員に対して還付額に相当する還付充当金を保証協会に納付するように**通知**しなければなりません。宅建業者は、保証協会から還付充当金を納付すべき**通知を受けた日から2週間以内**に還付充当金を納付しなければなりません。

納付しなければ、保証協会の社員たる地位を失います。

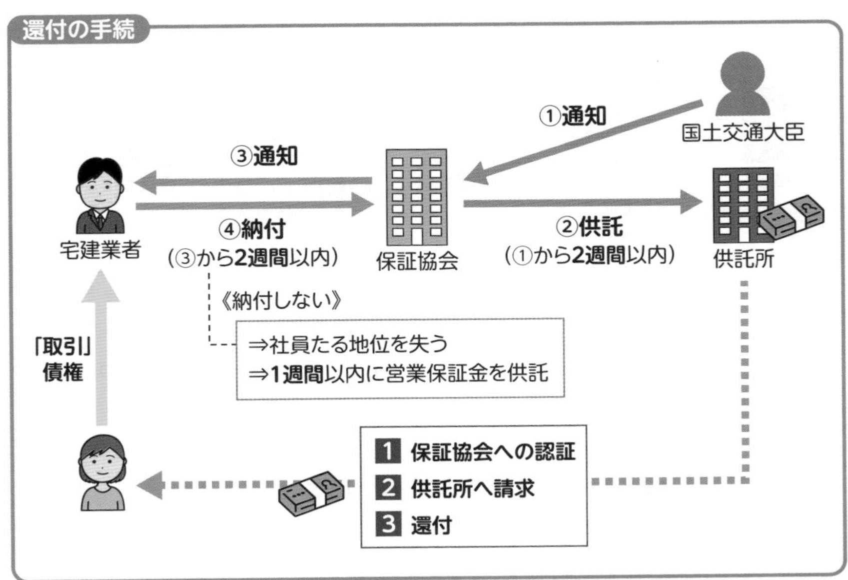

宅建業者が保証協会の社員たる地位を失った場合の措置として、社員たる地位を失った日から**1週間以内**に**営業保証金**を**供託**しなければなりません。そして、宅建業者は、営業保証金を供託した旨を**免許権者に届出**する必要があります。

社員たる地位を失う場合の例として、還付充当金を納付しない、支店設置後2週間以内に分担金を納付しない、があげられます。

社員でなくなった日から１週間という点は頻出です。通常の流れは２週間なので意識しておきましょう。

4 弁済業務保証金の取戻し

①取戻し・返還できる場合

社員である宅建業者が社員でなくなったとき、事務所の一部を廃止し、分担金の額が法定額を超えるときには、供託所から弁済業務保証金を取り戻し、保証協会から返還を受けることができます。

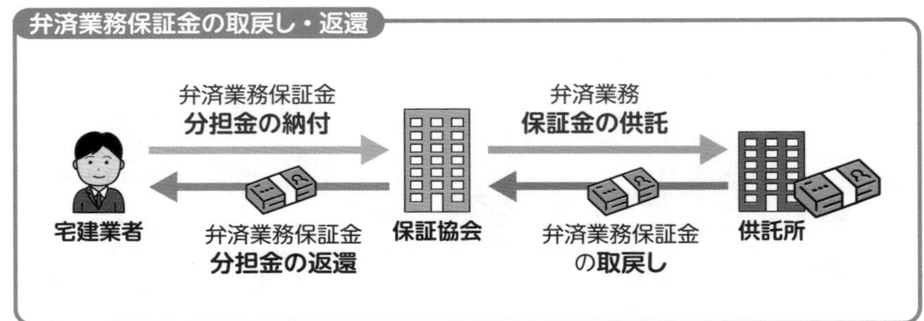

②取戻し・返還の手続

供託所からの取戻しは保証協会が行い、それに相当する額を保証協会が宅建業者に返還します。取戻しの手続は下記の通り異なります。

(1)社員である宅建業者が社員でなくなったとき

保証協会は還付請求権者に対して、６か月以上の一定期間内に保証協会の認証を受けるための申出をすべき旨を公告しなければなりません。

(2)事務所の一部を廃止し、分担金の額が法定額を超えるとき

保証協会は公告することなく、直ちに弁済業務保証金を取り戻して社員である宅建業者に弁済業務保証金分担金を返還することができます。

支店１か所あたり 30 万円と少額であること、保証協会の制度で還付請求権者を救済できることから公告は不要となっています。

● 弁済業務保証金の取戻し事由

取戻し事由	公告の要否
①社員でなくなった	保証協会は、取戻しの前に、還付請求権者に対して、6か月を下らない一定期間内に申し出るべき旨を公告しなければならない
②一部の事務所の廃止	公告は不要

一部の事務所廃止の際に公告不要な点は、営業保証金と異なります。しっかり比較して覚えましょう。

5 その他

①弁済業務保証金準備金

保証協会の社員である宅建業者が倒産する場合など、還付充当金が納付されなくなる危険に備え、保証協会はあらかじめ一定額を積み立てておく義務を負っています。この積立金を**弁済業務保証金準備金**（べんさいぎょうむほしょうきんじゅんびきん）といいます。

②特別弁済業務保証金分担金

保証協会は還付により生じた不足額に、弁済業務保証金準備金を充当してもなお不足があるときは、全社員に対して、納付している弁済業務保証金分担金の額に応じた割合の金額（**特別弁済業務保証金分担金**（とくべつべんさいぎょうむほしょうきんぶんたんきん））を納付するように通知しなければなりません。

社員は上記の通知を受けた日から**1か月以内**に通知された額の特別弁済業務保証金分担金を保証協会に納付しなければなりません。

期間内に納付しないときは、その社員は社員としての地位を失います。

社員の地位を失ったものは、その日から**1週間以内に営業保証金を供託**し、その旨を免許権者に**届け出**なければなりません。

③供託所に関する説明

実務的には、買主には重要事項説明の際に行うことが多いですが、宅建業法上は、売主や貸主にも説明義務があるため、重要事項説明とは区別されています。これは、住宅瑕疵担保履行法における供託所等に関する説明とは扱いが異なっています。

(1) 供託所に関する説明

宅建業者は、**契約が成立するまで**に、**取引の当事者**（売主・買主・貸主・借主・交換の両当事者）に対して、営業保証金や弁済業務保証金の**供託所に関する事項**について説明しなければなりません。ただし、保証金からお金をもらえない宅建業者を除きます。

説明は宅建士でない者でも行うことができます。書面ではなく**口頭**で行うこともできます。

(2) 説明事項

宅建業者が営業保証金制度を利用している場合には、営業保証金の**供託所**とその**所在地**に関する説明が必要です。

また、宅建業者が保証協会の社員である場合には、「社員である旨」「保証協会の名称・住所・事務所の**所在地**」「弁済業務保証金の**供託所**とその**所在地**」に関する説明が必要です。なお、**供託した保証金の額**や**弁済業務保証金分担金の額**については**説明不要**です。

保証協会の入会は任意です。本店のみの場合、1,000 万円の供託が 60 万円の分担金によって供託不要になるため、入会する業者が多いのは確かです。ただ、入会金や年会費もかかることから、すべての業者に入会が義務づけられてはいません。試験には出ませんが、単に 60 万円で済むわけではないのです。

6 営業保証金制度と保証協会制度の比較

最後に、営業保証金、弁済業務保証金分担金、弁済業務保証金についてまとめていますので、赤字を中心に確認しておきましょう。

● 営業保証金、弁済業務保証金分担金と弁済業務保証金の比較

		営業保証金	弁済業務保証金分担金	弁済業務保証金
納付・供託		本店の最寄りの供託所へ一括して供託	宅建業者が保証協会へ納付	保証協会が供託所へ供託
供託物		本店：1,000 万円 支店：500 万円 →有価証券でも可	本店：60 万円 支店：30 万円 →金銭のみ。有価証券は不可	分担金と同額 →有価証券でも可
期間	最初の供託等	供託し、免許権者に届け出ないと事業開始できない	加入しようとする日までに納付	分担金納付を受けた日から１週間以内に供託
期間	事務所増設	供託・届出しないと、その事務所で事業開始できない（事前）	増設の日から２週間以内に納付（事後）	納付を受けた日から１週間以内に供託
供託等がない場合		免許の日から３か月届出なし→催告（必要的） 催告到達日から１か月届出なし→免許取消（任意的）	事務所増設の日から２週間以内に納付しないと社員の地位を失う	※宅建業者は、社員の地位を失った場合、１週間以内に営業保証金を供託する
還付対象		宅建業に関する「取引」によって生じた債権 →宅建業者を除く		加入前の取引も対象 →宅建業者を除く
還付限度額		本店 1,000 万円＋支店数×500 万円		営業保証金と同額
還付手続		直接供託所に申請		保証協会の認証 →供託所から還付
不足額の充当等		免許権者の通知から２週間以内に供託し、さらに２週間以内に供託した旨を届け出る	保証協会の通知から２週間以内に還付充当金を納付する（納付しないと社員の地位を失う）	国土交通大臣の通知から２週間以内に供託し、免許権者にその旨の届出をする
取戻し・返還の手続等	公告必要	宅建業者が公告する（６か月以上の期間必要） 【取戻事由】 ・免許失効 ・事務所の一部を廃止	保証協会が取り戻し、社員に返還する	保証協会が公告する（６か月以上の期間必要） 【取戻事由】 ・社員の地位を失った
取戻し・返還の手続等	公告不要	【取戻事由】 ・本店移転で最寄りの供託所が変更した場合（保管替えを除く） ・保証協会の社員となった ・取戻事由発生から 10 年経過		【取戻事由】 ・事務所の一部を廃止

問題にチャレンジ　○か×で答えましょう

Q1 宅建業者Aは、保証協会の社員の地位を失った場合、Aとの宅地建物取引業に関する取引により生じた債権に関し権利を有する者に対し、6か月以内に申し出るべき旨の公告をしなければならない。

Q2 宅建業者で保証協会に加入した者は、その加入の日から2週間以内に、弁済業務保証金分担金を保証協会に納付しなければならない。

Q3 保証協会の社員は、新たに事務所を設置したにもかかわらずその日から2週間以内に弁済業務保証金分担金を納付しなかったときは、保証協会の社員の地位を失う。

Q4 還付充当金の未納により保証協会の社員の地位を失った宅建業者は、その地位を失った日から2週間以内に弁済業務保証金を供託すれば、その地位を回復する。

Q5 保証協会は、弁済業務保証金の還付があったときは、当該還付に係る社員または社員であった者に対して、当該還付額に相当する額の還付充当金を保証協会に納付すべきことを通知しなければならない。

Q6 保証協会に加入した宅建業者は、直ちに、その旨を免許を受けた国土交通大臣または都道府県知事に報告しなければならない。

Q7 保証協会は、弁済業務保証金分担金の納付を受けたときは、その納付を受けた額に相当する額の弁済業務保証金を供託しなければならない。

Q8 保証協会の社員との宅地建物取引業に関する取引により生じた債権を有する者は、当該社員が納付した弁済業務保証金分担金の額に相当する額の範囲内で、弁済を受ける権利を有する。

Q9 保証協会の社員との宅地建物取引業に関する取引により生じた債権を有する者は、弁済を受ける権利を実行しようとする場合、弁済を受けることができる額について保証協会の認証を受けなければならない。

解答と解説

A1 × 還付請求権者に対して公告するのは保証協会です。宅建業者Aが公告するのではありません。

A2 × 保証協会に加入しようとする宅建業者は、加入しようとする日までに、弁済業務保証金分担金を金銭で納付しなければなりません。

A3 ○ 新たに事務所を設置した場合は、その日から２週間以内に弁済業務保証金分担金を納付しなければ保証協会の社員の地位を失います。

A4 × 保証協会の社員の地位を失った宅建業者は、その地位を失った日から１週間以内に営業保証金を供託しなければなりません。また、保証協会の社員の地位を失った以上、自動的に地位が回復することはありません。

A5 ○ 弁済業務保証金の還付があった場合、保証協会は、社員に還付額に相当する額の還付充当金を納付するように通知しなければなりません。社員は通知を受けてから２週間以内に、還付充当金を納付する義務を負います。

A6 × 宅建業者が保証協会に加入したとき、その旨を免許権者に報告するのは保証協会です。

A7 ○ 保証協会は、弁済業務保証金分担金の納付を受けたときは、その日から１週間以内に、その納付を受けた額に相当する額の弁済業務保証金を供託しなければなりません。

A8 × 弁済業務保証金から弁済を受けることができる限度額は、営業保証金の額に相当する額の範囲内です。

A9 ○ 弁済業務保証金から還付を受ける権利を有する者が弁済を受けるときには、弁済を受けることができる額について保証協会の認証を受ける必要があります。認証を受けた後に供託所に還付請求します。

8 媒介契約の規制

▶▶▶ 宅地・建物の「仲介」取引契約について学ぼう

不動産屋（宅建業者）に宅地・建物の買主を探してもらうよう依頼する場合には、どのような種類がありますか？

依頼のタイプは、取引相手を紹介してもらう「媒介」と、依頼者の代わりに契約までを依頼する「代理」とに分かれています。
依頼者と宅建業者との間で媒介契約や代理契約をした場合、その契約内容によって一定の書面の作成・交付、業務処理状況の報告などが宅建業者に義務づけられています。

1 媒介と代理

①媒介と代理の違い

(1)媒介

媒介（ばいかい）とは、**いわゆる「仲介（ちゅうかい）」のことです**。例えば、宅地建物を売却したい人から媒介の依頼を受けた宅建業者が、宅地建物を購入したい人を紹介し、売買契約の手伝いをすることが該当します。

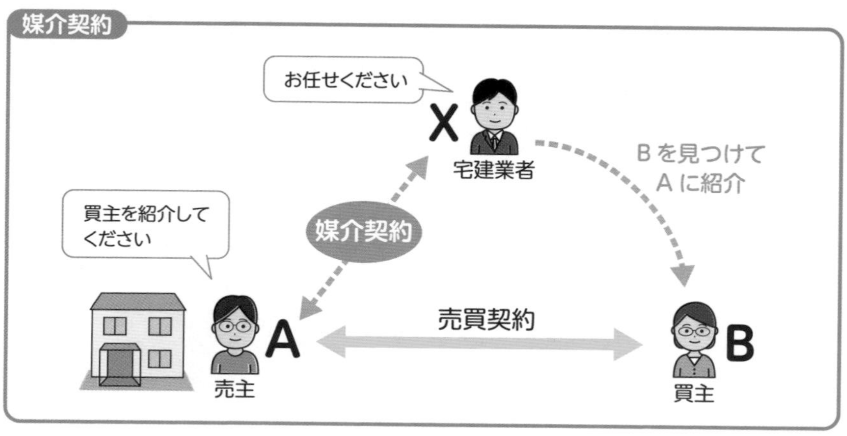

図のように、Aが宅建業者Xとの間で媒介契約を締結した場合、宅建業者Xは、

Ｂを見つけてＡに紹介するなど、ＡとＢが売買契約を締結するための業務を行います。

(2)代理

代理(だいり)とは、**依頼を受けた代理人が、依頼者に代わって直接、相手方と契約を行うことをいいます**。例えば、宅地建物を売却したい人から代理の依頼を受けた宅建業者が、宅地建物を購入したい人と直接、売買契約をすることです。代理の依頼者を売主として契約が成立します。

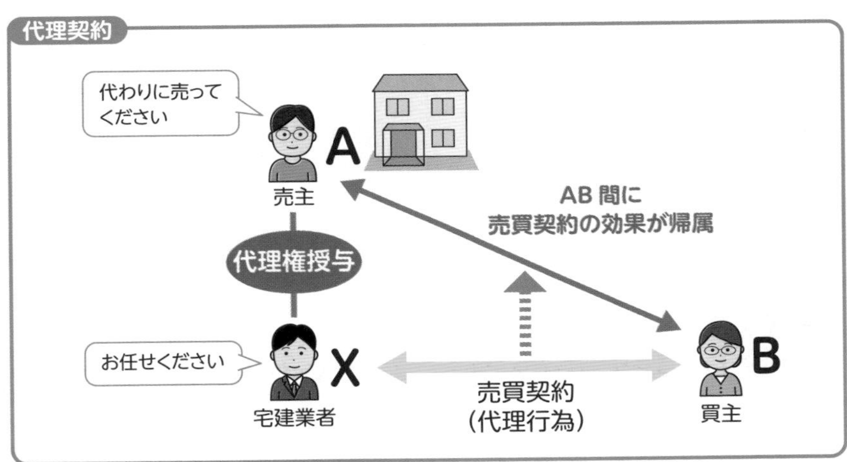

図のように、Ａが宅建業者Ｘに代理を依頼した場合、宅建業者Ｘは、Ａの代理人として購入希望者であるＢと直接、売買契約をします。そして、代理の効果は本人であるＡに帰属するため、ＡＢ間に売買契約が成立することになります。

実務上、宅建業者が一般の消費者から「媒介・代理」の業務を受けるときは、媒介がほとんどです。試験ではほとんどが媒介のルールとして出題されますので、本書では「媒介のルール」として学習します。代理も媒介と同様に考えます。

媒介・代理のルールは、売買と交換のときだけのルールです。貸借での適用がないことは覚えておいてください。例えば、媒介契約書は貸借では不要だったり、指定流通機構への登録も義務ではありません。

2 媒介契約の種類

媒介契約には、次の種類があります。

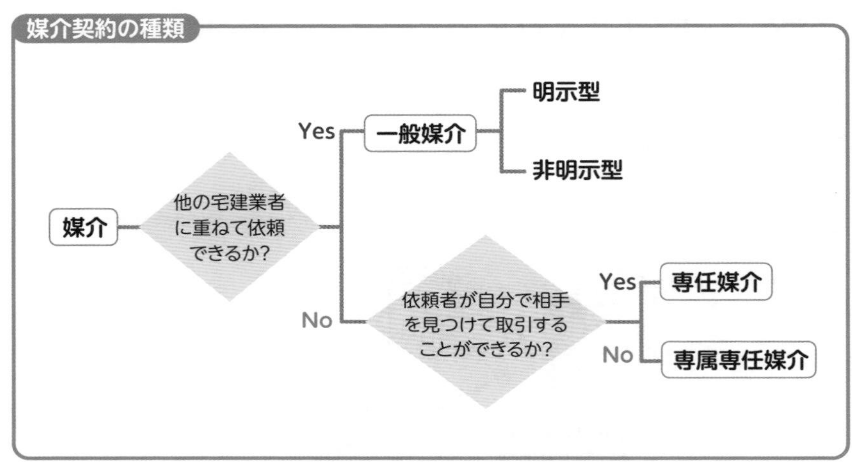

①一般媒介

一般媒介（いっぱんばいかい）とは、複数の宅建業者に重ねて媒介の依頼ができるタイプの媒介契約です。

一般媒介には、ほかに重ねて依頼している宅建業者が誰なのかを明示する義務のある**明示型**と明示する義務のない**非明示型**があります。

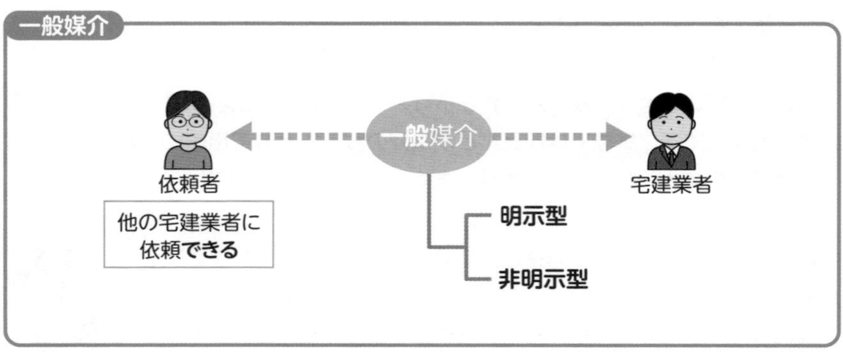

②専任媒介

専任媒介(せんにんばいかい)とは、ほかの宅建業者に重ねて媒介の依頼をすることができないタイプの媒介契約です。ただし、依頼者が自ら発見した相手と契約することができます。

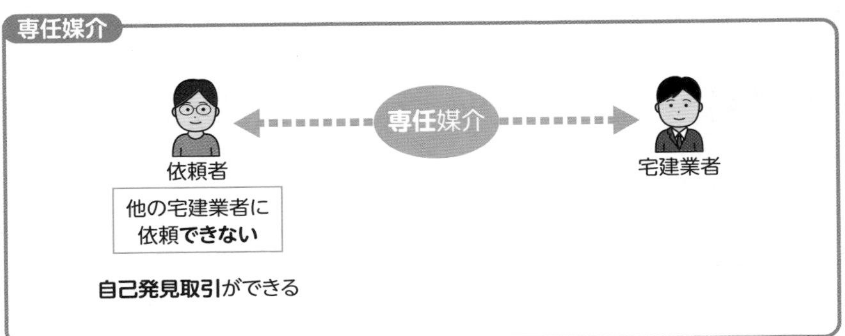

③専属専任媒介

専属専任媒介(せんぞくせんにんばいかい)は、専任媒介契約の一種です。**専属専任媒介の場合、依頼者が自ら発見した取引相手との契約が禁止されます**。

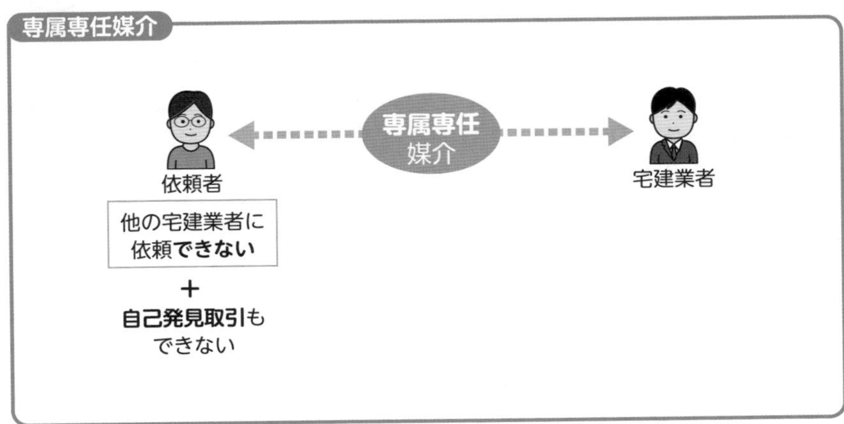

④媒介契約の種類のまとめ

これまで見てきた媒介契約の種類を次にまとめています。

● 一般・専任・専属専任媒介の違い

		一般媒介	専任媒介	専属専任媒介
①内容	他の業者に重ねて依頼できるか	可 （明示型・非明示型）	不可 （代理の依頼も不可）	
	自己発見取引	可	可	不可
②有効期間		規制なし	・3か月以内（3か月を超えて定めても3か月に短縮。更新後も同じ） ・更新には依頼者の申出必要（自動更新不可）	
③業務処理状況の報告義務			・2週間に1回以上 ・口頭でも可	・1週間に1回以上 ・口頭でも可
④指定流通機構への登録義務			契約日から7日以内（業者の休業日は除く）に登録	契約日から5日以内（業者の休業日は除く）に登録
⑤申込みがあった旨の報告		媒介物件について売買または交換の申込みがあったときは、遅滞なくその旨を依頼者に報告しなければならない。		

お客さまとの結び付きは、一般媒介→専任媒介→専属専任媒介の順に強くなります。

⑤媒介契約の規制

媒介契約を締結した宅建業者は、媒介契約の目的物である宅地・建物の売買または交換の申込みがあったときは、遅滞なく、依頼者に報告しなければなりません。

そして、専任媒介・専属専任媒介契約の場合、下記の規制があります。

(1)有効期間と更新

契約期間の上限は3か月です。3か月を超えた場合は、3か月に短縮されます。

依頼者の申出がある場合に限って、3か月を限度として更新できます。契約であるため、宅建業者は依頼者の申出を承諾しないこともできます。

有効期間を自動的に更新する特約等や依頼者に不利となる特約は無効です。たとえ依頼者の事前承諾があっても、自動更新特約は無効です。ただし、特約部分のみが無効であって、媒介契約自体は有効です。

専任媒介契約、専属専任媒介とも共通の規制になります。

(2)業務処理状況の報告義務

次の通り業務処理状況について、報告しなければなりません。なお、報告については、電子メールでもかまいません。

専任媒介	2週間に1回以上（休業日を含む）
専属専任媒介	1週間に1回以上（休業日を含む）

上記よりも依頼者に不利になるような特約は無効です。例えば「1か月に1回報告すること」などです。「毎日報告する」など、期間が短い場合は問題ありません。

(3)指定流通機構(レインズ)への登録義務

指定流通機構（レインズ）への登録義務に関して、次の規制があります。

専任媒介	媒介契約の日から7日以内に登録（休業日を含まない）
専属専任媒介	媒介契約の日から5日以内に登録（休業日を含まない）

上記よりも依頼者に不利となるような特約は無効です。例えば、「媒介契約締結の日から2週間以内に登録すること」が該当します。「休業日を含めて5日以内に登録する」など、依頼者に有利になる場合は有効となります。

● 媒介契約の規制のまとめ

	一般媒介	専任媒介	専属専任媒介
有効期間	規制なし	3か月以内※	3か月以内※
報告義務（休み含める）	規制なし	2週間に1回以上	1週間に1回以上
登録期間（休み含まない）	規制なし	7日以内	5日以内

※3か月を超えると3か月に短縮。更新には依頼者の申出が必要

⑥指定流通機構（レインズ）への登録

指定流通機構は、**媒介の依頼を受けた宅建業者が物件の情報を登録し、その他の宅建業者が登録された情報を利用することにより、売買契約の正確かつ迅速な成立と依頼者の利益増進を図ることを目的とする機関です。**

指定流通機構が不動産情報交換のために導入している情報処理システムをレインズといいます。指定流通機構の会員である不動産業者はパソコンなどを利用して、レインズから不動産に関する情報を受け取ることができます。

次に、指定流通機構への登録事項、登録済証の交付、成約の通知を解説します。

(1) 登録事項

登録事項には、下記のものがあります。所有者の氏名、住所は登録事項ではありません。また、一般媒介の場合、登録するかしないかは任意です。

- 宅地または建物についての所在・規模・形質・売買すべき価額（交換は評価額）
- 宅地または建物に係る都市計画法その他法令に基づく制限で主要なもの
- 当該専任媒介契約が専属専任媒介契約である場合にあっては、その旨

(2) 登録済証の交付

指定流通機構（していりゅうつうきこう）に物件情報を登録した場合、宅建業者は指定流通機構から発行される**登録済証を遅滞なく、媒介の依頼者に引き渡さなければなりません**（依頼者の承諾を得て電磁的方法による提供も可）。

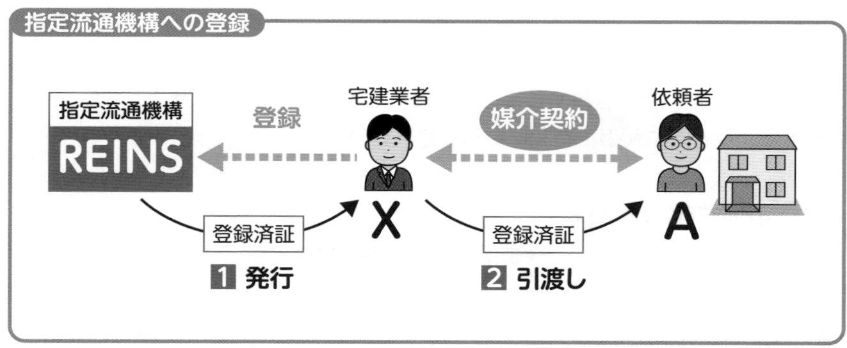

(3) 成約の通知

登録した物件の売買・交換の契約が成立した場合、宅建業者は遅滞なく、その旨を指定流通機構に通知しなければなりません。

通知事項は、登録番号、宅地建物の取引価格、契約成立年月日です。

指定流通機構（レインズ）への登録、成約通知に関しては、個人の住所、氏名は登録・通知事項になっていないことに注意しましょう。なぜなら、レインズは物件の情報であり、個人の情報を載せる必要がないためです。

3 媒介契約書面

①媒介契約書面の交付

宅建業者は、媒介契約をめぐるトラブルを防ぐため、売買または交換の媒介契約を締結すれば、遅滞なく、一定事項を記載した書面（宅建業法 34 条の 2 書面）を作成し記名押印して、依頼者に交付しなければなりません。

なお、依頼者の承諾があれば、書面の交付に代えて電磁的方法により提供することができ、その場合は書面によって契約がなされたものとみなされます。

特に重要なポイントは、「貸借」の媒介では作成・交付不要であることと、媒介契約書面への記名は、宅建士は不要であるということです。

②媒介契約書面の記載事項

宅建業者は、媒介契約書面に以下の事項を記載しなければなりません。

(1) 物件を特定するために必要な情報（地番・家屋番号等で特定）
(2) 売買すべき価額または評価額
宅建業者が価額の意見を述べるときは根拠を明らかにしなければなりません。価額についての意見、根拠は口頭の説明で構いません（書面は不要）。
(3) 媒介契約の種類
(4) 既存建物（中古）の場合は建物状況調査を実施する者の「あっせん」に関する事項
(5) 報酬に関する事項
(6) 有効期限
(7) 解除に関する事項
(8) 依頼者が媒介契約に違反した場合の措置
→明示型一般媒介では、依頼者が明示していないほかの宅建業者の媒介により売買契約を締結したときの措置
→専任媒介では、依頼者が他の宅建業者の媒介により売買契約を締結したときの措置
→専属専任媒介では、依頼者が自ら発見した相手方と売買契約を締結したときの措置
(9) 指定流通機構への登録に関する事項（一般媒介（登録義務なし）でも記載が必要です）
(10) 標準媒介契約約款に基づくか否かの別

標準媒介契約約款とは、国土交通省が、標準的な媒介契約の見本として媒介契約に用いるように指導している媒介契約のひな形のことをいいます。

標準媒介契約約款では、宅建業法の媒介ルールだけではなく、いくつかの特別ルールも盛り込まれています。

● **媒介契約書面**

①趣旨	媒介契約をめぐるトラブルを防止する
②交付の相手	売買・交換の媒介の依頼者（貸借の場合は不要）
③交付時期	売買・交換の媒介契約締結後、遅滞なく
④方法	宅建業者の記名押印 （宅建士の記名は不要） 依頼者の承諾を得て電磁的方法で提供することも可（記名押印に代わる措置が必要）
⑤交付場所	どこでもよい
⑥記載事項（いずれも省略不可）	（1）物件を特定するために必要な事項 （2）売買すべき価額又は評価額※ （3）媒介契約の種類 （4）既存建物であるときは、既存建物の建物状況調査を実施する者のあっせんに関する事項 （5）報酬 （6）有効期間 （7）解除 （8）媒介契約違反の場合の措置 （9）指定流通機構への登録に関する事項 （10）標準媒介契約約款に基づくか否か ※宅建業者が売買すべき価額又は評価額に意見を述べるときは、必ずその根拠を示さなければならない（口頭でよい）

媒介契約書の記載事項は、全て必要的記載事項と覚えてください。

問題にチャレンジ ○か×で答えましょう

Q1 宅地建物取引業者Aが宅地建物取引業者でないBからその所有地の売却の依頼を受け、Bと専属専任媒介契約を締結した場合、Bは、当該物件の媒介の依頼を宅地建物取引業者Cに重ねて依頼することはできないが、Bの親族Dと直接売買契約を締結することができる。

Q2 宅地建物取引業者Aが、Bから B所有の既存のマンションの売却に係る媒介を依頼され、Bと専任媒介契約（専属専任媒介契約ではないものとする）を締結した。Aは、専任媒介契約の締結の日から７日以内に所定の事項を指定流通機構に登録しなければならないが、その期間の計算については、休業日数を算入しなければならない。

Q3 宅地建物取引業者Aが、BからB所有の既存のマンションの売却に係る媒介を依頼され、Bと専任媒介契約（専属専任媒介契約ではないものとする）を締結した。AがBとの間で有効期間を６月とする専任媒介契約を締結した場合、その媒介契約は無効となる。

Q4 宅地建物取引業者A社が、宅地建物取引業者でないBから自己所有の土地付建物の売却の媒介を依頼され、A社がBと専属専任媒介契約を締結した場合、A社は、Bに当該媒介業務の処理状況の報告を電子メールで行うことはできない。

解答と解説

A1 ×　専属専任媒介契約では、自己発見取引も禁止しています。依頼した業者が見つけた相手とのみ取引ができます。親族であっても契約することができません。

A2 ×　専任媒介契約を締結した場合、媒介契約締結の日から７日以内に指定流通機構に登録しなければなりません。しかし、この規定は休業日を除きます。

A3 ×　専任媒介契約の有効期間は３か月を超えることができません。これより長い期間を定めた場合、有効期間は３か月になりますが、契約自体が無効になるわけではありません。

A4 ×　専属専任媒介契約は、業務の処理状況を「１週間に１回以上」の頻度で報告しなければなりませんが、報告の方法は特に限定されていないので、電子メールによる報告でも口頭の報告でもかまいません。

問題にチャレンジ ○か×で答えましょう

Q5 宅地建物取引業者A社が、宅地建物取引業者でないBから自己所有の土地付建物の売却の媒介を依頼され、A社がBと一般媒介契約（専任媒介契約でない媒介契約）を締結した場合、A社がBに対し当該土地付建物の価額または評価額について意見を述べるときは、その根拠を明らかにしなければならない。

Q6 宅地建物取引業者Aは、Bから、Bが所有し居住している甲住宅の売却について媒介の依頼を受けた。AとBの間で専任媒介契約を締結した場合、Aは、法第34条の2第1項の規定に基づき交付すべき書面に、BがA以外の宅地建物取引業者の媒介または代理によって売買または交換の契約を成立させたときの措置について記載しなければならない。

Q7 宅地建物取引業者Aが、BからB所有の宅地の売却に係る媒介を依頼された。AがBと一般媒介契約を締結した場合、当該一般媒介契約が国土交通大臣が定める標準媒介契約約款に基づくものであるか否かの別を、法第34条の2第1項に規定する書面に記載する必要はない。

Q8 宅地建物取引業者Aが、BからB所有の宅地の売却に係る媒介を依頼された。AがBと一般媒介契約を締結した場合、当該宅地の売買の媒介を担当するAの宅建士は、法第34条の2第1項に規定する書面に記名押印する必要はない。

解答と解説

A5 ○　宅建業者が価額について意見を述べるときは、その根拠を明らかにしなければなりません。これは、一般媒介契約であっても専任媒介契約であっても同じです。

A6 ○　専任媒介契約書には「依頼者が他の宅建業者の媒介または代理によって売買または交換の契約を成立させたときの措置」の記載が義務づけられています。

A7 ×　「標準媒介契約約款に基づくか否かの別」は、媒介契約書面の記載事項です。

A8 ○　媒介契約書を作成し、記名押印するのは宅建業者です。宅建士ではありません。

9 重要事項の説明

▶▶▶ **契約前の商品説明が義務化されています**

不動産取引を行う際の「重要事項説明」について教えてください。また、各事項についてどうすれば効率的に覚えることができるでしょうか？

不動産は高価かつ法律が絡む商品です。そこで、宅建士には契約前に商品説明を行うことが義務づけられています。これを重要事項説明といいます。ここではその際に説明が必要か否か、説明方法等について出題されます。
覚えることが多いですが、いきなり丸暗記やゴロ合わせによる暗記はおすすめできません。商品説明であることから、自身が買う立場（借りる立場）になって「絶対に説明されなくては困る」ものは義務がある一方、「説明されなくてもいいだろう」というものは説明義務がないものが多いはずです。考え方で暗記量を減らしていきましょう。また、37条書面（契約書）との違いを明確にする必要があるため、比較しながら学習すると学びやすいです。

1 重要事項の説明とは

売買の買主や賃貸借の借主が契約した後で、物件についての悪い情報（自殺が発生した、法令上の制限等で土地が計画通りに利用できなかったなど）を知り、「やめておけばよかったな……」となるのは気の毒です。そこで、宅建業者は、売買の買主や賃貸借の借主に対して、契約をするかどうかの判断材料を提供するために、契約前の時点で物件に関する重要な情報を知らせる必要があります。これが重要事項の説明であり、宅建士の重要な役割の一つです。

①重要事項の説明義務者と説明担当者

重要事項の説明義務者は、宅建業者です。宅建業者は、宅建士に契約前に重要事項説明をさせなければなりません。ただし、**買主や借主が宅建業者の場合**は、重要事項説明の**書面の交付は必要**ですが、**説明は不要**となります。

複数の業者が「取引」に関わる場合、宅建業者はそれぞれ説明義務を負います。

例えば、ＡＢ間の宅地の売買契約について、宅建業者Ｘが売主Ａの媒介、宅建業者Ｙが買主Ｂの媒介を行う場合、宅建業者Ｘだけでなく Ｙも重要事項説明義務を負います。もし売主も宅建業者であれば、売主も重要事項の説明義務を負います。

重要事項の説明をしないで契約した場合、宅建業者は、業務停止処分の対象となります。注意点として、重要事項説明を行う際、宅建士は相手方から請求がなくても宅建士証を提示しなければなりません。違反すると、罰則として「10 万円以下の過料」が科されることがあります。

また、宅建士は、重要事項説明書（35 条書面）に記名しなければなりません。

● **35 条書面と 37 条書面の比較**

	35 条書面（重要事項説明書）	37 条書面（契約書）
趣旨（ルールの説明）	物件を買うか借りるかの判断となる重要な情報を契約する前に伝える	どのような内容の契約をしたのか証拠をつくる
義務を負う者	宅建業者	
方式	宅建士の記名 宅建士の説明※	宅建士の記名 宅建士の説明不要（合意内容のため）
交付時期	契約を締結するまで	契約締結後、遅滞なく
交付の相手	取得者、借主	契約の両当事者
交付場所	規制なし	

※取得者である買主、借主が宅建業者の場合、重要事項説明は 35 条書面を交付するだけで足ります。宅建士による説明義務はありません

重要事項の説明をするのは、宅建士でなければなりません。ただし、「専任」である必要はありません。パートタイムやアルバイトの宅建士が説明をしてもよいことになっています。

2 重要事項説明の方法

宅建業者は、①宅建士をして、②物件を取得し、または借りようとする人に対して、③契約を締結するまでの間に、④書面（35 条書面）を交付（相手方の承諾を得て電磁的方法による提供も可。宅建士の記名に代わる措置が必要）して重要事項の説明をさせなければなりません。

商品説明なので、売主や貸主に対する説明は、重要事項説明としては不要です。

交換契約の場合は、契約の両当事者が「取得しようとする者」なので、両者に対して「取得する物件」についての説明が必要です。

説明場所についての規制はありません。喫茶店やホテルのロビー等で説明しても、宅建業法違反とはなりません。

買主や借主が宅建業者の場合、プロ相手に噛み砕いた説明は不要ということで、重要事項説明は要りません。ただし、書面の交付が必要な点には気をつけてください。

3 重要事項の説明内容

ここから重要事項の説明内容について解説していきますが、重要事項説明は取得するかどうかの判断材料を提供するためのものであることから、**自分が買主や借主になったつもりで、契約をしてお金を支払う前に教えてほしいと思うかどうかを考えながら学習すると効果的です。**

①売買・交換・貸借に説明が必要なもの

(1)登記された権利の種類・内容(例:登記された抵当権)、登記名義人等の氏名(法人にあってはその名称)

登記された抵当権等がある場合は、抹消される予定であっても記載・説明が必要です。

(2)法令上の制限(都市計画法、建築基準法など)

「建物の貸借」の場合には、説明必要のものと説明不要のものがあります。

説明が必要なものは、例えば新住宅市街地開発法、流通業務地区等です。

説明が不要なものは、例えば**用途規制**、**建蔽率**、**容積率**等です。街づくりなので土地を利用する人には説明必要ですが、建物を借りる人には不要なものが多いです。借りる人にも影響があるかを考えてみましょう。

(3)私道に関する負担

私道に関しては、負担がないときでも「負担なし」と説明します。**建物の貸借**の場合は説明不要です。建物を借りる人は、建物を借りるのであって土地は関係ないためです。

(4)飲用水・電気・ガスの供給、排水設備の整備状況

整備されていないときでも、整備の見通し、特別の負担を説明します。

(5)未完成物件に関する完成時の形状・構造

図面を必要とするときは、図面を交付して説明します。

宅地では、造成工事完了時における宅地に接する道路の構造、幅員などです。建物では、建築工事完了時における建物の主要構造部、内装・外装、設備などです。

(6)代金(交換差金)、借賃以外に授受される「金銭の額・授受の目的」

これは例えば、手付金、敷金、権利金などに関するものです。授受の目的も説明します。契約で決めるので、代金、交換差金、借賃の額は説明不要です。

(7)契約の解除

例えば、手付解除など契約解除の要件、方法、効果等です。

(8)損害賠償の予定、違約金

損害賠償の予定、違約金は説明対象になります。

(9)支払金、預り金を受領する場合、保全措置の有無・概要(保全措置を行う機関の種類、名称・商号)

「支払金、預り金」は、代金、借賃、権利金、敷金等、**いかなる名義かを問いません**が、「受領する額が 50 万円未満のもの」「手付金等の保全措置が講じられているもの」「宅建業者が登記以後に受領するもの」「報酬」は除きます。

(10)命の危険に関わること

(災害)防災・災害警戒区域内にある場合、その旨を説明します。具体的には以下の区域などの場合です。なお、ハザードマップについては、ハザードマップで物件の場所を説明すればよく、記載内容の説明は不要です。

- 造成宅地防災区域
- 土砂災害警戒区域
- 津波災害警戒区域
- ハザードマップ(水防法に基づき市町村長が提供する図面)

(11)石綿使用の有無の調査

石綿使用の有無の調査結果の記録が「ある」ときに説明が必要です。

石綿使用の有無の調査結果の記録が「ない」のであれば説明不要です。調査がされていない場合に、調査する義務はありません。

(12)耐震診断の内容

耐震診断を受けていれば説明が必要となりますが、昭和 56 年6月1日以降、新築工事に着手したものは耐震診断を受けていても不要です。**耐震診断がされていない場合、耐震診断する義務はありません。**

(13)既存建物の場合、建物状況調査を実施しているかどうか、実施している場合はその結果の概要

調査されていなければ調査をする義務はありません。新築は対象外ですが、中古なら貸借でも説明が必要です。ただし、調査は調査実施後1年を経過していないもの限定となります。

【売買・交換】 ※貸借のときを除く

(14)設計図書・点検記録その他の建物の建築・維持保全の状況に関する書類の保存の状況(書類の有無)

貸借は不要な点と書類があるかどうかを説明するものであり、内容の説明は不要です。

(15)担保責任の履行に関する措置の有無・概要

ここでいう担保責任は、宅地・建物が種類・品質に関して契約の内容に適合しない場合、その不適合を担保すべき責任（契約不適合責任）かまたは特定住宅瑕疵担保責任を意味します。

措置の例としては、契約不適合責任の場合は保険、連帯保証が、特定住宅瑕疵担保責任の場合は供託があげられます。

また「措置の概要」として保険や保証を行う場合、その機関の名称・商号、保険期間、保険金額、保険の対象となる宅地建物の瑕疵の範囲を説明し、供託を行う場合、供託所の表示、所在地などを説明します。

(16)住宅性能評価を受けた新築住宅(品確法) ※新築住宅の売買(交換)のみ

住宅性能評価制度を利用した新築住宅であるか否かを確認してもらうためのものであって、個別の評価の具体的な内容まで義務づけたものではありません。

(17)手付金等の保全措置の概要

保全措置の例としては銀行等の保証委託契約、保険事業者の保証保険契約等があります。

「保全措置の概要」として保証機関の種類、名称・商号などを説明します。

(18)代金(交換差金)に関する金銭貸借のあっせんの内容およびあっせんに係る金銭の貸借が成立しないときの措置

例えば、金融機関の融資が受けられない場合には、売買契約を解除することができる旨(いわゆるローン条項)などです。

(19)割賦販売の現金販売価格、割賦販売価格、引渡しまでに支払う金銭の額、賦払金の額、その支払い時期・方法など

割賦販売(ローン販売)時の現金販売価格、割賦販売価格、引渡しまでに支払う金銭の額、賦払金(各回の支払金)の額、その支払い時期・方法などは説明対象となります。

②貸借のみに必要な事項

(20)建物の設備(台所、浴室、便所その他の設備の整備状況)

設備の例としては、エアコン、ユニットバスなどがあります。

(21)契約期間、契約更新

定めがない場合には、定めがないことの説明が必要です。

(22)宅地建物の用途その他利用の制限

例えば、ペット禁止、楽器演奏禁止、事務所利用禁止など、宅地建物を利用するうえでの禁止事項などです。

(23)敷金等の清算

例えば、滞納家賃との相殺、原状回復費用としての充当などです。

(24)管理が委託されているとき、受託者の氏名・住所

区分所有建物でない場合は、貸借の場合のみ説明必要です。

(25)定期建物賃貸借、終身建物賃貸借、定期借地権

定期建物賃貸借、終身建物賃貸借、定期借地権は説明対象になります。

(26)宅地の貸借について、契約終了時の建物取壊しの定め

例えば、定期借地権（50年契約）の期間満了時に、建物を取り壊し、更地にして返還する定めなどです。

最重要知識として「貸借のときに重要事項となるのか、ならないのか」をまず押さえましょう。

③区分所有権（マンション）の場合に追加される重要事項

【売買・交換・貸借】

(27)管理が委託されているとき、受託者の氏名・住所

管理の内容は説明不要です。

(28)「専有部分の利用の制限」に関する規約（案）の定め

部屋の使い方に関するルールです。例えば、ペット禁止、楽器演奏禁止、事務所利用禁止などです。規約がなければ、説明不要です。

【売買・交換】 ※貸借のときを除く

(29)敷地に関する権利の種類・内容

例えば所有権（面積）、借地権（面積、契約期間、賃料）などです。

(30)共用部分に関する規約（案）の定め

例えば、共用部分の持分、集会室などです。

(31)一棟の建物またはその敷地の一部を特定の者にのみ使用を許す旨の規約（案）の定め

例えば、専用駐車場（使用者、使用料）、専用庭（1階等）、ルーフバルコニー（最上階等）などです。

(32)計画修繕積立金に関する旨の規約（案）の定め、積立額

例えば、大規模修繕積立金などです。滞納がある場合には、滞納額も説明しなけ

ればなりません。

(33)負担すべき通常の管理費用

例えば、通常の共益費などです。滞納がある場合には、滞納額も説明しなければなりません。

(34)計画修繕費・管理費を減免する旨の規約(案)の定め

例えば、分譲マンションが売れ残った場合に、物件を有する売主業者が管理費等を減免されるような場合です。

(35)維持修繕の実施状況

記録があれば説明が必要ですが、記録がなければ説明不要です。

(36)信託の受益権

原則として重要事項説明が必要です。①相手が特定投資家（プロ)、②1年以内に同一内容を書面交付して説明済み、③目論見書交付の場合には、例外的に説明が不要です。

● **重要事項説明～35条書面の記載事項**

		売買・交換	建物の貸借	宅地の貸借
基本的説明事項	1	登記された権利の種類、内容、登記名義人又は登記簿の表題部に記録された所有者の氏名※1、5		
	2	飲用水、電気、ガスの供給ならびに排水のための施設の設備状況（整備されていない場合、その整備の見通し及びその整備についての特別の負担に関する事項)※5		
	3	契約の解除に関する事項		
	4	損害賠償の予定又は違約金に関する事項		
	5	支払金、預り金を受ける場合に保全措置を講ずるかどうか、及び講ずる場合の保全措置の概要※2		
	6	代金・交換差金に関する金銭の貸借のあっせんの内容及びあっせんに係る金銭の貸借が成立しない時の措置		
	7	代金、交換差金以外に授受される金銭の額、目的（手付金・申込証拠金・敷金・権利金・保証金など)		

<table>
<tr><th></th><th></th><th>売買・交換</th><th>建物の貸借</th><th>宅地の貸借</th></tr>
<tr><td rowspan="13">基本的説明事項</td><td rowspan="2">8</td><td colspan="3">都市計画法、建築基準法その他の法令に基づく制限で政令で定めるものに関する事項の概要※5</td></tr>
<tr><td>全て</td><td>建物貸借人に適用される制限のみ※3</td><td>土地所有者に限って適用される制限は除く</td></tr>
<tr><td>9</td><td colspan="3">宅地又は建物が土砂災害警戒区域等における土砂災害防止対策の推進に関する法律７条１項により指定された土砂災害警戒区域内にあるときは、その旨※5</td></tr>
<tr><td>10</td><td colspan="3">宅地又は建物が宅地造成及び特定盛土等規制法 20 条１項により指定された造成宅地防災区域内にあるときは、その旨※５</td></tr>
<tr><td>11</td><td colspan="3">宅地又は建物が津波防災地域づくりに関する法律第 53 条 1 項により指定された津波災害警戒区域内にあるときは、その旨※5</td></tr>
<tr><td>12</td><td colspan="3">水防法の規定により市町村の長が提供する図面（水害ハザードマップ）の有無及び水害ハザードマップにおける当該宅地建物の所在地※5</td></tr>
<tr><td>13</td><td colspan="2">石綿の使用の有無の調査の結果が記録されているときは、その内容（建物のみ）※5</td><td></td></tr>
<tr><td>14</td><td colspan="2">建物が建築物の耐震改修の促進に関する法律４条１項に規定する一定の耐震診断を受けたものであるときは、その内容（建物のみ）※4、5</td><td></td></tr>
<tr><td>15</td><td colspan="2">既存建物であるときは、既存建物状況調査を実施しているかどうか、及びこれを実施している場合におけるその結果の概要</td><td></td></tr>
<tr><td>16</td><td>既存建物である場合において、設計図書、点検記録その他の建築物の建築及び維持保全の状況に関する書類の保存の状況</td><td></td><td></td></tr>
<tr><td>17</td><td>手付金等の保全措置の概要（自ら売主の場合に限る）</td><td></td><td></td></tr>
<tr><td>18</td><td>割賦販売の場合、現金販売価格・割賦販売価格・引渡しまでに支払う金銭の額・賦払金額・支払時期と方法</td><td></td><td></td></tr>
<tr><td>19</td><td>建物が住宅の品質確保の促進等に関する法律５条１項に規定する住宅性能評価を受けた新築住宅であるときは、その旨（建物のみ）※5</td><td></td><td></td></tr>
</table>

<table>
<tr><th></th><th></th><th>売買・交換</th><th>建物の貸借</th><th>宅地の貸借</th></tr>
<tr><td rowspan="11">基本的説明事項</td><td>20</td><td>宅地又は建物の契約不適合責任の履行に関し保証保険契約の締結その他の措置を講ずるかどうか、及びその措置を講ずる場合におけるその措置の概要※5</td><td></td><td></td></tr>
<tr><td>21</td><td>私道に関する負担に関する事項※5</td><td></td><td>私道に関する負担に関する事項※5</td></tr>
<tr><td rowspan="8">22</td><td></td><td colspan="2">①契約期間及び契約の更新に関する事項</td></tr>
<tr><td></td><td colspan="2">②宅地又は建物の用途その他の利用の制限に関する事項</td></tr>
<tr><td></td><td colspan="2">③宅地、建物の管理が委託されているときはその委託を受けている者の氏名及び住所</td></tr>
<tr><td></td><td colspan="2">④敷金その他契約終了時において清算することとされている金銭の精算に関する事項</td></tr>
<tr><td></td><td>⑤借地借家法 38 条に規定する定期建物賃貸借をしようとするときは、その旨</td><td>⑤借地借家法 22 条に規定する定期借地権（長期の定期借地権）を設定しようとするときは、その旨</td></tr>
<tr><td></td><td>⑥高齢者の居住の安定確保に関する法律 52 条に規定する終身建物賃貸借をしようとするときは、その旨</td><td></td></tr>
<tr><td></td><td></td><td>⑦契約終了時における当該宅地の上の建物の取壊しに関する事項を定めようとするときは、その内容</td></tr>
<tr><td></td><td>⑧台所、浴室、便所その他の当該建物の設備の整備の状況</td><td></td></tr>
<tr><td rowspan="2">23
未完成物件※5</td><td colspan="3">工事完了時の形状・構造（宅地は、道路からの高さ・擁壁・階段・排水施設・井戸等の位置・構造等について、建物は、鉄筋コンクリート造・ブロック造・木造等の別・屋根の種類・階数等について、平面図を交付して説明）</td></tr>
<tr><td></td><td colspan="3">宅地：造成工事完了時の宅地に接する道路の幅及び構造
建物：建築工事完了時の建物の主要構造部、内装・外装の構造や仕上げ、設備の設置及び構造</td></tr>
</table>

		売買・交換	建物の貸借	宅地の貸借
追加説明事項	24 区分所有建物※5	①一棟の建物の敷地に関する権利の種類・内容		
		②共用部分に関する規約の定め（案を含む）があるときは、その内容		
		③専有部分の用途その他の利用の制限に関する規約の定め（案を含む）があるときは、その内容		
		④一棟の建物・敷地の一部を特定の者のみに使用を許す旨の規約の定め（案を含む）があるときは、その内容		
		⑤一棟の建物の計画的な維持修繕のために費用の積み立てを行う旨の規約の定め（案を含む）があるときは、その内容とすでに積み立てられている額（滞納があれば滞納額も）		
		⑥建物の所有者が負担しなければならない通常の管理費用の額（滞納があれば滞納額も）		
		⑦一棟の建物・敷地の管理が委託されているときは、委託を受けている者の氏名・住所（登録番号）		
		⑧一棟の建物の計画的な維持修繕のための費用、通常の管理費用その他の建物の所有者が負担しなければならない費用を特定の者にのみ減免する旨の規約の定め（案を含む）があるときは、その内容		
		⑨一棟の建物の維持修繕の実施状況が記録されているときは、その内容		

※1「登記された権利」とは、所有権、地上権、質権、抵当権、賃借権等で登記されたものをいう

※2「支払金、預り金」とは、代金、交換差金、借賃、権利金、敷金等の金銭で、①受領する額が50万円未満のもの、②手付金等の保全措置により保全措置が講じられるもの、③売主又は交換の当事者である宅建業者が登記以後に受領するもの、④報酬、のいずれにも該当しないものをいう

※3 建物の貸借の場合、「法令上の制限」について説明対象となるのは、①新住宅市街地開発法（一部）、②新都市基盤整備法（一部）、③流通業務市街地の整備に関する法律（一部）のみである。したがって、建築基準法上の建蔽率、容積率、用途規制などについての説明は不要である
※4 昭和56年6月1日以降に新築の工事に着手したものを除く
※5 宅建業者が宅地又は、建物の信託（当該宅建業者を委託者とするものに限る）の受益権の売主となる場合は、原則として、売買契約が成立するまでの間に、売買の相手方に対して、そのものが取得しようとしている信託の受益権に係る信託財産である宅地又は建物に関し、宅地建物取引士をして、表中の1、2、8～14、19～21、23、24の事項について、書面を交付して説明させなければならない（20については、措置が講じられている場合のみ）

（例外として説明不要の場合）

①特定投資家及び特定投資家とみなされる者を信託の受益権の売買の相手方とする場合
②信託の受益権の売買契約の締結前1年以内に売買の相手方に対し当該契約と同一の内容の契約について書面を交付して説明をしている場合（書面を交付して説明をした日から1年以内に当該説明にかかる売買契約と同一の内容の売買契約の締結を行った場合には、当該締結の日において書面を交付して説明をしたものとみなす）
③売買の相手方に対し目論見書（書面を交付して説明すべき事項のすべてが記載されているものに限る）を交付している場合

4 IT重説

ITによる重要事項説明、いわゆるIT重説も認められています。ただし、次の要件が必要となりますので、ポイントを押さえておきましょう。

(1) 双方向にてやり取りができる環境

双方向にてやり取りできる環境にて実行する必要があり、YouTubeのように一方向のものは不可となります。

(2) 重要事項説明書等の事前送付

IT重説は、借主の手元に重要事項説明書がある状態で行います。IT重説を行う前に、宅建士が記名を済ませた重要事項説明書や、添付資料（電磁的方法による提供を含む）を相手方に事前に送付しておく必要があります。

(3) 宅地建物取引士証の提示と確認

宅建士証を提示したうえで、宅建士証を画面上で視認できたことを確認する必要があります。

(4) IT環境の不具合による中断

IT環境に不具合があれば、すぐに中断する必要があります。

重要事項説明は試験で最重要となる項目です。宅建士試験はこの重要事項説明ができる能力があるかを試す試験です。そのため、全試験範囲の基本を押さえた後で取り組むと、言葉の意味がわかるので理解しやすいです。

問題にチャレンジ　○か×で答えましょう

Q1 建物の売買においては、売主は取引の対象となる建物（昭和56年6月1日以降に新築の工事に着手したものを除く）について耐震診断を受けなければならず、また、その診断の結果を重要事項説明書に記載しなければならない。

Q2 宅地建物取引業者が建物の貸借の媒介を行う場合における宅地建物取引業法第35条に規定する重要事項の説明に関して、当該建物を借りようとする者が宅地建物取引業者であるときは、貸借の契約が成立するまでの間に重要事項を記載した書面を交付しなければならないが、その内容を宅地建物取引士に説明させる必要はない。

Q3 宅地建物取引業者が建物の貸借の媒介を行う場合における宅地建物取引業法第35条に規定する重要事項の説明に関して、当該建物が既存の住宅であるときは、法第34条の2第1項第4号に規定する建物状況調査を実施しているかどうか、およびこれを実施している場合におけるその結果の概要を説明しなければならない。

Q4 宅地建物取引業者が建物の貸借の媒介を行う場合における宅地建物取引業法第35条に規定する重要事項の説明に関して、台所、浴室、便所その他の当該建物の設備の整備の状況について説明しなければならない。

解答と解説

A1 ×　耐震診断を受けていない場合、わざわざ受ける必要はありません。

A2 ○　相手が宅建業者である場合には、宅建士をして説明させる必要はありません。説明は不要ですが、交付は必要です。

A3 ○　建物状況調査を実施しているかどうか、そして、実施している場合には調査結果の概要を説明しなければいけません。

A4 ○　建物の貸借においては「台所、浴室、便所その他の当該建物の設備の整備の状況」は説明事項です。

問題にチャレンジ ○か×で答えましょう

Q5 建物の売買または貸借の媒介を行う場合、当該建物が津波防災地域づくりに関する法律第53条第1項により指定された津波災害警戒区域内にあるときは、その旨を、売買の場合は説明しなければならないが、貸借の場合は説明しなくてよい。

Q6 宅地建物取引業者が行う宅地建物取引業法第35条に規定する重要事項の説明において、建物の貸借の媒介において、建築基準法に規定する建蔽率および容積率に関する制限があるときは、その概要を説明しなければならない。

Q7 宅地建物取引業者が行う宅地建物取引業法第35条に規定する重要事項の説明において、宅地の売買の媒介の場合は、私道に関する負担について説明しなければならないが、建物の貸借の媒介の場合は説明する必要はない。

Q8 建物の売買の媒介を行う場合、飲用水、電気およびガスの供給ならびに排水のための施設が整備されていないときは、その整備の見通しおよびその整備についての特別の負担に関する事項を説明しなければならない。

Q9 建物の貸借の媒介を行う場合、当該建物について、石綿の使用の有無の調査の結果が記録されているときは、その旨について説明しなければならないが、当該記録の内容までを説明する必要はない。

解答と解説

A5 × 「津波災害警戒区域内にあるときは、その旨」は、売買であっても、貸借であっても説明しなければなりません。このような危険性のある地域については、すべての住民に知らせておく必要があります。

A6 × 貸借において、建蔽率や容積率は関係ありません。よって、説明する必要はありません。

A7 ○ 「私道の負担に関する事項」は、建物の貸借の契約以外は、重要事項とされています。

A8 ○ 整備されていない場合には、「整備の見通し、整備についての特別の負担に関する事項」を説明しなければなりません。

A9 × 「石綿の使用の調査結果が記録されているときは、その内容」を説明しなければなりません。調査を行っていない場合は、わざわざ調査をする必要はありません。

Q10 建物の貸借の媒介を行う場合、当該建物が住宅の品質確保の促進等に関する法律に規定する住宅性能評価を受けた新築住宅であるときは、その旨について説明しなければならないが、当該評価の内容までを説明する必要はない。

Q11 区分所有権の目的である建物の貸借の媒介を行う場合、その専有部分の用途その他の利用制限に関する規約の定めがあるときはその内容を説明する必要があるが、1棟の建物またはその敷地の専用使用権に関する規約の定めについては説明する必要がない。

Q12 宅地建物取引業法第35条に規定する重要事項の説明および同条の規定により交付すべき書面について、宅地建物取引業者は、買主の自宅で35条書面を交付して説明を行うことができる。

Q13 宅地建物取引業法第35条に規定する重要事項の説明において、売主に対しては、買主に対してと同様に、宅建士をして、契約締結時までに重要事項を記載した書面を交付して、その説明をさせなければならない。

Q14 重要事項の説明を行う宅建士は専任の宅建士でなくてもよいが、書面に記名する宅建士は専任の宅建士でなければならない。

解答と解説

A10 × 建物の売買の場合は説明しなければなりませんが、貸借の場合は不要です。

A11 ○ 「専有部分の利用制限に関する規約の定め」がある場合、その内容は、売買と貸借の双方で重要事項とされています。しかし、「敷地の専用使用権に関する規約の定め」（例：専用庭）がある場合でも、その内容は貸借においては説明する必要がありません。

A12 ○ 重要事項の説明や書面の交付については、場所の規定はありません。

A13 × 35条書面（重要事項説明書）は、買主、借主に対して、判断材料の提供としてするものです。よって、売主に対して説明は必要ありません。

A14 × 重要事項の説明および記名は、宅建士がしなければなりませんが、専任の宅建士である必要はありません。

10 37条書面（契約書）

▶▶▶ 契約締結時に交付する重要な書面です

37条書面はどのような契約書でしょうか？　記載事項が多そうですが、どうすれば覚えられるでしょうか？

契約内容をめぐる契約締結後のトラブルを防止するために交付するのが37条書面（契約書）です。当事者が話し合って決めた内容を文書化して明確にすることを目的としています。基本的な考え方を身につければ、暗記量は少なくなりますよ。

1 37条書面の交付

宅建業者は契約成立後のトラブルを防止するため、売買、交換、貸借のそれぞれの**契約締結後**、**遅滞なく**、一定事項を記載した**書面（37条書面）**を作成し、取引の当事者（売主、買主、交換の当事者、貸主、借主）に対して交付しなければなりません。宅建業者にも交付が必要です。また、当事者の承諾を得て電磁的方法で提供することも可能です（宅建士の記名に代わる措置が必要）。

37条書面には、**宅建士の記名**が必要です。ただし、専任の宅地建物取引士である必要はありません。

宅建業者が「自ら取引」の当事者（売主、買主、交換の当事者）になる場合は、相手方に対してのみ交付義務があります。

37条書面の交付場所について特に規制はなく、また、契約の当事者からの情報を元に作成するものであるため、契約当事者にあらためて説明する必要はありません。そのため、37条書面の交付は宅建士でなくてもできる仕事です。

2 37条書面の記載事項

37条書面に記載しなければならない事項には、売買契約等に必要不可欠な要素である「必要的記載事項（ひつようてききさいじこう）」と契約の当事者が話し合って決めた特約に関する「任意的記載事項（にんいてききさいじこう）」があります。

①必要的記載事項

必要的記載事項は、37条書面への記載が義務化されている売買・交換・賃貸借契約等に必要不可欠な要素です。

その内容は下記となりますが、**すべて35条書面では不要な事項です。特に③④⑤⑥が重要事項の説明内容とならないことに注意してください。**

①当事者の氏名・住所
②宅地建物を特定する表示（所在地など）
③既存建物であるときは、建物の構造耐力上主要な部分等の状況について当事者の双方が確認した事項
④代金（交換差金）・借賃の額、支払時期、方法
⑤宅地建物の引渡し時期
⑥移転登記の申請時期
（ただし、賃貸借登記は行わないことがほとんどのため賃借は不要）

②任意的記載事項

任意的記載事項は、契約の際に当事者が話し合って特約を決めた（例：契約の解除、天災その他不可抗力による損害の負担などについて民法と異なるルールを決めた）場合、その特約について必ず記載しなければならない事項です。特約の定めがなければ、法律のルール通りとなるため記載は不要です。

当事者が話し合って定めた契約内容については、ほかに証拠・証明手段がないため、37条書面（契約書）に記載することになっています。

実務では37条書面にも重要事項説明で記載・説明した内容をそのまま特記事項に記載することが通常ですが、試験ではきちんと区別して理解してください。あくまでも37条書面の記載事項は、契約内容を記載するためであり、「物件の説明は記載しない」と考えましょう。

● 37条書面の任意的記載事項

任意的記載事項	貸借の場合
⑥代金・交換差金・借賃以外の金銭の授受に関する定めがあるときは、その額、授受の時期、目的	必要
⑦契約の解除に関する定めがあるときは、その内容	必要
⑧損害賠償額の予定・違約金に関する定めがあるときは、その内容	必要
⑨天災その他不可抗力による損害の負担（危険負担）に関する定めがあるときは、その内容	必要
⑩宅地建物の租税公課の負担に関する定めがあるときは、その内容	不要
⑪宅地建物の担保責任についての定めがあるときは、その内容・当該責任の履行に関して講ずべき保証保険契約の締結その他の措置についての定めがあるときは、その内容	不要
⑫代金・交換差金についての金銭の貸借（ローン）のあっせんに関する定めがある場合は、その不成立のときの措置	不要

任意的記載事項は「～の定めがあるときは」など、「特約があれば記載する」と覚えます。売買の本試験問題はこれだけで解けます。

ただし、**貸借**については「～の定め」とあっても記載しない例外が３つあります。

・租税公課の負担の定め
・契約不適合責任についての定め
・ローンのあっせんの定めと不成立時の措置

貸借の任意的記載事項で定めがあっても不要なものは、ゴロ合わせで覚えましょう。高価（公租公課）なローンと（ローンのあっせん）ケーキは（契約不適合責任）いらない（不要）

③３大書面とインスペクション

インスペクション（不動産調査）の話は、３大書面（媒介契約書・重要事項説明書・37条書面）と関連していますので、次にまとめます。

(1)媒介契約の規制

宅地建物取引業者は、**既存の建物の売買または交換**の媒介の契約を締結したときは、建物状況調査を実施する者のあっせんに関する事項（あっせんの有無）を記載した**書面を依頼者に交付**しなければなりません。なお、貸借は含みません。

(2)重要事項の説明

宅地建物取引業者は、**既存の建物の取得者または借主**となる者に対して、当該既存の建物の売買、交換または貸借の契約が成立するまでの間に、宅建士をして**①建物状況調査（実施後１年を経過していないものに限る）を実施しているかどうか、およびこれを実施している場合におけるその結果の概要ならびに②設計図書、点検記録その他の建物の建築および維持保全の状況に関する書類**で国土交通省令で定めるものの**保存の状況**について記載した**書面を交付**して説明をさせなければなりません。

なお、①について、売買・交換・貸借に関して重要事項の説明が必要です。また、調査がされていない場合、建物状況調査をする義務はありません。

②については、売買・交換に関して説明が必要です。賃借は不要です。

(3) 37条書面

宅地建物取引業者は、**既存の建物の売買・交換**の契約が成立したときは、**建物の構造耐力上主要な部分等の状況について当事者の双方が確認した事項**を記載した書面を当事者に交付しなければなりません。なお、貸借は含みません。

問題にチャレンジ ○か×で答えましょう

Q1 宅地建物取引業者Aが媒介により中古戸建住宅の売買契約を締結させた場合、Aは、引渡しの時期または移転登記の申請の時期のいずれかを37条書面に記載しなければならず、売主および買主が宅地建物取引業者であっても、当該書面を交付しなければならない。

Q2 宅地建物取引業者が既存住宅の売買の媒介を行う場合、37条書面に当該建物の構造耐力上主要な部分等の状況について当事者の双方が確認した事項を記載しなければならない。

解答と解説

A1 × 「引渡しの時期」と「移転登記の申請時期」はどちらも必要です。「いずれか」ではありません。また、交付は、相手方が業者であってもしなければなりません。

A2 ○ 既存住宅について、「建物の構造耐力上主要な部分等の状況について当事者双方が確認した事項」は、売買において契約書面の必要的記載事項です。

問題にチャレンジ ○か×で答えましょう

Q3 宅地建物取引業者は、その媒介により契約を成立させ、37条書面を作成したときは、法第35条に規定する書面に記名した宅建士をして、37条書面に記名させなければならない。

Q4 宅地建物取引業者Aがその媒介により契約を成立させた場合において、契約の解除に関する定めがあるときは、当該契約が売買、貸借のいずれに係るものであるかを問わず、37条書面にその内容を記載しなければならない。

Q5 宅地建物取引業者は、37条書面を交付するにあたり、宅建士をして、その書面に記名のうえ、その内容を説明させなければならない。

Q6 宅地建物取引業者は、その媒介により建物の貸借の契約が成立した場合、天災その他不可抗力による損害の負担に関する定めがあるときには、その内容を37条書面に記載しなければならない。

Q7 建物の売買契約において、宅地建物取引業者が売主を代理して買主と契約を締結した場合、当該宅地建物取引業者は、買主にのみ37条書面を交付すれば足りる。

Q8 宅地建物取引業者Aは、その媒介により建築工事完了前の建物の売買契約を成立させ、当該建物を特定するために必要な表示について37条書面で交付する際、法第35条の規定に基づく重要事項の説明において使用した図書の交付により行った。

解答と解説

A3 × 35条書面にも、37条書面にも宅建士の記名は必要ですが、同じ宅建士である必要はありません。

A4 ○ 契約解除に関する定めは任意的記載事項ですが、定めがある場合には記載します。

A5 × 35条書面は説明義務がありますが、37条書面において説明義務はありません。

A6 ○ 天災その他不可抗力による損害の負担に関する定めは、売買と貸借に共通する任意的記載事項です。

A7 × 宅建業者が売主を代理して契約を締結した場合、相手方と代理を依頼した者、双方に37条書面を交付する必要があります。

A8 ○ 工事完了前の建物については、建物を特定するために必要な表示をするために重要事項の説明に使用した図書の交付によって行うことができます。

11 広告などの諸規制

▶▶▶ 不動産売買にも様々な広告規制があります

不動産を取引しようとするときには、どのような広告上の規制があるのでしょうか？

お客さまは、実際に対象不動産を見る前に広告の情報を頼りにしますから、不正確な広告を禁止する必要があります。広告の規制には、広告開始時期の規制や誇大広告の禁止など、重要なものが多いです。常識で考えて点数が取れるところは覚える必要がありませんが、確実に１問得点できるよう対策しましょう。

1 広告等の規制

宅建業法は、物件の所在、規模、形質、（現在または将来の）利用の制限、環境、交通その他の利便、代金、借賃等の対価の額や支払方法、代金または交換差金に関する金銭の貸借のあっせんについて「著しく事実に相違する表示」「実際のものより著しく優良か有利であると誤認させるような表示」を行うことを禁止しています。

また、他の物件を取引する目的で

①存在しない物件
②存在するが取引の対象となりえない物件
③存在するが取引する意思のない物件を広告すること（おとり広告）

は、「著しく事実に相違する表示」として誇大広告に該当します。

誤認するなどの被害が起こらなくても、表示しただけで違反行為となります。

また、**誇大広告等の禁止に違反した場合**には、６か月以下の懲役または 100 万円以下の罰金といった**罰則があります。**

事実をあえて表示しないことで消極的に誤認させる場合も誇大広告に該当し、インターネットなどの広告も含めて全ての広告が規制を受けます。

①広告開始時期・契約締結時期の制限

未完成物件の広告や契約については、原則として「開発許可」「建築確認」「宅地造成及び特定盛土等規制法による許可」などを得た後でなければ、行うことができません。つまり開発許可、建築確認など、許認可の「申請中」の広告は禁止されます。

媒介または代理で宅建業者が関与した貸借の契約については、許可・確認中であってもできます。要するに、広告をしなくても契約はできるのです。

● **許可・確認等がおりる前の広告・契約の可否**

	売買	交換	賃貸
広告開始	×	×	×
契約締結	×	×	○

②取引態様の明示義務

①広告をするとき、そのつど、②注文を受けたとき、遅滞なく「取引態様を明示」しなければなりません。

口頭で明示してもかまいませんが、広告のときに取引態様を明示していても、注文のときに省略することはできません。仲介手数料がかかるか否かを明確にするためです。

ここでの宅建業法上の規制は、自ら貸借については宅建業にあたらず、宅建業法上のルールの適用がありませんので規制されません。自ら貸借であれば、取引態様の明示義務も不要です。「自ら貸借（大家さん）」は宅建業法の適用がないことは、常にひっかけの対象となりますので気をつけてください。

2 業務上の規制

宅建業者は、取引の関係者に対し、信義を旨とし、誠実にその業務を行わなければなりません（信義誠実(しんぎせいじつ)の原則）。

①守秘義務

宅建業者やその従業員は、業務上知りえた秘密を漏らしてはいけません。退職するなど、業務に就かなくなった後も秘密を漏らしてはいけません。ただし、「正当な理由」があるとき（例：本人の承諾、裁判の証人など）は、守秘義務(しゅひぎむ)が例外的に解除されます。

②不当な履行遅延の禁止（宅建業法44条）

宅建業者は、その業務に関してなすべき宅地・建物の登記・引渡し、または取引に係る対価の支払いを不当に遅延する行為をしてはなりません。

宅建業法にて不当な履行遅延の禁止としてあげられているのは、上記の行為のみです。

③重要な事実の不告知・不実の告知の禁止

宅建業者は、契約締結の勧誘等にあたり、業務上知りえた重要な事項（35条書面・37条書面の記載事項、供託所等に関する説明事項、**相手方の判断に重要な影響を及ぼすもの等）について、故意に事実を告げないことをしてはなりません。また、上記事項について、不実のことを告げてはなりません。**

④不当に高額の報酬要求の禁止

宅建業者は、不当に高額の報酬を要求してはなりません。

不当に高額の報酬を要求した場合、実際に受け取らなくても宅建業法違反です。

⑤手付の貸与、分割払い等、手付についての信用の供与の禁止

宅建業者は、手付について、貸付け、分割払い、その他信用の供与をすることにより、契約の締結を誘引してはなりません。

禁止される「信用の供与」の具体例としては、手付金の貸付け、手付金の分割払いがあります。

禁止されない具体例としては、手付金の減額、手付金の金銭消費貸借のあっせんがあります。「手付金は全額現金で」というイメージを持つとよいでしょう。

⑥誤解を生む断定的判断の提供の禁止

宅建業者やその従業員等は、宅建業に係る契約締結の勧誘をするに際し、宅建業者の相手方等に対し、利益を生ずることが確実であると誤認させるような断定的判断を提供する行為をしてはなりません。例えば、「間違いなく○○です」「絶対に値上がりします」などです。

⑦威迫行為の禁止

宅建業者やその従業員等は、宅建業に係る契約を締結させ、または申込みの撤回、解除を妨げるため、相手方等を威迫（いはく）してはなりません。

⑧その他の国土交通省令で定める行為の禁止

宅建業に係る契約締結に関する行為、または、申込みの撤回、解除の妨げに関する行為であって、宅建業者の相手方の保護に欠けるものとして、次のような国土交通省令で定める行為をしてはなりません。

①宅建業に係る契約の締結の勧誘をするに際し、宅建業者の相手方等に以下の行為をすること
- 当該契約の目的物である宅地または建物の将来の環境または交通その他の利便について誤認させるべき**断定的判断の提供**すること
- 正当な理由なく、当該契約を締結するかどうかを**判断するために必要な時間を与えることを拒むこと**
- 当該勧誘に先立って宅地建物取引業者の商号または名称および当該勧誘を行う者の氏名並びに当該契約の締結について**勧誘をする目的である旨を告げずに勧誘を行うこと**
- 宅地建物取引業者の相手方等が当該契約を締結しない旨の意思（当該勧誘を引き続き受けることを希望しない旨の意思を含む）を表示したにもかかわらず当該勧誘を継続すること
- 迷惑を覚えさせるような時間に電話し、または訪問すること
- 深夜または長時間の勧誘その他の私生活または業務の平穏を害するような方法によりその者を困惑させること

②宅建業者の相手方等が契約の申込みの撤回を行うに際し、すでに受領した**預り金を返還することを拒むこと**

③宅建業者の相手方等が手付を放棄して契約の解除を行うに際し、正当な理由なく当該契約の**解除を拒み、または妨げること**

広告などの諸規制に関する問題は、常識的な感覚で早めに解いてみて、後からその理由を考えてみましょう。上記の規制は、宅建業者間でも適用がある点に注意が必要です。

3 供託所等に関する説明

契約が成立するまでに、宅建業者は宅建業者を除く取引の当事者（売主・買主・貸主・借主・交換の両当事者）に対して、営業保証金や弁済業務保証金の供託所等に関する事項を説明しなければなりません。

説明事項について、宅建業者が保証協会の社員でないときは、「営業保証金の供託所とその所在地」を、保証協会の社員であるときは、「社員である旨と保証協会の名称・住所と供託所の所在地等」を説明することになっており、供託額は説明不要です。

また、売主や貸主にも説明することから、重要事項説明の規定ではないため、口頭で説明してもよく、宅建士が説明する必要はありません。

ただし、『宅地建物取引業法の解釈・運用の考え方』では、「宅建業法上は書面を交付して説明することを要求されていないが、この事項を重要事項説明書に記載して説明することが望ましい。」とされています。

問題にチャレンジ ○か×で答えましょう

Q1 宅地建物取引業者Aは、建物の売買の媒介に際し、買主に対して手付の貸付けを行う旨を告げて契約の締結を勧誘したが、売買は成立しなかった場合でも、宅地建物取引業法の規定に違反する。

Q2 建築基準法第6条第1項の確認を申請中の建物については、当該建物の売買の媒介に関する広告をしてはならないが、貸借の媒介に関する広告はすることができる。

Q3 宅地建物取引業者がその業務に関して広告をするときは、実際のものより著しく優良または有利であると人を誤認させるような表示をしてはならないが、宅地または建物に係る現在または将来の利用の制限の一部を表示しないことによりそのような誤認をさせる場合は、法第32条に規定する誇大広告等の禁止に違反しない。

解答と解説

A1 ○ 売買が成立しなかったからといって、手付の貸与そのものが禁止されています。

A2 × 工事の完了前においては、開発許可や建築確認などを受けた後でなければ、宅地または建物の売買その他の業務に関する広告をすることができません。

A3 × 一部を表示しないことで誤認させる広告も、誇大広告に該当します。

問題にチャレンジ　○か×で答えましょう

Q4 宅地建物取引業者Aは、宅地または建物の売買に関する広告をする際に取引態様の別を明示した場合、当該広告を見た者から売買に関する注文を受けたときは、改めて取引態様の別を明示する必要はない。

Q5 建物の売買の媒介に際し、買主から売買契約の申込みを撤回する旨の申出があったが、宅地建物取引業者Aは、申込みの際に受領した預り金を既に売主に交付していたため、買主に返還しないことは宅建業法に違反しない。

Q6 宅地建物取引業者は、個人情報の保護に関する法律第2条第5項に規定する個人情報取扱事業者に該当しない場合、業務上取り扱った個人情報について、正当な理由なく他に漏らしても、秘密を守る義務（法第45条）に違反しない。

解答と解説

A4 ×　取引態様の別とは、自ら売主、売買・貸借の代理・媒介といった取引形態の区別のことです。宅建業者は、広告するときだけでなく、注文を受けた際にも取引態様の別を明示しなければなりません。

A5 ×　受領した預り金を返還することを拒むことは宅建業法に違反します。Aは買主に返さなければなりません。

A6 ×　宅建業者は、正当な理由がない限り、業務上取り扱ったことについて知りえた秘密をほかに漏らしてはいけません。

12 自ら売主・8種制限

▶▶▶ 業者が売主となる場合にはルールがあります

「自ら売主」とは聞き慣れない言葉ですが、ここでは何を学ぶのでしょうか？

宅建業者と一般消費者とでは、不動産の取引において知識量に相当の差があり、民法の契約自由の原則を貫くと、買主が不利益な特約をさせられてしまうおそれがあります。そのため、「売主が宅建業者で、買主が一般消費者のとき」は８つの特別ルールが定められています。毎年、複数問出題されるため、確実にマスターしましょう。

1 自ら売主・8種制限とは

不動産のプロである宅建業者が売主で、不動産取引についての知識・経験の乏しい一般消費者（宅建業者ではない者）が買主となる売買契約については、買主が不利な契約をさせられてしまう可能性があります。そこで、**宅建業者が自ら売主となる場合**について、８つの特別ルールが用意されています。

これらのルールは、不動産取引について知識や経験の乏しい宅建業者ではない買主を守るためのルールであるため、**買主が宅建業者の場合には適用されません。**

① 8種制限の適用場面

売主が宅建業者で、買主が宅建業者ではない場合に８種制限は適用されます。売主も買主も宅建業者のような業者間取引には適用されません。もちろん、売主が非業者で買主が宅建業者の場合や、売主も買主も非業者の場合も適用されません。適用される条件を次の表にまとめています。

● 自ら売主制限と業者間取引

売主	買主	自ら売主制限の適用
宅建業者	宅建業者でない	適用あり
宅建業者	宅建業者	適用なし
宅建業者でない	宅建業者	適用なし
宅建業者でない	宅建業者でない	適用なし

② 8種制限の中身

以下のものが8種制限に該当します。

①**自己の所有に属しない宅地建物の売買契約締結の制限**（他人物売買・未完成物件）
②**クーリング・オフ**
③**損害賠償の予定などの制限**
④**手付の額の制限**
⑤**手付金等の保全措置**
⑥**契約不適合責任の特約制限**
⑦**割賦販売契約の解除などの制限**
⑧**所有権留保などの禁止**

売主と買主の双方が素人で、宅建業者が仲介（媒介・代理）に入るときにも適用がないことに注意しましょう。

2 クーリング・オフ

お客さまを飲み屋に連れていき、お酒を飲ませて「社長！ 契約書にサインしてください……」という状況で契約してしまった場合、契約が絶対だとすると、お客さまがかわいそうなこともあります。

そこで、冷静な判断ができないと思われる場所で買受けの申込みや売買契約の締結を行った場合には、申込みの撤回や契約の解除ができることになっており、これを**クーリング・オフ**といいます。それでは、どのような場合にクーリング・オフができるのか見ていきましょう。

①クーリング・オフ（宅建業法37条の2）

クーリング・オフとは、**申込みの撤回や売買契約の無条件解除**のことをいいます。

宅建業者が自ら売主となる宅地建物の売買契約において、「**事務所以外の場所**」で買受けの申込みまたは売買契約を締結した者は、**申込みの撤回**または**契約の解除**を行うことができます。

売主の宅建業者の事務所で申込み、または契約したような場合には、クーリング・オフができません。詳しく見ていきましょう。

②クーリング・オフができない「事務所等」

以下の場合は、クーリング・オフができない事務所等に該当します。

(1)売主の事務所

売主の事務所でした契約はクーリング・オフの対象外となります。

(2)売主の「土地に定着した」案内所・モデルルームなど

物件を案内するだけのモデルルーム等はクーリング・オフできる場所であって、ここでいう案内所・モデルルームは、申込みや契約をする予定のある**専任宅建士の設置義務がある場所**に限ります。

テント張りの案内所も土地に定着していないため、クーリング・オフできる場所となります。

(3)媒介・代理業者の(1)(2)の場所

売主・媒介・代理業者**以外の宅建業者**の(1)(2)の場所については、クーリング・オフができます。

(4)買主から申し出た場合の買主の「自宅・勤務先」等

買主が申し出ても、場所が喫茶店、ホテルのロビー、取引先の銀行であればクーリング・オフができる場所となります。

さらに、「売主から」申し出た場合の買主の自宅・勤務先もクーリング・オフができます。**買受の申込みと契約の締結の場所が異なる場合**は、**「申込み」の場所を基準**に判断します。

③クーリング・オフができなくなる場合

クーリング・オフについて**書面**で告げられ、**8日間が経過**したときにできなくなります。これは**書面で告知した初日から算入**します。さらに、口頭で告知しても8日の起算点は始まらないので8日経過してもクーリング・オフできることに注意してください。

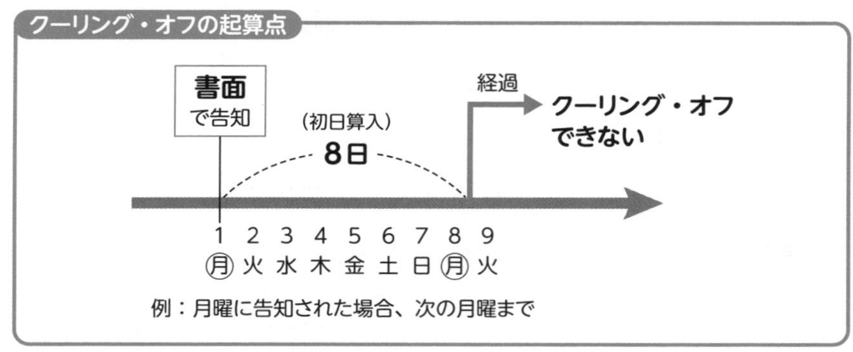

宅地建物の「引渡し」＋「代金全額」の支払いがなされたときもできなくなります。登記は関係ないことに注意してください。

④クーリング・オフの方法

クーリング・オフは、書面で行います。

⑤クーリング・オフの効力の発生

申込みの撤回、契約の解除の効力は、書面を発したときに生じます。

書面が売主に到達したか否かは影響しません。例えば、内容証明郵便を郵便局で出したときに、クーリング・オフしたことになります。

⑥クーリング・オフの効果

クーリング・オフがなされた場合、**宅建業者は、申込みの撤回・契約の解除に伴う損害賠償・違約金の支払い請求はできません。また、宅建業者は手付金、その他の金銭を速やかに返還しなければなりません。**

⑦クーリング・オフに関する特約

クーリング・オフの規定に反する特約で、申込者または買主に不利なものは無効です。

自ら売主制限の適用のない場合（売主が宅建業者で買主も宅建業者の場合など）は、そもそもクーリング・オフができないことに注意してください。

3 手付金等の保全措置

売買契約のときに、買主が高額の手付金や中間金を支払ったにもかかわらず、物件の引渡しを受ける前に売主がお金を持ち逃げしたりすると買主は物件を引き渡してもらえず、手付金等も返還されないという事態になる可能性もあります。

そこで宅建業法では、手付金等が確実に買主に返ってくるように、宅建業者が自ら売主となる宅地建物の売買について、一定額を超える手付金等を受領しようとするときは、事前に、返金を守る措置である保全措置を講じなければならないこととしています。

①手付金の保全措置

宅建業者が売主となり、宅建業者でない者が買主となる場合、一定額を超える手付金等を受領しようとするときは、**事前に保全措置を講じなければなりません。**

原則として、宅建業者は保全措置を講じた後でなければ手付金等を受領することができないため、保全措置を講じない場合、買主は手付金等を支払う必要がなく、払わなくても債務不履行にはなりません。

②保全措置の対象となる手付金等

手付金等とは、**契約締結の日から引渡し前までに支払われる金銭で、代金に充当されるもの**をいいます。

例としては、手付金、内金、中間金、申込証拠金（契約締結後、代金に充当する場合）などになります。

ただし、引渡しと同時に支払われるものについては、保全措置が不要です。

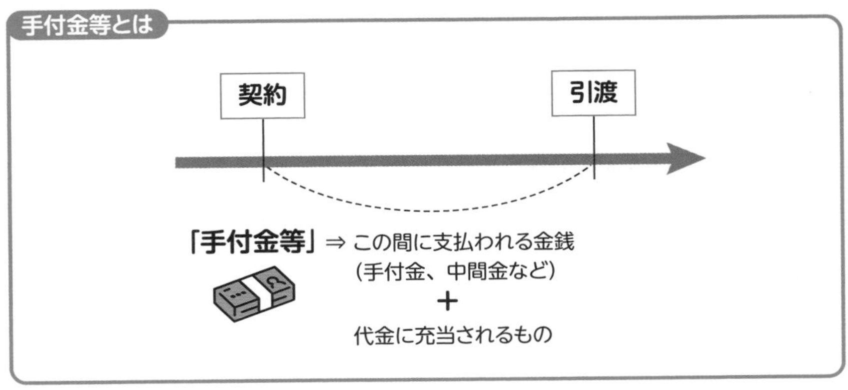

③保全措置の方法

保全措置の方法について、完成物件の場合は指定保管機関による保管が可能となります。なお、①について、法人の代表取締役による保証では、保全措置とは認められません。また、①～③のいずれも保険証券等の書面を買主に交付しなければ、保全措置を講じたことになりません。

● **完成物件の場合**

①銀行・信用金庫等による**保証**
②保険事業者による**保証保険**
③指定保管機関による**保管**

● **未完成物件の場合**

①銀行・信用金庫等による**保証**
②保険事業者による**保証保険**

● **手付金等の保全措置の方法**

	完成物件	未完成物件
銀行・信用金庫等の保証	○	○
保険事業者の保証保険	○	○
指定保管機関の保管	○	×

④保全される額

保全措置が必要となる金銭を受領する時点での全額（それまで保全措置不要だった分も含めて全額）について、保全措置を講じなければなりません。

例えば、5,000万円の完成物件の場合、500万円を超えると保全措置が必要になります。したがって、例えば300万円の手付金を受領する時点では、保全措置が不要です。

しかし、その後、中間金を300万円受領するときには、600万円について保全措置が必要となります（手付金300万円＋中間金300万円＝600万円）。

⑤例外～保全措置が不要となる場合

次の①②のいずれかに該当する場合は、保全措置を講じる必要はありません。

①買主が所有権の登記を備えた場合
②受領する手付金の額が
　完成物件：代金の10%以下かつ1,000万円以下
　未完成物件：代金の5%以下かつ1,000万円以下

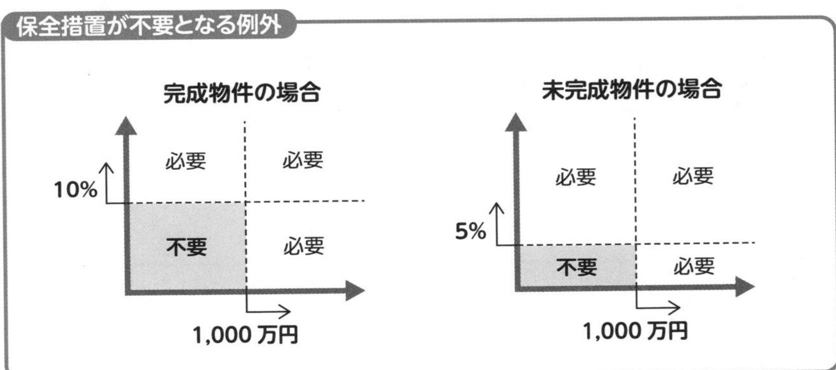

完成物件なのか未完成物件なのかの判断は、契約締結時点で決まります。契約時に未完成物件で、その後完成したとしても5%ラインは変わらないことに注意してください。

4 手付の額の制限

民法上は、契約自由の原則から手付金の額については制限がありません。また、手付に関する特約も基本的には自由です。このような民法のルールだけでは、宅建業者が売主、宅建業者ではない者が買主となる場合に、手付を高額にして、買主が手付放棄を行使しにくくするおそれがあります。そこで宅建業法では、買主を保護するため、特別なルールを設けています。

①手付に関する民法のルール

民法上、手付金の額については制限がありません。

手付は、解約手付と推定されます。解約手付が交付された場合、**「相手方が」履行に着手するまで、買主は手付を「放棄して」、売主は手付の「倍額を返して（現実の提供）」契約を解除することができます。**

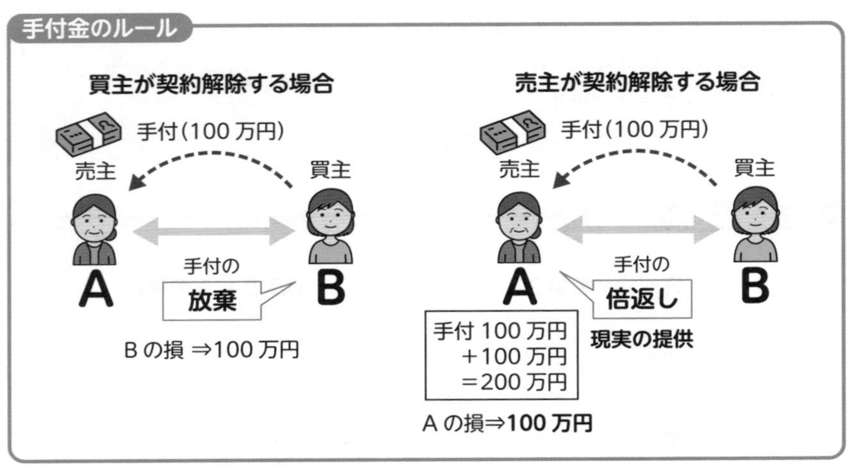

自分が履行に着手しても、相手方が履行に着手していなければ解除できます。売主の引渡し（一部引渡し）や買主の内金・中間金の支払い、登記の移転などが着手の具体例です。

②宅建業法上のルール（自ら売主・８種制限）

(1)手付額の制限

宅建業者が売主となり、宅建業者でない者が買主となる場合、**売買代金の２割（20%）**を超える額の手付金を受領することはできません。２割を超えて手付を受領した場合は、**超える部分についてのみ無効**となります。また、このルールよりも買主に不利な特約は無効となります。

(2)手付の性質の制限

宅建業者が売主となり、宅建業者でない者が買主となる場合、前述の解約手付とみなされます。また、このルールよりも買主に不利な特約は無効となります。

「手付金は２割まで」というポイントは、多くの受験生が覚えますが、相手が着手するまでは契約を解除できる点にも注意しましょう。例えば、手付解除を認めない特約、手付解除は契約締結後 30 日以内に限るという特約は、買主に不利なものとして無効になります。実務上、売主素人、買主素人の取引の際は、手付金の解除期限を設けることが多いため、気をつけましょう。

5 自己所有に属しない物件の契約締結制限

民法上、他人物売買は有効です。実際、酒屋がお客さんからワイン１ダースの注文を受けた後で問屋から仕入れるのはよくある話です。ただ、不動産は全く同じものがなく、高価でもあるため、素人の買主が売主の業者と契約したにもかかわらず、引き渡してもらえないと大きなトラブルに発展するおそれがあります。そこで、他人物売買についてのルールが次の通り定められました。

①自己の所有に属しない物件の契約締結の制限

宅建業者は、自ら売主として「自己の所有に属しない物件」を売却することを制限されています。

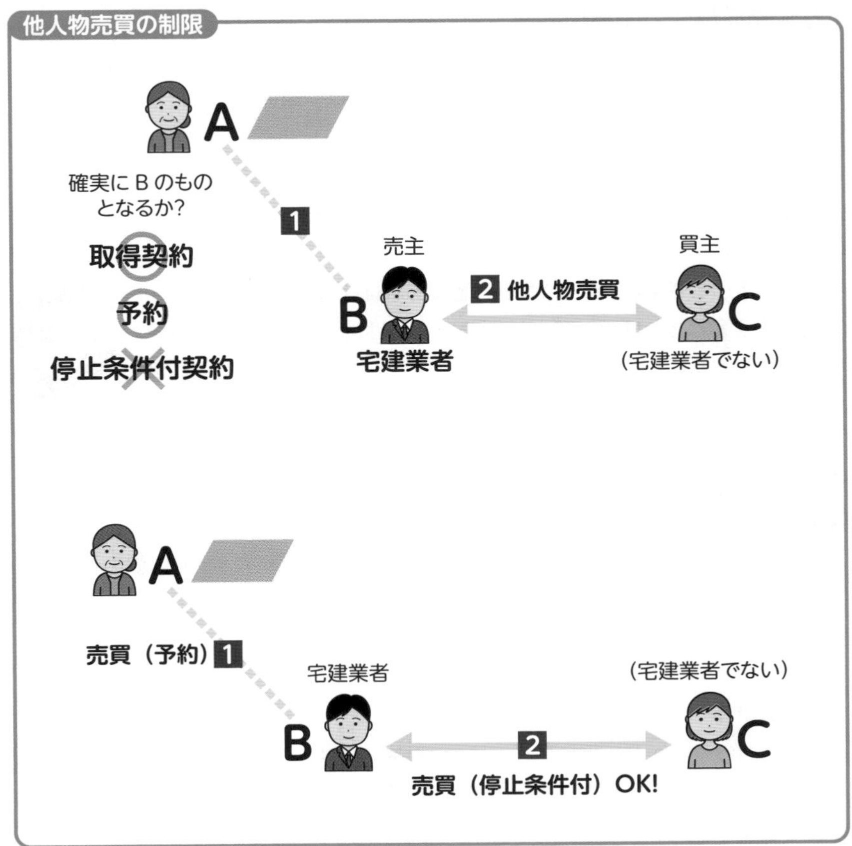

(1) 他人物売買の制限

宅建業者は、自ら売主となって他人物売買を締結してはなりません。

例外として、宅建業者が所有者と物件を取得する「契約」または「予約」をしている場合は他人物売買を締結することができます。要するに、仕入れの契約が確定であれば、引渡し等は受けていなくても売却できるのです。

ただし、停止条件付での契約や予約は除かれます。停止条件付の契約だと仕入れができるかどうかが不確定となるためです。

・売買の契約・予約がある→他人物売買が認められる
・停止条件付の契約がある→他人物売買は認められない
・売買の契約・予約がある→仕入れが確定であれば停止条件付で売却可能

(2) 未完成物件の売買の制限

宅建業者は自ら売主となって、未完成物件について売買契約を締結してはいけません。ただし、**手付金等の保全措置**を講じた場合は、未完成物件について売買契約を締結することができます。

また、受領する手付金等の額が代金の５％以下かつ 1,000 万円以下であれば保全措置を講ずる義務がないので、売買契約を締結することができます。

自ら売主のときは、「仕入れが不確定であれば売ってはダメ！」「仕入れが確実であれば売ってよし」「売ってよければ売り方は自由（停止条件付でも可）」、この理解を確実にしてください。字面だけの暗記だとひっかけ問題で間違えます。

6 損害賠償の予定等の制限

契約をすれば売主も買主も損害を与える可能性があります。損害賠償の予定等について、宅建業者ではない買主を保護するためにどのような規制をしているのでしょうか。

①民法のルール

損害賠償の予定がない場合は、実際の損害額を裁判で証明すれば、その証明した損害額を請求できます。損害賠償の予定がある場合は、その予定額を請求することになります。

②宅建業法上のルール

宅建業者が自ら売主となる売買契約において、債務不履行を理由とする損害賠償請求について、損害賠償の予定または違約金を定めるときは、合算して代金の10分の2を超えてはなりません。合算して10分の2を超えた場合は超える部分についてのみ無効となります。

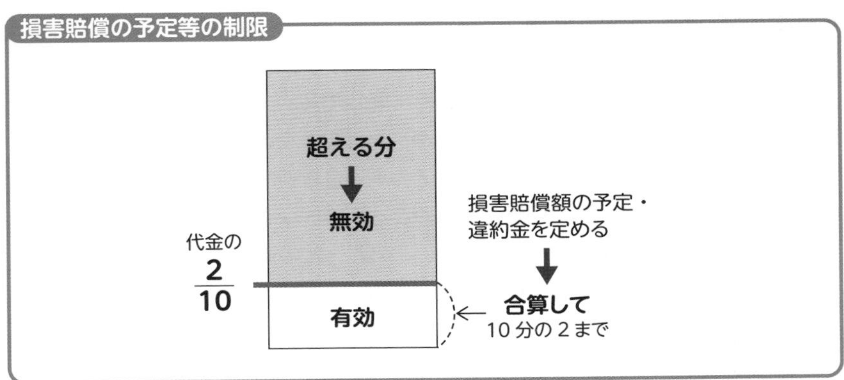

なお、債務不履行を理由とする損害賠償請求について、**損害賠償の予定や違約金のどちらも定めないときは、裁判で実際に証明した損害額を請求できます**。それには、上限がありません。

一般の買主の方が債務不履行を行う可能性も高いので、「損害賠償の予定は10分の2を超えることができない」という絶対ルールを覚えてください。

7 契約不適合責任の特約の制限

買った家にシロアリがいたなど、契約の目的物である建物に欠陥があった場合（契約の内容に適合しない場合）には、買主は契約不適合責任として、売主に対して責任追及ができます。さらに契約不適合責任については、民法では自由に特約をすることができます。

しかしながら、宅建業法では、業者が売主となる場合、消費者である買主と業者の間に知識の差があるため、買主を保護することを目的として特約に関する規制を行っています。

①民法のルール

売買契約で引き渡された目的物が、契約内容に適合していない場合、買主は次のような手段をとることができます。

・追完請求　・代金減額請求　・損害賠償請求　・契約の解除

● 民法の責任追及の期間の制限

時効消滅には、知ったときから５年または 10 年という基本ルールがあります。

そのルールとは別に、売主が**種類・品質**に関して契約の内容に適合しない目的物を買主に引き渡した場合、買主がその不適合を「**知ったときから１年以内**」にその旨を売主に「**通知**」しなければ、買主はその不適合を理由として追完請求、代金減額請求、損害賠償請求、契約の解除をすることができなくなるというルールがあります。ただし、数量・権利の不適合には、このルールの適用がありません。

売主が引渡しのときにその不適合を知っていた、または重大な過失によって知らなかったときは、通知の期間制限はなくなり、基本ルールのみで考えます。

②宅建業法における担保責任についての特約の制限

宅建業者が自ら売主となり、宅建業者でない者が買主となる場合、まず①の民法のルールよりも**買主に不利な特約は無効**です。例えば、**「売主に故意・過失がないときは、売主は契約不適合責任を負わない」という特約は無効です**。

次に特別な扱いがされるものとして、**担保責任の通知期間を「引渡し」の日から「2年」以上とする特約は有効です**。例えば、引渡しから３年とした場合や引渡しから２年と定めた場合には、２年以上なので有効です。

しかし、引渡しから１年と定めた場合は、２年以上ではないので無効です。無効となった場合は、民法の規定を使うことになり「知ったときから１年」以内に「通知」しなければなりません。**無効となる場合は、「引渡しから２年」とならないことに注意してください**。

以上のルールに反する特約で、買主に不利なものは無効です。

通知期間は「契約から２年」の場合も、「引渡しから２年」より短くなるので、買主に不利として無効になります。２年という数字だけでなく、起算点にも注意しましょう。

8 割賦販売契約の解除等の制限・所有権留保等の禁止

宅建業者が売主となり、宅建業者ではない者が買主となる売買契約において、売主が買主に分割払い（割賦（かっぷ）払い）で売却する際のルールです。ここでいう分割払い（割賦払い）とは、売主と買主の両者間の代金の支払いを分割して払うものであって、銀行から借入れをして売主に一括して代金を払い、毎月銀行に返済する住宅ローンとは異なります。

①割賦販売契約の解除等の制限

割賦販売について、買主の支払いが遅れた際に、買主の履行遅滞を理由とする売主の解除権の行使の要件を、民法のルールよりも厳しくしています。

民法のルール上、履行遅滞による解除は相当期間を定めて催告して、その期間が経過すれば、解除ができるしくみとなっています。それに対し、8種制限のルールは割賦販売契約において、賦払金の支払いがない場合であっても、① **30日以上**の相当期間を定めて、支払を**書面で催告**し、②その**30日以上**の相当期間内に支払いがないときでなければ、契約を解除し、または残りの回の賦払金を全額請求することはできません。このルールに反する特約は無効になります。

②所有権留保等の禁止

民法上、売買契約の代金が割賦払いである場合、代金を完済するまで登記を買主に移転しないで、売主に所有権を留保することが認められています。しかし、これでは代金完済まで買主は不安定な地位に置かれることになってしまいます。そこで、宅建業法では、宅建業者が自ら売主となる売買契約について、所有権留保等を原則として禁止することにしています。

(1)民法のルール

売主に所有権を残す特約は、有効です。

(2) 8種制限のルール

割賦販売契約等を行った場合、物件を買主に引き渡すまでに、売主の宅建業者は登記その他の売主の義務を履行しなければなりません。

ただし、引渡し後、代金の支払額が代金の**10分の3を超えない場合**は、登記その他の売主の義務を履行しなくてもよいとされています。つまり、代金支払いが

10分の3（10分の3を含む）まで、売主に所有権留保できます。代金支払いが10分の3を超えれば、買主に所有権を移転しなければなりません。残代金を担保するために、所有権を売主に譲渡すると、所有権留保と同じことになってしまうため、譲渡担保は禁止されています。

ただし、10分の3を超える金額を受けていても、残金について抵当権、保証人等の担保措置を買主が講じる見込みがないときは、所有権留保が可能です。

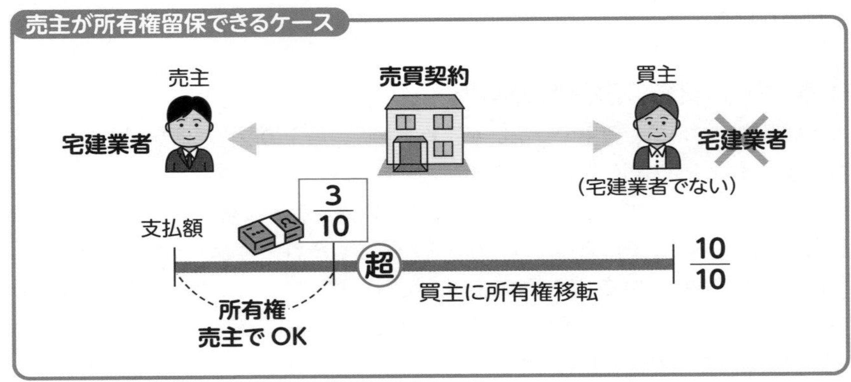

分割払いで買うときに買主が不利にならないようにしています。頻出事項ではないですが、「30日」「書面」「10分の3」といったキーワードを覚えましょう。

問題にチャレンジ ○か×で答えましょう

Q1 宅地建物取引業者Aが、自ら売主として、宅地建物取引業者でないBとの間でマンション（代金3,000万円）の売買契約を締結しようとする場合、Bは自ら指定した自宅においてマンションの買受けの申込みをした場合においても、法第37条の2（クーリング･オフ）の規定に基づき、書面により、買受けの申込みの撤回を行うことができる。

Q2 宅地建物取引業者Aが、自ら売主として、宅地建物取引業者でないBとの間でマンション（代金3,000万円）の売買契約を締結しようとする場合、BがAに対し、法第37条の2の規定に基づき、書面により買受けの申込みの撤回を行った場合、その効力は、当該書面をAが受け取ったときに生じることとなる。

Q3 宅地建物取引業者Aが、自ら売主となり、宅地建物取引業者でない買主Bとの間で締結した宅地の売買契約について、Bは、テント張りの案内所で買受けの申込みをし、その際にAからクーリング・オフについて書面で告げられ、契約を締結した。その5日後、代金の全部を支払い、翌日に宅地の引渡しを受けた。この場合、Bは売買契約を解除することができる。

Q4 宅地建物取引業者Aが、自ら売主として買主との間で締結する売買契約においてAは、宅地建物取引業者である買主Eとの間で建築工事完了前の建物を5,000万円で売却する契約を締結した場合、保全措置を講じずに、当該建物の引渡し前に500万円を手付金として受領することができる。

解答と解説

A1 × 買主から申し出た、自宅または勤務先で申込みをした場合は、クーリング・オフができない場所に該当します。

A2 × クーリング・オフによる申込み撤回は、書面を発信した時点で、クーリング・オフが成立します。受け取ったときではありません。

A3 × テント張りの案内所は土地に定着していないので、クーリング・オフができる場所にあたります。しかし、引渡しを受け、かつ代金全額を支払った場合はクーリング・オフにより契約を解除することができません。

A4 ○ 8種制限の「手付金等の保全措置に関する規定」は、業者間取引には適用されません。よって、保全措置を講ずる必要はありません。

問題にチャレンジ　○か×で答えましょう

Q5 宅地建物取引業者Aが、自ら売主として買主との間で締結する売買契約においてAは、宅地建物取引業者でない買主Bとの間で建築工事完了前の建物を4,000万円で売却する契約を締結し300万円の手付金を受領する場合、銀行等による連帯保証、保険事業者による保証保険または指定保管機関による保管により保全措置を講じなければならない。

Q6 宅地建物取引業者Aが、自ら売主として、宅地建物取引業者でないBとの間で建物の売買契約を締結する場合において、Cが建物の所有権を有している場合、AはBとの間で当該建物の売買契約を締結してはならない。ただし、AがCとの間で、すでに当該建物を取得する契約（当該建物を取得する契約の効力の発生に一定の条件が付されている）を締結している場合は、この限りではない。

Q7 宅地建物取引業者Aが、自ら売主として宅地建物取引業者ではない買主Bとの間で宅地の売買契約を締結する場合、Aは、Bに売却予定の宅地の一部に甲市所有の旧道路敷が含まれていることが判明したため、甲市に払下げを申請中である。この場合、Aは、重要事項説明書に払下申請書の写しを添付し、その旨をBに説明すれば、売買契約を締結することができる。

Q8 宅地建物取引業者Aが、自ら売主として、宅地建物取引業者でないBとの間で建物の売買契約を締結する場合、Aは、Bとの間における建物の売買契約において、「その建物が種類または品質に関して契約の内容に適合しない場合に、当該不適合についてBがAに通知すべき期間を建物の引渡しの日から1年間とする」旨の特約を付した。この場合、当該特約は無効となり、Aの担保責任を追及するために当該不適合についてBがAに通知すべき期間は、当該建物の引渡しの日から2年間となる。

Q9 宅地建物取引業者Aが、自ら売主として宅地建物取引業者でない買主Bとの間で締結した宅地の売買契約において、売主の責めに帰すべき事由によって目的物が種類または品質に関して契約の内容に適合しない場合のみ引渡しの日から1年間、担保責任を負うという特約を定めた場合、その特約は無効となる。

解答と解説

A5 × 未完成物件において、保全措置が不要なのは代金の5％以下かつ1,000万以下です。手付金である300万円は、代金の5％を超えているため、保全措置が必要です。未完成物件において、保全措置として利用できるのは、銀行等による連帯保証または保証保険の方法に限られており、指定保管機関による保管の方法を使うことはできません。

A6 × 自ら売主制限では、他人物売買は原則禁止です。しかし、所有権を確実に手に入れられる契約を結んでいるか、予約をしている場合は例外として売ってもよいとされています。しかし、停止条件付の契約は、結んでいても成就するか不確定なので一般消費者であるBとの売買契約はできません。

A7 × 払下申請中の段階では、まだ手に入ることが確実ではないので他人物売買にあたります。よって、Bと売買契約を結ぶことはできません。

A8 × 売主が業者で買主が業者でない場合の、契約不適合担保責任に関する特約について、民法より買主に不利となる特約を締結することはできません。例外として、不適合について買主が売主に通知するまでの期間を引渡しから2年以上とするものに限っては有効です。本肢では、通知期間を「引渡しの日から1年」としており、これは買主に不利な特約であるため、無効です。この場合、民法の規定に基づき、「不適合を知ったときから1年間」となります。

A9 ○ 「引渡しの日から1年間担保責任を負う」は民法の規定より、不利な特約なので「知ったときから1年」になります。そして、契約不適合責任は「売主の責めに帰すべき事由によってのみ」ではなく、契約内容に不適合があった場合には、売主は責任を負うことになります。「売主の責めに帰すべき事由によってのみ」に限定されません。

問題にチャレンジ　〇か×で答えましょう

Q10 宅地建物取引業者Aが、自ら売主として、宅地建物取引業者でないBとの間で建物（代金2,400万円）の売買契約を締結する場合において、Aは、Bとの間における建物の売買契約の締結の際、原則として480万円を超える手付金を受領することができない。ただし、あらかじめBの承諾を得た場合に限り、720万円を限度として、480万円を超える手付金を受領することができる。

Q11 宅地建物取引業者A社が、自ら売主として行う宅地（代金3,000万円）の売買において、宅地建物取引業者でない買主Bとの間で、割賦販売の契約を締結し、引渡しを終えたが、Bは300万円しか支払わなかったため、宅地の所有権の登記をA社名義のままにしておくことは宅地建物取引業法の規定に違反する。

Q12 A社は、宅地建物取引業者でない買主Cとの間で、割賦販売の契約をしたが、Cが賦払金の支払いを遅延した。A社は20日の期間を定めて書面にて支払いを催告したが、Cがその期間内に賦払金を支払わなかったため、契約を解除した。これは宅地建物取引業法の規定に違反する。

解答と解説

A10 ×　売主が業者で、買主が業者でない場合、たとえ、承諾を得たとしても、代金の10分の2を超える手付金を受領することはできません。

A11 ×　「所有権留保等の禁止」では、業者が受領した代金の額の10分の3以下であるときは登記を移転しなくてもよいとしています。本肢では、まだ代金の10分の1にあたる金額である300万円しか支払いを受けていないため、A社名義のままにしておくことができます。

A12 〇　宅建業法では、自ら売主となる宅建業者は30日以上の相当期間を定め、書面で催告し、この期間内に支払がないときでなければ、契約の解除や、残りの賦払金の全額請求ができないとしています。本肢では、「20日の期間を定めて」となっており、契約を解除することはできません。

13 報酬額の制限

▶▶▶ 宅建業者に対する報酬のルールを押さえよう

宅建業者の報酬はどのようにして決定されるのでしょうか？

自ら売主であれば、購入した金額に利益を乗せて売ればそれが儲けになりますが、媒介や代理の場合は仲介手数料をもらわなければ宅建業者の利益が出ません。その手数料には上限があり、計算が出てくるところなので苦手意識のある人が多いです。ただ、やり方さえ理解すれば、必ずできるようになります。

1 売買の報酬額の制限

自ら売主となる場合は、仕入れと売却代金の差額が利益となります。それに対して、媒介や代理の依頼を受けて売買契約を締結させた場合は、報酬をもらうことで利益を得ます。限度を応えて高額な報酬とならないよう宅建業者が受け取ってよい報酬の上限を定め、この限度額の範囲内のみで報酬を請求してよいこととされています。

①売買・交換の報酬／基本計算式

まずは次の計算式（速算法）を覚えてください。下記の計算は、税抜の売買代金をもとに計算することで報酬額を計算していきます。そこで出た額を基準額としてください。

● 売買・交換の報酬額（速算法）

売買代金の額	報酬額の基本計算式
～200万円以下	5％
200万円超～400万円以下	4％＋2万
400万円超～	3％＋6万

以下に売買交換の場合の報酬のルールをまとめています。このルールに基づいて計算を行います。

・媒介では、速算法で出た基準額が媒介の一方からもらえる限度額となる
・代理では、基準額の「２倍」を限度にもらえる
・ただし、１つの取引の合計限度額は基準額の「２倍」というルールがある
・消費税の扱いは以下の通りとなる
①売買代金についての消費税の扱い
→建物代金は課税される可能性あり
→土地の代金に消費税は課税されない（土地は消費しないため）
②報酬についての消費税の扱い
宅建業者が課税業者の場合、消費税 10％を加算した額が報酬の限度額
宅建業者が免税事業者の場合、消費税４％を加算した額が報酬の限度額

免税事業者については、ほとんど出題されないので後回しにしても大丈夫です。

(1)売買の媒介～当事者の一方から媒介の依頼を受けた場合

まずは、売買の媒介として、当事者の一方から依頼を受けたケースを考えてみましょう。

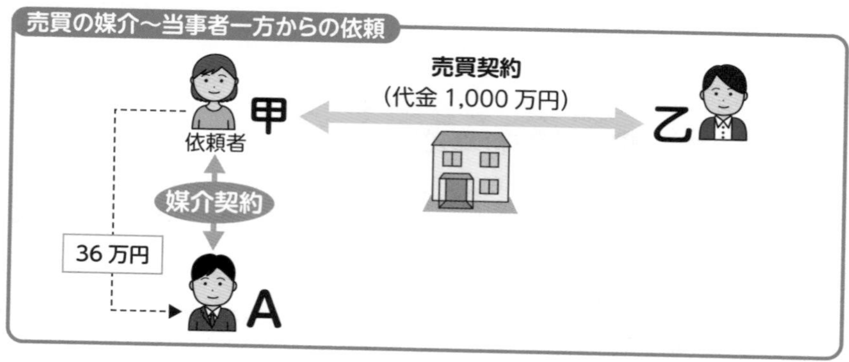

この場合、速算法で求められた額が、売買の媒介の報酬限度額となります。このように１人の業者が、１人の依頼人から媒介依頼を受けた場合に生じる報酬の限度額を「基準額」として扱っていきます。

速算法　1,000 万円 ×３％＋６万円 ＝ 36 万円（基準額）
甲からもらえる報酬の上限額　36 万円

まずは消費税抜きで考えて、スムーズに計算できるようにしてください。

(2)売買の媒介～当事者の双方から媒介の依頼を受けた場合

次に、売買の媒介について、当事者の双方から依頼を受けたケースを考えてみましょう。

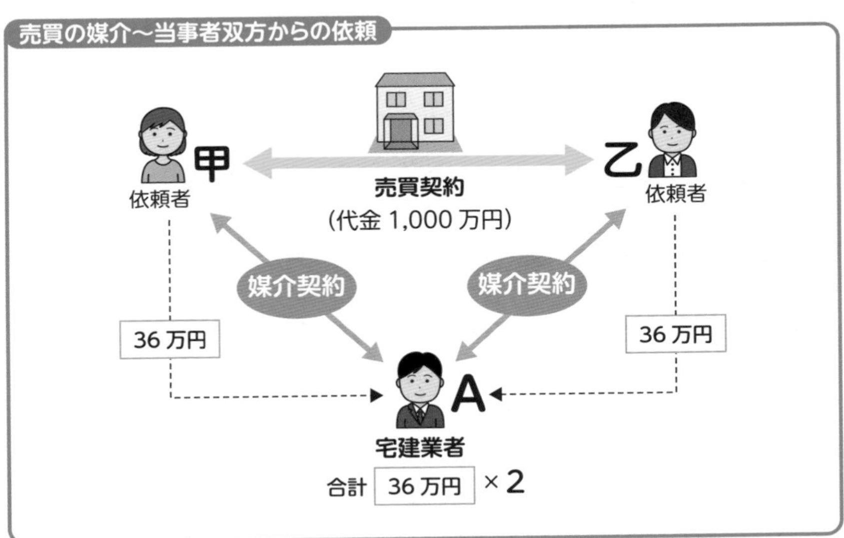

基本計算　1,000万円 ×３%＋６万円 ＝	36万円（基本計算額）
甲からもらえる報酬の上限額	36万円
乙からもらえる報酬の上限額	36万円
甲と乙からもらえる報酬の合計の上限額	72万円

難しく考えず、基準額は頼まれた人からもらえる金額なので、両方から頼まれていればそれぞれからもらえると覚えてください。

(3)売買の代理～当事者の一方から代理の依頼を受けた場合

今度は売買の代理として、当事者の一方から依頼を受けたケースを考えてみましょう。

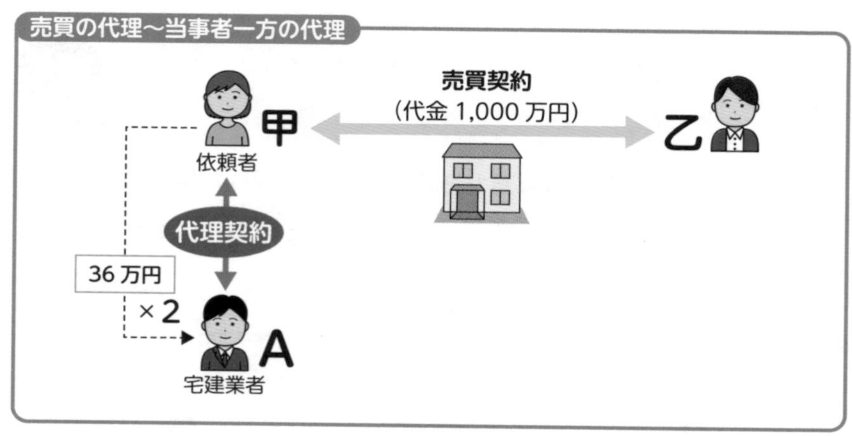

基本計算　1,000 万円 ×３%＋６万円 ＝ 36 万円（基本計算額）
代理を行った場合、媒介の２倍まで報酬を受け取ることができます。
甲からもらえる報酬の上限額　　36 万円 ×２（代理）＝ 72 万円

(4) 売買の代理～当事者の双方から代理の依頼を受けた場合

売買の代理として、当事者の双方から依頼を受けたケースを考えてみましょう。

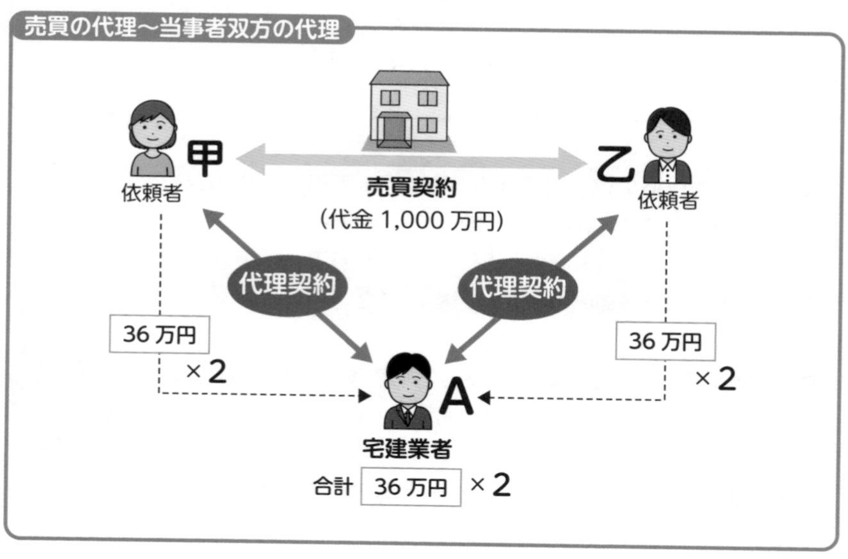

基本計算　1,000 万円 × 3％ ＋ 6 万円 ＝ 36 万円（基本計算額）
代理を行った場合、媒介の２倍まで報酬を受け取ることができます。
甲からもらえる報酬の上限額　36 万円 × 2（代理）＝ 72 万円
乙からもらえる報酬の上限額　36 万円 × 2（代理）＝ 72 万円

ただし、甲と乙からもらえる報酬の合計額は、**基本計算額の２倍**までが上限となるため、甲と乙からもらえる報酬の合計の上限額は 36 万円× 2（合計限度額）＝ 72 万円となります。

(5) 複数の宅建業者が共同して契約を成立させた場合

複数の宅建業者が共同で契約を成立させたケースを考えてみましょう。

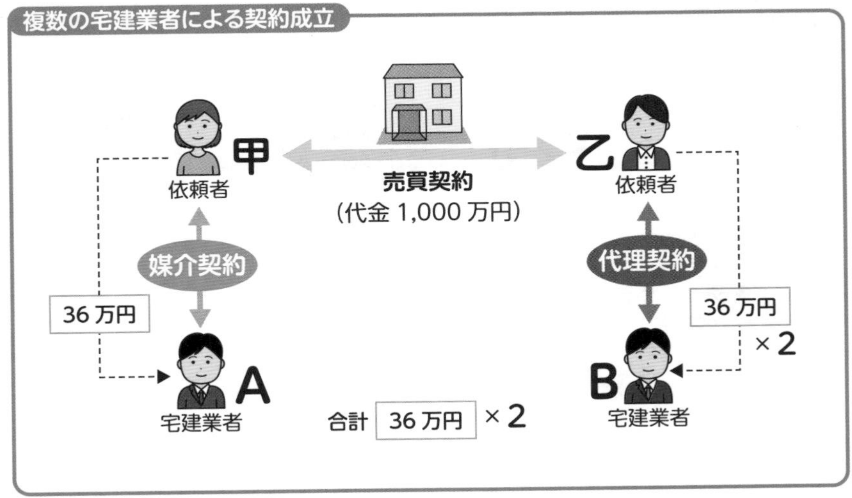

基本計算　1,000 万円 × 3％ ＋ 6 万円 ＝ 36 万円（基本計算額）
A が甲からもらえる報酬の上限額　36 万円
B が乙からもらえる報酬の上限額　36 万円 × 2（代理）＝ 72 万円

ただし、A と B がもらえる報酬の合計額は、**基本計算額の２倍まで**が上限となります。よって、A と B がもらえる報酬の合計の上限額は 36 万円× 2（合計限度額）＝ 72 万円となります。

(6) 交換の場合

交換する土地建物のうち、**高い方の価格を基準**にして売買と同じ計算方法で限度額を求めます。例えば、3,000 万円の土地と 4,000 万円の土地を交換する場合、高い方の価額である 4,000 万円を基準に計算して限度額を求めます。

1つの取引から生ずる報酬は、基準額の２倍までという点は確実に覚えてください。

②消費税についての扱い

報酬計算では、①代金についての消費税と、②宅建業者への報酬額への消費税の２つの消費税の扱いに注意が必要です。

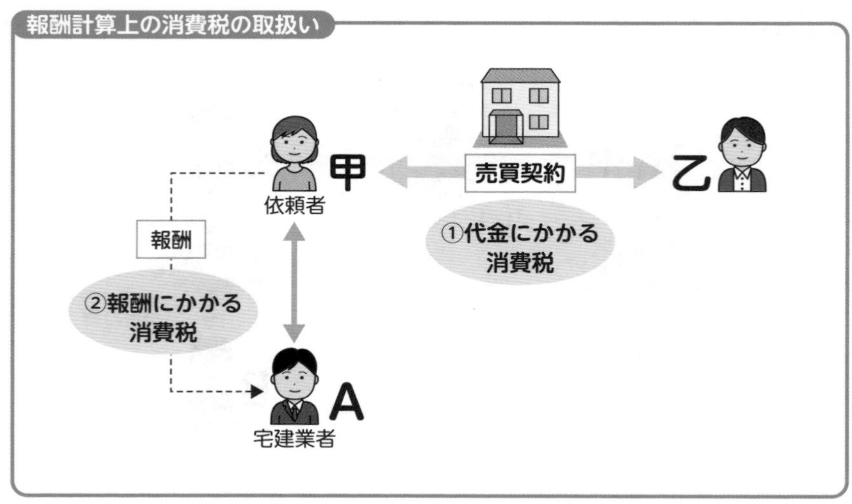

(1) 代金にかかる消費税

報酬計算をする際、売買代金を消費税抜きの本体価格で計算するようにします。

例として、土地付建物の売買代金が 6,400 万円（うち土地代金は 4,200 万円）となるケースを考えます。

売買代金についての消費税は、建物の売買代金→消費税が課税される、土地の売買代金→消費税が課税されないことに注意しましょう。

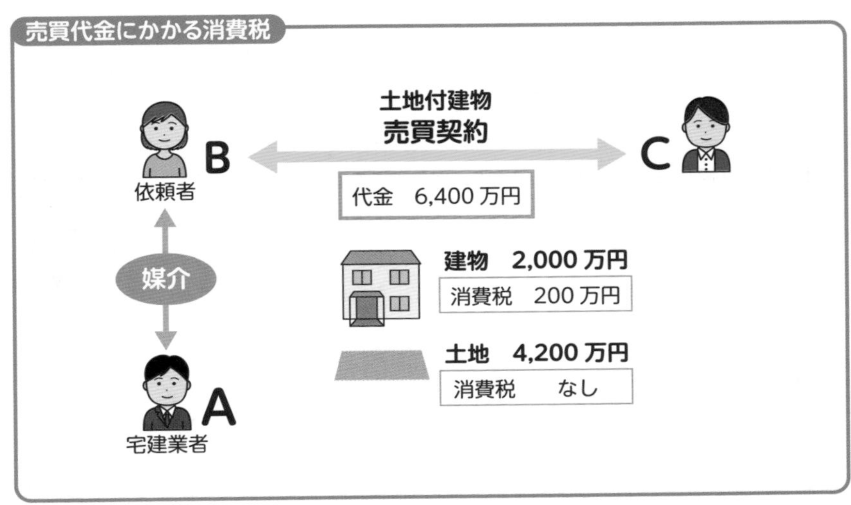

建物代金 2,200 万円 ＝ 建物本体価格 2,000 万円＋消費税（10%）200 万円
土地代金 4,200 万円 ＝ 土地本体価格 4,200 万円

売買代金の本体価格（税抜き価格）は、6,200 万円として計算することになります。

(2) 報酬に係る消費税

媒介、代理の報酬については、消費税が次のように上乗せされます。

・宅建業者が課税業者の場合→ 10%
・宅建業者が免税事業者の場合→消費税 4 %を加算した額が報酬の限度額
（免税事業者についてはほとんど出題されません）

(3) 報酬計算の特例～ 400 万円以下の「低廉な空家等」の売買・交換の場合

400 万円以下の「低廉な空家等」の売買・交換の媒介の場合、宅建業者は「売主（交換を行う者）」に対して、通常の報酬額に「現地調査等の費用」を上乗せして請求することができます。

ただし、一定額（18 万円に消費税を上乗せした額（19 万 8,000 円）を超えることはできません。

また、貸借は対象外です。「買主」に対しては、「現地調査費の費用」を上乗せして請求できません。また、この特例は売主からの「特別な依頼」がない場合の特例です。あらかじめ依頼者である売主等に説明し、同意を得ておくことが必要です。代理の場合にも同様の特例があります。

「特別な依頼」を受けた場合については、媒介の報酬とは別個に、特別な依頼による広告料や遠隔地の現地調査費用を受領することができます。「特別な依頼」という表現は、「宅建業者から説明して同意を得る場合」とは異なります。

2 貸借の報酬額の制限

貸借の場合には、貸借の報酬の基本ルールを押さえ、「居住用建物の媒介」の場合と「居住用建物以外の賃貸借で権利金がある」場合の特別ルールを学びましょう。

①貸借の報酬額の制限・基本ルール

貸借の報酬のルールは、次の通りです。

複数の宅建業者が依頼を受け共同して契約を成立させた場合でも、各宅建業者が受領できる報酬の限度総額は、１人の宅建業者に依頼した場合と同じになります。

貸借の媒介・代理（共通）→ 原則１か月分の賃料
１取引の報酬合計限度額　→ １か月分の賃料

②貸借の報酬額の制限

(1)居住用建物の賃貸借の媒介

居住用建物の賃貸借の「媒介」の場合、依頼者の一方からもらえる上限額は、媒介の依頼を受けるにあたって**依頼者の承諾がない限り**、賃貸人、賃借人それぞれから**賃料の２分の１か月分ずつ**までです。

(2)居住用建物「以外」の貸借の媒介・代理で権利金等がある場合

居住用建物「以外」の貸借（例：土地、店舗、事務所など）の媒介・代理で**権利金等がある場合**（**返還されない金銭**に限ります。返還される保証金の場合、以下の②の計算は行いません）は、以下の通りです。

①１か月分の賃料
②権利金を売買代金と同じように見立てて計算をする
③ ①の額と②の額を比べて「高い方」の額が報酬の上限となる

● 賃借の報酬額の制限のまとめ

	居住用建物	居住用建物「以外」 例：土地、店舗、事務所など
媒介	依頼者の依頼を受ける際に承諾がない限り、賃貸人、賃借人それぞれから借賃の２分の１か月分ずつまで	借賃の１か月分 ※権利金を基準に計算をして、高い方が上限額となる
代理	借賃の１か月分	

③消費税の扱いについて

宅建業者が課税業者の場合は、消費税10％を加算した額が報酬の限度額になります。また、宅建業者が免税事業者の場合は、消費税４％を加算した額が報酬の限度額になります（免税事業者についてはほとんど出題されません）。

報酬計算は、売買の場合と同様に、税抜借賃・税抜権利金をもとに計算します。

● 消費税（貸借の場合）

居住用建物		非課税
土地	原則	非課税
	例外	課税（例：駐車場）
居住用以外の建物		課税

3 報酬と経費の請求

報酬とは別に広告費等を請求することはできません。

ただし、依頼者の依頼により、特別に広告費を支出した場合などに限り、その実費を報酬とは別に受領することができます。実費を超えて請求することはできません。

報酬額の問題は、計算しなくても答えが出る問題が正解肢になることも多いです。計算が必要な問題は後回しにして、知識で回答できる問題を先にこなせば時間が短縮できることもあります。試験においては大切なコツです。

問題にチャレンジ　○か×で答えましょう

Q1 建物の貸借の媒介において、依頼者の依頼によらない通常の広告を行い、国土交通大臣の定める報酬限度額の媒介報酬のほか、当該広告の料金に相当する額を受領することは宅地建物取引業法の規定に違反する。

Q2 依頼者と宅地建物取引業者との間であらかじめ報酬の額を定めていなかったときは、当該依頼者は宅地建物取引業者に対して国土交通大臣が定めた報酬の限度額を報酬として支払わなければならない。

Q3 宅地建物取引業者A（消費税課税事業者）は貸主Bから建物の貸借の媒介の依頼を受け、宅地建物取引業者C（消費税課税事業者）は借主Dから建物の貸借の媒介の依頼を受け、BとDの間での賃貸借契約（賃料15万円）を成立させた。建物を店舗として貸借する場合、当該賃貸借契約において200万円の権利金（権利設定の対価として支払われる金銭であって返還されないものをいい、消費税等相当額を含まない）の授受があるときは、AおよびCが受領できる報酬の限度額の合計は22万円である。

Q4 宅地建物取引業者Aは売主から代理の依頼を受け、宅地建物取引業者Bは買主から媒介の依頼を受けて、代金4,000万円の宅地の売買契約を成立させた場合、Aは売主から277万2,000円、Bは買主から138万6,000円の報酬をそれぞれ受けることができる（A、Bはともに課税業者である）。

Q5 宅地建物取引業者A社（消費税課税事業者）は貸主Bから建物の貸借の代理の依頼を受け、宅地建物取引業者C社（消費税課税事業者）は借主Dから媒介の依頼を受け、BとDとの間で賃貸借契約を成立させた（なお1か月分の借賃は10万円である）。建物を住居として賃借する場合、C社は、Dから承諾を得ているときを除き、55,000円を超える報酬をDから受領することはできない。

Q6 宅地建物取引業者A（課税業者）は、BからB所有の宅地の売却について代理の依頼を受け、Cを買主として代金3,000万円で売買契約を成立させた。その際、Bから報酬として、126万円を受領することは宅地建物取引業法の規定に違反しない。

解答と解説

A1 ○　依頼者の依頼による広告であれば、報酬限度を超えて広告料金を受け取ることができますが、本肢では「依頼者の依頼によらない広告」となっています。この場合、報酬と別に広告の料金に相当する額を請求することはできません。

A2 ×　国土交通大臣は報酬の限度額を定めていますが、あらかじめ依頼者と業者の間で報酬について定めていなかったからといって、報酬の上限額を受け取れるわけではありません。

A3 ○　居住用以外で、権利金の授受がある場合は、権利金を売買代金とみなして報酬計算できます。賃料1か月分と、権利金をもとにした額とを比べて高い方が報酬限度額となります。200万円×5％＝10万円。A・Cは消費税課税事業者なので、10万円×1.1＝11万円ということになります。A・Cの受領できる報酬限度額は、11万円×2＝22万円となります。

A4 ×　Bがもらえる報酬額は、4,000万円×3％＋6万円＝126万円。消費税が課税されるので、126万円×1.1＝138万6,000円。Aがもらえる報酬額は、媒介の場合の2倍なので138万6,000円×2＝277万2,000円。これが代理であるAが受け取る報酬の限度額です。複数の業者が関わる場合は、報酬限度額は、媒介の報酬の2倍までなので合計を277万2,000円までです。本肢は、415万8000円受領しているので、宅建業法違反となります。

A5 ○　居住用の建物の媒介をする場合、承諾のない依頼者からは、2分の1か月分までしか受領できません。

A6 ○　3,000万円×3％＋6万円＝96万円です。代理なので媒介の場合の2倍を受領することができます。96万円×2＝192万円。課税業者なので192万円×1.1＝211万2,000円となり、限度額を超えていないので違反とはなりません。

14 監督処分・罰則

▶▶▶ 宅建業法違反のペナルティーを学びます

宅建業法に違反した場合、どのような行政罰等が課されるのでしょうか？

宅建業法に違反した場合には、当然ペナルティーがあります。免許権者から受けるペナルティーを監督処分といい、裁判所等から受けるペナルティーを罰則といいます。罰則は基本的に数字を覚える必要はなく、罰則があるのかないのかを把握しましょう。

1 監督処分とは

宅建業者や宅建士が宅建業法のルール違反をした場合に、国土交通大臣や都道府県知事がペナルティーを与えることを**監督処分**（かんとくしょぶん）といいます。指示処分は「怒られる処分」、業務停止処分は「謹慎処分（きんしんしょぶん）」、免許取消処分は「免許がはく奪される」というイメージになります。

誰が処分できるのか、処分の後に公告は必要なのか否かという頻出テーマのほか、細かな知識も多く出題されます。

2 宅建業者に対する監督処分

①処分の種類

宅建業者に対する監督処分は３種類あります。

指示処分（公告不要）、**業務停止処分**（公告必要）、**免許取消処分**（公告必要）です。

国土交通大臣の処分は官報、都道府県知事の処分は公報またはウェブサイトへの掲載その他適法な方法により、処分した旨が公告されます。

指示処分と業務停止処分は免許権者または業務地を管轄する都道府県知事ができますが、免許取消処分は免許権者のみができます。

そして、業務地を管轄する都道府県知事が処分した場合は、免許権者に通知等をしなければなりません。

例えば、宅建業者Ａ（甲県知事免許）が乙県内で宅建業法に違反する行為をした場合、指示処分・業務停止処分は甲県知事または乙県知事（甲県知事へ通知）が行うことができ、免許取消処分は甲県知事のみができることになります。

②処分の内容

(1)指示処分（公告不要）

宅建業者が宅建業法に違反したときや、宅建業の業務に関し宅建業者として不適当と認められるときに必要な指示をすることができます。指示処分がなされると、宅建業者名簿にその「年月日」「内容」が登載されます。

(2)業務停止処分（公告必要）

１年以内の期間を定めて、業務の全部または一部の停止を命ずることができます。業務停止処分がなされると、宅建業者名簿に「年月日」「内容」が登載されます。業務停止処分に違反すると、免許が取り消されます。

(3)免許取消処分（公告必要）

免許取消処分には、一定の事由が生じた場合に、取り消さなければならない「必要的免許取消事由」と、取り消すかどうかが裁量に委ねられる「任意的免許取消事由」があります。

● **必要的免許取消事由**

免許権者は次の場合、宅建業者の免許を必ず取り消さなければなりません。

- 免許の欠格事由（破産者、禁錮刑、懲役刑）に該当する場合
- 不正手段により免許を取得した場合
- 業務停止処分に該当し、情状が特に重い場合
- 業務停止処分に違反した場合
- 免許換えの手続きを怠った場合
- 廃業の届出がなく、その事実が判明した場合
- 免許を受けてから１年以内に宅建業を開始しない場合、または、宅建業を引き続き１年以上休止した場合（正当な理由の有無は問いません）

● **任意的免許取消事由**

免許権者は次の場合等においては、宅建業者の免許を取り消すことができます。

・免許に付された条件に違反した場合
・免許を受けた宅建業者が、免許の日から3か月以内に営業保証金を供託した旨の届出をしない場合
・宅建業者の事務所の所在地または宅建業者の所在を確知できない場合において、官報や公報でその事実を公告し、その公告から30日を経過しても宅建業者から申出がない場合

(4) 大臣免許業者に対する監督処分（内閣総理大臣と協議する必要がある場合）

国土交通大臣が、国土交通**大臣免許**の業者に対して、消費者保護のルールに関する違反を理由として監督処分をする場合は、あらかじめ**内閣総理大臣と協議**しなければなりません。

消費者保護のルールに関する違反には、例えば、重要事項の説明義務や37条書面の交付義務の違反が該当します。

知事が処分する際には、「内閣総理大臣と協議」というルールはないことに注意しましょう。

3 宅地建物取引士に対する監督処分

①処分の種類

宅建士に対する監督処分は３種類あります。

指示処分（公告不要）、**事務禁止処分**（公告不要）、**登録消除処分**（公告不要）です。

宅建業者の処分と呼び方は違いますが、似ています。

処分権者は、**指示処分と事務禁止処分は登録をしている都道府県知事または取引士が処分対象行為を行った都道府県の知事で、登録消除処分は登録をしている都道府県知事のみができます。**

そして、宅建士に処分対象行為を行った都道府県知事は、登録をしている都道府県知事に**通知**しなければなりません。

②処分の内容

(1) 指示処分（公告不要）

宅建士として行う事務に関して、不正または著しく不当な行為である場合等で、指示処分がなされると、その「内容」「年月日」が宅建士資格登録簿へ登載されます。

指示処分に違反した場合、さらに**事務禁止処分**の対象となります。

(2)事務禁止処分(公告不要)

1年以内の期間を定めて、宅建士としてすべき事務を行うことを禁止できます。

事務禁止処分の対象事由は、指示処分と同じ事由と、指示処分に違反した場合です。事務禁止処分がなされると、その「内容」「年月日」が宅地建物取引士資格登録簿へ登載されます。

事務禁止処分を受けたときは、速やかに宅建士証をその交付を受けた**都道府県知事に提出**しなければなりません。宅建士証提出義務に違反すると、**10万円以下の過料**に処せられます。

(3)登録消除処分(公告不要)

都道府県知事は次の場合、登録を「必ず消除」しなければなりません。

宅建士
・登録の欠格事由(破産者、禁錮刑、懲役刑等)に該当した場合 ・不正手段により宅建士の登録を受けた場合 ・不正手段により宅地建物取引士証の交付を受けた場合 ・事務禁止処分該当行為で、情状が特に重い場合 ・事務禁止処分行為に違反した場合
宅地建物取引士資格者(試験に合格し登録を受けたが有効な宅建士証はない)
・登録の欠格事由に該当した場合 ・不正手段により宅建士の登録を受けた場合 ・宅建士としてすべき事務を行い(35条、37条)、情状が特に重い場合

③聴聞

聴聞(ちょうもん)とは、監督処分の際、事前に相手方に弁明・証拠物の提出等の機会を与えるものです。宅建業者に対する指示処分・業務停止処分・免許取消処分、宅建士に対する指示処分・事務禁止処分・登録消除処分をしようとするときには、聴聞を行わなければなりません。

聴聞は公開で行われます。聴聞は(行政手続法の)単なる「弁明の機会の付与」とは異なります。流れとしては、不正な行為→聴聞→処分となります。

④指導・助言・勧告／報告・立入検査

(1)宅建業者

都道府県知事は、その都道府県内の区域内で宅建業を営む宅建業者に対して、必要な指導（しどう）・助言（じょげん）・勧告（かんこく）を行うことができます。

また、国土交通大臣は、全ての宅建業者に対して、指導・助言・勧告を行うことができます。

都道府県知事は、その都道府県内の区域内で宅建業を営む者（宅建業者、無免許業者）に対して、宅建業の適正な運営を確保するために必要があると認めるときは、業務について必要な**報告**を求め、または事務所への**立入検査**をすることができます。

一方、**国土交通大臣は、宅地建物取引業を営む全ての者**に対して、報告を求め、立入検査をすることができます。

(2)宅地建物取引士

都道府県知事は、その登録を受けた宅建士およびその都道府県の区域内で事務を行う宅建士に対して、宅建士の事務の適正な遂行を確保するために必要があると認めるときは、その事務についての必要な**報告**を求めることができます。

国土交通大臣は**全ての宅建士**に対して、報告を求めることができます。

⑤監督処分の重要ポイント

(1)監督処分をすることができる者

宅建業者に対する監督処分のうち、指示処分と業務停止処分は、免許権者と、悪事を行った場所の知事ができます。ただし、免許取消処分は免許権者しかできません。

宅建業者に対する監督処分	免許権者	業務地管轄の知事
指示	できる	できる
業務停止	できる	できる
免許取消	できる	できない

宅建士に対する監督処分も、上記と同じイメージです。

宅建士に対する監督処分	登録権者	行為地管轄の知事
指示	できる	できる
事務禁止	できる	できる
登録消除	できる	できない

(2)監督処分の聴聞と公告

処分を受ければ、宅建業者にも言い分がある可能性があります。そこで説明する機会を設けるのが聴聞です。原則として監督処分すべてに聴聞が必要です。

聴聞は公開で行われるため、弁明の機会の付与（書面で言い訳）ではダメです。

ただし、①宅建業者の事務所の所在地を確知できないとき、②宅建業者の所在を確知できないときには、弁明の機会を付与すればよいとされています。

公告の要否は下記の通りです。指示処分は、いわば怒られる程度の処分のため、公告は不要です。

監督処分	宅建業者	宅建士
指示	公告不要	公告不要
業務停止／事務禁止	公告必要	公告不要
免許取消／登録消除	公告必要	公告不要

宅建士の処分は、すべて公告不要な点に注意しましょう。

4 罰則とは

宅建業法上、宅建業に関して悪質な行為を行った者に対しては、罰則（ばっそく）が科されます。

罰則の内容（懲役、罰金）は正しいものとして解きましょう。ただし、宅建士証の違反、特に提示義務に違反すると10万円以上の過料となる点は内容まで覚えてください。

①罰則の内容と種類

宅建業法上の罰則には、懲役（労役付きの刑務所）、罰金、過料があります。

②両罰規定

宅建業者の役員、従業員等が違反行為をした場合、違反行為者個人が罰せられるのに加えて、使用者である宅建業者にも罰金刑が科されます。なお、違反行為が不正の手段による免許の取得等、事実の不告知に関するものであるときは、当該法人にも1億円以下の罰金刑が科されます。

③過料と科料の違い

「過料」は、軽微な行政上の義務違反に対して、行政庁（大臣、知事等）により科される行政罰です。

「科料」は、司法（裁判所等）による刑罰の一種です。

監督処分は国土交通大臣でも都道府県知事でもできる場合とできない場合があることに注意してください。特に免許取消しは免許権者しかできないとか、自ら貸借はそもそも宅建業法の適用がないから処分されないといったあたりは頻出事項です。

問題にチャレンジ　○か×で答えましょう

Q1 宅地建物取引業者Ａ（甲県知事免許）は、自らが売主となった分譲マンションの売買において、法第35条に規定する重要事項の説明を行わなかった。この場合、Ａは、甲県知事から業務停止を命じられることがある。

Q2 宅地建物取引業者Ａ（甲県知事免許）が乙県内において法第32条違反となる広告を行った。この場合、乙県知事から業務停止の処分を受けることがある。

Q3 宅地建物取引業者Ｄ（国土交通大臣免許）は、甲県知事から業務停止の処分を受けた。この場合、Ｄが当該処分に違反したとしても、国土交通大臣から免許を取り消されることはない。

Q4 甲県知事の宅建士資格登録を受けている宅建士Ａは、乙県内において業務を行う際に提示した宅建士証が、不正の手段により交付を受けたものであるとしても、乙県知事から登録を消除されることはない。

Q5 甲県知事は、宅地建物取引業者Ａ（甲県知事免許）に対して指示処分をした場合には、甲県の公報により、その旨を公告しなければならない。

Q6 国土交通大臣は、宅地建物取引業者Ａ（甲県知事免許）に対し、宅地建物取引業の適正な運営を確保するため必要な勧告をしたときは、遅滞なく、その旨を甲県知事に通知しなければならない。

Q7 宅地建物取引業者A（甲県知事免許）は、甲県知事から指示処分を受けたが、その指示処分に従わなかった。この場合、甲県知事は、Aに対し、1年を超える期間を定めて、業務停止を命ずることができる。

Q8 宅地建物取引業者A（甲県知事免許）の従業者Bが、建物の売買の契約の締結について勧誘をするに際し、当該建物の利用の制限に関する事項で買主の判断に重要な影響を及ぼすものを故意に告げなかった場合、Aに対して1億円以下の罰金刑が科せられることがある。

解答と解説

A1 ○ 免許権者である甲県知事は、Aが宅建業法35条に違反して重要事項の説明を行わなかった場合、業務停止を命じることができます。

A2 ○ 誇大広告は業務停止処分に該当します。業務地の知事である乙県知事も、業務停止処分をすることができます。

A3 × 業務停止処分に違反することは、免許の取消事由に該当します。免許権者である、国土交通大臣は、Dの免許を取り消さなければなりません。なお、免許権者でない甲県知事が、宅建業者Dの免許を取り消すことは不可能です。

A4 ○ 不正の手段により宅建士証の交付を受けた場合、登録消除処分を受けることになりますが、登録消除処分をすることができるのは、登録地の知事である甲県知事に限られます。

A5 × 指示処分の場合には、公告の義務はありません。免許取消処分と業務停止処分については、公告をする必要があります。

A6 × 国土交通大臣はすべての宅建業者に対して、知事は都道府県の区域内で宅建業を営む宅建業者に対して、必要な指導、助言および勧告をすることができます。この場合に、その旨を免許権者である甲県知事に通知する必要はありません。

A7 × 免許権者である甲県知事から指示処分を受けたにもかかわらず、その指示に従わないことは、業務停止処分事由に該当します。しかし、業務停止の期間は「1年以内」に限られます。「1年を超える期間」を定めることはできません。

A8 ○ 買主の判断に重要な影響を及ぼすものを故意に告げない行為は、宅建業法に違反します。

15 住宅瑕疵担保履行法

▶▶▶ 買主保護のため資力確保を義務づけています

いわゆる「住宅瑕疵担保履行法」とは、どのような法律なのでしょうか？

新築を購入して欠陥があった場合には、売主に修理や損害賠償を求めることが可能ですが、売主に資力がなければ現実的には不可能です。そこで、売主が確実に補償できるように、資力の確保を図るためのルールとして定められたのが住宅瑕疵担保履行法です。ここで１問確実に得点できるようにしましょう。

1 住宅瑕疵担保履行法とは

新築マンション等に欠陥があると、売主業者に対する損害賠償請求は多額となります。売主業者が倒産した場合、十分な資金がなければ、被害者である住宅購入者に対して責任を果たすことができません。そこで、国は「特定住宅瑕疵担保責任の履行の確保等に関する法律」（住宅瑕疵担保履行法（じゅうたくかしたんぽりこうほう））を制定し、新築住宅の売主である宅建業者に担保責任を履行できるようにするための資力確保の措置（供託・保険）を義務づけることとしています。

①資力確保の義務づけ

新築住宅の売主は、住宅品質確保法により「構造耐力上の主要な部分（例・基礎、土台、柱、壁、屋根など）」または「雨水の浸入を防止する部分（例・屋根、外壁など）」について、買主に引き渡したときから10年間、担保責任（特定住宅瑕疵担保責任）を負います。しかし、売主にお金がなければ、欠陥のある新築住宅を購入した買主は救済してもらうことができません。

そこで、いざというときに担保責任の履行を確保するため「新築住宅」を引き渡した売主の宅建業者は、供託か保険のいずれかの「資力確保措置」を行わなければなりません。ちなみに、新築とは「**完成後１年以内で、かつ、人の居住の用に供したことがないもの**」をいいます。

売主の宅建業者に資力確保の措置（供託・保険）が必要となる場合は、「売主が宅建業者」で「買主が宅建業者でない」場合に限られます。買主が宅建業者の場合

（宅建業者間）には、資力確保の措置は不要です。

買主が建設請負業者の場合も、宅建業者ではないため資力確保の措置は必要です。また、資力確保の措置が義務づけられるのは売主の宅建業者だけであって、媒介業者・代理業者について資力確保の措置は不要です。

②住宅瑕疵担保責任保険

(1)住宅瑕疵担保責任保険の条件

住宅瑕疵担保責任保険は次の①②③を満たすものでなければなりません。

①宅建業者（売主）が保険料を支払う
②保険金額が 2,000 万円以上
③新築住宅の引渡しを受けた時から 10 年以上の期間にわたって有効である（10 年保証であることから 10 年以上保険がおりないと意味がないためです）

(2)住宅販売瑕疵担保責任保険契約と還付の流れ

瑕疵によって生じた損害に関する損害賠償請求権に関して、保険金を次の図の流れで、保険法人に対して請求することができます。

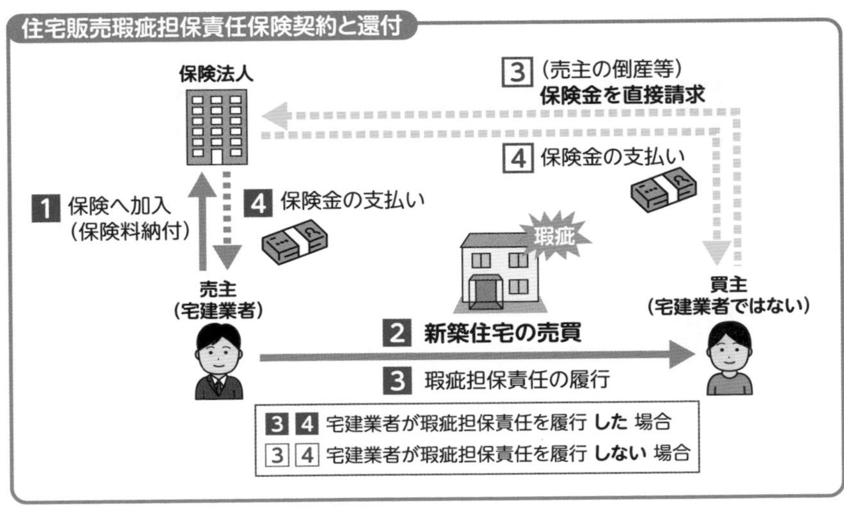

③住宅瑕疵担保保証金の供託

(1)保証金の供託

宅建業者は、各基準日（毎年3月31日）時点において、自ら「売主」となる売買契約に基づいて買主に引き渡した「新築住宅」について、保証金の供託を行っている必要があります。

供託金額は引き渡した合計戸数によって決まります。ただし、床面積が55m²以下のものは、2戸をもって1戸と扱います。

(2)保証金の取戻し

宅建業者または宅建業者であった者もしくはその承継人は、基準日において住宅販売瑕疵担保保証金の額が基準日に係る基準額を超えることになったときは、免許権者の承認を受けて取り戻すことができます。要するに、引渡し件数が10年経過して減少した際に取り戻せるということです。

(3)住宅瑕疵担保保証金の供託と還付の流れ

買主は隠れた瑕疵によって生じた損害に関する損害賠償請求に関して、宅建業者が供託をしている住宅販売瑕疵担保保証金から還付を受けることができます。

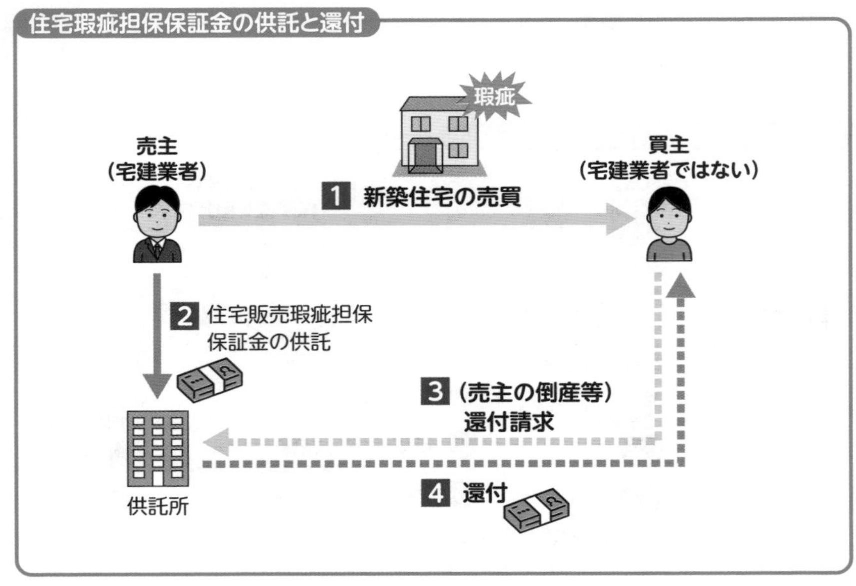

これ以外の供託の知識やルールに関しては、主たる事務所の最寄りの供託所に供託、金銭のほか有価証券による供託ができるなど、営業保証金の場合とほとんど同じため、ここでの学習は不要です。

④届出

宅建業者は基準日から3週間以内に、供託や保険について免許権者に届け出ることが必要です。

供託・届出をしなければ「基準日の翌日」から起算して50日を経過後、新たに自ら売主となる新築住宅の売買契約を締結することができません。

供託・保険の免許権者への届出

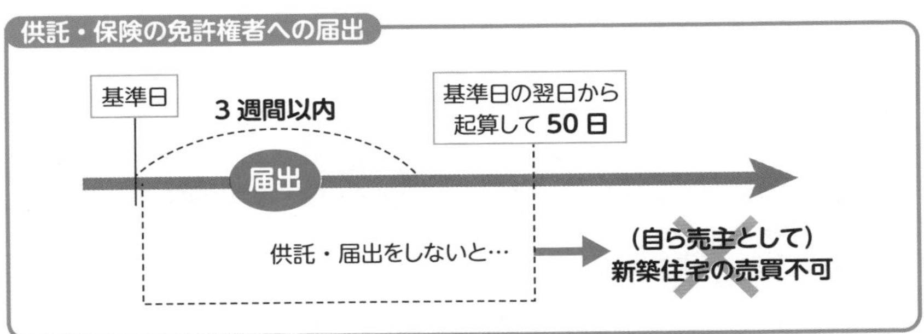

⑤供託所の所在地等、住宅販売瑕疵担保保証金の供託に関する説明

売主の宅建業者は、新築住宅の買主に対し、「売買契約の締結まで」に住宅販売瑕疵担保保証金の供託をしている供託所の所在地を記載した「書面を交付（買主等の承諾があれば電磁的方法も可）して」説明しなければなりません。

また、宅建業者が住宅販売瑕疵担保責任保険法人と住宅販売瑕疵担保責任保険契約を締結した場合、**保険証券またはこれに代わるべき書面を買主に交付しなければなりません。**

⑥指定住宅紛争処理機関

住宅瑕疵担保履行法では、住宅のトラブルの紛争をできるだけ早く解決するために、指定住宅紛争処理機関による紛争処理の制度を設けています。

住宅瑕疵担保責任保険に関する新築住宅の売買契約の当事者は、特別住宅紛争処理の申請をすることで、住宅の瑕疵に関する紛争について、あっせん、調停、仲裁を受けることができます。

問題にチャレンジ　○か×で答えましょう

Q1　住宅販売瑕疵担保責任保険契約は、新築住宅の買主が保険料を支払い、住宅瑕疵担保責任保険法人と締結する保険契約である。

Q2　宅地建物取引業者は、自ら売主として宅地建物取引業者である買主との間で新築住宅の売買契約を締結し、その住宅を引き渡す場合、住宅販売瑕疵担保保証金の供託または住宅販売瑕疵担保責任保険契約の締結を行う義務を負う。

Q3　宅地建物取引業者Aが自ら売主として、宅地建物取引業者でない買主Bに新築住宅を引き渡したとき、Aは住宅販売瑕疵担保保証金を供託する場合、その住宅の床面積が55m^{2}以下であるときは、新築住宅の合計戸数の算定に当たって、床面積55m^{2}以下の住宅２戸をもって１戸と数えることになる。

Q4　宅地建物取引業者は、自ら売主として新築住宅を販売する場合だけでなく、新築住宅の売買の媒介をする場合においても、住宅販売瑕疵担保保証金の供託または住宅販売瑕疵担保責任保険契約の締結を行う義務を負う。

Q5　住宅販売瑕疵担保責任保険契約を締結している宅地建物取引業者は、当該保険に係る新築住宅に、構造耐力上主要な部分または雨水の浸入を防止する部分の隠れた瑕疵（構造耐力または雨水の浸入に影響のないものを除く）がある場合に、特定住宅販売瑕疵担保責任の履行によって生じた損害について保険金を請求することができる。

解答と解説

A1　×　住宅販売瑕疵担保責任保険契約における保険料は、買主が支払うのではなく、売主が支払います。

A2　×　業者間取引の場合には、資力確保措置を講ずる必要がありません。

A3　○　販売した新築住宅の戸数の合計の算定にあたり、床面積が55m^{2}以下のものは、２戸をもって１戸と数えることができます。

A4　×　資力確保措置は、新築住宅の売主となる場合のみに義務づけられています。媒介をする宅建業者は、保証金の供託も保険契約の締結も行う必要はありません。

A5　○　「構造耐力上主要な部分」と「雨水の浸入を防止する部分」において隠れた瑕疵がある場合、特定住宅販売瑕疵担保責任の履行によって、生じた損害についての保険金を請求することができます。

第3章

法令上の制限

概要

土地を利用したり建物を建てる際に守らなければならない各種法令について学びます。都市計画法、建築基準法、国土利用計画法、農地法、土地区画整理法、宅地造成及び特定盛土等規制法から主に出題されます。

試験のポイント

全50問中8問が出題されます。合格ラインは5～7点となりますが、6点以上は目指したいところです。一般的になじみのない法令が出てくるため、苦手とする受験者が多く、差がつきやすい分野です。

1 法令上の制限とは

▶▶▶ 宅地・建物の利用を規制する法律を学びます

宅地や建物は、自分のものであれば自由に使えるのでしょうか？

不動産を自分の好きなように使えば、近所に迷惑がかかることもあります。そこで、不動産の利用を制限するルールが作られています。それぞれの法令がどのような場面における規制なのか、全体像をイメージして学習するようにしましょう。

1 全体像

宅地・建物を利用する際には、さまざまな規制があります。「法令上の制限」の科目では、それらの規制について学びます。

まず、建物を建てるためには**土地**が必要です。土地に手を加えなければ建物が建てられないような状態であれば、土地の造成を行う必要があります。

建物を建てる際には、**建築基準法**という人々の安全を守るための規制も関係してきます。全体像として、次のような法律があります。この章ではこれらの法律について学んでいきます。

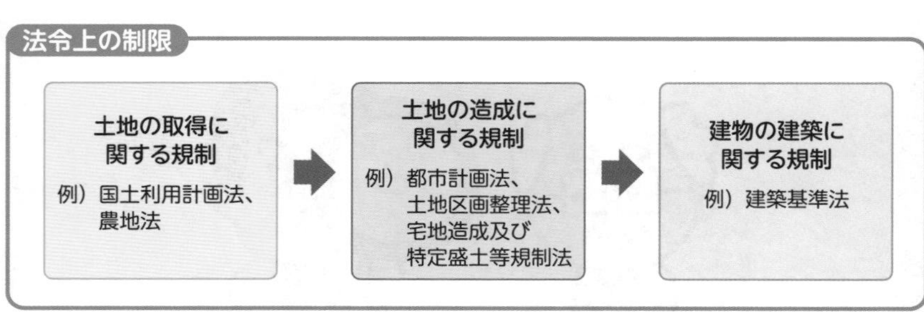

● **都市計画法**

誰もが好き勝手に建物を建てると、雑然とした街になってしまいます。そこで、住みやすい街づくりをするために**都市計画**を定め、プランどおりの街にするために様々な規制をかけていきます。そのための法律が**都市計画法**（としけいかくほう）です。

● 建築基準法

土地の上の建物はどんな建物でもよいわけではありません。その地域や街にふさわしい建物になるよう高さや用途を規制したり、耐震・耐火・安全性に関しても安心して生活できるようにする必要があります。その際に関わってくるのが「建築基準法」です。

● 国土利用計画法

土地の価格が急激に上昇すると、国土の合理的な利用を図ることができなくなるため、一定面積以上の土地を取得する際には、原則として都道府県知事へ届出が必要とされています。**国土利用計画法**の対象となります。

● 農地法

お米など食料を生産するために農地は必要です。必要不可欠な農地に建物を建てようとする場合には、原則として都道府県知事の許可が必要となります。**農地法**の対象となります。

● 土地区画整理法

不整形な区画となっているところについて、道路や公園などが整備された街にするために「土地の区画整理」をします。その際に関わってくる規制が**土地区画整理法**です。

● 宅地造成及び特定盛土等規制法

「盛土」や「切土」により「宅地を造成」する際に関わってくる規制が**宅地造成及び特定盛土等規制法**です。宅地を造る際、切土や盛土によって発生しうる崖崩れなどを防止するため、一定の場所で宅地造成等工事を行うには、原則として都道府県知事の許可が必要とされています。

法令上の制限は街づくりや不動産における専門的なルールでもあり、専門用語が多く非常に難しく感じると思います。また、暗記的要素も大きいです。街づくりの様子をイメージしながら学習するとよいでしょう。

2 都市計画法

▶▶▶ 街づくりの計画や規制を定める重要な法律です

都市計画法について、どのようなことが問われるのでしょうか？

この分野では、ほかの法律を学ぶ際の前提となる重要な用語等も出てきます。本試験では例年２問出題されるので、非常に重要です。出題のポイントは都市計画の内容と開発行為の規制等です。基本的な用語の意味を確実に押さえることを優先しましょう。

1 都市計画法の全体像

人々が住みやすい街をつくるためには、道路や公園、下水道などを整備する必要があります。これらを整備するためには多くの費用がかかるため、慎重に進めなければなりません。そのために、「街づくり」の計画をしたり、規制を定めているのが**都市計画法**になります。

街づくりは、次の順番で進めていきます。

①**都市計画区域を指定する**（街づくりの場所を決める）
②**都市計画を決める**（街づくりの設計図を描き、都市計画のプランを練る）
③**都市計画に制限をかける**（描いた設計図に違反する行為を規制）
④**都市計画事業をつくる**（プランに沿って街をつくっていく）

2 都市計画区域・準都市計画区域

①都市計画区域

街づくりを行うには、まず**どこで街づくりをしていくのかを決めます**。計画的に街づくりをしていくと決めた場所を、**都市計画区域**といいます。都市計画区域になると、そこには都市計画法が適用されます。

都市計画区域の指定は、**行政区画とは関係なし**に行います。都道府県や市町村の境界に関係なく行われるイメージです。この指定は原則、**都道府県**が行いますが、複数の都府県にまたがる場合は**国土交通大臣**が指定します。

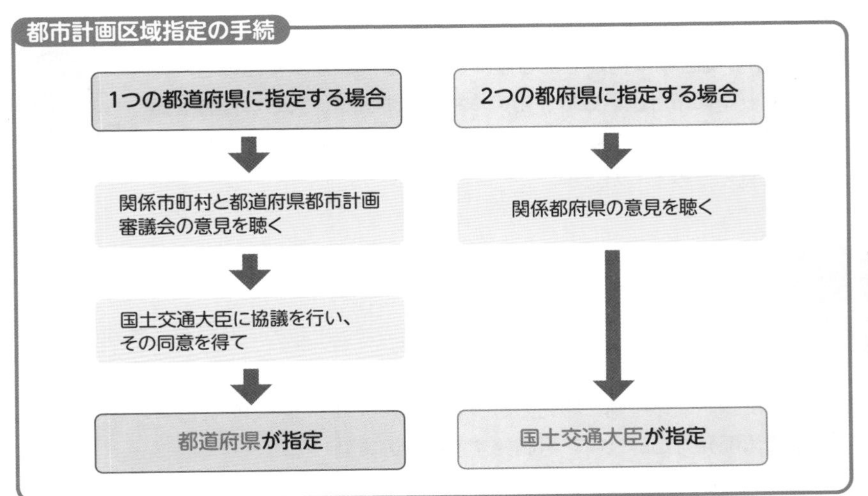

②準都市計画区域

準都市計画区域は、まだ積極的に街をつくる場所ではなく、乱開発を防止する場所です。例えば、都市計画区域の外でも、高速道路のインターチェンジの近辺で大規模開発が行われると、環境悪化を招くおそれがあります。このように、そのまま**放置すると**、**将来**における都市としての整備、開発および保全に支障が生じるおそれがあると認められる区域を**準都市計画区域**とし、土地利用の規制を行うことができるとしています。準都市計画区域も都道府県が定めます。なお、準都市計画区域の全部または一部が都市計画区域に指定された場合、その準都市計画区域は廃止したものとみなされます。

● **準都市計画区域**

準都市計画区域に定められるもの	準都市計画区域に関する都市計画で定められないもの
・**用途地域** ・特別用途地区 ・特定用途制限地域 ・**高度地区（高さの最高限度）** ・景観地区 ・風致地区 ・緑地保全地域 ・伝統的建造物群保存地区	・防火地域、準防火地域 ・高層住居誘導地区 ・**区域区分** ・高度地区（高さの最低限度） ・**高度利用地区** ・特例容積率適用地区 ・地区計画 ・特定街区　など

「準都市計画区域に指定できるか？」という問題がよく出題されています。準都市計画区域は、街の本格的な開発や、大きな建物を建てさせないようにしているというイメージを持ったうえで前ページの表を覚えてみてください。

3 都市計画区域の内容

計画的な街づくりを行うために、都市計画法では下記の項目を定めています。

・都市計画区域の整備・開発および保全の方針（街づくりのおおまかな方針）
・都市再開発方針等（街を再開発するときの方針）
・区域区分（市街化させる区域とまだ市街化させない区域に区分する）
・地域地区（用途地域など建築物を規制し計画的な街づくりを行う地区）
・都市施設（道路・公園・下水道など都市の施設）
・地区計画等（地区の特性を活かした街づくりの計画）
・市街地開発事業（計画的に市街地を開発する事業）
・市街地開発事業等予定区域（市街地として開発する場所をあらかじめ確保する区域）

このようにいろいろなメニューが用意されており、計画的な街づくりを行っていくために適したものを選んで実行していくことになっています。

都市計画区域が決まると、次はどのように進めていくか、整備、開発、保全の方針を決めます。

この方針のことを**マスタープラン**と呼びます。都市計画区域の都市計画は、このマスタープランに沿ったものでなければなりません。

①区域区分

区域区分とは、都市計画区域について積極的に街づくりを進める**市街化区域**と、開発を抑制して農地や自然等を守る**市街化調整区域**に分けることをいいます。都市計画の中で特に重要なプランの一つです。

市街化区域は、すでに市街地を形成している区域および、おおむね 10 年以内に優先的かつ計画的に市街化を図るべき区域をいいます。

市街化調整区域とは、市街化を抑制すべき区域をいいます。

首都圏などのように人口集中が見られる都市計画区域では、無秩序な市街化を防ぐために、区域区分を必ず定めなければならないとされています。しかし、それほど人口集中がみられないような都市計画区域では、区域区分を定めることは任意とされています。試験では**任意**と覚えておいてください。

また、都市計画区域の中には、線引きされていない**非線引き都市計画区域**というものもあります。これは、区域区分が定められていない都市計画区域のことです。

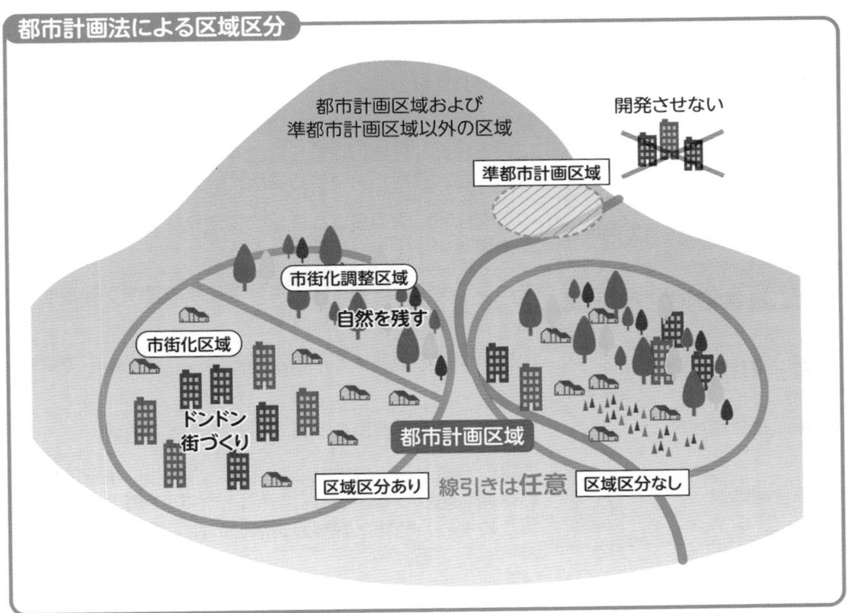

②地域地区

地域地区も重要な街づくりのプランです。地域地区は大きく分けると**用途地域**と**補助的地域地区**の２つがあります。

用途地域は、住居系８つ、商業系２つ、工業系３つに分かれていて、合計 13 種類あります。市街化区域には必ず用途地域を定めます。

(1)市街化区域

少なくとも用途地域を**定めなければなりません**。逆に市街化を抑制する区域は建物を建てないので、市街化調整区域は原則として、用途地域を**定めません**。それ以外の非線引き都市計画区域は用途地域を**定めることができます**し、準都市計画区域も用途地域を定めることができます。

(2)用途地域

用途地域には、次のものがあります。

● 住居系

①第一種低層住居専用地域	低層住宅に係る良好な住居の環境を保護するため定める地域（高級住宅街）
②第二種低層住居専用地域	主として低層住宅に係る良好な住居の環境を保護するため定める地域
③田園住居地域	農業の利便の増進を図りつつ、これと調和した低層住宅に係る良好な住居の環境を保護するため定める地域（低層の住居と農地が共存する場所）
④第一種中高層住居専用地域	中高層住宅に係る良好な住居の環境を保護するため定める地域（マンション街）
⑤第二種中高層住居専用地域	主として中高層住宅に係る良好な住居の環境を保護するため定める地域（マンション街）
⑥第一種住居地域	住居の環境を保護するため定める地域（住宅中心で雑多な場所）
⑦第二種住居地域	主として住居の環境を保護するため定める地域
⑧準住居地域	道路の沿道としての地域の特性にふさわしい業務の利便の増進を図りつつ、これと調和した住居の環境を保護するため定める地域（幹線道路沿いの住宅地）

● 商業系

⑨近隣商業地域	近隣の住宅地の住民に対する日用品の供給を行うことを主たる内容とする商業その他の業務の利便を増進するため定める地域（近所の商店街）
⑩商業地域	主として商業その他の業務の利便を増進するため定める地域（繁華街）

● 工業系

⑪準工業地域	主として環境の悪化をもたらすおそれのない工業の利便を増進するため定める地域（町工場）
⑫工業地域	主として工業の利便を増進するため定める地域（自動車工場）
⑬工業専用地域	工業の利便を増進するため定める地域（石油化学コンビナート）

用途地域の定義の覚え方は、赤い字のキーワードで覚えましょう。「第二種」には「主として」というワードが入ります。「主として」という言葉は、全体の中で大きな部分を占めているという意味です。工業系では、工業専用地域が工業と言い切っているのに対し、工業地域は主として工業と工業以外のものもあるイメージです。

(3) 補助的地域地区の種類

街づくりのプランの１つに、補助的地域地区というものがあります。「用途地域内にのみ定められるもの」「用途地域内外でも定められるもの」「用途地域外にのみ定められるもの」があります。以下では、それぞれどのようなプランかをみていきます。

● 補助的地域地区

用途地域内にのみ定められるもの	・特別用途地区 ・高度利用地区 ・高層住居誘導地区	・特例容積率適用地区 ・高度地区
用途地域内外でも定められるもの	・特定街区 ・景観地区	・防火・準防火地域 ・風致地区
用途地域外にのみ定められるもの	・特定用途制限地域	

(4) 用途地域内にのみ定められる補助的地域地区

● 特別用途地区

特別用途地区は、用途地域を補完する地域地区で、地区の特性にふさわしい土地利用の増進、環境の保護など、特別の目的の実現を図るために指定するものです。用途地域にプラスαの規制をして味付けするようなイメージで、用途地域のみに定めます。要するに、用途地域が指定されているエリアに重ねて指定され、用途地域の制限だけでは足りない場合、より細かい制限を加えたり、緩和したりするような地区です。

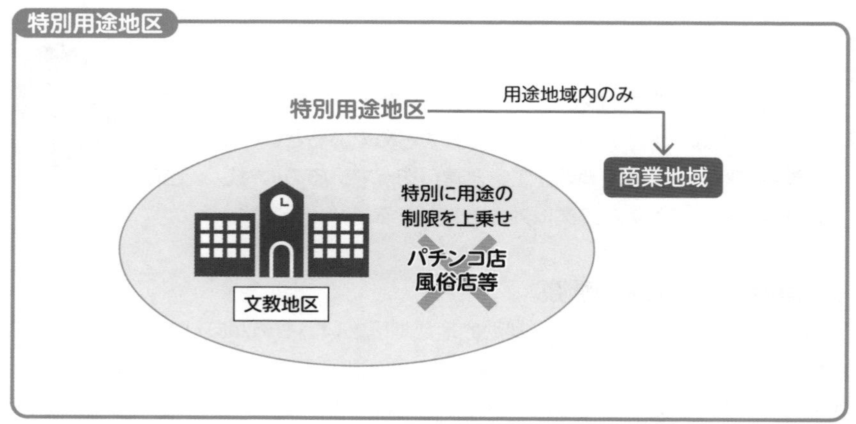

● **特例容積率適用地区**

一定の用途地域（一種・二種低層住居専用地域、田園住居地域、工業専用地域を除く）内の区域において、建築物の容積率の限度からみて未利用となっている建築物の容積率の活用を促進して土地の高度利用を図るため定める地区です。そして、余った容積率を近隣に売買できます。

例えば、東京駅の改装工事の際に上空の余った容積率を近所に売却することで、周辺の高層ビルは大きく建てることができました。

● **高度利用地区**

用途地域内の市街地における土地の合理的かつ健全な高度利用と、都市機能の更新を図るため、建築物の**容積率**の最高限度および最低限度、建築物の**建蔽率**の最高限度、建築物の建築面積の最低限度ならびに壁面の位置の制限を定める地区です。

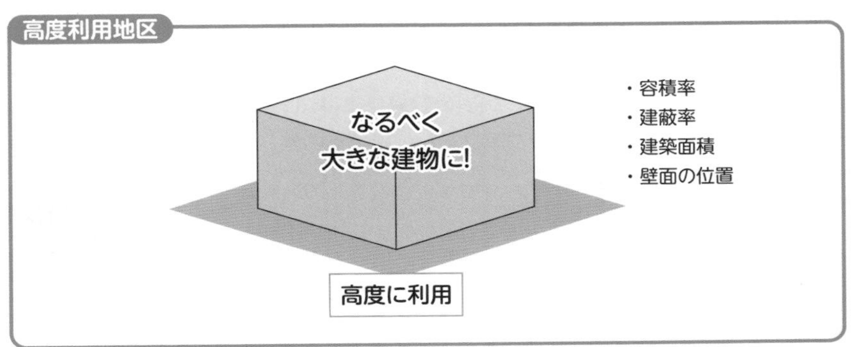

● **高度地区**

市街地の環境を維持し、または土地利用の増進を図るため、建築物の**高さ**の最高限度または最低限度を定める地区です。高度利用地区は「高度利用＝容積・建蔽」ですが、高度地区は「高度＝高さ」です。

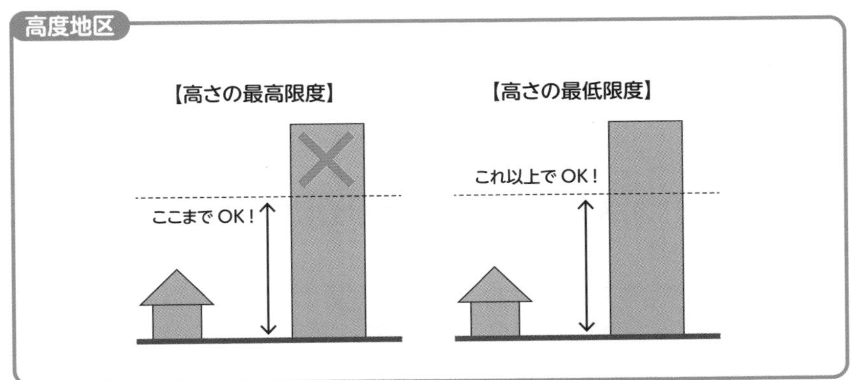

● **高層住居誘導地区**

一定の用途地域において、住居と住居以外の用途とを適正に配分し、利便性の高い高層住宅の建設を誘導する地区です。**職住近接**のために高層住居誘導地区を利用すると、より高層のマンション建設ができるようになります。

職場の近くにという趣旨なので「○○住居専用地域」に指定できません。商業地域は「うるさすぎる」、工業地域・工業専用地域は「危なすぎる」というイメージで指定できないと考えてください。

(5) 用途地域内外でも定められる補助的地域地区

● **特定街区**

市街地の整備改善を図るため、街区の整備または造成が行われる地区について、その街区内における建築物の容積率ならびに建築物の高さの最高限度および**壁面の位置の制限**を定める街区です。

特定街区は、高層ビル街のイメージです。

● **防火・準防火地域**

市街地における火災の危険を防除するために定める地域です。

● **風致地区**

都市の自然的な美しさを維持するためには、建築物の建築を規制する必要があります。そのために必要な制限を地方公共団体の条例で定めることができます。例えば、神奈川の鎌倉や東京の明治神宮外苑などがあります。

● **景観地区**

市街地の良好な景観の形成を図るため定める地区で、都市の人工的な街並みの美しさを維持するために建築物の形態意匠の制限等に関する制限を行う地区です。

(6) 用途地域外にのみ定められる補助的地域地区

● **特定用途制限地域**

用途地域が定められていない土地の区域内（市街化調整区域を除く）において、その良好な環境の形成または保持のため当該地域の特性に応じて合理的な土地利用が行われるよう、制限すべき特定の建築物等の用途の概要を定める地域です。用途地域で規制していれば必要がないことであるので、用途地域外のみとなっています。

制限する用途の例としては、工場、風俗関連施設、大規模商業施設などがあります。

補助的地域地区の項目は、まずは用途地域「内」のみなのか、「内外」どちらでもできるのか、「外」のみなのかを覚えましょう。

4 都市施設

都市施設（としせつ）とは、人々が都市で生活していくうえで、不可欠な公共の施設のことをいいます。具体的には、道路、公園、下水道、学校、図書館、病院などです。都市計画区域では必要な都市施設を定めることができ、都市計画区域の外でも特に必要があるときには、都市施設を定めることができます。

例えば、都市計画区域外であっても、都市計画区域と都市計画区域の間を結ぶ道路があります。道路がないと困るので当然つくることができるというイメージです。

また、市街化区域や区域区分が定められていない区域のような街づくりをしている区域は、これから人が集まる場所になります。そのため、必ず、道路、公園、下水道を定めることになっています。それに加えて、住居系の用途地域にはたくさんの子育て家庭があるため、義務教育施設を定めるとしています。

都市施設のイメージ

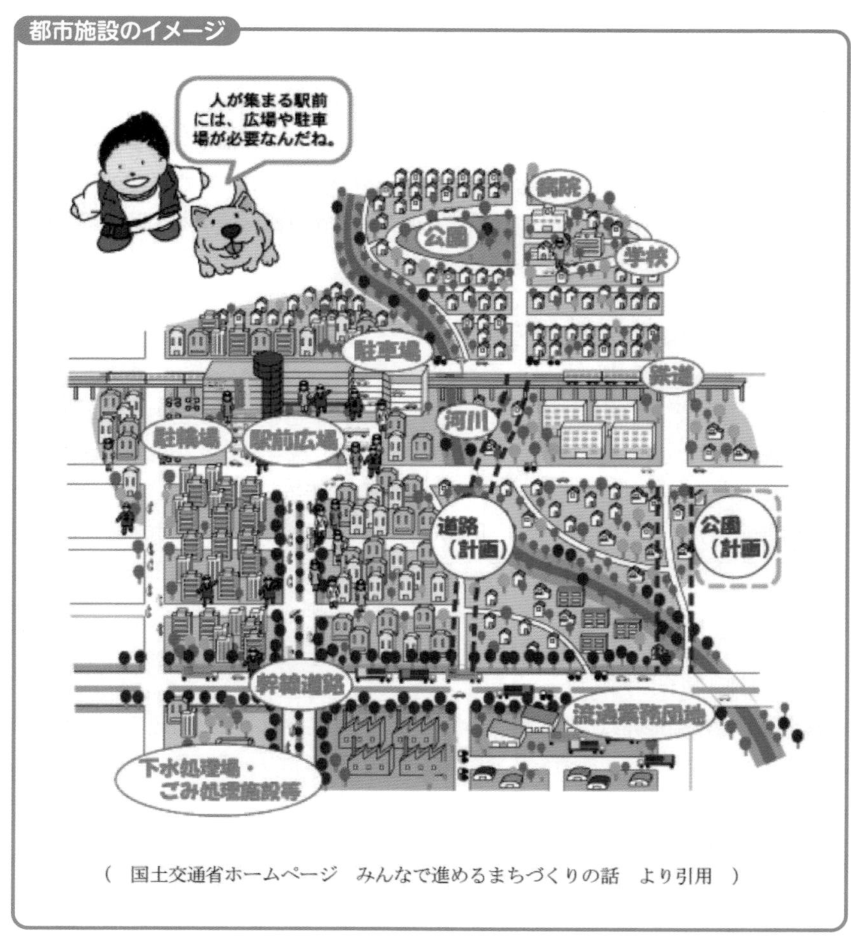

（ 国土交通省ホームページ　みんなで進めるまちづくりの話　より引用 ）

5 都市計画事業

都市計画の決定をしても、計画の方針と違った建築物等が建てられてしまっては、予定通り計画は実現しません。そこで、都市計画が計画通り実現するように計画を妨げるような建築物の建築等を制限しています。

①都市計画事業に伴う制限

例えば道路をつくる建設工事は､長い年月を必要とし､多くの利害関係者が関わってきます。そこで、都市計画法は道路建設のような事業の妨げとなるような行為について規制をしています。

②市街地開発事業

市街地開発事業とは、一定の区域を総合的な計画に基づいて新たに開発または再開発する事業で、区画整理やニュータウンをつくったりする都市計画をいいます。

市街地開発事業は、市街化区域または区域区分が定められていない都市計画区域内においてのみ行われ、**市街化調整区域**および**準都市計画区域**においては行われません。

③市街地開発事業等予定区域

大規模な都市施設の整備事業や市街地開発事業を行う場合、具体的な計画ができた後の用地確保では、民間の開発に先を越され、間に合わないこともあります。そこで、都市計画の最終決定を待たずに用地の確保等に着手するために用意されているのが、市街地開発事業等予定区域という都市計画です。

市街地開発事業等予定区域では、区域とその**事業の施行予定者**（将来実際に施行する者）等の基本的事項のみを決定しておき、後から具体的な計画を決めていくものです。

④都市計画事業の手順

都市施設、市街地開発事業に関する都市計画が決定されると、行政の手によって道路やニュータウン等がつくられていきますが、基本的に次のような手順で行われます。

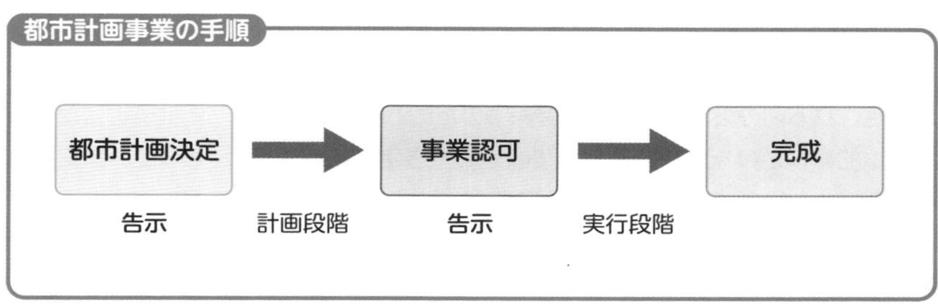

まず、道路やニュータウンをつくる計画が決定され、その旨が告示されます（都市計画の決定）。

しかし、これだけでは建設工事に着手することはできません。実際に着工するには、予算面や工事の妥当性について最終的に都道府県知事や国土交通大臣の認可等を受け、認可の告示によってはじめて着工できます。

事業の認可を受ける前と後、要するに事業の計画段階と実行段階とでは、工事が開始されているかどうかという重要な違いがあるため、そこに課せられる制限の中身も違ってきます。

都市計画事業については、利害関係人も多く、時間もかかることから法律も複雑で非常に難しいです。試験対策としては深入りせず、キーワードだけ覚えておけば十分です。

(1)都市計画施設の区域内または市街地開発事業の施行区域内の制限

道路のような都市施設または市街地開発事業の計画が決定され、事業認可を受ける前、すなわち工事着手前の計画段階での制限は、次の表の通りです。

原則	建築物の建築	知事の許可が必要 （市の区域内では市の長の許可）
例外	・軽易な行為 ・非常災害のため必要な応急措置 ・都市計画事業の施行としての行為	許可不要

都市計画事業の対象区域は、事業の認可を受ける前の計画段階においては「都市計画施設の区域」または「市街地開発事業の施行区域」と呼ばれ、事業の認可を受けた後の工事の実行段階においては「都市計画事業の事業地」と呼ばれます。

(2) 市街地開発事業等予定区域内の制限

ニュータウンのような大規模な都市施設や都市計画事業を行う場合は、都市計画が決定される前の段階から、用地確保等のためとりあえず区域と施行予定者といった基本的事項だけを都市計画として決定し（**予定区域の決定**）、その後、詳細な計画を煮詰めた段階で都市計画の本計画を決定するという手順が踏まれます。

この予定段階での制限を、**市街地開発事業等予定区域内の制限**といいます。この制限は、事業の認可（または承認）の告示があるまで続きます。規制の内容は、次の通りです。

原則	・建築物の建築 ・工作物の建設 ・土地の形質の変更	知事の許可が必要 （市の区域内では市の長の許可）
例外	・通常の管理行為、軽易な行為 ・非常災害のため必要な応急措置 ・都市計画事業の施行としての行為	許可不要

予定区域内の制限では、都市計画施設の区域内または市街地開発事業の施行区域内の制限では、規制対象となっていなかった**工作物の建設**と**土地の形質の変更**も規制対象となっています。早期の用地確保を目指しているので、厳しい制限をするのです。

(3) 都市計画事業の事業地内の制限

事業の認可を受けた後の段階では、都市計画事業の工事が始まる実行段階になります。実際に工事が始まっている以上、計画段階に比べて厳しい規制が課されることになります。規制の内容は、次の通りです。

原則	事業の施行の障害となるおそれのある ・建築物の建築 ・工作物の建設 ・土地の形質の変更 ・重量（5t 超）物件の設置・堆積	知事の許可が必要 （市の区域内では市の長の許可）

事業地内は工事が始まった工事現場であるため、許可不要の例外はありません。例えば、**非常災害のための応急措置として行う場合**であっても、事業の施行の障害となるおそれがある以上、**都道府県知事等の許可が必要**となります。

実行段階では、用地買収を急ぐ必要が出てくるので、土地収用法によって、土地の収用等をすることができるようになります。要するに都市計画事業が実施されると、都市計画事業の認可をもって土地収用法の事業認可もあったものとみなされ、土地収用法によって用地の強制収用ができるようになります。

6 地区計画

地区計画は、地域住民の意見も取り入れながら街づくりを行っていく地域密着型の計画で、「小さな街づくり」というイメージです。地区計画のほかには、防災街区整備地区計画、歴史的風致維持向上地区計画、沿道地区計画、集落地区計画があります。これらは、いずれも比較的狭い範囲の地区内で、その地区の特性を活かした街並みを実現するためのものです。

①地区計画の意味

地区計画とは、建築物の建築形態、公共施設その他の施設の配置等から見て、一体としてそれぞれの区域の特性にふさわしい態様を備えた良好な環境の各街区を整備し、開発し、および保全するための計画をいいます。

地区計画に関する都市計画には、「種類、名称、位置、その区域や地区整備計画」を定めます。また、「区域の面積、当該地区計画の目標や整備・開発・保全に関する方針等」を定めるように努めるとされています。

②地区計画の指定基準

地区計画は、次のいずれかに該当する土地の区域に指定されます。

用途地域が定められている土地の区域	すべての土地の区域で地区計画を定めることができる
用途地域が定められていない土地の区域	①住宅市街地の開発、建築物やその敷地の整備に関する事業が行われる、または行われた区域 ②不良な街区の環境が形成されるおそれがある一定の土地の区域 ③優れた街区の環境などが形成されている土地の区域

市街化調整区域においても地区計画を定めることができますが、その場合、その

周辺の部分的な市街化を防ぐよう配慮するなど、都市計画区域における計画的な市街化を図るうえで支障がないように定める必要があります。

なお、市街化調整区域内の地区整備計画では、容積率の最低限度、建築面積の最低限度、高さの最低限度の３つを定めることはできません。市街化を抑える調整区域に最低限度は必要ないからです。

準都市計画区域は、好き勝手に開発されないようブレーキをかける場所であるため、地区計画を定めることはできません。

③再開発等促進区・開発整備促進区

(1)再開発等促進区

用途地域が定められている土地の区域における地区計画で利用できます。土地の合理的かつ健全な高度利用と都市機能の増進とを図るため、一体的かつ総合的な市街地の再開発または開発整備を実施すべき区域が**再開発等促進区**です。

東京ミッドタウンや六本木ヒルズはこの制度を活用しています。

(2)開発整備促進区

本来は建築基準法の用途規制で特定行政庁の許可がない限り、10,000m^{2}超の商業施設等が不可とされる場所であっても、開発整備促進区を定めることで可能になる用途地域が、**第二種住居地域**、**準住居地域**、**工業地域**が定められている土地の区域、または**用途地域が定められていない土地の区域**（市街化調整区域を除く）で利用できます。

劇場、店舗、飲食店その他これらに類する用途に供する大規模な建築物（特定大規模建築物）の整備による商業その他の業務の利便の増進を図るため、一体的かつ総合的な市街地の開発整備を実施すべき区域（開発整備促進区）を、都市計画に定めることができます。アウトレットモール等の大規模な商業施設を設置できるような場所のイメージです。

④地区整備計画

地区整備計画とは、道路・公園等の公共施設（地区施設という）や建築物等の整備、あるいは土地の利用などに関する具体的な整備計画をいいます。

地区整備計画では、道路や公園などの地区施設の場所やその規模、建築物の用途制限、容積率、建蔽率などが、必要に応じて定められます。

⑤地区計画の区域内の制限

地区計画の区域（道路、公園などの配置および規模が定められた再開発等促進区・開発整備促進区または地区整備計画が定められている区域に限る）内においては、次のような届出制がとられます。

原則 （届出必要）	・建築物の建築 ・工作物の建設 ・土地の区画形質の変更 ・木竹の伐採、その他	行為に着手する日の30日前までに市町村長に届出が必要
例外 （届出不要）	通常の管理行為、軽易な行為、非常災害のための応急措置としての行為、国・地方公共団体の行為、都市計画事業の施行としての行為、開発許可を要する行為、その他	

なお、市町村長は、届出にかかる行為が地区計画に適合しないと認めるときは、届出をした者に対し、設計変更等の勧告をすることができます。

勧告をした市町村長は、必要に応じて、勧告を受けた者に対し、土地売却のあっせん等の措置をとるよう「努める」ものとされています（努力義務にとどまります）。

地区計画の区域（地区整備計画等が定められている区域）内で工事をするときは、「行為着手の30日前まで」に「市町村長」に「届出」が必要な点を確実に覚えておきましょう。

⑥都市計画の決定権者

都市計画の決定は、大きな都市計画については都道府県が行い、その他の都市計画については市町村が行うというイメージを持ちましょう。

例えば「区域区分」のようなスケールの大きなものは「都道府県」が決め、「用途地域」のような比較的スケールの小さいものは「市町村」が決めると考えましょう。ただし、都市施設、市街地開発事業（予定区域）、風致地区等は大規模だと都道府県が決定し、小さな規模は市町村になる点に注意です。

都道府県の都市計画と市町村の都市計画が抵触する場合、都道府県の都市計画が優先します。「上司が絶対」のイメージです。

都市計画の決定までの流れ

①都市計画の原案を作成する

必要があると認めたときは、**公聴会の開催**等住民の意見を反映させるための必要な措置を講ずる

②原案を公表し、住民などの意見を求める

都市計画を決定する旨を**公告**し、原案を**2週間公衆の縦覧**に供する
→縦覧期間中に**住民**などは**意見書**を提出することができる

③審議会の議などを経て、決定する

【都道府県が決定する場合】

- **関係市町村の意見**を聴く
- **都道府県都市計画審議会の議**を経る
- 国の利害に重大な関係がある場合には、**国土交通大臣**と**協議**し、**同意**を得る

【市町村が決定する場合】

- **市町村都市計画審議会の議**を経る（置かれていない場合は都道府県都市計画審議会の議による）
- **都道府県知事**と**協議**する

④都市計画の決定→告示

都市計画は、**告示があった日**から効力を生じる

都市計画の決定等の提案は、都市計画区域または準都市計画区域のうち一定の区域について、当該土地の所有権または借地権を有する者（土地所有者等）は１人で、または数人共同して、都道府県または市町村に対し、都市計画の決定または変更をすることを提案することができます。さらに、街づくりの推進を図る活動を行うことを目的として設立された特定非営利活動法人（NPO）等も提案をすることができます。

7 開発行為の規制等

建物を建てる際、土地の造成工事をしなければならない場所があります。例えば、畑や山を宅地にするために造成するような場合です。これを**開発行為**といいます。大規模な開発行為が無制限に行われると、乱開発などにより秩序ある都市環境が保てなくなるおそれがあります。そこで、一定の開発行為を行うには、事前に都道府県知事の許可を受けなければならないとする制度を設けました。これが**開発許可制度**です。

①開発行為とは

開発行為とは、主として「建築物の建築または特定工作物の建設の用に供する目的で行う土地の区画・形・質の変更」のことをいいます。

要するに、すでに造成されている土地に建物だけ建てるのは建築であり、開発行為ではありません。青空駐車場のように土地の造成だけで建物や工作物をつくらなければ、開発行為にあたらず許可不要です。

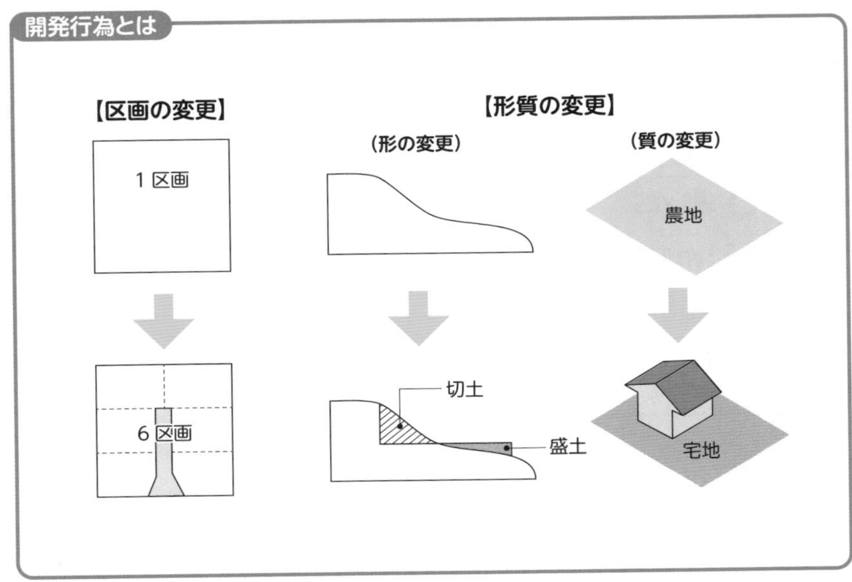

特定工作物には、第一種特定工作物と第二種特定工作物があります。

● **第一種特定工作物**

第一種特定工作物とは、周辺地域の環境の悪化をもたらすおそれのある工作物をいい、コンクリートプラント、アスファルトプラント、クラッシャープラント等が該当します。

● **第二種特定工作物**

第二種特定工作物とは、大規模な工作物をいい、**ゴルフコース（面積を問わない）、1 ha（ヘクタール）（10,000m^2）以上**の庭球場、野球場、陸上競技場、遊園地、動物園、墓園等が該当します。

では、開発行為に該当するかどうかについて、具体例で考えてみましょう。例として、5,000m^2 の野球場を建設するための土地の区画形質の変更について検討します。

野球場は 1 ha（10,000m^2）以上で第二種特定工作物になります。10,000m^2 未満の面積のものは特定工作物ではなく、開発行為に当たらず許可不要となります。

開発許可が必要かは２段階で考える必要があります。

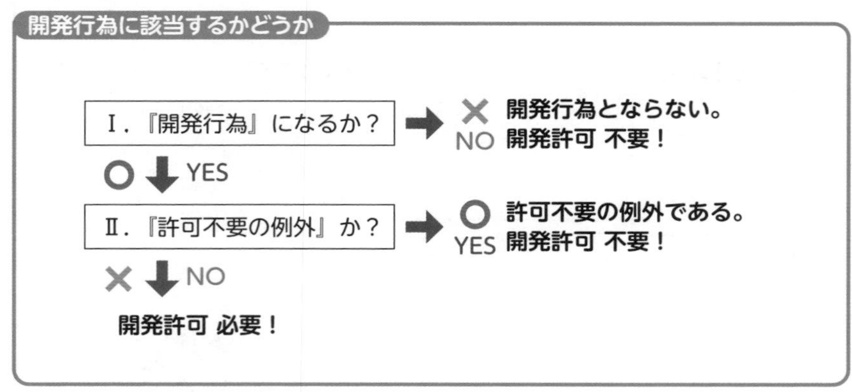

②開発許可が不要となる例外

開発行為をしようとする者は、原則として都道府県知事（指定都市等においてはその市長、以下、開発許可制度において同じ）の許可を受けなければなりません。

ただし、小規模な開発行為や公益的な建築物を建築するための開発行為など、次のものは、例外的に許可が不要となります。

● 開発許可が不要となる例外のまとめ

<table>
<tr><th rowspan="2"></th><th rowspan="2">**小規模開発**
数字未満で不要</th><th rowspan="2">**農林漁業用**
・畜舎等
・農林漁業者の居住用建築物</th><th colspan="2">その他</th></tr>
<tr><th>**公益上必要**
駅舎、図書館、博物館、公民館、変電所等</th><th>・○○事業の施行として
・**非常災害応急措置**
・仮設建築物
・車庫・物置など</th></tr>
<tr><td>市街化区域</td><td>1,000m^2
※</td><td>1,000m^2
以上で必要</td><td colspan="2" rowspan="5">不要</td></tr>
<tr><td>市街化調整区域</td><td>小規模開発の例外なし</td><td rowspan="4">不要</td></tr>
<tr><td>非線引き区域
(区域区分なし)</td><td rowspan="2">3,000m^2</td></tr>
<tr><td>準都市計画区域</td></tr>
<tr><td>上記以外の区域
(都市計画区域でも準都市計画区域でもない区域)</td><td>10,000
m^2</td></tr>
</table>

※必要があれば、条例で300m^2以上1,000m^2未満で定めることができる。三大都市圏の一定の区域では、500m^2以上で許可が必要となる

(1)小規模開発の例外

小規模の開発行為については、許可不要となります。「○○未満」という場合、ちょうどの数字は含みません。したがって、上の表中の数字ちょうどの場合、開発許可は必要です。

(2)農林漁業用建築物の例外

市街化区域以外の区域において、農林漁業の用に供する建築物（**農林漁業を営む者の居住用建築物**）の建築のために行う開発行為は、許可不要となります。

ただし、市街化区域には、この例外は適用されません（原則、許可が必要です）。街づくりを積極的に行う市街化区域の中に農林漁業に関する建築物が自由に作られると困るからです。

ただし、市街化区域内、農林漁業用建築物を建てるための開発行為をする場合であっても、その規模が1,000m^2未満であれば、小規模開発の例外に当たり、許可不要となります。

注意点としては「農林漁業の用に供する建築物」とは、畜舎、サイロ、温室など

をいいますが、農林水産物の貯蔵や加工の用に供する建築物は、許可不要の例外とはなりません。もはや倉庫や工場というレベルだからです。

(3)公益上その他の例外

公益上その他の例外として次の開発行為は、規模や実施区域に関係なく許可不要です。例えば、駅舎（鉄道施設）、図書館、博物館、公民館、変電所等、公益上必要な一定の建築物のために行う開発行為は開発許可不要となります。

要注意の施設として、医療施設（病院、診療所）や社会福祉施設（老人ホーム、介護施設）学校（小・中・高、専修学校、大学）は小規模開発に当たらない限り、許可が必要となります。

(4)事業の施行として行う開発行為

事業の施行として行う開発行為は開発許可不要となります。

事業の例として、都市計画事業、市街地再開発事業、土地区画整理事業があげられます。

さらに、非常災害の応急措置として行う開発行為や、車庫、物置、仮設建築物などの軽易な行為などとして行う開発行為は許可不要となります。

開発許可不要の例外に関する注意点として、国、都道府県、市町村等が行う開発行為であっても、許可は不要とはなりません。ただし、知事との協議が成立すれば、開発許可があったものとみなされ、別途許可は不要となります。

8 開発許可の手続

①許可申請の準備

(1)許可申請書の作成

許可を受けようとする者は、申請書を作成し、次の事項を記載しなければなりません。

- 予定建築物等の用途
- 開発区域の位置、区域および規模
- 開発行為に関する設計
- 工事施行者
- 工事の着手および完了予定年月日など

予定建築物等に関しては「用途」だけを記載すればよく、予定建築価額、規模、構造、設備等について記載する必要はありません。

また、開発許可を申請しようとする者は、「あらかじめ」開発行為に関係がある公共施設の管理者と協議し、その**同意**を得なければならず（同意書の添付）、開発行為により**設置される公共施設を管理することとなる者**と協議しなければなりません（協議書の添付）。

3 法令上の制限

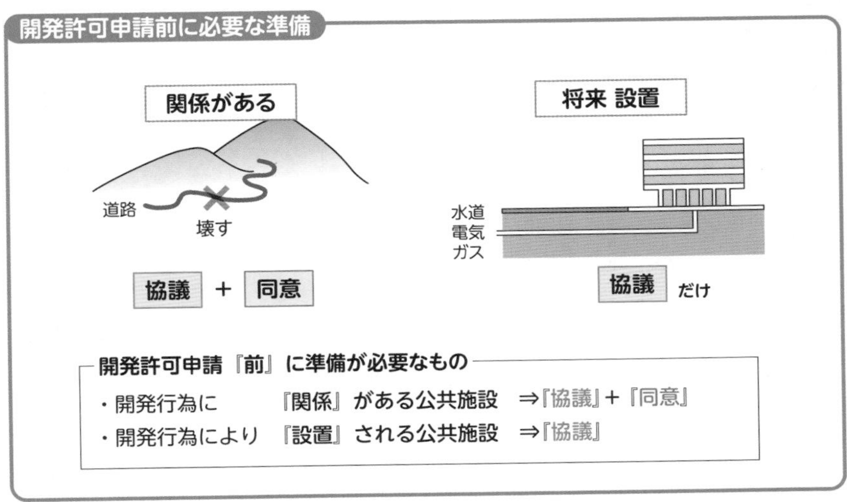

さらに、開発許可を申請する者は、開発許可に係る区域内の**土地所有者等の相当数の同意**を得なければなりません（同意書の添付）。

注意点としては、土地所有者等の「相当数」の同意を得ていればよく、全員の同意を得ておく必要はありません。また土地の所有権などをあらかじめ取得する必要はありません。

(2)有資格者の設計図書

1 ha（10,000m^2）以上の開発行為の設計図書は、一定の有資格者により作成されなければなりません。ずさんな設計で、大規模な開発行為が行われると危険だからです。

そして、許可権者は、都道府県知事（指定都市等にあっては、その長）です。都道府県知事はその申請内容を法定の許可基準に照らして審査します。この基準である 33 条の基準と 34 条の基準のうち、主なものは次表の通りです。

● 33 条の主な基準（技術的基準）

共通の基準 ※自己使用目的でもチェックされる	ア　予定建築物等の**用途**が一定の用途制限に適合していること イ　排水路その他の**排水**施設が下水を有効に排出し、溢水等による被害が生じないような構造及び能力で適当に配置されるように設計が定められていること
業務用開発行為の場合だけチェックされる基準 （主として自己の居住用建築物や自己の業務用建築物の建築の用に供する目的で行う開発行為**以外**の開発行為）	ア　申請者に、当該開発行為を行うために**必要な資力及び信用**があること イ　開発区域内に、災害危険区域、地すべり防止区域、土砂災害特別警戒区域等、開発行為を行うのに適当でない区域内の土地を含まないこと ウ　水道その他の**給水**施設が、想定される需要に支障をきたさないような構造及び能力で適当に配置されるように設計が定められていること エ　道路・公園その他の公共の用に供する**空地**が、環境の保全上、災害の防止上、通行の安全上又は事業活動の効率上支障がないような規模及び構造で適当に配置され、かつ、開発区域内の主要な**道路**が、開発区域外の相当規模の道路に接続するように設計が定められていること

● 34 条（市街化調整区域でのみ追加されるチェック項目）の主な基準（立地的基準）

ア　主として開発区域の周辺地域に居住する者の利用に供する公益上必要な建築物又はこれらの者の日常生活に必要な物品の販売等を営む建築物の建築の用に供する開発行為であること
イ　農林漁業の用に供する建築物で、市街化調整区域内において生産される農作物等の**処理**、**貯蔵**、**加工**に必要な建築物の建築等の用に供する開発行為であること
ウ　都道府県知事が開発審査会の議を経て、開発区域の周辺における市街化を促進するおそれがなく、かつ、市街化区域内において行うことが困難又は著しく不適当と認められる開発行為であること

開発許可基準は深入りせず、排水の方が給水よりも重要視されているという点だけ見ておきましょう。それから、市街化区域は、33 条の基準をクリアすれば許可されますが、市街化調整区域は、33 条の基準に加え、34 条の基準もクリアしなければ許可されません。市街化調整区域は開発を抑制する区域なので、基準が厳しくなっているのです。

②許可・不許可

(1) 申請に対する処分

都道府県知事は、申請があったときは、遅滞なく、許可または不許可の処分をしなければなりません。その処分は、いずれも文書により申請者に通知しなければなりません。

(2) 申請不許可の場合

● **開発審査会への審査請求**

都道府県知事の開発行為・建築行為の許可申請に対する不許可処分、または不作為（処分をしないこと）などについて、不服のある者は、開発審査会に対して審査請求をすることができます。

● **裁判所への訴えの提起**

都道府県知事の開発行為・建築行為の許可申請に対する不許可処分、または不作為（処分をしないこと）、開発審査会の裁決などについて不服がある者は、裁判所に対して、処分の取消しの訴え等の訴訟を提起することができます。なお、裁判所に対する処分の取消しの訴えは、**開発審査会の裁決を経た後でなくても提起することができます**。

(3) 開発登録簿

都道府県知事は、開発許可をしたときは、その年月日、予定建築物の用途、制限を定めた場合のその内容等を開発登録簿に登録したうえで、公衆の閲覧に供するように保管し、かつ、請求があったときは、その写しを交付しなければなりません。

(4) 用途地域の定めのない区域の開発許可・建蔽率等の制限

都道府県知事は、用途地域が定められていない土地の区域における開発許可をする場合、必要があると認めるときは、当該開発区域内の土地について、建蔽率、建築物の高さ、壁面の位置、その他建築物の敷地・構造・設備に関する制限を定めることができます。

用途地域の定めのない区域は、建築基準法による建蔽率等の規制がされていない場合が多いため、都道府県知事が開発許可の際にこれらの制限を定めることができるようにしたのです。

上記の制限が定められた場合、当該開発区域内の建築物はこれらの制限に違反して建築してはいけません。ただし、都道府県知事が環境の保全上支障がないと認め、または公益上やむを得ないと認めて許可したときは、建築することができます。

市街化区域では、用途地域が必ず定められますので、知事は開発許可をする際にこの建蔽率等の制限を行うことはできません。

③開発許可内容の変更等

開発許可を受けた者が、許可申請書の記載事項にかかる次のような内容を変更しようとする場合、都道府県知事の許可を受けなければなりません。

- 開発区域の位置、区域、規模の変更
- 予定建築物の用途の変更など

ただし、予定建築物の敷地の形状の変更や、工事着手予定日・完了予定日の変更など軽微な変更の場合は、許可ではなく、遅滞なくその旨を**都道府県知事に届出**します。

● **開発許可内容の変更等**

①開発行為の内容の変更	**原則**		都道府県知事の許可
	例外	開発許可を要しない開発行為に変更	許可・届出とも不要
		軽微な変更	都道府県知事への届出
②工事の廃止			
③人の変更	一般承継（相続人その他の一般承継人）		当然に承継
	特定承継（土地の所有権その他開発行為を行う権原を取得した者）		都道府県知事の承認を受けて承継

(1)開発許可に基づく地位の承継

開発許可を受けた者が死亡してこれを相続した者や、許可を受けた土地の譲渡を受けた者は、そのまま開発行為を継続してよいかという問題があります。この点については、相続や合併などによる一般承継人と、権利の譲渡（例：売買）を受けた場合などの特定承継人とで扱いが異なっています。

- 一般承継人は許可を受けた地位をそのまま承継する
- 特定承継人は都道府県知事の承認を受けないと承継できない

特定承継の場合は、自ら許可を申請しても許可を受けられないような者が、土地の譲渡等の行為を利用して、法律の規制を免れようとするおそれがあるためです。

(2)廃止の届出

許可を受けた者が、開発行為に関する工事を廃止したときは、遅滞なく、その旨を都道府県知事に届け出なければなりません。

④完了・検査

(1)工事完了届

開発許可を受けた者は、当該開発区域の全部について開発行為に関する工事が完了したときは、その旨を都道府県知事に届け出なければなりません。

(2)検査

都道府県知事は、完了届があったときは、遅滞なく、当該工事が開発許可の内容に適合しているかどうかについて検査をしなければなりません。

(3)検査済証

都道府県知事は、検査の結果、当該工事が開発許可の内容に適合していると認めたときは、一定の検査済証を、許可を受けた者に交付しなければなりません。

⑤工事完了の公告

都道府県知事は、検査済証を交付したときは、遅滞なく、当該工事が完了した旨を公告しなければなりません。

⑥公共施設の管理権

公共施設の管理者は工事が終わった後、原則、市町村が管理します。例外として、他の法律に基づく管理者が別にある場合、（許可申請前の）事前協議により公共施設の管理者について別段の定めをした場合等は、その者が管理することとなります。さらに、公共施設用地（公共施設の敷地）を所有するのは、原則として公共施設の管理者となります。

● 公共施設（例：道路、下水道）を管理する者

	完了公告の日まで	完了公告の日の翌日以後
開発行為により設置された公共施設の管理権	開発許可を受けた者が管理	原則として公共施設が存する「市町村」が管理（例外あり）

例外として、他の法律に別段の定めがある場合と協議（規約）で定めた管理者がいる場合があるという点は、土地区画整理法にも同じような話があるのでここで覚えてしまいましょう。

⑦建築制限等

(1)開発許可を受けた開発区域内の建築制限

開発区域内の建築制限については、工事完了の公告の前後で分けて考える必要があります。工事完了の公告とは、開発行為の工事、要するに土地を平らにする工事が完了したときに行われるものです。

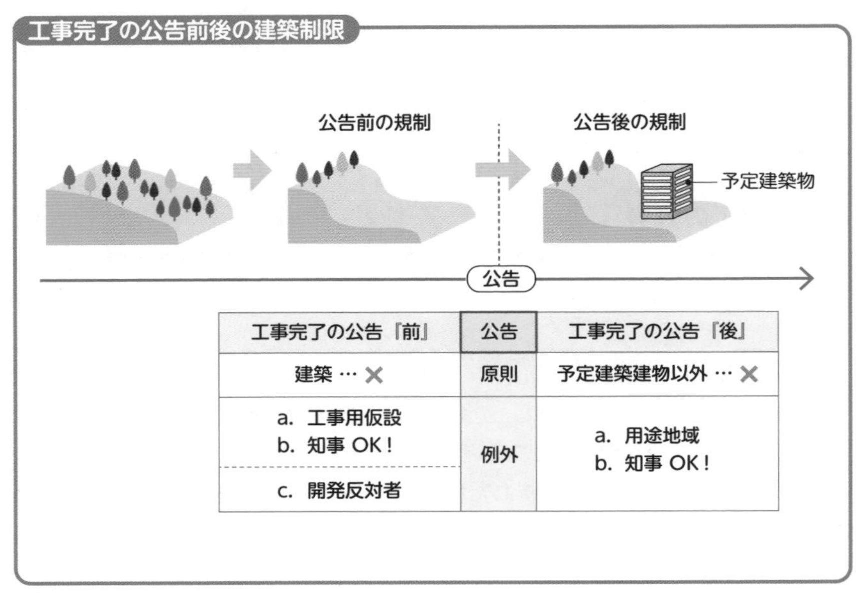

工事完了の公告『前』	公告	工事完了の公告『後』
建築 … ✕	原則	予定建築建物以外 … ✕
a. 工事用仮設 b. 知事 OK！ c. 開発反対者	例外	a. 用途地域 b. 知事 OK！

(2)工事完了公告「前」の建築制限

工事完了公告前の開発区域内では、原則として、建築物の建築および特定工作物の建設が禁止されています。造成工事完了前に建築等が行われると、開発行為の邪魔になるからです。しかし、次の３つの場合は、例外的に建築等が許可されます。また、工事中でも分譲（売買）は工事の邪魔にならないため、そもそも制限されておらず可能です。

・開発行為に関する工事用の仮設建築物等の建築
・都道府県知事が支障がないと認めたとき
・開発行為に不同意の者が、その権利の行使として行う建築行為

(3)工事完了公告「後」の建築制限

原則として、工事完了公告後に、開発許可を申請した際に予定されていた建築物等以外の建築物等を建築し、または用途変更等により予定建築物等以外とすることはできません。都道府県知事は、特定の建築物等を予定して、開発許可を与えているからです。

しかし、これにも次の２つの例外があります。

・開発区域内に用途地域が定められているとき
・都道府県知事が環境の保全上支障がない等の理由により許可したとき

(4)市街化調整区域のうち開発区域以外の区域における建築制限

建物を建築する場合に、必ず開発行為が行われるとは限りません。土地の区画形質の変更をしなくても建物を建築できる状態の土地に、開発行為をせずにいきなり建物を建築するような場合は、開発行為の規制がかからないので開発許可不要です。

しかし、市街化調整区域では、市街化を抑制するために建築行為を規制する必要もあります。市街化調整区域内のうち、開発許可を受けた開発区域以外の区域では、都道府県知事の許可を受けなければ、建物だけであっても、建築物または第一種特定工作物を建築（または用途変更）することはできないとされています。

ただし、許可不要の例外はあります。たとえば、公民館を建築する場合は許可不要となります。

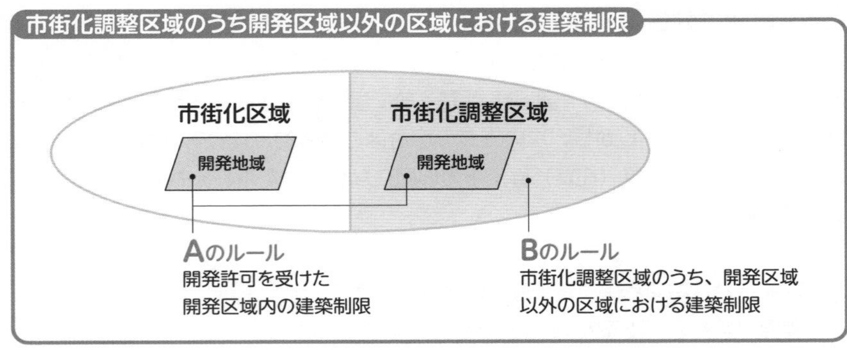

(5)許可不要の例外

許可不要の例外として、次のものがあります。

・農林漁業の用に供する建築物、農林漁業を営む者の居住用の建築物
・駅舎（鉄道施設）、図書館、博物館、公民館、変電所
・○○事業の施行（都市計画事業、市街地再開発事業、土地区画整理事業）
・非常災害の応急措置
・仮設建築物の新築
・車庫、物置など

市街化調整区域は建物を建てたり、用途変更を行うだけでも許可が必要という点を覚えましょう。あとは、開発行為の例外の知識がここでも適用することを知っていれば十分です。

9 田園住居地域内の制限

田園地域内の農地の区域内では、営農環境の悪化を抑止するために、下記の行為を行うときは**市町村長の許可**が必要となります。また、国または地方公共団体が行う行為は許可不要ですが、あらかじめ市町村長に協議しなければなりません。

【原則：許可が必要】

①土地形質の変更
②建築物の建築その他工作物の建設
③土石その他の政令で定める物件の堆積

【例外：許可不要】
①現に農業を営むものが農業を営むために行う土地形質の変更
②仮設建築物・通常の管理行為
③非常災害のための応急措置
④都市計画事業の施行として行う行為

問題にチャレンジ ○か×で答えましょう

Q1 準都市計画区域において、店舗の建築を目的とした4,000m² の土地の区画形質の変更を行おうとする者は、あらかじめ、都道府県知事の許可を受けなければならない。

Q2 市街化調整区域内で行われる開発区域の面積が1ha（ヘクタール）未満のミニゴルフコースの建設のための開発行為は、開発許可が不要である。

Q3 開発許可を受けた開発区域内の土地において、都道府県知事が支障がないと認めたときは、開発行為に関する工事完了の公告があるまでの間であっても、建築物を建築することができる。

Q4 市街化調整区域（開発許可を受けた開発区域を除く）内においては、一定の建築物の新築については、それが土地の区画形質の変更を伴わない場合であっても、都道府県知事の許可を受けなければならない。

Q5 市街化調整区域のうち開発許可を受けた開発区域以外の区域内において、公民館を建築する場合は、都道府県知事の許可を受けなくてよい。

Q6 区域区分の定めのない都市計画区域内において、遊園地の建設の用に供する目的で3,000m² の土地の区画形質の変更を行おうとする者は、あらかじめ、都道府県知事の許可を受けなければならない。

解答と解説

A1 ○ 準都市計画区域内は、3,000m² 以上の場合は許可が必要です。

A2 × 規模に関係なく、ゴルフコースは許可が必要です。

A3 ○ 都道府県知事が支障がないと認めたときは建築可能です。

A4 ○ 市街化調整区域は、土地の区画形質を伴わなくても許可が必要です。

A5 ○ 公民館は許可不要です。

A6 × 1ha（ヘクタール）（10,000m²）未満の遊園地は第二種特定工作物にあたりません。

問題にチャレンジ　○か×で答えましょう

Q7 準都市計画区域内において、都市計画事業にあたる民間事業者が行う3,000m² の住宅団地建設のための開発行為であれば、常に開発許可は不要である。

Q8 非常災害のため必要な応急措置として行う開発行為であっても、当該開発行為が市街化調整区域において行われるものであって、当該開発行為の規模が 3,000m² 以上である場合には開発許可が必要である。

Q9 開発許可申請書には、予定建築物の用途のほか、その構造、設備および予定建築価額を記載しなければならない。

解答と解説

A7 ○　都市計画事業における、開発行為は許可不要です。

A8 ×　非常用災害のための応急措置は許可不要です。

A9 ×　用途は開発許可申請に記載しなければなりませんが「構造、設備、予定建築価額」の記載は不要です。

3 建築基準法

▶▶▶ 建築物の構造等に関する最低基準を定めています

建築基準法は、範囲が膨大で専門用語が多いので苦手意識があります。どのようにすれば効率的に学習できるでしょうか？

建築基準法は、近年２問の出題で定着しており、合格のために避けて通れないテーマです。ただし、範囲が膨大で、難しい知識まで覚えようとすると効率の悪い学習法になってしまいます。近年の傾向に沿って、過去問で出題されたところを中心に、割り切って学習する必要があります。

1 建築基準法の構造

建築基準法では、災害が多いわが国において、国民の生命、健康および財産の保護を図るため、建築物の構造や設備等に関して**最低限の基準**を定めています。建築基準法の規定は、大きく「単体規定」と「集団規定」に分かれます。

①単体規定

単体規定（たんたいきてい）は建築物そのものの安全性を確保するため、全国一律で規定されるものです。

②集団規定

集団規定（しゅうだんきてい）は建築物を集団としてとらえ、都市環境の整備を図るための規定です。原則として、都市計画区域および準都市計画区域内に限り適用されます。集団規定は防火地域・準防火地域の規制、用途規制、建蔽率・容積率、道路規制、高さ制限などです。

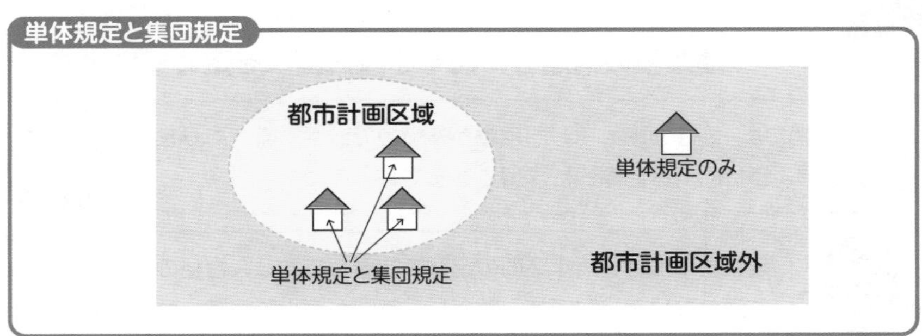

③建築基準法が適用されない建物

建築基準法が不適用となる建物については、既存不適格建築物、文化財保護法により指定されている**国宝**や**重要文化財**などに指定されているものがあります。

既存不適格建築物とは、建築基準法の改正等で、適用の際にすでに存在している建築物や工事中の建築物が改正された規定に適合しない場合をいいます。

④建築基準法の頻出用語

建築基準法でよく出てくる用語を学習しましょう。**新築**（しんちく）・**増築**（ぞうちく）・**改築**（かいちく）・**移転**（いてん）を合わせて**建築**（けんちく）といいます。

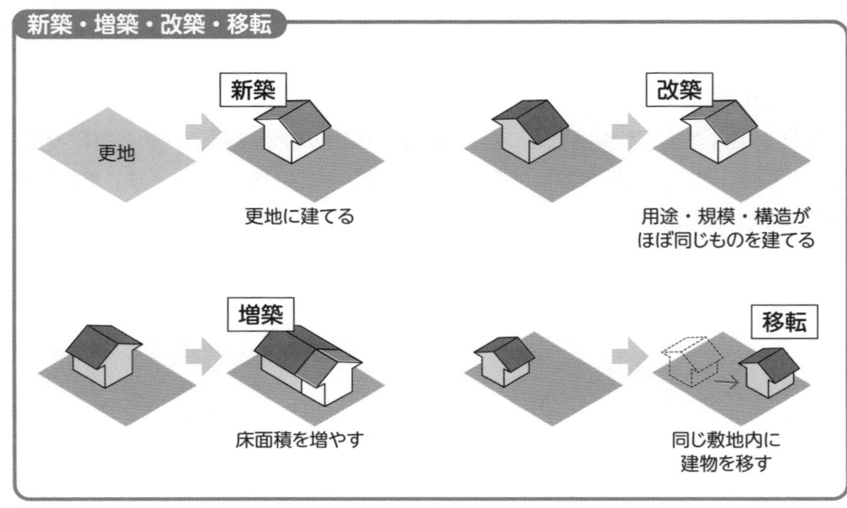

大規模修繕（だいきぼしゅうぜん）・**模様替え**（もようがえ）とは、建物の主要構造部について行う、過半の修繕・模様替えのことです。**主要構造部**とは、壁・柱・はり・床・屋根・階段のことです。

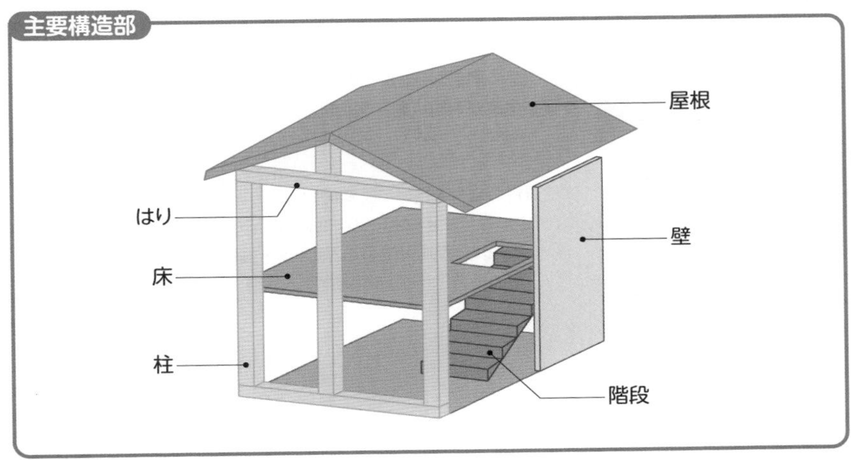

建築主とは工事の注文者のことで、工事施工者は工事の請負人のことです。

建築主事とは、建築確認等について担当する公務員のことで、都道府県や人口25万人以上の市で設置が義務づけられています。

特定行政庁とは、特定の地域における建築行政の責任者です。建築主事を置く市町村では、その市町村長です。その他の市町村では、都道府県知事をいいます。

2 建築確認

①建築確認とは

建築確認は、建物を建てる際に建築基準法等のルールを満たしているかどうかを確認するためのものです。自分ではルールを満たしているつもりでも、間違いがあった場合、建物を建ててしまった後に直すのは非常に大変なことです。そこで、あらかじめ建築計画が法律に適合しているかどうかのチェックをしますが、この事前チェックのことを**建築確認**といいます。

建築物を建築しようとする建築主は、申請書を提出し、建築確認を受けた後、確認済証の交付を受けます。しかし、すべての建物に対して建築確認が必要というわけではなく、必要な建物と必要でない建物があります。

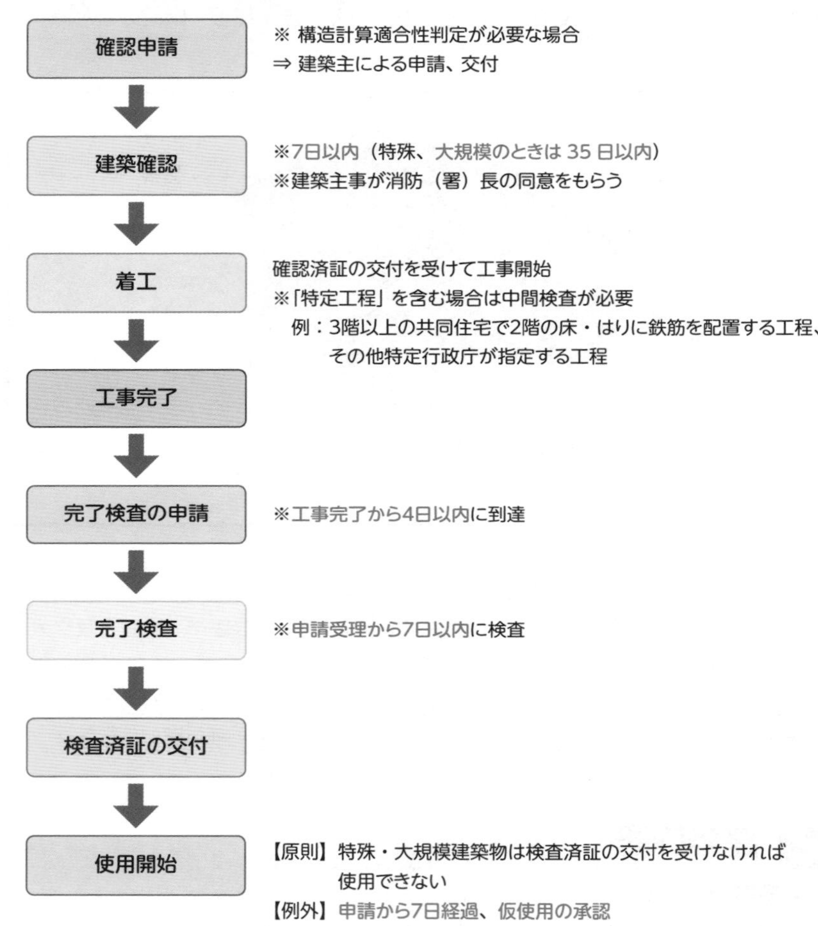

②建築確認の要否

一定規模以上の場合に、建築確認が必要となります。

大規模建築物とは、①床面積 **200m²** 超の**特殊**建築物、②**木造**（階数が **3** 以上、延べ面積 500m² 超、高さが 13 m超、軒高 9 m超の**いずれか**に該当するもの）、③木造以外（**階数が 2 以上**、延べ面積 **200m²** 超のいずれかに該当するもの）をいいます。

● **建築確認が必要となる場合**

区域	建築物の種類・規模		行為：新築	行為：10m²超の増改築・移転	行為：大規模修繕・大規模模様替え	行為：用途変更
全国		200m²超の特殊建築物(学校、病院、共同住宅、コンビニエンスストア等)※	○	○	○	○
全国	大規模建築物	木造[階数(地階を含む)3以上・500m²超・高さ13m超・軒高9m超のいずれかに該当するもの]	○	○	○	－
全国	大規模建築物	木造以外［階数(地階を含む)2以上・200m²超のいずれかに該当するもの]	○	○	○	－
都市計画区域・準都市計画区域・準景観地区	建築物の種類・規模問わず		○	○ 防火・準防火地域は10m²以内でも○	－	－

※「200m²の特殊建築物」(不特定多数の人が出入りするような建物）とは、共同住宅、コンビニ、劇場、映画館、公会堂、集会場、病院、診療所、ホテル、旅館、下宿、寄宿舎、学校、体育館、百貨店、マーケット、キャバレー、バー、ダンスホール、遊技場、飲食店、倉庫、自動車車庫、自動車修理工場、物品販売業を営む店舗、スポーツ練習場、テレビスタジオ等をいいます

事務所は出入りする人が限られているため、特殊建築物に含まれないことは覚えておきましょう。

また、建築物の**用途変更**により、**200m²を超える特殊建築物**となる場合についても、原則として建築確認が必要となります。

● 建築物の用途確認

建築物の用途変更	確認の要否	備考
特殊建築物 →他の特殊建築物	○	以下のような類似の用途間の用途変更は確認不要 ・劇場、映画館、演芸場 ・キャバレー、バー等　・百貨店、マーケット等 ・ホテル、旅館（共同住宅は類似ではない） ・下宿、寄宿舎　・博物館、美術館、図書館
一般建築物 →特殊建築物	○	例：事務所→コンビニ
特殊建築物 →一般建築物	×	

なお、都市計画区域・準都市計画区域の場合について、大規模な建築物・特殊建築物でなくても、新築、増改築・移転の場合、確認が必要です。

また、大規模な建築物・特殊建築物でなければ、大規模修繕・大規模模様替えの場合、確認が不要です。

③建築確認が不要となる例外

防火・準防火地域外で増築、改築、移転をする場合、その増築、改築、移転をする部分の床面積の合計が10m²以内であれば確認は不要です。

④建築確認・完了検査の手続

建築主は、建築確認の申請（建築主事等、指定確認検査機関）と構造計算適合性判定の申請（都道府県知事、指定構造計算適合性判定機関）をそれぞれ別々に行わなければなりません。

注意事項として、一定の建築物について、構造計算適合判定が必要となり、構造計算適合判定通知書等の提出がなければ確認済書は交付されません。

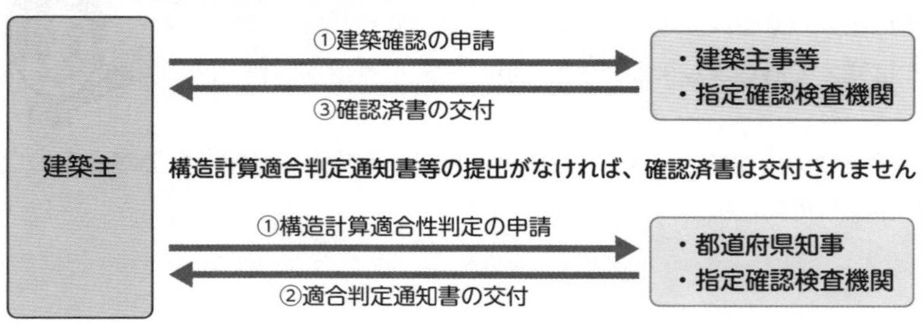

(1)建築確認の期間

建築主事等は、下の表に示した期間内に審査し、建築基準関係規定に適合することを確認したときは、確認済証を交付しなければなりません。**建築主事等**は、建築確認をしようとするときは、**消防長**または**消防署長**の同意を得なければなりません。

なお、指定確認検査機関に建築確認の申請を行った場合、**期間の制限はありません。**

	受理から確認までの期間
特殊建築物、大規模建築物	35日以内
その他の建築物	7日以内

確認済証の交付を受けた者でなければ、工事に着手することはできません。建築確認を受けて工事に着工する際、施工者は、工事現場の見やすい場所に、一定の様式に従って確認済等の表示をしなければなりません。

工事現場における建築確認済の表示例

建築基準法による確認済	
確認年月日番号	令和　年　月　日第　　　号
確認済証交付者	
建築主又は築造主氏名	
設計者氏名	
工事監理者氏名	
工事施工者氏名	
工事現場管理者氏名	
建築確認に係るその他の事項	

工事の途中では、中間検査を行います。建築確認を受けるべき工事が特定工程を終えたときは、そのつど建築主事等による中間検査を受けなければなりません。

特定工程とは、「階数が３階以上の共同住宅の工事の一定の工程」「特定行政庁が指定する工程」をいいます。特定工程に係る工事を終えてから４日以内に到達するように、建築主事等に中間検査の申請をしなければなりません。

そして、特定工程の中間検査を受けてからでなければ、その後の工事はできないとされています。

(2)完了検査

建築主は、工事が完了したときは、建築主事等の検査を申請します。この申請は、**工事完了の日から４日以内**に建築主事等に到達するように行います。

建築主事等は、**申請を受理した日から７日以内**に、建築基準関係規定に適合しているかどうかを検査する必要があります。そして、検査の結果、建築物が建築基準関係規定に適合していると認めたときは、建築主に対して検査済証を交付しなければなりません。

(3)使用開始

特殊建築物および大規模建築物を新築した場合等については、原則として検査済証の交付を受けた後でなければ、当該建物、もしくはその建築物の部分を使用してはなりません。

ただし、以下の場合には検査済証の交付を受ける前であっても建築物を使用できます。

・特定行政庁、建築主事等、指定確認検査機関が安全上、防火上および避難上支障がないと認めたとき
・完了検査の申請が受理された日から７日を経過したとき
・大規模建築物・特殊建築物に該当しない建築物

3 単体規定

単体規定は日本全国の建物に係る規定です。建築物の構造、敷地、建築設備等について様々な制限を加えています。

①防火壁・防火床

延べ面積が 1,000m^2 を超える建築物は、耐火建築物、準耐火建築物を除いて、原則として防火壁・防火床によって、各区画の床面積を **1,000m^2 以内**にしなければなりません。**耐火建築物・準耐火建築物等**には、より厳しいルールが適用されているため、除外されていることに注意しましょう。

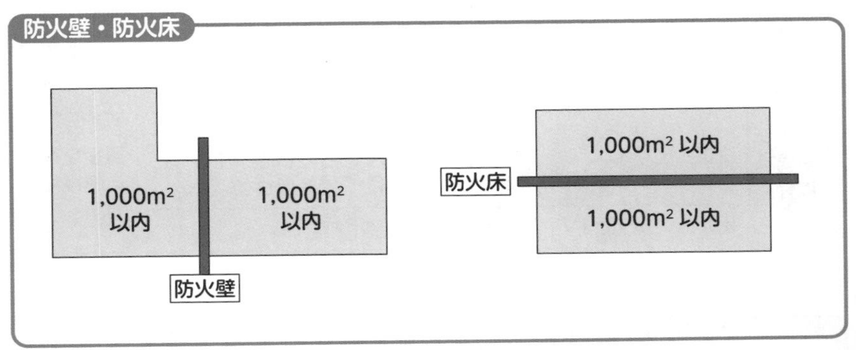

②建築設備

高さ 20 mを超える建築物には、原則として、有効な避雷設備を設けなければなりません。また、高さ 31 mを超える建築物には、原則として、非常用の昇降機を設けなければなりません。

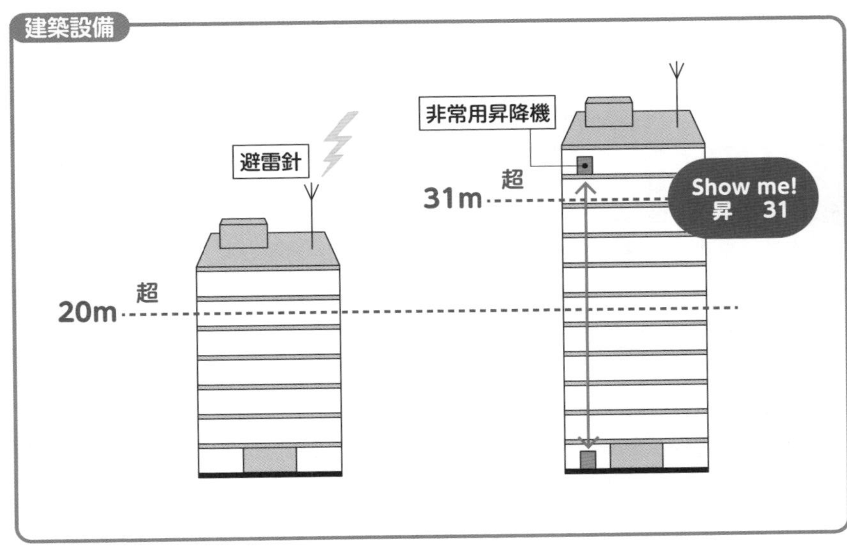

③石綿（アスベスト）等の使用禁止

建築物に用いられる石綿（アスベスト）に関しては、飛散、発散によって衛生上の支障が出ないように次のような基準が設けられています。

<table>
<tr><td>石綿（アスベスト）</td><td colspan="2">・建築材料に石綿を添加しない
・石綿をあらかじめ添加した建築材料を原則として使用しない</td><td>すべての建築物が対象</td></tr>
<tr><td rowspan="2">石綿以外</td><td>クロルピリホス</td><td>・建築材料にクロルピリホスを添加しない
・クロルピリホスをあらかじめ添加した建築材料を原則として使用しない</td><td rowspan="2">居室を有する建築物が対象</td></tr>
<tr><td>ホルムアルデヒド</td><td>発散量に応じて規制が異なる</td></tr>
</table>

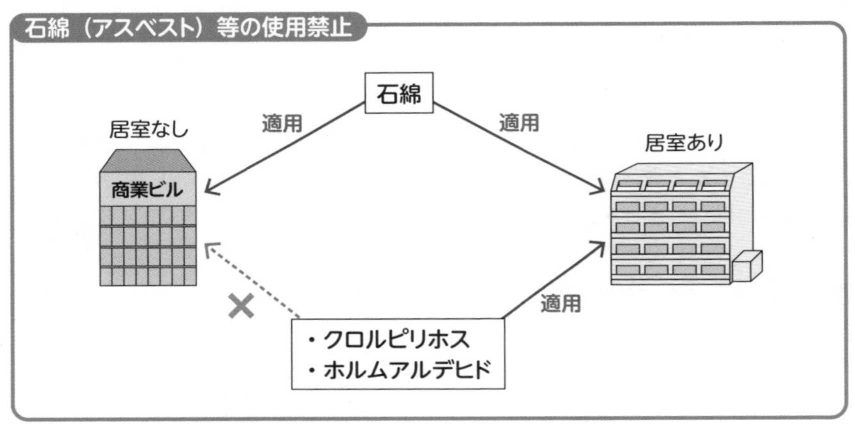

④建築物の敷地

建築物の敷地は、接する道の境より高くなければなりません。

建築物の地盤面は、原則として接する周囲の土地よりも、また、これに接する周囲の土地より高くなければなりません。

雨水および汚水を排水し、または処理するための適当な下水管または、溜桝その他の施設を設けなければなりません。

さらに、建築物が崖崩れ等による被害を受けるおそれのある場合には、擁壁の設置など安全上適当な措置を講じなければなりません。

⑤居室の採光

住宅、学校、病院などの一定の居室には、原則として採光および換気のための窓その他開口部を一定以上の大きさで設けなければなりません。

採光に有効な部分の面積は、住居居室の床面積に対して**7分の1以上**、**換気**に有効な部分の面積は、居室の床面積に対して**20分の1以上**としなければなりません。

ただし、採光に関しては、一定要件を満たした照明設備があれば10分の1以上とする例外があります。

⑥地階における居室

住宅の居室、学校の教室、病院の病室等で地階に設けるものは、壁・床の防湿措置など衛生上必要な技術的基準に適合するものとしなければなりません。

⑦便所

便所には、原則として採光・換気のために窓を設けなければなりませんが、水洗便所においてこれに代わる設備がある場合には、設ける必要がありません。

⑧天井の高さ

居室については、採光や換気の確保だけでなく天井の高さも確保しなければなりません。天井の高さは2.1 m以上でなければならないとされています。高さが異なる場合には、その平均によるものとされています。

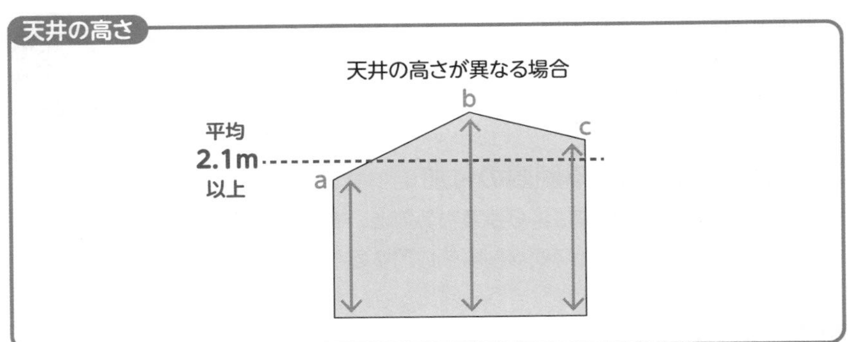

⑨バルコニーの手すりなど

2階以上の階にあるバルコニーの周囲には、安全上必要な高さが「1.1 m」以上の手すり壁、さく、または金網を設けなければなりません。

⑩安全な構造の確保

建築物は、自重（建物そのものの重さ）、積載荷重（建物の中の人や家具などの重さ）、積雪（建物に積もる雪の重さ）、風圧（建物にあたる風の力）、土圧（建物の地下部分にかかる土の力）、水圧（建物の地下部分にかかる地下水の力）、さらに地震などの震動や衝撃に対して安全な構造のものとしなければなりません。

安全な構造であるために、建築物の安全上必要な構造方法に関する技術的基準に適合する必要があります。

次の**大規模な建築物**については、一定の基準に従った**構造計算**によって安全性が確かめられたものとしなければなりません。

①高さ 60 m超の建築物
②高さ 60 m以下の建築物のうち、
・木造で、高さ 13 m超、軒の高さ 9 m超のいずれかを満たすもの
・鉄骨造で、地階を除く階数４以上のもの、鉄筋コンクリート造または鉄骨鉄筋コンクリート造で、高さ 20 m超のもの、その他これらに準ずる一定の建築物
③高さ 60 m以下の建築物のうち、上記②の建築物を除き、
・木造で、階数３以上または延べ面積 500m^2 超のもの
・木造以外で、階数２以上または延べ面積 200m^2 超のもの等

単体規定はほかにも出題された知識はありますが、あまり深入りしないで覚えていくのがよいです。この試験は建築士になるためのものではないからです。

⑪地方公共団体による制限の付加

地方公共団体は、条例でにより建築物の敷地、構造または建築設備に関して、安全上、防火上または衛生上必要な制限を付加することができます。

4 集団規定～用途規制

都市計画法では、土地をどのような用途で利用すべきかという観点から、用途地域を定めています。その用途地域に基づいて建築できる建物の用途を規制しているのが建築基準法の用途規制です。

例えば、第一種低層住居専用地域は閑静な住宅街なので、建築できる建物は、住宅のほか診療所や小学校等に限られ、「特定行政庁の許可がない限り」、ホテルや工場は建築できません。これに対し、商業地域では、ほとんどの用途の建物を建築することができます。

次の表に、用途規制についてまとめています。

なお、忌避施設（きひしせつ）は、「都市計画で位置が決定」していなければ原則、建築できません。都市計画区域内においては、卸売市場、火葬場、と畜場、汚物処理場、ごみ焼却場、産業廃棄物処理施設等については、用途制限の規定に適合させたうえ（第二種中高層住居専用地域～工業専用地域であれば、新築・増築が可能）、都市計画で位置が決定していなければ、新築・増築をさせないようにしているのです。

● **用途制限の概要表**

注：表中の×は、特定行政庁の許可がない限り建築できないものです

建築物		第一種低層住居専用	第二種低層住居専用	田園住居	第一種中高層住居専用	第二種中高層住居専用	第一種住居	第二種住居	準住居	近隣商業	商業	準工業	工業	工業専用
診療所、保育所、巡査派出所、神社・寺院・教会等、（一般）公衆浴場、公衆便所、公衆電話所など														
住宅、共同住宅、寄宿舎、老人ホーム、図書館、博物館、美術館など														×
2階以下かつ 300m²以下の自動車車庫		×	×	×										
小学校～高校（学校）													×	×
各種専門学校、短大、大学		×	×	×									×	×
病院		×	×	×									×	×
店舗、飲食店	150m² 以下	×	③	③	③	③								④
	500m² 以下	×	×	⑥	③	③								④
	500m² 超	×	×	×	×	①	②	⑤	⑤				⑤	④
事務所		×	×	×	×	①	②							
ボーリング場、スケート場、水泳場		×	×	×	×	×	②							×
50m² 以下の工場（危険性・環境悪化のおそれが非常に少ないもの）		×	×	⑦	×	×								
自動車教習所		×	×	×	×	×	②							
ホテル、旅館		×	×	×	×	×	②						×	×
カラオケボックス、ダンスホール		×	×	×	×	×	×	⑤	⑤				⑤	⑤
マージャン屋、パチンコ屋		×	×	×	×	×	×	⑤	⑤				⑤	×
倉庫業を営む倉庫		×	×	×	×	×	×	×						

建築物		第一種低層住居専用	第二種低層住居専用	田園住居	第一種中高層住居専用	第二種中高層住居専用	第一種住居	第二種住居	準住居	近隣商業	商業	準工業	工業	工業専用
3階以上かつ300m^2超の自動車車庫		×	×	×	×	×	×	×						
150m^2以内の自動車修理工場		×	×	×	×	×	×	×						
150m^2以下の工場（危険性・環境悪化のおそれが少ないもの）		×	×	×	×	×	×	×	×					
映画館、劇場、演芸場、ナイトクラブ	200m^2未満	×	×	×	×	×	×	×					×	×
	200m^2以上	×	×	×	×	×	×	×	×				×	×
10,000m^2超の店舗、飲食店、劇場、映画館		×	×	×	×	×	×	×	×				×	×
料理店、キャバレー		×	×	×	×	×	×	×	×	×			×	×
個室付浴場		×	×	×	×	×	×	×	×	×		×	×	×

①当該用途に供する部分が2階以下で、かつ、床面積が1,500m^2以下であれば建築できる
②当該用途に供する部分が3,000m^2以下であれば建築できる
③当該用途に供する部分が2階以下であれば建築できる
④物品販売店舗と飲食店は建築できない
⑤当該用途に供する部分の床面積の合計が10,000m^2を超えるものは建築できない
⑥2階以下の農産物直売所、農家レストラン等に限る
⑦農産物を生産、集荷、処理および貯蔵するものに限る

×のところでも特定行政庁の許可があれば建築できることに注意してください。各用途地域に建築することができない用途の建築物であっても、公益上やむを得ない等の理由により「特定行政庁が許可」したときは、建築することができます。

①建築物の敷地が複数の地域にまたがる場合

建物の敷地が用途規制の異なる地域にわたる場合、建物の敷地の過半の属する地域の用途規制が適用されます。

例えば、第一種住居地域が50m^2、近隣商業地域が150m^2といったように第一種住居地域と近隣商業地域にまたがっている場合、図のように**（敷地の過半の属する）近隣商業地域の用途規制が適用されます**。

建築物の敷地が複数の地域にまたがる場合

第一種住居地域 50m²	近隣商業地域 150m² こちらが適用される

②田園住居地域の用途規制

第一種・第二種低層住居専用地域で建築できるものに加えて、農産物の販売所、農家レストランなどの建物の建築も可能です。ただし、その用途に供する部分の床面積の合計が500m²以内でなければなりません。

用途規制の問題は、昔は毎年のように出題されていた時代がありましたが、最近は出題されないことも多く、出題されても正解肢と関係ない場合もあります。優先順位を低くして学習してもよいでしょう。

5 集団規定～建蔽率・容積率

①建蔽率

建蔽率（けんぺいりつ）とは、敷地面積に対する建築物の建築面積のことです。建物を敷地いっぱいに建ててしまうと、風通しや日当たりが悪くなってしまいます。

また、火災になった場合には、あっという間に隣家に燃え移ることが想定されます。そうした状況を避けるため、敷地に適度な空地を確保しようとするものです。

なお、建築面積とは、建物を真上から見た時の水平投影面積のことをいい、一般的な住宅では、1階部分の面積がほぼ建築面積となります。

建蔽率の考え方

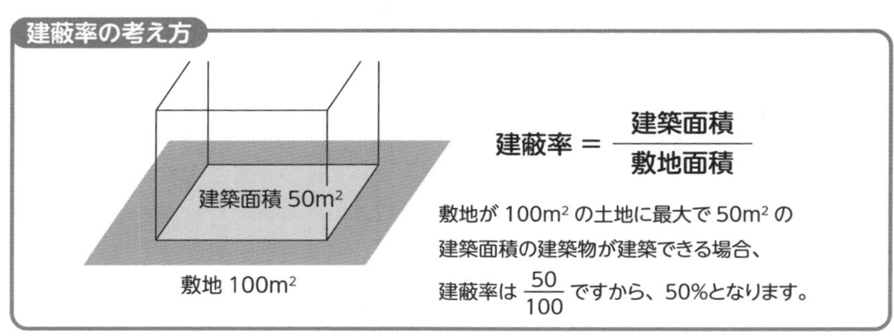

また、都市計画区域および準都市計画区域内では、用途地域ごとに次のような建蔽率の最高限度が指定されています。

● **指定建蔽率**

<table>
<tr><th rowspan="2">用途地域</th><th rowspan="2">原則</th><th colspan="4">緩和</th></tr>
<tr><th>①特定行政庁が指定する角地</th><th>②準防火地域内で耐火建築物等・準耐火建築物等</th><th>③防火地域内で耐火建築物等</th><th>④ ①と②または③の両方に該当する場合</th></tr>
<tr><td>第一種低層住居専用地域</td><td rowspan="6">$\frac{3\cdot4\cdot5\cdot6}{10}$</td><td rowspan="6">$+\frac{1}{10}$</td><td rowspan="6">$+\frac{1}{10}$</td><td rowspan="6">$+\frac{1}{10}$</td><td rowspan="7">$+\frac{2}{10}$</td></tr>
<tr><td>第二種低層住居専用地域</td></tr>
<tr><td>田園住居地域</td></tr>
<tr><td>第一種中高層住居専用地域</td></tr>
<tr><td>第二種中高層住居専用地域</td></tr>
<tr><td>工業専用地域</td></tr>
<tr><td>工業地域</td><td>$\frac{5\cdot6}{10}$</td><td>$+\frac{1}{10}$</td><td>$+\frac{1}{10}$</td><td>$+\frac{1}{10}$</td></tr>
<tr><td>第一種住居地域</td><td rowspan="4">$\frac{5\cdot6\cdot8}{10}$</td><td rowspan="4">$+\frac{1}{10}$</td><td rowspan="4">$+\frac{1}{10}$</td><td rowspan="5">$+\frac{1}{10}$
$\frac{8}{10}$と定められた地域は規制なし</td><td rowspan="5">$+\frac{2}{10}$
$\frac{8}{10}$と定められた地域は規制なし</td></tr>
<tr><td>第二種住居地域</td></tr>
<tr><td>準住居地域</td></tr>
<tr><td>準工業地域</td></tr>
<tr><td>近隣商業地域</td><td>$\frac{6\cdot8}{10}$</td><td>$+\frac{1}{10}$</td><td>$+\frac{1}{10}$</td></tr>
<tr><td>商業地域</td><td>$\frac{8}{10}$</td><td>$+\frac{1}{10}$</td><td>$+\frac{1}{10}$</td><td>規制なし</td><td>規制なし</td></tr>
<tr><td>用途地域の指定のない区域</td><td>$\frac{3\cdot4\cdot5\cdot6\cdot7}{10}$</td><td>$+\frac{1}{10}$</td><td>$+\frac{1}{10}$</td><td>$+\frac{1}{10}$</td><td>$+\frac{2}{10}$</td></tr>
</table>

※原則は、上の数値から都市計画で定めますが、用途地域の指定のない区域では、特定行政庁が都市計画審議会の議を経て定めます

②建蔽率の緩和

次の場合は、建蔽率が10%緩和されます（+10分の1）。

- 特定行政庁の指定する角地にある建物
- 準防火地域内の耐火建築物等または準耐火建築物
- 建蔽率の限度が10分の8とされている地域外で、かつ防火地域内の耐火建築物など

さらに、次のように商業地域などで建蔽率が10分の8と定められている地域でかつ防火地域にある耐火建築物の場合。**建蔽率の制限は適用されません。**

- 商業地域内または都市計画により建蔽率が10分の8とされた地域内で、かつ防火地域内にある耐火建築物
- 巡査派出所、公衆便所、公共用歩廊（アーケード）など
- 公園、広場、道路、川その他これに類するものの内にある建築物で、特定行政庁が安全上、防火上および衛生上支障がないと認めて建築審査会の同意を得て許可したもの

なお、建築物が防火地域内外にわたる場合で、敷地内の建物の全部が耐火建築物等であるとき、その敷地は全て防火地域にあるとみなされます。そのため、原則+10分の1の緩和措置の適用があります。

準防火地域と防火地域・準防火地域以外（要するに普通の地域）に敷地がわたる場合で、敷地内の建物が耐火または準耐火建築物等であるときは、その敷地は全て準防火地域にあるものとみなされます。つまり、+10分の1の緩和措置の適用があります。

③建蔽率に関する計算方法

敷地面積が100m^{2}の土地がある場合、建蔽率が5/10(50%)であれば、50/100つまり50m^{2}の床面積を有する建築物を建てることができます。

建築面積の最高限度は、「敷地面積×建蔽率(100m^2×5/10)＝50m^2」ということになります。

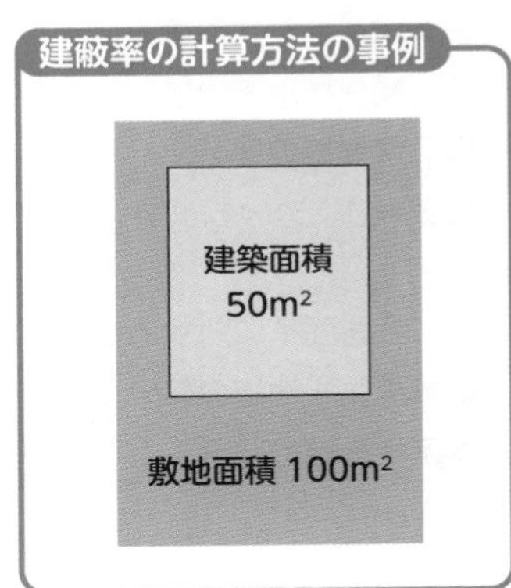

④敷地が建蔽率の異なる地域にわたる場合

敷地が建蔽率の異なる地域にわたる場合、それぞれの地域の建蔽率の最高限度の数値に、その地域に係る敷地の敷地全体に占める割合を乗じた数値の「合計」が、その敷地全体の建蔽率の最高限度になります。

● **例題**

では、第一種住居地域（都市計画によって定められた数値は6/10）と準工業地域（都市計画によって定められた数値は8/10）にまたがる敷地に耐火建築物を建築する場合、当該建築物の建築面積の敷地面積に対する割合（建蔽率）の最高限度はいくらになるでしょうか。なお、当該敷地は防火地域内にあり、かつ特定行政庁が指定する角地ではないものとします。

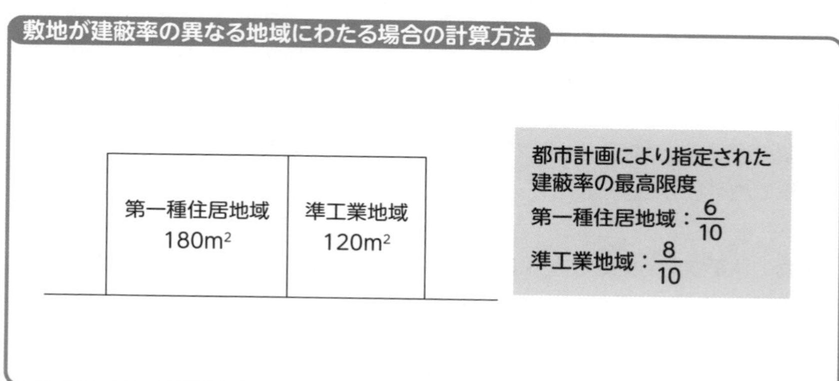

①まず、各地域の建蔽率の最高限度を問題文から読み取ります。防火地域内に耐火建築物を建築するので、

第一種住居地域の部分　6/10 + 1/10 = 7/10
準工業地域の部分　規制なし＝10/10
（建蔽率 10 分の 8 ＋防火地域＋耐火建築物 ⇒ 建蔽率の制限は適用されない）

②次に全体面積に対する地域ごとの面積を検討します。

第一種住居地域の部分　$180m^2/300m^2$
準工業地域の部分　$120m^2/300m^2$

③最後にそれぞれの面積の割合にそれぞれの建蔽率をかけ、それらを合計します。

第一種住居地域の部分	準工業地域の部分

$180m^2/300m^2 \times 7/10 + 120m^2/300m^2 \times 10/10 = 82/100$

したがって、建蔽率は 82%となります。

⑤容積率

容積率(ようせきりつ)とは、**延べ面積の敷地面積に対する割合**です。床面積や階数が大きな建物が増えれば、土地の有効利用がより促進されることになるはずです。では、なぜ容積率を規制するのでしょうか。

幅の狭い道路に大きな建物ばかりが建ち並んでしまって渋滞を招いたり、人口が多くなりすぎて上下水道が間に合わなくなったりと環境悪化を招いてしまうおそれがあります。そこで、容積率を制限して地域の環境を良好にし、計画的に公共施設をつくるのです。

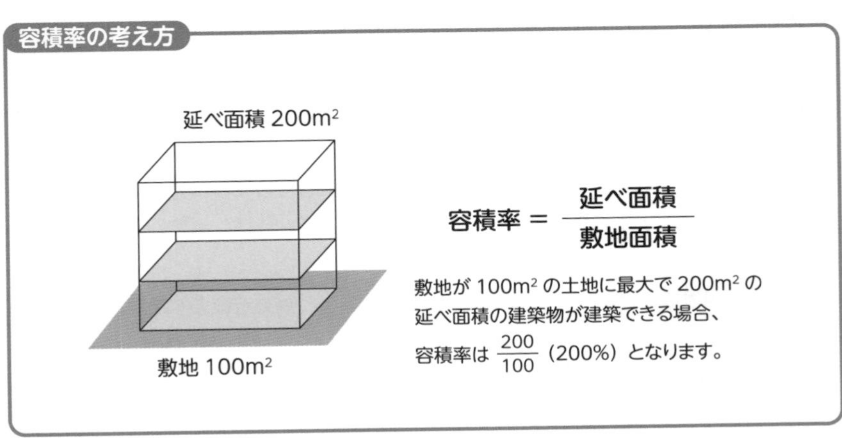

⑥指定容積率

都市計画区域および準都市計画区域内では、都市計画等により用途地域ごとに容積率の最高限度が指定されます。

● **容積率の規制**

	原則
低層住居専用地域 田園住居地域	$\frac{5・6・8・10・15・20}{10}$ から都市計画で決定
中高層住居専用地域 住居地域 準住居地域 近隣商業地域	$\frac{10・15・20・30・40・50}{10}$ から都市計画で決定
商業地域	$\frac{20・30・40・50・60・70・80・90・100・110・120・130}{10}$ から都市計画で決定
準工業地域	$\frac{10・15・20・30・40・50}{10}$ から都市計画で決定
工業地域 工業専用地域	$\frac{10・15・20・30・40}{10}$ から都市計画で決定
用途無指定区域	$\frac{5・8・10・20・30・40}{10}$ から特定行政庁が定める

⑦前面道路による容積率の規制

前面道路の幅員が 12 m未満の場合には、その幅員に一定の数値（住居系には原則として 10 分の 4、それ以外の地域においては原則として 10 分の 6）を乗じた数値の範囲内でなければなりません。

用途地域	原則	特定行政庁が指定した区域
住居系	10 分の 4	10 分の 6
商業系、工業系 用途無指定区域	10 分の 6	10 分の 4、10 分の 8

複数の道路に接している場合、もっとも広い道路の幅員を基準とします。

● **例題**

次の図のような土地に建築物を建設する場合、容積率の最高限度はいくらになるでしょうか？

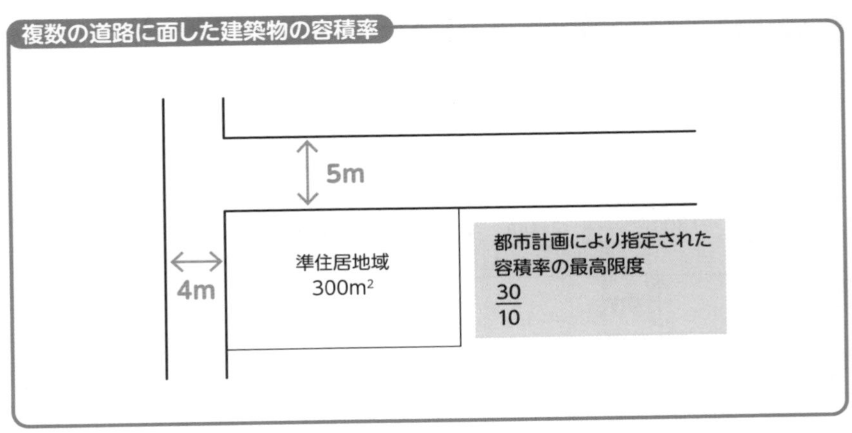

①前面道路の幅員について複数の道路に接している場合、広い方が基準となり、5m となります。

②前面道路の幅員が 12m 未満の場合、容積率は前面道路の幅員による規制を受けます。

住居系の用途地域	幅員 × 4/10 ⇒ 5 × 4/10 = 20/10
住居系以外の用途地域	幅員 × 6/10 ⇒ 5 × 6/10 = 30/10

③ ②の数値と都市計画で定められた数値のうち「小さい方（より厳しい方）」が、当該敷地の容積率の最高限度になります。

30/10 > 20/10 ⇒ 小さい方の 20/10

したがって、200%が事例における容積率の最高限度となります。

⑧敷地が異なる地域にわたる場合

建蔽率の規制と同様に、それぞれの地域の容積率の最高限度の数値に敷地の敷地全体に係る割合を乗じた数値の合計が敷地全体の容積率の最高限度となります。

● **例題**

次の図のような準工業地域と第一種住居地域にまたがる敷地に建築物を建築する場合、当該建築物の延べ面積の敷地面積に対する割合（容積率）の最高限度はいくらになるでしょうか？

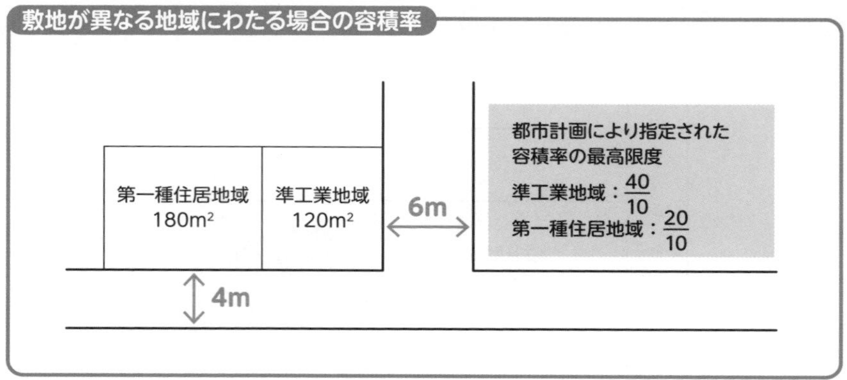

①それぞれの地域ごとに、前面道路による規制の数値と都市計画に定められた数値とを比較し、小さい方を選びます。

●準工業地域の部分

前面道路による規制	36/10（広い道路幅 6m × 6/10）
都市計画の数値	40/10
小さいもの	36/10

●第一種住居地域の部分

前面道路による規制	24/10（広い道路幅 6m × 4/10）
都市計画の数値	20/10
小さいもの	20/10

②全体面積に対する地域ごとの面積を求めます。

準工業地域の部分	$120m^2/300m^2$
第一種住居地域の部分	$180m^2/300m^2$

③それぞれの面積の割合にそれぞれの容積率をかけ、合計します。

$120m^2/300m^2 \times 36/10 + 180m^2/300m^2 \times 20/10 = 264/100$

したがって、264%が容積率の最高限度となります。

⑨容積率の緩和の特例

(1)共同住宅・老人ホーム等に関する特例

共同住宅や老人ホームなどの共同廊下、階段部分、一定の給湯設備等を設置するための機械室等の部分の床面積は算入されません。

(2)エレベーター

昇降機（エレベーター）の昇降路の部分の床面積も算入されません。

共同住宅

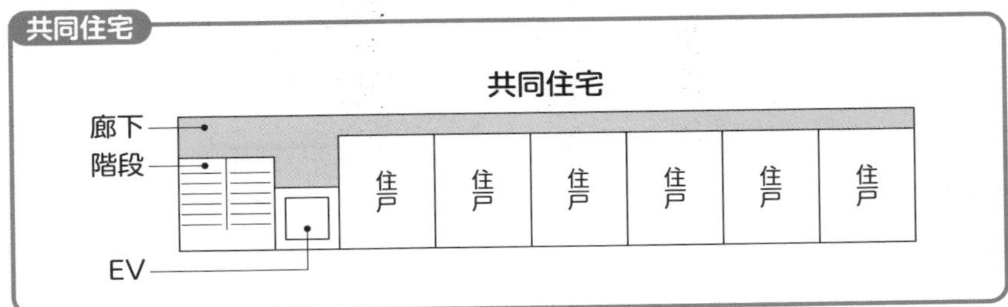

(3)地下の居室・その他

住宅・老人ホーム等の地階で、その天井が地盤面からの高さ１m以下にある場合、床面積は、建築物全体部分の**３分の１**まで（容積率の算定の基礎となる）延べ面積に算入しません。

また、車庫や自転車置き場は建物床面積合計の**５分の１**、宅配ボックス設置部分の床面積は**100分の１**を限度として容積率に算入しないとされています。

さらに、建築物の敷地の周囲に広い公園・広場・道路その他の空地がある場合、安全上、交通上、防災上、衛生上支障がないと認めて建築審査会の同意を得て特定行政庁が許可したものは、容積率が緩和されます。

6 集団規定〜高さ制限

①斜線制限

「どんな高さの建物でも自由に建ててよい」とすれば、隣の家に陽が当たらなくなったり、圧迫感を与えてしまいます。そこで、用途地域別に建築物の高い部分を規制するために**斜線制限**（しゃせんせいげん）があります。

斜線制限には、道路斜線制限、隣地斜線制限、北側斜線制限の３種類があります。

道路斜線制限

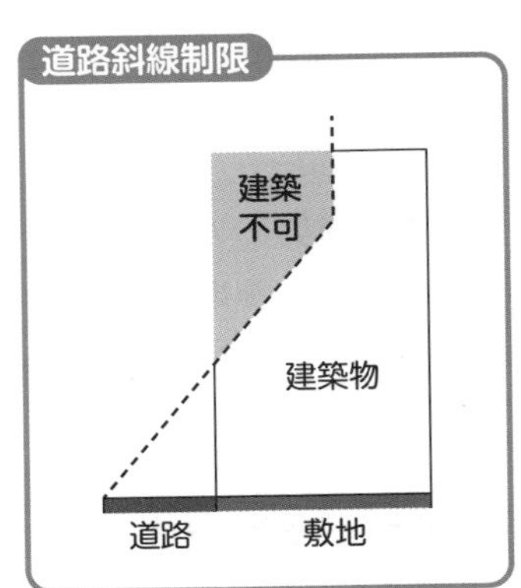

②道路斜線制限

道路斜線制限は、前面道路の反対側の境界

線から建築物の敷地の上空に向かって一定の割合の勾配で示された線の内側でなければ建築することができないとする規制です。狭い道路に対して、高い建物が建つと道路圧迫感を与えるためです。

道路斜線制限は、原則として、都市計画区域および準都市計画区域内のすべての建築物に適用されます。

③隣地斜線制限

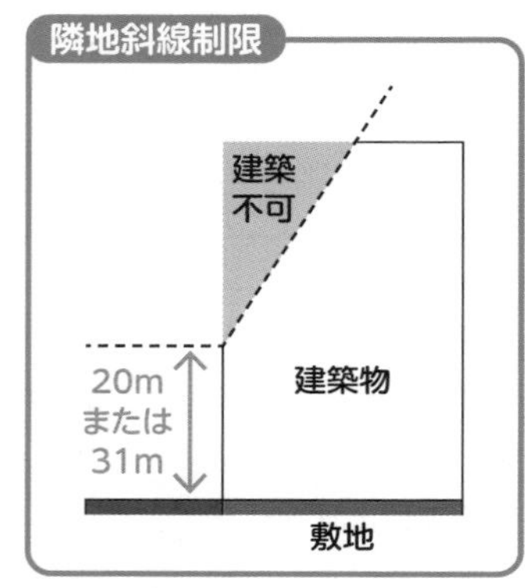

隣地の日当たりや風通りなどを確保するために隣地斜線制限が規定されています。

第一種、第二種低層住居専用地域、田園住居地域では、建築物の高さが都市計画で 10m または 12m と定められており、隣地斜線制限の適用を受けません。立ち上がりの高さは、住居系地域では 20m、その他の地域等では 31m と規定されています。

④北側斜線制限

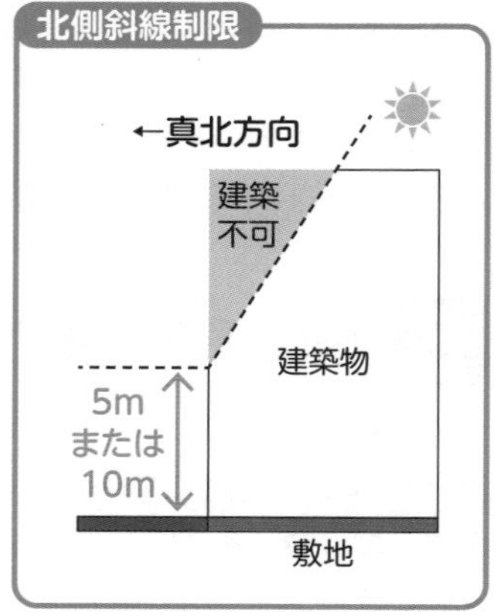

特に北側の敷地に関しては日照を配慮する必要があります。これに関する規制が北側斜線制限です。

この制限は、第一種・第二種低層住居専用地域、田園住居地域、第一種・第二種中高層住居専用地域にのみ適用されます。ただし、第一種・第二種中高層住居専用地域では、条例で日影規制が適用されると、北側斜線制限の規制がなくなります。

⑤日影規制

日影規制（ひかげきせい）は、建築物が周囲の敷地に落とす日影を一定時間以内に規制することにより、間接的に建築物の高さを制限して、隣地等の日照を確保することを目的としています。

● **対象となる区域と対象となる建築物**

用途地域の中で住居系の用途地域、近隣商業地域、準工業地域において適用されます（**商業地域、工業地域、工業専用地域には適用されません**）。また、地方公共団体の条例による指定がないと日影規制は適用されません。

対象区域（条例により指定）	規制対象建築物
第一種・第二種低層住居専用地域、田園住居地域	軒の高さ7mを超える建築物または地階を除く階数が3以上の建築物…A
第一種・第二種中高層住居専用地域、第一種・第二種住居地域、準住居地域、近隣商業地域、準工業地域	高さ10mを超える建築物…B
用途地域の指定のない区域	上記AまたはBの規制が条例で指定される

対象区域外の建築物でも、高さ10mを超える建築物で冬至日において、対象区域内の土地に日影を生じさせるものは、対象区域内にあるものとみなして日影規制が適用されます。

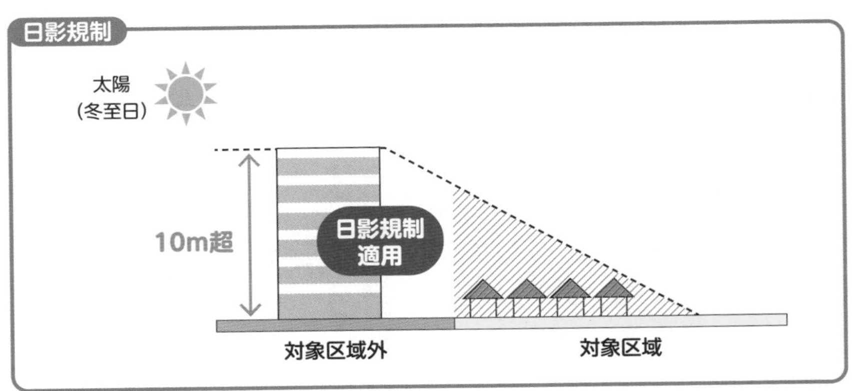

建築物の敷地が異なる区域にわたる場合、斜線制限、日影規制の適用の有無は、それぞれの区域に属する建物の部分ごとに判断します。隣地の日照確保や上空の空間確保のためのルールであるため、区域ごとに個別に判断することとされています。

7 集団規定～道路規制

①建築基準法上の道路

建築基準法上、道路とは、原則として幅員4m以上のものをいいます。4m未満の場合、建築基準法上の道路には該当しません。4mと定められているのは、火事が起きたときなどに緊急車両が円滑に移動できるようにするためです。

②みなし道路と２項道路の建築規制

幅員４ｍ未満の道路であっても、建築基準法が適用されるに至った際、すでに建築物が立ち並んでおり、特定行政庁の指定があるものは、建築基準法上の「道路」とみなされます。

特定行政庁とは、特定の地域における建築行政の責任者のことをいいます。建築主事（一定の資格検定を受け建築確認などの事務を司る公務員）を置く市町村ではその「市町村長」、（建築主事を置いていない）その他の市町村の区域では「都道府県知事」が該当します。

道路の中心線から２ｍ後退した線（一方に崖等があるときは、崖や水路等と道路の境界線から４ｍの線）が、道路と敷地の境界線とみなされ、その内側の道路とされる部分には、原則として建築物を建築することができません。

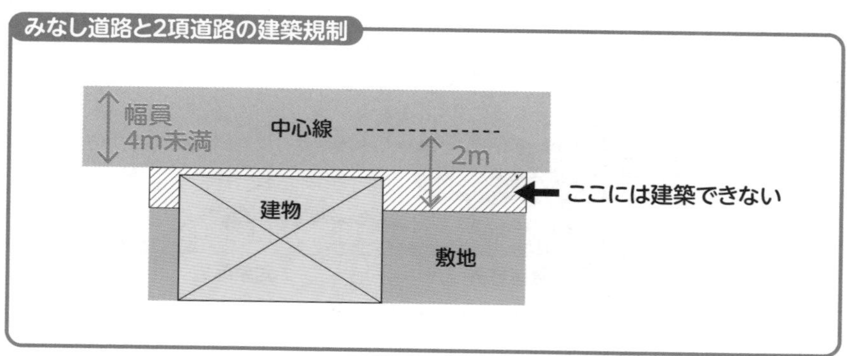

③接道義務

建築物の敷地は**原則、道路に２ｍ以上接していなければなりません。**建築物の敷地が道路に接していないと、その建築物が火事になった際、緊急車両が入ることができないなどの危険があるためです。

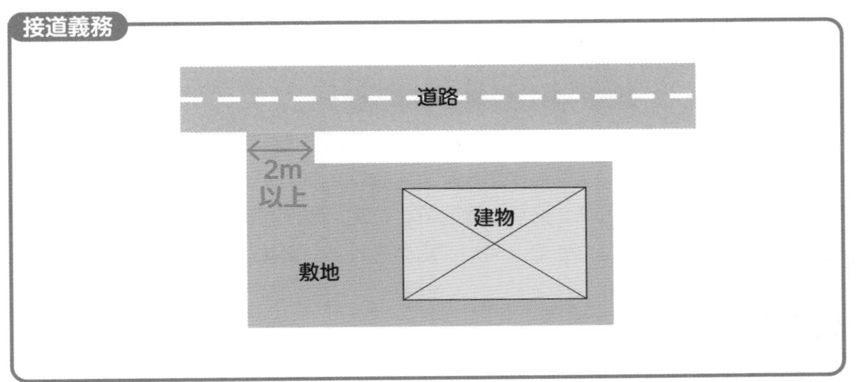

しかし、例外的に周囲に広い空地がある建築物等で、**特定行政庁が交通上、安全上、防火上および衛生上支障がないと認めて建築審査会の同意を得て許可したもの**については、接道義務は免除されます。

建築審査会とは、建築主事を置く市町村および都道府県に設置されるもので、建築基準法に基づいて許可が必要な建築物に関する可否や同意、不服申立てなどの審査請求に対する裁決をしたりします。

その敷地が幅員４m以上の「道」に２m以上接する場合、利用者が少数であるものとしてその用途および規模に関し、一定の基準（農道その他これに類する公共の用に供する道であること、建築物が 200m^2 未満の戸建て住宅であること等）に適合するもので、特定行政庁が交通上、安全上、防火上および衛生上支障がないと認めるものについては「建築審査会の同意なし」に建築物の敷地とすることができます。

④制限付加

特殊建築物等については、地方公共団体は、条例で、敷地に接する道路の幅員、敷地が道路に接する長さ等について制限を付加（強化）することができますが、緩和することはできません。

⑤私道の変更または廃止の制限

私道の変更や廃止によって接道義務違反となる場合、特定行政庁は、これらを禁止または制限することができます。

⑥道路内における建築制限

原則、道路内には、建築物を建てたり、敷地を造成するための擁壁を築造したりしてはなりません。道路の通行の支障となるからです。

しかし、地下商店街や、地下駐車場のような地盤面下に設けるようなものであれば例外的に認められています。また、地上に設けるものであっても、**公共トイレ**や**交番**、**公共用歩廊**など公益上必要な建物で、特定行政庁が支障ないと認め、建築審査会の同意を得て許可したものは建築が認められています。

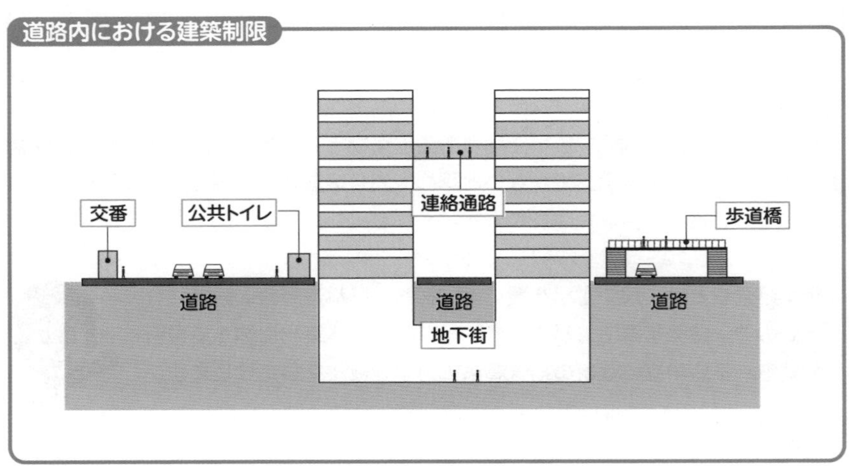

8 集団規定～防火・準防火地域

①防火・準防火地域とは

防火・準防火地域は、都市計画区域内において火災の発生・拡大を防止するために、市街地の不燃化を図るために定められています。

②防火地域

防火地域は、主として都市部等の密集市街地（主に店舗併用住宅・商店や事務所などが密集した地域）に指定されています。

③準防火地域

準防火地域は、都心の住宅地を中心とした地域に広範囲にわたって指定されています。

④防火地域内における建築制限

防火地域内で階数が３階以上（地階を含む）または、延べ面積が 100m² を超える建築物は、火に強い耐火建築物または耐火建築物と同等以上の延焼防止性能を有する一定の建築物にしなければなりません。

それ以外の建物、２階以下（地階を含む)、延べ面積が 100m² 以下の建築物は、耐火建築物、延焼防止建築物、準耐火建築物、準延焼防止建築物（準耐火建築物と同等以上の延焼防止性能をもつもの）にしなければなりません。

● 防火地域内の制限

	耐火建築物等とすべきもの	耐火建築物等または準耐火建築物等とすべきもの
原則	３階以上（地階含）の建築物または延べ面積 100m² を超える建築物	左記以外の建築物
【発展】耐火等・準耐火等以外の建築物（木造建築物）でも建築可能なもの	①延べ面積 50m² 以内の平家の付属建築物で、外壁・軒裏が防火構造のもの ②卸売市場の上屋または機械製作工場で、主要構造部が不燃材料で作られたもの等 ③高さ２m以下の門または塀 ④高さ２mを超える門または塀（不燃材料で造り、または覆われたもの）	

⑤準防火地域内の制限

準防火地域では、防火地域と比べて緩やかな規制が行われます。

● 準防火地域内の制限

	耐火建築物等とすべきもの	耐火建築物等または準耐火建築物等とすべきもの
原則	４階以上（地階を除く）の建築物または 延べ面積 1,500m² を超える建築物	延べ面積が 500m² を超え 1,500m² 以下の建築物（地階を除く階数が３以下)
耐火・準耐火または一定の技術的基準に適合する建築物	３階建の建築物 (地階を除く。延べ面積は 500m² 以下)	
耐火・準耐火等以外の建築物（木造建築物）でも建築可能なもの	① 500m² 以下、かつ２階建以下（地階を除く）の建築物 →外壁・軒裏で延焼のおそれのある部分を防火構造 ②卸売市場の上屋または機械製作工場で、主要構造部が不燃材料で作られたもの等 ③高さ２m以下の門または塀 ④ ①の建築物に付随する高さ２mを超える門または塀（延焼のおそれのある部分を不燃材料で造り、または覆われたもの）	

⑥防火地域・準防火地域に共通のルール

防火地域・準防火地域には、次のような共通の規定があります。

(1)屋根

市街地における火災を想定した火の粉による建築物の火災の発生を防止するため屋根に必要とされる性能に関して建築物の構造および用途の区分に応じて定められる一定の技術的基準に適合するもので、国土交通大臣が定めた構造方法を用いるものまたは国土交通大臣の認定を受けたものとしなければなりません。

(2)開口部

外壁の開口部で延焼のおそれのある部分に、一定の構造の防火戸その他防火設備を設けなければなりません。

(3)外壁

外壁が耐火構造の建築物は、その外壁を隣地境界線に接して設けることができます。

⑦看板・広告塔などの規制

防火地域内にある看板・広告塔・装飾塔等の工作物で、建物の屋上に設けるもの、または高さ３ｍを超えるものは、その主要な部分を不燃材料でつくり、または不燃材料で覆わなければなりません（この規制は準防火地域では適用されません）。

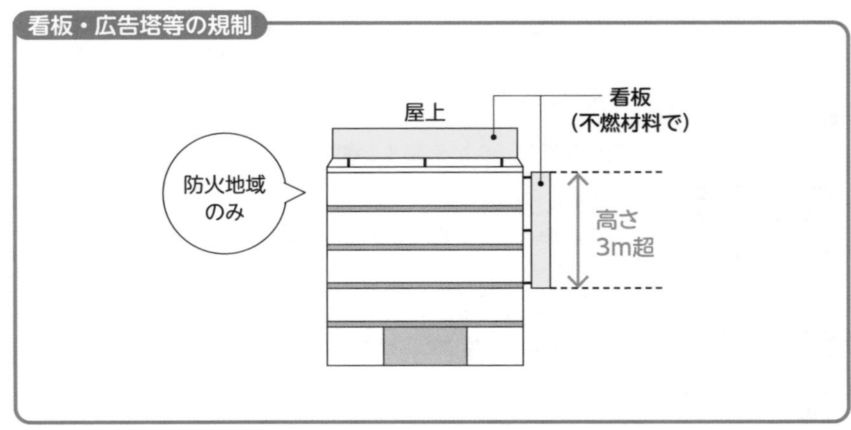

⑧建築物が防火地域等の内外にわたる場合

建築物が防火地域と準防火地域等、異なる区域にわたるときは、その全部について規制の厳しい方の規定を適用します。ただし、建築物が異なる区域外において防火壁で区画されているときは、その防火壁の外については、その地域の規制を適用します。

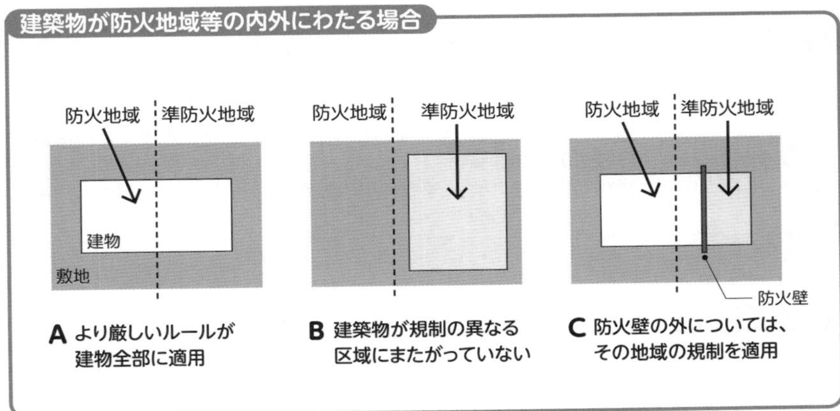

⑨敷地面積の最低限度

敷地面積の最低限度を、都市計画によって200m^{2}を限度に定めることができます。例えば、建築物の敷地面積の最低限度が100m^{2}と定められている場合、100m^{2}未満の土地には建築物を建築することができません。

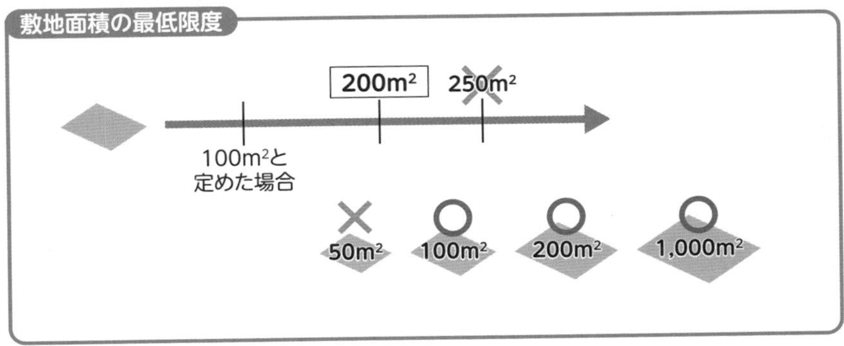

⑩低層住居専用地域、田園住居地域の制限

第一種低層住居専用地域、第二種低層住居専用地域、田園住居地域では、良好な住環境を守るため、外壁の後退距離および高さの制限があります。

外壁の後退距離	建築物の外壁またはこれに代わる柱の面から敷地境界線までの距離（外壁の後退距離）を、都市計画により、1.5 mまたは1 mを限度に定めることができます。
高さの最高限度	建築物の高さの最高限度が、都市計画により、原則 10 mまたは 12 mを限度に定められます。
例外	下記のいずれかに該当して特定行政庁が許可したもの ・敷地の周囲に広い公園、広場、道路その他の空地を有する建築物 ・学校その他の建築物 ・再生可能エネルギー源の利用の設備に必要な屋根に関する工事でやむを得ないもの

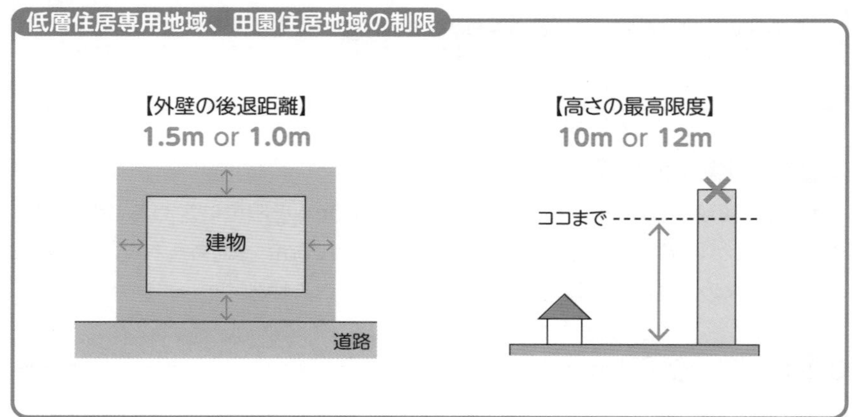

9 建築協定

建築協定とは、地域の人々が自主的に建築物に関して、規制や基準を定めることです。例えば、法律上は、共同住宅の用途の建物を建築できるとしても、建築協定でその地域内では**用途を規制**して共同住宅の建築をできなくすることができます。また、建物を木造に限定したり、看板などの制限等も制限できます。

①建築協定の手続

建築協定は、**市町村の条例で建築協定を締結できる旨を定められた区域**を対象としています。区域内の土地所有者、借地権者**全員の合意**が成立した場合は、その旨を特定行政庁に提出し、その**認可を受ける**必要があります。

②建築協定の効力

建築協定の効力は、**認可の公告後、協定区域内の土地の所有者等となった者に対しても及びます**。「郷に入っては郷に従え」ということです。

③変更

建築協定の内容を**変更**しようとするときは、土地の所有者等の**全員の合意**があった後、特定行政庁の認可を受ける必要があります。

④廃止

建築協定を廃止する場合は、協定区域内の土地所有者等の**過半数の合意**を得て特定行政庁の認可を受けることによって廃止が可能です。

⑤一人協定

開発業者などが、建売の分譲地を分譲する場合には最初は所有者が１人しかいません。その場合には、単独で協定を定め、特定行政庁の認可を受けることができます。そして、認可の日から３年以内に協定区域内の土地に２以上の土地所有者が存することとなったときから、その効力が生じます。

建築協定はどこでもできるわけではありませんが、全員の合意で認可を受けると法律と同じレベルの規制がかかります。

問題にチャレンジ ○か×で答えましょう

Q1 映画館の用途に供する建築物で、その用途に供する部分の床面積の合計が300m^{2}であるものの改築をしようとする場合、建築確認が必要である。

Q2 木造３階建てで、高さ13mの住宅を新築する場合には、建築確認を受けなければならない。

Q3 都市計画区域内（都道府県知事が都道府県都市計画審議会の意見を聴いて指定する区域を除く）における、木造２階建て、延べ面積90m^{2}の共同住宅の新築にあたっては、建築基準法の確認を要しない。

Q4 法第56条の２第１項の規定による日影規制の対象区域は、地方公共団体が条例で指定することとされているが、近隣商業地域、商業地域および工業専用地域においては、日影規制の対象区域として指定することができない。

Q5 防火地域および準防火地域外において建築物を改築する場合で、その改築に係る部分の床面積の合計が10m^{2}以内であるときは、建築確認は不要である。

解答と解説

A1 ○ 建築確認が必要です。

A2 ○ 大規模建築物にあたるので、建築確認が必要です。

A3 × 都市計画区域内で新築するときは、規模にかかわらず建築確認が必要となります。

A4 × 商業地域、工業地域および工業専用地域には指定できませんが、近隣商業地域には指定できます。

A5 ○ 防火地域および準防火地域外で、改築する面積が10m^{2}以内であるときは、建築確認は不要です。

4 国土利用計画法

▶▶▶ **投機を防止し合理的な土地利用を図ります**

国土利用計画法では、どのような分野が頻出なのでしょうか？
学習はどのように進めればよいでしょうか？

毎年１問が出題されます。事前届出、事後届出、許可制等の制度が設けられてはいますが、許可制は出題されていません。届出もほとんどが事後届出からの出題なので、事後届出の知識を徹底したうえで、事前届出は事後届出との違いを確認して押さえていく学習法がよいでしょう。

1 国土利用計画法の構造

国土利用計画法（こくどりようけいかくほう）の目的は、有効的な土地利用を図ることにあります。土地の取引が自由に行われると、投機目的の取引が行われて、地価の上昇を招くおそれがあります。そこで、国土利用計画法によって**地価高騰（ちかこうとう）を防止**し、**合理的な土地利用**を図るために一定の規制をかけています。

届出制には「事後届出制」「注視区域内における事前届出制」「監視区域内における事前届出制」の３つがあります。

①事後届出制

一定の面積以上の土地取引をした場合、契約の締結後に**都道府県知事に届出**が必要となる制度です。都道府県知事は届出を受けた内容に問題がある場合には利用目的について必要な変更をするべきことを勧告することができます。

②注視区域における届出制（事前届出制）

注視区域とは、地価の相当な程度を超えて上昇のおそれのある区域をいいます。契約締結前に、都道府県知事に届出が必要となる制度です。現在まで指定された区域はありません。

③監視区域における届出制（事前届出制）

監視区域とは、地価の急激な上昇のおそれのある区域をいいます。契約締結前に、都道府県知事に届出が必要となる制度です。都道府県の**規則**で、面積を厳しく定めることができます。現在は小笠原村のみです。

届出制ではなく許可制がとられる規制区域の規制も規定されていますが、規制が厳しく今までに実例がないため、試験対策的にも重要ではありません。

2 事後届出制

事後届出制とは、一団の土地に関する権利を、対価を得て、移転・設定する売買等の契約（予約を含む）を締結した場合に、権利取得者が**契約締結から起算して2週間以内に市町村長を経由して都道府県知事に届け出**なければならないというものです。

届出内容は、**取引価格**、**利用目的**などです。届出をしないと6か月以下の懲役または100万円以下の罰金という罰則規定がありますが、契約自体は有効で無効になることはありません。

①届出が必要な土地の面積

取引する面積が、下記に該当する場合は、原則として**届出**が必要となります。

区域	面積
市街化区域	2,000m^2 以上
・市街化調整区域 ・区域区分の定めのない都市計画区域	5,000m^2 以上
都市計画区域外（準都市計画区域を含む）	10,000m^2 以上

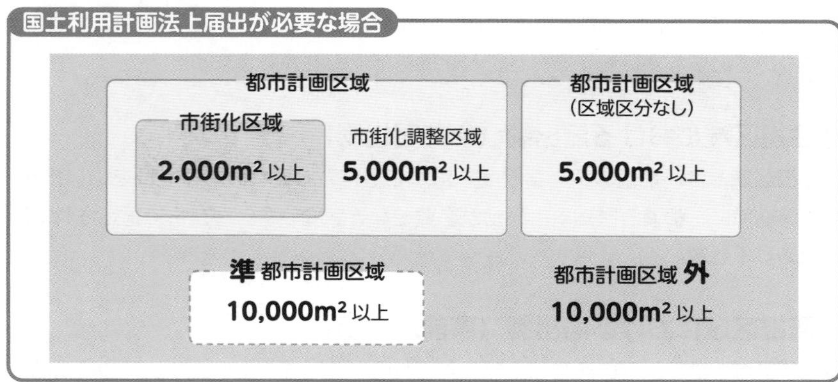

逆にいえば、市街化区域では2,000m²未満、市街化調整区域と区域区分のない都市計画区域では5,000m²未満、都市計画区域外では10,000m²未満の土地については、届出が不要です。

②共有持分の取引

共有持分を取引する場合は、全体の面積に持分割合をかけたものが取引面積となります。例えば、市街化区域内の5,000m²の土地をAとBが2分の1ずつの持分で共有している場合、Aがその持分を売却したときの取引面積は、5,000m² × 1/2 = 2,500m²となります。したがって、XがAの持分を取得する場合、その取引面積は2,000m²以上となり、届出が必要な取引面積となります。

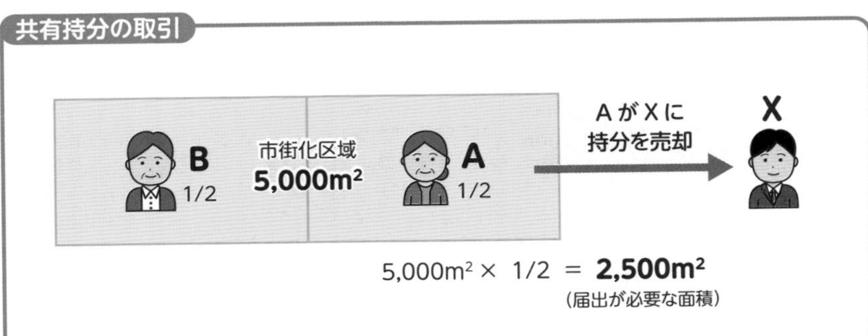

買った人（取得した人）が1人で2,000m²、5,000m²、10,000m²以上買ったら届出が必要になると覚えましょう。

③一団の土地

一度の取引が届出の対象面積に達していなくても、全体としてみれば一体性のある土地を取得しようとするときは、一団の土地として判断し合計面積で届出の可否を判断します。事後届出制では**買主（権利取得者）を基準**に判断します。売主の売却した面積は関係ないということです。

例えば、市街化区域内において、AはBから土地を購入しようと計画しています。契約の時期をずらして1,000m²ずつ2回に分けて購入する場合、届出は必要になるのでしょうか？　市街化区域内は、2,000m²以上の取引から届出が必要ですから、個々の取引だけをみると、届出は不要になります。

しかし、個々の取引では面積要件に満たない場合であっても、①物理的一体性（隣り合った土地であること）、②計画的一体性（最初から計画的に取引を行うこと）をもって取引が行われる場合には、「一団の」土地の取引として、全体で面積を判断し、面積要件を満たせば、１回目の取引も２回目の取引も、それぞれについて届出が必要となります。

「一団の」土地かどうかが問題となるケースには、次のような場合があります。

一団の土地かどうかが問題となるケース

● **買集めのケース：Xが、甲と乙からそれぞれ市街化区域内の 1,000m² の土地を取得したケース**

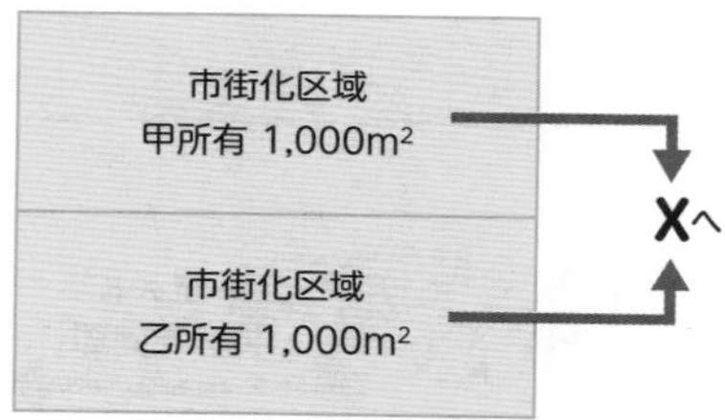

⇒ a 物理的一体性（隣り合った土地であること）
b 計画的一体性（最初から計画的に取引を行うこと）

⇒ X（権利取得者）は、それぞれの契約について届出が必要

● **分譲のケース：X所有の市街化区域内の 2,000m² の土地について、甲と乙がそれぞれ 1,000m² 取得したケース**

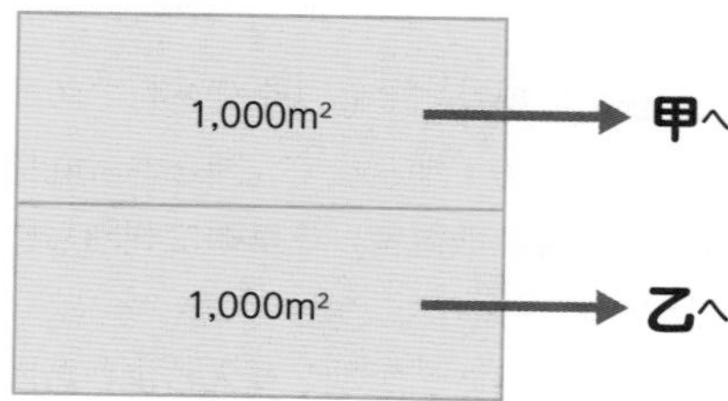

⇒ 事後届出制では、**買主を基準**に届出面積に達しているか否かを考える

⇒ 甲・乙（権利取得者）は、届出不要

事後届出は買主の面積で届出の要否が決まり、届出が必要なのは買主のみであり、届出が必要なのに届出しない際の罰則は買主のみにありうるため、事後届出は買主のみの話と覚えてしまってください。

④届出が必要となる取引の種類

届出が必要となるケースは次の３つの要件で判断します。

①権利性
所有権・地上権・賃借権が移転・設定されるものであること
②対価性
権利の移転・設定に対価が支払われるものであること
③契約性
契約（当事者の合意）によって行われるものであること

この３つの要件をすべて満たすものは、届出が必要となります。１つでも欠けていれば届出は不要です。

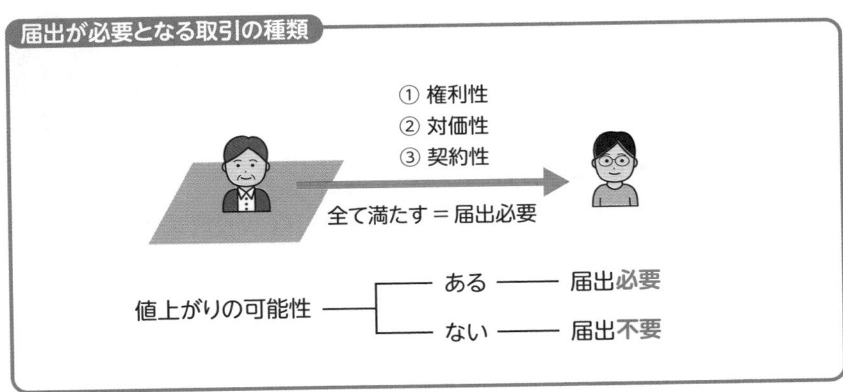

● **届出が必要な土地取引に該当するもの**

土地取引に該当するもの	
・売買・交換（条件付契約を含む） ・売買の予約 ・予約完結権の譲渡 ・地上権・賃借権の設定・移転（権利設定の対価がある場合。この場合の対価とは、権利金などの権利の設定などに支払う一時金のことをいい、賃料や地代ではない） ・引き受けた信託財産の譲渡 ・保留地の売却 ・代物弁済・代物弁済予約	
土地取引に該当しないもの	**主な理由**
・贈与	対価性がない
・条件付契約の条件成就	契約性がない
・予約完結権の行使	契約性がない
・抵当権・質権の設定	権利性がない
・相続・遺産分割・遺贈	契約性・対価性がない
・合併	契約性・対価性がない
・信託の引受け	対価性がない
・換地処分	契約性・対価性がない
・土地収用	契約性・対価性がない
・時効取得	契約性・対価性がない

届出が必要かどうかは、「値上がりする可能性のあるものは届出が必要」「値上がりしないものは届出が不要」とざっくり見ておくとよいでしょう。

⑤停止条件付契約の考え方

停止条件付の売買契約は、契約締結後に届出を行えば、条件成就後に改めて届出をする必要はありません。

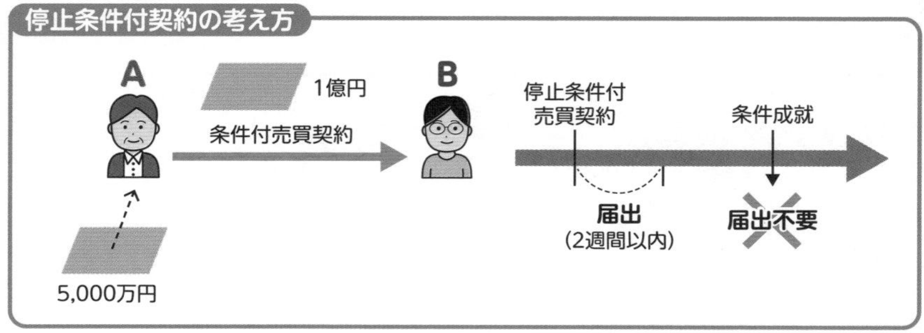

⑥予約（完結権）の考え方

予約は、将来一定の契約をすることをあらかじめ合意する契約とされるため、「契約」に含まれます。よって、予約をした時点で届出は必要ですが、予約完結権行使時点での届出は不要です。

予約完結権とは、予約から本契約に移行させる権利のことです。例えば、ＡＢ間でＡ所有の土地の売買予約が締結され、Ｂが予約完結権を有している場合、Ｂの意思表示により予約を本契約に移行させることが「予約完結権の行使」です。

Ｂの予約完結権（実質的には、本契約に移行させることにより土地の所有権を取得できる権利）を第三者に売却等することが、「予約完結権の譲渡」に該当します。

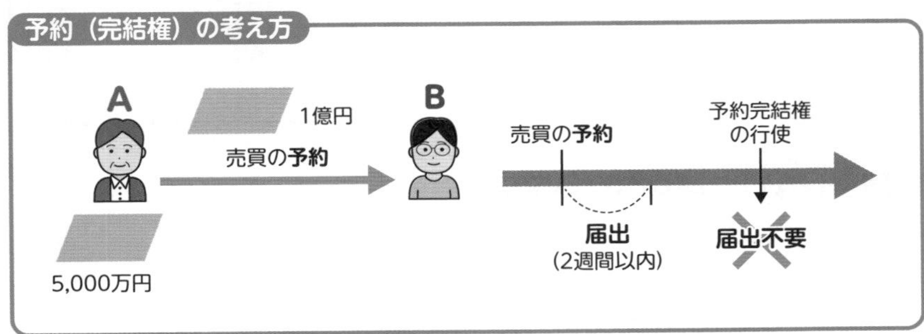

⑦届出が不要である場合

次の場合は、地価上昇の危険性がないため、届出が不要となります。

- 民事調停法による調停
- 当事者の一方または双方が、国、地方公共団体（都道府県、市町村等）、独立行政法人都市再生機構、地方住宅供給公社等である場合
- 農地法３条の許可を受けることを要する場合（ただし、農地法５条の許可を受けることを要する場合は、原則通り届出が必要）

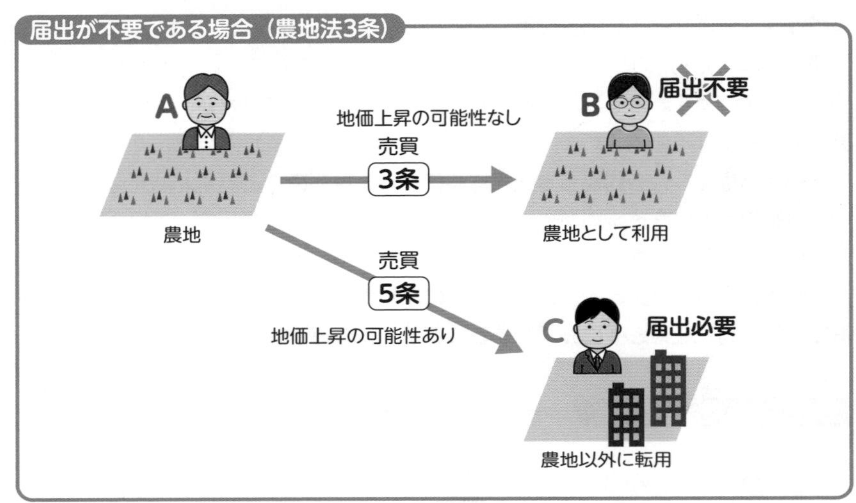

⑧届出しなければならない事項

届出を行う場合は、次の内容を届け出なければなりません。

- 両当事者の氏名・住所等
- 契約締結年月日
- 契約に係る土地の所在および面積
- 契約に係る土地に関する権利の種別・内容
- 取得後の土地の利用目的
- 対価の額等

⑨勧告の内容

都道府県知事は、届出のあった土地の利用目的について、問題があると認めたときは、必要な変更をすべき勧告をすることができます。

事後届出においては、対価の額も記載する事項ですが、あくまでも審査対象になっているのは利用目的だけであって、審査内容になっていない対価の額について勧告されることはありません。

⑩勧告に従わない場合

勧告に従わない場合でも、勧告には強制力がないので契約自体は有効となります。罰則の適用もありません。

しかし、勧告に従わない者に対し、都道府県知事は内容を公表することができます。

⑪届出しなかった場合

届出義務に違反しても契約自体は有効ですが、6か月以下の懲役または100万円以下の罰金の罰則があります。

⑫事後届出制の手続の流れ

事後届出制の手続について、次の図に流れを示しています。

事後届出は、権利取得者（買主等）が行います。事後届出では事前届出とは異なり、権利設定者（売主等）の届出義務はありません。

事後届出制の手続の流れ

権利取得者(買主等)が、①対価の額、②土地の利用目的などを示して
↓
契約締結後2週間以内に
↓
市町村長を経由して都道府県知事に届出
↓
利用目的について審査
↓
- 勧告がない → 契約通り
- 3週間以内 → 勧告
  - 従う → 必要に応じて知事があっせん
  - 従わない → 公表
- 助言

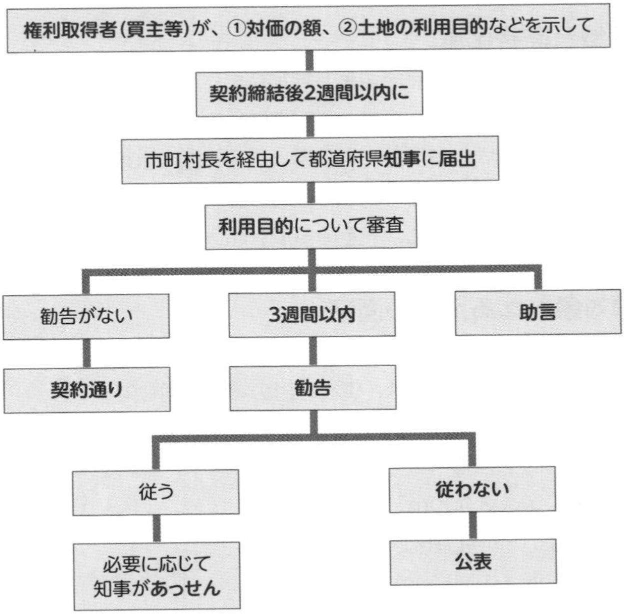

勧告は「怒られる」、助言は「アドバイス」というイメージです。勧告に従わないと公表される可能性がありますが、助言に従わなくても公表されることはありません。

3 事前届出制

国土利用計画法における土地の取引は、契約の締結後に行うのが原則でした。

しかし、特に計画的な土地利用の必要性が高い場合や、投機的な取引が行われるなど、地価の上昇が著しい区域においては、さらに厳しい規制をかける必要があります。

そこで、国土利用計画法では**注視区域・監視区域**の制度を設けて、事前に届出をしなければならない事前届出制をとっています。

注視区域は、地価が一定の期間内に社会的経済的事情の変動に照らして「**相当な程度を超えて**」上昇し、または上昇するおそれがある区域に指定されます。

監視区域は、地価が「**急激に上昇**」し、または上昇するおそれがある区域に指定されます。つまり、監視区域の方がより地価の上昇が激しいときに利用されます。

①注視区域と監視区域

注視区域と監視区域は都道府県知事が指定します。どちらも、都市計画区域の内外を問わず指定することができます。指定期間は5年以内です。

注視区域・監視区域内における一定規模以上の一団の土地について、土地売買等の契約を締結しようとする**両当事者**は、契約の締結前に、当該土地が所在する市町村長を経由して都道府県知事に、一定の事項を届け出なければなりません。

②届出の対象となる土地の面積

(1)注視区域

届出の対象となる土地の面積は、事後届出の場合と同じです。

・市街化区域内は 2,000m^2 以上
・市街化調整区域は 5,000m^2 以上
・区域区分のない都市計画区域は 5,000m^2 以上
・都市計画区域外は 10,000m^2（1 ha）以上
※準都市計画区域は、都市計画区域外（10,000m^2 以上で届出必要）です。

(2)監視区域

届出の対象となる土地の面積は、都道府県知事が都道府県の規則で定めます。

③事後届出制との違い

事前届出制については、事後届出制と比較して学習しましょう。

事後届出制では、権利取得者（買主等）だけが届出義務を負いました。しかし、事前届出制では、権利取得者（買主等）だけではなく権利設定者（売主等）も届出義務を負います。

事前届出制と事後届出制の違い

- **X所有の市街化区域内の2,000m² の土地について、甲と乙がそれぞれ1,000m² 取得したケース**

市街化区域
Xの所有地：全体で2,000m²

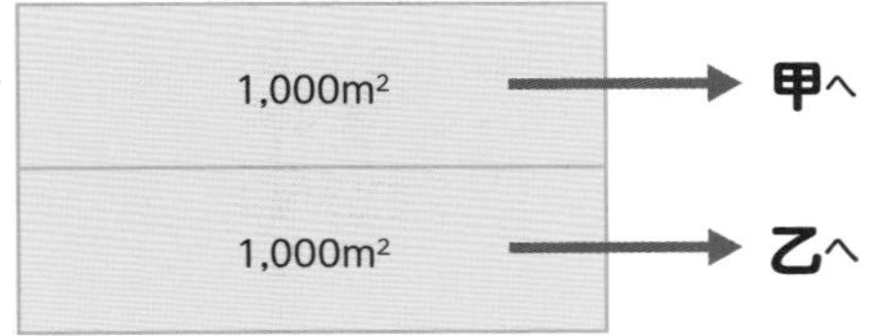

⇒ 事前届出制では、売主・買主等の**両当事者を基準**に届出面積に達しているか否かを考える

⇒ **X・甲・乙は、届出必要**
事前届出の場合：X・甲・乙の**全員**に届出**義務あり**
事後届出の場合：X・甲・乙の**全員**に届出**義務なし**

事前届出は売主の面積も確認が必要で、売主も買主とともに届出義務があるので、事前届出は売主も買主も両方関わると覚えておけばよいでしょう。

④事前届出制の手続

事前届出制の手続について、次の図に流れを示しています。

事後届出と異なる点は、値上がりが激しい区域となるため、予定対価の額も審査内容とされている点です。その結果、審査の期間も６週間と事後届出の３週間の倍となっています。

ただし、勧告に従わない場合でも契約は有効で、罰則もない点は事後届出と同様です。届出後に当事者、予定対価の増額、利用目的等に変更が生じたときは、改めて届出が必要となります。減額だけの場合、再度の届出は不要です。

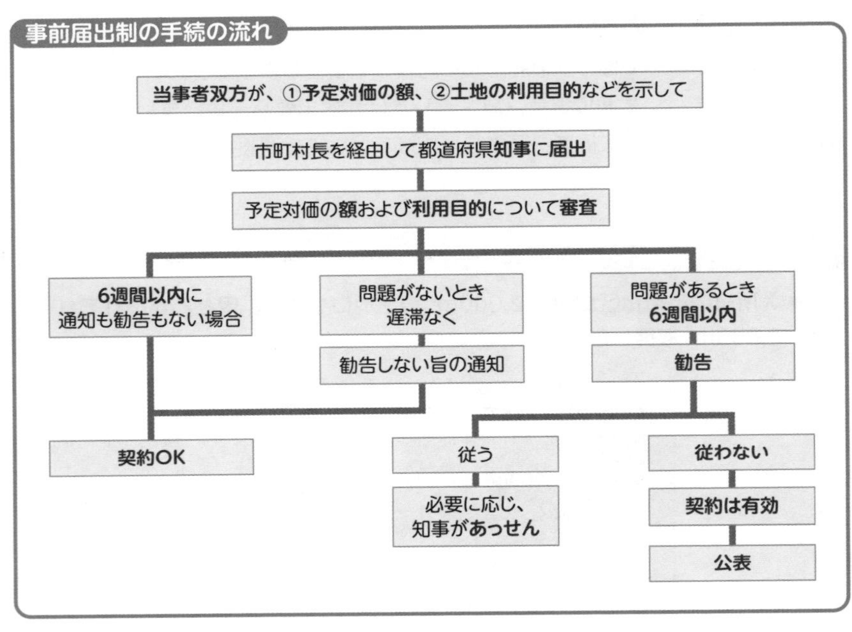

問題にチャレンジ　○か×で答えましょう

Q1 市街化区域に所在する一団の土地である甲土地（面積 1,500m²）と乙土地（面積 1,500m²）について、甲土地については売買によって所有権を取得し、乙土地については対価の授受を伴わず賃借権の設定を受けたAは、事後届出を行わなければならない。

Q2 国土利用計画法によれば、市街化区域内の 3,000m² の土地を贈与により取得した者は、2週間以内に、都道府県知事（地方自治法に基づく指定都市にあっては、当該指定都市の長）に届け出なければならない。

Q3 宅地建物取引業者Aが都市計画区域外の 10,000m² の土地を時効取得した場合、Aは、その日から起算して2週間以内に事後届出を行わなければならない。

Q4 個人Dが所有する市街化区域内の 3,000m² の土地を、個人Eが相続により取得した場合、Eは事後届出を行わなければならない。

Q5 宅地建物取引業者Cが所有する市街化調整区域内の6,000m^{2}の土地について、宅地建物取引業者Dが購入する旨の予約をした場合、Dは当該予約をした日から起算して2週間以内に事後届出を行わなければならない。

Q6 Dが所有する都市計画法第5条の2に規定する準都市計画区域内に所在する面積7,000m^{2}の土地について、Eに売却する契約を締結した場合、Eは事後届出をする必要がある。

Q7 宅地建物取引業者Fが所有する市街化調整区域内の6,000m^{2}の一団の土地を、宅地建物取引業者Gが一定の計画に従って、3,000m^{2}ずつに分割して購入した場合、Gは事後届出を行わなければならない。

Q8 宅地建物取引業者Aが、自己の所有する市街化区域内の2,000m^{2}の土地を、個人B、個人Cに1,000m^{2}ずつに分割して売却した場合、B、Cは事後届出を行わなければならない。

Q9 宅地建物取引業者Aが、自ら所有する市街化区域内の5,000m^{2}の土地について、宅地建物取引業者Bに売却する契約を締結した場合、Bが契約締結日から起算して2週間以内に事後届出を行わなかったときは、AおよびBは6月以下の懲役または100万円以下の罰金に処せられる場合がある。

Q10 国土利用計画法によれば、同法第23条の届出にあたっては、土地売買等の対価の額についても都道府県知事（地方自治法に基づく指定都市にあっては、当該指定都市の長）に届け出なければならない。

解答と解説

A1 × 対価の授受を伴わない賃借権設定は事後届出が不要な行為です。よって本問のケースは1500m^{2}の売買の取得となるため、市街化区域で2000m^{2}以上の取引にならないため、届出は不要です。

A2 × 贈与により取得した場合は、届出不要です。

A3 × 時効で取得した場合は、届出不要です。

A4 × 相続は、届出不要です。

A5 ○ 予約した日から2週間以内に届出をします。

A6 × 準都市計画区域は10,000m^{2}以上の場合に届出が必要となります。

A7 ○ 分割して購入した場合であっても、市街化調整区域内の土地を5,000m^{2}以上取得しているので届出必要となります。

A8 × 取得した人が1人で1,000m^{2}ずつであれば、届出不要です。

A9 × 届出義務があるのは取得したBのみです。

A10 ○ 対価の額も審査はしませんが届出事項です。

5 農地法

▶▶▶ **農地や採草放牧地の利用について定めています**

農地と宅建士試験が結び付くイメージがないのですが、頻出なのでしょうか？

農地法は毎年１問出題されます。農地法３条・４条・５条による規制からほとんどが出題されるため、ポイントが絞りやすい分野です。注意しないと引っかかる問題も多いため、地道な過去問演習が求められます。

1 農地法の構造

①農地法の目的

農地法の目的は、農業生産の基盤である農地を効率的に利用して、国内の農業生産の増大を図り、国民に対して食料を安定して供給できるようにすることにあります。そこで、農地を農地以外のものにすることに対する規制と農地の効率的な利用のために、農地と採草放牧地（牧場のイメージ）を規制しています。

②農地

農地（のうち）とは、**耕作の目的に供される土地**をいいます。

農地であるかどうかの判断は、**登記簿上の地目とは関係なく現況で判断します。**休耕地や遊休地であっても、原則は農地として扱いますが、家庭菜園は農地ではありません。

③採草放牧地

採草放牧地（さいそうほうぼくち）とは、農地以外の土地で、主として耕作または牧畜の事業のために牧草等を栽培したり、放牧したりする土地をいいます。

耕作の目的の有無は、肥培管理するかどうかが基準です。タケノコを採るだけでは農地ではありませんが、タケノコの栽培のために肥料を入れるなどして栽培すれば農地です。

2 農地法の許可制度

農地法の許可には、3条の「権利移動」、4条の「転用」、5条の「転用目的権利移動」の3種類があります。それぞれどのようなものかを見ていきます。農地法で許可や届出が必要な行為であるのに、許可や届出をしないと契約の効力が生じません（無効）。また、工事停止命令や原状回復命令を受ける場合もあります。

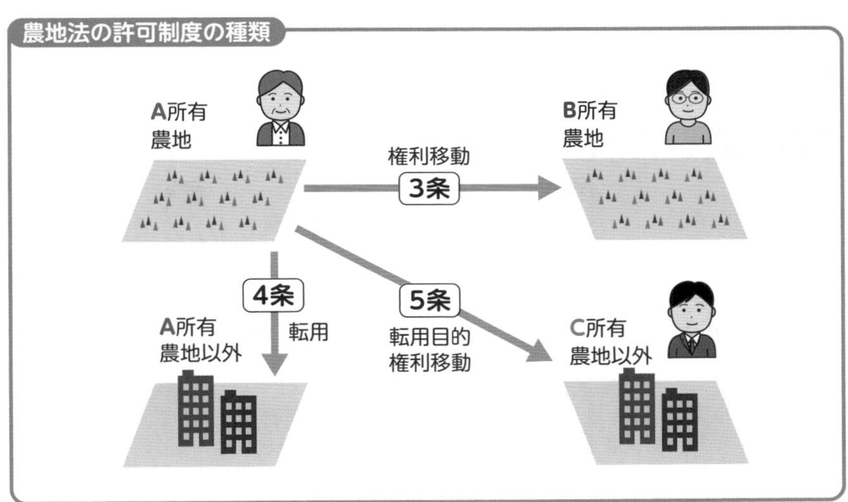

①権利移動（農地法3条）の制限

農地を農地のまま、または採草放牧地を採草放牧地または農地として利用するために権利移動をする場合、原則として当事者は**農業委員会の許可**を受けなければなりません。農地を使う人が変わることで、農業生産力が落ちるのを防ぐためです。よって、農地法3条は、農地を使う人が変わることに対して規制を行うものです。

では、農地法3条の許可が必要となる「権利移動」とは、どのようなものなのでしょうか。ここでいう権利移動とは、所有権の移転、地上権・永小作権・賃借権、質権などの権利を移転・設定することです。

許可は、契約前に権利移動の両当事者が得る必要があります。許可を得ないで行った契約は無効です。また、罰則（3年以下の懲役または300万円以下の罰金）もあります。

許可が不要な行為で重要な点として、抵当権の「設定」は使う人が変わらないので3条許可は不要ですが、抵当権の実行（競売）により農地等の所有権が移動する際には、許可が必要となります。

相続、遺産分割、包括遺贈、**相続人への特定遺贈、財産分与により権利が取得される場合も許可は不要ですが、遅滞なく農業委員会への届出が必要となります。**

国または都道府県が、権利を取得する場合も許可は不要ですが、市町村が農地等を取得する場合は、原則どおり許可が必要となります。その他、民事調停法による農事調停による場合、土地収用法等により収用または使用される場合、山林、原野を農地にする場合（農業生産に貢献）などが不要となります。

なお、農地所有適格法人以外の法人は農地を所有できませんが、許可があれば借りることが可能です。

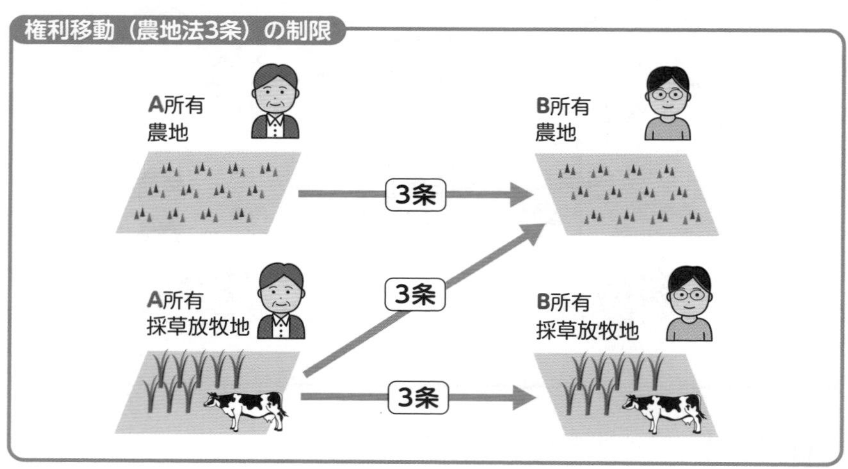

売買のときだけでなく、農地の賃貸借や永小作権設定等の場合も許可が必要ですが、すべてを暗記するのではなく、「農地も牧場も使う人が変わる」ときに３条の許可が必要と覚えてください。

②農地の転用の制限（農地法４条）

権利移動を伴わず、自分の農地を農地以外の土地に転用する場合、原則として**都道府県知事の許可**を受ける必要があります。農地が減って、食料の生産力の低下を招くことを防止するためです。

一時使用の目的で一瞬でも農地が転用される場合でも、４条許可が必要となります。**採草放牧地は規制対象外**で、転用する際にも４条許可は不要です。農地を採草放牧地に転用する場合には、４条許可が必要です。

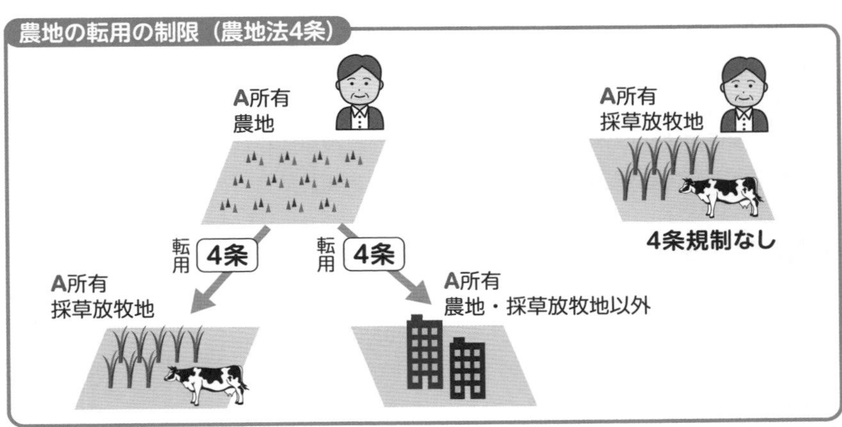

農地をつぶすと採れる作物の量が減るので許可が必要ですが、採草放牧地はつぶしても作物の採れる量に影響はないので許可は不要と考えてください。

③農地・採草放牧地の転用を目的とした権利移動（農地法５条）の制限

農地、採草放牧地を宅地などに転用する目的で権利移動をする場合、権利移動の当事者は**都道府県知事の許可**を受けなければなりません。一時的な転用目的の権利移動でも、５条の許可は必要です。

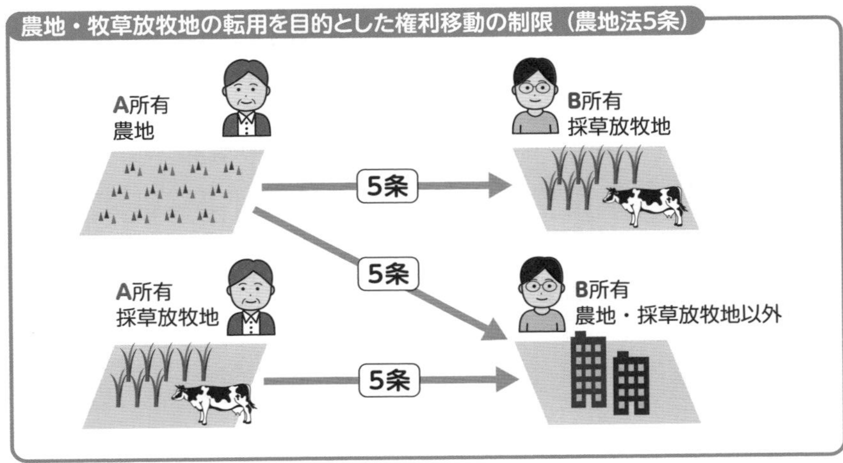

許可申請の手続きは４条許可とほとんど同じですが、適用除外に違いがあります。

４条の例外にある、2a（アール）未満の農地を農業用施設に供する場合は許可不要ですが、５条は人の農地を転用することになるので許可が必要です。

また、採草放牧地は４条の許可は不要ですが、採草放牧地を農地にする場合、５条の許可は不要ですが３条の許可が必要となります。

④農地法３条・４条・５条の規制のポイント

これまで見てきた農地法３条・４条・５条について、規制のポイントを次にまとめています。

● **農地法３条・４条・５条のポイント**

<table>
<tr><th colspan="2"></th><th>３条（権利移動）
[使う人が変わる]</th><th>４条（転用）
[使い方が変わる]</th><th>５条(転用目的権利移動)
[両方変わる]</th></tr>
<tr><td colspan="2">許可権者</td><td>農業委員会</td><td colspan="2">都道府県知事等（農業委員会経由）</td></tr>
<tr><td rowspan="3">適用除外（許可不要）</td><td>共通</td><td colspan="3">①土地収用法により収用・使用（転用）される場合
②農林水産省令で定める場合</td></tr>
<tr><td rowspan="2">非共通</td><td rowspan="2">・国または都道府県が権利を取得する場合
・遺産分割・相続による取得
・民事調停法による農事調停による取得</td><td colspan="2">国または都道府県等が道路、農業用排水施設等の地域振興上または農業振興上の必要性が高いと認められる施設の用に供するために転用（取得）する場合</td></tr>
<tr><td>①採草放牧地の転用
②耕作の事業を行う者(農家)がその農地(2a未満のものに限る）をその者の農作物の育成もしくは養畜の事業のための農業用施設に供する場合</td><td>採草放牧地を農地にする場合（ただし、３条で規制される）</td></tr>
<tr><td colspan="2">市街化区域の特則</td><td>なし（許可必要）</td><td colspan="2">あらかじめ農業委員会へ届出を行えば許可不要</td></tr>
<tr><td colspan="2" rowspan="2">許可・届出がない場合</td><td>効力を生じない</td><td>—</td><td>効力を生じない</td></tr>
<tr><td>—</td><td colspan="2">工事停止命令、原状回復命令等ができる</td></tr>
<tr><td colspan="2">罰則</td><td colspan="3">３年以下の懲役または 300 万円以下の罰金</td></tr>
</table>

国、都道府県が農地を取得する際は３条の許可は不要です。それに対して、４条、５条は原則都道府県知事の許可が必要ですが、知事との協議が成立すれば許可とみなされます。例外として道路や農業用排水施設等は許可不要です。上記は国、都道府県であって、市町村の場合は原則として許可が必要な点に注意してください。国土利用計画法では市町村も許可不要になる点と比較して覚えておきましょう。

⑤許可の申請

許可は、転用しようとする者が、転用する前に得なければなりません。許可を得ないで転用した場合は、原状回復命令等を受けます。

さらに、許可を得ないで転用した場合、罰則（３年以下の懲役または300万円以下の罰金）があります。

⑥許可権者

都道府県知事が許可するのが原則です。農林水産大臣が指定する市町村の区域内では、指定市町村の長が許可します。

⑦市街化区域内の農地の特則

市街化区域内の農地を転用する場合、あらかじめ農業委員会に届け出れば４条・５条の許可は不要となります。市街化区域は市街化を進めるべき区域なので、農地をなくすことは、市街化区域の特性に合っているからです。

⑧適用除外

次の場合は、適用除外となります。

- 土地収用法等により収用する場合や土地区画整理法の施行により、道路、公園などの公共施設を建設するための転用等
- 自己所有の農地（2a未満に限る）を農業用施設に供する場合。４条の場合のみ認められる

3 農地の賃借人の権利保護

農地を耕作する者の地位の安定を図るため、農地の賃借人の権利は保護されており、農地または採草放牧地の賃貸借契約は書面化しなければなりません。

その他の主な規制は、次の通りです。

・農地の賃借権の存続期間は50年とされています。50年を超える期間で契約すると、50年に短縮されます。

・農地または採草放牧地の引渡しを受けていれば、農地の賃借権を対抗することができます。使用貸借の場合は、引渡しを受けていても対抗できません。

・農地または採草放牧地の賃借権に期間の定めがある場合、期間満了の1年から6か月前までに更新拒絶の意思表示をしておかないと、それまでと同じ条件でさらに契約したものとみなされます（期間の定めのない賃貸借とされます）。これに反する契約で賃借人に不利なものは無効とされます。

・農地または採草放牧地の賃貸借契約の解除、解約申入れ、合意解除など、契約を終了させる行為は、賃借人を保護する必要から、原則として、都道府県知事の許可が必要となっています。賃貸借契約の際は3条の農業委員会の許可が必要とされるのと比較してみてください。

問題にチャレンジ ○か×で答えましょう

Q1 農業者が住宅の改築に必要な資金を銀行から借りるために、自己所有の農地に抵当権を設定する場合には、法第3条第1項の許可を受ける必要はない。

Q2 農業者が住宅の改築に必要な資金を銀行から借りるため、市街化区域外の農地に抵当権の設定が行われ、その後、返済が滞ったため当該抵当権に基づき競売が行われ第三者が当該農地を取得する場合であっても、法第3条第1項または法第5条第1項の許可を受ける必要がある。

Q3 市街化区域内において2ha（ヘクタール）の農地を住宅建設のために取得する者は、法第5条第1項の都道府県知事の許可を受けなければならない。

Q4 農業者が自己所有の市街化区域外の農地に自己の居住用の住宅を建設するため転用する場合は、法第4条第1項の許可を受ける必要はない。

Q5 市街化区域内の農地を耕作目的で取得する場合には、あらかじめ農業委員会に届け出れば、法第3条第1項の許可を受ける必要はない。

Q6 建設業者が、農地に復元して返還する条件で、市街化調整区域内の農地を一時的に資材置場として借りる場合は、法第５条第１項の許可を受ける必要がある。

Q7 農業者が相続により取得した市街化調整区域内の農地を自己の住宅用地として転用する場合には、法第４条第１項の許可を受ける必要はない。

Q8 採草放牧地の所有者がその土地に 500m² の農業用施設を建設する場合、４条許可を受けなければならない。

解答と解説

A1 ○　使用する人が変わらないので、許可を受ける必要はありません。

A2 ○　使用する人が変わるので３条または５条許可を受ける必要があります。

A3 ×　市街化域内で農地をつぶす際は「あらかじめ農業委員会に届出」です。許可は不要です。

A4 ×　市街化区域外で、農業者の居住用の建設をするには４条の許可が必要です。

A5 ×　市街化区域であっても農地のまま取得するのであれば３条許可は必要です。

A6 ○　一時的であっても、農地がつぶれることになるので許可が必要です。

A7 ×　市街化調整区域内で転用する際には、許可が必要です。

A8 ×　採草放牧地を転用する場合は、許可不要です。

6 土地区画整理法

▶▶▶ きれいで住みやすい街づくりの方法を定める

区画整備は複雑なイメージがあります。どのあたりがポイントになりますか？

毎年１問が出題されます。乱雑な街並みをきれいな街並みにするための方法を定めた法律ですが、条文数も多く複雑であり、非常に難しい問題が出題される年もあります。しかし、基本的な流れをつかみ、過去問で問われたポイントを学習すれば、得点可能な問題も多いです。「仮換地と換地処分」のあたりを中心に学習していきましょう。

1 土地区画整理法の構造

土地区画整理事業に関し、その施行者、施工方法、費用の負担など必要な事項を規定することにより、健全な市街地の造成を図り、もって公共の福祉の増進に資することを目的とする法律です。

街中には、不整形な土地や細くてくねくね曲がっているような道が存在する場所があります。このような場所では、見通しも悪く危険であったり、不便だったりします。そこで、土地区画整理法では、計画的に宅地の形を整え、道路を広くし、公園等の公共施設を整備することによって、きれいで住みやすい街にする方法を定めています。

区画整理の主な流れ

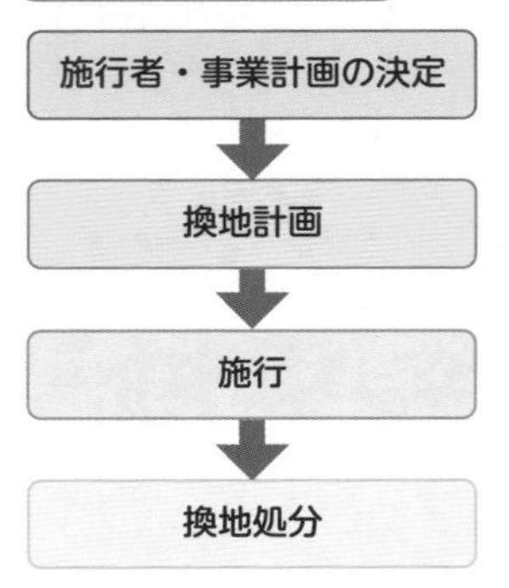

誰が、どのようなプランによって
土地区画整理事業を進めるかを決めます。

誰に、どこの、どのような土地を
割り当てるのかを具体的に決めます。

（工事開始）
区画整理の工事を行います。

（工事終了後）
換地計画に従って、土地を割り当てます。

2 土地区画整理事業

土地区画整理事業とは、「**都市計画区域内**」の土地について、道路、公園、広場、河川などの**公共施設の整備・改善**および**宅地の利用増進**を図るため、**土地の区画形質の変更**（造成工事、池沼の埋立て等）および**公共施設の新設または変更**を行う事業です。

なお、土地区画整理には、民間の施行で土地区画整理事業としてではない土地区画整理もあります。そのため、施行者によっては、都市計画区域の外でも土地の区画整理をすることができます。

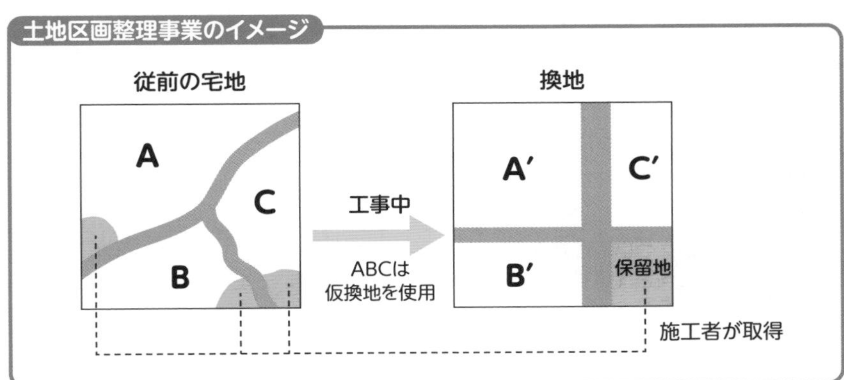

①土地区画整理事業の手法

土地区画整理事業は、**減歩**（げんぶ）と**換地**（かんち）という手法によって行われます。

②減歩

公共施設の整備改善を図るためには、用地が必要です。そこで減歩という手法を利用します。土地の所有者からその宅地の一部を一定の割合で提供してもらい、この土地を**公共施設の用地**と**保留地**にあてます。保留地を売却したりすることで工事代金に充当したりします。

減歩されると、各所有者の所有する土地の面積は減るのですが、土地区画整理事業できれいな街並みとなり、道路も整備されるため地価が上昇します。個人の資産としても、施行前の宅地より施行後の宅地の方が土地としての利用価値・交換価値が増加するため、損失にならないようにするのが通常です。

もし、減歩後の方が価値が低くなった場合等は、公的施行の場合は減価補償金が交付されます。施行者がこの保証金を交付するには、土地区画整理審議会の意見を聴かなければなりません。

土地区画整理審議会が置かれるのは、公的施行のみであり、民間施行の際は置かれません。

3 土地区画整理事業の施行者

①施行者

土地区画整理事業の施行者は次の通りです。

● 土地区画整理事業の施行者

個人	宅地の所有権者、借地権者（またはこれらの者から同意を得たもの）が、**1人**（1人施行）で、または**数人が共同**（共同施行）して行います。
土地区画整理組合	宅地についての所有権者、借地権者が**7人以上**共同して、土地区画整理組合を設立して行います。
区画整理会社	宅地について所有権または借地権を有する者を株主とする株式会社で、土地区画整理事業の施行を主たる目的とする等、一定の条件を満たす会社が行います。
公的機関	都道府県、市町村、国土交通大臣、都市再生機構、地方住宅供給公社が行います。 ①公的機関の施行は、都市計画として定められた土地区画整理事業の施行区域で行われます ②都道府県または市町村が施行する土地区画整理事業ごとに**土地区画整理審議会**が置かれます

②土地区画整理組合

上記の中でも実際の土地区画整理事業の６割以上が土地区画整理組合によるものなので、**土地区画整理組合**（以下、「組合」とする）は、試験的にも重要です。組合による土地区画整理事業で行われる流れは、次のとおりです。

組合の設立には、**宅地の所有者、借地権者が７人以上**共同して、定款および事業計画を定め、**都道府県知事の認可**を受けなければなりません。

組合設立の認可を申請しようとする者は、施行地区となるべき区域の宅地所有者、借地権者それぞれ**３分の２以上の同意**が必要です。なお、この場合、同意した者の有する宅地・借地の地積の合計は、その区域内の宅地・借地の総地積の３分の２以上でなければなりません。

設立の認可があった後、施行地区内の宅地の所有者、借地権者は**全てその組合員**となります。ただし、登記をしていない借地権については、申告がないと存在しないものとみなされます。

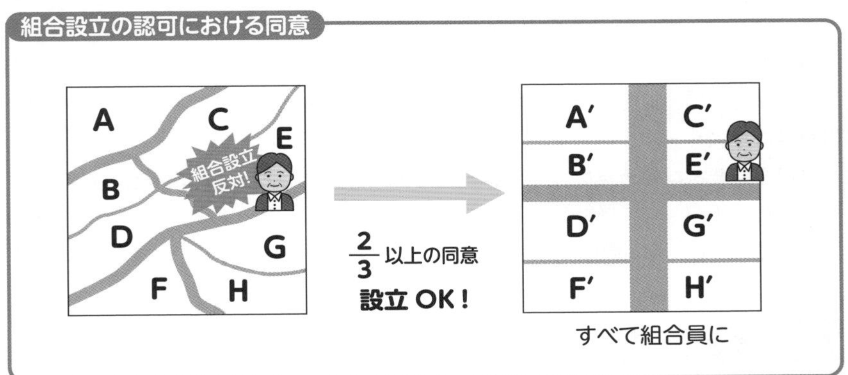

都道府県知事は、設立の認可をしたときは遅滞なく、一定の事項を公告しなければならず、また、組合は、一定の事項を管轄登記所に届け出なければなりません。

また、組合は、その事業に要する経費にあてるため、賦課金として組合員（参加組合員以外の組合員に限る）に対して金銭を賦課徴収することができます。

また、**組合員**は、たとえ組合に対して債権を有していても、賦課金の納付については、**相殺を主張することはできません**。

組合員が地権者であるのに対して、参加組合員とは、都市再生機構や地方公共団体などのように資金調達の円滑化やノウハウの提供を図るため、土地に権利を有してはいないものの、事業に参加してくれる者をいいます（ゆえに参加組合員に賦課金の徴収はできません）。

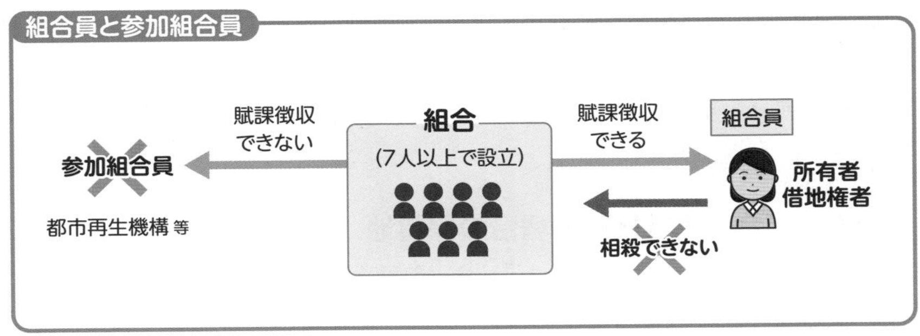

③建築行為等の制限

組合設立の認可等の公告や、事業計画の認可、決定の公告があると、いよいよ事業の開始です。この公告の日以降は、事業の妨げになるような土地の利用は規制されます。都市計画法の「事業地内の制限」とほぼ同じ内容です。

そこで、組合設立や、事業計画の認可・決定の公告のあった日以降、換地処分の公告がある日までの間に、一定の土地の工事や建物の建築をする場合には、国土交通大臣施行の場合は**国土交通大臣**、その他の場合には**都道府県知事の許可**を受けなければなりません。

許可が必要となる行為は、①事業の施行の障害となるおそれのある土地の形質の変更（造成工事等）、②建築物その他工作物の新築・改築・増築、③5t(トン)を超える移動の容易でない物件の設置・堆積です。

4 換地計画

土地区画整理事業は、減歩や換地等でつくりあげていきますが、その具体的な方法を計画するのが**換地計画**です。

換地計画を策定する際は、区画整理前後で、位置・地積・土質・利用状況・環境などが照応（似たような土地をわりあてること）するように定めなければなりません。(換地照応の原則）換地計画は、組合施行のときは作成にあたり、組合の総会の議決が必要です。さらに施行者が都道府県、国土交通大臣以外の時は、都道府県知事の認可が必要です。**公的施行の時**は、事業ごとに宅地の所有者等で構成される**土地区画審議会を設置**して、地権者等の意見をできるだけ反映できるようにします。

また、従前の宅地と換地との価格に差がある場合に、これを清算するために徴収または交付される金銭のことを**清算金**といいます。清算金は、換地計画で定められます。

①保留地

保留地とは、減歩によって生み出された土地で、換地として定めずに売却等するなどして土地区画整理の費用に充てられるのが原則です。ただし、民間施行と公的施行では違いがあります。

②個人、組合、会社施行の場合の保留地

事業の費用に充てるため、または規約や定款等で定める目的（例えば、公共施設の敷地にするなど）のため、任意に定めることができます。

③公的機関施行の場合の保留地

施行後の宅地の価額の総額が施行前の宅地の総額を上回る範囲で、かつ事業の費用に充てる目的でのみ定めることができます。

5 仮換地

土地区画整理事業は、事業開始から終了までにかなりの時間がかかります。工事中、従前の宅地の所有者が、その従前の宅地をずっと使用していたのでは、区画整理の工事の妨げになります。

そこで、工事を進めている間、代わりに使ってもらう土地として割り当てられるのが**仮換地**です。

①仮換地の指定

仮換地の指定は、施行者が従前の宅地の所有者と仮換地となるべき土地の所有者に対し、仮換地の位置および地積ならびに仮換地の指定の効力発生の日を通知して行います。従前の宅地の抵当権者に通知をする必要はありません。従前の宅地を利用できなくなっても抵当権者は関係ないからです。

従前の宅地に借地権等の使用収益権が存するときは、仮換地にそれらの権利の目的となる部分も定めなければなりません。

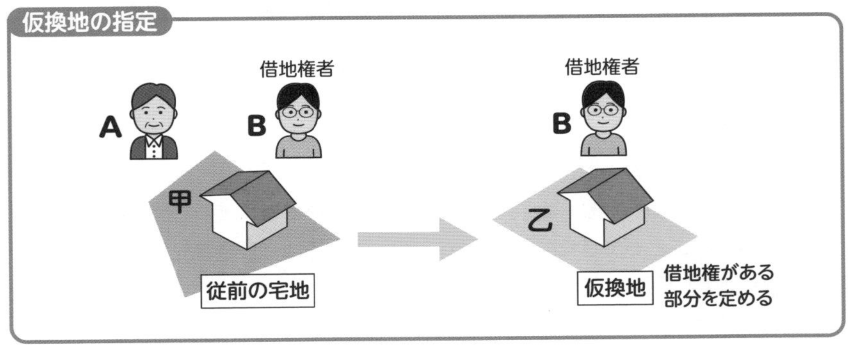

組合が仮換地を指定しようとするときは、あらかじめ総会、総代会等の同意を得なければなりません。公的施行の場合には、仮換地を指定するときに土地区画整理審議会の同意が必要ですが、組合施行の場合には不要です。

仮換地は「仮に使ってください」と指定される土地で、指定されても使用や収益はできますが、所有者にはなりません。仮換地の所有者は使わせてあげる必要がある一方で、所有者であることにより、売ったり抵当権設定ができると考えてください。

②仮換地の指定の効果

仮換地の指定の効果は次の通りとなります。

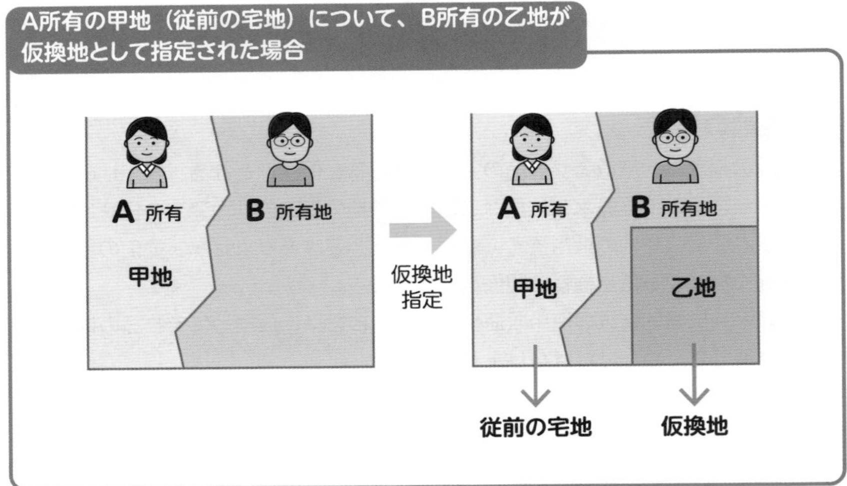

● **Aについて**

・Aは、甲地（従前の宅地）の所有権を失いません。
・Aは、甲地を売却したり、抵当権を設定することができます。しかし、Aは、甲地を使用することができなくなり、その代わりに乙地（仮換地）を使用できるようになります。
・A所有の甲地は、工事現場として「施行者」が管理することになります。
・Aは、乙地の所有権を取得するわけではないので、乙地を売却したり、抵当権を設定したりすることはできません。

● **Bについて**

・Bは、乙地（仮換地）の所有権を失いません。

・Bは、乙地を売却したり、抵当権を設定することができます。

③仮換地を使用収益できる日を別に定めた場合

仮換地の指定がなされると、「従前の宅地の権原に基づいて使用しまたは収益することができる者」は通知された仮換地指定の効力発生の日から**換地処分のある日**まで、指定された仮換地で従前の宅地と同様に使用・収益をすることができます。

施行者は、仮換地に使用または収益の障害となる物件が存するなど、特別の事情があるときは、その仮換地について使用収益を開始することができる日を別に定めることができます。そうすると従前の宅地の所有者は、仮換地の指定の効力発生の日から、別に定めた使用収益開始日まで、どちらも使用できない期間が発生することになります。この場合、施行者は、従前の宅地の所有者に対して、損失を補償しなければなりません。

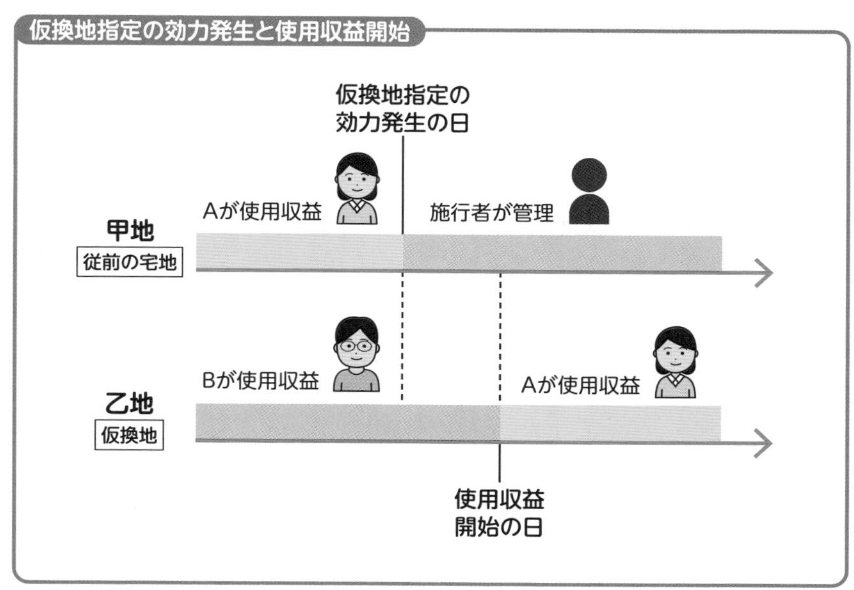

④建築物などの移転および除却

仮換地の指定により、または使用収益することのできる者のいなくなった従前の宅地については、換地処分の公告がある日までは、施行者がこれを管理することになります。この場合、従前の宅地に存する建築物その他の工作物や竹木土石などを移転したり除却する必要があるときは、施行者は、これらを移転したり除却することができます。なお、必要があれば施行者は、換地計画において換地を定めないとされる宅地の所有者に対し、期日を定めてその宅地の使用・収益を停止させることができます。

この場合、仮換地に指定されなかった土地や使用収益を停止された土地の管理は、施行者が行います。

従前の宅地は、施行者が工事で使い、管理するというイメージを持ってください。

6 換地処分

換地処分（かんちしょぶん）とは、従前の宅地の所有者に対して区画整理の工事後の土地（換地）を割り当てることをいいます。

換地処分は、原則として、換地計画にかかる区域の全部について工事が完了した後に事業の施行者が従前の宅地の所有者、借地権者等、関係権利者に**通知**して行います。

ただし、定款等に特別の定めがあれば、例外的に区域の全部について工事が完了する前でも、換地処分をすることができます。例えば、大規模な区画整理の場合に一定の区域に区切って、段階的に換地処分をすることなどです。

①換地処分の効果

換地処分がなされ、その効果が生じる時期が、換地処分の公告があった日が終了したときなのか、換地処分の公告の日の翌日なのかを区別しましょう。

● 換地処分の効果

換地処分の「公告の日」に消滅する権利	換地処分の「公告の日の翌日」に発生する効果
・換地を定めなかった従前の宅地に存する権利 ・行使する利益がなくなった地役権 ※行使する利益がある地役権は、なお従前の宅地に存します	・換地計画で定められた換地は、従前の宅地とみなされる ・清算金が確定する ・保留地は施行者が取得する ・公共施設は原則として市町村の管理になる ・公共施設用地は原則として公共施設を管理すべき者に帰属する

②従前の宅地上の権利関係

換地計画で定められた換地は、公告のあった日の翌日から従前の宅地とみなされます。

換地計画で換地を定めなかった従前の宅地に存する権利は、換地処分の公告があった日が終了したときに消滅します。

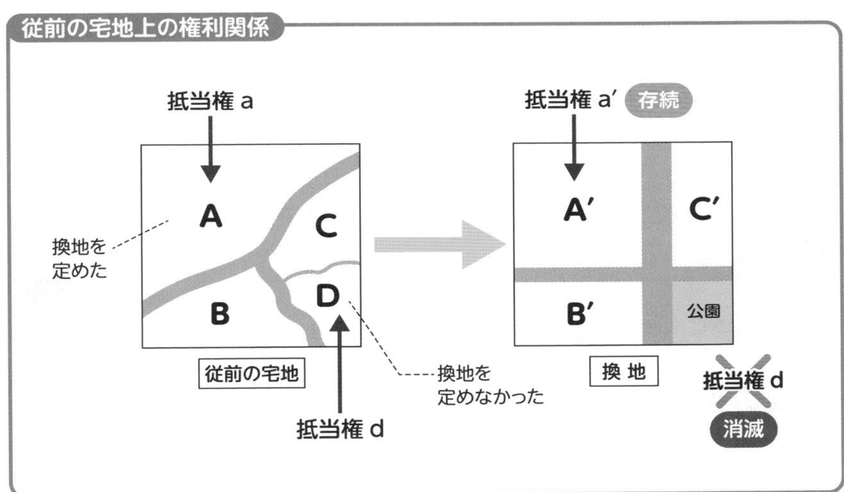

従前の宅地にあった地役権は、従前の宅地の上にそのまま残るのが原則ですが、事業の施行により行使する必要のなくなった地役権は例外的に消滅します。

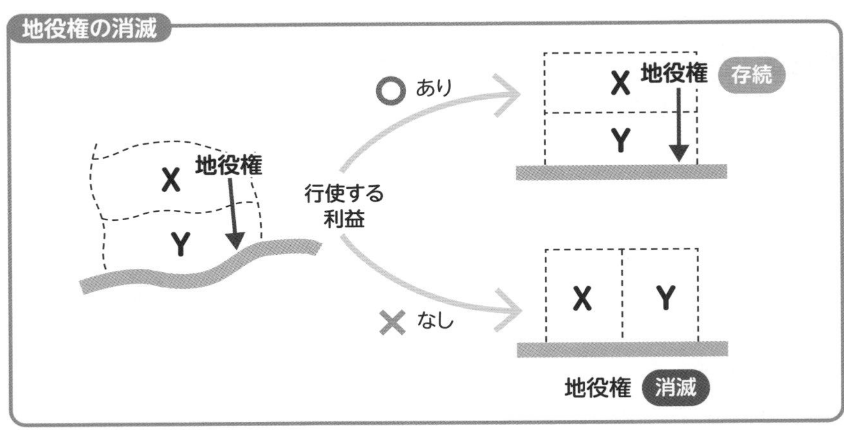

③清算金の確定

清算金は、換地処分の公告の日の翌日に確定します。そして、この清算金は特約がない限り、換地処分時の土地所有者に対して交付され、またはこの者から徴収されます。

④保留地の帰属

保留地は、換地処分の公告があった日の翌日において、施行者が取得します。

⑤事業の施行により設置された公共施設

換地処分の公告の日の翌日において、**原則**として、その**公共施設の存する市町村の管理**に属します。また、事業の施行により生じた公共施設の用に供する土地は、換地処分の公告の日の翌日において、原則として、その公共施設を管理する者（国、都道府県または市町村）に帰属します。

管理する者に帰属するというイメージを持ちましょう。

⑥変動の登記（変動に係る登記）

施行者は、換地処分の公告の後、直ちに換地計画の区域を管轄する登記所に通知しなければなりません。

さらに**施行者**は、事業の実施により施行地区内の土地等について変動があったときは、遅滞なく、**変動に係る登記を申請**し、または嘱託しなければなりません。**換地処分の公告があった後**は、変動の登記がされるまで、原則として、他の登記をすることはできません。

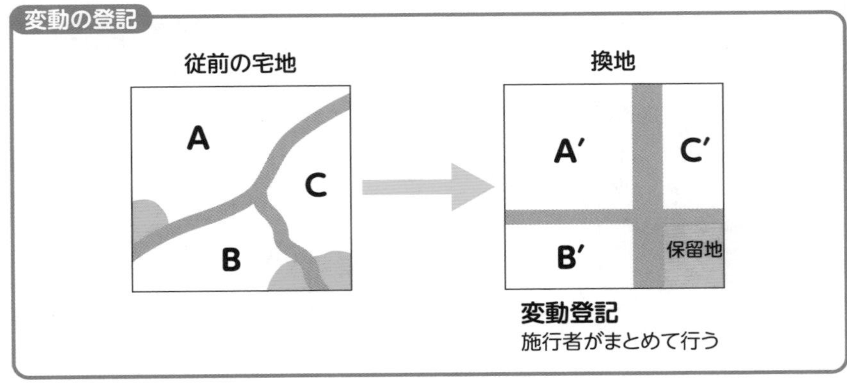

公告によって土地の権利が変動するので、変動の状態に登記を終えてから、個別の土地の売買等に関する登記を行うということです。

問題にチャレンジ ○か×で答えましょう

Q1 土地区画整理組合の設立の認可の公告があった日後、換地処分の公告がある日までは、施行地区内において、土地区画整理事業の施行の障害となるおそれがある土地の形質の変更を行おうとする者は、土地区画整理組合の許可を受けなければならない。

Q2 土地区画整理組合を設立しようとする者は、事業計画の決定に先立って組合を設立する必要があると認める場合においては、7人以上共同して、定款および事業基本方針を定め、その組合の設立について都道府県知事の認可を受けることができる。

Q3 宅地について所有権または借地権を有する者が設立する土地区画整理組合は、当該権利の目的である宅地を含む一定の区域の土地について土地区画整理事業を施行することができる。

Q4 仮換地の指定を受けて、その使用収益をすることができる者が、当該仮換地上で行う建築物の新築については、都道府県知事の許可は不要となる。

Q5 従前の宅地の所有者は、仮換地の指定により従前の宅地に抵当権を設定することはできないが、当該仮換地について抵当権を設定することができる。

Q6 換地計画において定められた換地は、換地処分の公告があった日の終了時から、従前の宅地とみなされる。

解答と解説

A1 × 土地区画整理組合ではなく、都道府県知事の許可が必要です。

A2 ○ 組合を設立するには知事の認可を受けて、7人以上で設立します。

A3 ○ 所有権や借地権を有する者は、1人または数人共同で土地区画整理事業を施行することができます。

A4 × 許可は必要です。

A5 × 従前の宅地に抵当権設定はできますが、仮換地は使用・収益しかできません。

A6 × 公告があった日の翌日に従前の宅地とみなされます。

7 宅地造成及び特定盛土等規制法

▶▶▶ 宅地造成等に伴う災害を防止するための法律です

聞き慣れないですが、宅地造成及び特定盛土等規制法はよく出るテーマなのでしょうか？

毎年１問が出題されます。その他の法令の１つの肢として出題されることもありますが、基本的に丸々１問の形で出ると想定しましょう。難問が出ることもありますが、過去の出題内容で得点できる問題が多いので、確実に身につけていきましょう。

1 宅地造成及び特定盛土等規制法の構造

宅地造成や特定盛土等を行う際の崖崩れや土砂の流出等による災害を防止するために、必要な規制をしているのが、**宅地造成及び特定盛土等規制法**（以下、「盛土規制法」とする）です。基本方針に基づいて、かつ基礎調査の結果を踏まえて宅地造成・特定盛土等または土砂の堆積（以下、「宅地造成等」とする）に伴う災害が生じるおそれが大きい市街地もしくは市街地となろうとする区域または集落の区域であって規制が必要な場所を市町村長の意見を聴いて、宅地造成等工事規制区域として指定し、規制します。宅地造成等工事規制区域に指定されると、許可制・届出制・保全義務等の規制がかかります。

宅地造成等工事規制区域は、宅地造成等に伴い災害が生ずるおそれが大きい市街地または市街地となろうとする土地の区域または集落の区域であって、宅地造成等に関する工事について規制を行う必要があるものについて、都道府県知事が指定したものをいいます。宅地造成等工事規制区域は、**都市計画区域の内外を問わず指定**されます。**都道府県知事**（指定都市または中核市は指定都市等の長）が、**関係市町村長の意見を聴いて**指定します。

宅地とは、農地、採草放牧地および森林ならびに道路、公園、河川その他政令で定める公共の用に供する施設の用に供されている土地**以外**の土地をいいます。盛土規制法では、ゴルフ場は宅地に該当するということだけ押さえてください。

2 許可制

宅地造成等工事規制区域内で一定規模の宅地造成等に関する工事を行おうとするとき、工事主は、その工事の着手前に都道府県知事の許可を受けなければなりません。

しかし、都市計画法の開発許可を受けている工事に関しては、許可を受けたものとみなします。

また、許可を受けた者が工事計画の変更をするときは、原則として都道府県知事の許可が必要です。工事主、設計者、工事施行者の変更やスケジュール変更といった軽微な変更であれば、遅滞なく届け出をしなければなりません。変更が軽微かどうかは、工事の内容自体に変更があるかどうかで考えましょう。

①宅地造成工事

許可が必要な「宅地造成」工事の判断は、一定規模で、できあがりが宅地かどうかで判断します。宅地造成とは、宅地以外の土地を宅地にするために行う盛土その他の土地の形質の変更で、次のいずれかのものをいいます。

【宅地造成等工事規制区域で許可対象となる盛土等の規模】

①高さ1mを超える崖が生じる盛土
②高さ2mを超える崖が生じる切土
③盛土と切土を同時にする場合に、合算して2mを超える崖が生じる場合（①②を除く）
④高さ2mを超える盛土（①③を除く崖を生じないもの）
⑤盛土、切土をする土地の面積が500m² を超える場合（①～④を除く）

また、許可が必要な一時的な土石の堆積（宅地・農地等において行う土石の堆積）は次のいずれかになります。

⑥最大時に堆積する高さが2mを超かつ面積が300m² 超となるもの
⑦最大時に堆積する面積が500m² 超となるもの

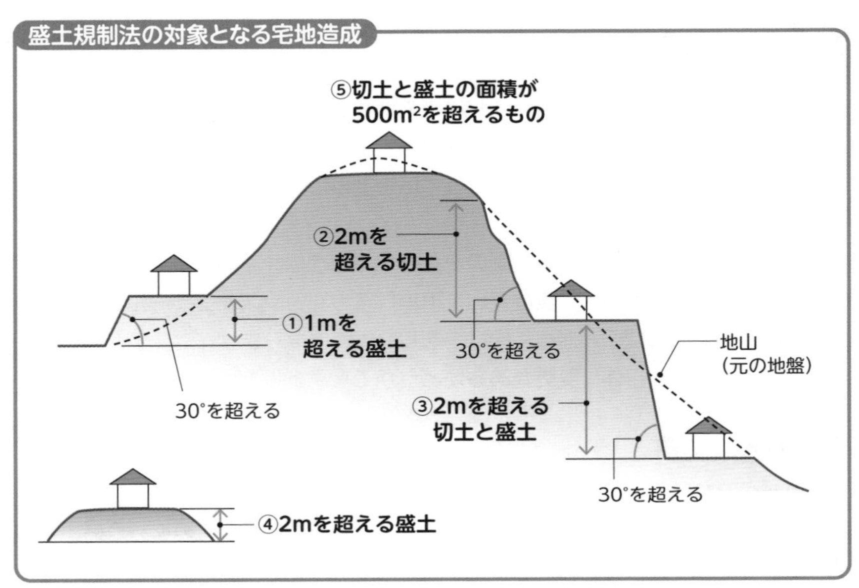

②許可の手続

許可の申請をするのは、**工事主**です。工事主とは、宅地造成等に関する工事の請負契約の注文者または請負契約によらずに自らその工事をする者をいいます。

都道府県知事は、許可申請があった場合、遅滞なく、許可または不許可の処分をしなければなりません。

許可または不許可の処分は文書をもって申請者に対し通知します。その際に、**災害防止に関して必要な条件を付けることができます**。国または都道府県が工事主の場合、**知事との協議が成立することをもって許可があったものとみなされます**。

宅地造成等に関する工事は、政令で定める技術的基準に従い、擁壁または排水施設等の設置、その他宅地造成等に伴う災害を防止するため必要な措置が講じられたものでなければなりません。

具体的には、**高さ５mを超える擁壁の設置**、または切土・盛土をする土地の面積が**1,500m² を超える土地における排水施設の設置**については、一定の資格を有する者の設計でなくてはなりません。

許可の内容を変更するときは、原則、都道府県知事の許可が必要です。ただし、スケジュール等の軽微な変更は届出ですみます。

そして、**工事主**は、工事が完了した場合、技術的基準に適合しているかについて都道府県知事の検査を受けなければならず、都道府県知事は、完了検査を行った結果、工事が一定の技術的基準に適合していると認めるときは、検査済証を工事主に交付しなければなりません。

3 届出制

宅地造成等工事規制区域内で許可が必要な行為に該当しない場合でも、宅地造成等に伴う災害と関連する次の行為をする場合は、都道府県知事に届出をしなければなりません。

● 盛土規制法において都道府県知事への届出が必要な場合

	届出が必要となる場合	届出の期間
①	宅地造成等工事規制区域指定の際、当該区域内において行われている宅地造成に関する工事の工事主	指定があった日から21日以内
②	宅地造成等工事規制区域内で公共施設用地を宅地または農地等に転用した者（許可を要する場合を除く）	転用した日から14日以内
③	宅地造成等工事規制区域内の土地（公共施設用地を除く）で、高さ2mを超える擁壁または排水施設の全部または一部の除却工事をする者（許可を要する場合を除く）	工事に着手する日の14日前まで

③崖崩れ防止施設である擁壁や排水施設を除却することは危険なため、この場合だけ事前の届出が必要なことに注意しましょう。

4 土地の保全義務・勧告

盛土規制法では、次のように土地の保全義務や勧告・改善命令を定めています。

(1)保全義務

土地の所有者、管理者、占有者は、宅地造成等（宅地造成等工事規制区域の指定前に行われたものを含む）に伴う災害が生じないよう、その宅地を常時安全な状態に維持するよう努めなければなりません。

(2)勧告

都道府県知事は、宅地造成等（宅地造成等工事規制区域の指定前に行われたものを含む）に伴う災害の防止のため必要があると認めるときは、土地の所有者、管理者、占有者、工事主、工事施行者に対して、擁壁または排水施設等の設置または改造等の防災上必要な措置をとることを勧告することができます。

なお、勧告に従わなくても、罰則の適用はありません。

(3)改善命令

都道府県知事は、宅地造成等（宅地造成等工事規制区域の指定前に行われたものを含む）に伴う災害の防止のため必要な擁壁または排水施設等が不完全なためなど災害が発生するおそれが大きいと認められる場合は、土地または擁壁等の**所有者**、**管理者**、**占有者**に対して、相当の猶予期限を設けて、擁壁または排水施設等の設置・改造等の必要な工事を行うよう**命ずる**ことができます。

なお、改善命令に従わなかったときは、罰則の適用があります。

5 特定盛土等規制区域

都道府県知事は、関係市町村長の意見を聴いて、宅地造成等工事規制区域**以外**の土地の区域において、土地の傾斜度、渓流の位置その他の自然条件および周辺地域における土地利用の状況その他の社会的条件から見て、当該区域内の土地で特定盛土等または土石の堆積が行われた場合には、これに伴う災害により市街地等区域その区域の居住者等の生命身体に危害を生ずるおそれが特に大きいと認められる区域を**特定盛土等規制区域**として指定できます。

特定盛土等規制区域内で、大規模な特定盛土等または土石の堆積に関する下記の工事を行う場合は、原則として**工事主**は工事着手前に、**都道府県知事の許可**を受けなければなりません。

【特定盛土等に関する工事にあたり許可が必要なもの】

- 盛土で高さが２m超の崖を生ずるもの
- 切土で高さが５m超の崖を生ずるもの
- 盛土と切土の場合で盛土と切土部分に高さ５m超の崖を生ずるもの
- 盛土で高さが５m超のもの（崖は生じない）
- 盛土・切土をする土地の面積が 3,000m^2 超のもの

【一時的な土石の堆積にあたり許可が必要なもの】

- 高さが５m超の土石の堆積、かつ、土石の堆積をする土地の面積が 1,500m^2 超のもの
- 土石の堆積を行う土地の面積が 3,000m^2 超のもの

また、特定盛土等規制区域において、工事主は、下記の工事に着手する日の30日前までに、当該工事の計画を都道府県知事に届け出なければなりません。上記の許可を受けた場合、届出は不要になります。

【特定盛土等に関する工事にあたり届出が必要なもの】
- 盛土で盛土部分に高さが1m超の崖を生ずるもの
- 切土で切土部分に高さが2m超の崖を生ずるもの
- 盛土と切土の場合で盛土と切土部分に高さ2m超の崖を生ずるもの
- 盛土で高さが2m超のもの（崖は生じない）
- 盛土・切土をする土地の面積が500m^2超のもの

【一時的な土石の堆積にあたり届出が必要なもの】
- 高さが2m超の土石の堆積、かつ、土石の堆積をする土地の面積が300m^2超のもの
- 土石の堆積を行う土地の面積が500m^2超のもの

6 造成宅地防災区域

①造成宅地防災区域の指定

都道府県知事は、必要があるときは、関係市町村長の意見を聴いて、宅地造成または特定盛土等（宅地において行うものに限る）に伴う災害で相当数の居住者その他の者に危害を生ずるものの発生のおそれが大きい一団の造成宅地の区域で一定基準に該当するものを「造成宅地防災区域（ぞうせいたくちぼうさいくいき）」として指定することができます。

造成宅地防災区域は、従来から存在する造成宅地で、危険性の高い地域について、安全確保の対策を行うために指定されるものです。

注意すべき点として、宅地造成等工事規制区域は宅地を新しく造成するのを規制するのに対して、造成宅地防災区域は従来から存在する造成宅地で、大地震の被災地等の危険度が高い地域について指定するものであり、造成宅地防災区域は宅地造成等工事規制区域外で指定されます。

都道府県知事またはその命じた者もしくは委任した者は、造成宅地防災区域の指定のため、測量や調査を必要がある場合は、その必要な限度において、他人の占有する土地に立ち入ることができます。

都道府県知事は、擁壁・排水施設等の設置または改造その他災害の防止のため必要な措置を講ずることで指定の事由がなくなったと認めるときは、造成宅地防災区域の指定を解除します。

②災害防止のための措置

造成宅地防災区域でも、宅地造成等工事規制区域と同様に、造成宅地防災区域における災害の防止のための措置が講じられています。

(1)災害防止措置義務

造成宅地防災区域内の造成宅地の**所有者**、管理者または占有者は、災害が生じないよう、その造成宅地について**擁壁・排水施設等の設置**または改造その他必要な措置を講ずるように努めなければなりません。

(2)勧告

都道府県知事は、造成宅地防災区域内の造成宅地について、災害の防止のため必要があると認める場合は、その造成宅地の**所有者**、管理者または占有者に対し、**擁壁・排水施設等の設置**または改造その他災害の防止のために必要な措置をとることを**勧告**できます。

(3)改善命令

都道府県知事は、造成宅地防災区域内の造成宅地で、災害の発生のおそれが大きいと認められるものがある場合、その災害の防止のため必要であり、かつ土地の利用状況その他の状況からみて相当であると認められる限度において、当該造成宅地または擁壁等の**所有者**、管理者または占有者に対して、相当の猶予期間を付けて、**擁壁・排水施設等の設置**もしくは改造または地形もしくは盛土の改良のための工事を行うことを命ずることができます。

宅地造成等工事規制区域と造成宅地防災区域は、同じように感じますが別物です。それぞれの目的をしっかりと理解して、宅地造成等工事規制区域と造成宅地防災区域が同じ場所に重ねて適用されることがない点について覚えてください。

問題にチャレンジ　○か×で答えましょう

Q1 宅地造成等工事規制区域内において、宅地を宅地以外の土地にするために行われる切土であって、当該切土をする土地の面積が600m^{2}で、かつ、高さ３mの崖を生ずることとなるものに関する工事については、都道府県知事の許可は必要ない。

Q2 宅地を宅地以外の土地にするために行う土地の形質の変更は、宅地造成に該当しない。

Q3 宅地以外の土地を宅地にするための盛土であって、当該切土を行う土地の面積が1,000m^{2}であり、かつ、高さが80㎝の崖を生ずることとなる土地の形質の変更は、宅地造成に該当する。

Q4 宅地造成等工事規制区域内において、宅地を造成するために切土をする土地の面積が500m^{2}であって盛土が生じない場合、切土をした部分に生じる崖の高さが1.5mであれば、都道府県知事の許可は必要ない。

Q5 宅地造成等に関する工事の許可を受けた者が、工事施行者を変更する場合には、遅滞なくその旨を都道府県知事に届け出ればよく、改めて許可を受ける必要はない。

Q6 宅地造成等工事規制区域内で宅地造成等に関する工事を行う場合、宅地造成に伴う災害を防止するために行う高さ４mの擁壁の設置に係る工事については、政令で定める資格を有する者の設計によらなければならない。

Q7 宅地造成等工事規制区域内の宅地において、高さが２mを超える擁壁を除去する工事を行おうとする者は、一定の場合を除き、その工事に着手する日の14日前までにその旨を都道府県知事に届け出なければならない。

解答と解説

A1 ○　宅地以外にする場合は、許可不要です。

A2 ○　できあがりが宅地ではないため、宅地造成に該当しません。

A3 ○　宅地造成する面積が500m^{2}を超えているため許可が必要です。

A4 ○　500m^{2}ちょうどは許可不要です。また、切土も2mを超えていません。

A5 ○　軽微な変更は届出で問題ありません。

A6 ×　高さ５mを超える場合は、資格者の設計が必要ですが４mであれば不要です。

A7 ○　高さが2mを超える擁壁の除却の工事は、着手14日前までに届出が必要です。

3 法令上の制限

8 諸法令

▶▶▶ **許可や届出が必要となるその他の法令があります**

都市計画法や建築基準法以外に気をつけるべき法令はありますか？

都市計画法や建築基準法など、工事の際に許可や届出の必要があることを勉強してきましたが、ほかにも様々な法律によって規制がかけられています。試験では内容まで把握しようとすると費用対効果が悪いため、「規制対象となる法律は、誰の許可または届出が必要なのか」を覚える程度で解ける問題で得点できるようにしましょう。

1 諸法令とは

①「原則」と「例外」

諸法令（しょほうれい）では、建築等を行う場合の規制が多く出題されます。その中でも多いのが**都道府県知事の許可**です。諸法令による制限を解くときには、「知事の許可」が原則ルールであると考えましょう。原則である「知事の許可」とは異なる例外パターンを優先的に押さえ、それ以外は都道府県知事と判断してください。

「知事の許可」ではない例外パターンとしては、知事以外の者が許可する場合と、知事の許可ではなく、知事への届出の場合があります。

②知事以外の者が許可する場合

まず、知事以外の者が許可する場合をみます。次の表で、法律名と許可権者を押さえましょう。

● 知事以外の者が許可する行為制限

法令	行為制限・その適用区域等	許可権者等
道路法	道路予定地等における工作物の新築等	道路管理者の許可
河川法	河川区域内の工作物の新築等、土砂の採取等	河川管理者の許可
海岸法	海岸保全区域内の一定の工作物の新築等、土地の掘削等、土砂の採取等	海岸管理者の許可
港湾法	港湾区域内の水域または公共空地における土砂の採取等	港湾管理者の許可
自然公園法	国立公園（国定公園）の特別地域内の工作物の新築等	環境大臣の許可 ※知事の許可
文化財保護法	重要文化財、国宝または史跡天然記念物等の現状変更行為等	文化庁長官の許可等
生産緑地法	生産緑地地域内の建築物の新築等	市町村長の許可

都道府県知事の許可以外で多いのが「○○管理者の許可」です。道路や河川のように都道府県をまたぐものは都道府県でくくれません。そのため、○○管理者となっていることが多いです。水系の管理者は○○管理者という視点もあります。自然公園法は、国定公園は都道府県が管理しているため都道府県知事が許可権者ですが、国立公園は大規模な公園のため、環境大臣が許可権者というイメージで押さえましょう。

③知事への届出となる場合

次に、知事の許可ではなく知事への「届出」となるパターンを押さえましょう。

- 土壌汚染対策法に基づき、形質変更時要届出区域内で土地の掘削その他の土地の形質の変更をするとき（非常災害のために必要な応急措置として行う行為等一定の場合を除く）土地の形質の変更に着手する日の 14 日前までに届け出ます。
- 都市緑地法に基づき、緑地保全地域内の建築物等の新築等、宅地の造成、木竹の伐採等をするとき。ただし、「特別緑地保全地区内」で建築物の新築等を行う場合は、知事（市の区域内では、当該市の長）の許可を受ける必要があります。
- 自然公園法に基づき、国定公園内の普通地域で工作物の新築等をするとき。ただし、特別保護地区や特別地域内では環境大臣等の許可が必要となります。

④市町村長への届出となる場合

市町村長への届出については、地区計画等に基づき、区域内において建築物の建築等をするときが該当します。

また、景観法の規制景観計画区域内において、開発行為や建築物の新築、増築、改築等をしようとする者は、原則として、あらかじめ、行為の種類、場所、設計または施工方法、着手予定日など一定の事項を**景観行政団体の長**に届け出なければなりません。

ただし、景観重要建造物（景観計画区域内の良好な景観の形成に重要な建造物で、一定の基準に該当するもの）は、原則として、景観行政団体の長の許可を受けなければ、景観重要建造物の増築、改築、移転もしくは除却、外観を変更することとなる修繕もしくは模様替えまたは色彩の変更をしてはなりません。

諸法令の問題の中に都市計画法、建築基準法、国土利用計画法、宅地造成等規制法の肢が出題されている際は、許可権者だけでなく中身もしっかり見て解いてください。

問題にチャレンジ ○か×で答えましょう

Q1 森林法によれば、保安林において立木を伐採しようとする者は、一定の場合を除き、都道府県知事の許可を受けなければならない。

Q2 海岸法によれば、海岸保全区域内において土地の掘削、盛土または切土を行おうとする者は、一定の場合を除き、海岸管理者の許可を受けなければならない。

Q3 都市緑地法によれば、特別緑地保全地区内において建築物の新築、改築または増築を行おうとする者は、一定の場合を除き、公園管理者の許可を受けなければならない。

解答と解説

A1 ○　知事の許可です。

A2 ○　海岸管理者の許可です。

A3 ×　都道府県知事の許可です。

第4章

価格・税

概要

不動産取引に関する税金が問われます。地方税では、不動産取得税と固定資産税を学びます。国税では、印紙税、登録免許税、贈与税、所得税を学びます。最後に不動産価格の評価に関して地価公示法と不動産鑑定評価の基準を学習します。

試験のポイント

全 50 問中、国税から１問、地方税から１問、価格から１問の合計３問が出題されます。１問～２問の得点を目指しましょう。過去問を解きながらポイントを押さえていく学習が効率的です。

1 価格・税とは

▶▶▶ 不動産に関する税金を学ぶ

税金は細かくて理解するのが難しいイメージがありますが、何かよい学習方法はありますか？

税金は単純な暗記になることが多い分野です。昔の試験であれば、この分野を捨てても挽回ができましたが、最近は受験者のレベルが上がっており、苦手だからといって捨てることができません。早めに理解しておいて得点できるようにしましょう。問題を解きながら覚えると、苦手意識が減っていきますよ。

1 不動産に関する税金の概要

①税の種類と基本用語

土地や建物の不動産取引を行った際に、税金が関係します。土地や建物を譲渡したり、取得したり、所有しているときなどに税金が課せられます。試験では、税金から例年２問出題されています。国税から１問、地方税から１問の出題です。試験によく出題されている税は、右ページ上表の通りです。

基本用語として、次の用語を押さえておきましょう。

課税主体：税金を課税する国や地方公共団体
課税客体：税金がかかる対象の行為等
課税標準：税の対象
税率：税額を出すために課税標準に対して適用される比率
税額：納める税金の額
納税義務者：税を納める義務がある者
免税点：一定の場合に税が免除されること
普通徴収：税を徴収する側から納税通知書が送られてくる方法
申告納付：納税者が自ら申告して納税する方法

地方税	・不動産取得税 ・固定資産税
国税	・所得税（譲渡所得） ・登録免許税 ・贈与税（特に相続時精算課税制度） ・印紙税

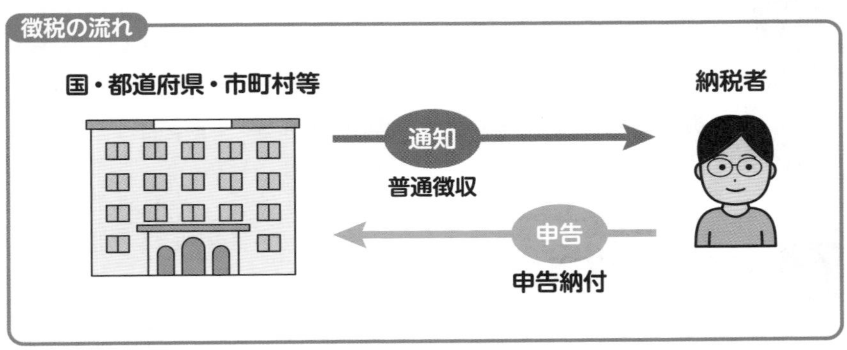

②特例措置の概要

税法では、一定の条件を満たす際に税金が安くなる特例措置が受けられる場合があります。

試験では、どのような場面で税の軽減がなされるのかに関して、軽減措置の内容や適用要件が問われます。

● **課税標準の特例**

（課税標準－★）× 税率＝税額

課税標準から一定額（★）を控除し、課税標準の部分が小さくなる特例です。

● **軽減税率**

課税標準×■%＝税額

税率の数値（■）を通常より低くする特例です。

● **税額控除**

課税標準×税率＝税額－●

算出した税額から一定額（●）を控除する特例です。

2 不動産取得税（地方税）

▶▶▶ 不動産を取得する際に一度だけ課される税金です

地方税に関しては、どのような問題が出題されますか？

地方税は、不動産取得税または固定資産税から１問が出題されます。難問もありますが、基本的には過去問の対策で得点できる問題が多いです。特に不動産取得税は対策しやすいといえます。不動産取得税の基本事項と特例措置の２つの内容を覚えましょう。

1 不動産取得税の基本事項

不動産取得税（ふどうさんしゅとくぜい）は、土地や家屋を購入する場合、または新築した場合などにかかる税金です。不動産を取得したときに１度だけ課税されます。不動産取得税を納める対象者を**納税義務者**といいますが、土地や家屋などの不動産を取得した者のことを指します。

不動産取得税は、取得した者が個人であるか法人であるかを問わず課税されます。新築から６か月経過しても使用や譲渡が行われないときは、６か月経過の日（宅建業者等の場合は１年）を取得の日として扱い、所有者を取得者とみなして不動産取得税が課されます。

①課税主体

不動産取得税の課税主体は、住所地ではなく取得した**不動産が所在する都道府県**です。そのため、海外の不動産を購入した場合は、都道府県がないため不動産取得税はかかりません。

②課税客体

不動産取得税の課税客体は、**不動産の取得**です。ここでいう不動産の取得とは、売買、交換、贈与、新築、改築（**価格が増加**した場合）、増築などをいいます。**相続・包括遺贈**で取得した場合や**法人の合併**などでは不動産取得税は課税されません。

共有物分割の場合には、取得税が課されないのが原則です。しかし、不動産取得者が分割前の共有物に関して、持分の割合を超える部分を取得するときは、不動産取得税が課されます。

例えば、共有の不動産につきA・Bがそれぞれ持分2分の1で所有していたとします。共有物分割によりAの持分が3分の2、Bの持分が3分の1となった場合に、持分の価格が分割前を超えるAは課税され、Bは課税されないことになります。

③納付方法

不動産取得税の納付方法は、納税通知書によって納税する普通徴収です。納税通知書は、納期限前10日までに交付されます。

④免税点

免税点とは、税法上、一定金額を超えた時点で課税される一定金額のことをいいます。不動産取得の課税標準となるべき額が、以下の額に満たない場合には不動産取得税は課税されません。

土地	10万円未満
家屋（建築）	23万円未満
家屋（建築以外：売買、贈与等）	12万円未満

⑤税率

税率は土地・住宅の場合と、商業ビルやオフィスのような住宅以外の家屋とで異なります。税率は、本則は一律4％ですが、特例で土地や住宅の取得は3％となっています。

土地や住宅の取得	100分の3（3％）
住宅以外の家屋の取得	100分の4（4％）

商業ビルの敷地といった場合、建物は住宅ではありませんが、土地は一律で3％となります。ひっかけに注意しましょう。

不動産取得税の税率

不動産取得税が都道府県税であることと、税率は次のように覚えましょう。
不動産→都道府県（どうどうつながり）
不動産（さん）取（し）得税（さん3％、し4％）
免税点は10万、23万、12万（ジュ、ニアサ、イズ）

⑥課税標準

不動産取得税の課税標準は、不動産を取得したときの不動産の価格です。適正な時価（利害関係のない当事者間で自由な取引が行われる場合に通常成立すると認められる価格）をいい、固定資産課税台帳に登録されている価格が課税標準となっています。

2 不動産取得税の特例

①住宅を取得した場合の課税標準の特例

住宅を新築し、または新築住宅で居住の用に供したことのないもの（新築住宅）を取得した場合、もしくは建築後使用されたことのあるもの（既存住宅）を取得した場合には、適用要件に合えば課税標準から一定額が控除されます。

②適用要件

不動産取得税の適用要件は、新築と既存住宅で次の通りになります。

- **新築住宅**

1,200万円控除。適用要件は床面積50m²（一戸建て以外の賃貸住宅は40m²）

以上〜 240m² 以下です。新築住宅の場合は、個人、法人ともに適用できます。

● **既存住宅**

100 万円〜 1,200 万円控除。適用要件は床面積 50m² 以上〜 240m² 以下です。既存住宅は、**個人の場合のみ適用**で、一定の耐震基準を満たす必要があります。

適用要件の覚え方を教えましょう。

床面積 50m² 以上〜 240m² 以下だと 1,200 万控除となる

5 × 24 = 120

0 を付けると 50m²・240m²・1,200 万控除となる

③宅地を取得した場合の課税標準の特例

宅地は、特例が適用されれば、課税標準がその宅地の価格（固定資産課税台帳に登録されている価格等）の**2分の1**になるという特例があります。要するに、台帳価格の半分にしてから税率をかけることで税金が安くなるのです。

3 不動産取得税のまとめ

不動産取得税について、次の表にポイントをまとめて掲載しています。

● **不動産取得税のポイント**

課税主体	取得した**不動産が所在**する**都道府県**（地方税）
課税客体	不動産の取得 具体的には売買、交換、贈与、新築、改築（価格が**増加した場合に限る**）など。ただし、相続、法人の合併等の場合には課税されない。
納税義務者	不動産を取得した者
課税標準	固定資産課税台帳の登録価格
標準税率	土地・住宅　　：**3％** 住宅以外の建物：4％
納付方法	普通徴収（納税通知書が届く）
免税点	土地：課税標準額が **10** 万円未満 建物：建築（新築・増改築等）による取得＝課税標準額が **23** 万円未満 その他による取得＝課税標準額が **12** 万円未満

問題にチャレンジ ○か×で答えましょう

Q1 不動産取得税は不動産の取得に対して課される税であるので、家屋を改築したことにより当該家屋の価格が増加したとしても、新たな不動産の取得とはみなされないため、不動産取得税は課されない。

Q2 個人が取得した住宅および住宅用地に係る不動産取得税の税率は３％であるが、住宅用以外の家屋およびその土地に係る不動産取得税は４％である。

Q3 一定の面積に満たない土地の取得については、不動産取得税は課されない。

Q4 不動産取得税は、不動産の取得に対して、取得者の住所地の都道府県が課する税であるが、その徴収は普通徴収の方式がとられている。

Q5 不動産取得税の免税点は、土地の取得にあっては 10 万円、家屋の取得のうち建築に係るものにあっては１戸につき 23 万円、その他の家屋の取得にあっては１戸につき 12 万円である。

Q6 床面積 250m^2 である新築住宅に係る不動産取得税の課税標準の算定については、当該新築住宅の価格から 1,200 万円が控除される。

解答と解説

A1 × 価格が増加しているのであれば、課税されます。

A2 × 土地は、住宅以外の家屋の敷地であっても３％です。

A3 × 面積ではなく金額です。

A4 × 取得者の住所地ではなく、不動産の所在するところです。

A5 ○ 「ジュ（10 万）ニアサ（23）イズ（12）」と覚えます。

A6 × 240m^2 以下でなければ、1,200 万控除は適用されません。

3 固定資産税（地方税）

▶▶▶ 土地などの固定資産を所有する場合にかかる税金です

不動産取得税と比べてどのような点が固定資産税のポイントになりますか？

不動産取得税より覚えるべき知識が多く大変ですが、過去に出題された基本知識で1点が取れる問題も多く出題されます。税金なので苦手意識をもつ受験生が多いですが、最後に集中して押さえておくのでもよいので、頑張ると差がつけられます。

1 固定資産税の基本事項

不動産取得税は取得時に1回かかる税金でしたが、固定資産税（こていしさんぜい）は、土地・家屋・償却資産などの固定資産を所有していることに対してかかる税金です。その取得が行われた翌年度から毎年、納付する必要があります。

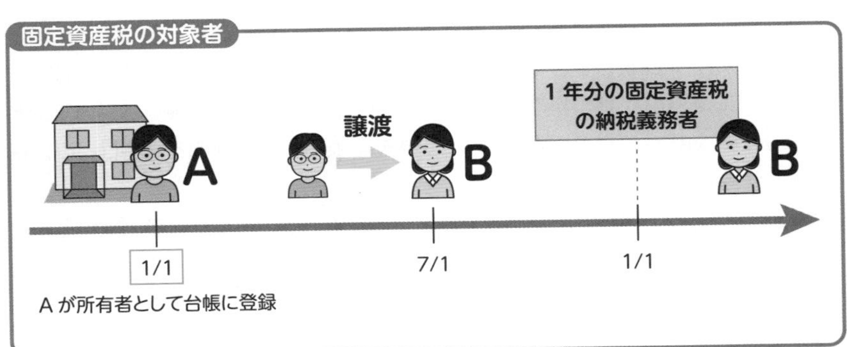

①課税主体

固定資産税の課税主体はその固定資産の所在する**市町村**です。

②課税客体

固定資産税の課税客体（課税対象）は、土地・建物などの「固定資産」です。固定資産を保有している限り、毎年課税されます。税の賦課期日（いつの時点で課税を行うのか）は、毎年１月１日なので、１月１日現在の固定資産に対して課税されます。なお、賦課期日は条例で定めることはできません。

③納税義務者

原則として納税義務者は、**固定資産の所有者**ですが、質権または100年より長い存続期間の定めのある地上権の目的である土地については、質権者または地上権者が納税義務者となります。

また、台帳上の固定資産の所有者が賦課期日前に死亡等している場合は、現に所有している実際の所有者が納税義務者となり、災害等で所有者が所在不明である場合は、実際の使用者が納税義務者となります。

④課税標準

土地または家屋に対して課する固定資産税の課税標準は、基準年度においては賦課期日における**固定資産課税台帳に登録された価格**です。この価格は、総務大臣が定めた固定資産評価基準に基づいて市町村長が定めます。基準年度の価格は**３年間据え置かれます**（３年間の価格の据置制度）。そして、３年に１度、台帳価格の見直しが行われます（例外としては、土地の地目変更、家屋の改築などがあります）。

納税義務者や賃借人は、台帳に記載されている事項の証明を求めることができます。そして、納税者は、価格について不服があるときは申し出ることができます。

なお、固定資産課税台帳と土地価格等縦覧帳簿・家屋価格等縦覧帳簿の比較を次にまとめています。土地価格等縦覧帳簿・家屋価格等縦覧帳簿の縦覧は期間限定となっており、対象は納税者に限定されています。価格に不服がある場合は、固定資産評価審査委員会に審査の申出が可能です。

なおマンションの場合、原則として家屋および敷地は、一棟全体の固定資産税額を持分割合で按分します。

● 固定資産課税台帳と価格等縦覧帳簿

帳簿	閲覧対象者	閲覧期間
固定資産課税台帳（閲覧）	納税義務者、賃借人	いつでも可
価格等縦覧帳簿	納税義務者	4月１日～（期間限定）

⑤税率

固定資産税の標準税率は、100分の1.4（1.4%）です。

⑥免税点

同一人の者が、同一市町村内で所有する固定資産の課税標準の「合計」が次の一定金額未満の場合には、固定資産税は課されません。

土地	30万円
家屋	20万円

⑦納付期日と納付方法

固定資産税の納付方法は、**普通徴収**となっています。市町村が納税通知書を納税者（固定資産所有者）に交付し、交付を受けた納税義務者は、その納税通知書に記載してある日までに、記載してある固定資産税を納付しなければなりません。

固定資産税の納税通知書は、遅くとも納期限前10日までに納税者に交付されます。

2 固定資産税の特例

①住宅用地（小規模住宅用地）に対する課税標準の特例

住宅用地については、税負担の軽減を目的として、課税標準が軽減されます。

200m^{2}以下	課税標準×6分の1
200m^{2}を超える部分	課税標準×3分の1

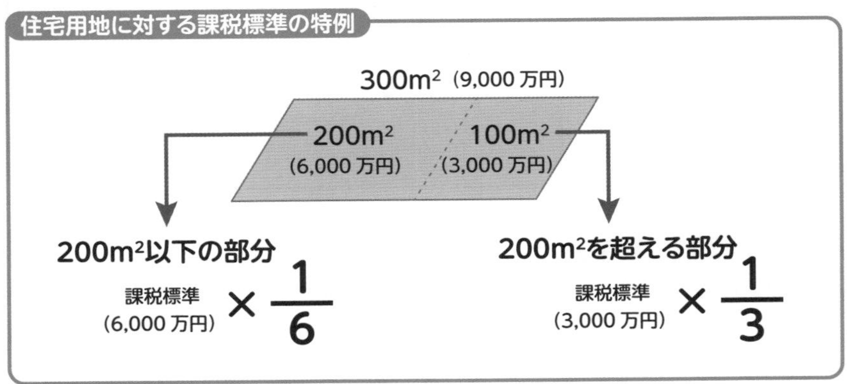

②宅地等に対する固定資産税の負担調整措置

負担調整措置とは、実際の固定資産税評価額よりも低い課税標準額を基準に固定資産税を算出するものです。課税標準額を本来の評価額に近づけるために引き上げるものですが、一度に税負担が重くなるのを調整するため、毎年少しずつ引き上げるものです。

③新築住宅に係る固定資産税の減額措置

一定の新築住宅については、３年度間（地上階数３以上の中高層耐火建築物：５年度間）、120m^{2}までの住宅部分に相当する固定資産税の「税額」が「２分の１」となる特例があります。

適用要件	50m^{2}以上～280m^{2}以下（居住部分が２分の１以上）
適用範囲	床面積120m^{2}までの部分

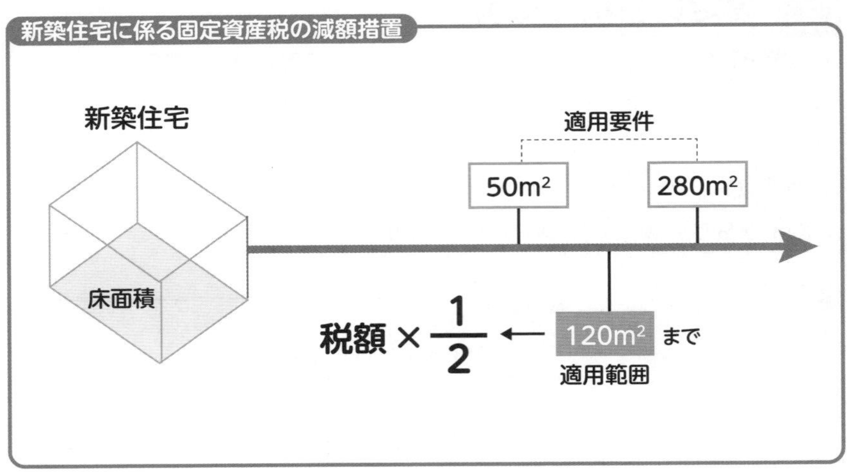

④固定資産税と都市計画税

都市計画税は、都市整備を目的とする都市計画事業または土地区画整理事業に要する費用に充てるため、これらの事業によって利益を受ける都市計画区域内の土地または家屋の所有に対して課せられる地方税です。

固定資産税と都市計画税とは、あわせて賦課徴収することができます。

● 不動産取得税と固定資産税の特例に関する比較

	不動産取得税		固定資産税	
新築住宅	50m^{2}以上～240m^{2}以下	1,200 万円控除（課税標準）	50m^{2}以上～280m^{2}以下	2分の1（税額）
宅地・住宅用地	2分の1（課税標準）		～200m^{2}以下	6分の1（課税標準）
			200m^{2}超～	3分の1（課税標準）

3 固定資産税のまとめ

固定資産税について、次の表にポイントをまとめて掲載しています。

● 固定資産税のポイント

課税主体	固定資産が所在する市町村（地方税）
課税客体	1月1日現在の固定資産（土地、家屋、償却資産）
納税義務者	原則：固定資産課税台帳に所有者として登録されている者 例外：質権者、100 年を超える存続期間の定めのある地上権者
課税標準	固定資産課税台帳の登録価格（3年に一度見直し）
標準税率	1.4%（必要があれば自治体によって異なる税率を定められます）
納付方法	普通徴収（都市計画税とあわせて賦課徴収することができる）
納付期日	4月、7月、12 月および2月中において市町村の条例で定める
免税点	土地：課税標準額が 30 万円未満の場合 家屋：課税標準額が 20 万円未満の場合

課税主体は、市（し）町村（しつながり）、税率はこていしさん（1.4%）、免税点は 30 万、20 万（ミニ）と覚えましょう。

問題にチャレンジ　○か×で答えましょう

Q1 固定資産税の標準税率は、0.3/100である。

Q2 固定資産税と都市計画税とは、あわせて賦課徴収することができる。

Q3 固定資産税は、不動産の所有に対し、その不動産の所在する都道府県において課する税である。

Q4 固定資産税は、固定資産が賃借されている場合、所有者ではなく当該固定資産の賃借人に対して課税される。

Q5 市町村は、財政上その他特別の必要がある場合を除き、当該市町村の区域内において同一の者が所有する土地に係る固定資産税の課税標準額が30万円未満の場合には課税できない。

Q6 市町村長は、毎年3月31日までに固定資産課税台帳を作成し、毎年4月1日から4月20日または当該年度の最初の納期限の日のいずれか遅い日以後の日までの間、納税義務者の縦覧に供しなければならない。

Q7 質権者は、その土地についての使用収益の実質を有していることから、登記簿にその質権が登記されている場合には、固定資産税が課される。

Q8 固定資産税を既に全納した者が、年度の途中において土地の譲渡を行った場合には、その所有の月数に応じて税額の還付を受けることができる。

Q9 固定資産税の徴収方法は、申告納付によるので、納税義務者は、固定資産を登記した際に、その事実を市町村長に申告または報告しなければならない。

解答と解説

A1 ×　1.4%です。

A2 ○　「固都税」といわれています。

A3 ×　不動産の所在する市町村です。

A4 ×　原則として所有者に対して課税されます。

A5 ○　その通りです。

A6 ×　固定資産税課税台帳はいつでも可能です。

A7 ○　このように、所有者でなくても課される場合もあります。

A8 ×　納税義務者は1月1日現在に固定資産課税台帳に記載されている者です。

A9 ×　固定資産税は、普通徴収です。

4 所得税（国税）

▶▶▶ 個人の所得に対して課せられる税金です

所得税に関する出題は多いのでしょうか？

所得税は10年間で3回程度出題されます。範囲も広く、難解な問題が出ることも多いので深入りは禁物です。過去に多く出題されている「特例相互の適用関係」は、キーワードをつかむだけで1点取れるはずなので、必ず押さえておきましょう。

1 不動産の所得税

所得税（しょとくぜい）とは、個人の所得に対して課せられる税金です。不動産における所得とは、不動産を売却したりした際の利益のことをいいます。試験では、所得税のうち不動産を譲渡した場合に生じる譲渡所得がよく出題されています。

譲渡所得にかかる所得税のイメージ

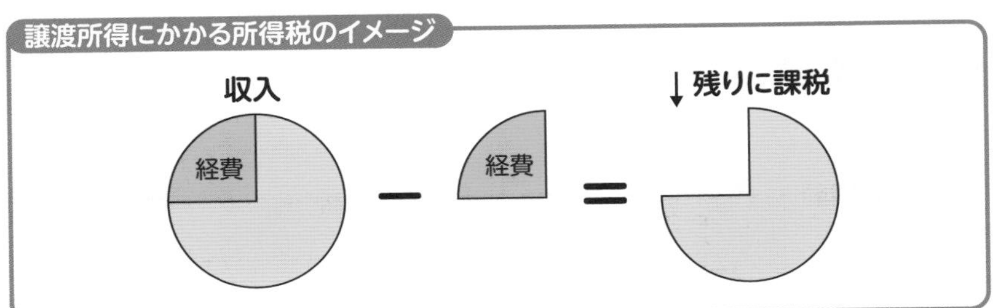

①譲渡所得の課税主体・課税客体・納税義務者

譲渡所得の課税主体は国、課税客体は土地・建物を譲渡したことによる所得、納税義務者は、自己所有の不動産等を譲渡した個人となります。

②譲渡所得のしくみ

譲渡所得の税額は次の算式により計算します。収入金額（譲渡価額）から取得費・譲渡費用・特別控除額を差し引き、利益として残った部分（課税譲渡所得金額）が譲渡所得の税額を算出するもとになる金額となります。

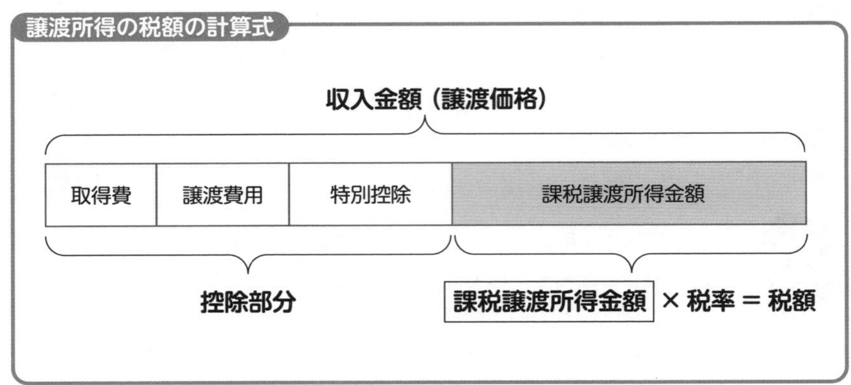

③長期譲渡所得と短期譲渡所得

所有期間によって税率が変わります。

譲渡所得については、所有期間が**５年以内（短期）**か、**５年超（長期）**かによって税率が異なります。長期間所有している方が税率は低くなります。

土地・建物等の譲渡による譲渡所得については、譲渡のあった年の１月１日において、所有期間が５年を超えている場合を「**長期譲渡所得**」、譲渡のあった年の１月１日において、所有期間が５年以内の場合を「**短期譲渡所得**」としています。

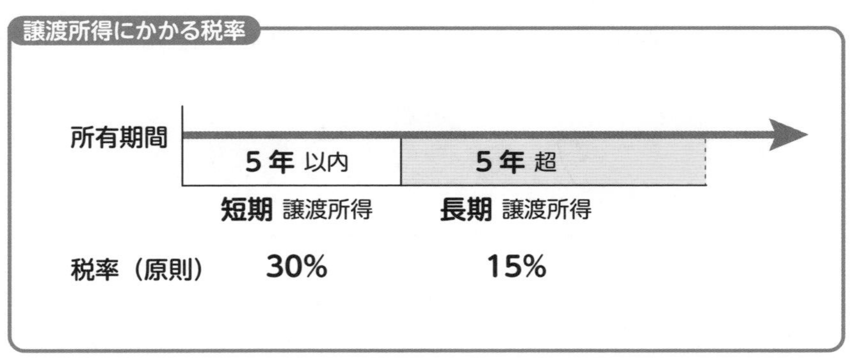

④譲渡所得の特例と所有期間の関係

譲渡所得の特例と所有期間には、次の関係があります。収用交換等の場合の5,000万円特別控除とは、個人資産が収用交換により譲渡された場合の金額から5,000万円が控除されるものですが、名称だけ知っておけば問題ありません。

所有期間10年超	買換え特例、居住用財産の軽減税率
所有期間５年超	優良住宅地の軽減税率
所有期間を問わない	・3,000万円特別控除（居住用財産を譲渡した場合の特別控除） ・5,000万円特別控除（収用交換等の場合の特別控除） ・課税の繰延べ

2 特例の適用要件

①居住用財産を譲渡した場合の3,000万円特別控除

居住用財産を譲渡した場合には、以下の要件で3,000万円の特別控除が適用されます。なお、所有期間については問われません。そのため、例えば２年しか所有しなくてもかまいません。

(1)居住用財産の譲渡であること

居住用財産の範囲とは次の場合をいいます。

①現に住んでいる居住用家屋または居住用家屋とその敷地

②次のいずれかで、**居住の用に供されなくなった日から３年を経過する日の属する年の12月31日まで**に譲渡したもの

a. 以前に住んでいた居住用家屋

b. 以前に住んでいた居住用家屋とその敷地

c. 災害により滅失した居住用家屋の敷地

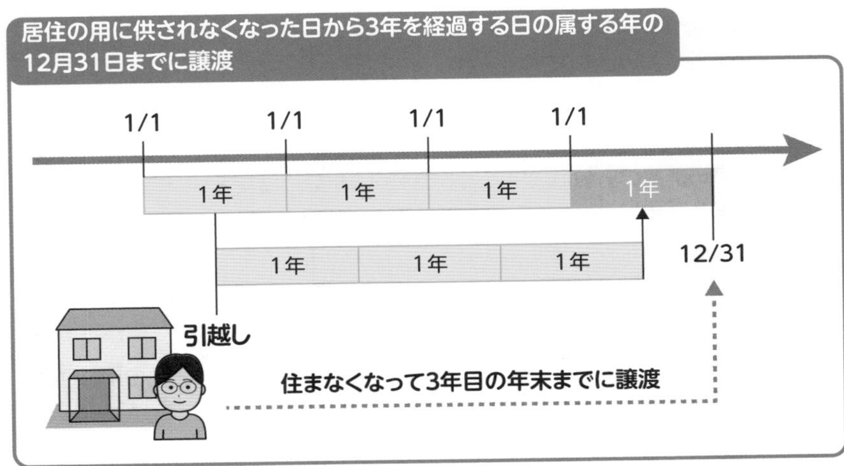

(2) 次の親族等に対する譲渡ではないこと

①配偶者および直系血族（祖父、祖母、父、母、子、孫）
② ①以外の同一生計の親族
③譲渡後、その居住用家屋に同居する親族
④その他同族会社（株式の50%または出資金額の50%超）

(3) 前年、前々年に「3,000万円控除」や「買換え特例」の適用を受けていないこと

３年に１度だけ特例の適用を受けることができます。

次に、居住用財産の譲渡所得の特別控除の例を示します。

● **居住用財産の譲渡所得の特別控除の例**

譲渡価格		取得費等		譲渡所得金額＝譲渡による利益
5,000万円	**－**	**2,000万円**	**＝**	**3,000万円**

特別控除の適用あり：(3,000万円－ 3,000万円) ×税率＝税額
特別控除の適用なし：　　　　　　3,000万円　×税率＝税額

②空き家に係る譲渡所得の特別控除の特例

被相続人が死亡したことにより空き家となった居住用建物や、その取壊し後の敷地を相続人が譲渡して得た利益から「居住用財産の譲渡所得の3,000万円特別控除」の適用を受けることができます。

主な適用要件は次の通りです。

①昭和56年5月31日以前に建築された家屋（旧耐震基準構築物）であって、当該相続の開始の直前において当該被相続人以外に居住をしていた者がいなかったもの。また、区分所有建築物を除く。
②譲渡の対価の額が１億円以下であること
③相続の開始があった日から３年を経過する日の属する年の12月31日までの間に譲渡したものであること
④相続から譲渡・除却するまで、事業の用、貸付けの用または居住の用に供されていないこと

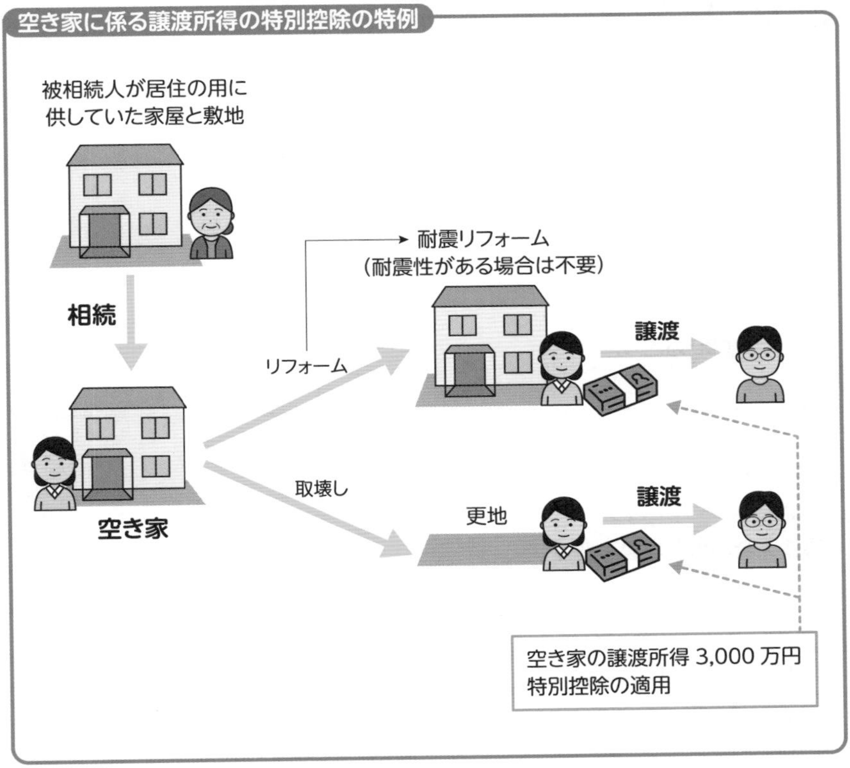

空き家に係る譲渡所得の特別控除の特例

被相続人が居住の用に
供していた家屋と敷地

相続

空き家

リフォーム

耐震リフォーム
（耐震性がある場合は不要）

譲渡

取壊し

更地

譲渡

空き家の譲渡所得 3,000 万円
特別控除の適用

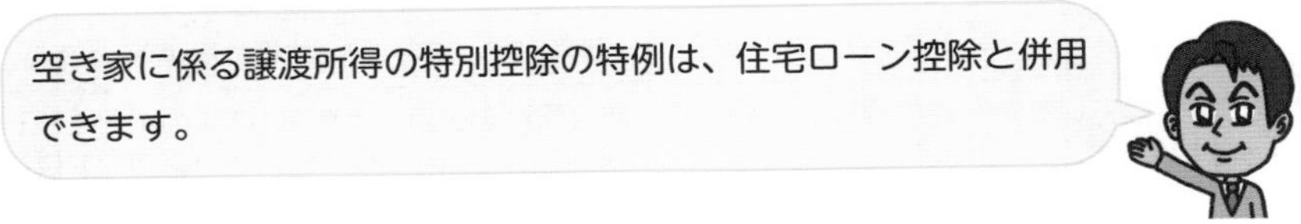

空き家に係る譲渡所得の特別控除の特例は、住宅ローン控除と併用できます。

③居住用財産の買換えの場合の長期譲渡所得の課税の特例

買換え特例とは、個人が居住用財産（譲渡資産）を譲渡し、別の居住用財産（買換資産）に買い換えた場合、譲渡資産の譲渡による収入金額より買替え資産の取得価額の方が上回る場合には、当該譲渡資産の譲渡がなかったものとし、また、収入金額が当該取得金額を上回る場合には、その超えた部分についてのみ譲渡があったものとして課税されるというものです。

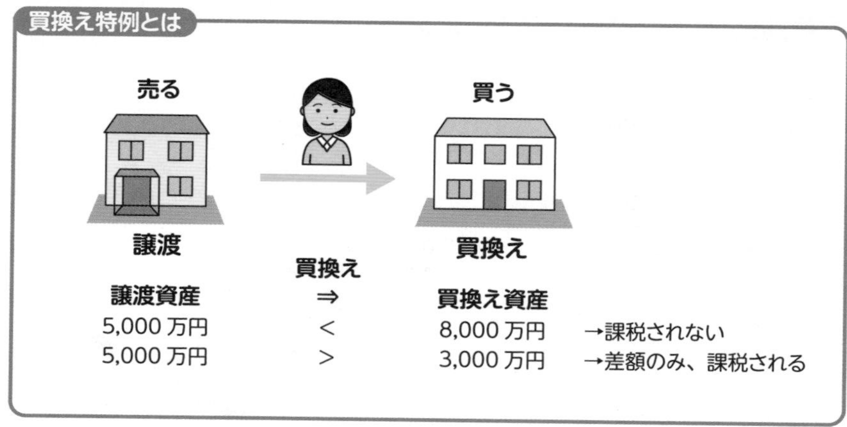

買換え特例の主な適用要件は次の表の通りです。

● **買換え特例の主な適用要件**

譲渡資産	買換え資産	
所有期間 10 年超（譲渡した年の 1 月 1 日）	家屋	50m^2 以上〜
居住期間 10 年以上。国内にある	土地	〜 500m^2 以下
配偶者など一定親族への譲渡ではない		
売却代金が 1 億円以下	既存住宅の場合、次のいずれかであること ・25 年以内に建築された耐火建築物 ・地震について一定の技術的基準等の適合	
現に居住しているまたは居住しなくなって「3 年目の年末」までに譲渡 1/1 1/1 1/1 1/1 1 年 1 年 1 年 1 年 1 年 1 年 1 年 引越 ココまで！ → 12/31	譲渡資産を譲渡した年の「前年の 1 月 1 日」から譲渡した日の「翌年の 12 月 31 日」までに取得 1/1 譲渡 12/31 前年 譲渡年 翌年	

④課税の繰延べ

「課税の繰延べ」とは、土地収用法等の規定によって土地・建物等が収用または買い取られ、補償金をもらった後、その補償金の全部または一部で一定の代替資産を取得した場合にその一定の代替資産取得のために使った補償金については譲渡がなかったものとされる特例です。

⑤税率（原則的な税率）

課税長期譲渡所得金額については、税金を少なくしようという考えから15%の税率が適用されます。

課税短期譲渡所得金額については、税金を多くしようという考えから原則として30%の税率が適用されます。

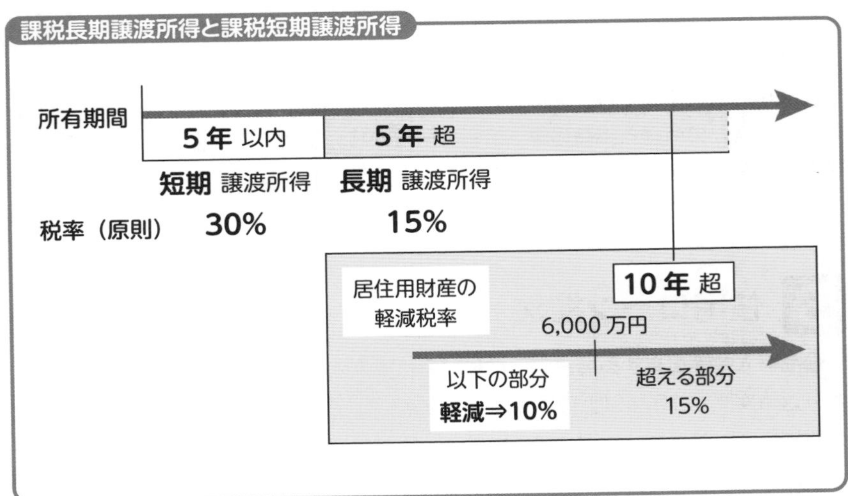

⑥軽減税率

土地や建物を譲渡した場合には、短期譲渡所得（30%の税率）、長期譲渡所得（15%の税率）が、原則として適用されますが、所定の土地等を譲渡した場合には、税率が軽減されます。

(1)居住用財産を譲渡した場合の長期譲渡所得の軽減税率の特例（居住用財産の軽減税率）

居住用財産（譲渡年1月1日における所有期間が10年超のものに限る）を譲渡した場合の長期譲渡所得について、次の軽減税率を適用します。

6,000万円以下の部分→ 10%　6,000万円超の部分→ 15%

(2)優良住宅地の造成等のために土地等を譲渡した場合の長期譲渡所得の課税の特例(優良住宅地の軽減税率)

土地等（譲渡年１月１日における**所有期間が５年超**のものに限る。なお、建物は含まれないので注意）の譲渡が優良住宅地等のための譲渡に該当するときは、その譲渡益（課税長期譲渡所得金額）に対して、次の軽減税率を適用します。

2,000 万円以下の部分→ 10%　2,000 万円を超える部分→ 15%

⑦居住用財産の買換え等の場合の譲渡損失の損益通算および繰越控除

居住用財産の譲渡をし、買替え資産を取得した場合において一定の条件を満たすときは、ほかの所得と**損益通算**（各種の所得から赤字がある場合、ほかの黒字の数字から控除できるとする特例）、そして特定譲渡の年の翌年以後３年以内の各年分の総所得金額等の**繰越控除**を認める制度をいいます。

3 住宅ローン控除

住宅借入金等を有する場合の所得税額の特別控除（**住宅ローン控除**）とは、個人が、返済期間が 10 年以上の住宅ローンにより住宅（敷地部分も含む）の取得または新築や増改築を行った場合において、一定の要件を満たすときは、その居住年から一定期間、住宅ローンの年末残高を基礎として計算した金額を各年の所得税額から控除することができる制度のことをいいます。

住宅ローン控除に関する主な適用要件は、次の通りです。

・確定申告が必要（最初の年だけ）
・10 年以上のローンにより住宅（敷地も含む）の取得をする（親族からの借入れの場合は認められない）
・（住宅取得から）６か月以内に居住を開始している
・控除を受けようとする個人の収入が年間所得 2,000 万円以下である（2,000 万円を超えるとその年は適用がない）
・家屋の床面積 50m^2 以上（所得 1,000 万円以下のときは 40m^2 以上 50m^2 未満）
・適用を受ける年の前後２年に居住用財産の 3,000 万円特別控除、軽減税率の特例、買換え特例の適用を受けていない

4 代表的な特例相互の適用関係

これまで見てきた特例に関して、次の図に適用関係をまとめています。

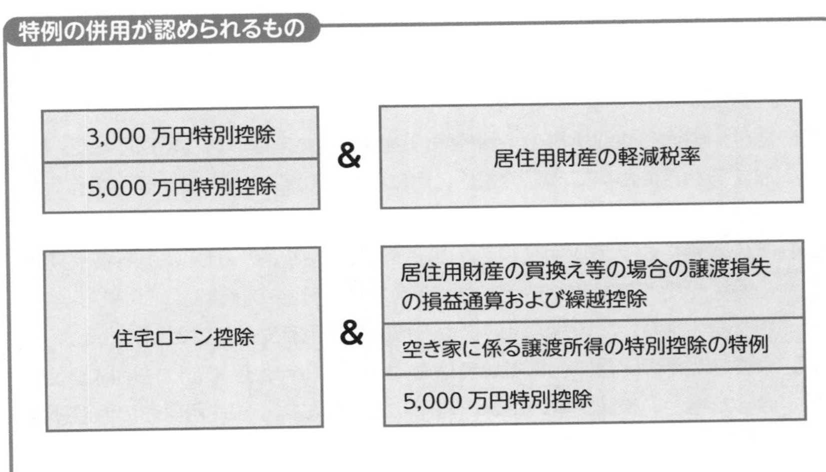

図以外の組合せの併用は認められません。代表例として、「買換え特例（居住用財産）」と「居住用財産の軽減税率」の組合せは併用できません。

問題にチャレンジ　○か×で答えましょう

Q1 居住用財産を配偶者に譲渡した場合には、居住用財産の譲渡所得の特別控除を適用することはできない。

Q2 譲渡した年の1月1日において所有期間が10年以下の居住用財産については、居住用財産の譲渡所得の3,000万円特別控除を適用することができない。

Q3 居住用財産の譲渡所得の特別控除の適用については、居住用財産をその譲渡するときにおいて自己の居住の用に供している場合に限り適用することができる。

Q4 その譲渡について収用交換等の場合の譲渡所得等の5,000万円特別控除の適用を受ける場合であっても、その特別控除後の譲渡益について、居住用財産を譲渡した場合の軽減税率の特例の適用を受けることができる。

Q5 譲渡した年の1月1日において所有期間が10年を超える居住用財産を譲渡した場合の軽減税率の特例を適用するときには、居住用財産の譲渡所得の特別控除を適用することはできない。

解答と解説

A1 ○　配偶者に譲渡した場合は、適用することはできません。

A2 ×　所有期間に関係なく適用できます。

A3 ×　住まなくなって3年経過する年の12月31日までに譲渡した場合でも適用できます。

A4 ○　軽減税率と収用交換等の譲渡所得5,000万円控除は併用できます。

A5 ×　居住用財産の特別控除（3,000万円控除）と居住用財産の軽減税率は併用が可能です。

5 印紙税（国税）

▶▶▶ 契約書等のうち一定の文章を作る場合に課されます

印紙税は、国税になるのでしょうか？　ポイントを教えてください。

印紙税は国税の範囲で、10年間で3回程度出題されています。過去に出題された問題が焼き直しで出題されることが多いため、国税の中では対策がとりやすい項目です。どのような文書が課税文書となって印紙が必要なのか、記載金額として扱われるのはどれなのか、納付方法などを学びます。

1 印紙税の基本事項

印紙税（いんしぜい）は、取引に関連して作成される文書（契約書等）のうち、一定の文書（**課税文書**）を作成する場合に課税される税です。

印紙税とは

文書を作成した者が、原則として、その課税文書に税額に相当する印紙を貼り付け、消印することによって税金を納付するという**自主納付方式**をとっています。

①課税主体

印紙税の課税主体は、国です。

②課税客体

印紙税の課税対象となる文書（課税文書）とは、契約の成立を証明する目的で作成された文書等をいいます。印紙を貼る必要のある課税文書と、貼る必要のない非課税文書を覚える必要があります。

● **課税文章と非課税文章**

課税されるもの	課税されないもの
・売買契約書、交換契約書、贈与契約書 ・予約契約書 ・土地の賃貸借契約書 ・地上権の設定・譲渡に関する契約書 ・５万円以上の場合における金銭の受取書 ・仮契約書 ・覚書・念書	・委任に関する契約書 　例）不動産の媒介契約書 ・永小作権、地役権、質権、抵当権の設定又は譲渡の契約書 ・建物の賃貸借契約書 ・使用貸借の契約書 ・営業に関しない金銭の受取書 　例）個人が所有する住宅を売却したときに受け取る売却代金の領収書

正本、副本、謄本等のように**２通以上の文書が作成された場合であっても、契約の成立を証明する目的で作成されたものであれば、それらは印紙税の課税対象となります。**

建物の賃貸借契約書は印紙税の課税対象となりませんが、賃貸借契約書に関する受取書（領収書）は課税されます。また、上記の表にないもので「念書」「覚書」「仮契約書」も証明文書であれば課税文書になるため、対策上は非課税文書を覚えた方が効率的です。

③納税義務者

所定の課税文書（契約書等）を作成した場合、文書の作成者に、印紙税を納める義務があります。代理人が作成した場合は、代理人が納税義務者となります。また、１つの契約書を２人以上の者が共同して作成した場合は、連帯して印紙税を納める義務を負います。文書の作成者は、作成した文書に印紙を貼って、消印しなければなりません。なお、国・都道府県・市町村（地方公共団体）等が作成する文書は課税されません。

国・都道府県・市町村等と私人が共同で作成した文書の取扱いですが、国・都道府県・市町村等で保存するものは私人が作成したものとされ、課税されますが、私人が保存するものは課税されません。国等が作成した場合は印紙不要だからです。

④課税標準

印紙税の課税標準は、文書の記載金額です。

● 印紙税の課税標準

区分		記載金額
不動産の譲渡に関する契約書	売買	売買金額
	交換	交換金額
	贈与	譲渡の対価たる金額はないため、記載金額のない契約書として扱う
	その他	譲渡の対価たる金額
土地の賃貸借契約書		後日返還することが予定されていない金銭の額
地上権の設定・譲渡に関する契約書		契約に際し、相手方当事者に交付し、後日返還することが予定されていない金銭の額

(1)売買等の記載金額

売買契約書の記載金額は売買代金ですが、消費税額が明らかであれば、消費税額を抜いた金額が記載金額となります。

また、１つの契約書に２つ以上の物件の売買価格が併記されている場合、例えば、5,000 万円の土地と 3,000 万円の建物であれば、合計した 8,000 万円が記載金額となります。

注意すべきは、１つの契約書に売買契約と請負契約の両方が分けて記載されている場合です。この場合は、いずれか大きい額が記載金額となります。例えば、土地の売買金額が 5,000 万円、建物の請負金額が 3,000 万円の場合は、合計した 8,000 万円ではなく 5,000 万円が記載金額となります。

売買金額について、契約金額を変更する契約書は、変更前の契約金額を証明した契約書が作成されていることが明らかであること等を条件として次の扱いとします。

契約金額を増額変更：その増加金額を記載金額とする
契約金額を減額変更：契約金額の記載がないものとして扱う
（印紙税額は 200 円）

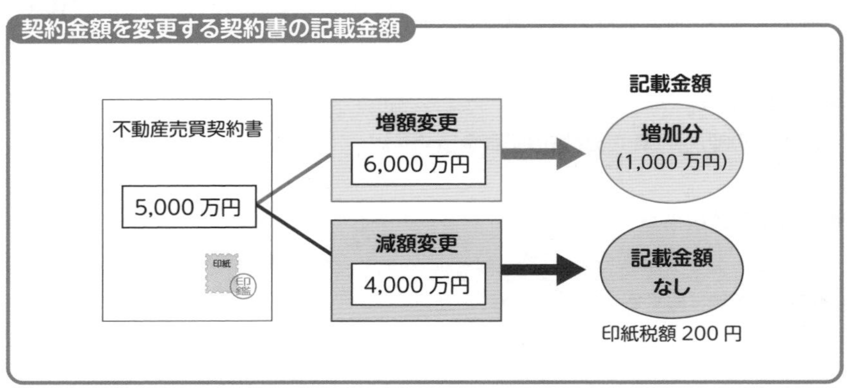

また、契約書に記載されている単価および数量、記号その他によりその契約金額等の計算をすることができるときは、その計算により算出した金額を記載金額とします。

(2) 交換時の記載金額

交換契約書において、交換対象物の双方の価額が記載されている場合には、高い方の金額を記載金額とします。また、交換差金のみが記載されている場合には、その交換差金の額を記載金額とします。

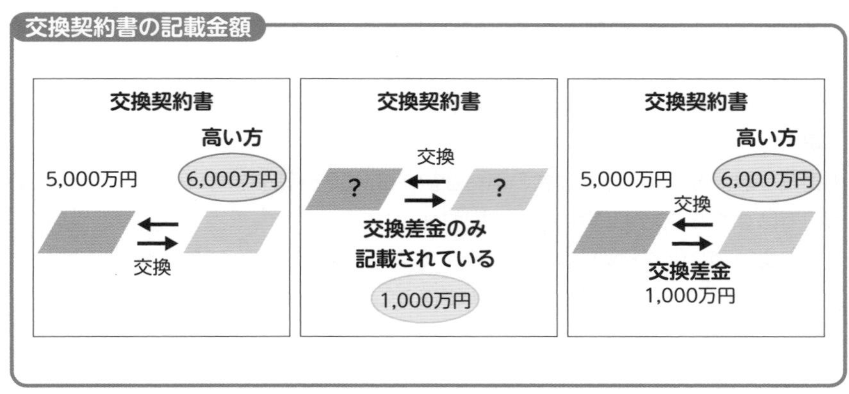

(3)贈与契約書

贈与契約書においては、記載金額のない不動産の譲渡に関する契約書として扱います（印紙税額 200 円）。

(4)土地の賃貸借契約書／地上権の設定・譲渡に関する契約書

土地賃貸借契約書等においては、後日返還することが予定されていない権利金・礼金・更新料等の金額が記載金額となります。賃料や後日返還されることが予定されている敷金・保証金等は記載金額となりません。

なお、注意事項として建物の賃貸借契約書と土地の賃貸借契約書は扱いが異なります。建物の賃貸契約書は非課税ですが、土地の賃貸契約書は課税され、記載金額は返還されない権利金などとなります。

2 印紙税の納付方法・消印

①課税文書の作成者

課税文書の作成者は、課税文書に印紙を貼り付けた場合には、政令で定めるところにより課税文書と印紙の彩紋とにかけて、判明に印紙を消さなければなりません。

印紙を消す方法は、印章または署名で消さなければなりませんが、作成者自身でなくても代理人や使用人のものでもかまいません。

印紙を間違えて貼り付け、消印した場合には、所定の手続をすれば還付を受けることができます。

②過怠税

課税文書に印紙を貼っていない、消印しなかった場合には、過怠税を徴収されます。課税文書に印紙を貼り付けなかった場合の過怠税の額は、納付しなかった印紙額とその２倍のペナルティーで**実質の３倍**です（**自己申告の場合**は、納付しなかった印紙税の額の **1.1 倍**です）。また、消印しなかった場合の過怠税の額は、消印していない印紙の額面金額になります。

問題にチャレンジ　○か×で答えましょう

Q1 建物の賃貸借契約に際して敷金を受け取り、敷金の領収書（記載金額 100 万円）を作成した場合、その領収書に「賃借人が退去する際に返還する」旨が記載されているときでも、印紙税は課税される。

Q2 土地の譲渡金額の変更契約書で、「既作成の譲渡契約書に記載の譲渡金額 1 億円を 1 億 1,000 万円に変更する」旨が記載されている場合、その契約書の記載金額は 1 億 1,000 万円である。

Q3 「月額家賃 10 万円、契約期間 2 年間、権利金 60 万円、敷金 30 万円とする」旨を記載した建物の賃貸借契約書については、印紙税は課税されない。

Q4 「A の所有する甲土地（価額 3,000 万円）と B の所有する乙土地（価額 3,500 万円）を交換する」旨の土地交換契約書を作成した場合、印紙税の課税標準となる当該契約書の記載金額は 3,500 万円である。

Q5 「A の所有する甲土地（価額 3,000 万円）を B に贈与する」旨の贈与契約書を作成した場合、印紙税の課税標準となる当該契約書の記載金額は、3,000 万円である。

Q6 国を売主、株式会社 A 社を買主とする土地の譲渡契約において、双方が署名して共同で土地譲渡契約書を 2 通作成し、国と A 社がそれぞれ 1 通ずつ保存することとした場合、A 社が保存する契約書には印紙税は課税されない。

Q7 「甲土地を 6,000 万円、乙建物を 3,500 万円、丙建物を 1,500 万円で譲渡する」旨を記載した契約書を作成した場合、印紙税の課税標準となる当該契約書の記載金額は、6,000 万円である。

Q8 一の契約書に土地の譲渡契約（譲渡金額 3,000 万円）と建物の建築請負契約（請負金額 2,000 万円）をそれぞれ記載した場合、印紙税の課税標準となる当該契約書の契約金額は 5,000 万円である。

解答と解説

A1 ○ 敷金の領収書にも課税されます。

A2 × 変更で記載金額が増加した場合、記載金額は増加した金額（1,000万円）です。

A3 ○ 建物賃貸借契約書は課税文書ではないので課税されません。

A4 ○ 記載金額の高い方です。

A5 × 贈与の場合は記載金額がないものとして扱います。200円の印紙税が課税されます。

A6 ○ Ａ社が保存する契約書は、国が作成した契約書となり、印紙税が課税されません。

A7 × 全ての合計である１億1,000万円となります。

A8 × 高い方の3,000万円となります。

6 登録免許税（国税）

▶▶▶ **不動産を取得して登記や登録を受ける場合の税金です**

登録免許税はよく出るテーマなのでしょうか？　どのように攻略すればよいですか？

登録免許税は10年に3回程度出題されます。過去問で理解していれば解ける問題も多いことから、過去問の解説でポイントを押さえましょう。登録免許税はさまざまな場面で課されますが、試験では不動産に関する登記に関するもののみ勉強しましょう。

1 登録免許税の基本事項

登録免許税（とうろくめんきょぜい）は、土地や建物などを取得して、第三者に対抗できるよう登記を受けるときなど、その登記または登録を受ける者に対し、課税される税です。

①課税主体

登録免許税の課税主体は国です（国税）。

②課税客体

登録免許税の課税客体は、不動産の登記等です。表示の登記は、原則として課税されません。例外として、分筆・合筆の表示変更登記は、課税されます。

③納税義務者

登録免許税を納める者（納税義務者）は、登記等を受ける者です。売買の場合は、売主と買主が連帯して納税義務を負います。

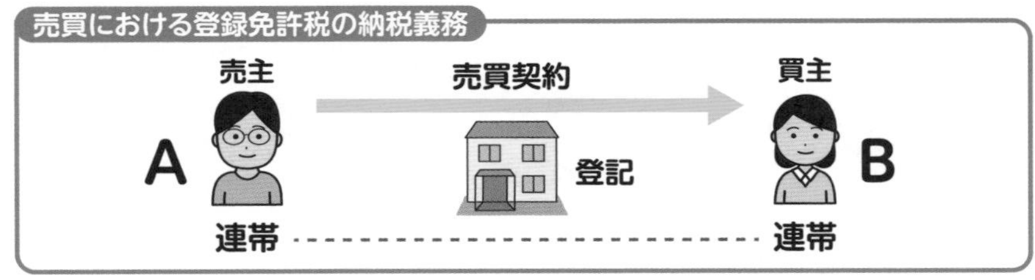

④課税標準

不動産登記の場合、課税標準は原則、固定資産課税台帳に登録されている価格です。固定資産課税台帳に登録されていない場合は、類似の不動産の登録価格をもとに登記官が認定した価格となります。

もし、登記する不動産の上に所有権以外の権利、その他の処分の制限があるときは、**その権利、その他の制限がないものとした場合の価格**とします。

抵当権の設定登記の場合には、課税標準は**債権金額**になります。課税標準の金額を計算する場合において、その全額が1,000円未満のときは、その課税標準は**1,000円**として計算します。

登録免許税の**税率**は、**登記原因により異なります**が、細かい税率は宅建試験で覚える必要はありません。

2 住宅用家屋の軽減税率

住宅用家屋（住宅）に関する登記については、特例措置（軽減税率）が設けられています。マイホームを購入する際は、過去にこの特例の適用を受けた場合でも再度適用を受けることができ、登記の税金が安くなります。そのため、例えば法人名義で購入して社宅とする際は適用がありません。要件は下記表の通りですが、**面積が50m² 以上のときで、競落と売買のときだけであるということと、建物のみが軽減の対象で土地は軽減されないこと**に特に注意しましょう。

● **住宅用家屋（建物のみ）の登記に係る軽減税率の特例の適用要件**

	所有権保存登記	所有権移転登記 （売買、競落）	抵当権設定登記
課税標準	不動産の価額		債権金額
軽減税率	1.5/1,000	3/1,000	1/1,000
適用要件	①個人が自己の居住用に供すること ②家屋の床面積が 50m² 以上 ③新築（取得）後1年以内に登記を受けること		
	新築住宅のみ適用	既存住宅にあっては新耐震基準に適合していること ※登記の建築日が昭和57年1月1日以降なら新耐震基準に適合しているとみなす	

①納付期日と納付方法

登録免許税の納付方法は、現金で納めること（**現金納付**）が原則であり、例外として税額が**3万円以下**の場合は、**収入印紙**で納めることも認められています。

納税地は、登記を受ける登記所の所在地で、納付期日（納期）は、その不動産の登記を受けるときです。もし、納付すべき登録免許税の額に不足額のあるときは、追徴されます。

②非課税

不動産を取得し登記する場合には、登記費用として登録免許税が課税されるのが原則です。ただし、国・地方公共団体等が自己のために登記を受けるような場合には、課税されないことになっています。

特例は売買、競売のみが対象です。交換、贈与、相続は対象外となることに注意しましょう。

問題にチャレンジ　○か×で答えましょう

Q1 土地の売買に係る登録免許税の納税義務は、土地を譲渡した者にはなく、土地を取得した者にある。

Q2 土地の売買に係る登録免許税の課税標準は、売買契約書に記載されたその土地の実際の取引価格である。

Q3 軽減措置は、所有権の移転の登記に係る住宅用家屋が、新耐震基準に適合していても、床面積が $50m^2$ 未満の場合には適用されない。

解答と解説

A1 ×　売主、買主双方にあります。

A2 ×　固定資産課税台帳登録価格です。

A3 ○　床面積が $50m^2$ 以上でなければ軽減措置の適用を受けることができません。

7 贈与税（国税）

▶▶▶ 誰かに財産をもらった場合に課される税金です

贈与税は、誰かに不動産をあげた場合にかかるのでしょうか？

贈与者ではなく、個人から個人が財産を贈与された際にかかる税金です。出題については10年で1、2度程度出題されますが、難しい内容なので深入りしないようにしましょう。不動産に絡む住宅取得資金の贈与を受けた場合の非課税、相続時精算課税制度の特例、配偶者控除あたりの過去問を解いておく程度で十分です。

1 贈与税とは

贈与税（ぞうよぜい）は、個人から土地や建物などの財産を贈与により個人がもらった場合に、もらった個人に対して課される税金です。

①贈与税の納付と暦年課税（原則）

贈与税の課税方法には「**暦年課税**」と「**相続時精算課税**」があります。

暦年課税の場合、1年間（1月1日～12月31日）に贈与によりもらった財産に対し、基礎控除額110万円を差し引いた残りに対してかかります。

もらった人が一定の算式により求めた贈与税額（額に応じて税率10～55%となる超過累進税率）を、一定の期日までの間に、自分で所轄の税務署に納付する申告納税方式を採用しています（以下で触れる相続時精算課税制度を利用すると、基礎控除は利用できなくなります）。

贈与税では、**親から贈与を受けた場合**、暦年課税制度（基礎控除110万円）のほか、相続時精算課税制度を併用することができます。相続時精算課税とは、一定の要件のもと贈与税の課税を**相続発生時まで繰り延べる**という方法です。

2 直系尊属から住宅取得資金を受けた場合の非課税制度

18歳以上の子や孫である者が、自己の住宅の取得や増改築、敷地の**取得等のた**

めの資金を直系尊属から贈与によって取得した場合、一定額まで非課税となります。
　なお、住宅用の家屋自体の贈与を受けても、適用が受けられない点に注意しましょう。

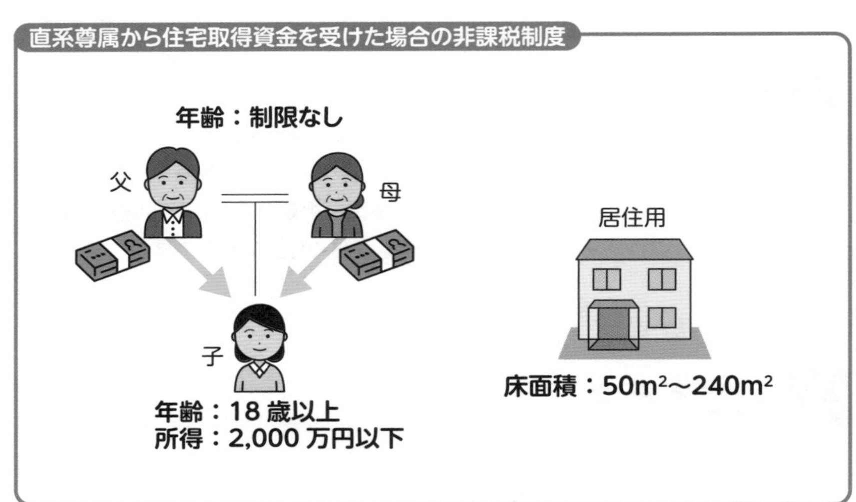

● **直系尊属から住宅取得資金を受けた場合の非課税制度の適用要件**

贈与者	直系尊属（父母、祖父母等）※年齢は問われない
受贈者	・1月1日において18歳以上である者（贈与者の子、孫等） ・贈与を受けた年の合計所得金額が2,000万円以下であること
非課税の対象	日本国内の住宅用家屋の新築、取得、増改築等のための「住宅取得等資金」の贈与
非課税の限度額	500万円 ※一定の省エネルギー・耐震性能がある「良質な住宅用家屋」は、1,000万円
「住宅用家屋」「増改築」の要件	①新築または取得する「住宅用家屋」 ・床面積：50m^{2}以上240m^{2}以下 （合計所得が1000万円以下の場合は、40m^{2}以上240m^{2}以下） ・床面積の2分の1以上を専ら受贈者の居住の用に供すること ②増改築 ・増改築の費用が100万円以上であること、かつ ・増改築後の床面積が40m^{2}以上240m^{2}以下であること

3 住宅取得資金の贈与を受けた場合の相続時精算課税制度

生前の贈与時に贈与税を納税し、その後の相続時に「その贈与財産と相続財産を合計した価額をもとに計算した相続税額」から「既に支払った贈与税額」が控除されるのが**相続時精算課税制度**（そうぞくじせいさんかぜいせいど）です。

相続時精算課税制度の適用を受けると、贈与税の計算について、贈与財産の価額から2,500万円が控除されます。**控除後の残額に対して一律20%の税率がかけられます**。相続時精算課税に係る贈与者が亡くなったときに、それまでに贈与を受けた相続時精算課税の適用を受ける贈与財産の価額と相続や遺贈により取得した財産の価額とを合計した金額をもとに計算した相続税額から、既に納めた相続時精算課税に係る贈与税相当額を控除して算出します。

相続時精算課税制度には、一般のルールと直系尊属から住宅取得等資金の贈与を受けた場合の特別ルールがあります。一般のルールだと贈与者が60歳以上であることが条件になるなどの違いがありますが、ここでは住宅取得資金を受けた場合のみを扱います。

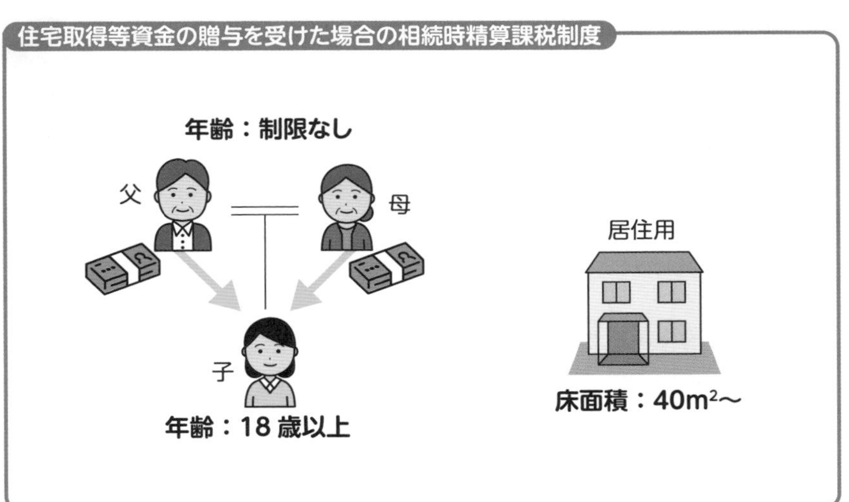

● 直系尊属から住宅取得等資金の贈与を受けた場合の相続時精算課税制度の要件

贈与者	父母、祖父母　※年齢は問われない。60 歳未満でも可
受贈者	・1月1日において 18 歳以上である推定相続人（贈与者の子、孫等） ・贈与を受けた年の合計所得金額の制限はなし
対象	新築、取得、増改築等のための「住宅取得等の資金」にあてるための「金銭」の贈与
特別控除の限度額	2,500 万円 ※前年までに特別控除を利用し、残額がある場合には残額の範囲で利用可
「住宅用家屋」「増改築」の要件	①新築または取得する「住宅用家屋」 ・床面積：40m² 以上 ・床面積の２分の１以上を専ら居住の用に供すること ②増改築（例：省エネ改修、バリアフリー改修、給排水管・雨水侵入部分の工事） ・増改築の費用が 100 万円以上（居住用部分の工事費が２分の１以上）であること、かつ ・増改築後の床面積が 40m² 以上（床面積の２分の１以上が専ら居住の用）であること

住宅取得等の資金の贈与の非課税制度と相続時精算課税制度の違いですが、特に、非課税制度は所得制限があるのに対して、相続時精算課税制度は納税を先延ばしするだけであり、所得制限がない点と住宅用家屋の面積要件に注意しましょう。贈与税はこれ以上深入りをしないのが賢明です。

問題にチャレンジ ○か×で答えましょう

Q1 贈与者が住宅取得等資金の贈与をした年の1月1日において60歳未満の場合でも、この特例の適用を受けることができる。

Q2 直系尊属から住宅用の家屋の贈与を受けた場合でも、この特例の適用を受けることができる。

Q3 受贈者について、住宅取得等資金の贈与を受けた年の所得税法に定める合計所得金額が2,000万円を超える場合でも、この非課税の特例の適用を受けることができる。

Q4 相続時精算課税の適用を受けた贈与財産の合計額が2,500万円以内であれば、贈与時には贈与税は課されないが、相続時には一律20%の税率で相続税が課される。

解説

A1 ○ 贈与者の年齢にかかわらず適用できます。

A2 × 「住宅取得等資金の贈与」であって、家屋自体の贈与を受けた場合は対象外となります。

A3 × 合計所得金額が2,000万円を超える者は、非課税の特例の適用を受けることができません。

A4 × 贈与時には、非課税となりますが、相続時に課される相続税の税率は、相続財産の額によって違ってくるので「一律20%の税率」ではありません。

8 地価公示法

▶▶▶ 公示地価は土地鑑定委員会による元日時点の価格です

地価公示法からはよく出題されるのでしょうか？

地価公示法または不動産鑑定評価規準から毎年１問が出題されます。まれに難問もありますが、不動産鑑定評価基準と比べて範囲も狭いため得点源にしたい項目です。地価公示の手続きの流れの中で、誰がどのような仕事をするのか、地価公示の結果をどのように使うのかを学びます。

1 地価公示法の目的

地価公示は、地価公示法に基づき**土地鑑定委員会**が、**毎年１月１日時点**における標準地の正常な価格を３月に公示するものです。例年、３月頃に「全国の地価が○○年連続上昇」というようにテレビや新聞で報道されます。適正な価格がわかりにくい**一般の土地の取引価格に対して指標（目安）**を与えたり、**公共用地等を取得する際の適当な補償金の算定基準**とすることで適正な地価形成に寄与することを目的としています。

公示価格は、**土地鑑定委員会**が**２人以上の不動産鑑定士**の鑑定評価を求め、その結果を審査し、必要な調整を行って、標準地１m^2当たりの正常な価格を判定しています。

土地鑑定委員会は、標準地の単位面積当たりの正常な価格を判定したときは、

①標準地の所在地
②標準地の価格および価格判定の基準日
③標準地の地積および形状
④標準地およびその周辺の土地の利用の現況等

について官報で公示しなければなりません。

2 地価公示の手続

個別的な事情に左右されやすく、あいまいになりやすい土地の価格について、取引の目安（指標）を与え、適正な地価を形成しようとするのが地価公示です。

まず地価公示を行うにあたり、国土交通省に**7名の委員**によって構成される土地鑑定員会が置かれます。委員は両議院（衆議院・参議院）の同意を得て**国土交通大臣が任命**します。

そして、土地鑑定員会を中心に、都市計画区域その他土地の取引が相当程度見込まれる公示区域（候補地のイメージ）の中から標準地を選定して「**正常な価格**」を公示します。取引が見込まれると、標準地は都市計画区域内に限られない点と、環境等が特に良好と認められる土地などではなく、標準だけに「通常」の土地を選定します。

土地鑑定委員は、標準地の選定を行うために、他人の占有する土地に立ち入って調査の必要があれば、必要な限度で土地に立ち入ることができます。この場合、土地の占有者に対して日出前または日没後の立入りを除き承諾は不要ですが、立ち入ろうとする３日前までに、通知をしなければなりません。

標準地が選定されると、その土地について、土地鑑定委員会が２人以上の不動産鑑定士に鑑定評価を求めます。そして不動産鑑定士が結果を土地鑑定委員会に提出すると、結果について土地鑑定委員会が審査して必要な調整を行い、**一定の基準日（1月1日）における当該標準地の単位面積（1 m^2）あたりの価格を判定**します。

そして、次のような手続きで地価公示が行われます。

土地鑑定委員会による判定が終わると、**年１回**、**官報**によって公示されることになります。公示内容は、①標準地の所在地、②単位面積あたりの価格と基準日、③面積および形状、④周辺の土地の利用の現況、⑤水道ガス供給施設および下水道の整備状況等になります。

土地鑑定委員会は、公示した内容を関係市町村の長に対して、その市町村の標準地に関する書面を送付します。関係市町村長は、その書面を市町村の事務所において一般の閲覧に供しなければなりません。

地価公示の流れ

標準地の選定	土地鑑定委員会が「公示区域」内で選定します
▼	
鑑定	2人以上の不動産鑑定士が毎年1回1月1日を価格時点として鑑定します。鑑定は以下について平均ではなく勘案して行う必要があります ①近傍類地の取引価格から算定される推定の価格 ②近傍類地の地代等から算定される推定の価格 ③同等の効用を有する土地の造成に要する推定の費用の額
▼	
評価書の提出	標準地の鑑定を行った不動産鑑定士は、土地鑑定委員会に対して鑑定評価額その他の事項を記載した鑑定評価書を提出します
▼	
審査・判定	土地鑑定委員会は、提出を受けた鑑定評価の結果を審査し、必要な調整を行って正常な価格を判定します。 正常な価格とは、土地の自由な取引が行われる場合に通常成立する価格をいい、土地に建物や借地等が存するときは、これらがないものとして判定されます。つまり更地価格です
▼	
公示	土地鑑定委員会が標準地の所在、価格などについて官報で公示します
▼	
送付・閲覧	土地鑑定委員会は、市町村長に対して公示した地価に関する書面、図面を送付します。 市町村長は、公示された地価に関する書面、図面を市町村の事務所で閲覧に供します

公示区域とは、都市計画区域その他の土地取引が相当程度見込まれるものとして国土交通省令で定める区域をいいます。公示区域は、都市計画区域外にも定めることができます。

3 公示価格の効力

次に、地価公示で判定した価格がどのように利用されるのかをみていきます。

まず、一般の土地取引（通常の売買）指標として取引を行うよう努めなければならないとされており、義務ではなく努力義務となっています。要するに、公示価格は考慮しなくても問題ありません。それに対して、不動産鑑定士が鑑定評価するときや、収用や公共事業の補償金の算定は規準となるとされ、考慮が義務となっています。

● 指標

土地の取引を行う者は、取引しようとする土地に類似する標準地について公示された価格を**指標**として取引を行うよう**努めなければなりません**。

● 規準

規準とは、標準値の公示価格と類似する土地の価格との間に均衡を保たせることをいいます。次の場合、公示された価格を「規準」としなければなりません。

不動産鑑定士の鑑定評価	不動産鑑定士が、公示区域内の土地の正常な価格を求めるときは、公示価格を規準としなければなりません
公共事業用に供する土地取得価格の算定	土地収用法等により土地を収容できる事業を行う者が、公示区域内の土地の取得価格を定めるときは、公示価格を規準としなければなりません
収用に対する補償金の算定	公示区域内において、収容する土地の補償金を算定するときは、公示価格を規準として算定した土地の価格を考慮しなければなりません

「指標」とする土地は「最も近傍の標準値」ではなく、類似する利用価値を有すると認められる標準地です。近ければよいというものではなく、似たような利用をしていて、かつ近くの土地というイメージを持ちましょう。

問題にチャレンジ　○か×で答えましょう

Q1　都市およびその周辺の地域等で土地の取引を行う者は、公示価格を規準として取引を行うよう努めなければならない。

Q2　土地鑑定委員会は、自然的および社会的条件からみて類似の利用価値を有すると認められる地域において、土地の利用状況、環境等が特に良好と認められる一団の土地について標準地を選定する。

Q3　標準地の正常な価格とは、土地について、自由な取引が行われるとした場合に通常成立すると認められる価格をいい、当該土地に地上権がある場合には、その地上権が存するものとして通常成立すると認められる価格をいう。

Q4　標準地の鑑定評価は、近傍類地の取引価格から算定される推定の価格、近傍類地の地代等から算定される推定の価格および同等の効用を有する土地の造成に要する推定の費用の額を勘案して行われる。

解答と解説

A1　×　「指標」として努めなければなりません。

A2　×　「良好」ではなく「通常」です。

A3　×　「存するもの」ではなく「存しないものとして」です。

A4　○　全て勘案して行います。

9 不動産鑑定評価基準

▶▶▶ 不動産の鑑定評価を定める理論的な規準です

難しそうな分野ですが、どのような問題が出るのでしょうか？

不動産鑑定評価基準は、勉強自体が難しく難問が出ることもあります。ただし、過去問そのままの言い回しで出題されるなど、基本知識や鑑定評価の方式を理解して覚えておけば得点可能な問題も多いです。テキストに載っていることを理解して、それで解ける問題に絞って学習しましょう。

1 不動産の鑑定評価とは

不動産の価格は広さが同じであっても、大都市の商業地と地方とでは価格が大きく異なります。また、日当たりの良し悪しなどの個別的な条件が価格に大きく反映しやすく、客観的に不動産の価格を値付けすることは難しいです。

そこで、可能な限り合理的な判断基準に基づいて、客観的な適正価格を求めていく必要があります。不動産の経済価値を判定し、それを価格で表示することを不動産の鑑定評価といいます。そして**不動産鑑定評価基準**という鑑定評価の理論的な基準が定められ、鑑定評価はこれに従って行うべきとされています。

①価格形成要因

不動産の価格はどのような要因によって決まるのかについては、不動産の効用（どのような使い方ができるか）、相対的稀少性（どのくらい数が少ないのか）、不動産に対する有効需要（どのくらい必要とされているか）等によります。こうした要因を**価格形成要因**といい、**一般的要因**、**地域要因**および**個別的要因**に分けられます。

不動産の鑑定評価を行うにあたっては、不動産の価格を形成する要因を明確にし、それぞれの要因の相互関係を十分に分析することが求められます。

②最有効使用の原則

不動産の価格は、不動産が最適に利用されているときの価値で決まるという想定です。例えば、駅前の土地を所有していた場合に、自己の住居として使用すれば賃料収入はありませんが、商業ビルなどにして貸し出せば賃料収入を見込めます。このように不動産の価格は、その不動産の効用が最高度に発揮される使用状況を把握します。

不動産鑑定評価基準の言い回しは非常に難しい表現ですが、「価格形成要因は、価格が決まる要因」「一般的要因は、一般に誰にもかかわる景気、社会、経済、ライフスタイルのような要因」「地域要因は、都会か田舎かとかの要因」「個別的要因は、隣にドブ川があるか公園があるかなど不動産の個別の個性の要因」というイメージです。噛み砕いて考えてみましょう。

③価格の種類

鑑定評価によって求めるべき価格は４つあります。正常価格、限定価格、特定価格、特殊価格です。基本的には正常価格ですが、必要に応じてどの価格を求めるかが異なります。

(1) 正常価格

正常価格は「市場性を有する**不動産について、現実の社会経済情勢の下で**合理的**と考えられる**条件を満たす**市場で形成されるであろう市場価値を表示する適正な価格**」と定義されており、売買する際に適正と合理的だと考えられる価格のことです。

(2) 限定価格

限定価格は「市場性を有する**不動産について、不動産と取得する他の不動産との併合または不動産の一部を取得する際の分割等に基づき正常価格と同一の市場概念の下において形成されるであろう市場価値と乖離することにより、市場が相対的に**限定**される場合における取得部分の当該市場限定に基づく市場価値を適正に表示する価格**」と定義されています。

隣地の人が隣り合う土地を購入する場合や、借地権者がその底地の取得をするような際には限定価格となります。

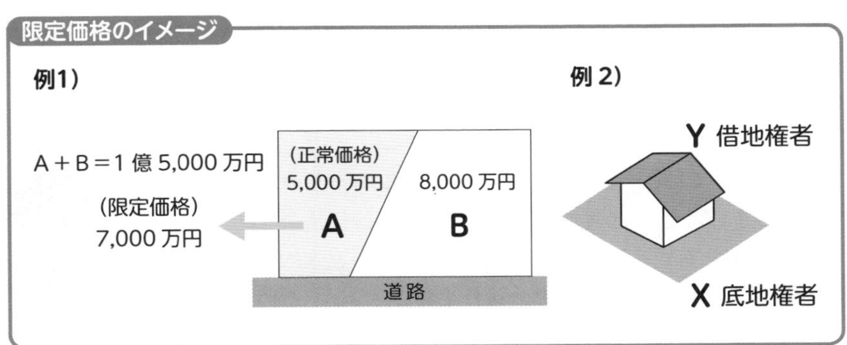

(3)特定価格

特定価格は「市場性を有する不動産について、**法令等による社会的要請を背景とする鑑定評価目的の下で、正常価格の前提となる**諸条件を満たさない**ことにより正常価格と同一の市場概念の下において形成されるであろう市場価値と乖離することとなる場合における不動産の経済価値を適正に表示する価格**」と定義されます。

会社の経営がうまくいっておらず、売却を急いでいる場合や、会社更生法に基づく事業の継続を前提とした価格を求める場合の正常価格とは異なる価格を求める場合などがこれに該当します。

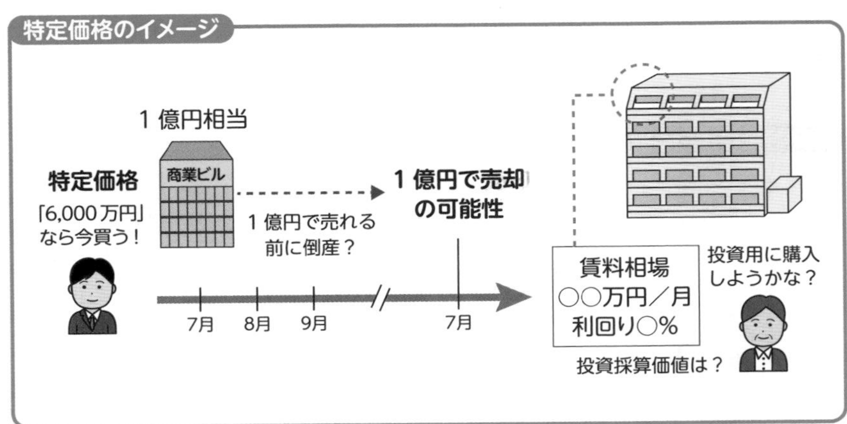

(4)特殊価格

特殊価格とは、例えば売買の取引がされる可能性がない文化財指定建造物、宗教建築物または公共公益施設について考慮する場合の価格です。「**文化財等の一般的**

市場性を有しない不動産について、その**利用現況等を前提とした不動産の経済価値を適正に表示する価格**」と定義されており、国宝や重要文化財等の市場性を有しない建築物の価格を求める場合がこれに該当します。

価格については、まずは割り切って最低限のキーワードを覚えるようにしましょう。「市場性を有しない」は特殊価格、それ以外は全て「市場性を有する」です。さらに、「正常価格→合理的・条件満たす」「限定価格→限定」「特定価格→条件を満たさない」というよう判断していきます。

2 鑑定評価の手法

鑑定評価の手法には、原価法、取引事例比較法、収益還元法の３つがあります。鑑定評価では、より適正な価格を導くため**複数の鑑定評価の手法を適用すべき**とされます。それぞれの鑑定評価の手法により求められた価格を、試算価格といいます。

①鑑定評価に用いる取引事例の選択

鑑定評価に用いる取引事例については、近隣地域または同一需給圏内の類似地域に存する不動産に係るもののうちから選択するものとされていますが、必要やむをえない場合においては、近隣地域の周辺の地域に存する不動産に係るもののうちから選択することができます。

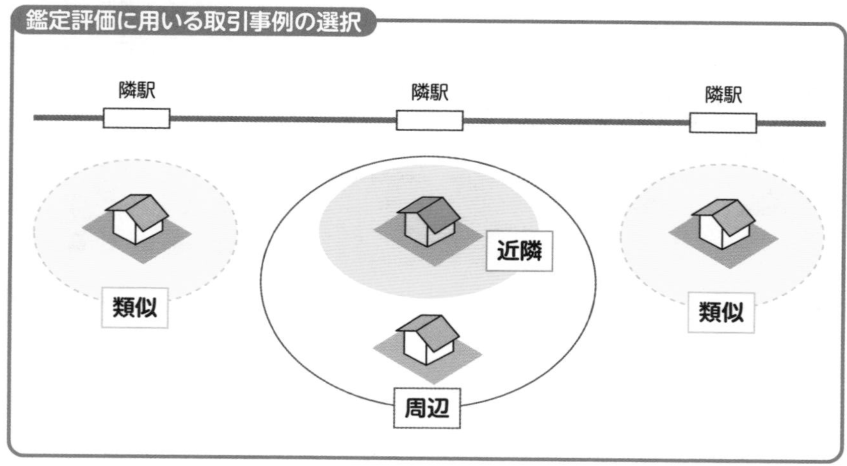

②原価法

原価法（げんかほう）とは、「もう一度同じ不動産を今つくるとしたらいくら費用がかかるか」というように費用に着目した評価方式です。この手法によって求められた試算価格を**積算価格**（せきさんかかく）といいます。

価格を知りたい時点において、不動産をもう一度つくり直す場合に必要とされる原価の総額を**再調達原価**といいます。そして、その再調達原価から必要な価格の修正を行います。ライフスタイルの変化や、築年数が経ったことにより減価している分を差し引くというものです。

このような原価法は、「価格時点における対象不動産の再調達原価を求め、この再調達原価について減価修正を行って対象不動産の試算価格を求める手法」と定義されます。減価修正の方法には、築何年かを考慮する耐用年数による方法と実際の不動産を見て考慮する観察原価法があり、これらを併用します。

③取引事例比較法

取引事例比較法（とりひきじれいひかくほう）とは、「複数の取引の事例を探し、これらの取引価格と比較して対象不動産を売却するとしたらいくらなのか」を求めることです。この手法による試算価格を**比準価格**といいます。この手法は、近隣でよく似た不動産の取引が行われている場合等に有効です。

取引事例比較法は、たくさんの事例を収集し、事例の選択を行います。ただ、売買ごとに親戚同士の売買や借金まみれで仕方なく売却したなどの事情が異なるため、必要に応じて**事情補正**をしたり、時期によって不動産の価格は変動するため**時点修正**を行います。

この手法における取引事例は、近隣地域、または同一需給圏内の類似地域に存するものでなければなりません。やむを得ない場合は近隣地域の周辺に係るものからも選択できます。要するに、比較するのは単に近ければよいというものではないということです。なお、**投機的な取引の事例は用いることができません。**

④収益還元法

収益還元法（しゅうえきかんげんほう）とは、「対象の不動産からどのくらい収益を上げることができるか」という収益性に着目したものです。この手法による試算価格を**収益価格**といいます。

建物を賃貸すると所有者には賃料収入、更新料などの収入が生じます。これらの収入合計を総収益といいます。また、かかる費用として修繕費用、固定資産税などの公租公課などがあります。これらの合計を総費用といい、「総収益－総費用＝純収益」の計算式が成り立ちます。

収益還元法は、「対象不動産が将来生み出すであろうと期待される**純収益**の現在価値の総和を求めることにより対象不動産の試算価格を求める手法」と定義されます。

収益還元法により試算された価格を収益価格といいます。収益価格を求める方法には、「**直接還元法**」と「**DCF 法（Discounted Cash Flow 法）**」の２つがあります。

直接還元法は、**一期間**の純収益を還元利回りによって還元する方法です。

DCF 法は、①**連続する複数の期間**に発生する純収益および②復帰価格を、その発生時期に応じて現在価値に割り引いて、それぞれを合計する方法です。証券化対象不動産の鑑定評価における収益価格を求めるにあたっては、DCF 法を適用しなければなりません。

鑑定する際は、さまざまな方法、視点から鑑定するというイメージを持ってください。３つの手法があり、複数の手法を適用するとしていますが、基本的にはすべて使います。例えば収益還元法は、市場性を有しない不動産では無理ですが、自己使用の不動産では賃料がないですが、賃料を想定するようにします。

問題にチャレンジ ○か×で答えましょう

Q1 正常価格とは、市場性を有する不動産について、現実の社会経済情勢の下で合理的と考えられる条件を満たす市場で形成されるであろう市場価値を表示する適正な価格をいう。

Q2 特殊価格とは、市場性を有する不動産について、法令等による社会的要請を背景とする評価目的の下で、正常価格の前提となる諸条件を満たさない場合における不動産の経済価値を適正に表示する価格をいう。

Q3 不動産の価格は、その不動産の効用が最高度に発揮される可能性に最も富む使用を前提として把握される価格を標準として形成されるが、これを最有効使用の原則という。

Q4 不動産の効用および相対的稀少性ならびに不動産に対する有効需要の三者に影響を与える要因を価格形成要因といい、一般的要因、地域要因および個別的要因に分けられる。

Q5 鑑定評価の基本的な手法は、原価法、取引事例比較法および収益還元法に大別され、実際の鑑定評価に際しては、地域分析および個別分析により把握した対象不動産に係る市場の特性等を適切に反映した手法をいずれか1つ選択して、適用すべきである。

Q6 原価法は、求めた再調達原価について減価修正を行って対象物件の価格を求める手法であるが、建設費の把握が可能な建物のみに適用でき、土地には適用できない。

Q7 取引事例比較法とは、まず多数の取引事例を収集して適切な事例の選択を行い、これらに係る取引価格に必要に応じて事情補正および時点修正を行い、かつ、地域要因の比較および個別的要因の比較を行って求められた価格を比較考量し、これによって対象不動産の試算価格を求める手法である。

Q8 収益還元法は、対象不動産が将来生み出すであろうと期待される純収益の現在価値の総和を求めることにより対象不動産の試算価格を求める手法であり、このうち、一期間の純収益を還元利回りによって還元する方法をDCF（Discounted Cash Flow）法という。

解答と解説

A1 ○ 「市場性を有する」「条件を満たす」は正常価格の説明文です。

A2 × 「市場性を有する」「条件を満たさない」は特定価格の説明文です。特殊価格は、「文化財等の一般的に市場性を有しない不動産」がキーワードです。

A3 ○ その通りです。

A4 ○ 価格の決まる要因はこの３つです。

A5 × 複数の鑑定評価の手法を適用すべきとされています。

A6 × 土地も造成工事がある場合等適用できる場合もあります。鑑定評価の問題は「できない」とか「すべきではない」は×が多いです。

A7 ○ ほかの不動産の取引と比較する方法です。

A8 × 「一期間の純収益を還元利回りによって還元する方法」は直接還元法のことです。DCF法とは、「連続する複数の期間に発生する純収益および復帰価格を、その発生時期に応じて現在価格に割り引いて、それぞれを合計する方法」です。

人気講師の合格ルール③
受験テクニック

● 解答のスピードアップ

問題を解くのが遅く、見直しの時間が取れないと悩む人も多いでしょう。ここでは、解答のスピードアップの方法として問題文の読み方を教えます。

問題を解く際には、**問題文の下に並ぶ解答の選択肢（アシ）から読む**ようにしましょう。選択肢から読むことで問題文を読むときの意識が変わり、ポイントを迅速につかむことができます。選択肢で聞かれていることがわかったら、問題文はゆっくり読んでかまいません。確実に出題の意図をつかむことが、スピードアップにつながるのです。

それから、選ぶべき選択肢が「正しいものなのか、誤っているものなのか」、問題文の語尾を必ずチェックしてください。「**正しい**選択肢を選ぶ問題なのに**誤っている**選択肢を選んでしまった」というケアレスミスが案外、多いのです。正しいものを選択するのであれば問題文の横に○を、誤っているものを選択するのなら×を書くなどして、間違えないようにしましょう。

● わからないところは積極的に飛ばす

わからないところは飛ばすという意識を持ちましょう。考え込んでいるうちに、時間はあっという間に過ぎていきます。「この選択肢は正しいのだろうか、間違っているのだろうか……」と悩んだ後に次の選択肢を読むと、すぐに次の選択肢が正解だとわかることもあり得ます。また、権利関係の事例問題でわからない場合は、図を描きましょう。図を描くと見えないものが見えてきて、「これはあのテーマだ」と即座にポイントをつかめることがあります。

● 試験直前期はラスト１週間に行うことを整理しておく

誰でも本試験の１週間前は、不安になるものです。何も手につかない状態になる人もいるかもしれません。このように**学習が停滞する状況を避けるために、事前にラスト１週間前にすべきことを決めて準備しておきましょう。**例えば、過去問集や模擬試験で何度も間違えているような苦手な問題があれば、その部分をコピーして直前に見直せるようにしておくのも１つです。

第5章

5問免除科目

概要

実務従事者など登録講習の修了者が全問免除となる分野です。住宅金融支援機構、不当景品類及び不当表示防止法、不動産に関する統計、土地や建物の基礎知識が出題範囲となります。

試験のポイント

全50問中、5問が出題されます。免除者でなければ3～4問程度の得点が必要ですが、満点を目指すと効率が悪いため、基礎事項や頻出ポイントに絞ってメリハリを付けた学習を心がけましょう。

1 5問免除科目とは

▶▶▶ 一定の講習を修了すると5問分が免除されます

5問免除科目とは何でしょうか？

宅建業に従事している人が、一定の講習を修了すると5問分最初から点数がもらえます。これが5問免除科目です。免除されない人は5問取らなければ……と思うかもしれませんが、土地・建物は専門知識が必要とされる問題も出題され、全問正解を狙うのは効率が悪いです。「3点か4点取れればよい」と割り切って、時間をかけすぎないようにしましょう。

1 5問免除科目の概要

5問免除科目は、「住宅金融支援機構法」「不当景品類及び不当表示防止法」「土地」「建物」「不動産の需給・統計」の分野から出題されます。

①住宅金融支援機構法

2006年まであった住宅金融公庫の権利義務を引き継いで、2007年に住宅金融支援機構が設立されました。内容的に証券化等、難解な専門知識が出題され難しい部分はありますが、過去問の理解で得点できる問題も多いです。

②不当景品類及び不当表示防止法

広告をする際のルール等です。駅から物件まで徒歩何分と表示するときは、道路距離80mにつき1分などや「新発売」との表示ができるかといった知識が問われます。

③土地

宅地としての適否や造成工事に関する知識が出題されます。宅地として適するかどうかは、店が近くにあって便利であるかではなく、災害に強い土地かどうかという点が問われます。

④建物

建物の構造は様々ありますが、木造建築物と鉄筋コンクリートの構造に関する問題が多いです。出題範囲が広く、専門的知識がないと得点できない難問も多く出題されます。

⑤不動産の需給・統計

不動産に関する統計データは多種多様ですが、試験に出題されるものは次のようにだいたい決まっています。

- **地価公示**
- **住宅着工統計**
- **法人企業統計・その他の統計**

ただし、10月の試験に出題される統計データは6月以降でなければ出そろわない部分があるため、テキストには記載できません。毎年データも変わり、過去問を解いても意味がないところであるため、勉強は直前期にやるべきものです。データは資格の学校がサービスで配布していたり、模試を受ける、インターネットで調べるなどの手段で入手します。私も毎年10月くらいに出題される統計データをブログで出していますので、「水野」「宅建」「ブログ」で検索してみてください。ここでは、上記の概略を紹介します。

● 地価公示に関する統計

ほぼ毎年出題されるデータです。住宅地、商業地、工業地、全国の地価、大都市の地価、地方圏の地価が上昇、下降または横ばいなのかが問われます。数字はそれほど気にしなくても構いません。

● 新設住宅着工戸数に関する統計

着工戸数が約何万戸か、何％増加、減少したかといった数値が問われます。

● その他の統計

宅建業者の数や売上高・経常利益、指定流通機構への物件登録数、全国の宅地の供給量、土地取引面積、土地の所有権移転登記の件数等が幅広く出題されます。

データは多岐にわたりますが、地価公示、住宅着工戸数、宅建業者の数等の問題が正解肢に絡むことが多いです。

2 住宅金融支援機構法

▶▶▶ **民間の金融機関による融資を支援します**

独立行政法人住宅金融支援機構では、どのような業務が行われているのでしょうか？

家を建てるには、多額のお金がかかります。多額のローンを組む場合は、長期のローンとなり、貸す側も慎重になります。そこで、銀行がお金を貸しやすくなるよう支援したり、住宅に関する情報を提供したり、銀行が融資しにくい場合には直接融資するといったことも行っています。

1 住宅金融支援機構法の目的

独立行政法人住宅金融支援機構（じゅうたくきんゆうしえんきこう）は、一般の金融機関による住宅建築等に必要な資金の融資を支援するために、**貸付債権の譲受け等の業務を行うとともに、良質な住宅の建設等に必要な資金の調達等に関する情報の提供、援助の業務のほか、災害復興建築物の建設等に必要な資金の貸付けの業務を行うことにより、住宅の建設等に必要な資金の円滑かつ効率的な融通を図り、もって国民生活の安定と社会福祉の増進に寄与することを目的**としています。住宅金融支援機構は、民間金融機関との提携により長期固定金利住宅ローンを提供しており、これをフラット35といいます。

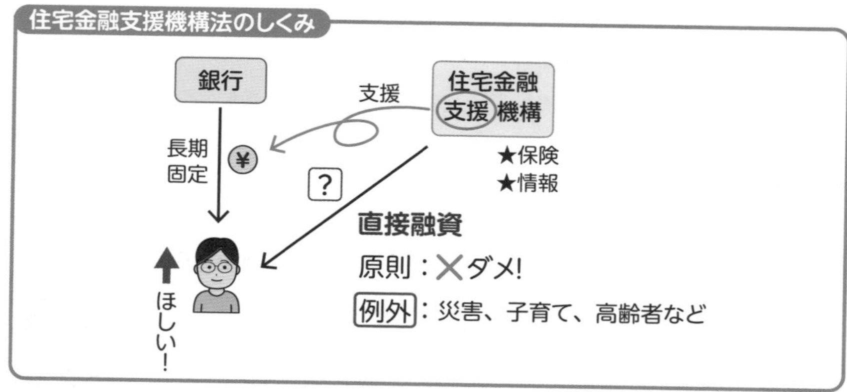

①住宅金融支援機構の業務

住宅金融支援機構では、民間金融機関では困難とされる次の業務を行っています。

- 証券化支援業務（主要業務）
- 融資保険業務という民間住宅ローンの住宅融資保険の引受け
- 住情報の提供業務
- 直接融資業務（災害復興建築物の建設資金等）

ただし、住宅金融支援機構は、**原則として個人に対して直接融資をしていません**。これは、支援が主要業務となるためです。

②証券化支援業務

民間の金融機関にとって、長期間で固定金利の住宅ローンを組んで貸し付けることは、将来の金利変動によって収支が悪化するリスクを考慮すると、積極的に実行するインセンティブが働きにくくなります。そこで、住宅金融支援機構が民間金融機関をサポートすることで「低金利」かつ「長期」「固定」の住宅ローンを組むことができます。

そのサポート方法が「**証券化**（しょうけんか）」という手法です。証券化支援業務には「**買取型**」と「**保証型**」があります。

(1)証券化支援業務「買取型」

買取型とは、投資家から資金を集めて、資金を住宅ローンに回すという方法です。流れとしては、民間金融機関の住宅ローン貸付債権を住宅金融支援機構がいったん買い取ります。そのうえで貸付債権を債券化し、投資家に発行して資金を集めます。

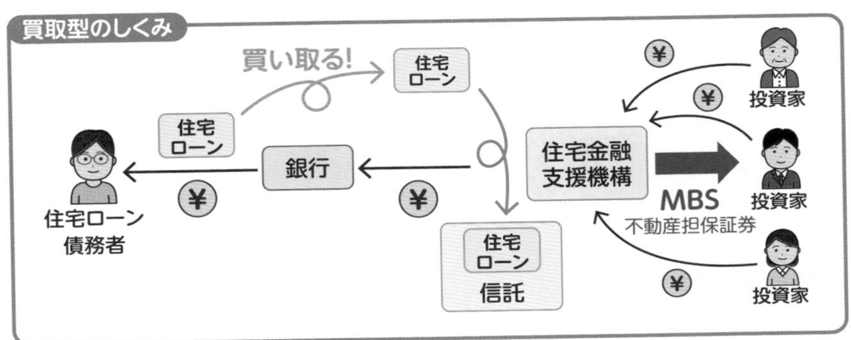

買取型では、自ら居住する住宅や親族の居住の用に供する住宅を建設・購入する場合の貸付けを対象としています。買取の対象には「新築」だけでなく「中古」も含みます。また、住宅の建設に付随する土地や借地権の取得も含みます。これは土地の権利も購入できなければ意味がないからです。

ただし、証券化支援業務では、**賃貸住宅の建設購入では利用できません**。また、住宅の改良に必要な資金の貸付けは対象ではないですが、**住宅の購入に付随する改良**に必要な資金は対象になります。

民間の金融機関には、銀行以外にも信用金庫、信用組合、保険会社等様々あり、住宅ローンの金利は各金融機関ごとに異なります。そして、バリアフリー性、省エネルギー性、耐震性、耐久性、可変性に優れた住宅を取得する場合、貸付金の利率を一定期間引き下げる制度があります。

次ページで後述しますが、子供・高齢者のための賃貸住宅の場合は、直接融資が可能な場合もある点に注意してください。

(2) 証券化支援業務の「保証型」

住宅金融支援機構が金融機関と投資家に対して保証を行う方法です。具体的には、投資家に対して期日通りの民間発行債券に関する元金返済や住宅ローンについて、住宅融資保険を引き受ける方法です。

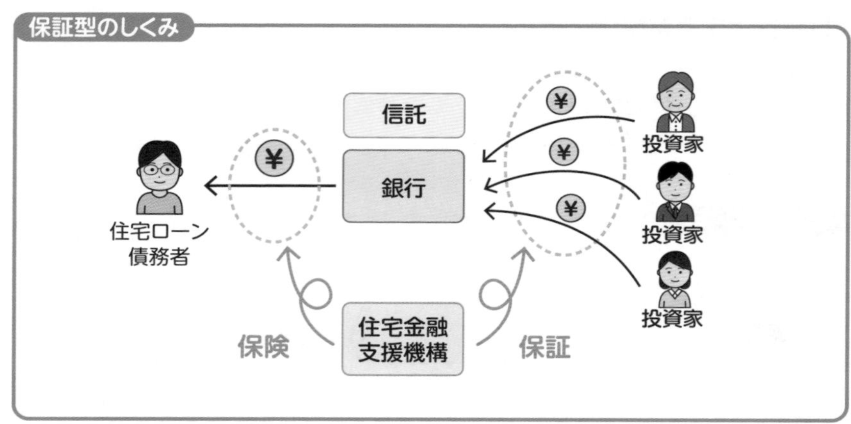

③融資保険業務

住宅金融支援機構は、民間住宅ローンについて住宅融資保険を引き受けることにより、住宅ローンを実行しやすくしています。

④住情報の提供業務

住宅ローンや住宅の建設等に関する情報を提供しています。

住宅融資保険は、住宅金融支援機構と金融機関との間で住宅ローンが不測の事態により事故になった場合に金融機関に保険金が支払われるものです。住宅ローンを借りる人が入る保険ではありません。

2 直接融資業務

以前は、住宅金融公庫として、個人に対して直接融資を行っていましたが、住宅金融支援機構になってから、直接融資は原則として廃止されました。しかし、一般金融機関による融通が困難な分野については、例外的に以下のような直接融資を行っています。

①**災害**復興建築物の建設・購入（付随する土地または借地権の取得等も含む）、または**被災**建築物の補修に必要な資金の貸付け

②災害予防代替建築物の建設・購入（付随する土地または借地権の取得等も含む）、災害予防移転建築物の移転に必要な資金、災害予防関連工事に必要な資金または**地震**に対する安全性の向上を主たる目的とする住宅の改良に必要な資全の貸付け

③合理的土地利用建築物の建設もしくは合理的土地利用建築物で人の居住の用その他その本来の用途に供したことのないものの購入に必要な資金、マンションの**共用部分**の改良に必要な資金の貸付け

④**子供**を育成する家庭もしくは**高齢者**の家庭に適した良好な居住性能および居住環境を有する賃貸住宅もしくは賃貸の用に供する住宅部分が大部分を占める建築物の建設に必要な資金または当該賃貸住宅の改良に必要な資金の貸付け

⑤**高齢者**の家庭に適した良好な居住性能および居住環境を有する住宅とすることを主たる目的とする住宅の改良に必要な資金、または高齢者の居住の安定確保に関する法律第７条に規定する登録住宅（賃貸住宅に限る）とすることを主たる目的とする人の居住の用に供したことのある住宅の購入に必要な資金の貸付け

高齢者が自ら居住する住宅に耐震改修工事やバリアフリーの工事をする際の貸付けについては、毎月の支払いは利息のみとし、高齢者本人の死亡時に一括して償還できる制度（リバースモーゲージ）があります。これは直接融資際のみであり、証券化事業では高齢者向けの返済特例制度は設けられていません。

⑥阪神・淡路大震災に対処するための特別の財政援助および助成に関する法律、東日本大震災に対処するための特別の財政援助および助成に関する法律、福島復興再生特別措置法の規定による貸付け
⑦勤労者財産形成促進法の規定による貸付け（財形持家融資制度の直接融資）

上記貸付けを受けた者が、一定の事由により元利金の支払いが困難になった場合には、貸付条件の変更や元利金の支払方法の変更はできますが、支払の免除をすることはできません。

3 業務の委託

住宅金融支援機構は、一定の業務を委託することができます。金融機関や債権回収会社には貸付債権の回収業務を、地方公共団体や政令で定める法人（指定確認検査機関等）には建築物の工事などの審査を委託することができます。

住宅金融支援機構は、貸付債権に係る貸付けを受けた者等とあらかじめ一定の契約を締結して、その者が死亡した場合（重度障害の状態になった場合も含む）に支払われる生命保険の保険金等を当該貸付けに係る債務の弁済に充てる団体信用生命保険も業務として行っています。

問題にチャレンジ ○か×で答えましょう

Q1 証券化支援事業（買取型）において、銀行、保険会社、農業協同組合、信用金庫、信用組合などが貸し付けた住宅ローンの債権を買い取ることができる。

Q2 機構は、団体信用生命保険業務として、貸付けを受けた者が死亡した場合のみならず、重度障害となった場合においても、支払われる生命保険の保険金を当該貸付けに係る債務の弁済に充当することができる。

Q3 機構は、地震に対する安全性の向上を主たる目的とする住宅の改良に必要な資金の貸付けを業務として行っている。

Q4 機構は、貸付けを受けた者が経済事情の著しい変動に伴い、元利金の支払いが著しく困難となった場合には、一定の貸付条件の変更または元利金の支払方法の変更をすることができる。

Q5 機構は、貸付けを受けた者が景況の悪化や消費者物価の上昇により元利金の支払いが困難になった場合には、元利金の支払いの免除をすることができる。

解答と解説

A1 ○ 債権を買い取って支援します。

A2 ○ 充当することができます。

A3 ○ 地震等の安全性向上を目的とする改良に対する貸付けを行っています。

A4 ○ 元利金の支払いが著しくが困難となった場合、条件変更ができます。

A5 × 免除はできません。

3 景品表示法

▶▶▶ **不動産広告のルールを学ぶ**

不動産広告に関する規制はどのように出題されるのでしょうか？

毎年１問出題されます。不動産の広告を行う際のルールである表示規約の規制の問題がほとんどであり、内容的に常識で判断できる問題も多いです。とにかく問題を解いて、常識で考えて正解できた問題はクリアとし、常識で解けなかった問題の知識を補っていくというやり方がよいでしょう。

1 不当景品類及び不当表示防止法の目的

虚偽の広告や誇大な広告、また過大な景品を付けることによって、消費者がそれらにつられて商品やサービスを購入してしまい、損害を被る可能性があります。そこで、不当景品類及び不当表示防止法（以下、「景品表示法」とする）では、一般消費者による自主的かつ合理的な選択を阻害するおそれのある行為の制限および禁止について定めることにより、一般消費者の利益を保護することを目的としています。

①不動産の表示に関する公正競争規約（表示規約）

公正競争規約は、景品表示法の規定に基づいて宅建業者団体が、消費者庁長官および公正取引委員会の承認を受けて業界において設定している自主規制のルールです。具体的には、**抽選など、懸賞によって提供する景品にあっては、取引価額の20倍または10万円のいずれか低い額を超えない場合**、懸賞などによらない場合（もれなく、もらえる場合）には**取引価額の10分の1または100万円のいずれか低い額を超えない場合**にしか景品の提供はできません。

ただし、これらの額を超える場合でも提供が禁止される景品に当たらない場合もあります。家具等の割引購入のあっせん等です。

②不当な表示の禁止

宅地建物に関する「表示」は、景品表示法で一定の規制がかかるのに加え、「不動産の表示に関する公正競争規約」という宅建業者団体の自主ルールでも規制されています。

(1)おとり広告の禁止

存在しない物件や実際には取引ができない物件、物件自体は存在するものの取引の対象とはなりえない物件、また取引する意思のない物件の広告は禁止されます。客寄せで宣伝して別の物件を紹介するような行為はいけません。

(2)実際のものより有利な利率である表示

ローン条件や割賦販売において実際のものより有利であると誤認させる表示、例えばアドオン利率のみを表示するなどです。

(3)実際より新しいと誤認させる表示

築年数や年月日において、実際のものより新しいと誤認させるおそれがある表示をしてはいけません。

(4)別物件・部屋の写真引用

原則として、取引対象であるものの写真を使用しなければなりません。

例外として、建築完了前や取引対象の写真を用いることができない場合には、外観について構造・階段・仕様が同一であって、規模・形状・色等が類似するもの、内部について規模・仕様・形状等が同一のものに限り、ほかの建物の内部、外部写真を使用できます。ただし、別のものであることは明示しなければなりません。

(5)比較に関する規制

実証されていないまたは実証することができないような内容を表示することや、ほかの物件を誹謗中傷するような表示はいけません。

(6)賃料・価格

住宅や住戸の価格については原則1戸あたりの価格を表示しなければなりません。

ただし、新築分譲住宅、新築分譲マンションや一棟リノベーションマンションの価格について、すべての価格を示すことが困難である場合には1戸あたりの**最低価格、最高価格および最多価格帯ならびにその価格帯に属する住宅または住戸の個数**のみを表示することによることができます。土地の分譲の場合の価格も同様です。また、販売戸数が10戸未満であるときは、最多価格帯の表示を省略することができます。

賃貸住宅の賃料については、取引する全ての住戸の１か月あたりの賃料を表示しなくてはなりません。ただし、新築賃貸マンションまたは新築賃貸アパートの賃料についてすべての賃料の表示が困難である場合は、パンフレット等の媒体を除き、１戸あたりの**最低賃料および最高賃料のみ**で表示することができます。

そして、管理費や修繕積立金についても１戸あたりの月額を表示しなければなりません。ただし、住戸により管理費や修繕積立金が異なる場合で、すべての管理費等を表示することが困難な場合には、**最低額および最高額のみ**を表示できます。

(7)不当な二重価格表示

二重価格表示とは、実際に販売する価格（実売価格）に、これよりも高い価格「比較対照価格」を併記するなどの方法により、実売価格に比較対照価格を付すことをいいます。

事業者は、物件の価格、賃料または役務の対価について、二重価格表示をする場合において、事実に相違する広告表示または実際のもの、もしくは競争事業者によるものよりも有利であると誤認されるおそれのある広告表示をしてはなりません。

(8)住宅ローンの表示に関する規制

住宅ローン（銀行その他の金融機関が行う物件の購入資金、およびこれらの購入に付帯して必要とされる費用に係る金銭の貸借）については、次に掲げる事項を明示して表示することが義務づけられています。

- 金融機関の名称若しくは商号又は都市銀行、地方銀行、信用金庫等の種類
- 借入金の利率及び利息を徴する方式（固定金利型、固定金利指定型、変動金利型、上限金利付変動金利型等の種別）又は返済例
- アドオン利率のみの表示は、実際のものよりも有利と誤認されるおそれがあるので実質利率と併記
- 割賦販売の支払条件の金利は実質年利を表示

住宅ローンの返済例を表示する場合において、ボーナス併用払いのときは、１か月あたりの返済額の表示、さらにボーナス時に加算される返済額を明示する必要があります。

(9)接道義務について

道路に2m以上接していない土地については、「再建築不可」または「建築不可」と明示しなければなりません（幅員4m以上の道に2m以上接する建築物で利用者が少数であるものとして特定行政庁が認める場合、周囲に広い空地を有する建築物で特定行政庁が建築審査会の同意を得て許可した場合を除く）。

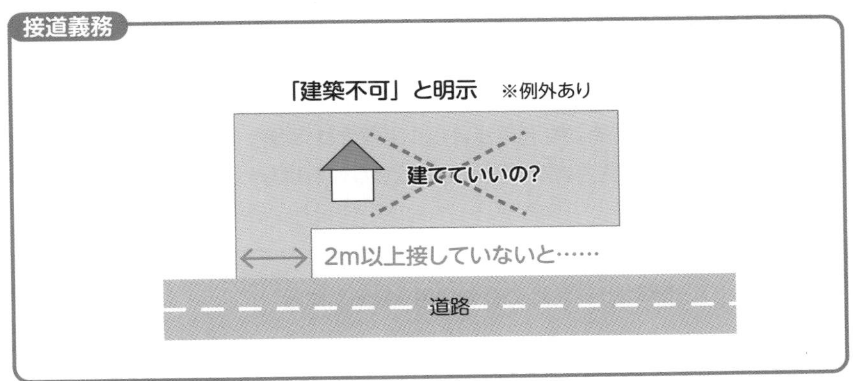

また、地方公共団体の条例により附加された敷地の形態に対する制限に適合しない土地については、「再建築不可」または「建築不可」と明示することが求められています。

さらに、路地状部分のみで道路に接する土地であって、その路地状部分の面積が当該土地面積のおおむね30%以上を占めるときは、路地状部分を含む旨および路地状部分の割合または面積を明示する必要があります。

セットバックを要する部分の面積がおおむね10%以上である場合には、あわせてその面積を表示する必要があります。

(10)土地の上の古家

土地取引において、当該土地上に古家、廃屋等が存在するときは、その旨を明示しなければなりません。

(11)高圧電線

土地の全部または一部が高圧電線路下にあるときは、その旨およびそのおおむねの面積を表示することが必要です。この場合において、建物その他の工作物の建築が禁止されているときは、あわせてその旨を明示することも求められています。

(12)不整形画地など著しく特異な地形の土地

土地の有効な利用が阻害される著しい不整形画地および地盤面が２段以上に分かれているなどの土地の場合は、その旨を明示しなければなりません。

(13)傾斜地

傾斜地を含む土地であって、傾斜地の割合が当該土地面積のおおむね 30% 以上を占める場合（マンションおよび別荘地等を除く）は、傾斜地を含む旨および傾斜地の割合または面積を明示することが必要です。

ただし、傾斜地の割合が 30%以上を占めるか否かにかかわらず、傾斜地を含むことにより、当該土地の有効な利用が著しく阻害される場合（マンションを除く）は、その旨および傾斜地の割合または面積を明示しなければなりません。

傾斜地のポイント

傾斜地 ※土地の有効利用を著しく阻害

⇒ ①**その旨**
＋
②**傾斜地の割合** または **面積**

例外 ※マンション ⇒ 明示しなくて OK！

傾斜地についてマンションが明示不要なのは、土地利用が阻害されるといっても、すでに建っているためです。

(14)工事中断について

建築工事に着手した後に、同工事を相当の期間にわたり中断していた新築住宅または新築分譲マンションについては、建築工事に着手した時期および中断していた期間を明示しなければなりません。

2 用語使用上の注意点

事業者は、次の①②に掲げる用語を用いて表示するときは、それぞれ当該表示内容を裏づける合理的な根拠を示す資料を現に有している場合を除き、当該用語を使用してはなりません。また、③～⑧のような特定用語には使用基準があります。

① 「完全」「完ぺき」「絶対」「万全」など、全く欠けるところがないこと、または全く手落ちがないことを意味する用語
②物件の形質その他の内容、価格その他の取引条件または事業者の属性に関する事項について、「日本一」「日本初」「業界一」「超」「当社だけ」「他に類を見ない」「抜群」など、競争事業者の供給するものまたは競争事業者よりも優位に立つことを意味する用語
③「新築」とは、**建築工事完了後1年未満**であって、**居住の用に供されたことがないもの**をいいます。
④「新発売」とは、新たに造成された宅地、新築の住宅(造成工事または建築工事完了前のものを含む)または一棟リノベーションマンションについて、一般消費者に対し初めて購入の申込みの勧誘を行うこと(一団の宅地または建物を数期に区分して販売する場合は、期ごとの勧誘)をいい、その申込みを受けるに際して一定の期間を設ける場合においては、その期間内における勧誘をいいます。
⑤「ダイニング・キッチン(DK)」とは、台所と食堂の機能が1室に併存している部屋をいい、住宅(マンションにあっては、住戸)の居室(寝室)数に応じ、その用途に従って使用するために必要な広さ、形状および機能を有するものをいいます。
⑥「リビング・ダイニング・キッチン(LDK))」とは、居間と台所と食堂の機能が1室に併存する部屋をいい、住宅の居室(寝室)数に応じ、その用途に従って使用するために必要な広さ、形状および機能を有するものをいいます。
⑦市街化調整区域に所在する土地(開発許可を受けているもの等を除く)については、「市街化調整区域。宅地の造成及び建物の建築はできません」と**16ポイント以上の文字**で明示すること(新聞折込チラシ等およびパンフレット等の場合)。
⑧当該物件が「公園、庭園、旧跡その他の施設」または「海(海岸)、湖沼、河岸の岸、堤防」から**直線距離で300m以内**に所在している場合は、これらの施設の名称を用いることができます。

事業者は、継続して物件に関する広告その他の表示をする場合において、当該広告その他の表示の内容に変更があったときは、速やかに修正し、またはその表示を取りやめなければなりません。やむを得ない事情により当該表示に係る物件の取引を変更し、延期しまたは中止したときは、速やかにその旨を公示しなければなりません。

3 交通機関と所要時間

使用する交通機関や所要時間の表示については、次の通りです。

①新設予定の鉄道、都市モノレールの駅もしくは路面電車の停留場（駅等）またはバスの停留所は、その路線の**運行主体が公表したもの**に限り、その新設予定時期を明示して表示することができる。

②徒歩による所要時間は、「**道路距離**」「**80m につき 1 分間**」を要するものとして算出した数値を表示すること。この場合において 1 分未満の端数が生じたときは、1 分として算出すること。

③電車、バス等の交通機関の所要時間は、次の基準により表示すること。

・起点および着点とする駅等までバスの停留所の名称を明示すること。この場合において、物件から最寄りの駅等からバスを利用する場合であって、物件の最寄りの停留所から最寄駅等までのバスの所要時間を表示するときは、停留所の名称を省略することができる

・特急・急行等の種別を明示すること

・朝の通勤ラッシュ時の所要時間を明示すること。この場合において、平常時の所要時間を、その旨を明示して併記することができる

・乗り換えを要するときは、その旨を明示し、朝の通勤ラッシュ時・平常時の所要時間には乗り換えにおおむね要する時間を含めること

・公共交通機関は、現に利用できるものを表示し、特定の時期にのみ利用できるものは、その利用できる時期を明示して表示すること

・新設予定の駅等またはバスの停留所は、当該路線の運行主体が公表したものに限り、その新設予定時期を明示して表示することができる

④学校、病院、官公署、公園その他の公共・公益施設は次のように表示すること。ただし、工事中であること、その施設が将来確実に利用できると認められるものにあっては、その整備予定時期を明示して表示することができる。

・現に利用できるものを表示すること

・物件からの道路距離、または徒歩所要時間を明示すること

・その施設の名称を表示すること

4 法令上の制限等に関するもの

法令上の制限等に関する事項について、次の規制があります。

①採光および換気のための窓、その他の開口部の面積の当該室の床面積に対する割合が建築基準法第28条の規定に適合していないため、同法において居室と認められない納戸(なんど)その他の部分については、その旨を「納戸」等と表示すること
②地目は、登記簿に記載されているものを表示すること。この場合において、現況の地目と異なるときは、現況の地目を併記すること
③建物を増築、改築、改装または改修したことを表示する場合は、その改装等の内容および時期を明示すること
④建物の面積は、延べ面積を表示し、これに車庫・地下室等（地下居室は除く）の面積を含むときは、その旨およびその面積を表示しなければならず、この場合、取引する全ての建物の面積を表示する。ただし、新築分譲住宅、新築分譲マンション、一棟リノベーションマンション、新築賃貸マンション、新築賃貸アパート、共有制リゾートクラブ会員権については、パンフレット等の媒体を除き、最小建物面積および最大建物面積のみで表示することができる。

5 措置命令

内閣総理大臣に委任を受けた消費者庁長官は、不当な景品類の提供や、不当な表示が行われた場合には、その事業者に対し、その行為の差止めなど必要な事項等を命ずることができます。注意点としては、違反行為がすでになくなっている場合においても、一定の場合、命ずることができます。

景品表示法は常識で考えて解ける問題も多いです。まずは常識で考えて問題を解き、違和感を感じた内容だけ覚えるやり方が効率よいでしょう。

問題にチャレンジ ○か×で答えましょう

Q1 新築と表示できる条件は建築工事完了後1年未満であればよい。

Q2 市街化調整区域に土地がある場合、表示上、注意することは「市街化調整区域。宅地の造成および建物の建築はできません」と記載すれば文字の大きさは関係ない。

Q3 新設予定の公共交通機関の駅などについて、表示上、注意することとして、運行主体が公表したものに限り、その新設予定時期を明示することができる。

Q4 徒歩による所要時間について、表示上、注意するとして直線距離 80m につき1分間として算出した数値を明示しなければならない。

解答と解説

A1 × 「まだ居住していない」ということも必要です。

A2 × 新聞折込チラシ等およびパンフレット等の場合、文字の大きさは 16 ポイント以上で明示しなければなりません。

A3 ○ 運行主体が公表していれば明示できます。

A4 × 直線距離ではなく道路距離です。

4 土 地

▶▶▶ **宅地に適しているかどうかを見極めよう**

土地に関しては、どのようなことを押さえておけばよいでしょうか？

土地は、毎年１問が出題されます。宅地として適するのか適しないのか、どのような土地が災害に強いのか弱いのか、安全な土地として利用するにはどのような点に注意して造成工事するのかといった問題が出題されます。危険かそうではないかを常識で考えれば解けてしまう問題も多いです。

1 宅地としての適否

土地については、まず宅地として適するか否かという点が出題されます。どのような土地が災害に強いのか弱いのかについて、理解する必要があります。地盤が安定していれば災害による被害を受けにくく宅地に適していますが、地盤が軟弱だと被害を受けやすくなります。

ゆえに、高いところの土地は宅地に適しており、低い土地は宅地に適していないという原則のイメージを持っておいて、それぞれキーワードを見ていきます。

①山地

山地（さんち）とは、傾斜が急で表土の下に岩盤またはその風化土が現れる地盤のことをいいます。大部分が山林になっており、国土を山地と平地に大別すると、山地の占める比率は、国土面積の約 75％もあります。

山地は高いところにあるため、傾斜が穏やかで地盤が安定しているところは宅地に適しています。逆に、傾斜が急なところは宅地に適していません。

山麓や火山麓の地形の中で、土石流や土砂崩壊による堆積でできた地形を崖錐（がいすい）といいます。崖錐は、岩などがルーズに堆積しているため透水性が高いので、水が通りやすいです。雨の後、短時間で湧水が増加して地滑りや崩落が生じやすく危険性が高く、住宅地として不適です。

②地すべり・崖崩れ・崩壊跡地・土石流

地すべりは、特定の地質や地質構造を有する地域に集中して分布する傾向が強く、「地すべり地形」と呼ばれる特有の地形を形成することが多いです。

宅地予定地周辺の擁壁や側溝、道路等にひび割れが見られる場合、地すべりが活動している可能性が高いです。上部は急斜面、中部は緩やかな斜面、下部には末端部に相当する急斜面があり、等高線は乱れて表されることが多くなっています。

地すべり地の多くは過去に地すべり活動を起こした経歴があり、地すべり地形と呼ばれる独特の地形を呈し、棚田(たなだ)等の水田として利用されることがありますが、宅地には適しません。

● 崖崩れ・土石流・地すべり

崖崩れ（急傾斜地崩壊危険箇所）	・強い雨に打たれること等により、斜面が突然崩れ落ちることをいう ・梅雨の時期や豪雨によって発生することが多く、崖に近接する住宅では日頃から注意が必要である
土石流（土石流危険箇所）	・集中豪雨等により水を含んだ大量の土石・砂が、一瞬のうちに谷沿いに津波のように流れ出ることをいう ・急勾配の渓流に多量の不安定な砂礫の堆積があるところ、流域内で豪雨に伴う斜面崩壊の危険性が大きい場合に発生する
地すべり（地すべり危険箇所）	・粘土質など滑りやすい土質を境に、上部の地面が動き出して斜面の一部がゆっくりと滑り落ちることをいう

土地が宅地に適しているどうかを問う問題が出た場合、「〇〇は安全である」とか「宅地に適している」という言い回しは、誤りのことが多いです。それだけで解ける問題ばかりではありませんが、キーワードで宅地に適するかどうかをイメージできると、多くの問題が解けるはずです。

③台地・段丘・丘陵

台地(だいち)、段丘(だんきゅう)、丘陵(きゅうりょう)はすべて高いところにあり、一般に水はけがよく地盤が安定しているので、宅地に適しています。

台地は一般に地盤が安定しており、低地に比べ、自然災害に対しての安全度は高いです。

台地・段丘は、農地として利用され、また都市的な土地利用も多く、地盤も安定しています。また、国土面積の約12%を占めており、ほとんどの土地利用に適しています。ただし、台地上の池沼を埋め立てた地盤は液状化に対して安全ではなく縁辺部(えんぺんぶ)であれば傾斜が急で豪雨などによる崩壊の危険があります。

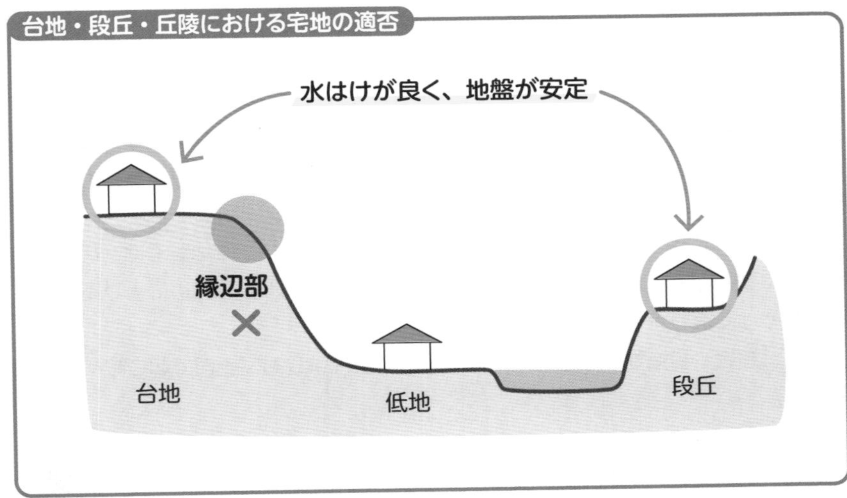

④等高線

地形図で見ると、地表面の傾斜が急な土地では等高線(とうこうせん)の間隔は密になっている（等高線の間隔が狭い）のに対し、傾斜が緩やかな土地では等高線の間隔は疎となっています（等高線の間隔が広い）。

等高線が山頂に向かって高い方に孤を描いている部分は谷で、山頂から見て等高線が張り出している部分を尾根(おね)といいます。

等高線の間隔が不揃いであるところは、過去に崩壊があった可能性があります。

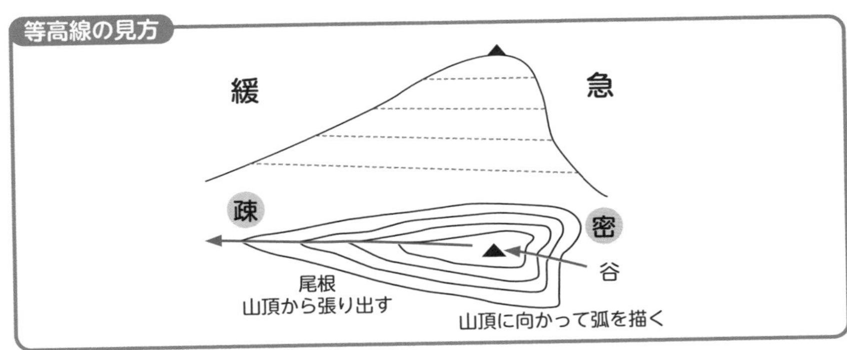

⑤盛土・切土

盛土による宅地の造成においては、擁壁を設置し、のり面を覆わなければなりません。人工的に形成された斜面のことをのり面といいます。盛土をする場合は、地表水の浸透によって地盤にゆるみ等が起きないように固めます。

切土をする際も、風化による強度の低下と流水による浸食のおそれがあるため、原則、擁壁を設置し、そののり面を覆い保護しなければなりません。

盛土では、十分に地盤が固まるまで、沈下していく量が切土部分に比べて大きくなります。また、切土は、もともと固まっていた土地の表層を削りとったものなので、沈下していく量は盛土部分に比べて小さくなります。

以上から、丘陵地を切土と盛土により造成して平坦になった地盤では、切土部と盛土部にまたがる区域では、地盤強度が異なるため、沈下量の違いにより不同沈下を生じやすくなります。

また、建物や構造物の不等沈下は、一般に切土部よりも盛土部で起こりやすくなります。

切土や盛土によって造成した宅地ののり面は、原則、鉄筋コンクリート造りなどで一体の擁壁で覆わなければなりません。さらに擁壁には水抜き穴などの排水処理を行わなければなりません。

⑥扇状地

扇状地は、山地から河川により運ばれてきた砂礫等が堆積して成り立っており、水はけがよく一般的に宅地に適しています。

ただし、谷の出口に広がる扇状地は、土砂・礫が堆積してできたものであるため、地盤は堅固ではなく土石流災害の危険が高く、当然、宅地には適していません。

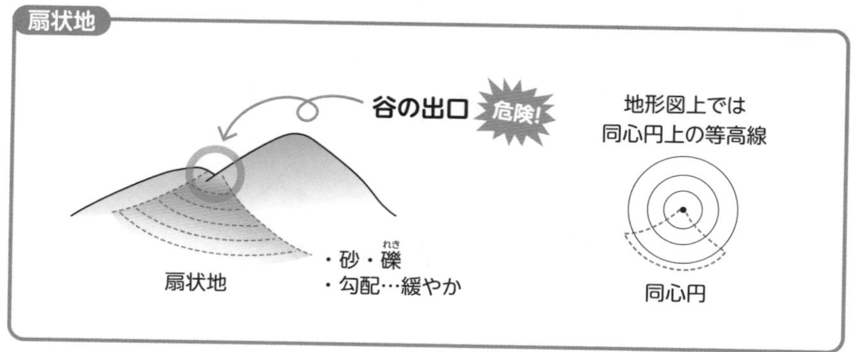

⑦低地

低地は地盤の軟弱な場所で、液状化や洪水等の災害の危険度が高い土地であるため、防災上の観点からは宅地に適しません。ここ数千年で形成され、湿地や旧河道であった若い軟弱な地盤がほとんどです。

臨海部の低地は、洪水、高潮、地震による津波などの災害が多く、住宅地として利用するには、十分な防災対策と注意が必要です。洪水や地震による液状化などの災害危険度が高いためです。

⑧自然堤防・後背低地

河川が繰り返し氾濫（はんらん）することにより、河岸に土砂・砂礫が堆積して自然堤防が形成されます。この自然堤防ができたことによって妨げられ、河川から溢れ出した水が河川に流れず、できあがった湿地のことを後背低地（後背湿地）といいます。

自然堤防は、微高地で排水性がよく地盤の支持力もあるため、**宅地として良好な土地**であることが多いです。

後背低地は、自然堤防や砂丘の背後に形成される軟弱な地盤であり、水田に利用されることが多く、洪水などの水害や地盤沈下などの危険も高いため、宅地としての利用は少ないです。

自然堤防の背後に広がる低平地は、軟弱な地盤であることが多く、盛土の沈下が問題になりやすいです。

低地の構造

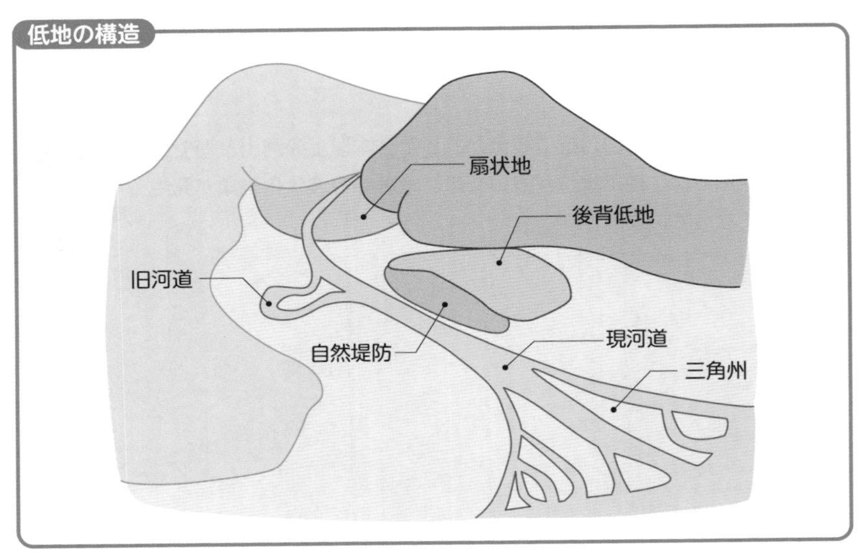

⑨旧河道

旧河道（きゅうかどう）は以前は川だったため、地盤が軟弱で地震や洪水などによる災害を受ける危険度が高く一般的には宅地には不適当です。

ただし、天井川の廃川敷（はいせんじき）であれば川底が周囲の土地より高く、宅地としての利用が可能です。

⑩干拓地・埋立地

干拓地（かんたくち）は、海を堤防で囲み、中の水を排水して造成した土地で、海面以下の場合が多く地盤が軟弱で排水も悪いため、地盤沈下や液状化を起こしやすいので宅地には適しません。

逆に、埋立地は一般に海面に対して数メートルの比高を持ち、十分な工事がされていれば宅地としての利用も可能です。ただ、高潮等の危険はあります。

⑪液状化現象

地震が起きた際に地盤が液体状になる液状化現象（えきじょうかげんしょう）は、比較的、粒径のそろった砂地盤で地下水位の高い、地表から浅い地域で発生しやすいです。丘陵地帯で地下水位が深く、固結した砂質土で形成された地盤の場合、地震時は液状化する可能性が低いです。

高い場所でも、台地や段丘上の浅い谷に見られる小さな池沼を埋めたてたところは、もともと水面であったため地震の際に液状化現象が起きやすくなります。

旧河道や低湿地、海浜の埋立地では、地震による地盤の液状化対策が特に必要となります。

三角州（さんかくす）と呼ばれる河口付近で枝分かれした２本以上の河川と海で囲まれた地形では、地下水位が浅いため、地震での液状化現象が発生しやすくなっています。

2 宅地としての適否のまとめ

各種土地について、次の表に宅地としての適否をまとめています。○は、一般的に宅地に適しているもの、×は一般的に宅地に適していないものです。なお、扇状地は適している面と適していない面の両方があるので△としています。

● 宅地としての適否

山麓部		○
	急傾傾地	×
	谷の出口、崖錐	×
	地すべり地、崩落跡地	×
	断層	×
丘陵地・台地		○
	縁辺部	×
	台地上の浅い谷	×
	段丘	○
低地		×
	旧河道	×
	天井川の廃川敷	○
	自然堤防	○
	後背低地、後背湿地	×
	扇状地	△
	干拓地	×
	十分に工事されている埋立地	○

問題にチャレンジ ○か×で答えましょう

Q1 自然堤防は、主に砂や小礫からなり、排水性がよく地盤の支持力もあるため、宅地として良好な土地であることが多い。

Q2 旧河道は軟弱で水はけの悪い土が堆積していることが多く、宅地として選定する場合は注意を要する。

Q3 三角州は、河川の河口付近に見られる軟弱な地盤であり、地震時の液状化現象の発生に注意が必要である。

Q4 低地は一般に津波や地震などに対して弱く、防災的見地からは住宅地として好ましくない。

Q5 谷出口に広がる扇状地は、地盤は堅固でないが、土石流災害に対して安全であることが多い。

Q6 丘陵地帯で地下水位が深く、砂質土で形成された地盤では、地震の際に液状化する可能性が高い。

Q7 埋立地は、一般に海面に対して比高を持ち、干拓地に比べ、水害に対して危険である。

Q8 地形図で見ると、急傾斜地は等高線の間隔は密になり、傾斜が緩やかな土地では等高線の間隔は疎になっている。

Q9 山麓や火山麓の地形の中で、土石流や土砂崩壊による堆積でできた地形は危険性が低く、住宅地として好適である。

解答と解説

A1 ○ 長い年月をかけて小高くなった場所のため、良好な土地であることが多いです。

A2 ○ 昔は河川であったため、注意が必要です。

A3 ○ 液状化の注意が必要です。

A4 ○ 低いところは原則、宅地に適していません。

A5 × 谷の出口は土石流等もあり、安全であるとはいえません。

A6 × 地下水位が深い場所は、液状化のリスクが低いです。液状化現象の発生確率は、地下水位の高い場所の方が地表から浅いところに水があるので、リスクが高いです。

A7 × 埋立地は埋立工事がしっかりしていれば海面より高いので、海面より低い干拓地よりも危険ではありません。

A8 ○ 等高線の距離が短ければ、高さが急激に変わるので急傾斜地となり、等高線の距離が大きければ、高さが緩やかに変わるため、傾斜が緩やかな土地ということになります。

A9 × 危険性が高いため住宅地には適していません。

5 建物

▶▶▶ 基礎的な建物の構造を理解しよう

建物はどの程度まで押さえておけばよいのでしょうか？

建物からは毎年１問が出題されます。このテーマは建物の構造等、非常に範囲が広く、建築の専門的知識が出題されることも多いです。建築を学んだ経験がなければ深入りせずに、常識で判断できる問題と、建築基準法で学んだ知識で考えれば解ける問題で得点できるようにしましょう。

1 木造

木造は、木材で骨組みを造った建築物で、加工や組立てが容易で多くの建築物に使われています。試験では以下のような木材の特性について出題されます。

・木材の強度は、**含水率が大きい**状態の方が**強度が小さく**なります。
・木材に一定の力をかけたときの**圧縮に対する強度**は、繊維に直角方向に比べて**繊維方向の方が大きく**なります。

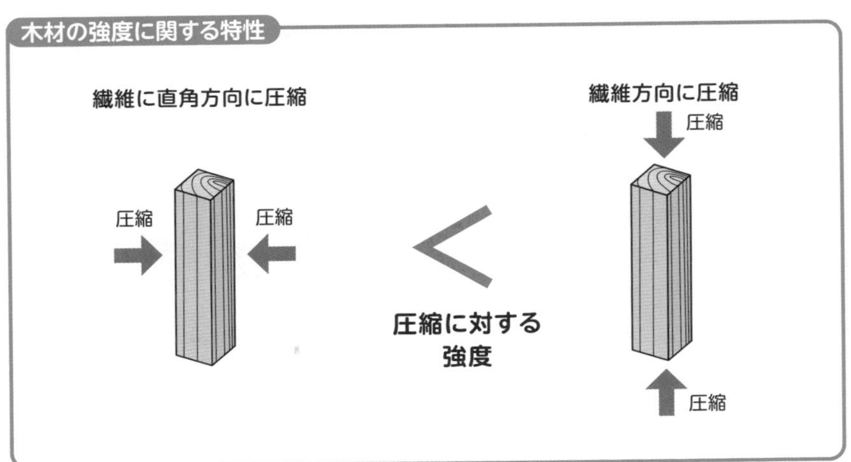

・木材の**辺材**は、心材より**腐朽しやすい**。

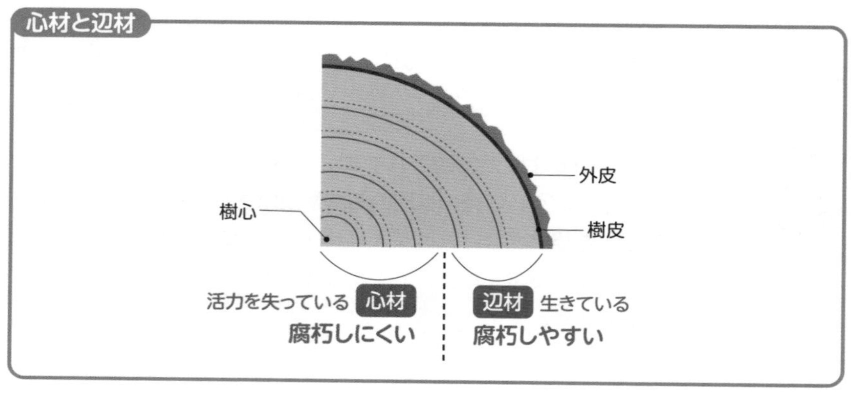

・構造耐力上、主要な部分である柱、筋かいおよび土台のうち、地面から１ｍ以内の部分には、有効な防腐措置を講ずるとともに、必要に応じて、シロアリその他の虫による害を防ぐための措置を講じなければなりません。

・構造耐力上主要な部分に使用する木材の品質は、節、腐れ、繊維の傾斜、丸身等による耐力上の欠点がないものでなければなりません。

・集成材は、単板などを積層したものがあります。大規模な木造建築物などに使用されます。大規模な木造建築物の骨組みは、**伸縮・変形・割れなどが生じにくいため、単板等を積層した集成材を使用することが多いです**。ゆえに**体育館**や**ドーム**などは**集成木材構造**が使用されることが多いです。

・はりやけた等には下側に耐力上支障のある欠込み(かきこ)をしてはなりません。筋かいには、原則として欠込みをしてはなりませんが、たすき掛けをするなど、やむを得ない場合には、必要な補強を行うことにより欠込みもできる場合があります。

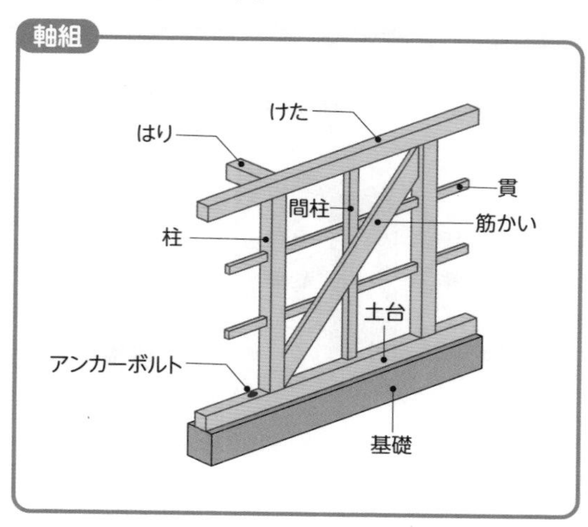

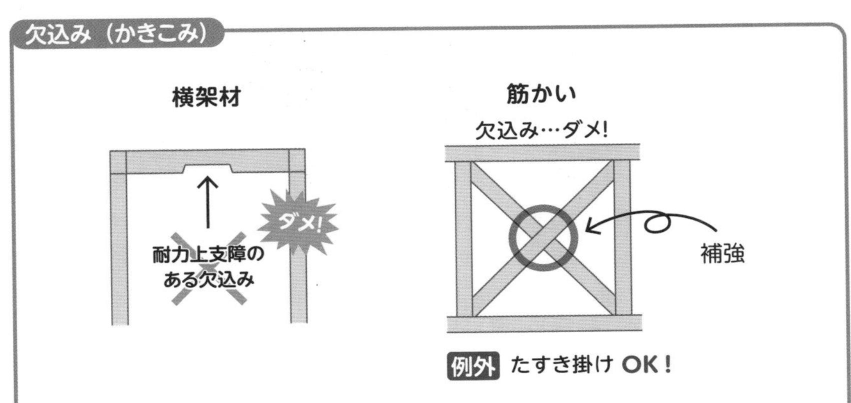

建物の知識は建築の知識がないと手も足も出ない出題も多いです。建築基準法の知識で得点できる問題や勉強の時間に余裕があれば、ウェブ検索でイメージが理解できた知識を試験に持っていく程度で、深入りはしないようにしましょう。

2 鉄骨造

鉄骨造（てっこつづくり）は、骨組みを鉄鋼材で建てる構造です。**自重が軽く、靭性（じんせい）（粘り強さ）が大きいので、高層建築物等の骨組みに適していますが、熱に弱く耐火構造とするには耐火材料で被覆する必要があります。**

炭素の含有量が多くなると引っ張りの強さや固さが増して伸びが減るため、鉄骨造では一般的に炭素の含有量が少ない鋼を使用します。

3 鉄筋コンクリート構造（RC）／鉄骨鉄筋コンクリート構造（SRC）

常温・常圧において、鉄筋と普通コンクリートを比較すると、温度上昇に伴う体積の膨張の程度（熱膨張率）は、ほぼ等しいです。鉄筋コンクリート造に使用される材料は、鉄筋を錆（さび）させたり、コンクリートが固まりにくくなるような酸、塩、有機物または泥土を含んではなりません。

コンクリートは、打上がりが均質で密実になり、かつ、必要な強度が得られるようにその調合を定めなければならないことに注意が必要です。

鉄は、炭素含有量が多いほど引っ張りに強く、硬くなり、伸びにくくなります。そのため、鉄骨造には一般的に炭素含有量が少ない鋼が用いられることになります。一方、コンクリートは圧縮に強いものの、引っ張る力には弱いです。引っ張りに弱いコンクリートの内部に、引っ張りの強い鉄筋を配置した一体式構造が鉄筋コンクリート造です。

鉄筋コンクリート構造等に関する出題については、下記のポイントがあります。

・骨材とは、砂と砂利をいい、砂を細骨材、砂利を粗骨材と呼んでいます。
・骨組の形式はラーメン式の構造が一般に用いられます。
・鉄筋コンクリート構造におけるコンクリートのひび割れは、鉄筋の腐食に関係します。
・鉄筋の表面からこれを覆うコンクリート表面までの最短寸法を、鉄筋コンクリート構造のかぶり厚さといいます。

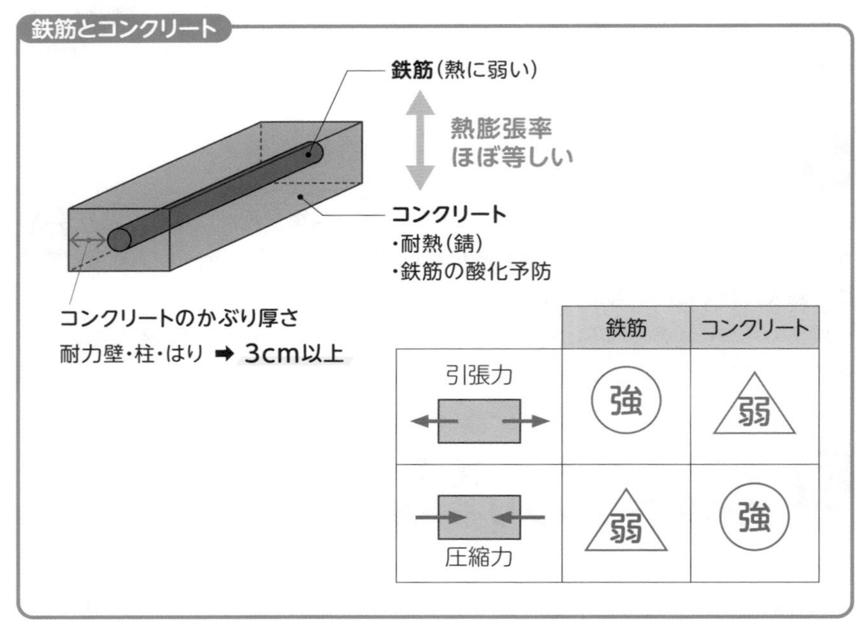

・鉄筋コンクリート構造は、耐火性、耐久性があり、耐震性、耐風性にも優れています。
・原則、鉄筋の末端はかぎ状に折り曲げて、コンクリートから抜け出ないようにし

なければなりません。

- 原則、鉄筋コンクリート造の柱については、主筋は４本以上とし、主筋と帯筋は緊結しなければなりません。
- 鉄骨鉄筋コンクリート構造は、鉄筋コンクリート構造より強度、靭性があり高層建築物に用いられます。
- 防錆(ぼうせい)効果のあるコンクリートのアルカリ性が、空気中の炭素その他酸性ガスの作用により失われることを**コンクリートの中性化**といいます。このコンクリートの中性化が進むと鉄筋の錆により膨張して、コンクリートのひび割れを引き起こします。

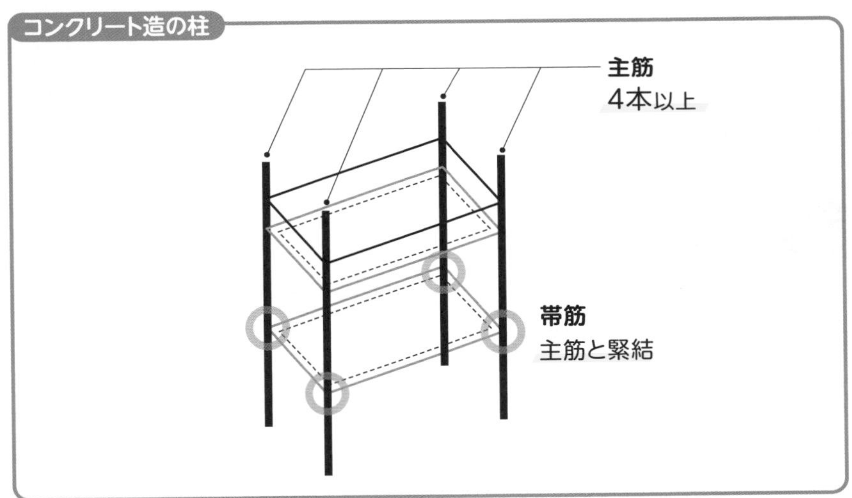

4 基礎

建物の基礎の構造は、原則として建築物の構造等を考慮して決められています。

建物は、上部構造と基礎から構成され、基礎構造は上部構造を支持する役目を負っています。２階建ての木造建築物の土台は、原則として、アンカーボルトなどで基礎に緊結しなければなりません。

基礎の支持力は、粘土地盤よりも砂礫(されき)地盤の方が発揮されやすいです。基礎の種類は、様々ありますが、試験に出題されやすいものとしては、直接基礎、杭基礎等があります。杭基礎の代表的なものには、木杭、既製コンクリート杭、鋼杭等があります。杭基礎は、建築の重量が大きい場合などに用いられます。

5 構造形式

構造形式に関して次の知識を押さえておきましょう。

・ラーメン構造は、柱とはりを組み合わせた直方体で構成する骨組です。ジャングルジムのようなイメージです。
・トラス式構造は、細長い部材を三角形に組み合わせた構成であり、スカイツリーなどにも用いられています。
・アーチ式構造は、スポーツ施設のような大空間を構成するのに適した構造です。
・壁式構造は、壁板により構成する構造であり、ダンボールの箱を積み上げるようなイメージです。
・**枠組壁工法**（ツーバイフォー工法）は、木材に断面寸法２インチ×４インチのものを使用して、枠組みを耐力壁として使うので、軸組によるものよりも**耐震性に優れています**。

6 耐震性

地震に対する建物の安全確保においては、耐震（たいしん）、免震（めんしん）、制震（せいしん）という考え方があります。

耐震構造は、建物の柱、はり、壁などで耐震強度を高め地震に対して耐えられるようにした構造です。

免震構造は、揺れを軽減させるために積層ゴムなどを建物の下部構造と上部構造との間に設置するものです。

制震構造は、制震ダンパーによって揺れを制御する構造です。

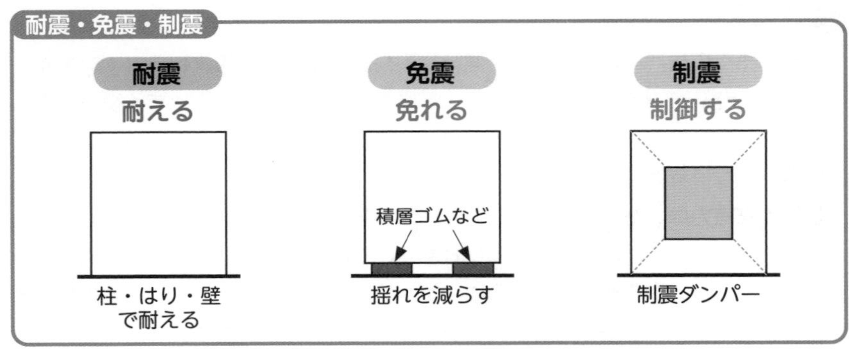

耐震は「建物の剛性を高め、震に耐える」、免震は「積層ゴム等で震を免れるから免震」、制震は「制震ダンパーで震を制するから制震」というように覚えましょう。

問題にチャレンジ ○か×で答えましょう

Q1 木造建物を造る際には、強度や耐久性においてできるだけ乾燥している木材を使用するのが好ましい。

Q2 集成木材構造は、集成木材で骨組を構成したもので、大規模な建物にも使用されている。

Q3 鉄骨構造は、不燃構造であり、耐火材料による耐火被覆がなくても耐火構造にすることができる。

Q4 鉄筋コンクリート構造は、耐久性を高めるためには、中性化の防止やコンクリートのひび割れ防止の注意が必要である。

解答と解説

A1 ○ 木材は乾燥している方が強度が強いです。

A2 ○ 体育館等の大型施設に多く使用されています。

A3 × 鉄は高温で溶けるため、不燃であっても耐火材料によって耐火被覆する必要があります。

A4 ○ 中性化しないよう防止する必要があります。

索引

あ行

アーチ式構造 …… 582
IT 重説 …… 330
悪意 …… 37
アスベスト …… 429
遺言 …… 101，105
遺言者 …… 106
遺産分割 …… 104
意思能力 …… 49
意思無能力者 …… 49
石綿 …… 429
遺贈 …… 105
一団の土地 …… 457
一括競売 …… 144
一括して売却 …… 237
一般媒介 …… 310
一筆 …… 129
委任 …… 212
委任者 …… 212
遺留分 …… 106
遺留分の割合 …… 107
印紙税 …… 523
インスペクション …… 336
請負契約 …… 209
請負人 …… 209
埋立地 …… 574
営業保証金 …… 285，305
営業保証金の取戻し …… 291
液状化現象 …… 574
乙区 …… 125

か行

海岸法 …… 497
解除条件 …… 33
買取型 …… 555
開発行為 …… 407
開発整備促進区 …… 404
解約手付 …… 87
改良行為 …… 66
価格形成要因 …… 543
確定期限 …… 35，58，78
崖崩れ …… 570
過失 …… 204
課税客体 …… 500
課税主体 …… 500
課税標準 …… 500
課税文書 …… 523
河川法 …… 496
仮装譲渡 …… 40
過怠税 …… 527
合筆の登記 …… 129
仮換地 …… 481
仮登記 …… 132
過料 …… 379
科料 …… 379
勧告 …… 462
監視区域 …… 455，464
干拓地 …… 574
換地計画 …… 480
換地処分 …… 484
監督処分 …… 374
還付 …… 290
官報 …… 539
元本の確定 …… 146
管理組合 …… 162
管理組合法人 …… 165
管理行為 …… 164
管理者 …… 162
期限 …… 34

危険負担 89
規準 541
基礎 581
忌避施設 433
規約 167
旧河道 574
丘陵 570
業 235，237
協議 104
兄弟姉妹 102
供託額 287
供託所 285
供託所等に関する説明 342
供託場所 286
共通錯誤 45
共同申請 131
共同不法行為 207
強迫 39
業務停止処分 375
共有 157
共有物の分割 159
共有持分 457
共用部分 162
許可申請書 410
虚偽表示 40
極度額 146，153
切土 572
金銭債務 86
近隣商業地域 394
クーリング・オフ 346
区分所有権 161
区分所有者 161
区分所有法 161
景観地区 398
競売 136，200
景品表示法 560
契約 31
契約自由の原則 32
契約不適合責任 96
決議要件 170
原価法 547
検索の抗弁権 151
原状回復義務 84，178
建築 422
建築確認 423
建築基準法 389，421
建築協定 452
建築主事 423
建築主 423
限定価格 544
限定承認 104
検認 105
建蔽率 435
減歩 477
顕名 62
権利書 132
権利に関する登記 129
権利能力 49
権利部 125
子 102
故意 204
工業専用地域 395
工業地域 395
甲区 125
工作物責任 207
公序良俗 47
公図 126
公正証書 168
公正証書遺言 105
高層住居誘導地区 397
高度地区 397
高度利用地区 396
後背低地 573
港湾法 497
国土利用計画法 389，455
個人根保証契約 153
誇大広告等の禁止 339
固定資産税 507

５点セット 241
コンクリートの中性化 581

さ行

再開発等促進区 404
債権者代位権 230
債権者平等の原則 136
債権譲渡 215
採光 430
催告 72
催告の抗弁権 150
採草放牧地 468
債務不履行 77
詐害行為取消権 231
詐欺 35
先取特権 229
錯誤 44
三角州 575
35 条書面 320
35 条書面の記載事項 326
37 条書面 334
山地 569
死因贈与 232
市街化区域 392
市街化調整区域 392
市街地開発事業 400
敷金 179
敷地利用権 162
事業用定期借地権 202
時効 54
時効の援用 59
時効の完成猶予 58
時効の更新 58
自己契約 66
事後届出制 455，456
試算価格 546
指示処分 375，376
自主占有 54
自主納付方式 523
地すべり 570
自然公園法 497
自然堤防 573
質権 229
指定住宅紛争処理機関 385
指定容積率 439
指定流通機構 313
自働債権 220
自筆証書遺言 105
指標 541
死亡等の届出 277
事務禁止処分 377
事務所 240
借地権 194
借地権者 194
借地権設定者 194
借地借家法 185
斜線制限 443
収益還元法 547
集会 166
従業者証明書 243
従業者証明書制度 243
従業者名簿 242
収去の義務 179
住宅瑕疵担保履行法 382
住宅金融支援機構 554
住宅ローン 562
住宅ローン控除 520
集団規定 421
重要事項説明書 320
重要事項の説明 319
受働債権 220
取得時効 54
受任者 212
守秘義務 340
主要構造部 423
準委任 212
準工業地域 395
準住居地域 394
準都市計画区域 391

準防火地域 …… 448
小規模滅失 …… 169
商業地域 …… 394
条件 …… 33
証券化 …… 555
使用者責任 …… 206
招集通知 …… 166
使用貸借 …… 182，185
消滅時効 …… 57
所得税 …… 513
所有権保存登記 …… 130
信義誠実の原則 …… 340
申告納付 …… 500
申述 …… 105
新築 …… 128，382
心裡留保 …… 43
随伴性 …… 138，150
税額 …… 500
制限行為能力者 …… 49
清算金 …… 480
生産緑地法 …… 497
正常価格 …… 544
制震 …… 582
成年被後見人 …… 52
税率 …… 500
絶対効 …… 152
接道義務 …… 446，562
善意 …… 37
善意・無過失 …… 38
善管注意義務 …… 157
扇状地 …… 572
専属専任媒介 …… 311
専任媒介 …… 311
専有部分 …… 162
造作 …… 188
相殺 …… 220
相殺適状 …… 221
相殺の抗弁権 …… 151
造作買取請求権 …… 188
造成宅地防災区域 …… 493
相続 …… 101
相続欠格 …… 102
相続時精算課税制度 …… 535
相対効 …… 152
双方代理 …… 67
贈与 …… 232
贈与税 …… 533
相隣関係 …… 225
遡及効 …… 60
損害賠償額の予定 …… 81

た行

第一種住居地域 …… 394
第一種中高層住居専用地域 …… 394
第一種低層住居専用地域 …… 394
第一種特定工作物 …… 408
大規模建築物 …… 424
大規模滅失 …… 169
代金減額請求 …… 97
対抗関係 …… 111
対抗要件 …… 110，111
対抗力 …… 129
第三取得者 …… 140
代襲相続 …… 102
耐震 …… 582
台地 …… 570
第二種住居地域 …… 394
第二種中高層住居専用地域 …… 394
第二種低層住居専用地域 …… 394
第二種特定工作物 …… 408
代物弁済 …… 95
代理 …… 62，309
宅地 …… 235，488
宅地造成及び特定盛土等規制法 …… 389，488
宅地建物取引業者名簿 …… 252
宅地建物取引業法 …… 234
宅地建物取引士 …… 266
宅地建物取引士証 …… 267，279

他主占有 54
建替え 170
建物買取請求権 199
建物譲渡特約付借地権 202
他人物売買 98
短期譲渡所得 514
段丘 570
単純承認 104
単体規定 421，428
単独申請 131
担保責任 96
担保物権 228
地価公示法 538
地区計画 403
地区整備計画 404
注視区域 455，464
注文者 209
長期譲渡所得 514
帳簿 242
聴聞 377
直接還元法 548
直系尊属 102
賃借権の譲渡 176
賃借権の登記 173
賃貸借 172
追完請求 97
追認 50，70
ツーバイフォー工法 582
DCF 法 548
定期借地権 202
定期贈与 232
定期建物賃貸借 191
停止条件 33
低地 573
抵当権 136
抵当権者 137
抵当権設定者 137
撤回 105
鉄筋コンクリート構造（RC） 579
手付 87，351
手付金等 349
鉄骨造 579
鉄骨鉄筋コンクリート構造（SRC） 579
田園住居地域 394，418
転貸 176
転得者 42
天然果実 139
登記 110，120
登記記録 125
等高線 571
同時履行 209
同時履行の抗弁権 79
登録消除処分 377
登録の移転 274
登録免許税 530
道路法 496
特殊価格 545
特定街区 397
特定価格 545
特定行政庁 423，446
特定用途制限地域 398
特別弁済業務保証金分担金 303
特別用途地区 395
特約 31
特例容積率適用地区 396
都市計画区域 390
都市計画法 388，390
都市施設 398
土石流 570
土地鑑定委員会 538
土地区画整理組合 478
土地区画整理事業 476
土地区画整理法 389
トラス式構造 582
取消し 36
取引事例比較法 547

な行

二重譲渡 …… 111, 123, 216
日影規制 …… 444
任意代位 …… 94
任意代理 …… 66
任意的記載事項 …… 335
任意的免許取消事由 …… 375
根抵当権 …… 145
根保証 …… 153
農業委員会 …… 469
納税義務者 …… 500
農地法 …… 389, 468

は行

媒介 …… 308
媒介契約書面 …… 315
廃業 …… 257
配偶者 …… 102
配偶者居住権 …… 108
配偶者短期居住権 …… 108
廃除 …… 102
背信的悪意者 …… 113
売買・交換の報酬額 …… 363
罰金刑 …… 245
８種制限 …… 345
罰則 …… 242, 379
非線引き都市計画区域 …… 393
被相続人 …… 101
被担保債権 …… 136
必要的記載事項 …… 335
必要的免許取消事由 …… 375
必要費 …… 175
被保佐人 …… 52
被補助人 …… 52
非明示型 …… 310
表見代理 …… 73
標識 …… 241
表示規約 …… 560
表題部 …… 125
風致地区 …… 398
付加一体物 …… 138
不確定期限 …… 35, 58, 78
不可抗力 …… 79
不可分性 …… 138
復委任 …… 213
復代理 …… 68
付従性 …… 138, 149
負担付贈与 …… 232
普通徴収 …… 500
復旧 …… 169
物上代位 …… 139
物上保証 …… 137
不当景品類及び不当表示防止法 …… 560
不動産鑑定評価基準 …… 543
不動産取得税 …… 502
不動産登記法 …… 125
不動産の表示に関する公正競争規約 …… 560
不法行為 …… 204
不法占拠者 …… 112
フラット 35 …… 554
文化財保護法 …… 496
分筆の登記 …… 129
分別の利益 …… 152
変更行為 …… 164
変更の登録 …… 274, 276
弁済 …… 91
弁済業務保証金 …… 296, 299, 305
弁済業務保証金準備金 …… 303
弁済業務保証金分担金 …… 296, 299, 305
返納 …… 252
妨害排除請求 …… 140
防火・準防火地域 …… 398
防火地域 …… 448
放棄 …… 104
報酬額の掲示 …… 241
報酬額の制限 …… 363

法定果実 139
法定更新 186
法定相続分 103
法定代位 94
法定代理 66
法定地上権 144
法定追認 36
保管替え 288
補充性 150
保証 148
保証型 556
保証協会 295
保証協会の認証 301
保証金の供託 384
保証人 148
補助的地域地区 393, 395
保存行為 66, 164
保存費用の償還請求 142
保留地 480

ま行

マスタープラン 392
未成年者 52
みなし道路 446
無過失責任 207
無権代理 70
無効 36
無資力 231
明示型 310
名簿記載事項 252
滅失登記 128
免許 244
免許換え 255
免許権者 253
免許証 251
免許取消処分 375
免震 582
免税点 500, 503
木造 577
持分 157
盛土 572

や・ら・わ行

有益費 175
容積率 439
用途地域 393, 394
予約 461
予約完結権 461
ラーメン構造 582
履行遅滞 77, 78
履行不能 77, 78
留置権 228
利用行為 66
隣地使用権 226
レインズ 313
連帯債権 155
連帯債務 154
連帯保証債務 152
ローン特約 84
枠組壁工法 582

水野　健（みずの　けん）
1972年6月5日、東京都新宿区生まれ。モットーは「勉強嫌いを、勉強好きに」。LEC東京リーガルマインドにて、宅建講師歴23年目になる受験指導界のカリスマ。宅建士試験に対する分析と独特な語り口調で多くの受験者を魅了する。さらに、自身で不動産会社と行政書士事務所を開業しており、実務経験も兼ね備えている。宅建士試験合格発表後は、毎年「宅建登録実務講習」も担当しており、定員締切クラスを量産するほどの人気講師。趣味は温泉で、過去には某テレビ番組の温泉チャンピオンに輝いたこともある異色の経歴の持ち主。主な著書に『改訂版 ゼロからスタート！ 水野健の宅建士1冊目の教科書』『この1冊で合格！ 水野健の宅建士 神問題集 2024年度版』（以上、KADOKAWA）がある。

ブログ更新中！「水野健の宅建・合格魂！ 養成ブログ」
https://ameblo.jp/takkenken1972/
YouTubeにて宅建士試験の動画配信中「たっけんけん宅建合格研究所 by宅建水野塾」
X（旧Twitter）アカウントは@takkenken2000
Instagramユーザーネームはtakkenkenでフォロワー募集中！

この1冊で合格！ 水野健の宅建士 神テキスト 2024年度版

2024年1月4日　初版発行
2024年8月10日　3版発行

著者／水野 健

発行者／山下 直久

発行／株式会社KADOKAWA
〒102-8177　東京都千代田区富士見2-13-3
電話　0570-002-301（ナビダイヤル）

印刷所／株式会社加藤文明社印刷所
製本所／株式会社加藤文明社印刷所

●お問い合わせ
https://www.kadokawa.co.jp/（「お問い合わせ」へお進みください）
※内容によっては、お答えできない場合があります。
※サポートは日本国内のみとさせていただきます。
※Japanese text only

定価はカバーに表示してあります。

ISBN 978-4-04-605787-7　C3030